덕치, 인치, 법치

노자, 공자, 한비자의 정치 사상

연구총서 29

덕치, 인치, 법치 — 노자, 공자, 한비자의 정치 사상
The Rule of Tao, Man & Law

지은이   신동준
펴낸이   오정혜
펴낸곳   예문서원

편 집   김병훈 · 주승일
인 쇄   상지사
제 책   원진제책

초판 1쇄   2003년 8월 14일

주   소   서울시 동대문구 용두2동 764-1 송현빌딩 302호
출판등록   1993. 1. 7 제5-343호
전화번호   925-5913~4 · 929-2284 / 팩시밀리   929-2285
Homepage   http://www.yemoon.com
E-mail   yemoonsw@unitel.co.kr

ISBN 89-7646-171-1 93150

YEMOONSEOWON 764-1 Yongdu 2-Dong, Dongdaemun-Gu Seoul KOREA 130-824
Tel) 02-925-5914, 02-929-2284 Fax) 02-929-2285

값 20,000원

연구총서 29

덕치, 인치, 법치

노자, 공자, 한비자의 정치 사상

신동준 지음

예문서원

지은이의 말

　필자는 지난 1998년 모교인 서울대 정치학과에서 「선진 유·법가의 치도관과 치본관의 비교연구」로 박사 학위를 취득하였는데, 당시 필자는 학위 논문의 결론 부분에서 도가 등을 포함한 선진 시대 제가에 대한 총체적인 비교 연구가 필요하다고 지적하면서 단지 논점을 명확히 하기 위해 유가 및 법가의 통치 사상만을 분석 대상으로 삼았다고 밝힌 바 있다. 이 책은 필자의 학위 논문 내용에 노자의 사상을 포함시켜 새롭게 완성한 책이다. 필자는 이 책을 통해 유·법가에 대한 기존의 연구 위에 노자의 통치 사상을 포함시켜서 동양의 전통적인 통치 사상에 대한 총체적인 분석을 시도했다. 이는 필자 스스로 건 주박을 결자해지의 차원에서 풀기 위한 것으로 학위 논문을 제출한 지 5년 만에 필자 자신의 약속을 이행하는 것이기도 하다.

　그러나 이 책은 필자의 학위 논문과는 그 체제 및 내용, 서술 방법 등에서 약간의 차이가 있다. 이는 일반인들을 대상으로 하는 이상 상대적으로 평이하고 자세하게 풀어 쓸 필요가 있다는 판단에 따른 것이다. 일반인과 유리된 학문은 말 그대로 학문을 위한 학문에 불과하다. 다만 이 책은 동양 통치 사상의 원류를 본격적으로 다루고 있다는 점에서 필자가 기왕에 펴낸 다른 책들보다는 상대적으로 학술적인 색채가 짙을 수밖에 없다.

　이 책은 노자의 도가를 필두로 하여 공자를 중심으로 한 유가 및 한비자를 중심으로 한 법가 등 소위 '도·유·법' 3가의 통치 사상을 비교한 것이다. 제자백가를 거론할 때마다 빠지지 않고 등장하는 묵가를 제외시키게 된 까닭은 다음과 같은 두 가지 이유에서이다. 첫째, 묵가 사상이 통치 사상과 전혀 무관한 것은 아니지만, 도·유·법 3가의 통치 사상과 비교할 때 그것은 출세간의 문제에 관심을 기울이는 종교 사상에 가깝다고 판단되었기 때문이다. 필자는 묵가 사상에 대한 연구는 비교종교학의 차원에서 서양 사상의 한 축을 형성하고 있는 기독교 사상과 함께 다루는 것이 훨씬 의미가 있을 것이라고 생각한다. 흔히 노장老莊으로 병칭되는 도가의 대표 인물인 장자를 제외시킨 것도 그 출세간적 성격 때문이다. 장자는 비록 노자 사상을 계승했다고는 하지만 노자의 통치 사상을 출세간적으로 해석한 나머지 노학老學을 세속적인 도교로 변질시키는 데 결정적인 역할을 수행했다. 노학의 적통은 삼국 시대의 왕필로 이어졌다가 그를 끝으로 단절되었다는 것이 필자의 판단이다. 둘째, 묵가 사상이 도·유·법 3가의 통치 사상과는 달리 전국 시대에 들어 한때 일세를 풍미하다가 전국 시대 말기에 가서는 완전히 소멸하였다는 점도 중요한 고려 사항이 되었다.

　　그러나 필자가 도·유·법 3가의 통치 사상만을 집중 검토한 것은 묵가 사상에 대한 이런 판단 때문이라기보다는 도·유·법 3가에 대한 적극적인 평가에 기인한 측면이 더 크다. 필자가 볼 때 이들 3가의 통치 사상은 상호불가분의 관계를 맺고 있는데다 현대에 이르기까지 지속적으로 커다란 영향을 미치고 있다. 필자가 지난 1997년 이후부터 줄곧 이들 3가의 통치 사상에 기초한 새로운 학문으로 소위 '통치학'을 역설하고 있는 것도 바로 이러한 인식에 따른 것이다.

사실 통치사상사의 전체 맥락에 비추어 볼 때 노자와 공자, 한비자의 통치 사상은 동양 통치 사상의 백미라고 해도 과언이 아니다. 이들 3인은 동양 통치 사상의 핵심을 나름의 방법으로 체계화해 낸 대표적인 인물이라고 할 수 있다. 그러나 과문한 탓인지는 몰라도 현재 한중일 3국을 포함해 노자로 상징되는 '도가'와 공맹순으로 약칭되는 '유가', 상앙과 한비자 등으로 대표되는 '법가'의 통치 사상을 총체적으로 비교분석한 책은 아직 찾아보지 못했다. 21세기 동북아 시대를 열어나가기 위한 새로운 통치 사상을 모색하는 데에 이들 3가의 통치 사상보다 더 좋은 자료는 없을 것으로 생각된다.

필자가 학위 논문에서 핵심적으로 다루었던 과제는 '왕도'와 '패도'의 상호 관계에 관한 문제였다. 이 문제는 이 책이 제목으로 삼고 있는 덕치德治, 인치人治, 법치法治의 문제와 불가분의 관계를 맺고 있다. 왕도와 패도에 관한 문제는 일종의 '치도론治道論'이라고 할 수 있고 인치와 법치 등의 문제는 일종의 '치본론治本論'이라고 할 수 있다.

치도론은 원래 바람직한 통치의 유형은 과연 무엇인가 하는 문제를 집중 검토하는 것이다. 이는 일종의 통치목적론에 해당한다. 동양에서는 한무제가 기원전 2세기 초 유가 사상을 유일무이한 통치 사상으로 내세운 이후부터 치본론에 관한 논의는 거의 사라지고 치도론에 관한 논의만이 성행하게 되었다. 11세기 초부터 일기 시작한 송대 성리학 역시 치본론에서 출발한 것임에도 불구하고 청대 말기에 이르기까지 오직 치도론에 관한 연구로만 발전해왔다. 비록 명대 중기에 양명학이 나타나기는 했으나 이 또한 성리학과 마찬가지로 치도 문제에만 관심을 집중시켰을 뿐이다. 성리학을 주희보다 더욱 교조적으로 해석한 조선 성리학의 경우 그러한 경향은 더욱 심했다.

동양에서 치도론만이 이처럼 지나칠 정도로 깊은 관심을 받게 된 근본적인 이유는, 말할 것도 없이 '위정재인爲政在人'에 입각한 인치人治만이 불변의 치본으로 간주되었기 때문이다. 유가 사상가들은 자신들이 주장하는 '인의예지에 입각한 통치'만을 덕치로 인정한 뒤 이에 대한 더 이상의 논의를 허용치 않았다. 통치 사상에 관한 모든 관심이 온통 '인치를 과연 현실 정치에 어떻게 반영할 것인가'하는 문제에 쏠리게 된 이유가 바로 여기에 있다. 그러나 치본론은 원래 '통치가 정당성을 얻게 되는 근원은 과연 어디에 있는가' 하는 문제를 다루는 분야이다. 한마디로 말해 치본론은 통치의 본질에 관한 논의가 그 주된 관심사인 것이다. 따라서 이론적인 면에서 통치를 논할 때에는 반드시 치도 문제에 앞서 치본 문제가 먼저 검토되어야 한다.

통치와 관련해 치본론과 밀접한 관련을 맺고 있는 또 하나의 분야로는 일종의 통치방법론이라고 할 수 있는 '치술론治術論'을 들 수 있다. 치술론은 통치 권력의 발동 및 그 효과 등과 관련해 가장 적합한 방안을 모색하는 것이 주된 관심사이다. 그런데 '통치의 근원을 무엇으로 보는가'에 따라 통치의 방법은 완전히 다른 모습을 취하게 된다. 따라서 치본론을 논하게 되면 자연히 치술론을 함께 검토하지 않을 수 없다.

이 책은 다음과 같은 점에서 매우 새롭고 독특한 시도라고 할 수 있다. 우선 앞서 언급한 바와 같이 도·유·법 3가의 통치 사상에 대해 총체적인 비교 검토를 시도했다는 점이고, 다음으로는 기존의 분석틀에서 벗어나 치도와 치본, 치술이라는 완전히 새로운 개념을 도입해 이들 3가의 통치 사상을 비교분석했다는 점이다. 이 책이 그와 같은 특징들을 갖게 된 것은 무엇보다도 한국 정치학계에서 도외시했던 노자 사상을 본격적으로 통치 사상의 연구 대상으로 삼은 데서 비롯되었다고 할 수 있다.

사실 우리나라에서 노자의 통치 사상을 본격적으로 연구한 최초의 인물은 조선의 이이李珥였다. 이황李滉과 더불어 조선 성리학의 양대 산맥을 형성한 그는 노자의『도덕경道德經』을 본격적인 통치사상서로 인정한 조선 최초의 인물이었다. 그럼에도 불구하고 조선 시대의 성리학자들은 이이의 평가를 무시하고 노자 사상을 줄곧 이단으로 내몰면서 무시하는 태도를 취해 왔던 것이다. 해방 이후 한국의 정치학계가 '동양 정치 사상' 분야를 어렵게 개척해 왔으면서도 정작 노자의 통치 사상에 대한 연구를 백안시해 온 것은 조선 시대 성리학자들의 편협한 자세와 별반 차이가 없다. 한국의 정치학계는 성리학이 극성했던 조선에서 성리학의 정상에 서 있던 이이가, 왜 주위의 만류에도 불구하고 노자 사상을 본격적인 통치 사상으로 인정하고 나섰는지를 곰곰이 반추할 필요가 있다.

물론 성리학이 지배했던 16세기 중엽의 조선 사회에서『도덕경』을 재해석해 내는 데에는 일정한 한계가 따를 수밖에 없었다. 성리학을 통한 노자 사상의 해석이라는, 소위 '이유석로以儒釋老'의 한계가 그것이다. 그러나 성리학이외의 모든 학문이 이단시되던 당시의 상황에서 이루어진 연구임을 감안하면 이는 분명 경악할 만한 일이다. 성리학만이 지배하던 당시 상황에서 노자 사상을 본격적인 통치 사상으로 받아들인 이이의 식견과 아량은 틀림없이 칭송받을 만한 것이었다.

최근 정치학계에서 조선 및 구한말에 대한 연구가 활발히 진행되고 있음에도 불구하고 유독 노자의 통치 사상에 대한 연구가 전무한 것은 일차적으로 정치학계의 무지와 무관심에서 비롯된 것으로 보아야 한다. 이런 의미에서 이 책은 이이가 노자 사상을 새롭게 해석한 지 근 5백 년 만에 다시금 노자 사상의 본령이 통치 사상이었음을 밝혀 낸 저서라고 할 수 있다.

　　이 밖에도 이 책에서는 노자의 통치 사상을 통해 수천 년 동안 대립되어 온 유가와 법가 사상 간의 갈등을 매듭짓는 동시에 1백여 년 동안 지속되어 온 동서양 간의 사상 대립을 융해시키고자 시도하였다.

　　유가와 법가의 사상 갈등을 둘러싼 논쟁은 중국의 문화대혁명 기간 중 권력 투쟁과 맞물려 엄청난 파문을 낳은 적이 있다. 이는 동양에서만큼은 국가 통치 이념이 어떤 것이 되더라도 치도 및 치본에 관한 갈등 문제는 결코 쉽게 해결될 수 없는 사안임을 증명한 실례이기도 하다. 결과론적인 얘기기는 하지만 당시 사인방과 반사인방파가 노자의 통치 사상에 주목했더라면 소모적인 '유법투쟁사儒法鬪爭史' 논쟁은 조기에 종식될 수도 있는 것이었다. 치도 및 치본 문제와 관련한 갈등은 노자의 통치 사상을 통해 해소될 수 있다는 주장이 이미 1930년대에 『후흑학厚黑學』을 저술한 이종오李宗吾에 의해 강력히 제기된 바 있기 때문이다. 물론 문화대혁명 당시에는 권력투쟁의 성격이 보다

짙었기 때문에 사상 논쟁을 종식시키기 위해 이 주장을 새삼 반추할 여지는 거의 없었다고 보아야 한다. 그러나 '유법투쟁사' 논쟁은 소모적인 논쟁이었음에 틀림없다. 따라서 이 논쟁은 역설적으로 수천 년 동안 지속되어 온 유법 양가의 사상 논쟁은 노자의 통치 사상을 통해서만 종식될 수 있음을 확인시켜 주었다고 할 수 있다.

나아가 노자의 통치 사상은 동양에서 1백여 년 동안 지속되어 온 서구일변도의 사상적 편향 및 이에 따른 폐단을 해소하는 데 매우 유용한 대안이 될 수 있다. 서구 사상은 주지하다시피 사물에 대한 이분법적 인식과 분석적 접근 방법에 그 특징이 있다. 이러한 인식과 접근 방법은 일체의 사물을 모순 관계로 파악한 뒤 이를 해소하기 위한 방안으로 계급투쟁 등과 같은 변증법적 지양을 꾀한다. 그러나 여기에는 근원적인 문제가 있다. 마르크스의 경우 유물사관에 의거하여 인류의 역사를 계급투쟁사로 해석한 나머지 지배자와 피지배자 간의 증오와 갈등을 부추긴 바 있다. 서구의 자유민주주의 역시 비록 계급투쟁 대신 이성적 합의를 내세워 공동체적 민주주의를 지향하고 있으나 이분법적 인식에 따른 한계를 벗어나지 못하고 있기는 마찬가지이다. 현재 서구의 민주주의는 치자와 피치자, 가진 자와 못 가진 자, 보수와 혁신, 백인과 유색인, 젊은 세대와 기성 세대, 개인과 집단 등의 갈등을 근원적으로 해소하지 못하고 있는 게 사실이다. 이는 본질적으로 사물에 대한 이분법적 인식이 초래한 것으로, 이러한 인식 방법을 수정하지 않고서는 그에 따른 폐단을 해소할 길이 없다.

그러나 동양에서는 이와 같은 갈등을 하나로 융합시킬 수 있는 사상이 이미 수천 년 전부터 존재해 왔다. 그것은 곧 '천도天道'와 '인도人道'를 하나로 회통시킨 노자 사상이다. 춘추전국 시대에는 백화제방百花齊放이라 불릴 만큼 다양한 사상들이 출현했는데, 그 연원이 바로 노자 사상이었다. 후대의 성리학도 어찌 보면 노자의 통치 사상에서 비롯된 것이라고 할 수 있을 것이다.

21세기에 동북아 지역이 세계 문화의 중심지로 자리잡기 위해서는 대립과 투쟁의 이론으로 점철된 서양의 통치 사상에 대한 극복이 가장 시급하다. 물론 궁극적으로는 동서양의 통치 사상을 하나로 회통시킬 수 있는 새로운 통치 사상의 정립이 필요하다는 것은 말할 것도 없다. 노자의 통치 사상은 바로 이런 요구에 부응할 수 있는 훌륭한 대안이 될 수 있다는 것이 필자의 생각이다. 특히 21세기 동북아 시대의 중심국을 꿈꾸고 있는 우리나라의 경우는 노자의 통치 사상에 대한 집중적인 연구가 더욱 절실히 요청된다. 필자가 지난 1997년부터 '통치학'이라는 새로운 학문의 필요성을 줄곧 제창해 온 이유도 여기에 있다. 통치학에서는 학문간 영역을 허무는 것은 물론이거니와 연구 대상의 시간적 폭을 넓혀 과거의 제왕정 시대까지 소급하고 있다. 이는 동양과 같이 수천 년에 걸쳐 중앙집권적 통치 문화를 유지해 온 지역에서는 당연한 것이기도 하다.

　현재 한국의 현대 정치사에 관한 대다수 논문들을 보면 전래의 통치 문화에 대한 전반적인 이해가 결여된 채 해방 이후의 공화정 시기만을 분석 대상으로 삼고 있는데다가 분석의 잣대 역시 오로지 구미 특히 미국의 것만을 동원하고 있어 적잖은 문제를 안고 있다. 지난 세기에 한국 정치사가 파행으로 일관되어 온 데에는 학계의 이러한 몰역사적이고 비주체적인 자세가 일정 부분 기여해 왔다고 보아야 한다. 이제 우리는 더 이상 구미의 기준을 무비판적으로 받아들여 우리나라를 포함한 동양 각국의 통치 문화를 폄하하는 못난 짓을 저질러서는 안 된다. 구미의 잣대를 동원하는 한 우리나라의 통치 현상은 영원히 후진국의 그것으로 해석될 수밖에 없다. 우리가 진정 21세기 동북아 시대의 중심국이 되고자 한다면 이제라도 우리의 전통에 기초한 새로운 평가 잣대와 이념적 지표를 찾아내야만 한다. 그러기 위해서는 통치학과 같이 동양 전래의 통치 문화를 토대로 한 새로운 학문이 절실히 필요하다. 이런 면에서 도·유·법 3가의 통치 사상에 대한 재조명은 단지 이론적 차원에서만이 아니라 실천적인 차원에서도 역시 중요하다고 생각된다.

한국 최초로 동양 전래의 통치 사상에 입각하여 한국의 통치 현상을 분석한 학자는 아무래도 서울대 정치학과의 최명崔明 교수가 아닐까 한다. 필자의 은사이기도 한 최 교수는 지난 1993년 『소설이 아닌 삼국지』 등을 통해 득국得國과 치국治國의 요체를 설파했으며, 특히 '천하대세의 순환론'과 '정통론 비판'을 통해 『도덕경』에 나오는 '되돌아오는 것은 도의 움직임'(反者道之動)이라는 경구를 명심할 필요가 있다고 역설한 바 있다. 한국의 최고통치권자를 비롯한 모든 통치자들은 최 교수의 지적과 같이 노자가 언급한 '지족겸하知足謙下'의 뜻을 한시도 잊어서는 안 된다.

지난 16대 대선은 한국 통치사에 새로운 이정표를 제시한 일대 사건이었다. '정치무관심층'으로 분류되던 젊은 세대가 대거 투표에 참여하여 일종의 '선거혁명'을 이루어 낸 것이다. 이는 우리나라가 21세기 동북아 시대의 주역으로 발돋움할 수 있는 가능성을 보여 준 청신호가 아닐 수 없다. 그러나 아직도 벗어 버리지 못한 지역 갈등이나 IMF 위기 이후 날로 격화되고 있는 계층 갈등에다가 이제는 자칫 세대 갈등까지 겹치는 것이 아닌가 하는 우려 또한 만만치 않다. 우리가 명실상부한 21세기 동북아 시대의 주역이 되기 위해서는 무엇보다 먼저 이러한 갈등들을 해소하고 전 국민의 역량을 하나로 총결집시켜야 한다. 노자의 통치 사상에 대한 집중 조명이 요구되는 이유가 여기에 있다. 노자는 수천 년 전에 이미 치자와 피치자, 현자와 무식자, 부자와 빈자, 성인과 아이, 여와 남, 나와 너, 자국과 타국 등의 모든 구분을 타파하고 '도'와 '덕'에 의해 국가와 천하를 통치할 것을 역설한 바 있기 때문이다.

21세기 동북아 시대에 부합하는 통치는 최고통치권자를 비롯한 전 국민이 하나가 되어 모든 인위적인 분별지를 없앰으로써 노자가 주창한 '무위無爲의 통치'로 나아가는 것이다. 무위 통치는 결코 아무것도 하지 않는 것이 아니라 '무위無爲'를 통해 '무불위無不爲'로 나아가는 것을 의미한다. 이와 같은 요체를 깨달아야만 우리는 비로소 동북아 시대의 진정한 주도국이 될 수 있을 것이다.

이 책은 '무위'와 '무불위'가 하나임을 가르쳐 주신 은사님의 지도편달과 격려가 없었으면 출간이 불가능했을 것이다. 이 책이 사은師恩에 조금이라도 보답할 수 있게 되기를 기대한다.

2003년 7월
수공재隨空齋에서 신동준 씀

들어가는 말

1. 노자 재해석의 길을 열며

동양에서는 한무제가 유가 사상을 유일무이한 통치 사상으로 선포한 이래로 줄곧 '십삼경十三經'으로 일컬어지는 유가의 경전들을 최고 경전으로 여겨왔다. 이로 인해 노자 사상은 물론 법가 사상도 통치 사상의 주류에서 밀려날 수밖에 없었다. 그러나 청대 말기에 이르러서 유가 사상으로는 밀려드는 서양의 제국주의 물결에 효과적으로 대응할 수 없다는 사실이 명백히 드러나게 되자 '십삼경'에 대한 회의가 싹트기 시작했다. 그리고 이런 상황을 타개하기 위해 다양한 사상들이 속출하기 시작했다. 그 중 가장 대표적인 사상은 바로 서한西漢 시대에 확립되어 강유위康有爲(1858~1927, 호는 長素)에 의해 재천명된 '공양학公羊學'이었다.

강유위의 공양학은 기존의 성리학이나 양명학과 달리 명분과 실리를 모두 존중하는 절충적인 입장에 서 있었는데, 그 구체적인 표현으로 나타난 것이 바로 '중체서용中體西用' 이론이다. 그러나 '동도서기東道西器'를 내세웠던 조선이 일제의 식민지로 전락해 버렸듯이 '중체서용' 이론은 불행하게도 제국주의 세력의 막강한 무력 앞에서는 무용지물이 되고 말았다. 그리하여 깊은 좌절감에 빠지게 된 한국과 중국의 많은 젊은 지식인들은 수천 년 동안 이어져 온 전래의 통치 사상에 대한 제대로 된 검토도 하지 못한 채 제국주의 이론에 동조하거나 공산주의 이론 등에 매달려 당면한 난국을 타개하고자 했다. 이러한 상황에서 동양 전래의 통치 사상은 학자들은 물론 일반인들에게도 무시되거나 백안시되어 왔다. 하지만 제국주의 이론은 말할 것도 없고 공산주의 이론 역시도 사실은 서구의 역사를 인류사의 중심으로 간주해서 태어난 이론에 불과하다.

21세기의 문턱을 넘어선 현재, 해방 이후의 한국 정치사가 보여 주듯이 불변의 진리로 간주되어 온 민주공화정은 그 실패를 분명히 드러내고 있다. 따라서 이 시점이야말로 새로운 통치 사상에 대한 모색이 절실할 때가 아닐 수 없다. 구소련의 몰락으로 이미 명백한 실패를 선언한 공산주의의 경우, 비록 북한을 비롯한 소수의 나라들에 아직도 채택되고 있다고는 하지만 조만간 완전히 지구상에서 종언을 고할 날도 멀지 않았다고 생각된다. 그렇다고 해서 '팍스 아메리카나'(Pax Americana)로 대표되는 구미 세계의 자유민주주의가 21세기 전 세계의 통치 사상을 제패할 것으로 보이지도 않는다. 원자화된 개인들의 무절제한 욕망과 사치, 마약 복용이나 테러의 횡행 등 이미 구미 각국에 드러난 각종 사회 문제들은 그들의 민주주의가 새로운 세기의 통치 사상으로 계속 존재하기에는 적잖은 문제를 안고 있음을 여실히 보여 주고 있다. 특히 구미의 민주주의를 무비판적으로 수용했던 제3세계가 거의 예외 없이 실패한 사실은 서구의 민주주의를 고식적으로 도입하는 것이 얼마나 위험한지를 보여 준 좋은 사례라고 하겠다.

하지만 그렇다고 해서 과거의 '십삼경'의 시대로 돌아갈 수도 없는 일이다. 십삼경의 시대는 이미 지난 1970년대의 중국의 문화대혁명 당시에 나타난 소위 비공운동批孔運動을 통해 끝났다고 볼 수 있다. 따라서 21세기 동북아 시대를 열어나가기 위해서는 발상의 전환이 필요하다. 동서고금을 막론하고 불변의 진리로 여겨져 왔던 제반 사상에 대한 근본적인 회의에서 새롭게 출발하지 않으면 안 되는 것이다.

21세기의 새로운 통치 사상은 동북아를 중심으로 할 경우 작게는 이웃 중국과 일본 등을 아우르고 크게는 전 세계를 감쌀 수 있어야만 한다. 그렇다면 과연 새로운 통치 사상은 어떻게 만들어질 수 있을까? 무엇보다도 그것은 동양의 전통 문화에 기초한 사상이 되어야만 한다. 이는 많은 미래학자들이 21세기는 '동양의 시대'가 될 것이라고 예측하고 있다는 사실과 맥을 같이한다. 이러한 예측은 대략 서양의 물질문명이 한계에 봉착하였다는 점에 착안한 듯하지만 실제로 이들 미래학자들이 어떤 근거에서 그와 같은 말을 했는지 자세히 알 길은 없다. 이들은 과연 왜 21세기의 대안으로 동양을 지목하고 나선 것일까?

영국의 철학자 러셀은 죽을 때 "21세기는 중국의 시대가 될 것이다"라고 예언했다고 한다.[1] 여기서의 중국이란 특정한 지역이나 민족을 가리키는 것이 아니라 중국의 철학이나 문화가 지닌 보편적 특성을 가리킨다고 보는 편이 옳을 것이다. 그런데 러셀의 말은 역설적으로 현재의 중국 민족은 21세기의 주역이 되는 데 적잖은 문제를 지니고 있음을 지적하고 있다. 그렇다면 도대체 누가 중국으로 상징되는 동양 문화의 주체가 될 것인가? 필자는 단연 우리나라가 될 것으로 확신한다. 비록 아직도 서양 문명의 세례에서 벗어나지 못하고는 있으나 젊은 학자들을 중심으로 우리를 포함한 동양에 대한 연구가 활발하게 전개되고 있다는 사실이 바로 그러한 확신의 근거이다.

중국은 문화대혁명을 계기로 자신들의 전통 문화를 철저히 파괴한 바 있고, 아직도 제국주의의 또 다른 쌍생아인 공산주의의 굴레로부터 탈피하지 못하고 있다. 자신들의 전통 사상을 유물변증법이라는 틀로 재해석하거나 개

---

1) 김충렬 외, 『논쟁으로 보는 중국철학』(서울: 예문서원, 1995), 5쪽 참조.

조시켜 버림으로써 조상들로부터 전수되어 온 전통적인 문화 유형이나 사유 방식과는 완전히 괴리된 삶을 영위하고 있는 것이다. 설령 지금 경제면에서 눈부신 발전을 거듭하고 있다고는 하지만 중국이 21세기 동북아 시대의 주역이 되기 위해서는 사상적인 환골탈태가 전제되어야만 한다. 그러기 위해서는 아직도 많은 고비를 넘어야만 하는 것이다. 이웃 일본의 경우는 1970년대의 눈부신 경제 성장을 계기로 동아시아의 패권국을 자처하기도 했으나, 사상적 빈곤으로 말미암아 패권국이 되기는커녕 주변의 국가들로부터 오히려 '경제 동물'이라는 비난을 들어야만 했다. 한 나라가 주변국들로부터 존경받는 중심국으로 성장하기 위해서는 반드시 주변국들을 감싸안을 수 있는 관인寬仁한 통치 사상이 있어야만 한다. 이런 점에서 우리나라는 비록 아직 서양의 문화제국주의로부터 완전히 자유롭지는 못하다 하더라도 동양 3국 가운데 가장 가능성이 많은 나라라고 할 수 있다.

그렇다면 과연 동양 전래의 통치 사상 중 어떤 사상에 기초해야 하는 것일까? 우리는 그 해답을 노자의 통치 사상에서 찾을 수 있다. 그런데 현재 많은 사람들은 노자의 사상을 단순한 철학적 사변론으로 이해하고 있다. 특히 서양에서 발달한 철학적 근거로 노자 사상을 분석한 나머지 노자의 진정한 사상이 무엇인지에 대해서조차 이해하기 어렵게 만들어 놓았으며, 노자 사상에 대한 정치학계의 관심 역시 거의 전무하다고 해도 과언이 아니다.

최근 노자에 대한 연구열이 전례 없이 달아오른 것이 사실이나 학계의 연구는 아직도 구태의연한 해석에서 크게 벗어나지 못하고 있다. 정치학도로서 가장 안타까운 것은 노자의 통치 사상에 대한 본격적인 연구는커녕 아직 노자 사상에 대한 재해석조차 시도되지 않고 있다는 점이다. 최근 10여 년 간 한국정치학회의 정기간행물인 『한국정치학회보』에 실린 논문을 보더라도 노자의 통치 사상에 관한 논문은 전무에 가깝다. 이에 대한 가장 큰 책임은 정치학계에 있을 것이다. 노자 사상의 재해석에 대한 필요성을 공감하는 것은 대략 철학 내지 문학 계통뿐이고 정작 노자 사상의 본령이라고 할 수 있는 정치학계에서는 노자 사상을 거의 종교에 가까운 '도교 사상' 정도로 이해하고 있는 실정이다. 이는 매우 안타까우면서도 위험한 모습이 아닐 수 없다.

2. 무위의 통치학

현대 천체물리학의 연구 결과 우주의 삼라만상은 모두 움직이면서 끊임없이 변동하고 있다는 사실이 확인되었다. 그렇다면 끊임없이 팽창하면서 변화하는 우주의 운행은 언제 끝나는 것이고 우주의 끝은 과연 존재하는 것일까? 이에 대해서는 아직까지도 천체물리학자들 사이에 합의된 바가 없다. 우주는 무한히 팽창한다는 설을 위시해서 일정 기간 동안 팽창했다가 다시 수축한다는 설, 일정 시간이 지나면 정지할 것이라는 설 등이 난무하고 있다. 그러나 노자의 주장에 따르면 우주는 무한히 변화했다가 다시 본원으로 돌아오게 되어 있다. 그렇다면 일정 기간 동안 팽창했다가 다시 수축하게 된다는 견해가 노자의 견해에 가장 가깝다고 할 수 있을 것이다. 천체에 대한 이해의 정도가 높아지면 조만간 이 문제에 대한 결론이 나올 것으로 보인다.

노자는 우주만물의 영허소장盈虛消長을 '도道'의 용用으로 해석한 바 있다. '도'를 우주만물의 영허소장에 작동하는 하나의 근원적인 힘이나 이치로 파악한 것이다. 노자의 통치 사상은 바로 '도'에 관한 이러한 해석을 토대로 하여 나온 것이다. 그렇다면 『도덕경』에 나오는 '무無'와 '유有'는 '도'와 어떤 관계를 맺고 있는 것일까?

노자는 '무'와 '유'의 관계를 다음과 같이 정의하였다.

천하의 만물은 유에서 나오고 유는 무에서 나온다.[2]

---

2) 『道德經』, 40장, "天下萬物, 生於有, 有, 生於無."

노자는 여기서 '무'와 '유'가 근원적으로 동일하다는 사실을 말하고 있다. 즉 '무'와 '유'는 같은 데서 나와 이름만 달리할 뿐이라는 것이다. 끊임없이 변화함으로써 존재하지 않는 듯이 보이면서도 존재하지 않음으로써 오히려 존재하는 영구불변의 본질이 바로 '도'인 셈이다. 그러면 '무'와 '도'는 과연 어떤 관계에 있는 것일까?

『도덕경』의 내용을 종합적으로 검토해 보면 '도'와 '무'의 개념은 둘 다 우주의 근원이라는 뜻으로 사용되고 있다. 따라서 '무'는 '도'의 또 다른 이름이라고 할 수 있을 것이다. 이는 『도덕경』에 대한 불후의 주석을 단 왕필王弼(226~249)의 견해이기도 하다. 사실 '노자의 도'에 대한 천착은 바로 '무'에 대한 정확한 이해에서 출발한다고 해도 과언이 아니다. 그렇다면 흔히 '유위有爲'의 형식으로 나타나는 통치 현상은 어떻게 해서 '무위無爲'로 해석될 수 있는가? 이 질문에 대한 해답은 노자의 통치 사상을 이해하는 열쇠이기도 하다.

'도'와 '무'는 이해할 수도 느낄 수도 없는 것이기 때문에 사람들은 '무위'를 어의 그대로 아무것도 하지 않는 것으로 오해하는 경우가 많다. 그러나 '무위'는 결코 '무행위無行爲'를 의미하는 것이 아니다. '무위'는 인위적인 통치 행위가 배제된 이른바 '무작위無作爲' 또는 '자연이연自然而然'을 의미하는 것으로, 있는 그대로 놓아 두어 저절로 그러게 만드는 것을 말한다. 이는 후술하게 될 '작위作爲'를 강조하는 순자荀子의 통치 사상과 극명한 대조를 이룬다. 이 때문인지는 몰라도 적잖은 사람들이 노자의 『도덕경』을 통치와 무관한 책으로 오해하고 있지만 노자의 『도덕경』은 오히려 통치에 관한 진수를 가득 담고 있는 책이다.

그간 『도덕경』 81장의 순서나 해석은 왕필이 세운 체계 및 해석에 구애받지 않고 다양하게 전개되어 왔다. 이는 왕필의 분류가 일정한 체계에 따라 이루어진 것이 아닌 데 따른 불가피한 현상이기도 하다. 필자 역시 분석의 편의를 위해 필자 자신이 정해 놓은 기준에 따라 『도덕경』 81장의 전 내용을 재분류하지 않을 수 없었다.

우리나라에 노자 사상이 유입된 시기는 삼국 시대로까지 거슬러 가지만 조선 시대 이전까지는 체계적인 주석서가 거의 없었다. 노자 사상에 대한 이론적인 연구는 조선 개국 초에 활약했던 정도전鄭道傳(?~1398, 호는 三峯)에 의해 최초로 이루어졌다. 당시 그는 『심기리편心氣理篇』과 『불씨잡변佛氏雜辨』을 통해 노학老學 및 불학佛學에 대한 '벽이단闢異端'의 입장을 분명히 하면서[3] 성리학이야말로 통치 사상의 본류라는 점을 널리 천명하였다. 조선 시대 노자 사상에 대한 관심은 이처럼 이단으로 몰아 근절시키려는 목적에서 출발한 것이었다. 그러나 노학을 이단으로 규정했다 할지라도 『심기리편』이 노자 사상에 대한 한국 최초의 학술적인 연구서임에는 틀림없다.

정도전은 『심기리편』에서 유불도 3가 사상의 기본적 특질을 '심心·기氣·리理'에서 찾았다. 불학은 심학心學이고 노학은 기학氣學이며 유학은 리학理學이라는 것이 그의 지론이었다. 이러한 규정은 그 타당성 여부에 관계없이 유불도 3가 사상의 학문적 성격을 분명히 했다는 점에서 상당한 의미를 지니고 있다.

정도전이 노학을 '기학'으로 규정했을 때, 이 '기'는 말할 것도 없이 성리학에서 말하는 '리기理氣'의 '기'를 말한다. 성리학에서의 '기氣'는 이분법적 발상에서 나온 것으로서 '리理'에 대칭되는 개념이다. '리'가 본원적이고 불변적이며 형이상학적인 개념인 데 반해 '기'는 개체적이고 가변적이며 형이하학적인 개념이라는 것이다. 그러나 실상 '노자의 기'는 '성리학의 기'와는 근본적으로 다른 것이었다. '성리학의 기'가 '리'에 대칭되는 개념이라면 '노자의 기'는 '도'와 둘이면서 하나인 본원적이고 형이상학적인 개념이다. 따라서 정도전을 위시한 대부분의 조선 성리학자들은 '노자의 기'를 '성리학의 기'로

---

3) 송항룡, 「한국에서의 노장 연구와 그 전개 추이」, 『노장사상과 동양문화』(서울: 아세아문화사, 1995), 364쪽.

해석하는 잘못을 저지른 셈이다. 한국의 노자 사상 연구가 모두 유가적 입장에서 해석한 소위 '이유석로以儒釋老'의 차원에서 진행된 데에는 따지고 보면 정도전의 책임이 컸다고 할 수 있다.

이이李珥(1536~1584, 호는 栗谷)의 경우는 노자 사상을 매우 긍정적인 측면에서 바라보았다는 점에서 일반적인 해석과는 차이를 보인다. 한국의 노자 사상에 대한 본격적 연구는 통유通儒로 칭송되었던 이이 이후에 이루어졌다 해도 과언이 아니다. 이이에 앞서서는 순유醇儒로 지칭된 이황李滉(1501~1570, 호는 退溪)이 도인導引과 양생養生에 관한 논저를 낸 바 있다. 이는 겉으로 드러내지는 않았지만 도가 사상에 대해 나름대로 상당한 관심을 가지고 있었음을 보여 주는 것이다. 그러나 긍정적인 관점으로 노자 사상에 접근한 최초의 인물은 역시 이이였다고 보아야 한다.

이이는 『도덕경』81장의 내용 중 중요한 부분을 발췌한 뒤 이를 40장으로 재편집하여 『순언醇言』이라는 책을 펴 내었다. 『순언』이 '노자초해구결老子抄解口訣'이라는 부제를 갖게 된 이유가 여기에 있다. '순언醇言'이라는 제목 역시 노자 사상 중에서 정순한 것만을 골랐다는 뜻에서 나온 것으로 보인다. 영조 때의 홍계희洪啓禧(1703~1771)도 이 책의 발문에서 "잡박한 것을 제거하고 좋은 말만을 취한 데서 이런 제목을 붙인 것이 아닌가 생각한다"[4]라고 밝힌 바 있다. 이러한 점들은 이이가 정도전과는 달리 노자 사상에 대해 매우 긍정적인 생각을 가지고 있었음을 시사하는 것이다.

이이는 세간에서 노자 사상을 이단이라고 몰아붙이는 까닭은 노자 사상을 제대로 이해하지 못했기 때문이라고 생각했다. 이 점은 그의 개방적이면서도 폭넓은 시야를 짐작케 해 주는 대목이 아닐 수 없다. 실제로 이이는 이 책의 말미에서 "이 책은 상달처上達處만을 논한 것이 많고 하학처下學處를 논한 것이 적기 때문에……중간 수준 이하의 사람들은 이해하기 어렵다"[5]라고

---

4) 『醇言』, 「跋」(洪啓禧), "異端之所以偝於吾道者, 以其駁也. 不駁周不無可取, 去其駁, 則醇矣."

밝히고 있는데, 이를 보면 '순언'이라는 제목은 단순히 '유가적인 내용의 글'이라기보다는 『도덕경』 81장 중에서 요체만을 뽑아 알기 쉽게 풀이한 책이라는 의미에서 붙여진 것으로 보아야 한다.

비록 성리학의 관점에 선 것이라고는 하더라도 『도덕경』을 대상으로 하여 직접 주석을 가했다는 점은 특기할 만한 일이다. 이이는 제자들의 반대에도 불구하고 그러한 작업을 감행했던 것이다. 이러한 포용력은 그 자신이 젊은 시절에 잠시 불가에 몸담았던 사실과도 무관하지 않은 듯하다. 또한 그의 이론이 '리'를 중시하는 이황과는 달리 '기'를 중시하였다는 점도 『도덕경』의 주석 작업에 적잖은 영향을 미쳤을 것으로 짐작된다.

이이가 『도덕경』 중에서 통치 문제와 관계된 것만을 뽑은 것은 모두 2천 98자로 『도덕경』 전체의 절반 가량에 해당한다. 여기에 이이가 성리학의 관점에 서서 성리학 이론과 배치되거나 이론異論의 여지가 있는 것을 제외하였다는 점을 감안할 때, 『도덕경』의 내용 중 통치론과 직접 관련된 것은 거의 3분의 2 가량에 해당한다고 할 수 있다.

『순언』의 내용을 개략적으로 살펴보면, 1장에서 3장까지는 도체道體, 4장은 심체心體, 5장은 치기치인治己治人, 6장과 7장은 손색론損嗇論, 8장에서 12장까지는 손색론의 확충, 13장은 삼보설三寶說, 14장에서 19장까지는 삼보설의 확충, 20장은 경조론輕躁論, 21장은 청정론淸淨論, 22장은 용공론用功論, 23장과 24장은 전천지효론全天之效論, 25장은 도체의 공효功效, 26장에서 35장까지는 치인지도治人之道와 그 공효, 36장은 신시려종론愼始慮終論, 37장과 38장은 천도天道와 익겸론益謙論, 39장과 40장은 진능행도론眞能行道論에 관한 것을 각각 다루고 있다.[6] 이러한 목차의 내용만을 보더라도 『도덕경』이 얼마나 대단한

5) 『醇言』末尾 '總論', "論上達處多, 論下學處少……中人以下, 則難於下手矣."
6) 『순언』의 1장은 『도덕경』의 5장과 42장의 중심 부분을 재구성하고 『도덕경』 경문에 구결을 단 뒤 이에 의거해 주석을 붙인 것이다. 이하 매 장마다 동일한 형태를 취하고 있다. 여기에는 『도덕경』의 전체 81장 중 50장이 인용되고, 31장이 생략되었으며, 『도덕경』의 45장과 63장, 81장은 각각 두 군데로 나뉘어 인용되어 있다.

통치사상서인가를 쉽게 알 수 있을 것이다. 특히 동양의 통치 사상은 단순히 통치 사상만을 따로 떼어놓은 것이 아니라 우주론, 인성론 등에 대한 기본 철학을 반드시 함께 제시한다는 점을 감안할 때 『도덕경』이야말로 명실상부한 통치사상서라고 할 수 있을 것이다.

이 때문인지 몰라도 조선 후기에 들어서서는 노자를 비롯한 도가의 사상에 대한 주석서들이 쏟아져 나오기 시작했다. 박세당朴世堂(1629~1703, 호는 西溪)의 『도덕경주해道德經註解』, 한원진韓元震(1682~1751, 호는 南塘)의 『장자변해莊子辨解』, 서명응徐命膺(1716~1787, 호는 保晚齋)의 『도덕지귀道德指歸』, 홍석주洪奭周(1774~1842, 호는 淵泉)의 『정노訂老』 등이 그것이다. 그리고 주석서는 아니지만 도가의 이론에 입각한 연단술이나 양생술 등을 기록한 책도 적지 않았다. 비록 노학이 이단으로 배척받고 있었지만 적잖은 사대부들이 도가 사상에 대해 긍정적인 생각을 지녔음을 짐작할 수 있다.[7] 이 밖에 청허휴정淸虛休靜(1520~1604)의 『도가귀감道家龜鑑』의 경우는 우리나라 최초로 불교의 관점에서 도가의 이론을 이해한 개설서라는 점에서 특기할 만하다.

그러나 노자 사상에 대한 본격 연구의 단초를 연 『순언』에도 결정적인 약점이 있다. '이유석로'에 따른 해석상의 한계는 성리학이 불변의 통치 이념이었던 당시 상황을 감안할 때 어느 정도 이해될 수 있을지라도, 『도덕경』의 핵심 내용이 적잖이 누락되어 있다는 점은 큰 결점으로 지적될 수밖에 없다. 『순언』에는 『도덕경』에서 매우 중요한 구절로 여겨지는 '무명無名'에 관한 제1장과 '무지無知'에 관한 제3장, '도기道紀'에 관한 제14장 등이 빠져 있는데, 이들 장들은 노자 사상의 요체를 밝힌 중요한 부분들인 것이다. 따라서 21세기의 새로운 사상 통합의 기준으로 『도덕경』을 재해석하는 입장에서 볼 때 『순언』과는 전혀 다른 새로운 재해석 및 재분류가 반드시 필요하리라 생각된다.

통치학의 관점에서 볼 때 『도덕경』 81장은 모두 노자의 통치 사상을 요약

---

7) 임채우 역주, 『왕필의 노자』(서울: 예문서원, 1998), 26~28쪽 참조.

한 금언金言으로 이루어졌다고 해도 과언이 아닌데, 그럼에도 불구하고 지금까지도『도덕경』의 내용 중 도술론道術論 및 덕술론德術論에 관한 일부 장들만을 통치 이론으로 간주하는 견해가 주류를 이루고 있다. 이는 성리학이 극성했던 조선조 당시의 이이가 통치 사상의 요체로 발췌했던 분량에도 못 미치는 것이다. 이이만 하더라도『도덕경』전체 내용 중에서 근 8분의 5 가량을 선택했는데, 사상적 제약이 전혀 없는 현시점에서 오히려『도덕경』의 일부 내용만을 통치 사상에 관한 것으로 간주하는 것은 커다란 잘못이 아닐 수 없다. 또한, 노자 사상의 형성이 우리가 일반적으로 알고 있는 것과는 정반대라는 점도 잊어서는 안 된다.『도덕경』은 먼저 통치론이 있고 그 다음에 인성론과 천도론 등이 있다는 점을 주지할 필요가 있다.

『도덕경』은 난세를 구하기 위해 치열하게 고뇌하며 창안해 낸 노자의 통치 사상이 고스란히 담긴 불후의 역저이다. 노자는 자신이 살았던 당시의 상황을 '위기와 격동의 시대'로 파악했다. 그는 특이하게도 그 격동의 원인을 '과잉된 인위'에서 찾았다. 우리가『도덕경』을 통해 현대의 위기를 해결할 단서를 찾을 수 있는 것도 노자의 이런 탁견 때문이라고 할 수 있다.

동양 통치 사상의 가장 큰 특징은 소위 '출세出世'의 문제를 다루는 불학佛學을 빼고는 대부분이 '입세入世'의 문제를 다루고 있다는 점이다. 물론 '노장학' 내지 '황로학黃老學'으로 통칭되는 도가 사상 중에서 장자莊子의 철학 즉 '장학莊學'의 경우는 노학보다는 불학에 가깝다고 할 수 있다. 불교가 중국에 처음 들어올 때 도가 사상은 '격의불교格義佛敎'라는 이름으로 적극 활용되었는데, 이 때에도 노학보다는 장학이 더욱 많이 활용되었으리라 생각된다. 그러므로, 비록 일반적으로는 노학과 장학을 '노장학'이라는 이름으로 통칭하고 있지만 어디까지나 노학의 기반과 장학의 기반이 다르다는 점을 잊어서는 안 된다. 보다 엄밀히 말하면, 노학은 입세에 관한 이론의 정점에 서 있다고 할 수 있지만 장학은 입세에 관한 성격이 희박한데다 오히려 출세를 적극 권장하고 있다는 바로 이 점에서 비록 노학과 장학이 '무위자연無爲自然'이라는 점에서는 동일할지 몰라도 그 지향하는 바는 천양지차인 것이다.

노학은 입세와 출세를 하나로 관통하는 절충적이면서도 종합적인 사상으로서의 성격이 짙다. 노학을 거치지 않으면 출세 문제를 전문적으로 다루는 장학이나 불학을 제대로 이해하기 어렵고, 입세 문제를 전문적으로 다루는 공학孔學과 맹학孟學, 순학荀學 등도 역시 노학을 통하지 않고서는 이해하기 힘들다. 후자의 경우 입세 문제에 대해 가장 형이하학적이고 현실적인 접근을 시도하고 있는 한비자韓非子의 한학韓學을 이해하는 것도 노학을 매개로 하지 않으면 안 된다는 사실을 통해 확인할 수 있다.

선진 시대에 노학에 대한 주석 작업을 가장 최초로 시도한 사람은 장자가 아니라 법가 사상을 집대성한 한비자였다. 그는 자신이 주창한 법가 사상의 궁극적인 지향점은 바로 노자가 강조했던 '무위 통치'라고 단호하게 말했다. 이는 객관적으로 볼 때 일종의 역설이 아닐 수 없다. 입세 문제에 대해 가장 현실적인 접근을 시도한 법가 사상의 궁극적인 목표가 입세 문제에 대해 가장 초연한 입장을 견지했던 노자 사상이라는 것은 서양의 이분법적인 사고로는 도저히 이해할 수 없는 대목이다. 그러나 동양의 순환론적 사고에 비추어 보면 그것은 지극히 당연한 결과일 수도 있다. 동양적 순환론에 따르면 노자와 한비자는 방법론상의 차이에도 불구하고 모두 이상주의자였다. 노자가 '도'를 내세워 지극한 통치를 이루고자 했다면 한비자는 '법'을 내세워 지극한 통치를 이루고자 했던 것이다.

입세간 내의 위치에서 볼 때 노자의 통치 사상이 출세간에 근접해 있는 까닭에 이상주의적이었다면(노학과 장학이 '무위자연'을 매개로 하나로 묶일 수 있는 이유가 여기에 있다) 한비자를 중심으로 한 법가 사상은 가장 현실주의적이었다. 따라서 그 표면적인 위치만을 볼 때 입세간 내에서 노자 사상과 한비자의 사상은 선분상의 양 끝점에 해당한다고 할 수 있다. 그러나 주어진 현실이 지극히 이상적인 것만도, 그렇다고 지극히 현실적인 것만도 아니라는 관점에서 보면, 노자와 한비자의 사상은 비현실적이라는 점에서는 하등 차이가 없는 셈이다. 결국 양자는 모두 주어진 현실과 동떨어져 있다는 점에서 비현실적이었으며, 사상적 배경에서 볼 때 이상주의적인 입장에 서 있었던 것이다. 바꿔 말해 양자 모두 주어진 현실과 타협하지 않은 채 이상적인 통치 상황의 구현을 염두에 두고서 각각 '도치道治'와 '법치法治'를 주장했던 것이다. 한비자가 『도덕경』에 대해 사상 최초로 주석을 붙이고 나선 이유가 여기에 있다. 입세간 내에서 도치 또는 덕치와 법치는 직선상에 위치하여 서로 떨어져 있는 것이 아니라 원주 위의 한 점을 각각 차지하고 있는 셈이다. 원주상에서 양자는 시계 반대 방향으로 볼 때는 가장 멀리 떨어져 있으나 시계 방향으로 볼 때는 가장 가까이 접근해 있다.

그러나 이는 이론 면에서 볼 때이고, 실천 면에서 본다면 양자는 상당히 다른 모습으로 나타날 수밖에 없다. 맹자는 '폭군방벌론暴君放伐論'을 주장함으로써 실천 면에서는 가장 극단적인 모습을 보이고 있다. 결코 폭군이 자연스럽게 해소될 때까지 기다릴 수가 없으므로, 폭정이 얼마나 지속되는지의 여부와 상관없이 인위적으로 그와 같은 상황을 해소해야만 한다는 것이다. 이에 반해 폭군일지라도 참고 견뎌야 한다는 소위 '폭군인용론暴君忍容論'을 내세운 한비자는 맹자와 가장 대립적인 모습을 띤다. 노자의 경우에는 장자와 마찬가지로 현실의 타파 또는 수용이라는 측면에 대해서는 전혀 기본 입장을 표명하지 않았다. 그러나 노자가 폭군이 등장하는 경우와 같은 극단적인 상황에 대해 아무런 해답을 제시하지 않은 것은 아니다. 그는 '도'와 배치되는 통치를 행할 경우 필연적으로 통치가 소멸될 것이라고 하였다. 방벌이라는 인위적인 수단을 사용하지 않더라도 그와 같은 통치는 자연의 이치에 어긋났기 때문에 결국 패망할 수밖에 없다고 본 것이다.

한비자는 비록 노자와 같이 내다보지는 않았으나, 폭군방벌을 결코 용인할 수 없다는 입장을 견지함으로써 결과적으로 노자와 가장 근접한 견해를 제시했다고 볼 수 있다. 한비자는 만일 맹자와 같이 폭군방벌을 인정하게 될 경우 하극상이 만연해 통치 질서가 붕괴될 것이라고 생각했다. 그리하여 그는 폭군에 대한 개념 규정이나 방벌 주동자들의 자격 문제 등에 의문을 던지면서 어떠한 예외도 둘 수 없다는 입장을 견지하였다. 이러한 입장으로 인해 법가의 통치 사상이 소위 '군권주의君權主義'로 해석되어 왔던 것이다.

결론적으로 말해서 노자 사상은 통치 이론의 면에서나 실천의 면에서 모두 도·유·법 3가의 사상을 하나로 관통시킬 수 있는 경계선에 위치해 있다고 할 수 있다. 노자 사상을 비록 유가 및 법가의 사상과 비교해 볼 때 상대적으로 비현실적인 측면이 강한 것이 사실이지만, 그렇다고 해서 장자 사상처럼 출세의 범주로 탈주하지도 않았다. 또한, 폭군의 등장과 같은 특수한 상황에 대해서는 맹자나 한비자의 경우와 같이 극단적인 방안을 제시하지는 않았으나 지극한 통치를 이룰 수 있는 방안을 역설함으로써 폭정과 같이 자연의 이치에 어긋나는 통치 행위는 결국 스스로 궤멸할 수밖에 없다는 입장을 피력했다.

이상을 통해 우리는 노자 사상이 입세에 관한 통치 사상이 아니라고 보아서는 안 된다는 사실을 알 수 있다. 수천 년 동안 노자 사상이 출세에 관한 비현실적인 사상으로 치부되어 온 것은 독점적 위치를 점해 온 유가 사상가들의 잘못된 인식 내지 사상적 폭압에 따른 것이다. 객관적으로 노자 사상은 현실 통치에서 이룰 수 있는 지극한 모습을 이상적인 목표로 제시한 것은 물론이고 이를 이룰 수 있는 구체적인 방안까지 제시해 준 탁월한 통치 사상이다. 노자 사상이 21세기 동북아 시대를 열어나가는 데 요구되는 새로운 통치 사상의 모색에 불가결한 이유가 바로 여기에 있다.

3. 동양 통치 사상의 흐름

'무위자연'의 원리를 통치에 적용할 경우 이를 '무위 통치'라고 할 수 있다. '무위 통치'는 바로 노자 통치 사상의 핵심이며, 그것은 다른 제가의 통치 사상과 비교할 때 도치로 규정될 수 있을 것이다. 이 책은 이렇게 도치로 규정되는 노자의 통치 사상을 강조하기 위해 도가[8]·유가·법가의 사상을 이른바 치도론, 치본론, 치술론 등의 기준에 따라 재분류한 다음 비교연구를 시도하였다. 다만 통치 사상에 대한 본격적인 고찰에 앞서 먼저 3가의 형성이나 각각의 기본 경서들에 대해 개괄하고, 천도론, 인성론, 의리론 등 핵심적인 철학 내용에 대해 살펴보았다. 이를 통해 3가의 통치 사상을 보다 정밀하게 이해할 수 있게 될 것이다.

여기에, 비교연구의 초점을 더욱 집약시키기 위해 기원전 7세기에 활약한 관중管仲의 통치 사상과 통치 행위를 각 분야의 도론導論으로 끌어들였다. 실제로 관중은 맹자를 제외한 유가 및 법가의 사상가들 모두로부터 높은 평가를 받은 유일무이한 인물이었다.

대표적인 법가 사상가였던 제갈량諸葛亮(181~234)이 스스로를 관중에 비유한 사실 때문인지는 몰라도 관중은 흔히 법가 내지 병가 사상의 비조로 알려져 왔다. 그러나 이는 그에 대한 무지나 편견에서 비롯된 것이다. 공자가 관중을 '대의에 입각한 인仁'을 이룬 인물로 높이 평가한 사실에서 알 수 있듯이 그는 '인의仁義'를 매우 중시했던 인물이다. 그는 예의염치禮義廉恥를 국가 통치의 '사유四維'로 내세우는 등 유가 사상의 정맥을 이은 인물이기도 했다.

한편 관중은 노자보다 백여 년 먼저 태어났는데, 그의 저서로 알려져 있

---

8) 莊子는 흔히 老莊으로 병칭될 만큼 노자와 더불어 도가를 대표하는 인물로서 노자의 사상을 계승하였다고 하지만, 그는 노자의 통치 사상을 출세간적으로 해석한 나머지 老學을 세속적인 도교로 변질시키는 데 결정적인 역할을 수행했다. 따라서 이 책에서 도가의 사상을 언급할 때 장자의 사상은 제외시켰다. 장자의 사상은 노자의 통치 사상과 관련된 부분들만을 언급하게 될 것이다.

는『관자管子』를 보면『도덕경』의 원문을 그대로 옮겨놓은 듯한 느낌을 준다. 관중이『관자』를 직접 저술했다는 사실을 전제할 때 노자가 오히려 관중의 사상을 그대로 이어받은 것이 아닌가 하는 착각마저 들게 되는 것이다. 물론『도덕경』에는 관중뿐만 아니라 그 어떤 인물도 거명되어 있지 않고,『관자』가 후세의 위작이라는 주장 또한 만만치 않다. 그러나『관자』의「목민牧民」,「형세形勢」,「입정立政」등 9편은 관중의 저작이라고 보는 것이 정설이다. 관중과 노자가 서로 직통하고 있는 대표적인 예로는「목민」편에 나오는 다음과 같은 구절을 들 수 있다.

주는 것이 곧 얻는 것임을 아는 것이 정치의 요체이다.[9]

이는『도덕경』의 36장에 나오는 "장차 취하고자 한다면 반드시 먼저 주어야 한다"[10]라는 구절과 완전히 동일한 내용이라고 할 수 있다.

관중의 통치 사상은 노자와 공자, 순자, 한비자 사상 등에 두루 통용되고 있다. 노자와 공자에 앞선 인물 중에 통치 사상과 통치 행위라는 두 측면에서 가장 긍정적인 평가를 받은 인물로는 오직 관중만이 있을 뿐이다. 중국 통치학의 비조라고 할 수 있는 이종오李宗吾 역시 관중을 통치 이념과 통치 행위의 요체를 두루 꿴 유일무이한 인물로 평가한 바 있다. 이종오는 내전과 일제의 침략으로 신음하던 1940년대의 중국을 바라보면서 그 혼란을 타개해 나갈 인물은 관중의 통치 사상과 통치 행위를 체득한 사람밖에 없다고 생각했던 것이다. 여기서도 알 수 있듯이 관중의 통치 사상과 통치 행위를 노자와 공자, 한비자 등의 통치 사상을 비교하는 대전제로 도입하는 것은 적절하면서도 의미 있는 분석 방법이라고 할 수 있다. 같은 유가 사상가들인 공자, 맹자, 순자의 통치 사상이 가장 극명하게 갈리는 부분 역시 관중에 대한 평가에 있다는

---

9)『管子』,「牧民」, "知予之爲取者, 政之寶也."
10)『道德經』, 36장, "將欲奪之, 必固與之."

점을 생각하면 더욱 그러하다.

결론적으로, 이 책에서는 노자와 공자, 한비자의 통치 사상을 기본축으로 하여 이들과 밀접한 관계를 맺고 있는 맹자와 순자, 상앙 등의 통치 사상까지 총망라해서 검토하였는데, 여기에 앞선 시대의 위대한 정치 사상가이자 현실 정치가였던 관중을 각 주제의 도론으로 끌어들인 것은 그의 통치 사상과 통치 행위가 도·유·법 3가의 통치 사상과 두루 통하고 있다는 사실에 착안했기 때문이다. 이는 필자가 강조하고 있는 '통치학'의 관점에서 볼 때 관중의 통치 사상이 가장 원형적인 모습을 띠고 있다는 확신에 따른 것이기도 하다. '통치학'의 입장에서 춘추전국 시대에서부터 현대에 이르기까지의 도·유·법 3가의 적통을 도식화해 본다면 다음과 같이 나타낼 수 있다.

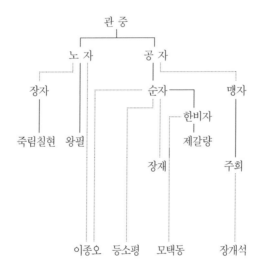

이 표를 통해 알 수 있듯이 동양 통치 사상의 원조는 관중이다. 후술하는 바와 같이 선진 시대에 전개된 치도 논쟁과 치본 논쟁은 모두 관중의 통치 사상이나 통치 행위 등과 밀접한 관련을 맺고 있다. 노자 사상을 '땅의 사상' 내지 '어머니의 사상'이라고 말할 때 땅과 어머니는 바로 '인민'을 의미하는데, 춘추 시대 초기에 '인민'의 지위를 하늘을 의미하는 '군주'와 동일한 위치로 끌어올린 사람이 바로 관중이었다.[11]

관중으로부터 '땅의 사상'을 이어받은 노자의 통치 사상은 장자를 비롯한 여러 도가 사상가에게로 이어지나 그 정맥만큼은 삼국 시대 위나라의 왕필을 끝으로 끊어지고 말았다. 왕필은 조조의 아들인 조비가 위문제魏文帝로 재위하던 황초黃初 7년(226)에 태어나 정시正始 10년(249)에 24세의 나이로 요절했다. 정시 10년에 권신 사마의司馬懿의 정변으로 황실의 기둥이었던 조상曹爽과 조조의 양자 하안何晏 등이 피살될 때 왕필도 면직되었다가 그 해 가을에 병사하고 만 것이다. 왕필은 너무 이른 나이에 요절함으로써 제자를 두지 못했기에, 이로 인해 왕필로 연결된 노자 사상의 정맥은 완전히 끊어지고 말았다.

왕필은 당시 삼강오상三綱五常은 영원히 불변한다는 동중서 류의 통설에 이의를 제기하면서 보다 근원적인 문제를 제기하고 나섰다. 그는 노자 사상을 요약한 자신의 『노자지략老子指略』에서 유가와 법가, 명가, 묵가, 잡가 등 당시의 5가지 학파에 대해 근본을 버리고 말단을 추구하는 '기모용자棄母用子'의 학문이라고 비판했다.[12] 그는 이러한 근본적인 반성과 비판 위에서 인간이 진정으로 믿고 따를 수 있는 참된 도道가 무엇인지를 궁구했고, 결국 무無를 근본으로 삼는 소위 '이무위본以無爲本'의 사상 체계를 만들어 냈던 것이다. 또한 그는 18세에 『노자주老子注』를 짓고 22세에 『주역주周易注』를 지었는데, 두 경전에 주석을 가하면서 공자를 '무'를 체득한 성인으로 표현했다. 주지하

---

11) 김충렬은 인민의 지위가 하늘의 위치로 격상된 것은 주나라가 성립될 당시에 이루어졌지만 하늘의 지배를 받거나 하늘의 일을 돕는 보조적 존재에 불과했던 '땅'이 격상된 것은 춘추 시대 초기 관중에 의해서였다고 분석했다. 그는 노자 사상을 상징하는 용어로 등장하는 소위 '地'와 '母', '民' 등의 개념이 모두 관중에서 나온 것이라는 주장을 토대로 이같이 분석했다. 자세한 내용은 김충렬, 『노장철학강의』(서울: 예문서원, 1999), 106쪽 참조.

12) 王弼, 『老子指略』, "法者, 尚乎齊同, 而刑以檢之. 名者, 尚乎定眞, 而言以正之. 儒者, 尚乎全愛, 而譽以進之. 墨者, 尚乎儉嗇, 而矯以立之. 雜者, 尚乎衆美, 而總以行之……斯皆用其子而棄其母."

다시피 『도덕경』과 『주역』은 노자 사상과 유가 사상의 근본 경전이라고 할 수 있는데, 그는 두 경전을 관통하는 사상을 '무'라는 단 하나의 핵심어를 통해 통일적으로 해석하는 천재적인 능력을 발휘했던 것이다. 만일 왕필의 이러한 학문 체계가 계속 유지되었더라면 동양의 통치사상사는 완전히 새로운 모습을 띠지 않았을까 생각해 본다.

그러나 왕필의 사상 체계는 후세에 제대로 전달되지 못하였다. 그리하여 점차 유가는 도가를 이단시하고 도가는 유가를 비판하는 풍조가 만연하게 되고, 이로 인해 『도덕경』과 『주역』 또한 내용상 서로 모순·대립되는 것으로 간주되어 왔다. 하지만 그런 와중에서도 적잖은 사람들은 두 경전은 서로 대립되는 것이 아니라 그 본질만큼은 동일하다는 주장을 끊임없이 제기하였다.

『한서』「예문지」에서는 유가는 교육을 관장하던 사도司徒를, 도가는 사관史官을 각각 그 기원으로 삼는다고 하면서 '사도'와 '사관'은 비록 직분이 다르지만 국가통치술이라는 점에서는 동일한 것이라고 기록하고 있다. 이 기록에 따르면, 유가는 인군을 돕고 음양을 좇아 교화를 펴는 데 뜻이 있고 도가는 청허淸虛와 비약卑弱으로 처신하는 군인남면君人南面의 통치술에 그 요체가 있다고 할 수 있다.[13]

과거 성리학자들은 『도덕경』이 『주역』의 일부 사상을 계승한 것이라고 주장했으나 현대의 많은 학자들은 『도덕경』과 『주역』의 내용이 밀접한 관계를 맺고 있는 사실을 확신하고 있다. 일부 학자들은 주나라 이전의 유자는 점복을 관할하는 술사에 불과했다고 하면서 도가와 유가는 원래 한 뿌리였다고 주장하기도 한다.[14] 사실 최근 학자들의 활발한 연구에 의해 『도덕경』과 『주

---

13) 『漢書』, 「藝文志」, "儒家者流, 蓋出於司徒之官, 助人君順陰陽明敎化者也.……道家者流, 蓋出於史官, 歷記成敗存亡禍福古今之道, 然後知秉要執本, 淸虛以自守, 卑弱以自持. 此君人南面之術也."

14) 공맹을 대표로 하는 학술상의 유가와 종교 귀신 등의 일을 주관하던 주나라 이전의 유자는 구분되는데, 주나라 이전의 유자는 국왕의 곁에서 종교와 귀신 등의 일을 주관하면서 천문 등을 읽고 다른 사람을 대신해 일을 판단하고 기도를 해 주던 일종의 술사였다는 주장이 제기되고 있다. 은나라 때에는 '巫'와 '史'가 분리되지 않았으나 후에 그 직능이 분리되어

역』이 같은 뿌리에서 나왔다는 주장은 정설로 굳어지고 있다. 이것은 곧 2천여 년 전에 『도덕경』과 『주역』을 '이무위본'으로 회통시켰던 왕필의 사상을 다시 환기시키는 작업이다. 왕필은 노자가 유가의 '인의' 사상에 대한 비판을 토대로 '무위'의 도를 세움으로써 진정한 '인의'를 구현케 했다고 주장한 바 있다.[15] 이는 유가 사상에 대한 도가적 비판을 통해 '인의'로 상징되는 유가의 '도'를 노자 사상의 최고 이념인 '무'와 일치시킨 것으로 21세기의 새로운 통치 사상을 모색하는 데 반드시 참조해야 할 사항이 아닐 수 없다.

그러나 노학의 정맥이 끊어짐에 따라 노학이 근 2천 년 동안 출세간의 학문으로 나아가게 된 것 또한 부인할 수 없는 사실이다. 이는 노학이 장학과 결합함으로써 소위 노장학으로 규정된 사실과 밀접한 관련이 있는 것으로, 장자가 노자 사상의 법통을 이은 것으로 간주된 데 따른 현상이기도 했다. 노학은 장학과 결합한 이후로부터 원래 공학과 마찬가지로 관학에서 출발했음에도 불구하고 사대부 층의 학문으로 대접받지 못하고 일반 인민들의 양생술이나 신선술, 방생술, 점복술 등으로 전락하게 된다. 그리하여 통치 사상으로서의 진면목을 상실한 채 도가는 일종의 민간 종교에 가까운 도교道教로 그 성격이 굳어지고 만다. 그런데 도가의 사상과 행위는 전통에 대한 회피, 자연에 대한 열애와 연구, 은둔과 자족의 성격을 지녀 중국인의 심성과 부합한다. 대부분의 중국인들이 공적으로는 유가이고 사적으로는 도가임을 자처하는 이유가 바로 여기에 있다.

사관이 천문과 역법, 제사, 점복 등 天官의 직능을 맡았으나 여전히 술사의 색채가 농후했다는 것이다. 당시 '史'는 단순히 사학을 가리키는 것이 아니라 官學을 의미하는 것이라며 고대의 학문은 고대 왕실에 특별히 설치된 '史'가 관장했으므로 고대의 사관은 결국 철학자이자 사학자, 문학자, 과학자, 박물학자 등을 겸했다는 주장이다. 이러한 주장이 사실이라면 주나라 왕실의 사관 출신인 노자가 쓴 『도덕경』과 점복서의 성격을 지닌 『주역』은 근원상 같은 뿌리에서 나왔다고 볼 수 있을 것이다. 자세한 내용은 임채우 역주, 『왕필의 노자』, 299~303쪽 참조.

15) 王弼, 『老子指略』, "絶聖而後聖功全, 棄仁而後仁德厚." 왕필의 이러한 주장은 일견 유가에서 말하는 '인의'를 버려라는 것으로 오해할 수 있으나 사실은 지극한 '인의'를 이루기 위한 방법론을 제시한 것으로 볼 수 있다.

이상 간략히 살펴본 바와 같이 노자 사상의 정맥은 왕필의 요절로 끊어지고 말았다. 훗날 성리학이 탄생할 즈음 등장한 북송의 장재張載(1020~1077)가 노학의 색채를 짙게 띠기는 했으나 기본적으로는 순학荀學의 흐름에 가까웠다. 따라서 현대에 들어오기까지는 노학의 법통이 제대로 발현될 수가 없었다. 그러다가 1930년대에 들어 이종오가 '후흑학'을 주장하며 노학으로의 회귀를 강조함으로써 노학은 새롭게 각광받기 시작하게 되었다. 또한 1970년대에 마왕퇴馬王堆 한묘漢墓에서 백서『도덕경』이 출토되고 다시 1990년대에 곽점郭店의 초묘楚墓에서 죽간『도덕경』이 출토됨으로써 최근 노학에 대한 일반인들의 관심을 고조시키는 중요한 배경이 되었다.

이제 노학에 대한 새로운 관심이 고조되고 있는 만큼 노학은 분명 장학과 다르다는 사실을 항상 염두에 두어야 한다. 표를 통해 알 수 있듯이 장학은 노학의 정맥이 아니었다. 장학은 남북조 시대의 '위진魏晉 현학玄學'으로 이어졌다가 그 맥이 끊어지면서 미신적인 도교로 변질되었다.[16] 위진 시대에 들어와 사대부들 사이에서는 '역'과 '노자'에 대한 관심이 새롭게 일어나면서 이를 중심으로 한 소위 '현학'이라는 새로운 학문 사조가 발생하게 되는데, 이것은 바로 왕필의 '이무위본'의 사상 체계에 뿌리를 둔 것이었다. 그러나 위진 현학은 수당隋唐의 통일 시대로 들어서면서 지배 계층의 통치 사상으로서의 역할을 마감하게 되고, 대신 위진 현학에 뿌리를 둔 도교가 공학과 맹학을 중심으로 하는 지배 계층의 통치 사상에 대한 인민들의 저항 사상으로 기능하게 되었다. 중국 역사에 나타나는 숱한 정권 교체는 지배 계층이 내세우고 있는 공학이 제 기능을 하지 못할 때 도교가 그 대안으로 제시되면서 이루어진

---

16) 湯一介는 '위진 현학'은 노장 사상에 기반을 둔 철학 사조로 '本末有無'의 본체론 문제에 관심을 집중했다고 분석했다. 그는 玄學家는 천지만물의 기원과 구성에는 그리 큰 비중을 두지 않고 천지만물의 존재 근거와 궁극적 원인에 대한 탐구에 큰 비중을 둠으로써 '존재'로부터 '존재이유'로 탐구의 물꼬를 돌려놓았다고 평가했다. 그는 위진 현학이 사람들로 하여금 허위에 찬 예교의 속박을 벗어나 진정한 감정을 가진 인격적인 자아를 갖출 수 있도록 했기 때문에 '新道家'라는 평을 듣게 됐다고 분석했다. 자세한 내용은 湯一介,「道家與魏晉玄學」,『노장사상과 동양문화』(서울: 아세아문화사, 1995), 401~410쪽 참조.

경우가 적지 않았다. 이를 통해 알 수 있듯이 노자 사상의 생명력은 엄청나다. 21세기 동북아 시대의 새로운 통치 이념을 모색하는 데에 노자 사상이 중요한 사상적 배경이 될 수 있는 것도 바로 이런 생명력 때문이라 할 수 있다.

'후흑학'을 제창한 이종오는 노학을 기반으로 하여 자신의 사상을 전개하였는데, 그 속에는 또한 한비자의 법가 이론이 절충되어 있었다. 어찌 보면 한비자의 법가 이론, 이른바 한학이 노학과 상통하는 바가 있기에 이종오의 '후흑학'이 탄생하게 되었다고도 볼 수 있는 것이다. 이상을 통해 알 수 있듯이 통치 사상에 관한 한 노학과 공학과 한학은 본질적으로 같은 것이라 해도 과언이 아니다. 이에 대한 새로운 인식이 절실히 요구되는 때이다.

한편, 순학에서 갈려 나왔으면서도 노학이 강조한 '무위 통치'를 지향했던 한비자의 한학 역시 노학 못지않게 끈질긴 생명력을 보여 주었다. 유가 사상이 2천여 년 이상 불변의 국가 통치 이념으로 군림해 왔음에도 불구하고 한학은 천하가 소란해지는 난세에는 어김없이 최고의 통치 이념으로 등장하는 저력을 보였던 것이다.

중국사를 볼 때 역성혁명에 의해 새로운 정권이 탄생할 때마다 개국조는 거의 예외 없이 법가 사상에 충실한 무인들이었다. 이는 현대 중국의 기틀을 이룬 모택동毛澤東(1893~1976)의 경우도 예외가 아니었다. 그는 고난에 찬 장정長征을 성공리에 마친 뒤 인민의 여망에 부응함으로써 천하를 거머쥘 수 있었다. 1949년 중화인민공화국이 성립된 때로부터 1973년 자신의 사망 때까지 모택동은 법가의 통치술을 유감없이 발휘했다. 1950년대의 대약진운동이나 1960년대에서 1970년대까지 계속된 문화대혁명 기간 동안 정적의 제거를 통해 자신의 통치 권력을 탄탄히 한 것 등은 전형적인 법가의 통치술이라 할 수 있다. 천하대란에 가까운 소란 속에서도 인민의 전폭적인 지지를 얻어 낸 것 역시 법가 사상의 '위민법치爲民法治' 이념에 충실한 결과였다. 현대 중국은 등소평鄧小平(1904~1997)의 개방정책에 의해 유지되고 있다고 할 수 있지만 그러한 것들은 모두 모택동이 세워 놓은 이념의 틀 위에서 가능한 것이었다. 법가 사상은 모택동의 출현으로 인해 2천여 년 만에 비공식적인 통치술 차원에서 공식적인 통치 이념으로 격상되어 통치 사상의 공개적인 경쟁 무대에 그 모습을 드러냈다고 할 수 있을 것이다.

그러나 근 2천 년 동안 통치 사상계를 주름잡아 왔던, 유가 사상의 정맥으로 알려진 '맹학'의 경우는 20세기 초 청나라의 멸망과 조선의 멸망으로 인해 사실상 그 맥이 끊어졌다고 보아야 한다. 우리나라에서는 성균관을 중심으로 일부 유자들이 맹학의 정맥을 이어가고는 있으나 통치 사상의 주류로서의 맥은 완전히 끊어졌다. 현재 한국의 유림에서 동성동본의 결혼 문제나 호주제 등에 대해 강한 보수적 경향을 보이는 것은 시대에 맞지 않을 뿐만 아니라 편협하기 그지없다. 맹학의 최대 약점인 파벌주의와 편협성이 그대로 이어져 오고 있다는 증거가 아닐 수 없다.

맹학이 편협한 파벌주의로 치닫게 된 것은 송학宋學의 대표격인 주자학朱子學 때문이었다. 주자학을 창도한 주희朱熹(1130~1170, 호는 晦庵)는 육구연陸九淵(1139~1192, 호는 象山), 여조겸呂祖謙(1137~1181, 호는 東萊) 등 여타 송학자들을 배척하고 오직 자신만이 맹학을 사숙한 정이程頤(1033~1107, 호는 伊川)의 뒤를 이었다고 자부했으나 정이나 주희 모두 편협하기는 마찬가지였다.

주희와 여조겸은 원래 매우 절친한 사이였다. 『근사록近思錄』 14권은 주희와 여조겸이 같이 편찬한 것이었다.[17] 하지만 후에 『시경』에 대한 이견으로

---

17) 『근사록』은 주희와 여조겸이 함께 엮은 저서로 당시에는 '송나라의 논어'로 불렸다. 책의 제목은 『논어』의 「자장」편에 "널리 배우고 뜻을 두텁게 하며 간절히 질문하고 가깝게 생각하면 仁이 그 가운데 있다"고 한 말에서 따온 것이다. 주희는 서문에서 이렇게 밝힌 바 있다. "東萊의 여조겸이 東陽 고을에 와 내가 있는 한천정사를 지나다가 열흘 동안 머물렀다. 그때 서로 주돈이와 정이, 장재의 저서를 읽고 그들의 학문이 광대하고 끝이 없는 것을 찬탄하고, 처음 배우는 자들이 입문한 것을 모를까 두려워하여, 도의 대체에 관계되는 것과 일상생활에 절실한 것을 취해 이 책을 편찬하였다." 여기서 알 수 있듯이 주희는 주돈이, 장재, 정호, 정이 등의 학문은 유가의 경전을 이해하는 길이 되고, 『근사록』은 이 네 사람의 학설을 집약시킨 것으로 이들의 학문을 이해하는 길이 될 것이라고 자신했다. 그가 사서삼경을 공부하기 위해서는 반드시 『근사록』을 읽어야 하고 선비라면 마땅히 『근사록』에 습관이 되어야 한다고 주장한 이유도 여기에 있었다.

논쟁을 벌이게 됨에 따라 주희는 그의 글에 대해 글자마다 비판을 가하게 된다. 주희는 여조겸에 대해 "박학다식하지만 간약簡約함이 없다"거나 "역사에는 매우 자세하나 경전에 대해서는 제대로 이해하지 못 했다"는 등의 비난을 퍼부었다. 그리고 주희의 문인들 또한 이에 호응하여 역사를 편수할 때 여조겸을 도학전에 편입시키지 않고 유림전에 편입시켰다. 이로 인해 일반인들은 『근사록』이 주희와 여조겸과 함께 만든 것이라는 사실을 거의 모르고 있다. 주희와 육구연 역시 원래는 사이가 좋았다. 그러나 '무극'과 '태극'에 관한 의견 차이로 말미암아 이후로는 거의 입을 열기만 하면 서로를 비방하는 사이가 되었다. 이를 두고 이종오는 "주자의 가슴은 좁기가 마치 한 뙈기 밭 만큼도 안 될 정도였다"라고 신랄하게 비판하였는데,[18] 주희가 정치계는 물론 학술계 등에서도 숱한 분규를 일으킨 이유가 바로 여기에 있다. 공학이 결정적으로 왜곡된 것은 주희가 맹학을 공학의 정맥으로 규정하면서 자신이 그 뒤를 이었다고 주장한 데서 비롯되었다고 할 수 있다.

현대 중국사에서 맹학의 논지에 가장 가까웠던 인물로는 장개석蔣介石(1887~1975)을 들 수 있다. 그는 일제의 침략이 극에 달했을 때 '국공합작國共合作'을 염원하는 인민들의 여망을 저버리고 공산당의 토벌에 주력함으로써 민심이반을 자초했다. 결국 서안사건西安事件으로 연금되었다가 풀려난 뒤 부득이 국공합작에 합의했으나, 편협한 이념에 함몰된 나머지 민심을 얻지 못하고 대만으로 쫓겨나게 된다. 그는 금나라나 청나라의 위협으로 초미지급焦眉之急의 위기 상황에 처했음에도 여전히 당파싸움만을 일삼던 남송대와 명대 말기의 전철을 그대로 답습했다고 할 수 있다. 맹학의 최대 약점이 바로 여기에 있었던 것이다.

천인관이나 치도관, 치본관 등을 살펴보면 공학의 정맥은 순학이 이어받

---

18) 劉泗 編譯, 『李宗吾與厚黑學』(北京: 經濟日報出版社, 1997), 320쪽, "朱子的胸懷, 狹隘到這步田地."

았다고 보는 것이 옳다. 순학은 중국의 경우 송대에 들어와 이단으로 몰리면서 그 흐름이 끊어졌으나 일본에서는 오규 소라이(荻生徂徠, 1666~1728) 등에 의해 그 정맥이 이어졌다. 오규 소라이로 이어진 일본의 순학은 도쿄대 교수를 지낸 마루야마 마사오(丸山眞男, 1914~1996)와 재야 정치지도자로 군림했던 야스오카 마사도쿠(安岡正篤)로 면면히 이어져 왔다. 현대 중국사를 볼 때는 등소평이 공산주의자이기는 하지만 그 통치 이념이나 통치 행태 등에 비추어 순학의 진전眞傳을 이어받았다고 평가할 만하다. 그가 순학을 이어받았다고 할 수 있는 가장 대표적인 사례로는 소위 '흑묘백묘론黑猫白猫論'을 들 수 있다. 중국을 부강하게 하고 인민들의 생활 수준을 향상시키기 위해서는 자본주의 시장 논리도 얼마든지 도입할 수 있다는 그의 주장은 순학의 진체眞諦를 터득한 것이 아닐 수 없다. 관중과 순자 모두 국가와 인민을 위해서라면 여타의 차선책도 얼마든지 구사할 수 있다는 입장을 취한 바 있기 때문이다. 이런 관점에서 볼 때 현대 중국의 부활은 전적으로 순학의 정신이 1천여 년 만에 부활한 결과라고 할 수 있다.

지금까지 살펴본 선진 시대 도·유·법 3가에 대한 간략한 고찰을 통해 21세기의 새로운 통치 이념을 정립하는 데에 결정적인 배경이 될 사상으로는 노자 사상, 공자 사상, 한비자 사상을 들 수 있음을 대략 짐작할 수 있을 것이다. 여기서 주의할 점은, 노자의 통치 사상을 장학莊學과 함께 묶어 소위 '노장학老莊學'이라는 틀로 해석하는 견해로부터 탈피할 필요가 있다는 것이다. 그럴 때야만 노자의 통치 사상이 동양 전래의 모든 통치 사상을 하나로 묶어낼 수 있는 최고의 통치 사상서라는 사실을 인식할 수 있을 것이기 때문이다. 따라서 장자에 대한 것들은 노자의 통치 사상과 관련된 부분만을 언급하게 될 것이다. 열자를 비롯한 여타 도가 사상가에 대해서도 마찬가지이다. 다만, 유가 사상가 중 맹자와 순자의 경우는 통치 사상적인 면에서 공자와는 다른 특이한 색채를 지니고 있기 때문에 공자와 같은 수준으로 다루었다. 특히 맹자의 경우는 후대 성리학의 비조가 되었다는 점에서 깊이 다루지 않을 수 없었고, 순자의 경우도 유가와 법가 사상의 가교 역할을 수행했다는 점에서 세심히 검토해야만 했다. 더구나 순자는 통치 사상의 측면에서 볼 때 공자의 진전을 이어받은 사실상의 적통인데다가 법가 사상의 집대성자인 한비자의 스승이라는 점에서 완전히 새로운 평가를 받을 만한 인물이다. 21세기의 새로운 통치 사상을 모색하는 과정에서 노자와 더불어 새로운 각도에서 적극 검토해야만 할 인물이 바로 순자라는 사실 또한 잊어서는 안 된다.

일본은 17세기에 들어서야 겨우 조선을 통해 성리학을 접할 수 있었지만 1세기 남짓한 기간 동안에 성리학은 물론이고 중국과 조선에서 이단시한 순자와 한비자의 사상까지 철저히 연구할 수 있었다. 이러한 사실은 매우 시사하는 바가 크다. 일본이 근세 초에 동양에서는 유일하게 개화에 성공하여 서구 열강과 어깨를 나란히 하게 되었던 것도 어쩌면 동양 통치 사상 전반에 걸친 그러한 다양하면서도 심도 있는 천착이 뒷받침되었기 때문이 아닐까 생각되기도 한다.

3가의 기본 경서

1

춘추전국 시대는 중국 역사상 최장 기간에 걸쳐 정치적 급변이 이어진 시기였다. 전통 질서와 규범이 와해되면서 봉건 제도가 붕괴되었으며, 이에 따라 모든 기성 관습과 제도가 비판의 대상이 되면서 학설과 사상이 발전하고 지적 활동은 엄청난 활기를 띠었다. 이런 상황 속에서 제자백가諸子百家라고 불리는 사상가들이 대거 등장하였다.

제자諸子의 활동 시기는 대략 기원전 6세기에서부터 기원전 3세기까지이다. 전한 말의 문헌학자 유향劉向(기원전 79?~기원전 8?)은 이들 제자를 9개 유파로 나누었다. 그러나 대체로 그것은 크게는 유가와 도가의 두 흐름으로, 또 작게는 도가, 유가, 묵가, 법가, 음양가, 명가의 6개 파로 나눌 수 있다. 사마천司馬遷(기원전 145?~86?)은 『사기史記』에 「노장신한열전老莊申韓列傳」을 두어 노자老子, 장자莊子, 신불해申不害, 한비자韓非子를 도가 계열로 묶었는데, 통치학의 입장에서 접근하는 이 책에서는 도가의 사상가를 노자에 한정하고 한비자는 별도로 다루기로 하며 나머지 인물들에 대해서는 단지 노자의 통치 사상과 관련된 측면만을 언급하기로 한다.

노자 사상에 대한 분석을 위해서는 우선 다음과 같은 두 가지 분석이 전제되어야 한다. 첫째는 노자라는 인물에 대한 평가이다. 노자에 대한 정확한 인식이 없이는 『도덕경』에 대한 해석도 한계가 있을 수밖에 없다. 둘째는 『도덕경』의 성립 및 내용 파악에 관한 문제이다. 다행스럽게도 최근의 출토물들은 『도덕경』에 관한 정밀한 해석을 어느 정도 가능하게 한다. 『도덕경』은 시로 불릴 정도로 간이하면서도 여러 의미를 농축한 용어로 이루어져 있다. 이를 제대로 해석하지 못할 경우 노자 사상의 진의를 왜곡할 소지가 다분하다.

1. 노자와 『도덕경』

현재 노자라는 인물의 실존 여부에 관해서는 여러 기록에 비추어 그 실존 가능성에 무게를 두는 추세가 확산되고 있다. 이는 노자 사상에 대한 재조명 작업이 활발한 데 따른 것으로 보인다. 노자에 대한 기록은 『사기』 「노장신한열전」에서 가장 먼저 확인할 수 있다. 『사기』의 기록을 살펴보면 다음과 같다.

노자는 초나라 고현苦縣의 여향厲鄕 곡인리曲仁里 사람이다. 성은 이李이고 이름은 이耳이며 자가 백양伯陽, 시호는 담聃이다. 주나라 수장실守藏室의 사관을 지냈다. 공자가 주나라에 갔을 때 노자에게 예를 물은 적이 있다. 노자가 이렇게 말했다. "그대가 말하는 그 사람은 이미 오래 전에 죽어 뼈는 모두 썩어 버렸고 단지 그의 말이 남아 있을 뿐이다. 군자가 때를 얻으면 관직에 나아가지만 때를 얻지 못하면 정처 없이 떠돌아다니는 것이다. 내가 듣기로는 훌륭한 장사꾼은 재물을 깊이 감추어 두고 없는 것처럼 하며 군자는 성대하지만 용모는 어리석은 것처럼 한다 하였다. 그대는 교만한 기운과 과한 욕심과 꾸민 자태와 음란한 뜻을 버려라. 이것은 모두 그대의 몸에 무익한 것이다. 내가 그대에게 이야기하고자 하는 것은 이뿐이다." 공자가 떠나면서 제자에게 말했다. "새라면 날 수 있고 물고기라면 헤엄칠 수 있으며 짐승이라면 달릴 수 있다는 것을 나는 알고 있다. 달리는 것은 그물로 잡을 수 있고 헤엄치는 것은 낚시로 잡을 수 있으며 나는 것은 주살로 잡을 수 있다. 그러나 용에 대해서는 나는 알지 못한다. 바람과 구름을 타고 하늘로 오르기 때문이다. 내가 오늘 노자를 보니 용과 같았다."

노자는 도덕을 수양하면서 스스로 숨기고 이름이 알려지지 않도록 하는 데에 힘썼다. 주나라에 오랫동안 살다가 주나라가 쇠미해지는 것을 보고는 마침내 떠나고자 하였다. 함곡관函谷關에 이르자 관령關令인 윤희尹喜가 말했다. "선생이 장차 숨으려고 하시니 억지로라도 나를 위해 책을 지어 주십시오." 이에 노자가 상·하편의 책을 지어 도덕의 의미를 5천여 자로 말하고 떠났는데, 그가 죽은 곳을 아무도 알지 못한다.

혹자는 노래자老萊子 역시 초나라 사람으로 15편의 책을 지어 도가의 운용을 말한 바 있고 공자와 동시대 사람이라고 말한다. 노자는 160여 세를 살았다고 하기도 하고 혹은 2백여 세까지 도를 닦으며 살았다고 하기도 한다. 공자가 죽은 지 129년이 지난 뒤 주나라 태사太史 담儋이 진헌공秦獻公을 보고, "처음에 진나라와 주나라가 합치고, 합친 지 5백년 후 분리되고, 분리된 지 70년 후 패왕이 출현할 것이다"라고 했는데, 혹자는 담이 노자라고 하고 혹자는 아니라고 한다. 세상에서는 이를 알 길이 없다. 노자는 은군자隱君子였다.

노자의 아들 이름은 종宗으로, 종은 위나라의 장군이 되어 봉읍을 받았다. 그의 아들은 주注이고 주의 아들은 궁宮이며 궁의 현손은 가假라고 하는데, 가는 한나라 효문제孝文帝를 섬겼다고 한다. 가의 아들 해解는 교서왕 유묘劉卯의 태부가 되었기 때문에 제나라에 정착하였다.

노자를 배우는 사람은 유학을 배척하고 유학을 배우는 사람은 노자를 배척한다. "도가 같지 않아 서로 더불어 논할 수 없다"고 말하지만 어찌 이런 일이 있을 수 있는가. 노자는 무위로써 자화自化하고 청정으로써 자정自正하고자 했다.[1]

---

1) 『史記』, 「老莊申韓列傳」, "老子者楚苦縣厲鄕曲仁里人也. 姓李氏, 名耳, 字伯陽, 諡曰聃. 周守藏室之史也. 孔子適周, 將問禮於老子. 老子曰, 子所言者其人與骨皆已朽矣, 獨其言在耳. 且君子得其時則駕, 不得其時則蓬累而行. 吾聞之, 良賈深藏若虛, 君子盛德, 容貌若愚. 去子之驕氣與多欲態色與淫志. 是皆無益於子之身. 吾所以告子若是而已. 孔子去謂弟子曰. 鳥, 吾知其能飛. 魚, 吾知其能游. 獸, 吾知其能走. 走者可以爲罔, 游者可以爲綸, 飛者可以爲矰. 至於龍吾不能知. 其乘風雲而上天. 吾今日見老子其猶龍邪. 老子脩道德, 其學以自隱無名爲務. 居周久之, 見周之衰, 迺去. 至關關令, 尹喜曰. 子將隱矣, 彊爲我著書 於是老子著書上下篇, 言道德之意五千餘言而去. 莫知其所終. 或曰老萊子亦楚人也, 著書十五篇, 言道家之用, 與孔子同時云. 蓋老子百有六十餘歲, 或言二百餘歲, 以其脩道而養壽也. 自孔子死之後百二十九年, 而史記周太史儋見秦獻公曰, 始秦與周合, 合五百歲而離, 離七十歲而覇王者出焉. 或曰卽老子, 或曰非也, 世莫知其然否. 老子隱君子也. 老子之子名宗, 宗爲魏將, 封於段干. 宗注, 注子宮, 宮玄孫假, 假仕於漢孝文帝. 而假之子解爲, 膠西王卬太傅, 因家于齊焉. 世之學老子者則儒學, 儒學亦老子. 道不同不相爲謀, 豈謂是邪. 李耳無爲自化, 淸靜自正."

노자의 생존 연대는 대략 기원전 580년에서 500년 사이로 알려져 왔다. 그러나 아직도 많은 사람들은 노자의 생존 연대는 물론이고 그가 『도덕경』을 썼다는 사실까지 의심하고 있다. 이는 『사기』의 기록에서 노자가 노래자와 태사 담이라는 사람과 동일한 인물인지 아닌지를 확신하지 못하고 있는 사실을 보더라도 쉽게 알 수 있다. 그러나 노자가 공자보다 이른 시기에 생존했는지 여부에 관해서는 확실하게 말할 수 없을지라도 도가 사상을 가진 사람들이 춘추 시기에 존재하고 있었다는 사실만큼은 확실하다. 이는 『논어』에 은군자들이 공자를 비판하는 내용이 실려 있는 점 등에 비추어 대략 확인할 수 있다.

여기서 과연 『사기』의 기록이 얼마나 믿을 만한 것인지 검토해 볼 필요가 있다. 이와 동시에 노자의 이름과 고향, 직책, 공자와의 관계, 주나라를 떠난 이후의 행적, 수명, 노래자나 태사 담과의 관계 등에 대해서도 검토해 보겠다.

먼저 이름에 대해 알아보면, 춘추 시대에는 이李씨 성이 없었다는 점을 감안할 때 노자의 성이 이씨라는 『사기』의 기록은 문제가 있다. 이씨 성은 전국 시대에 들어와서야 비로소 나타나기 시작했다. 현재 노자의 성은 노老씨라고 보는 것이 통설이다. 노씨의 경우는 『좌전左傳』 등에 이미 많이 나타나고 있다는 것이 그 근거이다. 많은 학자들은 노씨와 이씨의 발음이 비슷하여 후대에 혼용되었을 개연성에 주목하고 있다.

본적과 관련해서는, 고현은 본래 진나라에 속했는데 춘추 시대 말기에 초나라가 진나라를 멸망시킨 이후 초나라 땅이 되었으므로, 사마천이 '초나라 고현'이라고 한 것은 사실로 여겨진다.

노자의 직책은 그가 근무했다고 알려진 '장실藏室'이 대략 주나라의 장서실로 해석되고 있다는 점을 통해 알 수 있다. 장서실의 관직은 '주하사柱下史'로 불렸다. 이는 목판과 죽간의 책을 관장하는 직책으로, 장실은 당시 전각의 기둥 아래에 있었기 때문에 주하사는 왕실도서관장 정도로 이해되고 있다.

노자가 공자와 만난 대목은 역사적 측면에서 가장 논란이 되고 있는 부분이다. 『사기』「공자세가孔子世家」를 비롯해『예기禮記』,『장자莊子』,『여씨춘추呂氏春秋』등에도 이와 같은 사실이 기록되어 있으나 그 내용은 모두 약간씩 다르게 나타난다. 예전에는 그 만남을 부인하는 주장이 우세했으나 현재는 그것을 인정하는 사람들이 훨씬 많다. 노자와 공자의 만남을 역사적 사실로 인정하는 학자들은 대략 다음과 같은 이유를 든다.

우선 이 사실을 기록한 글이 대단히 많다는 점이다. 만약 이 사실을 전국 시대 사람들이 꾸며낸 것이라면 지금처럼 널리 전해지지는 않았을 것이기 때문이다. 또한 만약 진실이 아니라면『예기』와 같이 중요한 경전에서 이를 기록할 리 만무하다.『예기』「증자문曾子問」에는 공자가 노자를 좇아 향당에서 장례를 돕고 하루의 식사를 대접받았다는 기록이 있는데, 이는 거짓으로 지어낼 수가 없다. 또,『장자』에는 노자와 공자의 대화가 유독 많이 기재되어 있는데, 그 내용을 모두 믿기는 어렵지만 최소한 공자가 노자를 만난 것만큼은 부인할 수 없다. 만일 그렇지 않다면 공자가 왜 양주楊朱나 묵적墨翟 등을 만났다고는 쓰지 않고 오직 노자를 만난 것만 기록하였는지 이해하기 어렵다.『사기』「중니제자열전仲尼弟子列傳」에도 "공자가 엄숙히 섬겼던 사람은 주나라의 노자, 위나라의 거백옥蘧伯玉, 제나라의 안평중晏平仲, 초나라의 노래자, 정나라의 자산子産, 노나라의 맹공작孟公綽이었다"라는 기록이 있는데, 거백옥, 안평중, 노래자, 자산, 맹공작 등은 실존 인물들로서 공자가 그들과 교제한 일은 모두 고서에 기재되어 있다. 이로 미루어 볼 때 노자 역시 실존 인물이었을 공산이 크다. 또한, 사마천은 유학자로서 공자를 매우 숭상했다. 그가 지은『사기』는 바로『춘추』의 업적을 전하려는 뜻을 가지고 기록된 것이었다. 만일 공자가 노자를 좇은 적이 없음을 입증하는 신뢰할 만한 자료가 있었더라면 그는 결코 자신이 숭상하는 인물의 명예를 더럽힐 수도 있는 글을 쓰지 않았을 것이다.

두 사람의 만남을 확신하는 학자들은 그 만남이 최소한 두 번은 되었을 것이라고 생각하고 있다. 이들은 여러 기록에 의거하여 공자가 34세 때 주나라에서, 또 51세 때 패沛에서 만났을 것이라고 본다. 다만『사기』등에서 말하는 만남이 첫 번째 만남인지 두 번째 만남인지에 대해서는 여전히 추정할 도리가 없다.

이에 반해 성리학이 성립된 송대에는 공자와 노자의 만남이 완전히 허구로 치부되었다. 주희는『주자어류朱子語類』에서 "사람들이 모두 맹자가 노자를 배척하지 않았다고 하지만 노자는 곧 양주이다"라고 비난한 적이 있다. 사실『맹자』를 보면 양주와 묵적을 비판한 대목은 여러 군데 있지만 노자를 비판한 대목은 전혀 없다. 그런데도 주희는 노자의 사상이 양주에게, 양주에서 다시 장자와 열자에게 전파된 것으로 단정하였던 것이다. 하지만 이는 역사적인 근거가 전혀 없는 것으로, 주희가 노장 사상에 대한 비판적 입장을 정당화하기 위해 이런 억측을 했을 공산이 크다. 물론 양주가 사적으로 노자 사상을 연구해 자신의 '위아爲我' 사상을 만들어 냈을 가능성을 전혀 배제할 수는 없지만, 이러한 현상은 선진 시대 제자백가 사이에서는 흔히 있었던 일로 위와 같은 추측을 배경으로 양주가 노자 사상을 이어받았다고 주장하는 것은 억지가 아닐 수 없다.

노자가 주나라를 떠난 후의 행적과 관련해서는,『사기』에 나오는 관關이 대개 함곡관을 가리키므로 노자는 진秦나라로 들어갔을 것이라고 추정되고 있다.『장자』「양생주養生主」에서 노자가 죽었을 때 "진일秦佚이 찾아가 세 번 울부짖고 나갔다"라고 기록하고 있는 것은 그 사실을 더욱 뒷받침한다. 이 기록을 믿는 사람들은 노자는 진나라 국경 부근인 부풍扶風에서 죽고 괴리槐里에 매장되었다고 주장하면서 "죽은 곳을 모른다"는『사기』의 기록은 잘못이라고 말한다.

노자가 이국땅인 진나라에서 죽게 된 배경은 어떠한가? 이와 관련해서는 노자가 왕실의 관리로 재직한 사실에 비추어 권력투쟁의 와중에서 희생된 것으로 해석하는 견해가 유력하다. 그가 비판하고 가르치고자 한 대상은 일반 인민이 아니라 당시의 식자 계층이었다. 노자는 중년에 왕실 내의 권력다툼으로 인해 실직했다가 사관으로 복직하였으나 또다시 권력다툼에 휩쓸려 관직을 잃은 후 진나라로 들어가 그곳에서 사망한 것으로 추정되고 있다.

노자의 생몰 연대와 관련해서는 아무것도 알려진 것이 없다. 다만 그가 공자와 같은 시기에 잠깐 살았던 것만큼은 확실하기 때문에 개략적인 추측은 가능하다. 또 『논어』와 『도덕경』의 시대 배경이 크게 다르지 않다는 점과 두 저작이 모두 '도'와 '덕'이라는 용어를 사용하고 있다는 점도 노자의 생몰 연대를 추정해 볼 수 있게 하는 근거가 된다. 도가와 유가라는 각기 다른 학파에서 모두 '도'라는 용어를 자파의 핵심 개념으로 수용하였다는 것은 두 학파가 동시에 성립했음을 보여 준다. 만일 '도'가 어느 한 학파에 의해 먼저 확정된 개념이었다면 나머지 한 학파가 그것을 새삼 자파의 핵심 개념으로 삼기는 어려웠을 것이기 때문이다. 이는 유가와 도가 두 학파가 서로 간섭 없이 별개로 성립했음을 의미하기도 한다. 이를 토대로 해서 볼 때 노자는 춘추 시대 말기에 살았던, 공자와 동시대인이라고 짐작할 수 있다.

한편, 노자가 노래자와 동일인인지와 관련해서는 논란이 그치지 않고 있다. 현재는 『사기』「중니제자열전」에 두 사람이 각각 다른 사람으로 기록되어 있는 점 등을 들어 동일인이 아니라고 보는 견해가 우세하다. 『사기』의 기록을 보면 노자에 대해서는 "저서 상·하 편은 도덕의 뜻을 말한다"라고 했고 노래자에 대해서는 "저서 15편은 도가의 운용을 말했다"라고 하고 있어 내용상 차이가 있다는 것이다. 특히 사마천이 노래자를 서술할 때 특별히 앞에 '역亦' 자를 덧붙여 두 사람이 같은 고향임을 강조한 점도 중요한 근거로 제시되고 있다. 이는 사마천이 그들을 한 사람으로 오인했을 리 없다는 명백한 증거라는 것이다. 그러나 이에 대한 반론도 만만치 않다. 사마천이 두 사람이 같은 사람일 가능성이 높다고 판단해 그대로 기록했을 가능성이 높다는 지적이 그

것이다. 실제로 이들 간의 유사점은 많다. 성이 모두 노씨이고 같은 초나라 사람인데다가 사상 또한 같은 도가 사상이라는 점 등이 그것이다.

또한 노자가 태사 담(儋)과 동일인인가 아닌가 하는 문제도 의견이 분분하다. 우선 그 둘이 동일 인물이라고 주장하는 사람들이 있는데, 이들은 노자의 시호인 '담(耼)'과 태사 담의 '담(儋)'의 발음이 같다는 점, 두 사람이 모두 주나라의 사관이었다가 일찍 함곡관을 나와 진나라로 갔다는 점 등을 근거로 제시한다. 그러나 다른 한편에서는 노자와 태사 담이 결코 같은 사람일 수가 없다고 주장한다. 태사 담이 진헌공을 찾아간 것은 여러 기록에 비추어 사실인 듯하지만 '태사 담이 노자이다'라는 설명은 찾을 길이 없고, 또 태사 담이 진헌공을 만난 일은 공자가 죽은 뒤 160년의 세월이 지났을 때의 일이라는 점도 문제라는 것이다. 이 주장에 따를 때 태사 담은 노자의 후손으로서 당시에 노자로 불렸을 공산이 크다. 한편 노자의 후대와 관련된 『사기』의 기록은 신빙성이 적은 것으로 간주되고 있다. 이는 노자의 후대로 알려진 인물과 연대기가 일치하지 않은 데 따른 것이다. 그러나 노자의 후손은 생명이 짧았을 것이라며 이에 반대하는 견해 또한 만만치 않다.

한편, 노자라는 인물에 관한 논란만큼이나 『도덕경』의 저자에 관한 논란 또한 그치지 않고 있다. 일단 노자의 실존을 인정하는 학자들은 『도덕경』이 노자의 저술이라는 점을 인정하고 있는데, 『사기』의 기록이나 『한비자』, 『장자』 등에 인용된 구절이 『도덕경』의 내용과 일치하고 있다는 점과 『도덕경』의 내용이 일관성을 유지하고 있다는 점 등을 근거로 제시하고 있다. 그것은 절대로 편집하고 정리해서 나올 수 있는 것이 아니라는 지적이다. 사실 『순자』와 『여씨춘추』에서도 '부드러움'(柔) 등에 대한 강조가 노자에서 비롯된 것임을 강조하고 있다. 한마디로 많은 학자들은 『도덕경』이 제자백가 학설의 요람이라는 점에 동의하고 있는 것이다.

하지만, 『도덕경』의 출판 연대와 관련해 대부분의 사람들은 이 책이 노자의 말을 기록한 것임은 사실이나 노자 자신이 완성한 것이 아니라 후인들에 의해 성립된 것이라고 본다. 이는 『논어』나 『묵자墨子』가 공자나 묵자에 의해 직접 저술된 것이 아니라는 점과 일치한다. 『논어』나 『묵자』는 제자나 사숙제 자 등의 편집으로 완성된 것이다. 단지 『도덕경』에는 『논어』의 '공자왈孔子曰' 과 같은 표현들이 없는 점 등이 다르다고 하겠다.

『도덕경』의 성립 시기와 관련해서도 다양한 견해들이 있다. 양계초梁啓超 는 『논어』와 『묵자』 등에 노자의 이름이 보이지 않고 『도덕경』에 나타나는 관 명이 전국 시대의 명칭인 점 등에 비추어 『도덕경』이 전국 시대 말기의 작품 이라고 추정하였고,[2) 또 어떤 학자들은 현존 『도덕경』이 전국 시대 중기 이래 다양한 사상을 가미해 한대 중기에 완성된 후 다시 계속 손질이 되어 오늘에 이른 것이라고 주장하기도 했다. 그러나 대부분의 학자들은 『도덕경』의 완성 시기를 춘추 시대 말기 내지 전국 시대 초기로 보면서 대략 『논어』와 같은 시 기이거나 그보다 약간 먼저 만들어졌을 것이라고 추정하고 있다. 그 근거로 는 우선 선진 시대 전적들이 대부분 노자의 말을 인용하였다는 점을 들 수 있 는데, 거기에 인용된 말들은 지금의 『도덕경』에 그대로 있다. 『전국책戰國策』 에서는 2회, 『장자』에서는 24회, 『한비자』에서는 「유로喩老」와 「해로解老」를 제 외한 여타 편에서 2회 인용하고 있으며, 『여씨춘추』의 경우는 모두 4회에 걸 쳐 인용하고 있다. 이외에도 각종 서적 가운데 『도덕경』 원문을 인용하지 않 더라도 그것의 의미를 인용한 경우가 셀 수 없을 정도로 많다.

『전국책』 「제책齊策」에는 노자에 관한 제선왕齊宣王 당시의 기록이 실려 있다. 따라서 제선왕의 재위가 기원전 344년부터 324년까지라는 점을 생각할 때 『도덕경』은 기원전 324년 이전에 이미 유행했다고 보아야 한다. 이 시기는 장자와 순자가 활약한 시기이기도 하다. 『장자』에 노자의 말을 인용한 곳이 특히 많은 것도 이러한 시기적 맥락과 밀접한 관계가 있을 것이다. 『순자』의

---

2) 이춘식, 『중국고대사의 전개』(서울: 신서원, 1989), 183쪽.

경우도 비록 직접 인용된 것은 없으나 『도덕경』에서 인용된 것으로 볼 수 있는 유사한 구절이 적잖이 산견되고 있다.

또한 전국 시대 제자의 책들은 모두 장편이고 번잡한 해설이 많은 데 반해 『도덕경』만은 매우 간결하고 세련된 문장으로 되어 있으며 명백하고 유창하다는 특징을 지니고 있다. 문답체가 아니라는 점을 빼면 『논어』와 매우 흡사하다. 아마 글 쓰는 도구가 발달하지 못했다는 것이 중요한 이유가 되었을 것이다. 문체 발전의 추세를 보더라도 『도덕경』의 완성 시기는 전국 시대 제자백가 이전으로 보는 것이 타당하다.

물론 『도덕경』 중에도 후인들이 뒤섞어 넣은 글자가 다수 있다. 26장의 '만승萬乘'과 '후왕侯王' 등의 표현이 그것이다. 이는 분명히 전국 시대의 관용어로 춘추 시대에는 존재하지 않았던 용어이다. 31장의 '편장偏將'과 '상장上將' 등의 표현은 주석이 본문에 삽입된 경우로 간주되고 있다. 하지만 3장의 '불상현不尙賢'과 19장의 '절인기의絶仁棄義'는 묵자와 맹자의 주장을 배척하기 위해 사용한 것이 아니다. 상현尙賢과 인의仁義는 모두 춘추 시대 말기에 유행했던 개념으로 노자는 그에 따른 부작용을 지적하기 위해 이와 같은 용어를 사용했던 것이다. 이를 『도덕경』이 『맹자』와 『묵자』보다 늦게 나온 증거로 삼아서는 안 된다.

노자의 『도덕경』은 원래 『노자』 또는 『노자서』라고 불렸다가 한나라 경제 당시에 '경'으로 개칭되었고, 당 현종 때에 들어 더욱 격상되어 『도덕진경』으로 일컬어지게 되었다고 한다. 문헌상 『도덕경』이라는 명칭이 처음 등장한 것은 『태평어람』 권191이다. 여기에서 전한前漢 말기의 거유 양웅揚雄은 『촉왕본기蜀王本紀』를 인용해 "노자는 관문지기 윤희尹喜를 위해 『도덕경』을 지었다"라고 기술해 놓았다. 이것이 『노자』가 『도덕경』으로 불리게 된 최초의 기록이다. 『도덕경』이라는 이름은 『노자』 전편이 '도경道經'과 '덕경德經'이라는 상·하 양편으로 편제된 데 따른 것이다. 『도덕경』의 글자는 흔히 5천여 자라고 하

는데 대략 5천 2백자 내외로 되어 있다. 5천자가 못되는 판본도 있기는 하지만
이는 후인들이 임의로 문장을 삭제하여 간결하게 만든 탓이다.

『도덕경』의 표현은 특색이 있다. 장자의 웅변조의 서술과 달리 단편적 언
사의 서술로 되어 있고, 역설적 표현이 두드러진다. 그리고 대부분이 운문으
로 되어 있어 간결한 표현과 풍부한 은유, 무한한 함축성을 특징으로 한다.

『도덕경』을 주석한 책은 한대 이후부터 현재에 이르기까지 모두 3백 종
가까이 전해지고 있다. 일본의 경우도 2백 종 가까이 된다고 한다. 다만 한국
의 경우에는 아직 정확한 통계 자료가 없다. 대략적으로 한중일 3국의 주석서
와 관련 논문 등을 포함하면 『도덕경』에 관련된 책은 그 수가 2천여 종에 달할
것으로 관측되고 있다. 중국의 경우, 『논어』를 제외하고는 이와 비교할 만한
것이 거의 없다고 해도 과언이 아니다. 그것은 『도덕경』의 내용이 사람들을
흡입하는 마력이 있고 노자 사상이 중국인들의 심성과 매우 잘 부합된다는
점 때문으로 여겨진다. 그래서인지 중국에서는 『도덕경』의 한 구절 정도는 모
르는 사람이 없을 정도로 널리 사랑받고 있다.

『도덕경』의 원래 편제는 현재와는 사뭇 다른 것으로 확인되고 있다. 가장
오래된 주석으로는 『한비자』의 「유로」편과 「해로」편을 들 수 있다. 본격적인
주석서 중 현존하는 대표적인 것으로는 한대 하상공河上公의 주본과 삼국 시
대 위나라 왕필王弼의 주본을 들 수 있다. 왕필 주본은 주로 현학玄學의 입장에
서 기록된 데 반해 하상공 주본은 불로장생술의 입장에서 기록된 것이다.[3]

왕필은 약관의 나이에 자신의 사상을 완성한 사람으로, 그의 사상은 위진
현학을 대표하는 것으로 평가받고 있다. 특히 그는 『주역』에 대해서도 주석을
가함으로써 『도덕경』과 『주역』의 내용이 일맥상통하고 있음을 최초로 밝히
기도 했다. 『도덕경』에 관한 그의 주석본은 11890자로 원문의 2배 정도에 불과
하지만 짧은 내용과 간결한 문체로써 노자 사상을 가장 명확히 드러낸 것으

---

3) 임채우 역주, 『왕필의 노자』, 21쪽.

로 정평이 나 있다. 그는 노자 사상의 요지를 '근본을 높이고 말단을 줄이는'
이른바 '숭본식말崇本息末'이라고 하면서,[4] '유'와 '무'라는 한 쌍의 추상적 개
념을 중심으로 자신의 사상 체계를 확립했다. 그의 사상 체계는 '무'를 근본으
로 삼고 있기 때문에 흔히 '귀무론貴無論'이라고 불린다. 그는 『도덕경』에 주
석을 가하면서 본문을 모두 79장으로 나누었다고 하는데, 현재 전해지고 있
는 왕필본 『도덕경』과 하상공본 『도덕경』은 모두 81장으로 되어 있다. 어떤 연
유로 2개 장이 첨가되었는지는 확인할 길이 없지만, 『도덕경』 또한 다른 경전
과 마찬가지로 후세의 도가 사상가들에 의해 첨삭이 가해졌을 가능성을 배제
할 수 없다. 한편, 왕필은 노자 사상을 요약한 『노자지략老子指略』이라는 저술
을 남기기도 했는데, 이 책은 오랫동안 실전되었다가 1948년 『도장道藏』 속에
실려 있던 무명씨의 글이 그의 작품이라는 사실이 알려짐으로써 세상에 알려
지게 되었다.

　　1973년 중국의 호남성 장사의 마왕퇴 3호분 한묘漢墓에서는 백서본帛書本
『노자』가 출토되었다. 여기에는 갑을본 2종류의 『노자』 사본이 있는데 갑본
은 전서篆書로 기원전 200년 경에 쓰인 것이고 을본은 예서隷書로 기원전 190
년 경에 쓰인 것이다. 이는 대체로 현존본과 내용이 같으나 『덕경』이 『도경』
보다 앞에 배열되어 있고 몇 개의 편장 순서가 뒤바뀌어 있다.

　　1993년에는 중국의 호북성 형문시 곽점郭店의 초묘楚墓에서 기원전 300년
이전의 전국 시대에 쓰인 죽간본竹簡本 『노자』가 출토되었다. 죽간본은 모두
갑·을·병본 3종류가 발견되었다. 각각 분량의 차이가 있으나 3종류를 합쳐
보면 지금 전하는 왕필본의 약 3분의 1 정도 분량이 지금의 순서와 관계없이
실려 있다. 갑·을·병본 중 서로 겹치는 부분은 지금의 『도덕경』 64장의 후반
부 한 군데뿐이다. 이를 통해 당시에 이미 지금과 거의 같은 분량의 『도덕경』
이 성립되어 있었음을 알 수 있다. 죽간본은 학당의 선생이 교육용으로 필요

---

4) 王弼, 『老子指略』, "論太始之原, 以明自然之性, 演幽冥之極, 以定惑罔之迷……崇本以息末."

한 부분만 뽑아서 만든 것으로 추정된다.[5]

왕필본 중『도경』으로 불리는 상편은 모두 37장이고『덕경』으로 불리는 하편은 모두 44장이다. 하상공본에는 각 장마다 별도의 표제가 붙어 있는데, 이는 하상공河上公이 더한 것으로『도덕경』의 본래 모습은 아니다. 왕필과 하상공 이후 각 주석가들은 간혹 자기의 뜻대로 나누거나 합친 경우도 있기는 하지만 거의 예외 없이 81장을 기준으로 삼았다. 주소注疏는 최근 쏟아지고 있는 것까지 포함하면 이미 1천여 종이 넘었을 것으로 생각된다.

노자서에 대한 해석은 다양한데, 해탈과 초월을 말하기도 하고 유물론과 변증법적 사유를 강조하기도 한다. 은둔의 사회 사상이라고 부르기도 하고 또 성적인 해석을 가하는 경우도 있으며 농부의 영감과 소원을 표현했다고도 본다. 번역본으로는 당나라 때 현장玄奘(602?~664)이 산스크리트어로 번역한 것이 최초의 것이다. 서구권에서는 러시아가 처음으로 번역했고 이어 불어와 영어 번역본이 쏟아져 나오기 시작했다. 지금까지 나온 영문 번역본은 모두 40여 종에 이를 것으로 보인다. 노자 사상에 대한 서양인의 관심이 우리의 상상을 초월할 정도로 대단하다는 사실을 말할 수 있다.[6]

『도덕경』은 내용상으로 볼 때 앞뒤가 모순되거나 장과 절의 연락이 분명치 않은 곳이 많다. 이를 근거로『도덕경』은 한 사람의 저작이 아니라 일종의 격언집일 것이라는 주장이 제기되기도 한다. 그러나 용어나 문체가 일관되어 있고 저자나 시대, 지역의 격차를 느끼기 어려워 한 사람의 저자에 의한 것으로 볼 수밖에 없다는 견해도 있다.

도처에서 성왕聖王의 치治와 성인聖人의 치를 말하고 있는『도덕경』은 분

---

5) 김상철,『노자 제대로 읽기』(서울: 씨앗을 뿌리는 사람, 2001), 86~91쪽 참조.
6) 김학주는 헤겔이 그의 관념 철학을 발전시키는 데 노자의 사유 방법이나 사상 체계로부터 많은 것을 배웠을 것이라 하고, 칼 융 역시 노자의 '도' 개념을 활용해 인간 심리의 통일과 조화를 꾀했다고 보았다. 또한 그는 미국의 대학가 책방에서 동양에 관한 책들 중 노자에 관한 책이 가장 많은 것도 서양의 노자에 관한 깊은 관심을 보여주는 중요한 사례로 지적했다. 자세한 내용은 김학주,『노자와 도가사상』(서울: 명문당, 1988), 15~20쪽 참조.

명 '군주와 치세의 서'라고 말할 수 있다. 통치 사상에 관한 한『도덕경』은 동양 최고의 통치 사상서로 손꼽히는『논어』에 비추어 봐도 손색이 없다. 오히려 더욱 철저하면서도 고차원적이라고 해도 과언이 아니다. 유가의 최고 경전이라고 하는『주역』도 바로 도가 사상의 운동 논리를 '바꿀 역'(易)자의 개념으로 풀이한 것이라고 할 수 있다. 유가 사상이 근원적으로는 노자 사상으로부터 유출된 것임을 보여 주는 대표적인 실례가 바로『주역』인 셈이다.

흔히『도덕경』과『장자』,『주역』을 삼현경三玄經이라고 한다. 이는 그만큼 심오하고 난해해 일반인들이 접하기가 쉽지 않다는 뜻을 담고 있다. 그렇지만 사실『주역』과『도덕경』은 서로 통하고 있으며,『장자』역시『도덕경』을 해설한 것이라고 볼 수 있다.

2. 공자와『논어』, 한비자와『한비자』

노자에게 예禮를 물은 공자는 노자와 거의 비슷한 시기에 생존했던 인물이다. 그는 맹자, 순자 등에 의해 유가 사상의 비조로 숭앙되어 수천 년 동안 유일무이한 성인으로 떠받들어졌다. 그러나 공자는 유력 가문 출신이 아니었을 뿐 아니라 그의 이론이 열국의 제후들에게 받아들여진 것도 아니다. 오히려 그는 유세 도중 그에 대해 반감을 가진 사람으로부터 박해를 받아 생명의 위협을 받는가 하면 '상갓집 개'라는 비아냥거림까지 받았다. 그럼에도 불구하고 그는 만년에 고향으로 돌아와 후진 양성과 저술 작업에 진력함으로써 만세의 사표로 불리게 된 것이다.

그는 십철十哲 등으로 불리는 제자들에 의해 마치 예수가 사도 바울에 의해 찬연히 부활했듯이 동양의 사상을 대표하는 최고의 성인인 '지성선사至聖先師'가 되었다. 그의 통치 사상을 담은 어록들은 그의 제자들에 의해 편찬된『논어』에 가장 많이 남아 있다.『논어』에는 사실 공자뿐만 아니라『논어』의 편찬에 참여했던 증자曾子나 유자有子 등의 말도 함께 기록되어 있다. 이를 통해 유추해 볼 때『논어』는 1대 제자 및 2, 3대 후의 제자들에 의해 오랜 기간에 걸쳐 완성된 것이라고 할 수 있다.

『논어』「미자」편에는 공자가 천하를 주유할 때 초기의 도가 사상가로 보이는 인물과 만난 대목이 나온다. 공자가 초나라의 속국 중의 하나였던 섭葉 땅을 지날 때의 일이다. 장저長沮와 걸닉桀溺이라는 두 도인이 있었는데, 두 사람은 나루터의 위치를 묻는 자로에게 사람을 피하는 이른바 '벽인辟人'보다는 세상을 피하는 '벽세辟世'의 길을 취할 것을 권했다. 공자는 자로로부터 그 말을 전해 듣고는 실의에 찬 표정으로 "천하에 도가 있다면 나는 개혁을 하려 하지 않았을 것이다"라고 말했다고 한다.7) 「미자」편에는 또 자로가 익명의 도인과 만나는 대목이나 접여接輿라는 인물이 공자 옆을 지나가면서 '벽세'를 권하는 노래를 읊은 대목도 있다. 「헌문」편에도 자로가 노나라의 석문이라는 곳에서 은자隱者를 만났을 때 은자로부터 "공자는 불가능한 일을 알면서도 하는 사람이 아니냐"라고 조롱받는 대목이나, 공자가 위나라에서 경磬이라는 악기를 연주하다가 삼태기를 지고 가는 은자로부터 "천하게 각박한 소리를 낸다"라고 비난받는 대목이 나온다. 은자들이 공자의 악기 연주에 곁들여 공자의 학문하는 태도까지 싸잡아 비난한 것을 보면 이들의 학식과 교양이 만만치 않았음을 대략 짐작할 수 있다. 많은 사람들은『논어』에 출현하는 이들 은자들이 초기의 도가 사상가들이었을 것이라고 관측하고 있다. 이들은 모두 인위적으로 난세를 바로잡고자 애쓰는 공자를 냉소적인 눈으로 바라보았다. 이를 통해 알 수 있듯이 공학孔學은 출발 당시부터 초기 도가 사상가들의 비난의 표적이 되었다고 할 수 있다.

그러나 비록 그 구체적 방법론에서는 차이가 있을지언정 공자의 사상 역

---

7) 『論語』, 「微子」, "與其從辟人之士也, 豈若從辟世之士哉……夫子憮然曰……天下有道, 丘不與易也."

시 노자 사상과 마찬가지로 춘추 시대의 어지러운 상황을 타개하고자 하는 데서 출발한 것이었다. 공자 사상의 특징은 우주만물의 본체를 통해 문제를 해결하려 한 노자와는 달리 현실적인 역사 상황 속에서 그 해답을 찾으려 한 데 있다. 그가 이상적으로 그렸던 통치 질서는 주나라 초기에 완성된 봉건 질서였다. 주나라의 제도를 좇아 그 명분을 확고히 하고자 하는 그의 이런 사상적 경향을 가리켜 흔히 '정명종주正名從周'라고 한다.

공자는 왜 '정명종주'를 추구했던 것일까? 그것은 바로 춘추 시대 말기의 혼란이 '군군신신君君臣臣'의 명분이 사라진 데서 비롯되었다고 파악했기 때문이었다. 그의 이러한 상황 파악은 어느 정도 타당성을 지니는 것으로, 이를 통해 그가 단순한 과거지향적 복고주의자가 아님을 확인할 수 있다. 그가 중시했던 것은 통치 질서를 포함한 모든 사회 질서의 분의分義를 바로세우는 데 있었다. 그가 주나라의 통치 질서를 완성한 주공周公을 성인으로 떠받든 것도 이 때문이었다.

문화대혁명 당시 공자가 봉건 질서를 옹호한 반동으로 몰리게 된 것은 존재 여부도 확인되지 않은 전설상의 인물 요순堯舜 등을 최고의 성인으로 떠받든 맹자의 왜곡된 호고주의好古主義 때문이었다. 공자는 결코 역사의 흐름을 되돌리려 한 복고주의자가 아니었다. 그는 직분에 따른 책임 완수를 통해 통치의 극의極意를 이루고자 한 것이지 결코 구시대로의 퇴행을 추구한 것이 아니다.[8] 이는 그의 통치 사상의 정맥을 이은 순자가 사농공상士農工商의 직분에 따른 책임 완수와 더불어 수신修身의 정도에 따른 계층 간의 이동을 역설한 데서 잘 나타난다.

공자는 봉건 체제 하의 고정된 신분 질서를 옹호한 적도 없었고 위민爲民

---

8) Creel은 공자가 인간의 제도가 변화, 발전한다는 것을 인정한 것은 물론 적절하고 상식에도 맞는다면 그것을 적극적으로 개변시키거나 그 변화를 받아들이려는 자세를 지녔다고 단언했다. 자세한 내용은 H. G. Creel, 『공자, 인간과 신화』(이성규 역, 서울: 지식산업사, 1983; 원서는 *The Man and the Myth*), 163~165쪽 참조.

보다 존군尊君을 앞세운 적도 없었다. 그는 군민君民 모두가 직분별 소임에 대한 헌신적인 봉공奉公의 자세를 지녀야 함을 역설했을 뿐이다. 이러한 자세는 '존군'을 앞세운 한비자나 '귀민貴民'을 앞세운 맹자와는 뚜렷하게 구별되는 것이다. 문화대혁명 당시의 사인방이 그랬듯이 '정명종주'의 경향을 이유로 공자를 역사적 반동으로 매도하는 것은 공자의 통치 사상에 대한 극단적인 왜곡이 아닐 수 없다.

노자가 '소국과민小國寡民'을 주장한 것이 결코 단순한 원시 사회로의 복귀를 의미하는 것이 아니었듯이 공자가 '정명종주'를 주장한 것 또한 단순히 주나라 초기 사회로 복귀하자는 의미가 아니었다. 노자를 복고·반동주의자로 몰 수 없듯이 공자 또한 역사적 반동주의자로 몰아서는 안 된다. 노자와 공자는 모두 당대의 혼란스러운 통치 질서를 바로잡기 위한 방안으로 각각 '소국과민'과 '정명종주'를 역설했던 것일 뿐이다. 아직도 많은 사람들이 노자와 공자를 단순한 복고주의자로 이해하고 있는데, 21세기의 새로운 통치 사상을 모색해야만 하는 지금이야말로 이에 대한 정확한 이해가 필요한 시점이 아닐 수 없다.

역설적으로 보면 문화대혁명 당시 사인방이 가장 진보적인 사상가로 손꼽았던 한비자 등의 법가 사상가야말로 오히려 무력을 기반으로 한 전국 시대의 혼란스런 통치 체제를 옹호했던 것으로 볼 수도 있다. 진시황이 천하를 하나로 통일하여 봉건 통치 시대를 종식시키고 새로운 제왕정帝王政의 시대를 열었다고 하지만 그 통치 체제만큼은 전국 시대의 통치 체제를 확대한 것에 불과했다. 물론 진시황이 천하통일 이후에 취한 문자와 도량형의 통일이나 중앙집권적 통치 질서의 완성은 분명 새로운 시대에 부응하는 전진적인 모습이었음에 틀림없다. 그러나 군주독치君主獨治의 모습에 가까운 통치 유형은 분명 전국 시대의 통치 체제를 답습한 것이었다. 진나라가 불과 15년 만에 붕괴된 것도 이와 무관하지 않을 것이다. 따라서 노자와 공자, 한비자 등을 사인방의 주장처럼 '유물론과 유심론' 같은 이분법적이고 획일적인 잣대를 통해 보수와 반동으로 양분하는 것은 역사 왜곡의 극치가 아닐 수 없다. 노자와 공자, 한비자에 대한 비교분석의 과정에서 기존의 편견을 과감하게 버리는 일은 새로운 통치 사상의 정립을 위해 반드시 필요한 작업이다.

공자의 일생에 관한 얘기는 『사기』에 실려 있으나 사실 『사기』에 실린 기록은 『논어』의 내용을 토대로 한 것이다. 『사기』의 내용 가운데 『논어』에서 발췌 수록한 부분은 무려 68곳에 달하고 있다. 나머지 기록은 『맹자』의 15곳, 『춘추좌전』의 9곳, 『예기』의 6곳에서 각각 발췌한 것이다. 따라서 공자의 일대기는 『논어』에 모두 실려 있다고 해도 과언이 아니다. 이를 통해서 알 수 있듯이 『논어』는 공자의 일대기이자 공자 통치 사상의 정수를 모두 담아 놓은 책이라고 할 수 있다.

『논어』의 내용 가운데 공자의 일생과 관련해 가장 관심을 끄는 부분은 노자와의 만남에 대해서는 한마디의 언급도 없다는 점이다. 이를 근거로 과거의 유자들은 거의 예외 없이 그것을 후세의 도가 사상가들이 지어낸 얘기라고 치부했다. 그러나 앞서 검토한 바와 같이 노자라는 인물의 실존이 속속 확인되고 있고 또 많은 다른 책들에서 두 사람의 만남을 언급하고 있는 만큼 그 만남을 역사적 사실로 보는 것이 옳지 않을까 한다.

공자를 조술했다고 자처하는 맹자는 오히려 공자에 대한 근거 없는 얘기를 실어 놓음으로써 공자를 왜곡한 측면이 더 크다고 할 수 있다. 『맹자』에 실려 있는 공자와 관련된 얘기는 모두 43곳에 달하나 이 가운데 『논어』의 내용과 일치하거나 유사한 부분은 불과 15곳 정도에 불과하다. 나머지는 그 근거를 확인할 수도 없는, 공자의 이름에 의탁한 맹자의 일방적인 주장이라고도 볼 수 있는 내용들이 대부분이다. 따라서 공자의 통치 사상에 관한 한 『맹자』를 비롯해 『춘추좌전』과 『예기』 등에 나오는 기록은 크게 믿을 바가 못 된다. 결국 『논어』는 공자의 사상이나 행적을 왜곡 없이 가장 온전하게 전해 줄 수 있는 책이라고 할 수 있다. 『논어』는 최소한 노자의 『도덕경』과 같은 시기에, 아니면 그보다 앞선 시기에 나왔다고 보아야 한다. 『논어』 역시 『도덕경』과 마찬가지로 문체가 간결하면서도 그 뜻이 매우 정심精深해 공자의 통치 사상을 연구하는 데에 이보다 더 좋은 자료가 없다고 단언할 수 있다.

한대 초기의 왕충王充(30 ?~100 ?)이 지은 『논형論衡』에 따르면, 『논어』는 진시황 때 분서되었다가 한무제 때 공자의 고택을 헐던 중 그 벽에서 나온 『고문논어』 21편에다 제노본齊魯本 속의 2편과 하간본河間本의 7편을 합쳐 완성된 것으로 짐작된다. 현재 전해지는 『논어』는 모두 20편으로 수차례에 걸쳐 산삭刪削이 가해진 것으로, 앞의 10편과 뒤의 10편은 각각 상론과 하론으로 불리고 있다. 이 가운데 상론 10편은 제노본과 하간본을 토대로 편제된 것으로서 가장 오래된 기록이라고 간주된다. 따라서 공자의 통치 사상은 『논어』 가운데서도 특히 상론에 집중되어 있다고 할 수 있을 것이다.

『논어』에 대한 대표적인 주석서로는 위나라 하안何晏(193 ?~249)의 『논어집해論語集解』와 남송대의 주희가 쓴 『논어집주論語集註』를 들 수 있다. 흔히 전자를 고주古注라 하고 후자를 신주新注라 한다. 이들의 주석에 대한 2차적인 주석이라고 할 수 있는 소疏 또한 적지 않다. 동양 정치 사상사에서 가장 많은 주소注疏를 가지고 있는 저서가 바로 『논어』라고 할 수 있을 것이다.

조선 시대 5백년 역시 학술적으로 볼 때 『논어』에 대한 주소注疏의 역사라고 할 수 있는데, 그 대표적인 주석서로는 정약용丁若鏞(1762~1836, 호는 茶山)의 『논어고금주論語古今註』 40권을 들 수 있다. 정약용의 『논어고금주』는 일본의 오규 소라이(荻生徂徠)의 주석까지 인용하고 있어 『논어』의 주석에 관한 한 당대 최고의 문헌이라고 할 수 있을 것이다.

이제 한비자에 대해 간략히 검토해 보자. 무엇보다도 한비자는 동양의 사상가들 가운데 매우 특이한 역사관을 지닌 인물이었다. 그는 노자나 공자가 역사에 대해 순환론적으로 사유한 것과 달리 진보론적인 관점을 지니고 있었다. 그가 유가에서 숭배하는 고대의 성인에 대해 냉소적인 반응을 보인 것도 이 때문이었다. 그는 전국 시대 말기의 혼란스런 상황에 대해서도 노자 및 공자와는 전혀 다른 시각에서 접근하였다. 그는 어떠한 정치 제도나 사상일지라도 시대 상황의 산물이라는 점을 통찰하고 새로운 통치 질서가 도래할 것임을 예견했다. 그의 예견은 적중했다. 중국은 진시황에 의해 전국이 하나로 통일되는 전대미문의 통치 체제를 경험하게 된 것이다.

한비자는 새로운 중앙집권적 통치 체제에 어울리는 통치 사상을 제시하였다. 그의 통치 사상은 득천하得天下와 치천하治天下에 함께 적용될 수 있는 탁월한 통치 사상이었다. 그러나 불행하게도 그의 통치 사상을 통해 천하를 제패한 진나라는 15년 만에 멸망하고 말았다. 이로 인해 한비자의 통치 사상은 난세의 득천하 방략으로는 합당하지만 치천하의 통치 사상으로는 문제가 있다는 지적을 받게 되었다. 하지만 중국의 역사에 비추어 볼 때 태평세의 세월보다는 난세에 준하는 세월이 훨씬 길다. 이러한 관점에서 보면, 한비자의 통치 사상은 춘추전국 시대와 같은 난세에 유용했을 뿐만 아니라 사상적 혼란을 거듭하고 있는 현시점에서도 여전히 유효하다고 보아야 할 것이다.

한비자가 생존했던 시기는 전국 시대 말기로, 당시는 약육강식의 논리가 극에 달한 시기였다. 노자와 공자가 춘추 시대 말기에 나타나 각각 '도'나 '덕'을 내세워 난세를 광구匡救하려 했던 것과 마찬가지로 한비자의 통치 사상 역시 어지러운 세상과 도탄에 빠진 인민을 구제하기 위한 우국애민憂國愛民의 충정에서 비롯된 것이었다. 그러나 한비자의 현실 진단 및 처방은 전혀 달랐다. 엄법嚴法에 의한 강력한 군주 통치를 지향한 그의 주장은 인仁을 체득한 군자가 나라를 통치해야 한다는 공자의 군자 정치와는 극명한 대조를 이룬다. 이는 어찌 보면 인의예지 등 유가의 인위적인 덕목을 비난했던 노자의 주장과 맥을 같이하는 것이기도 하다. 다만 노자는 '도'라는 형이상학적 개념을 통해 난세를 극복하고자 한 데 반해 한비자는 '법'이라는 형이하학적 실체를 통해 새로운 통치 질서를 확립하고자 했던 점이 다르다.

한비자는 우선 시대에 뒤떨어진 주나라의 봉건 체제가 하루빨리 붕괴되어야만 한다고 확신했다. 나아가 종횡가 등으로 상징되는 세객說客들이 천하를 주유하며 난세를 더욱 어지럽게 만드는 일 또한 근절되어야만 한다고 보았다. 그는 강력한 통치권자가 출현하여 천하를 통일적으로 다스리지 않는 한 사분오열된 천하의 혼란스런 상황은 종식되지 않을 것이라는 확신을 가지고 있었다. 비록 '군주의 법'이기는 하지만 객관적인 통치의 기준을 통해 천하를 공평무사하게 다스려야 한다고 주장하게 된 배경이 여기에 있다.

또한, 한비자는 전국 시대의 냉엄한 국제 정세 속에서 다른 나라에 침략당하지 않으려면 무엇보다도 부국강병에 만전을 기해야 한다고 충고했다. 당연히 이를 위해서는 통치 권력을 장악한 강력한 군주가 나와 차질 없이 그것을 수행해야만 한다. 그는 공자가 언급한 인의예지와 같은 덕목으로는 결코 부국강병을 이룰 수 없다고 확신했다. 이것이 바로 그가 법가 이론의 선구자인 상앙商鞅, 신불해申不害, 신도愼到 등의 이론을 집대성하여 소위 '법法·술術·세勢'의 통치 이론을 만들게 된 배경이다.

법가의 원조는 기원전 535년에 정나라의 재상을 지냈던 자산子產으로, 그는 처음으로 형서刑書의 내용을 청동솥에 새겨 넣은 소위 '형정刑鼎'을 만든 사람이다. 그가 만든 '형정'은 중국 최초의 성문법으로 기록되고 있다.[9] 그는 엄한 형제으로 약소국인 정나라를 부강하게 만드는 커다란 성과를 올렸는데, 한비자는 자산의 경우를 예로 들면서 군주들이 일반 인민에게 법을 주지시킬 것을 권고했다. 그는 군주가 법과 권력을 전적으로 장악하지 못할 경우 부국 강병은커녕 군주의 자리마저 위태로워질 수밖에 없다고 역설했다. 부국강병

---

9) 子產은 대략 공자와 비슷한 시기에 살았던 鄭나라의 대부였다. 원래 이름은 公孫僑이고 자산은 그의 자이다. 학식과 견문이 넓었고 정나라의 簡公 때부터 定公, 獻公, 聲公에 이르기까지 수십 년 동안 재상 자리에 있었다. 그는 탁월한 외교술과 엄격한 법치를 통해 晉나라와 楚나라와 같은 강국 사이에 끼어 있는 정나라를 잘 보존시켰다. 자산이 죽었을 때 공자도 이를 슬퍼하고 눈물을 흘렸다고 한다.

을 위해서는 군주권의 강화가 절대 필요하고, 역으로 군주권을 지키기 위해서는 부국강병이 불가결하다고 믿었던 것이다.

또한 그는 군주권을 확립하는 방안의 하나로 공公과 사私의 엄별을 강조했다. 원래 사私라는 글자는 고대에는 '厶'로 썼다. 이는 개인이 땅에 줄을 긋고 못을 박아 자신의 영역을 표시한 것을 본뜬 글자이다. 이를 부정하고 파기시킨 형태가 공公이다. 이는 '厶'자 위에 나눈다는 뜻의 '八'자를 덧씌워 사사로움을 제거하고 공평을 이룬다는 의미에서 만들어진 글자이다. 한비자는 '공' 의식을 강조함으로써 개인의 '사'가 지배하는 영역을 일체 봉쇄했다. 공 개념과 사 개념을 대립시켜 공리와 사리가 결코 양립할 수 없다는 법칙성을 드러낸 것이다.

그런데 『사기』의 기록에 따르면 한비자의 생애는 참으로 비극적이었다. 그는 자신의 조국인 한韓나라의 왕에게 법法 · 술術 · 세勢에 관한 견해를 제시했으나 받아들여지지 않아서 뜻을 펼 수 없었다. 그러던 중 진시황이 이사李斯(?~기원전 208)의 진언에 따라 한나라를 침공하게 되자 한나라는 급히 한비자를 진나라에 사자로 보내 강화를 시도했다. 그러나 그는 순자 밑에서 동문수학했던 이사의 음모에 걸려 투옥 당했다가 음독자살하고 말았다. 당시 한비자의 저술을 읽고 감탄해 마지않았던 진시황은 그가 죽었다는 소식을 듣고 크게 애석해 했다고 한다. 결국 그가 죽은 지 3년이 지나 한나라는 망하고 말았다. 진시황은 그로부터 7년 뒤에 천하를 통일하는 위업을 이루었다. 진시황의 천하통일과 이후의 통치는 모두 한비자가 제시한 견해를 좇은 것이었다. 진시황은 어찌 보면 한비자의 가장 충실한 제자였다고도 할 수 있을 것이다.

『한서』「예문지」의 기록에 따르면 『한비자』는 모두 55편으로 되어 있었다고 하는데, 『한비자』 55편이 모두 한비자 자신에 의해 직접 저술되었는지에 대해서는 의심의 여지가 많다. 그러나 내용 전체가 일관되어 있고 한비자의 주장이 그대로 실려 있다는 점에 비추어 볼 때 그가 거의 모든 내용을 저술하였다고 보아도 크게 무리는 없을 듯하다. 이 55편 중 「주도主道」와 「양권揚權」, 「해로解老」, 「유로喩老」는 노자 사상과 밀접한 관련을 맺고 있다. 실제로 1973년 장사의 마왕퇴 한묘에서 출토된 고문서를 연구한 결과 이미 한비자 생존 당시에 노자 사상과 법가 사상의 절충이 별도로 있었던 것으로 보인다는 설이 제기되어 학계의 관심을 끌고 있다.[10]

최근 중국에서는 법가가 역사 발전의 추동 세력이었다는 평가와 함께 한비자에 대한 연구가 활발하게 전개되고 있다. 또 현대에 들어서는 한비자의 통치 사상이 인간에 대한 냉철한 심층 분석에 기초한 것으로 평가됨에 따라 그의 저서가 기업 경영에 있어서의 인사 관리 등의 측면에서 새롭게 각광받고 있다. 특히 학계에서는 그의 사상을 르네상스기의 마키아벨리와 비교분석하는 시도가 활발히 전개되고 있기도 하다.

그러나 난세를 극복하는 데 탁월한 효력을 발휘한 한비자의 사상은 2천여 년 동안 이단으로 몰려 왔다. 이는 진나라의 몰락 및 한무제의 '독존유술獨存儒術' 선포와 밀접한 관련이 있다. 현재 『한비자』로 통칭되는 그의 저서는 원래 이름이 『한자韓子』였다. 하지만 진의 몰락을 지켜본 한 왕조에서 '독존유술'을 선포하면서, 그리고 당대에 들어서 한유韓愈를 높여 한자韓子로 통칭하게 되면서 그의 저서는 『한비자韓非子』로 바뀌게 된 것이다.

한비자라는 이름은 이름 자체에서 알 수 있듯이 '한자韓子로 칭송받을 수 없는 인물'이라는 뜻을 지니고 있다. 아마도 중국 역사상 사람 이름에 '아닐 비'(非)자가 쓰인 경우는 그밖에 없을 것이다. 굳이 한유와 구별하기 위해서라면 '대大'자나 '고古'자 같은 글자를 선택할 수 있었을 터임에도 굳이 '비非'자를 쓴 것은, 한비자의 통치 사상이 유가 사상가인 한유와 극명한 대조를 이뤘기 때문이라고 해석할 수밖에 없다. 유가 사상가인 한유가 명실상부한 한자韓子가 된 상황에서 이에 배치되는 한비자의 경우는 말 그대로 '비자非子'가 될

---

10) 이운구 역주, 『한비자』 1(서울: 한길사, 2002), 28쪽 참조.

수밖에 없었을 것이다.

　한비자 사상에 대한 이런 왜곡된 풍조를 생각할 때 『한비자』에 대한 주석서가 거의 없었다는 사실도 그리 이상한 일은 아니다. 중국에서의 『한비자』에 대한 주석 작업은 주로 청대에 들어선 이후에야 이루어졌다. 대표적인 것이 왕선신王先愼의 『한비자집해韓非子集解』이다. 그런데 우리나라의 경우 조선조 5백년 내내 『한비자』에 관한 주석서를 낸 사람은 단 한 명도 없었다. 이를 통해서도 조선이 통치 사상 면에서 얼마나 경색되어 있었는지를 짐작할 수 있다. 이에 반해 일본에서는 '일본 제왕학의 비조'로 불리는 오규 소라이가 18세기 초에 『독한비讀韓非』를 저술한 바 있다. 순자의 통치 사상에 깊이 침잠했던 그는 『논어』를 비롯한 유가 경전의 주석서를 숱하게 저술하였는데, 그러면서도 자신의 학당에 법학연구실을 따로 둘 정도로 법가 사상에 대해서도 조예가 깊었다. 그가 『한비자』에 대한 주석서를 내게 된 것도 이와 무관하지 않을 것이다. 오규 소라이의 『한비자』 주석은 당시 일본의 제왕학이 조선에 비해 얼마나 폭넓고도 심도가 있었는지를 잘 보여 주는 사례라 하겠다.

3가의 탄생과 사상적 특징

1. 3가 탄생의 시대적 배경

선진 시대 도 · 유 · 법 3가의 통치 사상을 분석하기에 앞서 우선 이들의 통치 사상이 배태된 시대적 배경을 일별할 필요가 있다. 이는 어떤 사상이든 시대 상황의 반영일 수밖에 없다는 단순한 진리에 기초한 것이다.

춘추 시대에 들면서부터는 공경대부의 정권 찬탈로 말미암아 예禮에 의한 전통적인 종법적 통치 질서가 무너지게 된다. 이로부터 선진 시대에는 힘에 의한 지배가 보편화되었다. 사회 · 경제적인 측면에서 볼 때에는, 지배층의 착취가 격심해지면서 지배층에 대한 인민들의 불만이 더욱 높아지고 폭동 또한 상례화되었다. 토지 제도와 조세 제도의 변화, 철기의 사용과 농업 경작 방식의 발전 등으로 인해 더 많은 수확을 하게 되었지만 인민들의 지배층에 대한 불만 또한 오히려 더욱 높아지게 된 것이다.[1]

춘추 시대에서 전국 시대로 전환하는 가운데 야금술의 발달로 철기가 등

---

[1] 陳鼓應은, 비교적 보수적인 공자가 주나라 제도를 옹호하는 개량적인 태도를 취하자 '하층민'의 입장을 대표하는 묵자는 유가의 '親親' 의식에 기초한 '別愛' 사상에 불만을 품고 '兼愛' 사상을 제창하게 되었다고 분석하였다. 陳鼓應, 『老莊新論』(최진석 역, 서울: 소나무, 1997), 103쪽 참조.

장한다. 철제 농구의 사용은 심경농작과 대규모 개간 사업을 가능케 해 주었고, 이에 따라 수리 사업의 진흥, 비료의 시료, 우경의 보편화 등의 현상이 일어나면서 농업 생산력은 비약적인 증가를 보았다. 농업 생산력의 증가는 당연히 토지 제도와 조세 제도의 변화를 초래했다. 그리하여 춘추 시대 말기 주나라 선왕 때부터 철법徹法이 시행되기 시작하였다.

철법은 각 농가를 단위로 하여 수전자가 일정 부분의 토지를 경작하는 대신 정부에 수확량의 10분의 1을 세금으로 내는 제도였다. 이 제도는 수전자의 종신경작 및 교환과 매매가 가능해짐에 따라 점차 현대의 사유제와 유사한 형태를 띠게 된다. 그런데 정부의 재정은 계속 부족하게 되어 나중에는 10분의 2를 세금으로 거두어도 감당할 수 없었고,[2] 이로 인해 철법은 인민들에게 커다란 고통을 주었다. 반면 귀족들은 여전히 호사스러운 생활을 하고 있었다. 노자가 몇 차례에 걸쳐 철법의 가혹함을 지적한[3] 것도 이 때문이었는데, 노자는 귀족들이야말로 도적이라고 비난하였다.

결국 농경 방식의 발전은 인민들에게 많은 수확을 얻을 수 있도록 해 주었지만 동시에 그에 따른 과중한 세금과 부역까지도 안겨 주었던 것이다. 이에 대해 노자는 타락하고 부패한 권력층의 '인도'와 만물에게 공평한 '천도'를 비교하여, 천도를 따르지 않고 인민들을 가혹하게 착취하는, 권력층 중심의 '인도'로 통치되는 사회를 비판하였다. 그가 보기에 천도가 실현된 사회와 인도로 다스려지는 사회는 정반대로 나타났던 것이다.

하늘의 도는 남는 것을 덜어 부족한 것을 도와주는데, 인간의 도는 오히려 부족한 것을 덜어 남는 것을 도와준다.[4]

---

2) 『論語』, 「顔淵」, "哀公問於有若曰, 年饑用不足, 如之何. 有若, 對曰, 盍徹乎. 曰, 二吾猶不足, 如之何, 其徹也. 對曰, 百姓足, 君孰與不足, 百姓不足, 君孰與足." 철법은 주나라의 세법으로 수확의 10분의 1을 징수하는 것을 말한다. 徹은 通이나 천하에 통한다는 뜻으로 채택된 이름이다. 노나라에서는 宣公 때부터 10분의 2를 징수하고 있었다.
3) 『道德經』, 79장, "有德司契, 無德司徹."
4) 『道德經』, 77장, "天之道, 損有餘而補不足. 人之道, 則不然, 損不足, 而奉有餘."

'천도'의 세계는 남는 것을 덜어 부족한 것을 도움으로써 사람과 사물을 버리지 않아 만물이 안정되는 세계이다. 이에 반해 '인도'의 세계는 부족한 것을 빼앗아 남는 것에 보탬으로써 인민이 쉽게 굶주림과 죽음을 생각하게 되어 도적이 창궐하는 혼란의 세계이다. 노자는 춘추 시대 말기에 나타난 혼란의 원인을 인간 사회의 모순 구조 속에서 찾아 피치자를 외면한 치자의 욕심을 비판한 것이다. 이처럼 노자가 비판하는 대상은 항상 치자 계층이었다.

기원전 6세기 말에 노나라는 사전私田을 합법적으로 승인하면서 처음으로 1묘 단위로 세금을 부과하였다. 이를 계기로 해서 일반적인 조세 제도로 세묘법稅畝法이 널리 퍼지게 된다. 이렇게 철법에서 정식 부세賦稅 제도로 개정되면서부터 정부는 10분의 1이라는 비율에 구애받지 않고 재정상의 요구에 따라 세율을 자유롭게 올릴 수 있게 되었는데, 이로부터 다시 심각한 문제가 나타나게 되었다. 지배층의 착취와 억압이 기승을 부리게 되어 인민들은 많은 수확을 얻게 되어도 점점 더 생활이 어려워지고, 그에 따라 놀고먹는 통치 계층을 비판하면서 그들을 보호하는 천天과 조상까지 원망하게 되었다. 자연히 지배층에 대한 인민의 투쟁이 점차 늘어나서 각 제후국마다 인민들의 집단이탈과 폭동이 잦아졌다.

노자와 공자, 한비자 등이 활약했던, 소위 선진 시대로도 불리는 이 시기는 동양 통치사상사에서 가장 중요한 시기로 손꼽힌다고 해도 과언이 아니다. 중국 통치사상사에 대한 시기 구분은 학자에 따라 다소 차이가 있으나 정치제도사적인 측면과 종합해서 볼 때(통치 사상과 정치 제도가 별개로 발전하지는 않았을 것이기에) 크게 세 시기로 나누어 볼 수 있다.[5] 우선 고대로부터 진시

---

5) 蕭公權은 중국 정치 사상사의 시기 구분을 사상적으로는 4기, 제도적으로는 3기로 나누어 구분했다. 그는 사상적 시기 구분으로 우선 공자의 탄생(기원전 551)으로부터 진시황의 통일(기원전 221)에 이르기까지 약 3백년에 이르는 춘추 말기에서 전국 시대를 포함한 시기를 創造 시기로, 秦漢에서 宋元에 이르는 약 천 6백년의 기간을 因襲 시기, 명초에서 청말에 약 5백년의 기간을 轉變 시기, 이후 孫文의 三民主義 주창 시기로부터 현재까지를 成熟 시기로 나누었다. 蕭公權은 이어 제도적 시기 구분을, 춘추전국시대를 포함하는 봉건천하사상의 시기와 秦漢에서 明清 시기에 이르는 2천여 년 간의 전제천하사상의 시기 그

황의 천하통일 직전까지를 하나의 큰 단위로 묶을 수 있는데, 이 시기는 진시황의 천하통일 이전 시기라는 점에서 선진 시대로 통칭되고 있다. 물론, 정치제도사적 관점에서는 봉건제후의 시대로 불리는 주대周代가 가장 중요한 시기임은 말할 필요도 없다. 그리고 진한秦漢대 이후로부터 청대 말까지를 제왕정 시대라는 하나의 단위로 묶을 수 있다. 사상사적으로 볼 때 이 시기는 오직 유가 사상만이 공식적인 통치 이념으로 통용되던 시기였다. 끝으로 1911년의 신해혁명 이후부터 현재까지로, 이 시기는 제왕정이 2천여 년 만에 소멸되었다는 의미에서 공화정 시대로 분류할 수 있을 것이다.

중국 통치사상사를 이처럼 크게 셋으로 나눈 이유는 선진 시대로 통칭되는 봉건제후 시대와 진한 이후의 제왕정 시대, 신해혁명 이후의 공화정 시대가 통치사상사적으로는 물론 정치제도사적으로도 확연히 구별되기 때문이다.[6] 동시에 선진 시대는 주나라를 포함해 주나라 이전의 하나라와 은나라 등 모두 2천여 년에 해당하기 때문에 진한 이래 청대 말까지의 2천여 년과 시간적으로 구별되는 것이기도 하다.[7]

그런데 통치사상사적 의미에서의 선진 시대는 역사적 의미에서의 선진

리고 청말의 戊戌政變 시기 및 辛亥革命에서 오늘에 이르는 민주국가사상의 시기 등 크게 3가지로 나누었다. 蕭公權, 『中國政治思想史』(최명 역, 서울: 법문사, 1994), 6~7쪽 참조

6) 渡邊信一郎은 중국이 秦나라의 통일 이후 淸代末까지 전제 국가의 기본 형태를 유지한 세계사적으로 唯一無二한 경우에 해당한다고 주장했다. 그는 중국은 秦漢 이래 淸代末까지 계속 30만여 명의 관리와 백만여 명의 군대를 지속적으로 유지했다고 강조하면서 이와 같은 중국의 국가 체제는 프랑스의 제1제정과 제2제정을 거쳐 형성된 근대 부르주아 국가 체제와 유사하다고 주장했다. 渡邊信一郎, 『中國古代國家の思想構造』(東京: 校倉書房, 1994), 9쪽 참조.

7) Reischauer는 고고학적 성과를 토대로 하여 夏代의 존재를 인정하고, 夏·殷·周朝 각각의 성립연대와 관련해 크게 기원전 2205·1766·1122年說과 기원전 1994·1523·1027年說 등 2개의 說이 있다고 주장했다. 어느 견해를 취하든 夏·殷·周 삼대의 시기는 대략 2천년에 해당한다고 볼 수 있다. 라이샤워·페어뱅크, 『동양문화사』上(고병익·전해종 역, 서울: 을유문화사, 1973), 42~44쪽 참조; 張光直은 夏·殷·周 三代의 성립이 순차적으로 이루어진 것이 아니라 오랜 기간 중복적인 政體로 존재했을 가능성이 크다는 주목할 만한 異論을 제기하고 있다. Cf. Chang, Kwang-chih, "Sandai Archaeology and the Formation of the State", *The Origins of Chinese Civilization* (Keightley, ed., Berkley: University of California Press, 1983); Schwartz, Benjamin, *The World of Thought in Ancient China* (Cambridge/London: Harvard University Press, 1985), pp. 16~17에서 재인용.

시대와는 그 지칭하는 범위가 같지 않다. 역사적 의미에서의 선진 시대는 주나라 이전의 하나라와 은나라 등이 모두 포함된 2천여 년 동안의 시기를 가리키지만 통치사상사적 의미에서의 선진 시대는 중국 통치 사상의 기본 골격이 확립된 춘추전국 시기를 가리킨다고 할 수 있다.[8] 330여 년 간에 걸친 도·유·법 3가의 치도·치본 논쟁 역시 이 기간 동안 지속적으로 전개되어 왔다. 물론 진한 이래로도 송대의 성리학, 명대의 양명학, 청대 말의 공양학 등 각 시대별로 다양한 학파가 계속 생성된 것이 사실이지만 이는 어디까지나 유가 사상 내에서의 발전에 지나지 않았다.

선진 시대에 있어 사상사적으로 가장 중요한 사건은 기원전 6세기 공자의 출현과 기원전 221년 진시황의 천하통일이라고 할 수 있다. 공자는 선진 시대 통치 사상의 효시라는 점에서, 진시황의 통일은 선진 시대를 마감했다는 점에서 큰 의미를 지닌다.

춘추 시대는 원래 공자가 지은 『춘추』가 다루고 있는 기간을 지칭하는 것이었는데, 대체로 동주東周가 시작된 기원전 8세기 후반을 기점으로 삼아 전국칠웅戰國七雄이 등장하는 기원전 5세기 초반까지의 360여 년에 걸친 기간을 말한다. 이 시대의 특징으로는 국가를 떠받쳐 온 봉건 질서가 붕괴 조짐을 보이기 시작했다는 점을 들 수 있다.[9] 주나라 왕실은 힘을 잃은 채 단지 권위만을 유지하고 있을 뿐이었다. 또한 춘추 시대는 이른바 선진 시대 제가로 불리는 다양한 사상가들이 나와 난세의 구제 방안을 나름대로 설파한 시기이기도 하다. 중국 통치사상사에 있어 가장 사상 논쟁이 활발하게 전개되는 이른바

---

8) 史家들은 대체로 周幽王이 犬戎의 侵來로 驪山에서 죽은 뒤 아들인 平王이 鎬京에서 雒邑(洛陽)으로 천도한 기원전 770년을 기준으로 晉나라가 삼분된 기원전 403년까지의 360여 년 간을 춘추 시대로 간주하면서 이후 진시황이 천하통일한 기원전 221년까지의 180여 년 간을 전국 시대로 규정하고 있다. 라이샤워·페어뱅크, 『동양문화사』 上(고병익·전해종 역), 64쪽 참조.

9) 梅思平의 주장에 따르면 춘추 시대에는 모두 36명의 군주가 신하들에게 살해되고 72개 제후국이 몰락했다고 한다. 梅思平, 「春秋時代的政治與孔子的政治思想」, 『古史辨』(北京: 樸杜出版經理部, 1926), 161쪽; 송영배, 『중국사회사상사』(서울: 한길사, 1986), 36쪽에서 재인용.

백화제방의 단초가 마련되었던 것이다. 이러한 격변의 소용돌이 속에서 제가들의 다양한 의견과 사상이 개진됨에 따라 통치사상사적 발전 또한 비약적으로 이루어졌다.

전국 시대란 전한대 유향의 『전국책』에서 다루어진 기간을 지칭하는데, 대체로 진晉나라가 삼분된 때로부터 진시황이 천하를 통일하기까지의 180여 년 간의 기간에 해당한다. 주나라 왕실의 실력은 이미 춘추 시대부터 쇠약했지만 그래도 춘추 시대에는 170여 개에 달하는 제후국들이 있었고 또 이들을 이끄는 패자들이 차례로 나타나 주나라 왕실을 중심으로 해서 천하의 질서를 유지해 나갔다.[10] 그러나 춘추 말기에 이르면 그러한 질서를 유지하는 중심 세력이 없어지면서 약육강식의 풍조가 만연하게 되는데, 이에 따라 제후국이 10개 국 미만으로 대폭 정리되면서 전국 시대가 열린 것이다.[11]

전국 시대를 규정짓는 가장 중요한 사건으로는 오랜 기간 대국으로 군림해 오던 진晉나라와 제齊나라에서 신하가 주군의 자리를 찬탈한 사건이 일어난 것을 들 수 있다. 이 때를 전후해 작은 나라가 큰 나라에 병탄되는 일이 점점 많아지면서 천하는 전국칠웅으로 불리는 실력자들이 나타나 자웅을 겨루는 양상으로 전개되었다. 이러한 때에 진秦나라의 효공孝公은 상앙의 변법을 채택함으로써 진나라를 7국 가운데 가장 강력한 나라로 만들었다. 진나라가 두드러지게 강해지자 상호견제 속에서 묘하게 유지되어 오던 7국 간의 세력 균형도 점차 무너지기 시작하고, 결국 법가 사상을 채택한 진나라가 6국을 차례로 멸망시키고 천하를 통일하게 되면서 전국 시대는 막을 내리게 된다.

전국 시대의 가장 큰 정치제도사적 특징으로는 힘센 나라가 주변의 약소국을 병탄하는 약육강식 및 신하가 주군의 자리를 찬탈하는 하극상의 상황이

---

10) Reischauer는 上代에 지방을 통치하는 일반 단위는 城壁을 쌓은 都邑과 그 주위의 近郊였다고 하면서 기원전 8세기에 이르기까지 광범위한 통합이 이루어졌다고 주장했다. 그는 본래 周가 정복한 지역에는 170여 국가가 있었고 새 주변 국가를 포함할 경우 200국이 넘었을 것으로 추정했다. 라이샤워 · 페어뱅크, 『동양문화사』 上(고병익 · 전해종 역), 59쪽 참조
11) 라이샤워 · 페어뱅크, 『동양문화사』 上(고병익 · 전해종 역), 67쪽.

만연해지면서 봉건 질서가 붕괴되었다는 점일 것이다.[12] 이런 혼란은 기본적
으로 주나라의 봉건 체제가 씨족 중심의 가족 제도를 토대로 한 종법제宗法制
에 그 기반을 두었던 데에 그 원인이 있다.[13] 서주 시대부터 이미 주나라 왕실
은 권위의 측면에서 천하의 정점에 서 있었지만 실질적으로는 왕기王畿에 한
해 통치력이 미치는 작은 소국에 불과했다. 통치 제도 자체가 근원적으로 열
국의 분열을 초래할 소지를 안고 있었던 것이다.[14]

봉건 질서가 그런 대로 유지되던 춘추 시대 중기까지만 하더라도 군신 상
하 간의 위계질서가 어느 정도는 존중되었으나 춘추 시대 말기에 들어서서는
상하 위계질서가 붕괴됨에 따라 정치적 혼란이 가속화되었고, 드디어 전국
시대에 들어서서는 하극상과 약육강식이 당연시되는 혼돈의 시대가 되고 말
았다.[15] 전국 시대에는 전국칠웅으로 불리는 각국의 실력자들이 왕을 참칭僭

---

12) 蕭公權은 夷王(기원전 894~879), 平王(기원전 770~720) 및 敬王(기원전 519~476) 등 周나라
의 세 임금이 제후 덕분에 왕이 될 수 있었던 점과 鄭나라 사람이 周王의 어깨를 활로 쏘아
맞추고 楚나라의 왕이 天子의 권위의 상징인 솥(鼎)에 관해 물은 점 등을 들어 봉건 질서가
무너지는 양상을 보이게 됐다고 보았다. 蕭公權은 이어 마침내 周의 赧王이 秦나라에 인질
로 간 것을 계기로 周室의 마지막 남은 허울뿐인 권위마저도 사라지게 돼 봉건 질서가 완
전히 붕괴됐다고 평가했다. 蕭公權, 『中國政治思想史』(최명 역), 27쪽 참조.
13) 楊幼炯은 『左傳』 '昭公 17年'의 "昔者, 黃帝氏以雲紀, 故爲雲師而雲名. 炎帝氏以火紀, 故爲火
師以火名. 共工氏以水紀, 故爲水師而水名. 大皞氏以龍紀, 故爲龍師而龍名. 我高祖少皞摯之立
也, 鳳鳥適至, 故紀於鳥, 爲鳥師而鳥名"라는 기록이 중국의 종법 제도에 관한 최초의 기록이
라고 하면서, 이를 토대로 중국의 씨족은 동물이나 무생물을 씨족의 이름으로 삼은 것이
최초의 사례였다고 강조하면서 혈통 관계를 토대로 한 종법이 야만적 생활에 대한 최대의
구별 기준이 된 것은 물론 동족이 서로 믿고 의지하는 조직의 근본이 됐다고 주장했다. 楊
幼炯은 중국의 종법 제도는 춘추 시대까지 유지되다가 전국 시대에 들어서면서 점차 소멸
조짐을 보인 후 후한 시대에 들어 완전히 끊어졌다고 분석했다. 그는 또 봉건 제도의 근간
이 종법 제도에 있었던 까닭에 봉건 제도는 殷代의 神權 政治와는 달리 族長 政治의 형태
를 띨 수밖에 없었고 領主와 領域 간의 상호 관계 역시 世襲과 隷屬의 형태로 유지될 수밖
에 없었다고 주장했다. 楊幼炯, 『中國政治思想史』(上海: 商務印書館, 1937), 5~7쪽 참조.
14) 楊幼炯은 殷代와 周代는 기본적으로 天子와 諸侯 세력 간의 권력 배분에 있어 큰 차이가
있었다고 강조했다. 그는 殷代 정치는 일종의 神權 政治이며 强權 정치였던 까닭에 君主의
권한은 강력하고 諸侯의 세력은 미약했지만 周代 정치는 일종의 族長 정치였기에 君主와
諸侯의 세력이 비등했었다고 분석했다. 또 그는 서방의 작은 부락에서 성장한 周나라는 권
력을 장악하는 과정에서 여러 세력의 도움을 받아 성립한 까닭에 宗親과 姻戚, 功臣 등에게
分封할 수밖에 없었으며 따라서 周王의 세력 범위는 실질적으로 畿內의 일부에 지나지 않
았고 列國의 小君들은 모두 독자적으로 賦稅를 거두고 인민을 사역시키는 한편 私兵과 僚
屬을 거느린 까닭에 사실상 실력 면에 있어서는 周王과 아무런 차이가 없었다고 강조했다.
楊幼炯, 『中國政治思想史』, 23~24쪽 참조.

稱하면서 영토 확장과 지배권 강화에 혈안이 되었고,[16] 당연히 부국강병만이 국가 최고의 목표가 되었다. 이런 상황을 거쳤으므로 군주는 자연히 국정의 중심이 될 수밖에 없고 천하를 통일하는 나라는 필연적으로 중앙집권적 통치 질서를 구축하지 않을 수 없게 된다.[17]

원래 봉건 질서의 골간을 이룬 것은 종법제였다. 종법제의 근원은 씨족을 중심으로 한 가족 제도에 있다. 중국은 고대에 이미 씨족 사회가 정비되었던 까닭에 가정과 국가는 매우 원활하게 연결되어 있었고, 국가는 하나의 거대한 윤리적 정치공동체를 이루고 있었다. 씨족 사회를 대표하는 성姓은 중국의 고대 사회가 원래 모계 사회였음을 증명하고 있고, '많다'는 의미의 백百자를 덧붙인 '인민'이라는 용어는 원래 모든 마을을 지칭하는 용어였다.[18] 각 마을의 장은 모두 후后라고 불렸던 까닭에 군후群后는 곧 제후를 의미했다. 군후 중에 공덕이 많은 사람은 군후의 합의에 의해 원후元后로 추대되었는데, 이 원후는 곧 하늘의 자식이라 하여 '천자天子'로 불리게 되었다.[19]

종법제의 가장 큰 특징 중 하나는 동성불혼 제도이다. 이 제도는 중국 민

---

15) 楊幼烔은 춘추전국 시대 5백 년의 기간은 내면적으로 볼 때 封建 정치에서 集權 정치로, 貴族 정치에서 官僚 정치로 이행하는 과정이었다고 평가하면서 이 시대의 가장 큰 특징은 王權의 약화와 世族世卿의 발달이었다고 주장했다. 楊幼烔, 『中國政治思想史』, 24~25쪽 참조.

16) 楊幼烔은 춘추전국 시대의 가장 큰 경제상의 변화는 井田制의 붕괴로서, 이는 사유재산의 확대에 따른 결과였다고 평가했다. 그는 타인의 토지를 무력으로 점탈하는 관행이 유행하면서 인민에 대한 탄압이 가중됐다고 분석했다. 楊幼烔, 『中國政治思想史』, 26~27쪽 참조.

17) 木村英一은 周代의 종법 사회는 가족주의적 도덕에 기초해 성립된 데 반해 춘추전국 시대에 나타나는 주권국가군은 국가주의적 정치를 전제로 성립된 것이라고 주장했다. 전자는 文化를 통치의 근간으로 삼고 道德을 그 핵심으로 간주한 데 반해 후자는 武力을 통치의 근간으로 삼고 經濟를 그 바탕으로 간주했다고 평가했다. 또 전자는 禮的 질서를 조직의 기본 원칙으로 삼은 데 반해 후자는 法的 통제를 기본 원칙으로 삼았고, 전자의 통치 담당 세력이 학자인 데 반해 후자는 현실 정치가였다고 분석했다. 木村英一, 『法家思想の探究』 (東京: 弘文堂, 1944), 41쪽 참조.

18) 梁啓超는 『尚書』 「堯典」의 "克明俊德以親九族, 九族旣睦平章百姓"과 『國語』 「楚語」의 "所謂百姓者何也……民之徹官百, 王公之子弟之質, 能言能聽徹其官者, 而物賜之姓……是爲百姓"을 근거로, 백성은 원래 귀족을 지칭하는 말이었는데 이후 인민의 의미로 전용되었고, 인민이라는 용어는 고대에는 '兆民'으로 표현했다고 한다. 梁啓超는 「堯典」의 '平章'을 각 종족인 인민을 평등하면서도 조화롭게 화합시킨다는 의미로 풀었다. 梁啓超, 『先秦時代政治思想史』(上海: 商務印書館, 1926), 62쪽 참조.

19) 梁啓超, 『先秦時代政治思想史』, 63쪽 참조.

족이 하나의 거대한 민족 집단을 형성하는 데 기폭제적인 역할을 수행했다. 주나라 제도의 근간을 이룬 종법제는 동성불혼 제도와, 동족간의 위계질서를 기초로 한 소위 '장유유서長幼有序'를 토대로 하여 형성되어 있었다.[20] 이 종법제를 근거로 해서 주나라는 천자를 최상위의 종宗으로 삼는 방식의 거대한 가족 집단을 형성하고 있었던 것이다.[21] 모든 인민은 중간 단위에 있는 제후를 정점으로 하나의 가족 집단을 이루었고, 제후 역시 천자를 정점으로 가족 집단을 이루기는 마찬가지였다. 한마디로 주나라의 모든 인민은 종법제를 통해 궁극적으로 주나라 왕에 수렴되었다고 할 수 있다.[22] 이런 종법제 하에서는 당연히 조상을 숭배하는 '존조尊祖' 관념이 사회 질서의 기본 원리로 작용할 수밖에 없다. 그리고 대규모 가족 집단을 토대로 한 그러한 존조 관념은 천하의 모든 인민을 하나의 가족으로 보는 사상으로 연결되었다.[23]

종법제의 붕괴를 춘추전국 시대의 정치제도사적 특성으로 꼽을 수 있다면 경제사적 특성으로는 노예제의 붕괴를 들 수 있다. 이 시기에 나타난 중요한 표징은 바로 사전私田 및 사학私學의 출현이었다.[24] 그리고 통치사상사적

---

20) 梁啓超는 『禮記』 「喪服小記」와 「大傳」의 "別子爲祖, 繼別爲宗, 繼禰者爲小宗, 有百世不遷之宗, 有五世則遷之"를 근거로 國君을 제외하고는 百世가 지나도 변하지 않는 大宗 이외에 5世를 지나면 변하는 小宗이 있으며, 각 小宗은 각각 宗人을 이끌고 大宗을 宗으로 삼고 大宗은 각 小宗을 이끌고 國君을 宗으로 삼는다고 했다. 周代의 종법 제도를 하나의 거대한 가족 집단으로 간주할 수 있는 근거라 하겠다. 梁啓超, 『先秦時代政治思想史』, 63쪽 참조.

21) 『荀子』, 「正論」, "天子……聖王之子也……天下之宗室也."

22) 종법적 봉건 제도는 周室을 중심으로 형성된 혈연적 유대에 의탁해 君臣 관계를 확립했던 중국 최초의 조직적이면서도 체계적인 지배 체제였다. 이춘식, 「유가정치사상의 이념적 제국주의」, 『인문논집』 27(1982), 84쪽 참조.

23) 梁啓超는 『中庸』의 "明乎郊社之禮, 禘嘗之義, 治國其如示諸掌乎"와 『孟子』의 "天下之本在國, 國之本在家", 『大學』의 "欲治其國者, 先齊其家" 등을 예로 들어 종법 제도가 유가에 엄청난 영향을 미친 것으로 파악했다. 梁啓超, 『先秦時代政治思想史』, 68쪽 참조.

24) 楊榮國은 춘추 중·말기에 冶金 기술의 발전에 따른 철제 농기구의 사용으로 경작 면적이 비약적으로 확대되면서 公田 이외에 私田이 출현하게 되었다고 주장하면서 私田의 출현은 바로 奴隷制 국가의 기반이랄 수 있는 土地王有制(井田制)가 붕괴하는 주요 원인이 되었다고 강조했다. 그는 이와 같은 私田의 출현이 곧 노예제적 구귀족의 몰락과 봉건제적 신흥 지주세력의 대두를 의미하는 것이라고 분석했다. 그는 이어 殷周 시대에는 학술과 문화가 奴隷主인 貴族에 의해 농단되는 일종의 官學만이 존재했으나 춘추전국 시대에 들어서면서 민간에게도 학술이 보편적으로 전파되게 됨에 따라 私學이 대두하게 되었다고 분석했다. 楊榮國, 『簡明中國思想史』(北京: 中國靑年出版社, 1962), 10~11쪽 참조.

특성을 꼽는다면 제가 사상의 만개를 들 수 있는데, 이는 사전 및 사학의 출현이 없었다면 불가능한 현상이었다. 실제로 선진 시대의 학술 사상은 춘추 시대 말기에 들어 비약적인 발전을 이루었다.

선진 시대 제가의 효시인 관중管仲은 패자의 시대였던 춘추 시대 초기에 태어나 제환공齊桓公을 춘추오패春秋五霸의 첫 패자로 등장시킨 역사적인 인물이다.[25] 그러나 제환공은 관중과 같이 입신 과정에서부터 문제가 있었던 인물의 도움을 받아 패업을 이룸으로써 후세에 적잖은 논란을 야기했다. 관중 및 관중의 패업 등을 둘러싼 선진 시대 도·유·법 3가의 논쟁도 따지고 보면 바로 이와 관련된 배경에서 비롯된 것이다. 그러나 논란에도 불구하고 관중의 패업은 중원을 이적의 침입으로부터 자국을 지켜낸 하나의 위업이 아닐 수 없다. 따라서 관중은 부국강병을 통해 패천하霸天下를 이룩한 현실 통치자이자 선진 시대 제가의 사상적 선구자라고 할 수 있을 것이다.

하지만 춘추 시대를 상징하는 사상가는 역시 공자임에 틀림없다. 공자를 조종으로 하는 유가와, 묵자를 조종으로 삼는 묵가는 봉건 질서가 위협을 받고 있던 춘추 시대 중기에 나타나 봉건 질서의 회복을 통한 난세의 구제를 기치로 내세웠다. 이에 반해 한비자로 대표되는 법가는 새로운 질서 창조를 통해 난세를 구하려 했다. 또한 장자로 대표되는 도가는 현실을 초탈하는 데서 그 해답을 찾으려 했다.[26] 이들 4가가 바로 선진 시대를 대표하는 학파라고 할 수 있다. 이들은 인치파와 법치파,[27] 법정파와 윤리파,[28] 남파와 북파[29] 등으

---

25) 齊桓公의 등극 및 관중과의 조우 과정에 대해서는 『史記』「管晏列傳」, 『國語』「齊語」, 『左傳』 '莊公 8~9年' 등 참조. 춘추 시대를 주름잡은 五霸가 누구인가 하는 문제와 관련해서는 秦穆公과 宋襄公을 빼고 吳王闔閭와 越王勾踐를 넣는 견해로부터 宋襄公 대신 吳王闔閭를 넣는 견해, 楚莊王과 吳王夫差를 교체하는 견해 등 다양한 견해가 존재해 왔다. 日原利國, 「王道から覇道への轉換」, 『中國哲學史の展望と模索』(東京: 創文社, 1976), 157쪽 참조.

26) 木村英一은 선진 시대에서 漢初에 이르기까지 법가라는 이름은 등장하지 않았다고 강조하면서 법가라는 명칭은 司馬遷이 지은 『史記』「太史公自序」의 "法家嚴而少恩, 然其正君臣上下之分, 不可改矣"를 통해 최초로 등장하게 됐다고 주장했다. 木村英一, 『法家思想の探究』, 20~21쪽 참조.

27) 蕭公權은 이들 선진 시대 4家의 특징을 크게 사람이 다스리는 인치파와 제도로 다스리려는 법치파로 분류할 경우 유가, 묵가는 인치파로 볼 수 있고 법가는 법치파로 도가는 인치, 법

로 다양하게 분류되고 있다. 이러한 분류들은 이들 선진 시대 4가의 사상적 특성을 분석하는 데 도움이 된다.

그러나 이들 선진 시대 4가의 사상을 총괄적으로 개관하는 것은 무엇보다도 그들이 생존했던 춘추전국 시대에 대해 이들이 어떤 통치 사상을 피력했는지를 기준으로 해서 분류하는 것이 가장 적당하리라고 생각된다. 이 기준으로 보면, 우선 유가와 묵가는 이미 붕괴된 봉건 체제를 옹호한 데에 가장 큰 사상적 특성이 있다. 이에 반해 법가는 앞으로 출현할 제왕정을 예견했다는 점에서 이들과 극명한 대조를 보인다. 그리고 장자로 대표되는 도가는 현실에 존재하는 통치 제도를 부인하는 모습을 보여 주었다는 점에서 다른 3가와 구별된다. 한마디로 이들 4가는 춘추전국 시대라는 어지러운 시대 상황 속에서 서로 다른 세 가지 처방을 제시한 셈이다. 다시 말해, 유가와 묵가는 붕괴되어 가는 봉건 제도의 유지 및 회복에 진력한 데 반해 법가는 어지러운 현실을 직시하면서 앞으로 닥칠 새로운 상황에 적극 적응하려는 모습을 보여 주었으며 도가는 일체의 인위적인 통치를 거부하면서 '무위'에 입각한 개인의 자적自適을 추구했던 것이다. 유가와 묵가가 봉건 질서를 꾀했다는 점에서

치 모두 반대했다는 점에서 이른바 '無治派'로 표현할 수 있다고 주장했다. 蕭公權, 『中國政治思想史』(최명 역), 35쪽 참조

28) 高須芳次郎은 현실과 이상 중 어디에 중점을 두고 있는가를 기준으로 선진 시대 4家를 倫理派와 法政派로 나눈 뒤 倫理派를 다시 儒墨家의 現實派와 도가의 非實派로 분류했다. 이어 法政派를 크게 富國派, 强兵派, 法治派의 셋으로 나누면서 관중을 富國派의 법가로 분류했다. 그러나 필자는 앞서 밝혔듯이 관중을 도・유・법 3가의 어느 한쪽으로 분류하는 데 반대한다. 高須芳次郎, 『東洋思想十六講』(東京: 新潮社, 1924), 29~35쪽 참조.

29) 高須芳次郎은 南人派와 北人派의 분류와 관련해 남쪽은 기후가 따뜻하고 河澤이 많은 데 반해 북쪽은 한랭하고 산악이 중첩해 있어 남북이 대조를 이루고 있고, 이와 같은 지리적 특성에 따라 南人은 대체로 온유하면서도 이상적・시적인 데 반해 北人은 실제적이고 상식적이며 산문적인 성향을 지닌다고 분석했다. 高須芳次郎, 『東洋思想十六講』, 30쪽 참조. 한편 楊幼炯은 北派의 사상적 연원이 周公에서 시작, 공자에 의해 완성됐다고 평가하면서, 공자의 학설은 曾子・子思를 거쳐 맹자에 의해 완결되는 大義主義와 子夏・子游를 거쳐 순자에 의해 완결되는 禮法主義의 두 가지 흐름으로 전수됐다고 분석했다. 그는 또 南派의 사상적 연원은 고대의 道家로, 老聃에 의해 완성됐다고 주장하면서, 南派는 일체의 현존 제도를 거부하는 무정부주의에 가깝다고 평가했다. 그는 또 墨家의 사상은 儒・道의 중간 지대에 위치하면서 北派가 文・武・周公을, 南派가 伏義・神農을 존숭한 데 반해 禹를 추숭했다고 분석했다. 楊幼炯, 『中國政治思想史』, 34~36쪽 참조

복고적이라면 법가는 새로운 질서의 도래를 적극 도모했다는 점에서 혁신적이었으며 장자 계열의 도가는 난세 속에서 개인의 자적을 추구했다는 점에서 현실도피적이었다.[30]

이들 선진 시대 4가는 입장 차이가 현격해 일견 상통하는 점이 전혀 없는 듯이 보이나, 사실 이들은 모두 비슷한 역사적 환경 속에서 출현했기 때문에 서로 깊은 영향을 주고받았다. 우선 유가와 묵가는 '상현尙賢'을 내세워 현자의 통치를 적극 옹호하고 나섰다는 점에서 그 맥을 같이하고 있다. 또 정명正名을 앞세운 유가와 수법守法을 강조한 법가는 '대공大公'을 지향했다는 점에서 그 기본 취지가 같다고 할 수 있다. 그리고 제왕의 '무위無爲' 통치를 강조한 법가의 주장이 도가의 '무위자연'에서 비롯된 것임을 감안하면 법가와 도가 또한 깊은 사상적 교류를 나누었다고 보아야 한다. 도가와 묵가의 경우는 모두 제왕의 '솔선수범'을 강조한 점에 비추어 서로 깊은 영향을 미쳤다고 할 수 있으며, 유가와 도가의 경우 역시 모두가 제왕의 '겸허'를 강조한다는 점 등을 볼 때 상호간에 깊은 영향을 주고받았던 것으로 보인다.

이들 4가의 기원에 대해서는 다양한 견해가 존재하고 있으나 대략 유가와 도가가 가장 오래되었고 묵가가 그 다음에 성립되었을 것으로 추정하고 있다. 법가의 경우는 한비자에 의해 이론이 완성되었다는 점에서 전국 시대 말기로 보는 것이 옳을 것이다. 물론 선진 시대에는 4가 외에도 허행許行의 농가農家, 추연鄒衍의 음양가陰陽家, 손무孫武 등의 병가兵家, 소진蘇秦의 종횡가縱橫家 등이 있었지만 크게 보면 이들은 모두 선진 시대 4가 안에 포함된다고 할 수 있다.[31] 그러나 이들 선진 시대 4가 중에서도 당시의 시대 상황을 가장 진

---

30) 蕭公權은 儒家와 墨家의 차이와 관련해 유가는 귀족적 시각을, 묵가는 평민적 관점을 나타낸 것이 가장 큰 차이라고 주장하면서 묵가는 質을 숭상하는 殷나라의 尙質 문화의 전통, 유가는 文을 숭상하는 周나라의 尙文 문화의 전통을 따랐기 때문이라고 분석했다. 그는 묵가가 殷나라를 추종한 점에서는 유가보다 시대적으로 뒤떨어졌으나 宗法을 타파하고 기회의 평등 등을 내세운 점 등에 있어서는 유가보다 앞섰다고 평가했다. 蕭公權, 『中國政治思想史』(최명 역), 30~31쪽 참조.

31) 蕭公權은 군신이 모두 농사를 지어야 한다고 주장하고 계급을 타파함으로써 평등을 이상

지하게 추궁한 학파는 역시 유가와 법가라고 할 수 있다.[32] 통치 사상에 관한
한 유가의 인치 사상과 법가의 법치 사상은 상호대립적인 듯하면서도 상보적
인 관계를 맺고 있다.[33] 그리고 이 두 사상을 연결시킬 수 있는 고리가 되는 것
이 바로 노자 사상이다.

결론적으로 말해 선진 시대는 제가의 뛰어난 사상가들이 잇달아 출현해
사상적 탐구를 마음껏 구가했고 그 완결성 또한 높았던, 중국 역사상 전무후
무한 시기였다고 할 수 있다. 진한 이후에 별다른 사상 발전이 이루어지지 못
한 것도 어쩌면 선진 시대의 이러한 시대적 특성에서 그 원인을 찾을 수 있을
것이다.[34]

선진 시대를 대표하는 이른바 4가의 통치 사상은 중국 통치사상사에서
가장 중요한 위치를 점하고 있다. 특히 유가와 법가는 '입세' 문제에 대한 적
용 가능성 등에서 도가의 추종을 불허하고 있다.[35] 입세에 관한 한 유가와 법

으로 삼았던 農家가, 士族의 정치와 유가 사상에 대한 반동으로서 墨家의 변형일 가능성이
크다고 보았다. 또 그는 五德의 이론을 주창해 秦漢 시대에 큰 영향을 미친 陰陽家는 전국
시대 말에 나타난 새로운 학설의 일종으로 유가와 상통하는 바가 적지 않다고 하면서, 그
구체적인 예로 맹자가 말하는 이른바 5백년을 주기로 治亂이 반복한다는 一治一亂 주장은
主運의 성쇠에 관한 鄒衍의 이론과 상응한다고 분석했다. 蕭公權, 『中國政治思想史』(최명
역), 53~56쪽 참조. 한편 高須芳次郎은 墨翟은 兼愛說을 주창하면서 전쟁의 화를 예로 들어
非戰을 강조하는 등 어느 정도 근대적인 성격을 지녔다고 평가했다. 특히 사회 정책에 중
점을 두어 君臣共耕을 주장하면서 노동 본위의 국가 건설을 꿈꾼 許行을 '프롤레타리아 독
재' 이론의 선구자라고 평가했다. 高須芳次郎, 『東洋思想十六講』, 32쪽 참조.

32) 김충렬은 유가와 법가는 출세간적 취향을 가진 도가와 달리 강렬한 입세간적 경향을 띠고
있고 특히 인간을 人文 世界 創進의 주체로 긍정한다는 점에서 동일한 입장을 취하고 있다
고 평가했다. 그는 그러나 유가는 性善說을 바탕으로 인간의 자율적 도덕 능력을 중시한
데 반해 법가는 性惡說에 근거하여 인간의 自私自利한 면에 주목하면서 객관적이고도 타율
적인 刑名을 강조한 점에 차이가 있다고 강조했다. 김충렬, 「秦漢儒法之爭이 주는 역사철학
적 교훈」, 『중국학보』(1989), 165쪽 참조.

33) 허창무는 선진 시대 도·유·법 3가 간의 사상적 대립을 治人을 본령으로 하는 정치의 영
역과 修己를 핵심으로 하는 윤리의 영역이 충돌하면서 빚어낸 갈등 관계로 파악했다. 허창
무, 「管子의 정치윤리사상 — 四維를 중심으로」, 『정신문화연구』(1986), 71~72쪽 참조.

34) 高須芳次郎은 秦漢 이래의 중국 사상은 도중에 佛敎, 景敎 등의 자극을 받아 어느 정도 새
로운 발전을 보이게 된 것이 사실이나 이들 모두 선진 시대에 뿌리를 둔 유가의 보수 작업
에 지나지 않았다고 단정했다. 高須芳次郎, 『東洋思想十六講』, 38쪽 참조.

35) 김충렬은 선진 시대 도·유·법 3가의 대립 관계를 크게 3단계로 나누어 周文王과 呂尙의
만남으로 대표되는 儒法之合의 과정이 관중의 패도 정치로 대표되는 儒法之分의 과정을 거
쳐 전국 시대의 타락한 大夫 政治로 상징되는 儒法之爭의 단계로 귀결되었다고 주장했다.

가의 통치 사상은 동양 통치 사상의 백미라고 해도 손색이 없을 것이다. 그러나 유가와 법가는 입세 문제에 대한 지나친 이견으로 인해 서로를 용납하기 힘들었던 것이 사실이다. 이로 인해 진시황의 분서갱유 당시 가장 피해를 많이 본 사상가들은 유가 사상가들이었고, 또 한무제의 '독존유술獨存儒術' 선언으로 인해 가장 많은 피해를 본 사상가들은 법가 사상가들이었다. 이 둘을 연결해 줄 수 있는 고리가 바로 노자 사상이다. 한대 초기에 소위 '황로 사상'이 통치 사상으로 원용된 데서 알 수 있듯이 노자 사상은 '장학莊學'과 달리 현실 정치 세계에서도 얼마든지 탁월한 통치 사상으로 작용할 수 있다. 한마디로 노자 사상은 인치와 법치로 대별되는 '입세간'의 두 통치 사상을 하나로 관통할 수 있는 것이다.

2. 3가의 사상적 특징

1) 노자

선진 시대의 통치 사상을 대표하는 도·유·법 3가의 사상은 나름대로 매우 방대한 사상 체계를 가지고 있다. 우선 중국 통치사상사에서 특이한 위치를 점하고 있으면서도 신비의 장막 속에 가려져 있는 노자와 그의 사상에 대해 검토해 보기로 하자.

중국 사상은 서양 사상과 달리 자연관, 인간관, 우주관이 구분되지 않고 하나로 묶여 있다는 점이 큰 특징이다. 중국 사상의 기저에는 '우주는 하나의 총체이다'라는 관념이 자리 하고 있다. 이러한 우주는 천지인天地人이라는 3가지 요소를 포함하고 있는 하나의 유기체이기도 하다.

중국 사상에서 자연과 인간, 국가에 대한 관념은 만물의 궁극적 인자인

김충렬, 「秦漢儒法之爭이 주는 역사철학적 교훈」, 『중국학보』(1989), 165~166쪽 참조.

본체에 대한 논의에서부터 출발한다. 노자 사상 역시 우주와 인간을 포함한 만물의 본체를 인식하는 데에서 출발하고 있다. 노자 사상에서 본체는 '자연을 본받은 도'이다.[36]

고대 중국인들은 귀신(神)이 우주 사이의 사물을 통치하고 있다는 다신교적인 사유를 지니고 있었다. 그러나 서주西周에서 춘추 시대로 넘어가는 과도기인 동주東周 시대에 이르러 인민들은 자신들이 신봉하던 상제와 천신, 땅의 신, 조상신 등에 대해 대대적인 불신을 나타나게 된다. 삶의 고난이 점점 가중되자 그간 믿어오던 신들에 대한 믿음을 포기하는 것은 물론 신들의 존재를 부인하는 단계에까지 이르게 된 것이다. 허무주의가 팽배한 이 시기의 인민들이 만난 것은 바로 있는 그대로의 자연과 인간의 모습이었다.[37] 그리하여 고대의 주재主宰적 신 관념은 춘추전국 시대에 들어 형이상학적 차원으로 발전하게 된다. 유가의 경우에는 '천天'으로 대체되어 인간과 국가의 당위 법칙으로 받아들여졌고 노자 사상에서는 유가의 '천' 대신 우주자연의 질서 원리를 상징하는 '도'가 되었다.[38]

본래 '도'는 단순히 '길'(路)을 의미할 뿐이었다. 이것이 '천'을 대신하는 중요한 형이상학적 개념으로 등장하게 된 것은 춘추 시대 말기이다. 이 시기에 들어 '도'라는 말에 인간과 자연을 통일하는 새로운 개념이 첨가되기 시작한 것이다. 그 초기에는 '자연천自然天' 개념만이 존재할 뿐이었다가, '자연지自然地' 개념이 유입되면서부터 천지天地 개념과 더불어 음양陰陽이나 리기理氣와

---

36) 『道德經』, 25장; "道法自然." 김충렬은 노자의 '自然而然' 개념이 하나라 문화에서 나타난 '天' 개념이 뒤에 윤리 문화로 발전해 가는 '道德天'의 변질 가능성을 차단하고 은나라의 종교 사상과 결부되어 '主宰天'으로 변질할 가능성까지 제어하는 역할을 했다고 평가했다. 그는 하나라의 자연 개념에 自在, 自律, 自行 등의 의미를 강하게 불어넣어 대상적 자연 위에 공용적 자연을 덧붙인 것이 노자의 자연 개념이라고 규정한 뒤 이 두 개의 자연 개념을 종합한 것이 바로 '自然而然'의 개념이라고 정의했다. 자세한 내용은 김충렬, 『노장철학강의』, 99쪽 참조.
37) 김충렬, 『노장철학강의』, 104~105쪽 참조.
38) 김학주는 도가 사상이 유가 사상과 마찬가지로 중국 민족이 태고적부터 지녔던 인생관이나 우주관에 바탕하고 있음이 분명하다고 지적하고 있다. 김학주, 『노자와 도가사상』, 68쪽.

같은 이원론적 개념틀이 나오는 단초가 열리게 된다.[39]

춘추 시대 말기에 공자는 주나라 문화가 하夏·은殷 양대의 문화를 거울 삼아 만들어 낸 우수한 문화라고 칭송하면서 자신은 주나라의 문화를 따르겠다고 선언한다.[40] 이에 반해 노자는 주나라의 문화 역시 자연과 인성이라는 본질에 문채를 가한 인위적인 문화일 뿐이라고 보았다. 그래서 그는 하·은·주 3대 이래 계속 인간과 자연 사이의 틈을 벌려 온 인위적인 통치를 배제하게 되는 것이다. 노자는 자신의 통치 사상을 크게 '도'와 '덕'으로 요약해서 표현하였다. 그렇다면 '도'와 '덕'은 구체적으로 무엇을 뜻하는 것일까? 먼저 '도'의 개념부터 알아보자.

『도덕경』에 나오는 정의에 따르면 '도'는 천지만물을 초월해 있으나 천지만물은 '도'에서 이탈할 수 없다. '도'는 우주의 변화하는 현상들 아래에 있는 불변의 법칙이자 하나의 본체로서 이 '도'가 없이는 만물이 존재할 수 없다. '도'는 천지만물을 생성하는 영원하고 보편적인 원천이기 때문이다. '도'는 고갈되지 않는 무진장하고 심오한 것으로 시작도 없고 끝도 없이 영구히 존재하는 것이다.[41] 노자는 "성인은 하나(一)를 껴안아 천하의 준거가 된다"[42]라고 하였다. 이 '하나'가 '도'의 또 다른 이름인 것이다. 왕필은 '하나'에 대해 '소少의 극치'라는 주석을 달면서[43] '하나'는 셀 수 있는 하나 내지 적다는 의

---

39) 김충렬은, 유가 사상에서는 천지가 만물을 생성한다는 이원론적인 차원에 머물러 도덕성의 근원이나 도덕 가치의 최종적 근거로서의 천지 이상의 개념을 추구하지 않았지만, 노자의 '도' 개념은 소박한 자연주의가 농경 생활에서 터득한 하늘과 땅의 교감으로 만물이 化成한다는 이원적 생성순환론을 정체적 일원론으로 통섭하게 되는 사유의 극치를 이루어 내었다고 평가했다. 그는 나아가 노자의 '도' 개념은 단순히 은나라의 귀신 개념만을 무너뜨린 데 그친 것이 아니라 은나라에서 통용되었던 유일신 관념을 현실의 정치에 그대로 적용하도록 만들었다는 점에서도 높이 평가해야 한다고 강조했다. 자세한 내용은 김충렬, 『노장철학강의』, 109~111쪽 참조.

40) 『論語』, 「八佾」, "周監於二代, 郁郁乎文哉, 吾從周."

41) 陳鼓應은 공자도 노자처럼 '도'를 중시했지만 그 내용은 전혀 다르다고 지적했다. 그는 노자의 '도'는 형이상학적인 의미를 지니고 있는 데 반해 공자의 '도'는 종법 제도 하의 봉건적 예제나 인륜 규범을 의미한다고 분석했다. 陳鼓應, 『老莊新論』(최진석 역), 123쪽 참조.

42) 『道德經』, 22장, "聖人, 抱一爲天下式."

43) 『道德經』, 22장, "一, 少之極也." 王弼 注 참조.

미의 소少를 뜻하는 것이 아니라 물체의 형상과 크기 등을 초월한 것을 말한다고 풀이했다. 만사는 하나로 귀일되고 하나는 만사로 돌아간다는 순환 논리를 담고 있는 셈이다.

『도덕경』에는 또 다음과 같은 구절이 있다.

> 무릇 만물은 번성하고 있으나 제각기 그 뿌리로 돌아간다. 뿌리로 돌아가는 것을 정靜이라 하니 이를 일러 명命을 회복한다고 하고, 명을 회복하는 것을 상常이라 한다.[44]

'뿌리로 돌아간다'(歸根)는 말은 곧 원래 시작한 곳으로 돌아간다는 뜻이다. 이는 고요함을 의미하는 것이고, 고요하면 명命을 회복하므로 '복명復命'이라고 하는 것이다. '복명'을 하게 되면 성명性命의 '상常'을 얻을 수 있다. 노자는 원래의 상태로 돌아가는 것을 풀이하여 "근원으로 돌아가는 것이 '도'의 움직임이다"[45]라고 하였다. 이는 자연계나 인간사에서 그 어떤 것이든 극단으로 나아가게 되면 필연적으로 되돌아오려는 반동이 생긴다는 점을 지적한 것이다.

만물은 '물극필반物極必反'의 법칙에 의해 끊임없이 변하지만 그 변화 속에서 궁극적으로 다시 본원으로 복귀하고자 하는 속성을 지니고 있다. 따라서 '무'에서 생성된 '유'의 필연적 귀결은 '유'가 다시 '무'로 복귀하는 것이라고 할 수 있다. 이를 한마디로 표현한 것이 바로 '귀근' 개념이다. 노자는 '귀근' 개념을 '영아嬰兒로의 복귀', '박樸으로의 복귀', '무명無明으로의 복귀' 등으로 다양하게 나타냈다. 이것은 인간 내면의 근원에 있는 '도'의 영원성을 응시하고 불멸의 '도'로 돌아감에 따라 자신의 본모습을 읽어내고 절대적인 인간의 삶을 실천하고자 하는 것이다. 모든 개체는 그 존재의 본원에 있는 무한

---

44) 『道德經』, 16장, "夫物芸芸, 各復歸其根. 歸根曰靜, 是謂復命. 復命曰常."
45) 『道德經』, 40장, "反者, 道之動."

하고 완전한 '도'와 본말本末의 관계에 있다. 그 끝에서 본원으로 복귀해 유한성과 불완전성에서 탈피하는 데 '귀근' 사상의 본질이 있는 것이다. '도'의 작동 원리는 자연의 운명이고, 이 자연의 운명에 복종하는 것이 '복명'이다. '복명'은 불변하여 일정한 법칙성을 보유하기 때문에 '상도'로 일컬어진다. 이 '상도'가 바로 항구불변의 자연 법칙이다. 이러한 '도'의 이치를 알게 되면 모든 것을 용납할 수 있고 모든 것을 용납하면 왕자王者가 될 수 있다.

노자의 기준에서 볼 때 '도'가 만물을 영허소장盈虛消長시키는 근원이라면 '덕'은 곧 '도'의 또 다른 모습이라고 할 수 있다.

> 도道는 그것을 생성시키고 덕德은 그것을 양육하며 물物은 그것에 형태를 주고 세勢는 그것을 완성시킨다. 그러므로 누구나 도를 존중하고 덕을 귀하게 여기지 않는 자가 없다. 도를 존중하고 덕을 귀히 여김은 누구로부터 그렇게 명령을 받아서가 아니라 항상 저절로 그런 것이다.[46]

결국 우주의 정연한 법칙이 도와 덕에서 나와 인위적인 힘을 빌리지 않고 자연에 따라 만물이 형성된다는 것이다. 도는 곧 '무위'이고 우주 본래의 모습으로 우주 만물에 내재해 있는 조화로운 자연적 질서를 본받는 것에 그 본질적 의미가 있다.

이러한 자연적 질서가 실천적 차원에서 통치의 원리로 나타난 것이 바로 '무위 통치'라고 할 수 있다. 여기서 말하는 '무위 통치'는 아무것도 하지 않는 것이 아니라 하지 않으면서도 사실상 하지 않음이 없는 것이다. '무위'이면서도 '무불위'의 경지에 이른 것을 말한다.

> 최상의 통치에서는 인민들이 군주가 있는지조차 의식하지 못한다. 그 다음 단계에서는 친근감을 느끼고 칭송하며, 그 다음 단계에서는 두려워하고, 마지막 단계에서

---

46) 『道德經』, 51장, "道生之, 德畜之, 物形之, 勢成之. 是以萬物莫不尊道而貴德, 道之尊, 德之貴, 夫莫之命而常自然."

는 군주를 경멸한다. 위정자에게 신의가 부족하면 인민들이 믿지 않게 된다. 한가히 그 말을 귀하게 여기니, 공이 이루어지고 일이 이루어지면 인민들은 모두 자기가 스스로 그렇게 한 것이라고 한다.[47]

인위적인 것 없이 '무위 통치'를 하게 되면 오히려 다스려지지 않는 것이 없고, 이 때 인민들은 위정자를 의식하지 않는다. 이러한 최상의 통치를 펼치는 것이 바로 노자가 상정한 진정한 제왕의 모습이다. 이 때 제왕은 무위자연의 도를 실현하는 최고 인격의 전형이다. '무위 통치'를 펼치는 제왕은 사사로움이 없기 때문에 오히려 몸을 보존하게 되고 떠받들어지게 된다.[48]

'무위 통치'는 노자가 말하는 '대도'에 입각한 통치를 말하는 것이기도 하다. '대도'는 자연의 이치를 좇는 것이기 때문에 인위적인 덕목이나 권모술수와 같은 편법을 쓸 필요가 없다. 제왕이 '무위 통치'를 구사하게 되면 인민들이 모두 믿고 따르는데, 이는 통치자와 인민이 '도' 속에서 한마음이 되기 때문이다. 반면 통치자가 '대도'를 버리고 다른 통치술을 구사하면 인민들에게 불신을 받게 된다.

저절로 그러함은 그 조짐을 볼 수 없고 그 의향도 알 수 없다. 어떠한 사물로도 그 말을 바꿀 수 없고 말을 하면 반드시 응하므로 "한가히 그 말을 귀하게 여긴다"라고 한 것이다. '무위'의 일에 거하면서 말 없는 가르침을 행하며 외형으로 사물을 내세우지 않으면 인민들은 통치자를 의식하지 못하고 자신들이 잘해서 그렇게 되었다고 믿는다. 이는 치자와 피치자의 마음이 완전히 하나가 된 통치의 극치를 표현한 것이다. 동서고금을 막론하고 인간이 이룰 수 있는 최상의 통치 유형을 이보다 더 극진하게 표현한 것은 없었다. 우리는 여기서 노자가 강조한 '무위 통치'의 위대함을 선명하게 확인할 수 있다.

---

47) 『道德經』, 17장, "太上, 不知有之. 其次, 親而譽之. 其次, 畏之. 其次, 侮之. 信不足焉, 有不信焉. 悠兮其貴言, 功成事遂, 百姓皆謂我自然."
48) 『道德經』, 7장, "聖人, 後其身而身先, 外其身而身存."

노자는 '도'는 '덕'을 통해 드러나고 반대로 '덕'은 '도'를 인식하는 매개체가 된다고 하였다. 이어서 그는 '도'와 '덕'이 인간의 통치에 적용될 경우 '무위 통치'로 나타난다고 주장했다. 『도덕경』에는 '도'가 '덕'으로 발현되는 과정이 다음과 같이 묘사되어 있다.

> 하늘의 '도'는 다투지 않아도 잘 이기고 말하지 않아도 잘 응대하며 부르지 않아도 저절로 오고 태연히 있지만 계획을 잘 세운다. 하늘의 그물은 넓고 커 성긴 듯하지만 하나도 놓치는 것이 없다.[49]

'도'가 '덕'으로 발현되면 '무위 통치'라는 소이부실疏而不失한 최선의 통치를 이룰 수 있다는 것이다. '소이부실'이란 마치 하늘에 그물을 친 것과 같아서 모든 것이 다 빠져나가는 듯하지만 결코 작은 것 하나 놓치는 것이 없음을 말한다. 이는 '무위이면서 무불위한' 통치가 이루어진 것을 묘사한 말이다. 이럴 때 "공을 이루고 일이 성취되어도 인민들은 그것은 알지 못한 채 자신이 스스로 그렇게 한 것이라고 말한다"[50]라고 표현되는 '무위 통치'가 실현된 모습을 볼 수 있다.

결국 노자는 이상적인 통치의 원리를 도의 실현으로서의 '무위 통치'에서 찾았던 것이다. '유위 통치'를 하는 한 아무리 정교하게 할지라도 인민들에게 통치의 흔적을 남길 수밖에 없다. 그래서는 진정한 의미의 통치를 구현할 수 없다. '무위 통치'는 항상 아무 일도 하는 것이 없는 듯하면서도 하지 않는 것이 못하는 경지여야만 한다.

노자가 말하는 성인은 '도'의 이치를 완전히 체득한 자라고 할 수 있다. 따라서 성인의 '덕'은 만물을 다스리는 지고의 자세인 '무위의 덕'에 귀속될 수밖에 없다. 노자는 이러한 '무위 통치'의 원리를 천지의 영원성 속에서 도출해

---

49) 『道德經』, 73장, "天之道, 不爭伊善勝, 不言而善應, 不召而自來, 繟然而善謀. 天網恢恢, 疏而不失."
50) 『道德經』, 17장, "功成事遂, 人民皆謂我自然."

내었다. 영원불변한 천지의 도가 바로 '무위자연'이라고 간주하였던 것이다. 노자는 이를 "천지는 장구하다. 천지가 능히 오래 살 수 있는 것은 자기만 살려고 하지 않기 때문이다"[51]라고 표현하였다. 자기만 살려고 하면 자연히 남과 다툴 수밖에 없다. 그러나 천지와 같이 살려고 하면 다툴 일이 없게 된다. 통치자도 이 '무위자연'의 이치를 본받아 사심 없이 통치에 임하면 통치를 잘할 수 있게 된다. '무위 통치'의 경지에 이르면 "가지 않고도 알며, 보지 않고도 이름 지을 수 있고, 하지 않고도 이룰 수 있다."[52]

통치자로서의 성인의 역할도 바로 만물을 만물의 개개 입장에서 인위적으로 하지 않게 하는 데 있다. 이 때 비로소 최선의 통치가 이루어지는 것이다. 성인은 무위에 입각해 상대적인 개념을 버려야 한다는 것이 노자의 생각이었다. 그는 최상의 통치를 이루기 위해서는 "성인은 무위에 처하여 불언不言의 가르침을 행한다"[53]라고 하는 '무위'의 실천론을 좇아야 한다고 주장하였다. 대립되는 개념은 실제로 분리되어 있는 것이 아니라 서로에게 의존하고 있다. 한쪽만을 강조할 경우에는 사물을 그 본연의 상태대로 인식하지 못하게 된다. 일체의 사물은 조화의 산물로서 그 자체만으로는 존립할 수 없다. 대립되는 모든 것은 사실 같은 지반 위에 있는 것이다. 성인이 사물에 대해 왈가왈부하지 않는 불언의 가르침을 행하는 이유가 바로 여기에 있다.

'도'의 경지가 사람이 노력해서 도달할 수 있는 것이라면 모든 통치자는 마땅히 '도'의 차원에서 통치를 해야만 한다. "인민이 굶주리는 것은 그 위의 군주가 세금을 많이 거두기 때문이다. 그런 까닭에 굶주리는 것이다. 인민을 다스리기 어려운 것은 그 위에서 일을 벌이기 때문이다. 그렇기 때문에 다스리기 어려운 것이다"[54]라는 노자의 말처럼, '도'의 경지에 입각하지 않고 '유

---

51) 『道德經』, 7장, "天長地久. 天地所以能長且久者, 以其不自生, 故能長生."
52) 『道德經』, 47장, "聖人, 不行而知, 不見而名, 不爲而成."
53) 『道德經』, 2장, "聖人, 處無爲之事, 行不言之敎."
54) 『道德經』, 75장, "民之饑, 以其上食稅之多, 是以饑. 民之難治, 以其上之有爲, 是以難治."

위'에서 찾게 되면 다스림이 제대로 이루어질 수 없다. 최상의 통치는 반드시 '유위'가 아닌 '도'의 차원에서 실천되어야 하는 것이다. 노자는 무위 통치를 이루는 방법을 다음과 같이 구체적으로 설명하고 있다.

> 성인이 말하기를, 내가 무위無爲하니 인민이 스스로 되고 내가 호정好靜하니 인민이 스스로 바르게 되며 내가 무사無事하니 인민이 스스로 부유하게 되고 내가 무욕無欲하니 인민이 스스로 소박해진다 하였다.55)

결국 노자는 '무위 통치'를 실현하는 방법으로 '무위無爲', '호정好靜', '무사無事', '무욕無欲'의 4가지 원리를 제시한 셈이다.

'무위'의 원리는 인간과 국가, 인간과 자연을 조화롭게 하는 근원이라고 할 수 있다. 이는 '도' 자체를 말하는 것인 동시에 '도'를 실천하는 방법론이기도 하다. '무위'의 원리에 입각해 '유위'의 폐단을 극소화하는 것은 곧 성인의 경지에서 이루어지는 '무위 통치'에로 가까이 가는 길이다. 노자는 '무위'의 원리를 통해 통치를 하는 것을 '인도'로 보았다. 그리고 천하가 아무리 넓다 하더라도 '인도'와 관련을 맺고 있는 것은 모두 '천도'의 이치를 좇는 '인도'의 원리에 의해 해결할 수 있다고 주장하였다. 유가와 마찬가지로 '천도'의 원리가 '인도'에 그대로 적용될 수 있다고 본 것이다. 비록 그 내용에서는 차이가 있지만 노자 사상이나 유가 사상이나 천지인天地人을 관통하는 원리는 하나라고 본 점에서는 차이가 없다.

노자는 "문 밖에 나서지 않아도 천하를 알고 창문을 통해 엿보지 않아도 천도를 본다"56)라고 하였다. 천지는 오직 이치만으로 알 수 있는 것이다. 밖으로 나가서 천지를 구하는 것은 곧 그 모양을 구하는 것으로, 천지는 모양을 가지고는 그 모두를 알 수 없으므로 문 밖으로 나서면 오히려 아는 바가 적어지

---

55) 『道德經』, 57장, "聖人云, 我無爲而民自化, 我好靜而民自正, 我無事而民自富. 我無欲而民自樸."
56) 『道德經』, 47장, "不出戶, 知天下. 不闚牖, 見天道."

게 된다. 그러나 천지의 이치가 '무위'에 있다는 것을 안다면 곧 문을 닫고 있어도 천지를 알 수 있다.

'무위 통치'는 공자가 측은지심惻隱之心에서 발동한 '인仁'을 통해 통치의 혜택을 전 인민에게 고루 미치게 해야 한다고 주장한 것과 맥을 같이하는 것이다.『도덕경』에는 다음과 같은 말이 있다.

통치가 어수룩하면 백성이 순박하고 자세히 살피려 들면 인민들은 이지러진다.[57]

하늘과 땅의 크기는 가물가물하여 얼마나 큰지 알 수가 없다. 통치가 어수룩하면 인민에게 아무것도 요구하지 않아 인민이 꾀를 부릴 이유가 없으므로 순박해질 수밖에 없다. 그러나 통치가 빈틈없으면 인민에게서 거두어들이는 것이 있으므로 인민이 이를 피하려고 꾀를 부리게 되어 이지러지고 움츠려드는 것이다.

대치大治를 이루기 위해서는 통치가 어수룩해야만 한다고 한 노자의 지적은 '소국과민小國寡民' 주장과 더불어『도덕경』을 관통하고 있는 대표적인 역설 중의 하나이다. 그렇다면 이러한 어수룩한 통치를 통한 '무위 통치'는 실질적인 효과를 거둘 수 있는 것일까? 이에 대해 노자는 "성인의 통치는 작위하는 것이 없기 때문에 실패하는 일이 없고 집착하는 것이 없기 때문에 잃는 일이 없다"[58]라고 확신한다. 이는 억지로 하게 되면 오히려 실패할 확률이 높다는 지적이기도 하다. 사람들이 살아가는 데 이루기는 어렵고 무너지기는 쉬운 까닭은 그 일에 집착하기 때문이다. 일을 시작할 때는 부지런하다가 끝에 가서 게을러지는 것은 모두 일을 일삼아 하기 때문이다. 처음부터 일을 일삼아 하지 않고 처음부터 집착하지 않는다면야 실패할 리가 없는 것이다. 여기서 노자는 '무위'와 더불어 '무집無執'(집착하지 않음)을 '무위 통치'를 이루

---

57)『道德經』, 58장, "其政悶悶, 其民淳淳. 其政察察, 其民缺缺."
58)『道德經』, 64장, "聖人, 無爲故無敗, 無執故無失."

기 위한 주요한 방법론으로 제시하고 있다.

노자는 '무집'을 이루기 위한 구체적인 방법으로 "어려운 일은 쉬울 때에 도모하고 큰 일은 작은 데서 착수한다"[59]라는 방안을 제시했다. 일은 반드시 쉽게 시작되고 큰 것은 반드시 가늘게 시작된다. 성인은 일을 일삼아 하지 않기에 늘 어렵게 하는 것처럼 보여도 사실은 어려움이 없다. 나를 남에게 고집하지 않으니 도무지 어려울 일이 없는 것이다. '도난어이圖難於易'와 '위대어세爲大於細'는 흔히 하는 말이면서도 이처럼 지극한 '무위 통치'를 이루기 위한 열쇠이기도 하다. '도'와 같은 거대담론도 작고 쉬운 데서 그 해결의 열쇠를 찾을 수 있다고 지적한 노자의 지적은 일종의 역설의 극치라고 하겠다.

일반인들이 이처럼 쉬운 방법론을 제대로 이행하지 못하는 이유는 바로 일을 일삼아 하고 일에 집착하기 때문이다. 똑같이 작고 쉬운 데서 출발했음에도 불구하고 그 결과가 전혀 다르게 나오는 것은 추진 과정에서 나타나는 '무위'와 '유위'의 차이에서 비롯된 것이다. '무위'에서 추진되는 일은 결코 어렵지도 않거니와 작위하는 바가 없다. 이는 곧 '무위'로써 '무불위'를 이루는 요체라고 할 수 있다. 성인이 아무리 어렵고 큰 일을 할지라도 결코 실패하는 일이 없는 이유가 여기에 있다.

노자는 그것을 "명백히 사방에 통달하여 '유위'가 없는 경지에 도달할 수 있겠는가"[60]라고 반어법을 통해 비유하였다. 왕필은 이에 대해 사리에 통달하여 미혹함이 없게 되고 '유위'가 없게 되면 만물이 자생自生하듯이 제왕들이 '무위'의 원리를 지킬 수만 있다면 만물이 자화自化하게 된다고 해석하였다.[61] 성인은 안으로 몸을 다스리고 밖으로 나라를 다스리는데, 어떤 일을 당해도 '도'를 떠나는 일이 없다면 이것이야말로 사방에 두루 환하여 능히 '무위 통치'를 이루게 된 것이라는 의미이다. 우주만물은 '도'에 의해 정립되기

---

59) 『道德經』, 63장, "圖難於其易, 爲大於其細."
60) 『道德經』, 10장, "明白四達, 能無爲乎."
61) 『道德經』, 10장, "侯王若能守, 則萬物自化." 王弼 注 참조.

때문에 성인은 '도'를 본받아 '도'로써 사람을 이롭게 하며 '무위'로써 일을 하여 공이 이루어져도 자기가 차지하지 않는다.

천지의 도는 이익을 주되 해를 주지 않는다. 성인의 도는 하되 다투지 않는다.[62]

성인은 공을 차지하려 하지 않기에 남과 다투지 않고 남과 다투지 않기에 하늘의 덕에 도달할 수 있다. '무위'는 결코 활동의 전무라는 뜻에서의 전면적인 부정을 의미하는 것이 아니다.

노자의 통치 사상은 한마디로 '무위 통치'라고 요약할 수 있다. 이는 우주 만물의 본체인 '도'가 '인도'의 구체적인 표현인 통치의 모습으로 나타난 것이다. '무위 통치'는 '무無'라는 한 단어를 『도덕경』을 꿰뚫는 하나의 핵심어로 제시한 왕필의 지론과도 일맥상통한다. 앞서 간략히 언급한 바와 같이 노자의 통치 사상은 왕필의 통치 사상을 통해 그 정수를 드러냈다고 할 수 있다. 동양의 통치사상사에 있어서 왕필의 요절로 인해 노자의 통치 사상이 수천 년 동안 제대로 전수되지 못한 것은 참으로 안타까운 일임에 틀림없다.

2) 유가 : 공자 · 맹자 · 순자

유가 사상의 조종인 공자의 사상적 출발점은 과연 어디에 있을까? 일찍이 자공은 "선생님께서야 어디에서라고 배우지 않았겠으며 어찌 정해진 스승이 있었겠는가"[63]라고 언급한 바 있다. 공자가 가정이 매우 빈한한 나머지 일정한 스승 없이 여러 사람으로부터 학문을 배웠음을 짐작하게 하는 대목이다. 그러나 결론부터 말하면 공자의 사상관은 그의 정명正名 사상과 종주從周 사상으로 요약될 수 있다.

---

62) 『道德經』, 81장, "天之道, 利而不害. 聖人之道, 爲而不爭."
63) 『論語』, 「子張」, "夫子, 焉不學而亦何常師之有."

공자의 정명正名 사상은 다음과 같은 표현을 통해 확연히 드러난다.

> 군주는 군주다워야 하고 신하는 신하다워야 하며 아비는 아비다워야 하고 자식은
> 자식다워야 한다.[64]

한마디로 대의명분이 옳아야 한다는 지적이다. 공자의 이 정명 사상은 본
질적으로 그가 처했던 춘추 시대의 난맥상에서 비롯된 것이다.[65] 춘추 시대
는 전례 없이 대의명분이 어지러워진 시기였다. 공자는 천하가 어지러운 이
유는 무엇보다 대의명분이 바로서지 못한 데 있다고 여겼다. 그는 정치를 할
경우 무엇부터 하겠느냐는 자로의 질문에 "반드시 명분을 바로세워야 한다"
라고 잘라 말했다.[66] 그 이유에 대해 공자는 다음과 같이 언급하였다.

> 이름이 바르지 않으면 말이 통하지 않고, 말이 통하지 않으면 일이 이루어지지
> 않으며, 일이 이루어지지 않으면 예악이 일어나지 않게 된다. 예악이 일어나지 않
> 으면 형벌이 공정을 잃게 되고, 형벌이 공정하지 않으면 인민들이 손발을 둘 곳이
> 없게 된다.[67]

대의명분이 제대로 서지 않을 경우 세상이 어지럽게 될 수밖에 없다는 지
적이다. 이것은 공자가 『춘추』를 지어 제후를 경계하게 된 이유이기도 하다.
한마디로 공자는 춘추 시대 난맥상의 원인을 대의명분이 어지러워졌기 때문
이라고 진단했던 것이다. 이와 같은 진단은 후세의 유가들이 실천 윤리의 대

---

64) 『論語』,「顏淵」, "君君, 臣臣, 父父, 子子."
65) 楊幼炯은 공자의 정명주의 사상의 결정이 바로 『춘추』라고 평가했다. 楊幼炯, 『中國政治思想史』, 70쪽 참조
66) 『論語』,「子路」, "必也正名乎." 勞思光은 이를 근거로 공자가 비록 分을 언급하지 않았으나 名 속에 分을 涵義하고 있다고 분석했다. 이러한 주장은 순자가 공자의 正名 사상을 확대·발전시켜 辨別 사상을 주창한 점에 비추어 타당하다고 생각된다. 勞思光, 『중국철학사: 고대편』(정인재 역, 서울: 탐구당, 1995), 77~78쪽 참조
67) 『論語』,「子路」, "名不正, 則言不順. 言不順, 則事不成. 事不成, 則禮樂不興. 禮樂不興, 則刑罰不中. 刑罰不中, 則民無所措手足."

전제를 '정명'에 두도록 한 결정적 배경이 되었다.

공자는 '정명'을 세우는 최선의 방안은 사람들이 '고명사의顧名思義'하는 데 있다고 보았다.[68] 이것은 그가 주장한 '견리사의見利思義'와 동일한 맥락이다. 공자가 말한 '인仁'을 정명과 연관지어 풀이할 때, '인'을 각 개인의 명분에 적용한 것이 '의義'라고 한다면 '예禮'는 '인'을 사물의 명분에 적용한 것이라고 할 수 있다.[69] 이러한 관점에서 본다면 맹자와 순자는 단지 시각의 차이만 있었을 뿐 공자를 조술한 점에서는 마찬가지였다고 할 수 있을 것이다.

한편, 공자의 종주從周 사상은 주례周禮로의 복귀를 주장하는 것이었다.[70] 춘추 시대의 혼란기 속에서 새로운 질서의 도래를 기다릴 것인가 아니면 옛 질서로 복귀할 것인가 하는 문제에서 그는 복고를 선택한 셈이다.[71] 그가 태어난 시기는 종법제를 근간으로 하는 봉건 체제가 붕괴되어 가던 시기였다. 그래서 그는 천하의 질서가 문란하게 된 원인을 명분이 제대로 서지 못한 것과 더불어 주례가 제대로 지켜지지 않은 데 있다고 보았다.

종주 사상은 공자의 통치 사상에 매우 중요한 계기로 작용했다. 그는 평생 주나라 왕실을 존숭하면서 주례로의 복귀를 끊임없이 호소하였으니, 그의 사상적 출발점은 주나라의 제도를 좇아 그것을 회복시키는 데 있었다고 보아도 좋을 것이다. 공자의 주례에 대한 평가는 자못 대단했다.

---

68) 梁啓超, 『先秦時代政治思想史』, 130쪽.

69) 梁啓超는 공자가 義와 禮를 仁의 輔로 생각한 데 반해 맹자는 특히 義를 얘기하기 좋아했고 순자는 특히 禮를 얘기하기 좋아했다고 분석했다. 梁啓超, 『先秦時代政治思想史』, 131쪽 참조. 이에 대해 勞思光은 『論語』 「陽貨」에 나오는 "子曰君子義以爲上" 등을 근거로 공자는 禮를 義에다 포함시킨 뒤 최종적으로는 仁으로 歸一시켰다고 주장했다. 勞思光, 『중국철학사: 고대편』(정인재 역), 65~69쪽 참조. 그러나 공자가 義를 禮보다 중시한 나머지 禮를 義에다 포함시켰다는 그의 주장은 『論語』 전체의 맥락에서 볼 때 일종의 비약이다.

70) 劉奉光은 공자가 修身의 핵심으로 제시한 克己復禮는 周代 초기의 宗法 制度로의 복귀를 의미한다고 주장했다. 劉奉光, 「孔孟政治思想比較」, 『南開學報 ─ 哲學社會科學』(1986. 6), 52쪽 참조.

71) 蕭公權은 공자의 從周 사상과 관련해 역대 專制 제왕들이 儒術을 중시하게 된 중요한 원인이 정치제도에 대한 공자의 수구적인 태도에 기인하고 있다고 주장했다. 蕭公權, 『中國政治思想史』(최명 역), 86쪽 참조.

주나라의 문화는 하夏·은殷 2대를 거울로 한 것이다. 꽃이 피어 향기를 풍기듯 그 얼마나 아름다운가? 나는 주나라의 문화를 따르겠다.[72]

따라서 공자가 수신의 요체로 제시한 '극기복례'의 복례復禮는 바로 주례로의 복귀를 의미한다고 볼 수 있다. 그는 '복례'의 의미를 "내 몸을 닦아 예로 돌아가는 것이 '인'이다. 하루만이라도 극기복례를 하게 되면 천하가 '인'으로 돌아올 것이다"[73]라고 풀이했다. 극기란 곧 수신을 뜻하는 것이고 복례란 구체적으로 주례로의 복귀를 의미한다. 공자가 주례를 만든 주공周公을 성인으로 추앙한 점도 이러한 분석을 뒷받침하고 있다. 정명 또한 복례의 구체적인 실천 방안으로 제시된 것임에 틀림없다.[74] 결국 정명이란 주례를 기준으로 군신상하 간의 질서를 바로잡는 것을 뜻한다고 하겠다.

공자가 상정한 주례는 단순한 '예'가 아니라 국가의 모든 제도를 총칭하는 것이었다. 결국 공자의 '정명종주' 사상은 어지러운 천하를 바로잡겠다는 시대적 소명에서 비롯되었다고 요약할 수 있다.

맹자의 활동 시기는 공자가 생존했던 춘추 시대와는 달리 하극상이 횡행했던 전국 시대 중기에 속한다. 춘추 시대에는 주나라 왕실의 권위가 그런 대로 유지되면서 이를 받드는 인자·패자에 의해 명목만이라도 질서를 유지할 수 있었다. 그러나 진晉나라가 권신들에 의해 한韓·위魏·조趙로 3분된 데 이어 이를 주나라 왕실이 각기 독립된 제후국으로 공인해 주는 전국 시대의 상황에 이르러서는 사실상 주나라 왕실의 도덕적 권위마저 종언을 고하게 되었다. 이것이 바로 전국 시대의 개막이다. 이 때부터 실력만이 행세하는 난세의 혼란상이 미만彌滿하게 된 것이다. 맹자의 사상은 바로 이러한 시대적 배경 속에서 태어난 것임을 염두에 두어야 한다.

---

72) 『論語』, 「八佾」, "周監於二代, 郁郁乎文哉. 吾從周."
73) 『論語』, 「顔淵」, "克己復禮爲仁. 一日克己復禮, 天下歸仁焉."
74) 蕭公權, 『中國政治思想史』(최명 역), 86쪽.

맹자는 열국을 순회하면서 요순으로 대표되는 고대 성왕의 덕을 역설하는 등 어느 왕 앞에서나 자신의 '왕도'를 갈파하고 다녔다.[75] 힘만이 통용되던 당시의 정세에서 그의 주장은 틀림없이 비현실적인 것으로만 보였을 것이다. 맹자가 그나마 대우를 받았던 것은 제나라 선왕 밑에서 객경客卿으로 있을 때뿐이었고, 대부분의 경우 그의 이상은 받아들여지지 못했다. 그러나 맹자는 자신의 주장을 끝까지 밀고 나가 자신의 기질을 그대로 드러냈다. 그는 자신이 내세운 왕도 정치의 이상을 굽히지 않았다. 은나라 때의 명현인 이윤伊尹의 말을 인용해 맹자는 다음과 같이 자부했다.

> 하늘이 이 인민을 만들 때 선지先知로써 후지後知를 깨우치게 했고 선각先覺으로써 후각後覺을 깨우치게 했다. 나는 천민天民의 선각자이다. 장차 도를 통해 이 인민을 깨우칠 사람이 나 말고 누구이겠는가?[76]

맹자가 얼마나 자신의 정치 이상에 대해 굳은 신념을 갖고 있었는지 짐작할 수 있게 하는 대목이다.

맹자는 존군尊君 개념이 일반화된 전국 시대 말기에 '귀민경군貴民輕君'을 강조하고 나섬으로써 그의 사상적 특색을 분명히 했다. 존군 사상이 보편화된 상황 속에서 인민의 중요성을 강조했던 그의 사상은 독창적이면서도 혁명적인 사상이었음에 틀림없다.[77] 이 '귀민경군' 사상은 흔히 민본주의民本主義로 지칭되고 있다.[78] 그리고 '귀민경군' 사상은 인민이 가장 중요하기 때문에

---

75) 맹자가 얼마나 자주 堯舜을 들먹이며 왕도를 설파했는지는 滕文公이 세자였을 당시의 기록에 자세히 나와 있다. 『孟子』, 「滕文公上」, "孟子道性善, 言必稱堯舜."

76) 『孟子』, 「萬章下」, "天之生斯民也, 使先知覺後知, 使先覺覺後覺. 予天民之先覺者也, 予將以此道覺此民也."

77) 楊幼炯은 맹자의 貴民輕君 사상이 天子는 반드시 백성의 동의를 구해야 하고 백성은 최고의 권력을 보유하고 있다는 두 가지의 의미를 함의하고 있다고 평가했다. 楊幼炯, 『中國政治思想史』, 94쪽 참조.

78) 勞思光은 이 책에서 말하고 있는 맹자의 치본관인 義治主義를 仁政說로 해석하면서 맹자의 仁政說은 民貴君輕의 民本主義에 기초한 것으로 위정자가 德性을 함양한 연후에야 仁心을 토대로 仁政을 행할 수 있다는 뜻을 내포하고 있다고 분석했다. 勞思光, 『중국철학사: 고대

민의를 거스르는 폭주暴主는 반드시 방벌되어야 한다는 이른바 그의 '폭군방벌론'과 표리表裏의 관계를 맺고 있다.[79] 맹자의 이러한 혁명적인 사상은 순전히 그 자신의 독창적인 발상에서 비롯되었다고 보아야 할 것이다.[80]

공자는 "인민들이 위정자의 방침에 따르게 할 수는 있어도 이해시킬 수는 없다"라고 주장한 바 있다.[81] 이는 '군자君子'에 의한 통치를 주장한 공자의 입장에서는 당연한 논리이다. 공자가 여기서 말한 인민은 생산 계층인 '소인小人'을 지칭하고 있다. 군자 정치를 주장한 공자는 소인의 정치적 의미를 오직 생산자로서의 의미로 한정시켰다. 한마디로 공자는 생산 계층과 통치 계층의 의미를 확연히 구별했던 것이다. 그러나 맹자의 '귀민경군' 사상은 공자의 이러한 주장과 맥을 달리하고 있다. 인민과 군주가 대립될 뿐만 아니라 우선순위에 있어서도 인민이 앞서기 때문이다.

맹자가 살던 시기는 바야흐로 제왕에 의한 통치의 맹아가 나타난 시기였다. 이 시기에는 상앙과 신불해 등 법가 사상가들이 존군 사상을 고취하면서 법치를 통한 부국강병을 꾀하고 있었다. 맹자는 이러한 시대 상황 속에서 인민이 가장 귀하고 군주는 가벼운 존재라는 일종의 '귀민경군' 사상을 역설하고 나선 것이다. 그는 자신의 사상을 다음과 같이 천명하였다.

인민이 가장 귀하고 사직은 다음이며 군주는 가볍다.……제후諸侯가 제사를 게을리 하여 사직을 위험에 빠뜨리면 폐위시키고 다른 사람을 앉힌다.[82]

편』(정인재 역), 149~150쪽 참조.

79) 徐復觀은 맹자의 暴主放伐論과 관련해 맹자는 인민의 政治的 革命權과 對君主 報復權 및 更換權을 최초로 인정한 사람이라고 평가했다. 徐復觀, 『中國思想史論集』(臺中: 臺中印刷社, 1951), 135쪽 참조.

80) 蕭公權은 공자의 이상이 君民을 일체로 보는 경향을 갖고 있음에 반해 맹자는 처음으로 군민이 대립되는 개념임을 암시하고, 인민은 주인이며 바탕(體)이고 임금은 종이며 기능(用)이라는 뜻을 크게 밝혔다고 평가했다. 蕭公權, 『中國政治思想史』(최명 역), 139쪽 참조.

81) 『論語』, 「泰伯」, "民可使由, 不可使知."

82) 『孟子』, 「盡心下」, "民爲貴, 社稷次之, 君爲輕……諸侯危社稷, 則變置."

이것은 인민의 정치적 존재 의미를 새로이 규정한 것으로서, 폭군방벌의 의미를 함의하고 있는 것이기도 하다. 군주도 사직도 인민을 위해 존재하는 것일 뿐이므로 민생을 제대로 돌보지 못할 경우 왕의 폐위는 물론 사직의 폐지도 가능하다는 주장인 것이다.

이런 혁명적 주장이 나타나게 된 배경은 크게 둘로 나누어 살펴볼 수 있다. 우선 맹자는 열국의 상쟁 속에서 국가의 흥망에도 불구하고 영원히 존재하는 것은 오직 인민뿐이라는 사실을 깊이 인식했을 것이다. 동시에 그는 불인불의不仁不義한 폭군을 제거하기 위한 '폭군방벌론'의 근거를 '귀민경군'의 사상에서 찾았을 것이다. '귀민경군' 사상과 '폭군방벌론'은 모두 당시 상황으로서는 혁명적이었다. 맹자는 무력을 통한 패도의 실현만이 수긍되던 시기에 '인의'에 입각한 왕도를 내세우고, 존군의 풍조가 일반화된 시기에 '귀민경군'에 입각한 '폭군방벌론'을 제창했던 것이다.

맹자의 인의 사상에 입각할 경우 인의에 어긋난 군주는 바로 '불인불의'한 폭군이 될 수밖에 없다. 폭군이 단지 군주이기 때문에 계속 군주의 자리에 머물러 있게 한다는 것은 '불인불의'를 방치하는 셈이 된다. 이것이 바로 '폭군방벌론'이 나타나게 된 이론적 배경으로서, 한마디로 인민에게 적극적인 정치적 의미가 부여되었기 때문이라고 할 수 있다.

맹자의 '폭군방벌론'은 '인의'의 정치를 펼치지 못하는 군주에 대해서는 신민들이 반기를 들 수 있다는 일종의 혁명 사상임에 틀림없다.[83] 여기에서 바로 맹자의 이상주의적 성향의 진가가 나타난다. 또한 여기에는 맹자가 공자가 강조하는 '인仁'에 '의義'를 덧붙여 '인의'라는 자신만의 독특한 개념을 만들어 낸 진의가 발현되어 있다.

맹자의 주장이 당시의 군주들에게 매우 위협적으로 느껴졌을 것임은 말

---

83) 馮友蘭은 맹자가 제시한 暴主放伐論이 서양에서 도입된 민주주의 사상보다 1911년의 신해혁명과 이에 뒤이은 民國 성립에 더 큰 영향을 미쳤다고 평가했다. 馮友蘭, 『중국철학사』(정인재 역, 서울: 형설출판사, 1995), 111쪽 참조.

할 것도 없다.[84] 공자의 경우에는 관중의 패업과 같이 특별한 경우에 한해 패도를 제한적으로 인정하고, 동시에 '인'의 구현에도 수신적 접근 방안뿐만 아니라 대의적 접근 방안까지도 허용했다. 그러나 맹자는 공자와 달리 '인의'에 의거한 단선적인 접근만을 인정했다. 수신과 대의 차원의 '인'이 따로 존재할 수 없다는 것이 맹자가 주장한 '인의' 개념의 가장 큰 특징이다. 맹자의 '귀민경군' 사상도 이와 같은 '인의' 사상과 불가분의 관계를 맺고 있는 것이다.

맹자는 '인의'의 실현을 기대할 수 없는 군주는 한낱 '불인불의'한 폭군에 불과했기 때문에 당시의 통념인 존군 사상을 용인하지 않았다. 이는 "군주에게 몇 번이나 간해도 듣지 않을 경우에는 군주를 폐위시키고 다른 사람을 왕으로 세울 수 있다"[85]라는 언급을 통해서도 분명히 드러난다. 물론 제선왕과의 대화 가운데 있는 이 말은 간언을 듣지 않는 군주에 대해서는 종친들이 나서서 쫓아낼 수 있다는 뜻으로 한 것이었지만, 여기에는 그가 주장한 '폭군방벌론'의 진의가 함축되어 있다. 맹자가 군주를 폐위시킬 수 있는 경우로 제시한 조건은 매우 단순하다. 군주의 종친이 여러 번 간하다가 안 될 경우가 전부이다. 그는 종친이 아닌 신하들의 경우는 여러 번 간하다가 군주가 듣지 않으면 떠나버려야 한다고 언급했을 뿐이다.

결국 맹자는 불인불의한 군주 또한 걸주와 같은 폭군에 해당한다고 규정해 버린 셈이다. 그는 '왕도王道'와 '패도霸道'를 준별하여 일체의 패도를 폄척했던 것과 마찬가지의 방식으로 이분법적인 잣대를 적용하여 '인의'에 입각하지 못한 군주를 가차 없이 폭군으로 매도했던 것이다. 이런 의미에서 맹자가 공자가 강조하는 '인'에 '의'를 덧붙여 '인의' 개념을 창출한 진면목은 바로 그의 '폭군방벌론'에서 극명하게 드러난다고 할 수 있다.

---

84) 일본의 경우, 明治維新을 전후해 맹자의 暴主放伐論이 일본의 神國觀과 배치되는 위험한 사상으로 치부돼 "중국의 서적은 비싸게 구입할 만하나 『孟子』만은 그렇지 못하다. 그것을 구입해 오면 배가 중도에서 침몰하고 만다"는 속설이 횡행했다고 한다. 戶川芳郎, 『古代中國の思想』(東京: 放送大教育振興會, 1994), 34~35쪽 참조.
85) 『孟子』, 「萬章下」, "君有大過則諫, 反覆之而不聽, 則易位."

맹자의 '폭군방벌론'은 '귀민경군' 사상과 불가분의 관계를 맺고 있다. 그러나 맹자의 '귀민경군' 사상을 현대적 의미의 민주주의와 같이 인민의 정치적 역할에 대한 긍정적인 평가에서 출발했다고 보아서는 안 된다.[86] 맹자가 방벌의 주체를 신하들로 한정해 말한 점이 이를 뒷받침한다. 당시 맹자는 현실적으로 존재하는 '불인불의'한 군주를 인위적으로 축출할 수 있는 가장 효과적인 방법은 뛰어난 신하에 의한 '역위'밖에 없다고 생각했음에 틀림없다.

맹자는 자신이 그린 이른바 왕도의 실현에 강한 확신을 가졌다. 그래서 그는 '폭군방벌'이라는 극단적인 방법까지 선택해 자신의 이상인 왕도를 실현하려 하였다. 이러한 관점에서 볼 때 맹자의 '귀민경군'과 '폭군방벌' 이론은 '인의'에 기초한 왕도의 실현을 위해 고안된 적극적인 대안으로서의 성격이 짙다. 여기에 맹자는 '폭군방벌'에 따른 통치 질서의 문란을 해명하기 위해 다음과 같은 소위 '일부가주론一夫可誅論'을 전개했다.

> 흉포하고 잔학한 인간은 이미 군주가 아니라 단순한 한 사내에 불과하다. 한 사내에 불과한 주紂를 주살했다는 말은 들었어도 군주를 시해했다는 얘기는 듣지 못하였다.[87]

폭군은 이미 군주가 아니라 일개 사내에 불과하기 때문에 얼마든지 주살할 수 있다는 주장이다. 이는 존군 개념이 보편화된 시기에 자칫 자신의 '폭군방벌론'이 시군탈위弑君奪位를 부추기는 이론으로 매도될 것을 염려하여 그것을 적극 무마하기 위해 고안된 이론이라는 성격이 짙다. 그러나 맹자의 '일부가주론'은 그 속에 규정된 폭군의 개념이 상당 부분 주관적인 데다가 군주를 일개 한 사내로 규정하고 나선 논리적 근거가 박약하다는 점에서 적잖이

---

86) 성태용은 열국의 相爭 관계가 맹자로 하여금 직접 인민의 이익에 호소하는 방식의 정치를 선호하게 된 중요한 배경이 되었다고 분석했다. 성태용, 「心性論, 禮論과의 관련 아래서 본 荀子의 修養論」, 『太東古典研究』(1989), 196쪽 참조.
87) 『孟子』, 「梁惠王下」, "殘賊之人, 謂之一夫. 聞誅一夫紂矣, 未聞弑君矣."

논란의 여지를 안고 있다.

맹자는 군신 관계를 파악하면서 군주를 결코 신하보다 더 귀한 존재로 보지 않았다. 실제로 "군주가 신하를 개나 말처럼 보면 신하는 군주를 남처럼 보며 군주가 신하를 지푸라기처럼 보면 신하는 군주를 원수처럼 본다"[88]라는 그의 말은 군신 관계가 일방적인 관계가 아닌 상호 관계임을 강조한 것이다. 이는 일견 당시의 존군 개념과도 배치되지 않는 지극히 당연한 얘기로 해석될 수도 있다. 그러나 존군 사상이 보편화된 당시 상황에서 신하의 의무를 강조하기에 앞서 군주에게 이러한 경고를 보낸 것은 그의 '폭군방벌론'과 깊은 관련이 있다고 보아야 한다. 이 말은 뛰어난 신하가 '불인불의'한 군주를 보위에서 내모는 것을 인정한 것과 불가분의 관계를 맺고 있기 때문이다. 그런데 법가는 신하들에 대한 철저한 불신을 전제로 군주는 오직 군주 자신만을 믿어야 한다고 주장하면서 신하들의 주군에 대한 방벌을 결코 인정하지 않았다. 따라서 맹자의 주장은 법가와 극명한 대조를 이룬다고 할 수 있다. 한마디로 맹자는 군신간의 상하 관계를 그다지 중시하지 않았던 것이다.

맹자의 주장은 신하의 군주에 대한 방벌을 원천적으로 승인했다는 점에서 '군군신신君君臣臣'을 주장한 공자와도 큰 차이를 보이고 있다. 공자는 군주가 군주답지 못할 경우 신하가 범상犯上해도 좋다고 말하지는 않았다. 그는 어디까지나 진퇴를 통한 의사 표시만을 인정했을 뿐이다. 이는 그의 다음의 말에서 아주 잘 드러나고 있다.

> 위태로운 나라에는 들어가지 말고 어지러운 나라에는 살지 말아야 한다. 천하에 도가 행해질 때면 밖으로 몸을 드러내고 도가 행해지지 않으면 물러나 숨는다.[89]

이를 통해 공자의 주장이 맹자의 '폭군방벌론'과는 기본적으로 시각을 달

---

88) 『孟子』,「離婁下」, "君之視臣如犬馬, 則臣視君如國人. 君之視臣如土芥, 則臣視君如寇讐."
89) 『論語』,「泰伯」, "危邦不入, 亂邦不居. 天下有道, 則見. 無道, 則隱."

리하고 있음을 확연히 알 수 있다.

맹자의 '폭군방벌론'은 신하의 시군탈위弑君奪位를 합리화할 수 있는 길을 열어 주었다고 할 수 있다. '폭군방벌론'은 기본적으로 '귀민경군' 사상과 떼어내어 생각할 수 없는 것이다.[90] 한마디로 말해 맹자의 이러한 주장들은 당시 시대 상황에 비추어 과격하다는 지적을 면하기가 어려울지라도 인민을 가장 중요하게 생각했다는 점에서 하나의 혁명적인 사상임에는 틀림없다.

순자는 맹자보다 약 60년 늦게 태어났는데, 그가 활약했던 시기는 하극상의 혼란상이 더욱더 극심해진 시기였다. 이러한 당시 상황은 그가 성악설을 제창하게 된 배경과도 무관하지 않은 것으로 보인다. 그는 공자의 사상을 조술하는 등 사상가로서 맹자보다 뛰어난 점이 적지 않았음에도 불구하고 성악설 등으로 인해 훗날 주희 등에게서 집중 공격을 받았다. 그러나 순자는 공자의 이상을 저버린 게 아니라 오히려 그 이상을 현실에 적응시키기 위해 노력한 인물이었다고 평가해야 한다.

사실 오늘날의 안목에서 볼 때 그는 맹자를 훨씬 능가하고 있다. 그의 정치한 사고와 논리는 실로 탁월한 것이어서 그는 통치사상가로서 맹자보다 훨씬 뛰어나다는 평을 받을 만한 인물이었다. 순자는 생존 당시에 맹자를 포함한 대부분의 사상가들이 부분적인 지식에 의한 잘못된 지식을 토대로 사물을 판단함으로써 진리와는 거리가 먼 학문을 하게 되었다고 통렬하게 비판했다. 이러한 지적은 그가 다른 학파의 사상을 두루 익혀 자신의 독특한 사상 체계를 형성했기 때문에 가능한 것이었다.

순자는 공자의 사상을 조술한 유가임에도 불구하고 오랜 기간 이단자로 취급되어 왔다. 그것은 물론 그가 도덕의 근원으로 여겨져 온 천도를 부인하는가 하면 성악설과 형벌을 강조하는 등 공학孔學의 정통파로 숭앙된 맹자와

---

90) 그러나 劉奉光은 맹자가 民貴君輕을 강조한 이유는 어디까지나 保民을 통한 왕도 실현에 있었기 때문이라고 전제하면서 맹자 역시 군주지상주의자였다고 분석했다. 劉奉光, 「孔孟政治思想比較」, 『南開學報 — 哲學社會科學』(1986. 6), 56쪽 참조.

여러 면에서 대치를 이뤘기 때문이다. 하지만 이는 어디까지나 순자가 다른 유가와는 달리 다른 학파의 사상을 널리 포용해 유가 사상을 확장시켰기 때문이라고 해석해야 한다. 사실 공자의 '인학' 체계 가운데에는 '인'과 '의' 등 인간의 내면적인 덕을 숭상하는 측면과 '예' 등 인간의 외면적인 덕을 존중하는 측면이 공존하고 있다. 전자의 경우 증자曾子와 자사子思를 거쳐 맹자의 '인의' 사상으로 귀착되었고, 후자의 경우는 자유子游와 자하子夏를 거쳐 순자의 '예치' 사상으로 완결되었다. 그렇기 때문에 맹자가 주관적이고 이상적이었다면 순자는 객관적이고 현실적이었다.

순자의 사상은 기본적으로 천도에 대한 과학적 인식에서 출발하고 있다. 공자에서 맹자로 이어지는 정통 유학에서는 인간의 도덕적인 권위의 상징으로 천도를 원용했다. 이른바 천도는 인도의 위에 자연과 함께 존재하는, 세상을 지배하는 섭리였던 것이다. 고대 중국인들은 '하늘'(天)을 사람과 자연을 지배하는 종교적인 실체라고 보았는데, 공자와 맹자는 비록 '하늘'을 종교적 대상으로까지 보지는 않았지만 대체로 고대 중국인들이 그러했던 것과 같이 외경심을 가지고 있었다. 그러나 순자는 자연에는 자연의 법칙이 있고 사람에게는 사람의 법칙이 있다고 설파하면서 '하늘'에 대한 기존 관념을 파기하였다. 이는 다음과 같은 언급에서 분명하게 나타난다.

> 하늘은 만물을 생성하기는 하나 만물을 분별하지는 못하며, 땅은 사람을 그 위에 살게 하기는 하나 사람을 다스리지는 못한다.[91]

한마디로 말해 하늘에는 하늘의 법칙이 작용하고 인간에게는 인간의 법칙이 작용하고 있다는 것이다. 나아가 그는 "하늘과 땅은 군자를 낳았고 군자는 하늘과 땅을 다스린다"[92]라고 설파했다. 하늘이 사람을 다스리는 것이 아

---

91) 『荀子』, 「禮論」, "天能生物, 不能辨物也. 地能載人, 不能治人也."
92) 『荀子』, 「王制」, "天地生君子, 君子理天地."

니라 반대로 사람이 하늘을 다스려야 한다고 주장한 것이다. 자연에 대한 이러한 견해는 일면 현대의 과학 정신과 맥을 같이한다고도 볼 수 있다. 순자의 사상은 이처럼 자연에 대한 철저한 객관적 인식에서 출발하고 있는 것이다. 또한 그는 하늘과 인간의 관계에 대해 다음과 같이 언급한 적도 있다.

> 하늘에는 시간이 있고 땅에는 재물이 있으며 사람에게는 다스림이 있다. 이를 두고 능히 참여하는 것이라고 한다. 인간이 자기가 참여하는 근거를 버리고 천지가 참여하는 일을 원한다면 미혹된 것이다.[93]

이는 인간이 천지간에 적극 개입해 인도를 실현해야 한다는 것으로 일종의 '참천參天' 사상이라고 부를 수 있다.[94] 그의 참천 사상은 한마디로 사람은 하늘의 때를 잘 활용해 땅위의 재물을 적극 개발해 이용해야 한다는 것이다. 그는 또 "농사에 힘쓰고 쓰는 것을 절용節用하면 하늘도 인간을 가난하게 만들 수 없고, 잘 보양하고 제때에 움직이면 하늘도 인간을 병들게 할 수 없다"[95]라고 하였는데, 이는 하늘과 땅 사이에 있는 재물을 개발하는 동시에 절용하면 누구나 부유하게 살 수 있다는 주장이다.

순자의 이러한 참천 사상은 하늘에 관한 기존의 형이상학적인 해석을 거부한 것이라고 볼 수 있다. 유가의 전통 사상에서는 천도와 인도가 서로 일맥상통하므로 궁극에 가서는 모두 하나로 귀결된다는 입장을 띠고 있었다.[96] 그러나 순자는 천도는 하늘에서만 통용되고 사람에게는 인도가 따로 적용된

---

93) 『荀子』, 「天論」, "天有其時, 地有其財, 人有其治, 夫是之謂能參. 舍其所以參而願其所參, 則惑矣."

94) 戶川芳郎는 이러한 순자의 자연관을 '자연을 統御한다'는 의미에서 裁天 사상으로 표현할 수 있다고 주장했다. 그러나 裁天으로 표현할 경우 자연을 정복 대상으로 간주한다는 의미로 오해될 소지가 있다. 天地의 운행에 적극적으로 참여한다는 의미에서 參天으로 표현하는 것이 순자의 眞意에 直遍한 것으로 생각한다. 戶川芳郎, 『古代中國の思想』, 47쪽 참조.

95) 『荀子』, 「天論」, "彊本而節用, 則天不能貧. 養備而動時, 則天不能病."

96) 治國平天下의 대전제라고 할 수 있는 修身의 궁극적인 요체는 知天에 있다고 한 中庸의 정신은 바로 천도와 지도, 인도가 하나임을 뜻하고 있다고 볼 수 있다. 『禮記』, 「中庸」, "思修身, 不可以不事親, 思事親, 不可以不知人, 思知人, 不可以不知天."

다고 주장했던 것이다.

그렇다고 순자가 하늘이나 땅에 대한 숭앙심을 모두 지워버린 것은 아니다. 그는 "하늘과 땅은 생명의 근본이고 선조는 종족의 근본이고 군주는 다스림의 근본이다. 하늘과 땅이 없으면 어떻게 생명 활동이 있겠는가"[97]라고 하였다. 이는 조상과 군주가 섬김을 받는 것과 마찬가지로 하늘과 땅 역시 인간의 생명을 유지해 주는 근본인 까닭에 마땅히 섬김을 받아야 한다는 주장이다. 다만 이 주장은 인간에게 화복을 내려주기 때문이 아니라, 인간을 살게 해주는 은덕을 주기 때문에 천지를 섬겨야 한다는 논리 위에 서 있다. 그의 참천 사상은 천지간에 적극 개입해 인도를 실현하고자 할 때에도 천지의 은덕을 결코 잊어서는 안 된다는 내용을 전제로 하고 있는 것이다. 이 점에서 서구에서 발달한 과학주의와는 근원적으로 다르다고 할 수 있다.

순자의 참천 사상은 인간의 존엄성에 대한 인식에서부터 출발하고 있다. "사람은 기운도 있고 생명도 있고 지각도 있으며 또한 의로움까지 지니고 있으니 천하에서 가장 귀한 것이다"[98]라는 말에서 알 수 있듯이 그의 참천 사상은 하늘과 사람의 존재를 명확히 갈라놓는 태도로부터 비롯되는 것이다.

순자는 자신의 '도'에 관한 입장을 피력하여 "도란 하늘의 도도 땅의 도도 아니다. 사람이 지켜야 할 도이며 군자가 행하는 도이기도 하다"[99]라고 말하면서 '인도'의 구체적인 내용을 '예의'(禮), '사양'(讓), '충성'(忠), '신뢰'(信)라고 밝히고 있다.[100] 순자에 이르러 도가는 물론 유가에서 절대적인 가치로 인정받던 천도가 인도로 용해되어 버린 것이다. 그에게 '도'란 곧 인도를 얘기하는 것에 다름 아니었다.

순자는 이러한 사상을 토대로 해서 사물에 대한 판단 기준도 당연히 사람

---

97) 『荀子』, 「禮論」, "天地者, 生之本也. 先祖者, 類之本也. 君師者, 治之本也. 無天地, 惡生."
98) 『荀子』, 「王制」, "人有氣, 有生有知, 亦且有義, 故最爲天下貴也."
99) 『荀子』, 「儒效」, "道者, 非天之道, 非地之道. 人之所以道也, 君子之所道也."
100) 『荀子』, 「强國」, "道也者, 何也. 曰禮讓忠信是也."

의 마음이 될 수밖에 없다고 확신했다. 그는 사람의 마음은 통일되고 고요하고 청명해야만 올바른 판단을 할 수 있다고 강조했다.

> 무엇으로 도를 아는가? 마음이다. 마음은 어떻게 아는가? 마음을 텅 비운 채 하나되게 하며 고요하게 하면 된다.……텅 비고 통일되며 고요한 것을 대청명大淸明이라고 한다.[101]

이는 청명한 마음을 통해 사물에 대한 정확한 인식을 할 수 있고 궁극적으로 '도'를 깨우칠 수 있다는 주장이다.[102] 순자는 이와 같은 청명지심을 통해 깨우친 도가 바로 '예禮'라고 보았다. 허심虛心과 정심靜心에 의해 정신적 순일純一과 명징明澄을 얻어 '예'를 체득할 수 있다고 본 것이다. 이것은 곧 '예'에 전념해서 다른 것에 마음을 빼앗기지 않는다면 '예'를 체득했다고 말할 수 있다는 주장이다.

순자는 이러한 청명지심을 바탕으로 한 '변별辨別'을 중시했다. 그의 이른바 변별 사상은 공자가 강조한 정명 사상과 맥을 같이하는 것이다. 순자는 "지금 성왕이 죽은 뒤 이름을 지키는 일이 소홀해지고 기이한 말이 생겨나 명실이 어지럽고 시비가 불분명하다. 법을 지키는 관리나 가르침을 외우는 유자 역시 혼란스러워한다"[103]라고 말한 적이 있다. 이것은 그의 변별 사상이 공자의 정명 사상을 한층 확대시킨 것임을 보여 주고 있다. 공자는 정치를 할 경우 무엇부터 하겠냐는 자로의 질문에 정명부터 하겠다고 단언한 바 있는데, 순자의 경우도 그와 유사하다.

---

101) 『荀子』, 「解蔽」, "何以知道, 曰心. 心何以知, 曰虛壹而靜……虛壹而靜, 謂之大淸明."
102) 성태용은 순자가 虛一而靜이라는 황로학파의 修養論을 유가적 이념과 결합시켜 인격 완성을 위한 중요한 장치로 도입했다고 평가했다. 성태용, 「心性論, 禮論과의 관련 아래서 본 荀子의 修養論」, 『太東古典硏究』(1989), 221쪽 참조.
103) 『荀子』, 「正名」, "今聖王沒, 名守慢奇辭起, 名實亂, 是非之形不明. 守法之吏, 誦數之儒, 亦皆亂也."

말을 분석해 멋대로 명칭을 만듦으로써 올바른 명칭을 어지럽혀 인민들이 의혹을 갖게 만든다면 말다툼과 소송이 많아질 것이다. 이를 대간大姦이라 한다.[104]

　　순자의 이 지적은 당시 어지러운 시대 상황을 틈타 등장한 명가名家와 같은 궤변가들을 겨냥한 것이다. 순자가 공자의 정명 사상을 확대시켜 변별 사상을 들고 나온 배경에는 바로 이러함 것이 있었다.[105] 세상이 어지러울 때는 혼란을 바로잡기 위해 올바른 변별이 더욱 필요하다고 강조하는 데서 공자가 살던 춘추 시대와 순자가 살던 전국 시대 사이의 간극을 읽을 수 있다.[106]

　　순자는 많은 사람들이 그릇된 주장을 하는 것은 마음이 이욕에 가려져 있기 때문이라고 지적했다. 따라서 그는 사람의 마음을 가리고 있는 것을 없애기 위해서는 올바른 변별이 전제되어야만 한다고 보았다. 그는 "왕자王者가 명칭을 제정하면 실물이 분별된다.……그렇게 되면 인민들이 성실해지고, 성실해지면 부리기 쉽고 공公을 이루게 된다"[107]라는 언급을 통해 변별이 우선되어야 통치가 바르게 된다고 지적하였다.

　　이러한 변별 사상은 바로 통치 과정에서의 직무에 따른 분업 사상으로 이행되었다. 그는 "농군은 농사를 짓고 선비는 벼슬살이를 하며 공인은 물건을 만들고 상인을 장사를 해야 한다"[108]라고 하여 통치 질서 상의 직무 분담을 설파했다. 사농공상 모두 각자 맡은 바 역할을 충실히 수행해야만 올바른 통치가 이루어질 수 있다는 주장이다. 치자와 피치자 모두 자신의 주어진 역할에 충실해야만 통치가 제대로 이루어질 수 있다는 이러한 분업 사상 역시 기

---

104) 『荀子』, 「正名」, "析辭擅作名以亂正名, 使民疑惑, 人多辨訟, 則謂之大姦."
105) 蕭公權은 공자가 정치를 논하면서 行仁과 正名을 요지로 삼았는데 맹자는 行仁을 더욱 강조했고 순자는 正名을 보다 완벽하게 만들었다고 평가했다. 蕭公權, 『中國政治思想史』(최명 역), 163쪽 참조.
106) 馮友蘭은 순자의 辨別 사상은 공맹의 正名 사상이 순전히 倫理的인 측면에 그친 것과 달리 論理的인 관심으로까지 확대·발전된 것이라고 평가했다. 馮友蘭, 『중국철학사』(정인재 역), 208쪽 참조.
107) 『荀子』, 「正名」, "王者之制名, 名定而實辨……故其民愨, 愨則易使, 易使則公."
108) 『荀子』, 「王制」, "農農, 士士, 工工, 商商."

본적으로는 공자의 '군군신신' 사상과 맥을 같이하고 있다. 사실 이와 같은 순자의 분업 사상은 역대 중국 정권이 국가를 통치하는 데 있어 매우 중요한 사상적 기반이 되었다.[109]

한마디로 말해 순자의 '참천변별' 사상은 객관적이면서도 현실적인 인식의 토대 위에 공자의 '정명종주' 사상을 확대·발전시킨 것이었다고 평가할 수 있다.

3) 법가 : 상앙·한비자

법가의 대표적인 인물로는 흔히 자산子産, 이회李悝, 신도愼到, 시교尸佼, 신불해申不害, 상앙商鞅, 한비자韓非子, 이사李斯 등이 거론된다. 그러나 상앙과 한비자를 제외한 나머지 인물들의 사상은 몇 마디의 말로 요약하기가 쉽지 않다.[110] 전국 시대를 배경으로 활약했던 이들 대부분의 저서가 전해지지 않고 있기 때문이다. 상앙은 변법자강의 계책을 실행에 옮김으로써 법가 사상의 만개를 예고한 인물로, 진秦나라가 강대하게 된 것은 주로 상앙의 힘에 의한 것이었다. 한비자는 전국 시대 말기에 태어나 법가 사상을 집대성한 인물인데, 그의 법치 사상은 스승인 순자로부터 많은 영향을 받은 것이었다. 순자가 유가 내에서는 최초로 법치를 적극적 의미의 통치술로 인정한 인물이라는 점이 이를 뒷받침한다.

---

109) 渡邊信一郎은 職役에 따른 역할 분담을 강조한 순자의 주장은 일종의 관료제적 국가론에 해당한다고 주장했다. 그는 순자가 士農工商의 엄격한 分業을 강조함으로써 중국이 專制 국가로 나아가는 이론적 기초를 제공했다고 강조했다. 이러한 주장은 중국은 秦漢 이래 기본적으로 치본관에 있어 전제법치주의를 벗어나지 않았다고 보는 필자의 입장과 맥을 같이하는 것이라고 생각된다. 渡邊信一郎, 『中國古代國家の思想構造』, 26~39쪽 참조.

110) 馮友蘭은 한비자 이전의 법가 유파로는 신도 및 신불해, 상앙 등으로 대표되는 3개파를 들 수 있다고 주장했다. 이러한 그의 주장은 한비자 사상이 이들 3인의 法·術·勢 사상을 총결집한 것이라는 점에 주목해 유추 해석한 것으로 추단된다. 사실 이들 3인 이외에도 법가 사상과 맥이 통하는 관중, 李悝, 鄭子産 등 많은 인물이 존재했던 점을 감안할 때 한비자 이전에 매우 다양한 유파가 존재했던 것으로 보는 것이 타당할 것이다. 馮友蘭, 『중국철학사』(정인재 역), 215쪽 참조.

사실 법가 사상은 이미 춘추 시대에 사상적 맹아가 나타났다.[111] 제나라의 관중과 정나라의 자산 등이 이미 법가 사상에 입각한 통치를 실천적으로 보여 주었던 것이다. 그리고 전국 시대에 들어서서 이회와 신불해, 신도 등에 의해 어느 정도 그 윤곽을 드러내게 되었다. 그러나 엄밀한 의미의 법가 사상은 상앙의 출현을 통해 그 실체를 드러내었고,[112] 이후 한비자에 의해 완결된 법가 사상은 약육강식의 현실을 토대로 부국강병과 관련한 실질적인 문제에 천착함으로써 전국 시대를 풍미하게 되었다.[113]

법가 사상은 전국 시대 말기를 석권한 사상으로 전국 시대 제가 사상의 총결산이라는 평을 받고 있다.[114] 전국 시대 이후 최초의 통일 왕조로 등장한 진나라의 천하통일도 이사를 등용함으로써 그것이 가능했다고 해도 과언이 아니다. 법가 사상이야말로 분열과 상쟁이 지속되어 온 전국 시대를 매듭짓고 새로운 천하 질서를 열어 가는 데에 결정적인 역할을 수행한 사상이었던 것이다.[115]

---

111) 郭沫若은『左傳』'昭公 6年'에 나오는 '鄭人鑄刑書' 등을 근거로 법가의 비조가 鄭나라의 子産이라고 분석하면서, 법가 사상 역시 춘추 시대 중기 이후에 태동하기 시작했다고 주장했다. 郭沫若,『중국고대사상사』(조성을 역, 서울: 까치, 1991), 389~391쪽 참조.

112) 송영배는 고대 중국에서 군주의 세력 강화를 위한 이론적·실천적 작업에 적극 참여한 현실주의적 사상가를 법가로 규정할 경우 상앙은 법가 이론의 실질적인 창시자로 보아야 한다고 강조했다. 그는 이어 현재 상앙에 대한 연구 경향은 크게 중국의 楊榮國과 郭沫若, 馮友蘭 등을 중심으로 한 긍정적인 입장과 서방의 Duyvendak와 Rubin 등을 중심으로 한 부정적인 입장으로 대별되고 있다고 평가했다. 송영배,「고대중국 상앙학파의 법치주의 — 그 진보성과 반동성」,『철학과 현실』2(1988), 126~127쪽 참조.

113) Waley는 상앙과 한비자의 차이점을 말하면서 상앙이 한비자보다 더욱 현실에 충실한 비도덕적 현실주의자인 점에서 비교된다고 평가했다. Cf. Waley, Arther, *Three Ways of Thought in Ancient China* (New York: doubleday & company, 1956), p. 173.

114) Schwartz는 한비자의 이론과 상앙, 신불해 등이 전개한 이론 간에는 적지 않은 차이가 있다는 Creel의 견해에 대해 비판적인 태도를 취하면서 한비자를 비롯한 이들 법가의 이론은 하나의 深層 構造(deep structure)를 통해 기본적으로 일치한다는 전통적인 견해를 옹호하고 있다. Cf. Schwartz, Benjamin I, *The World of Thought in Ancient China* (Cambridge/London: Harvard University Press, 1985), pp. 330~343.

115) Rubin은 선진 시대의 孔學에 비견할 만한 유일한 사상 체계는 오직 법가 사상밖에 없었다고 평가하면서 법가 사상이 專制국가 체제의 이론적 뒷받침이 됐다고 주장했다. Cf. Vitaly A. Rubin, *Individual and State in Ancient China: Essays on Four Chinese Philosophers* (New York: Columbia University Press, 1976), p. 55.

원래 상앙의 법치 사상은 노자의 '무위자연'에 공명하는 문명 부정의 사상에 가까웠다.[116] 그가 생존할 당시는 주나라의 예악과 문예가 해체되면서 그 생명을 잃어가고 있던 시기였다. 이 때문에 그는 과거의 예제를 과감히 버리고 새로운 시대에 부응하는 실질적이고 현실적인 사상을 창조하려고 노력했다. 당시의 상황 역시 새로운 정치 이념과 제도를 강력히 요구하고 있었다. 그는 이러한 상황에서 법가 사상을 채택해 시대적 요구에 적극 부응하고자 했던 것이다.

상앙은 진효공의 전폭적인 지원 아래 약 20년에 걸쳐 자신의 이상을 담은 변법을 철저히 시행했다.[117] 그가 시행한 변법은 인민들의 사사로운 이익 추구와 개별 행동을 통제해 부국강병을 추구한 데에 그 특징이 있다. 그의 노력에 힘입어 진나라는 효공 재위 당시에 이미 전국칠웅 가운데 가장 부강한 나라가 될 수 있었다. 그는 특히 '신상'보다는 '필벌'에 무게를 둠으로써 법의 위엄을 확립하고 그를 통해 군권을 옹호하고자 했다. 이러한 변법에 의해 진나라는 나머지 6국을 제압할 만한 최강의 나라로 성장할 수 있었던 것이다.

한비자는 상앙의 법치 이론에다 신불해의 술치術治 이론을 더하여 이른바 법술法術의 이론을 확립한 다음 거기에 신도의 세치勢治 이론을 덧붙임으로써 자신의 종합적인 법치 이론을 완성시켰다. 그는 필벌을 강조한 상앙의 이론적 한계를 다음과 같이 지적하였다.

상앙은 진나라를 통치하면서 연좌제를 적용해 책임을 물었다. ······ 그러나 신하

---

116) 송영배는 진보와 반동이라는 기준을 적용해 상앙학파는 구체제 혁신과 국력 통일을 추구했음에도 불구하고 반문화적 군국주의 및 반민중적 전제주의의 한계를 노정했다고 분석했다. 송영배, 「고대중국 상앙학파의 법치주의―그 진보성과 반동성」, 『철학과 현실』 2(1988), 128~155쪽 참조.

117) 郭沫若은 상앙의 변법이 성공하게 된 것은 秦孝公의 전폭적인 지원이 있었기 때문이라고 분석하면서 秦孝公이야말로 중국 全史에 있어 大公無私한 군주의 전범이었다고 평가했다. 그는 관중에 대한 齊桓公의 자세는 물론 제갈량에 대한 유비의 대우 및 왕안석에 대한 宋代 神宗의 처신도 상앙에 대한 秦孝公의 태도에 비교할 수 없다고 주장했다. 郭沫若, 『중국고대사상사』(조성을 역), 412~413쪽 참조.

들의 간사한 짓을 분별할 술책이 없다면 진나라의 부강도 신하들의 이익이 되고 말 따름이다.[118]

한마디로 법치만으로는 안 된다는 지적이다. 이 말은 나라의 부강도 결국 신하들에게 이용될 뿐이라는 경고를 담고 있다.

한편 한비자는 신도의 '세치勢治' 이론을 적극 원용하면서도 '세치' 이론의 한계에 대한 지적 또한 잊지 않았다.

현인이 불초한 사람에게 굴복하는 것은 권력이 없고 지위가 낮기 때문이다.…… 요임금도 보통 남자였다면 세 사람도 다스리지 못했을 것이다. 걸임금도 천자가 되었기 때문에 천하를 어지럽힐 수 있었다.[119]

이는 곧 권력과 지위가 뒷받침되지 않는 한 통치가 불가능하다는 지적이다. '세치'는 한비자의 치술 가운데 핵심에 해당한다. 세치의 핵심은 권세를 누가 어떻게 잡아 오래도록 유지하는가 하는 문제와 직결되어 있다.

한비자는 순자의 '예치' 이론의 토대에 신도의 '세치' 이론과 상앙 및 신불해의 '법술' 이론을 적극 수용하여[120] 법가 사상의 대강을 구축하고, 나아가 그러한 바탕 위에 후술하는 바와 같이 노자의 '무위자연' 사상을 환골탈태시켜 수용함으로써 법가 사상 체계를 사실상 완성해 내었다.

한비자는 춘추 시대에 맹아가 나타난 법가 사상을 하나의 완벽한 실용적 사상 체계로 만들어 현실 정치의 무대에 선보인 장본인이다. 그가 이렇게 법

---

118) 『韓非子』,「定法」, "公孫鞅之治秦也, 設告相坐而責實……然而無術以知姦, 則以其富强也, 資人臣而已矣."

119) 『韓非子』,「難勢」, "賢人而詘於不肖者, 則權輕位卑也……堯爲匹夫不能治三人, 而桀爲天子能亂天下."

120) 狩野直喜는 군주가 法·術·勢 등 세 가지의 통치술을 습득하기만 하면 천하를 얻을 수 있다는 한비자의 주장은 統一을 향해 치닫던 당시의 시대적 상황을 충실히 반영한 것이라고 분석하면서 이러한 그의 주장은 일종의 英雄史觀에 해당한다고 평가했다. 狩野直喜, 『중국철학사』(오이환 역, 서울: 을유문화사, 1995), 336~337쪽 참조.

가 사상을 하나의 사상 체계로 완결시킬 수 있었던 데에는 천하통일의 분위기가 팽배했던 전국 시대 말기의 시대 상황이 크게 작용했다. 따라서 법가 사상은 한비자 자신이 시대 상황을 간파하고서 현실에 적용할 수 있는 하나의 사상 체계로 만들어 낸 것이라고 보는 것이 옳다.

법가는 이와 같은 법치 사상 이외에도 군주를 높이고 인민을 낮추는 이른바 '귀군경민貴君輕民' 사상을 그 사상적 특징으로 삼고 있다. 이는 맹자의 '귀민경군' 사상과 극명한 대조를 보이는 것이다. 원래 봉건 질서 아래의 군권은 봉건 귀족이 군주와 권력을 공유했기 때문에 대단한 것이 아니었다. 특히 배신陪臣 등에 의해 군권이 농락당하는 지경에 이르러서는 거의 유명무실한 것이 되어 버리기도 했다.

공자는 "군주를 섬기는 데에는 정성을 다해야 한다"[121]라고 주장한 바 있는데, 난신적자亂臣賊子를 성토한 이 주장은 은연중 존군의 논지를 담고 있다. 그래서 공자는 "군주에 대해 예를 다해 섬기면 남들이 아첨한다고 한다"[122]라고 불만을 토로하기도 했다. 순자는 공자의 이와 같은 취지를 발전시켜 최초로 존군 사상을 체계화한 인물이다. 유가에서 말하는 존군 사상의 근본 취지는 권신들의 전횡에 따른 기존 질서의 붕괴를 막는 데 있었다. 그러나 유가의 취지와는 상관없이 봉건 질서의 붕괴는 중앙집권의 강화로 나타나면서 군주의 비중 또한 전례 없이 커지는 결과가 초래되었다. 바로 이와 같은 새로운 현실에 직면한 법가는 기존의 존군 사상을 오직 군주의 이익만이 지킬 가치가 있다는 일종의 '귀군貴君' 사상으로 확대·발전시켜 나갔던 것이다.

법가는 오직 군주의 사리私利만을 공리公利로 인정했다. 따라서 법가가 말하는 '귀군' 사상이란 바로 신민을 군주의 공리 추구에 필요한 하나의 도구로 보는 것을 말한다. 순자 등이 말한 '존군'은 어디까지나 위민爲民의 전제로서

---

121) 『論語』, 「八佾」, "臣, 事君以忠."
122) 『論語』, 「八佾」, "事君盡禮, 人以爲諂也."

의 존군이었으나 법가의 '귀군'은 '위군爲君'과 맥을 같이하는 하나의 절대적인 가치 개념이라는 점에서 근원적인 차이가 있다.

법가는 군주의 이익을 제외한 모든 것은 사리에 지나지 않는다고 보았기 때문에 군주와 신민과의 관계 자체가 하나의 공리와 사리의 대립일 수밖에 없으며, 신민 모두가 군주의 공리를 위해 봉사해야 한다는 논리로 귀결될 수밖에 없다. 법가의 '귀군' 사상은 바로 이러한 논리에서 나온 것이다. 법가의 '귀군' 사상은 '경민輕民' 사상에 다름 아니었다.

결론적으로 말해 상앙과 한비자로 대표되는 법가의 통치 사상은 '귀군경민'으로 요약할 수 있다. 법가의 '귀군경민' 사상은 맹자의 '귀민경군' 사상과 대극적인 모습을 보이고, 이들의 치본관 역시 맹자의 그것과 극명한 대조를 이룬다.[123] 법가가 강조하는 '법치'가 맹자의 '인의에 기초한 덕치'와 극명한 대각 구도를 형성하게 된 이유가 바로 여기에 있다.

---

123) Creel도 기원전 2세기 후반의 중국에서처럼 유가 사상과 법가 사상과 같이 2개의 정치 원리가 그처럼 첨예하게 대립되고 분명하게 판정난 적도 없었을 것이라고 평가했다. 자세한 내용은 H. G. Creel, 『공자, 인간과 신화』(이성규 역), 251~252쪽 참조.

우주와 인간과 가치에 대한 관점

1. 천도관

중국의 사유는 서양과 달리 직접적인 삶의 모습에 관심을 기울여 왔기 때문에, 우리가 삶을 기탁하고 있는 이 세계는 어떻게 이루어져 있는가 하는 '천도天道'의 문제와 우리는 거기에 어떻게 적응하여 삶을 영위해야 하는가 하는 '인도人道'의 문제에 깊이 천착하였다. 고대 중국에서 많이 논의되었던 우주 발생에 대한 탐구도 결국은 삶의 슬기를 얻기 위한 의지와 노력에서 나왔음이 분명하다.

중국의 사유는 이러한 삶의 지혜를 자연에서 도출하였다. 노자 사상의 '도'와 '덕'도 기실은 자연의 '도'와 '덕'이다. 자연 속에서는 아무것도 오래 갈 수 없고 한결같을 수 없다. 변치 않는 것은 모든 것이 변화한다는 사실뿐이며, 이와 같은 만물의 변화 법칙이 '도'이다. 따라서 노자 사상의 핵심은 '도'이고, 이러한 도의 원리는 곧 만물의 모태로서 만물 생성의 근본 인자로 작용하였다. '도'는 세계의 최초 근원으로서 물적 실재 파악의 근거인 동시에 모든 사물이 변화하는 과정에서의 그 변화 법칙을 의미한다.

춘추전국 시대 이전의 중국의 종교 관념을 살펴보면, 은대의 종교적 실재
는 '상제上帝'였으나 주대로 들어오면서 '천天' 개념이 '상제'를 대신하기 시작
했다.[1] 고대 중국의 인민들은 원래 하늘을 하나의 인격과 의지를 가지고 만물
을 지배하는 주재자로 생각했다.[2] 따라서 고대에는 인간의 길인 인도가 천도
에서 어긋나면 재앙을 당한다고 생각하는 것이 지극히 당연하였다.[3] 선진 시
대 제가의 통치 사상 역시 이와 같은 고대 중국 전래의 천인관에 그 사상적 뿌
리를 갖고 있었다.[4] 선진 시대의 치도·치본관이 만나는 사상적 접속점은 일
종의 우주론이라고 할 수 있는 고대 중국 전래의 천인관天人觀에 있다.[5]

기원전 12세기에 서북쪽의 위수渭水 일대에서 흥기한 주나라는 은나라를
멸망시키고 중원의 새로운 주인공으로 등장했으나 자신들의 문화 수준이 매
우 낮았던 까닭에 은대 문화를 대부분 흡수해 새로이 변환·발전시키는 방식
을 채택하였다. 그런데 고대 중국의 천인관은 이 주대에 들어서면서 새로운
전기를 맞게 된다.[6] 원래 은나라 사람들은 신을 하나의 인격신으로 간주했다.

1) 陳鼓應, 『老莊新論』(최진석 역), 116쪽.
2) 殷代에는 帝(上帝)가 하늘과 인간 세상을 주재하는 인격적 至上神으로 군림하며 자연 현상
   과 인류 사회의 모든 활동을 지배하는 존재로 인식되면서, 王은 卜筮를 통해 上帝의 의지
   를 지상에 실현하는 上帝 권력의 화신으로 등장하게 되었다. 한마디로 殷代는 神政 국가의
   특색을 벗어나기 어려웠다고 볼 수 있다. 楊榮國, 『簡明中國思想史』, 4쪽 참조.
3) 道는 원래 『說文解字』에서 "道, 所行道也"라고 하였듯이 사람이 다니는 길을 뜻했으나 후에
   사물이 일정한 궤적을 따라 움직이게 되는 自然法則 등으로 확대 해석하게 되었다. 王德敏,
   「管仲的哲學思想」, 『春秋哲學』(山東: 山東大學出版社, 1988), 110쪽 참조.
4) 楊幼炯은 하늘의 의지에 따라 통치를 해야 한다는 사상은 일종의 天治主義에 해당하는 것
   으로 이와 같은 天治主義가 하늘을 대신해 통치를 담당하는 天子 개념을 낳았고 人治主義
   의 기원이 됐다고 분석했다. 그는 이어 天意가 인민을 통해 발현된다고 주장하는 유가의
   사상은 일종의 民治主義에 해당하는 것으로 天治主義 사상이 확대·발전된 모습이라고 평
   가했다. 楊幼炯, 『中國政治思想史』, 16쪽 참조.
5) 楊幼炯은 『尙書』에 나타나는 여러 대목을 예로 들어 고대 중국의 정치 사상은 원래 천도
   사상에 그 시원을 두고 있었다고 강조했다. 그는 모든 것을 하늘과 上帝에게 맡기는 이러
   한 정치 행태는 일종의 신권 정치에 해당한다고 평가했다. 楊幼炯, 『中國政治思想史』,
   28~29쪽 참조.
6) 王明은 周代에 제작된 鐘鼎彝器의 銘文에 대한 분석을 토대로 해서 殷代의 帝와 上帝는 천
   지의 변화와 인간의 길흉화복을 주관하는 主宰神이었으나 殷周 교체기부터 天이라는 至上
   神으로 대체되기 시작했다고 분석했다. 王明, 「論先秦天人關係」, 『中國哲學史硏究』(1985. 2),
   3~5쪽 참조.

그러다가 은나라가 멸망하기 전인 주나라 문왕 때부터 민의를 '천명'의 표현으로 생각하기 시작하는 경향이 강하게 일기 시작했다. 이로 인해 인민이 곧 '천'이고 '천명'이라는 원칙이 나타나게 되었다. 주나라는 건국 당시 은나라의 '천명天命' 사상을 원용해 하늘의 명을 받아 은나라를 멸망시켰다고 주장하면서 자신들의 건국을 합리화했다. 은대의 천명을 새롭게 해석해 천명은 고정불변의 것이 아니라 항시 바뀔 수 있다는 이른바 '천명미상天命靡常'의 이론을 만들어 낸 것이다.[7]

　　주나라의 정사가 문란해지면서 인민들은 과도한 부역과 조세 부담 등에 시달리게 되었다. 그 결과 인민들은 '천명'을 불신하게 되었다. 통치자는 하늘을 대신한 자라고 하였으나 통치자가 아무리 인민을 착취해도 '천'은 벌을 내리지 않았던 것이다. 그러나 통치자는 계속 자신들의 정권 탈취의 정당성을 '천명'으로 설명했다. 이에 대해 의심의 눈길을 보내던 인민들 사이에서 인사와 자연 현상을 '천'이 아닌 '도'로 해석하는 기운이 일기 시작했다. 이미 서주 말기에 대부 백양보伯陽父가 음양이기陰陽二氣의 변화로써 지진의 원인을 설명하려고 한 데서 알 수 있듯이 천도를 보다 객관적인 입장에서 규명하려는 시도가 전개되었던 것이다.[8] 이로부터 절대불변의 의지를 지녔던 전래의 천명 사상은 객관적 자연 법칙이라 할 수 있는 '천도天道' 사상에 그 지위를 넘겨주지 않을 수 없게 된다. 노자의 '무위' 사상과 '도' 개념도 이러한 시대 상황이 반영된 것이라고 할 수 있다.

　　춘추 시대 중기에 태어난 관중은 음양이기를 천지만물에 편재해 있는 불변의 요소라고 주장하면서 사계 변화를 음양이기의 변화로 해석하는 등 천도

---

7) 周나라는 이러한 天命靡常의 이론을 설명하기 위해 德 개념을 도입했다. 殷王은 崇德에 추호도 소홀함이 없어야 했는데도 불구하고 오히려 失德으로 나아간 데 반해 周나라의 文王은 明德을 확고히 함으로써 天命의 이동을 통해 得天下를 하게 된 것이라고 주장한 것이다. 楊榮國,『簡明中國思想史』, 5~6쪽 참조.
8) 『國語』,「周語」, "陽伏而不能出, 陰迫而不能烝, 於是有地震", "夫天地之氣, 不失其序. 若過其序, 民亂之也." 王德敏,「管仲的哲學思想」,『春秋哲學』, 108쪽에서 재인용.

에 대한 보다 객관적인 해석을 시도했다.9) 이로 인해 그는 하늘에 종속되어 있던 땅을 하늘과 같은 위치로 격상시킨 최초의 인물이라는 평가를 받는다. 관중은 이러한 이론을 토대로 천도의 의미를 적극 규명하고 나섰다.10) 그는 다음과 같이 언급한 바 있다.

풍족함은 하늘과의 합치에 달려 있고 안위安危는 사람과의 합치에 달려 있다.11)

관중은 동양 통치사상사에서 처음으로 천도와 인도를 구별한 다음 이를 전제로 인간사의 문제는 천도의 문제가 아닌 인간 스스로의 문제라는 탁견을 제시했던 것이다.12) 그러나 관중 역시 전래의 천인관에서 완전히 벗어나지는 못했다. 그는 "하늘과 땅과 같은 것에 어찌 사친私親이 있겠는가"라고 자문하면서 천지와 인간을 관통하는 불변의 이치를 찾았다.13) 그리하여 관중은 통치자의 자세 또한 "하늘을 좇아 덕에 합치해야 하고 땅을 닮아 무사무친無私無親해야 한다"14)라고 역설하였다. 천지간을 관통하는 '무사무친'의 이치가 하늘을 좇아 덕에 합치될 때 최상의 통치를 이룰 수 있다고 강조한 것이다. 그는 "천시天時가 상서롭지 못할 경우 홍수나 한발이 나고 지도地道가 마땅치 않으면 기근이 오고 인도가 불순하면 화란禍亂이 난다"라고 하여 군주에게 무사무친의 '천도' 이치를 배울 것을 주문했다.15) 한마디로 관중은 천도의 이치를 인

---

9) 『管子』, 「乘馬」, "春秋冬夏, 陰陽之推移也. 時之長短, 有餘不可損, 不足不可益也" 및 『管子』, 「形勢」, "天不變其常, 地不易其則, 春秋冬夏不更其節, 古今一也."

10) 王德敏은 관중이 그의 천도관을 통해 중국 철학사에서 가장 다양한 뜻을 지닌 道의 범주를 老子에 앞서 제시한 것은 물론 자연 법칙과 사회 질서 간의 유사성을 각성시키는 계기를 제공했다고 평가했다. 王德敏, 「管仲的哲學思想」, 『春秋哲學』, 110~112쪽 참조.

11) 『管子』, 「形勢」, "持滿者, 與天. 安危者, 與人."

12) 王德敏은 관중이 전래의 意志天을 捨象하고 無私無親의 自然的 天空 개념을 도입함으로써 천인관의 발전에 결정적인 공헌을 하게 되었다고 평가했다. 王德敏, 「管仲的哲學思想」, 『春秋哲學』, 106~107쪽 참조.

13) 『管子』, 「牧民」, "如地如天, 何私何親."

14) 『管子』, 「版法」, "法天合德, 象地無親."

15) 『管子』, 「五輔」, "天時不祥, 則有水旱. 地道不宜, 則有饑饉. 人道不順, 則有禍亂."

간사의 기본 원칙으로까지 확대 적용해야 한다는 이른바 '용도用道'의 필요성을 제기하면서 천지의 객관적인 규율을 배워 인간 사회에 운용할 것을 주창한 것이다.[16] 한편 관중이 언급한 인도는 군도君道와 신도臣道, 득인지도得人之道 등을 총칭하는 말로 보아야 한다.[17]

관중보다 1백여 년 뒤에 태어나 춘추 시대 말기에 살았던 노자와 공자는 서로 다른 입장에서 천도와 인도를 발전시켰다. 두 사람 모두 '도'라는 동일한 용어를 통해 난세를 헤쳐 나가고자 했지만 그들이 사용한 '도'는 여러 모로 차이가 있었다. 공자는 시대적 혼란이 발생하게 된 까닭은 인간이 '인간의 도'를 벗어났기 때문이라고 보아서 인의예지仁義禮智 등의 덕목을 통해 혼란 상황을 극복하고자 했다. 반면 노자는 인간이 무위자연인 '하늘의 도'를 따르지 않았기 때문에 시대적 혼란이 발생하였다고 보았다. 그는 혼란의 원인을 자연에 벗어난 인간들이 인간의 도를 따로 만들었기 때문이라고 파악했던 것이다.

여기서 알 수 있듯이 두 사람 모두 '천도'를 통치의 본원으로 삼았다는 점에서는 동일하다. 하지만 공자는 인도가 천도를 닮았다고 생각해 인의예지 등의 덕목을 마련한 데 반해 노자는 인의예지 등의 덕목은 천도와는 질적으로 다른 것으로서 인간들이 자의적으로 만들어 낸 인위적인 지침에 불과하다고 생각했다. 결국 인의예지 등의 덕목이 천도를 닮은 것으로 생각했던 공자는 천도에 대한 천착의 필요성을 느끼지 못했지만, 통치의 본원은 오직 천도밖에 존재하지 않는다고 보았던 노자는 천도에 대한 깊은 천착에 들어갈 수밖에 없었다. 따라서 '공자의 도'는 인간의 도덕적 규범이나 당위 법칙을 말한 데 반해 '노자의 도'는 형이상학적 근본 원리의 성격을 띠고 있다. 노자가 '도

---

16) 『管子』, 「形勢」, "其功順天者, 天助之. 其功逆天者, 天違之. 天之所助, 雖小必大. 天之所違, 雖成必敗."

17) 王德敏은 『左傳』 '桓公 6年'에 나타나는 "所謂道, 忠於民而信於神也" 등의 대목을 예로 들어 西周 末期에 들어서서는 인민이 神의 경지로까지 격상되었다고 주장하면서 이 때를 계기로 道의 의미가 君道, 臣道, 得人之道, 爲政之道 등 다양한 뜻을 함의하게 되었다고 분석했다. 王德敏, 「管仲的哲學思想」, 『春秋哲學』, 116쪽 참조.

법자연道法自然'이라고 말했을 때의 '자연'은 '도' 위에 존재하는 개념이 아니라 '도' 자체의 자기 원리를 뜻하는 것이었다.[18] 노자가 말하는 '도'는 모든 대립과 분별을 초월하는 동시에 그 모두를 포괄하는 궁극적 원리이다. 이 점이 바로 '공자의 도'와 '노자의 도' 사이의 가장 큰 차이점이다.

공자의 '도'는 인간을 기준으로 한 윤리적 기준이기 때문에 공자는 인의예지라는 인도를 확립하기만 하면 혼란상을 극복할 수 있다고 보았다. 그러나 노자는 자연에는 인의예지 등의 덕목이 없고 그와 같은 덕목 자체가 인간을 기준으로 한 인위적인 것에 불과하다고 보았다. 그는 사회의 혼란은 자연을 따르지 않고 공자가 주장하는 바와 같은 인간을 기준으로 한 인위적 덕목을 따르는 데서 유래한다고 보았다.

『논어』를 보면 공자는 외천명畏天命의 입장을 보이는 등 '천'에 대한 외경심을 가지고 있었다. 그가 말하는 '인도'는 은나라 때의 인격적 '천'의 요소를 완전히 탈피하지는 못했던 것이다. 반면 노자는 인격적 천인 상제를 부정하고 객관적이고 합리적인 '도' 즉 천도로써 설명했다. 그가 볼 때 만물은 '무위자연'이라는 '도'를 따라 스스로 생장하고 소멸할 뿐이었다. 노자는 '인도'를 '자연의 도'와 하나가 되는 것으로 파악하였던 것이다.

그러나 공자가 인간의 도덕적 당위를 강조하면서도 결국은 '천도'와의 합일을 지향했던 것처럼 노자 역시 근원적 원리인 '도'만을 강조한 것 같지만 사실은 인간의 인간다운 삶의 길을 모색하려는 데 그 목적이 있었다. 결국 두 사람의 차이점이라면 공자가 '인도'로부터 착수해 '천도'로 소급하려 한 데 반해 노자는 '천도'로부터 곧바로 '인도'를 규정하려고 하였다는 점이다. 따라서 공자와 노자는 출발점이 다르기는 하지만 궁극적인 목적에서는 일치한다고 말할 수 있다.

그 궁극적 목적이란 결국 자연과 인간이 완전히 하나로 조화된 이른바

---

18) 김항배, 『노자철학의 연구』(서울: 사사연, 1986), 27쪽.

'천인합일天人合一'의 경지이다.[19] 궁극적 목적에 도달하기 위한 방법론에서 공자는 성경誠敬 등을 강조하고 노자는 허정虛靜 등을 강조하지만 그 극치에 이르러서는 결국 하나로 통합된다고 할 수 있는 것이다. 그러므로 공자나 노자가 말하는 '유'와 '무'는 서로를 배척하는 모순 개념이 아니라 그 내부에 모순되는 듯이 보이는 것까지도 포함하고 있는 포괄적인 의미의 '유'이며 '무'이다. 이러한 의미에서 '공자의 도'나 '노자의 도'는 본질적으로 하등 차이가 없다. 통치 사상의 차원에서 볼 때에도 역시 이러한 관점에서 바라볼 필요가 있다. 두 사람 모두 춘추 시대 말기의 어지러운 세상을 바로잡아 인민을 도탄에서 구원해야만 한다는 숭고한 뜻을 품고 있었기 때문이다.[20]

그럼에도 불구하고 '노자의 도'는 우주만물의 배후에 있는 궁극적 원리로서 언제나 존재하고 어디서나 존재한다는 점에서 그러한 개념이 없는 '공자의 도'와는 커다란 차이가 있다. 노자는 이를 '무극無極'이라고 했다.[21] 그가 말한 '도'는 비록 구체적인 사물의 형상을 가지고 있지는 않지만 일체의 유형유상의 사물을 구성하는 기초가 된다.

'노자의 도'는 '유'와 '무'의 두 가지 성질을 갖추고 있다. 노자는 '유'와 '무'를 사용해 자연계의 존재를 설명한다. 왕필은 노자가 말하는 '도'의 본체를 '무'라고 규정했는데, 이는 '무'를 본원적인 것으로 파악한 것이다.

노자의 '도'는 '유'이기도 하다. 그것은 사물을 형성하는 가능성을 포함하고 있기 때문에 본래 형상이 있고 실체가 있는 것이다. 그러나 노자는 '도'를 가리켜 '무'라고도 했다. 따라서 노자의 '도'는 절대적인 '무'와 절대적인 '유' 그 어디에도 치우치지 않는 것을 의미한다. 노자가 말하는 '무'는 '도'가 영원해서 이름이 없고 숨어서 보이지 않으며 너무 큰 형상을 지녀서 그 형상이 없다는 것이지 아무것도 없는 '영零'(zero)이나 '공空'을 말하는 것이 아니다.

19) 김항배, 『노자철학의 연구』, 28~29쪽 참조.
20) 김항배, 『노자철학의 연구』, 30쪽.
21) 『道德經』 28장, "復歸於無極."

그렇다면 노자가 말하는 '덕'은 과연 '도'와 어떤 관계를 맺고 있을까? 그간 노자의 '덕'에 대한 관심은 '도'에 비해 상대적으로 소홀히 다루어져 왔던 것이 사실이다. 그러나 백서『도덕경』을 보면 왕필본『도덕경』제38장에서 시작되는「덕경」이 제1장부터 배치된「도경」보다 앞에 나온다. 이는 지금의 일반적인『도덕경』의 체제와는 정반대이다. 당시에는『도덕경』이 아니라『덕도경』으로 불려졌을지도 모를 일이다. 여기서 짐작할 수 있듯이 노자가 말하는 '덕'은 결코 '도'의 하위 개념이 아니다.[22]

노자의 통치 사상에서 언급되고 있는 '덕'의 의미는 어떤 것이며 '도'와의 관계는 과연 어떻게 해석해야만 하는 것일까?『도덕경』속에는 "도를 잃은 다음에 덕이 있고 덕을 잃은 다음에 인이 있다. 인을 잃은 다음에 의가 있고 의를 잃은 다음에 예가 있다"[23]라는 말이 있다. 왕필도 이 부분에 대해 장황한 해설을 곁들여 다음과 같이 분석한 바 있다.

> 만물이 비록 귀하지만 '무'를 쓰임으로 삼는 것이니, '무'를 버리고 형체를 이룰수 없다. '무'를 버리고 물체가 되면 제대로 될 수 없으니 이른바 '도'를 잃은 뒤 '덕'이 있다고 하는 것이다.……'무위'를 할 수가 없어서 널리 베푸는 것을 귀하게 여기게 되고, 널리 베풀 수 없어서 정직을 귀하게 여기게 되며, 정직할 수 없어서 겉모양을 꾸미고 공경하는 것을 귀하게 여기게 된다. 이것이 이른바 '덕'을 잃은 후에 '인'이 있게 되고 '인'을 잃은 후에 '의'가 있게 되며 '의'를 잃은 후에 '예'가 있게 된다고 말한 이유인 것이다.[24]

노자는 도덕과 인의의 관계에 대해 "대도大道가 없어지자 인의가 생겨나게 되었다. 지혜가 나타나자 큰 거짓이 있게 되었다"[25]라고 결론지었다. 노자

---

22) 김충렬,『노장철학강의』, 196쪽.
23)『道德經』, 38장, "失道而後德, 失德而後仁, 失仁而後義, 失義而後禮."
24)『道德經』, 39장, "萬物雖貴, 以無爲用, 不能捨無以爲體也. 捨無異爲體, 則失其爲大矣……不能無爲, 而貴博施. 不能博施, 而貴正直, 不能正直, 而貴飾敬. 所謂失德而後仁, 失仁而後義, 失義而後禮也." 王弼 注 참조.
25)『道德經』, 18장, "大道廢, 有仁義. 慧智出, 有大僞."

가 여기서 '대도'로 표현한 것은 '도'를 잃은 뒤에 출현하는 '인의'와 대비시키기 위해서라고 보는 것이 옳다. 왕필은 '대도'를 '무위지사無爲之事'로 해석하면서 대도가 사라진 뒤 등장하는 '인의'는 꾀를 부려서 선도善道로 포장하여 사물이 그에 따르도록 부추기는 것이라고 풀이했다.[26] 이 해석은 노자가 바로 뒤에서 지혜가 나타난 뒤 '대위大僞'(큰 거짓)가 나타난다고 언급한 사실에 비추어 볼 때 매우 적의한 해석이라 할 수 있다.[27]

고래로 많은 사람들이 노자의 '덕'을 풀이하여 '도의 쓰임'(道之用) 내지 '도의 드러남'(道之見), '도의 체현'(道之體現) 등으로 파악했다. 사실 이러한 풀이는 모두 같은 내용을 다르게 표현한 것에 불과하다. '도'는 형용할 수 없지만 한번 형용하게 되면 '덕' 속에 나타나게 된다. '도'가 만물 가운데 온전하게 드러난 것이 '덕'이다. 노자에 따르면 자연의 모든 현상 가운데 부정되어질 것은 하나도 없다. 인간 사회로 좁혀 말한다면 지극한 '덕'은 '현덕玄德', '공덕孔德', '상덕常德', '상덕上德' 등으로 표현된다.

공자의 '덕'은 노자가 비판하는 소위 '하덕下德'에 해당한다. '하덕'은 덕을 잃지 않으려고 노력하는 '부실덕不失德'에서 비롯된 것이다. 이는 일부러 덕을 닦고자 노력하지 않는 '부덕不德'에서 오히려 '상덕'이 가능한 것과 대조를 이룬다. '하덕'이 나오게 되는 가장 근본적인 이유는 바로 '덕'을 '유위'를 통해 찾으려 한 데 있다. '도'의 발현체인 '덕'은 결코 '유위'를 통해 얻을 수 없는 것임에도 불구하고 이를 '유위'에서 찾으려 한 결과 결국 사회 혼란만을 가중시키게 되었다는 것이 노자의 지적이다.

노자가 말한 '상덕'이나 '공덕', '현덕' 등을 체득하려면 기본적으로 '무욕無欲'과 '부쟁不爭'이 전제되어야 한다. 그래야만 사람과 사물을 버리지 않고

---

26) 『道德經』, 18장, "失無爲之事, 更以施慧立善道進物也." 王弼 注 참조.
27) 『道德經』 18장에 나오는 '大僞'가 '큰 거짓'의 의미를 갖는 것으로 보아 이 구절은 순자가 활약하는 전국 시대 후기에 삽입된 것으로 판단된다. 순자는 '거짓'이 아니라 '작위'의 의미로 '僞'라는 용어를 사용한 바 있다. 따라서 '위'자가 '거짓'이라는 의미를 지니게 된 것은 최소한 순자가 활약한 시대 이후로 보아야 한다.

모두 감싸 안음으로써 그 본래의 본성을 최대한 발휘하게 할 수 있다. 공자가 추구했던 인의예지 등의 덕목을 노자가 싸잡아 '유위'에 입각한 '하덕'으로 평가하게 된 까닭도 그러한 덕목들이 모두 '유욕有欲'과 '쟁취爭取'에 뿌리를 두고 있다고 판단했기 때문이었다. 그래서 노자는 "공덕孔德의 모습은 오직 도를 따를 뿐이다"[28]라고 강조했다. '자연의 도'가 '덕'으로 만물에 드러날 때 비로소 '큰 덕'이 될 수 있다고 본 것이다. 이와 같은 '상덕'은 결코 인위적인 '유위'의 노력에 의해 달성될 수 있는 것이 아니다. '유위' 자체가 근본적으로 '유욕'과 '쟁취'에 뿌리를 두고 있는 만큼 단연코 '무욕' 내지 '부쟁'의 경지로 나아갈 수는 없기 때문이다. 결국 노자가 말한 '덕'은 '도'의 구체적인 체현이자 일종의 '용用'이라고 할 수 있다. 따라서 '도'는 비록 말할 수도 없고 느낄 수도 없지만 그 용用인 '덕'을 통해 얼마든지 인식할 수 있다. 만물에 내재하고 있는 본성인 '덕'을 통찰함으로써 '도'의 존재를 인식할 수 있는 것이다. 이와 관련해 노자는 다음과 같이 말하였다.

> 지금에서 옛날까지 그 이름이 사라지지 않았으니 이로써 온갖 것의 처음을 알 수 있다.[29]

이 말은 유한하고 차별적이며 변화무쌍한 만물을 통해 그 근원을 파악할 수 있다는 주장이다. 왕필은 이에 대해 진실의 극치는 이름을 지을 수 없어 '무명無名'이라 한 것이고 무명으로써 만물의 시작을 살필 수 있다고 해석했다.[30] 이는 『도덕경』의 다음 구절을 보면 더욱 명확해진다.

---

28) 『道德經』, 21장, "孔德之容, 惟道是從."
29) 『道德經』, 21장, "自今及古, 其名不去, 以閱衆甫." 왕필주본 등에는 '自今及古'가 '自古及今'으로 되어 있다. 그러나 『도덕경』의 가장 오래된 판본인 '백서갑을본' 등에는 '자금급고'로 되어 있다. 이는 몇 가지 중요한 점을 시사하고 있다. 우선 후대의 법가 사상가들이 '자고급금'을 '자금급고'로 바꾸어 後王을 중시하는 자신들의 입장을 합리화하려 했다는 주장도 있지만 '도'가 지금에서 옛날까지 일관되게 존재했다는 의미로 해석할 필요가 있다. 왕필은 '명'을 사물을 나타내고 형태를 짓는 것으로 늘 변화하는 유한한 것으로 해석했다. 이는 대략 노자의 근본 취지를 제대로 해석한 것으로 볼 수 있다.

옛날의 도를 잡아 지금의 있음에 나아가면 능히 그 옛날의 시작을 알 수 있다. 이것을 도의 법칙이라고 한다.[31]

앞의 구절은 지금의 존재를 통해 '도'를 연역할 수 있다는 뜻이고 뒤의 구절은 추론된 옛 '도'를 기준으로 해서 지금의 존재를 판별할 수 있다는 뜻이다. '도'는 시공을 뛰어넘어 만물의 본성에 상존하는 것이므로 어떤 방식을 취하든 '도'의 실체는 인식될 수 있다. 그리고 '도'의 인식을 가능하게 하는 것은 '덕'을 통해서이다. 결국 노자가 말하는 '도'는 결코 공허한 담론이 아니라 만물에 편재하는 본성을 통해 그 실체에 대한 접근이 가능하다는 것이다.

노자의 '천도론'과 '인도론'은 모두 자연을 기본으로 삼는다. '도'는 우주 만물의 영허소장盈虛消長의 근원이기 때문에 천지인 모두 '도'를 본받아야 한다. '도'와 '덕'이 만물의 숭앙을 받는 것은 바로 '도'와 '덕'이 '자연'을 따르기 때문이다. 만약 '자연'을 근원으로 삼지 않을 경우 어떠한 명목의 '도'와 '덕'일지라도 그 가치를 잃게 된다. 따라서 유가에서 말하는 '치도'와 '덕치' 역시 '자연'에 기초한 것이 아닐 경우 그 본연의 의미를 찾을 수 없다.

노자는 위정자가 정치를 할 때에는 '자연'에 따라야 함을 역설했다. 노자의 입장에서 볼 때 지극한 통치는 결국 인민들의 본성을 회복시켜 주는 일이라고 할 수 있는 것이었다. '자연'이야말로 노자 통치 사상의 궁극적인 기준이라고 할 수 있는 이유가 여기에 있다. 이는 노자가 모든 혼란의 원인이 '유위'에 있다고 전제한 후 공자의 예와 인을 작위의 대표적인 실례로 지적한 사실을 통해 쉽게 확인할 수 있다. 그는 인간의 편견과 무지, 미신, 분별심 등에 의해 설정된 인위적인 덕목으로는 결코 어지러운 세상을 바로잡을 수 없다고 확신했던 것이다.

---

30) 『道德經』, 21장, "至眞之極, 不可得名. 無名……衆甫, 物之始也. 以無名閱萬物始也." 王弼 注 참조
31) 『道德經』, 14장, "執古之道, 以御今之有, 能知古始, 是謂道紀."

이에 반해 유가는 일정불변一定不變의 '천도'가 있다고 보고 이 '천도'로부터 인간 세계의 궁극적인 통치 질서가 확립될 수 있다고 생각하여 그에 합당한 덕목을 추출하게 되었다. 춘추전국 시대 이전의 중국을 지배한 주된 사상은 천명 사상이었다. 이 천명 사상은 농경 사회에서는 다분히 신앙적 성격을 띠었는데, 이는 농경이 자연의 영향을 받는 데 따른 불가피한 측면이었다. 그래서 '천'은 자연히 인사를 포함한 자연 현상 모두를 지배하는 최고의 실재로 생각되었던 것이다.

원래 '천'은 유가나 노자 모두에게 '도'의 연원이었지만 유가에 계승 되었을 때에는 인격적인 색채가 짙어졌다. 공자는 인간 사회의 신뢰 관계의 회복을 열망했다. 이로 인해 공자의 '도'는 사람으로서 마땅히 걸어야 할 당위론이자 인간의 행동 규범인 실천 도덕을 의미하게 되었던 것이다. 그러나 노자는 '천'의 의지를 부정했을 뿐만 아니라 일체의 미신적 요소 또한 부정하였다. 천지는 의지도 목적의식도 없으므로 그 어떤 것을 편애한다거나 미워하는 일이 없다. 노자가 볼 때 '도'는 비록 만물을 생육하지만 그 만물을 사유화하거나 거기에 머물러 주재하지는 않는 것이었다. 빈부귀천과 지배와 복종과 같은 개념들은 모두 인간의 구분에 의한 것으로 '도'에 의해 원칙적으로 그렇게 정해진 것은 아니었다. 이는 실로 노자 통치 사상의 정수라고 할 만큼 탁월한 견해가 아닐 수 없다. 『도덕경』은 무편무사無偏無私한 '천도'의 모습을 다음과 같이 묘사하고 있다.

말할 수 있는 도는 항구불변한 본연의 도가 아니고 이름지어 부를 수 있는 이름은 참다운 이름이 아니다. 무無는 천지의 원시 상태이고 유有는 만물의 근원이다. 항상 무욕無欲함으로써 그 오묘한 도를 알고, 항상 유욕有欲함으로써 그 도의 순환을 살펴야 한다.[32]

---

32) 『道德經』, 1장, "道可道, 非常道. 名可名, 非常名. 無名天地之始, 有名萬物之母. 故常無欲, 以觀其妙. 常有欲, 以觀其徼."

여기서 짐작할 수 있듯이 노자가 말하는 '도' 개념은 매우 다의적이다. '도'는 만물을 초월해 독립적으로 존재하는 이치로 보이는가 하면, 모든 사물 속에 내재하여 그것들을 일정한 법칙 속에서 생성 소멸케 하는 원리로 보이기도 한다. 이러한 '도'는 단순히 감각이나 인간 이성의 형식적 사유에 의해 인식될 수 없다. 그가 말하는 '도'는 인류 도덕의 차원을 넘어 초월적인 의미를 함유하고 있는 것이다. 노자는 바로 이러한 '도'에 의한 통찰을 통해 인류 도덕을 보다 높은 차원으로 승화시키고자 했다. 그가 궁극적으로 자연과 인간을 동시에 포괄하는 '도'를 통해 '천도'와 '인도'를 하나로 묶고자 한 이유가 여기에 있었던 것이다.

유가의 본질은 성인의 가르침에 있다. 유가의 학문은 성현과 선왕이 남긴 유업과 인의예지 등의 덕목에 의해 '수기치인'과 '치국평천하'의 이치를 깨우치는 데 목적이 있다. 공자가 말하는 '인仁'은 유가의 모든 덕목을 총칭하는 개념이다. 유가적인 통치자의 전형은 '내성외왕內聖外王'을 체득한 군자였다. '인'은 통치자가 반드시 갖춰야 할 최고의 덕목이었다. 반면에 노자는 인위적인 덕목은 결국 인간의 자연적인 본성을 속박할 뿐이라고 보았다. 그가 말하는 '도'는 천지가 있기 이전에 이미 '허'이자 '무'이며 '존재가 아닌 존재'였기 때문에 인식의 대상이 될 수 없었다. 노자가 말하는 '허'는 '실'의 의미를 가능케 하는 '허'이고 '무' 또한 '유'까지도 포괄하는 초월적인 경지의 '무'였던 것이다. 그는 유가가 주장하는 '인의' 또한 고정불변의 가치가 아니라 상황에 따라 변하는 것이라고 보았다. 그가 혼란스런 세상을 인위적인 덕목으로 극복하려고 했던 유가의 비현실성에 대해 경고했던 것도 이 때문이었다.

노자는 지극한 통치는 인민의 타고난 본성을 그대로 삶에 발현시키는 데 있다고 확신했다. 인간의 본성을 속박하는 인의예악과 같은 덕목은 '도'와 '덕'이 상실된 뒤에 나타나는 편의적인 것에 불과하다고 본 것이다. 노자는 자연의 이치에 부합하지 못하는 이와 같은 덕목은 오히려 명예나 이욕의 근원이 되어 인민들로 하여금 부귀와 재물, 권력, 명예 등에 집착하게 만든다고 보았다. 노자의 통치 사상은 공자의 인위적인 통치에 대한 비판인 동시에 천명 사상을 내세운 군주권에 대한 부정이었다.

　노자와 유가의 통치 사상이 엇갈리게 된 가장 큰 원인은 바로 '천' 또는 '도'와 관련된 '천도' 및 '인도'에 관한 해석의 차이에 있었다. 그러나 이들이 지향했던 궁극적인 목적은 자연과 인간이 하나로 통일되는 '천인합일'이라는 점에서 동일했다. 공자는 '천'이 만물의 주재자라고 간주했기 때문에 '천'을 통해 인간이 말하거나 들을 수 있고 반드시 실천할 수 있는 덕목을 마련코자 했던 것이다. 이에 대해 노자는 '천'을 비인격적인 자연으로 보았기 때문에 말하거나 들을 수 없고 의지조차 없는 '도'를 상정했다.

　　상常을 알면 포용하게 되고, 포용하면 공평하게 되니, 공평하면 왕이 된다. 왕이　　되면 '천'과 같게 되고, '천'과 같게 되면 '도'를 얻게 되고, '도'를 얻게 되면 죽을　　때까지 위태롭지 않게 된다.[33]

　이는 노자가 '천'을 어떻게 파악하였는지를 잘 보여 주고 있다. 그는 유가에서 떠받드는 '천'을 '도'의 하위 개념으로 끌어내린 것이다. 노자가 여기서 강조하고자 했던 것은 '천도'를 인간 세계에 드러내려고 했던 점이다. 노자와 공자의 '천'에 대한 해석은 서로 달랐지만, 인간과 자연을 합일시키려는 '도'의 극치라는 점은 상통했다고 할 수 있다.

　노자의 '도'는 만물이 만물이게끔 하는 소이所以로서 우주만물의 근원이자 천지만물의 시원이며 모든 현상에 내재해 있다. 우주와 인간 사회에 내재해 있으면서 조화와 균형을 이루는 불변의 질서 내지 원리가 곧 '도'라고 할 수 있는 것이다.

---

33)『道德經』, 16장, "知常容, 容乃公, 公乃王, 王乃天, 天乃道, 道乃久, 沒身不殆."

혼돈된 상태에서 이루어진 것이 있으니, 그것은 천지보다도 먼저 생겼다. 고요하여 소리도 없고 형체도 없지만 독립해 있으면서 언제나 변함이 없다. 두루 안가는 데가 없지만 위태롭지 않으니 가히 '천지의 어미'(天下母)라 할 만하다. 나는 그 이름을 알지 못하나 이른다면 '도'라 하고, 구태여 부른다면 '대大'라 할 것이다.[34]

'도'는 만물에 편재하는 동시에 초월해서 모두를 포괄하는 우주자연의 본체이다. 섞여 있어 알 수는 없지만 만물이 그것으로써 이루어지므로 '혼성混成'이라고 했다. '도'는 두루 행하지만 위태롭지 않으므로 천하의 어미가 될 수 있다는 것이다. 이를 통해 노자의 '도'는 천도의 근원에 대한 설명이라는 것을 알 수 있다. 또한 그는 '도'의 효용을 이렇게 말하고 있다.

도는 비어서 쓰니 혹 차지 않은 듯하고 깊숙함이 만물의 근원인 듯하다. 예기를 꺾어 주고 엉킴을 풀어 주며 번쩍거림을 부드럽게 하고 더러움을 같이한다.[35]

원래 빈 채로 쓰면 다 쓸 수가 없으나 가득 채워져 있으면 넘치게 된다. 날카로움을 꺾고 엉킴을 풀어도 수고롭지 않으니 이를 '좌예해분挫銳解紛'이라고 한다. 번쩍거림을 부드럽게 하고 더러움을 같이하니 이를 '화광동진和光同塵'이라고 한다. 이는 통치의 요체를 말한 것으로, 왕필은 이에 대해 한 나라를 다스릴 만한 도량만 가지고 있는 사람은 나라를 편히 할 수 없다고 풀이했다. 온 힘을 다해 무거운 것을 들고 있으면 더 이상 다른 곳에 여력을 미치게 할 수가 없기 때문이다.[36]

노자는 '도'가 형이상학적인 개념으로서 궁극적 실체로서의 보편성과 영원성을 갖는다고 강조했다.

---

34) 『道德經』, 25장, "有物混成, 先天地生, 寂兮寥兮, 獨立不改, 周行而不殆, 可以爲天下母. 吾不知其名, 字之曰道, 强爲之名曰大."
35) 『道德經』, 4장, "道沖而用之或不盈, 淵兮似萬物之宗. 挫其銳, 解其紛, 和其光, 同其塵."
36) 『道德經』, 4장, "執一國之量者, 不能成國. 窮力擧重, 不能爲用." 王弼 注 참조.

보아도 볼 수 없으므로 '이夷'라 하고 들으려 해도 들을 수 없고 '희希'라 하며 잡으려 해도 얻지 못하므로 '미微'라 한다.……이런 것을 모양 없는 모양, 사물 없는 형상이라고 한다.37)

여기에 나오는 '이', '희', '미'는 너무 밝거나 고요하고 작아서 보이지 않고 들을 수 없으며 잡을 수 없다는 것으로서, 이는 노자가 말하는 '도'란 우리가 인식할 수 있는 사물의 표상이나 인상이 아니라는 사실을 뜻한다. 그것은 감각을 통해서나 이성의 형식적 사유를 통해서는 알 수 없고 오직 직관만으로 짐작할 수 있을 뿐이다. 이는 일반적인 지적 탐구 방법으로는 '도'를 결코 이해할 수 없음을 강조한 것이다. 이에 대해 노자는 "학문을 닦으면 날로 지식이 늘고 도를 닦으면 날로 준다. 줄이고 또 줄여서 인위적인 것이 무엇 하나 남지 않는 데까지 가면 아무것도 하지 않으면서 못하는 일이 없게 된다"38)라고 부연설명하고 있다. 이 설명에 나와 있듯이 노자가 말하는 '도'는 '무위'의 단계로 나아가지 않으면 결코 인식할 수 없다. 결국 노자는 '무위'의 단계로 나아가야만 '도'를 인식할 수 있고 궁극적으로는 '무위'이면서 '무불위한' 지극히 이상적인 통치의 경지에 이를 수 있다고 설파한 것이다.

노자가 강조하는 최상의 통치는 '유'와 '무'의 개념을 사상한, 그야말로 자연 그대로의 '무위'의 경지에까지 나아가야만 가능한 것이다. 모든 주관적인 분별 의식을 멈추고 순수 현상의 진상에 그대로 부합할 때만이 우리는 '도'를 알 수 있다. 노자는 '유'와 '무'의 분별이 사라진 그러한 지극한 '무위'의 경지를 다음과 같이 비유했다.

찰흙을 이겨서 그릇을 만드는 경우에도 그 빈 곳이 그릇으로 구실을 하고, 문이나 창을 내고 방을 만드는 경우에도 그 비어 있는 부분이 방으로 이용된다. 그러므로

---

37) 『道德經』, 14장, "視之不見, 名曰夷. 聽之不聞, 名曰希. 搏之不得, 名曰微……是謂無狀之狀, 無物之象."
38) 『道德經』, 48장, "爲學日益, 爲道日損. 損之又損, 以至於無爲, 無爲而無不爲."

'유'가 그 구실을 하는 것은 '무'가 작용하는 까닭이라고 할 수 있다.[39]

천지만물은 '유'에서 나오고 '유'는 '무'에서 나온다. 그러나 '무' 또한 '유'가 회귀하는 것이다. 이처럼 '유'와 '무'가 둘이면서 하나인 것을 아는 것을 '도'를 아는 것이라고 할 수 있다. 노자는 '유'와 '무'가 둘이면서 하나로 있는 것을 '현玄'이라고 표현했다. 노자의 '무'는 '유'와 대립하는 단순한 '무'가 아니라 '유가 환원하는 본원으로서의 무'이다. '유'도 단순히 '유한한 사물'을 뜻하는 것이 아니라 '무를 내포한 형상으로서의 유'인 것이다. '도'는 현상적 '유' 속에 '무'가 내재해 있음을 암시한 것으로 결코 감각에 의해 인지될 수 없다. 그러므로 '도'가 곧 '무'이고 '무'가 곧 '도'라고 할 수 있는 것이다. '도'와 '무'는 우주만물의 본체이며 상대적 '무'를 초월한 고차원적 통일체로서의 절대독립적인 실재자이다.

한마디로 말해 노자가 말하는 '도'는 통치의 차원에서 볼 때 일체의 대립과 갈등을 넘어서서 우주만물과 사물과 인간 간의 관계에 그대로 통용되는 '무위 통치'를 의미한다고 할 수 있다. 이는 '도'가 천지만물의 시원이고 보편자이며 초월자인 데 기인한 것이다. 천지만물이 '도'에 의해 결합되어 있으므로 노자가 말하는 '무위자연의 도'는 최상의 통치 원리로 작동할 수밖에 없다. '무위 통치'는 치자와 피치자가 유기체적으로 결합하여 창조적이면서도 고차원적인 인간다운 삶을 영위할 수 있도록 해 줄 수 있는 이치이다. 이는 나아가 인간과 자연이 더욱 조화롭고 균형 잡힌 상태에서 공존할 수 있는 것을 보장해 주는 새로운 통치 이념의 지표를 제시한 것이기도 하다.

한편 천명 사상과 관련해 '종주'의 입장을 분명히 한 공자는 천도에 대한 입장이 기본적으로 관중의 그것과 크게 다르지 않다는 점에서 주목된다. 그는 천인 간의 관계에 대해서는 양면적인 입장을 견지했다.[40] 그는 우선 하늘

---

39) 『道德經』, 11장, "埏埴以爲器, 當其無, 有器之用. 鑿戶牖以爲室, 當其無, 有室之用. 故有之以爲利, 無之以爲用."

과 귀신의 문제를 멀리하는 자세를 취했다.『논어論語』에는 "공자는 괴력난신 怪力亂神을 얘기하지 않았다"[41]라는 기록이 있다. '괴력난신'을 얘기하지 않는 자세가 바로 공자의 가장 기본적인 천인관이었던 것이다. 그러나 비록 성性과 천도에 대해 얘기하길 싫어했지만 공자는 여전히 외천명畏天命의 자세만은 분명히 견지했다.[42] 그는 앎이 무엇인지를 묻는 번지樊遲의 질문에 "인민에게 사람으로서 해야 할 일을 힘쓰게 하고 귀신에게는 경의를 표시하지만 거리를 지키는 것이다"[43]라고 답하였다. 하늘에 대한 경이원지敬而遠之의 입장이 바로 공자가 취한 '외천명'의 자세였던 것이다.[44] 이것은 곧 공경은 하되 멀리해야 한다는 입장이다. 하늘에 대한 이러한 태도는 그의 사상이 고대 중국의 사상을 정리하면서 자신의 독특한 통치 사상을 확립한 것과 맥락을 같이하고 있다.[45] 공자가 취한 이와 같은 자세는 앞서 언급한 바와 같이 관중의 천인관과 상당히 유사한 것으로 보아야 한다.

또한 공자는 기본적으로 순자처럼 천도와 인도가 다른 것임을 명언하지 않았지만 대체로 그 둘의 입장은 유사한 바가 있었다.[46] 무엇보다도 '외천명'으로 요약되는 공자의 천인관은 본질적으로 천도와 다른 인도의 실현을 강조하면서도 천지에 대한 고마움을 잊지 말아야 한다고 강조한 순자의 '참천參

---

40) 郭沫若은 공자가 시인한 鬼神을 부인하면서 天命을 시인하는 것은 모순이라고 지적하면서, 공자가 말한 天命은 宿命論과는 다른 일종의 自然 속의 必然性으로 해석해야 한다고 역설했다. 郭沫若,『중국고대사상사』(조성을 역), 121쪽 참조.
41)『論語』,「述而」, "子, 不語怪力亂神."
42) 王明은 공자는 대체로 전래의 천도관을 수용하는 태도를 취함으로써 보수적인 입장을 견지했다고 평가했다. 王明,「論先秦天人關係」,『中國哲學史研究』(1985.2), 7쪽 참조.
43)『論語』,「雍也」, "務民之義, 敬鬼神而遠之."
44) 공자의 畏天命의 자세는『周易』의 陰陽說과 밀접한 관계가 있다.『周易』은 음양 사상을 적극 수용함으로써 인격신인 上帝가 인류 세계를 지배하는 주재자로 상정하는 殷周 이래의 이른바 신학적 우주관을 폐기했는데, 음양 사상은『周易』을 통해 우주 생성의 기본 원리라는 보다 발전된 이론으로 승화됨으로써 殷周 이래의 전통적인 우주관이랄 수 있는 上帝의 創世說을 대체하게 됐다고 볼 수 있다. 楊榮國,『簡明中國思想史』, 8~9쪽 참조.
45) 傅佩榮은 공자의 천도관은 天을 도덕의 최종 근거로 삼으려 한 점에 가장 큰 특징이 있다고 분석했다. 傅佩榮,「論先秦時代天人關係」,『中國哲學史研究』(1985. 2), 24쪽 참조.
46) 楊榮國은 공자가 천도를 말하지 않은 이유는 正名을 통해 사회를 계도하려는 의지가 강했기 때문이라고 평가했다. 楊榮國,『簡明中國思想史』, 108~109쪽 참조.

天' 사상과 맥을 같이하고 있기 때문이다.[47]

이에 반해 맹자는 천도와 인도의 합일을 강조하는 입장에 서 있었다는 점에서 공자나 순자와는 대조를 이룬다.[48] 특히 맹자의 천인관은 그의 인성론과 불가분의 관계를 맺고 있다. 그는 "성誠은 천도이고 이를 생각하는 것이 인도이다"[49]라고 하여 천도의 실현이 곧 인도라고 주장했다. 그의 성선설은 바로 이러한 천인관에서 비롯된 것이었다.[50] 그는 "그 마음을 다하는 것은 본성을 아는 것이고 본성을 아는 것은 하늘을 아는 것이다"[51]라고 강조했다. 맹자의 성선설이 전래의 천명 사상에 그 사상적 뿌리를 두고 있는 것임을 짐작할 수 있게 하는 대목이 아닐 수 없다.[52] 본성을 아는 것이 곧 하늘을 아는 것이라는 주장은 그의 '천인합일天人合一' 사상을 집약적으로 표현한 것이다. 그는 천도의 천명은 인도의 인성과 같은 맥락 위에 있다고 파악했다. 바로 여기서 천도에 대한 공맹의 입장이 확연히 갈라지고 있다.[53]

이런 의미에서는 맹자의 입장은 인도를 천도로부터 어느 정도 분리시킨 공자의 의도를 무화無化시켰다고도 볼 수 있다. 이것은 공자가 '성性'의 문제를 천도의 문제와 같이 경원시했음에도 불구하고 이 문제를 공식 제기하고

---

47) 童書業은 天과 命을 분리해 天은 意志的, 賞善罰惡的인 데 반해 命은 無善惡的, 無因果的이라고 전제하면서 畏天命의 자세를 견지한 공자의 천도관은 유물론적 성격과 종교적 유심론의 성격을 모두 지니고 있다고 평가했다. 그는 그러나 공자의 천도관은 단지 적극성을 띠고 있는 점만 다를 뿐 陶淵明의 自然主義와 유사한 것이라고 강조하면서 전체적으로 볼 때는 일종의 유심론에 해당한다고 주장했다. 童書業, 「孔子思想研究」, 『孔子哲學討論集』(北京: 中華書局, 1963), 7~9쪽 참조.

48) 楊榮國, 『簡明中國思想史』, 177쪽.

49) 『孟子』, 「離婁上」, "誠者, 天之道也. 思誠者, 人之道也." 『禮記』「中庸」의 "誠이란 천도이고 誠하려고 하는 것은 인도이다"(誠者, 天之道也, 誠之者, 人之道也)라는 주장은 천도에 대한 맹자의 입장이 그대로 반영된 것으로 보인다.

50) 童書業은 맹자의 천도관은 天人合一 사상을 표현한 것으로 일종의 종교적 신비주의에 가깝다고 평가했다. 童書業, 「孔子思想研究」, 『孔子哲學討論集』1963), 104쪽 참조.

51) 『孟子』, 「盡心上」, "盡其心者, 知其性也. 知其性, 則知天矣."

52) 王明은 맹자의 천도관은 궁극적으로 사람과 천지만물이 하나가 되는 정신 세계였다고 평가했다. 王明, 「論先秦天人關係」, 『中國哲學史研究』(1985. 2), 9쪽 참조.

53) 童書業은 天人合一의 천도관이 공자에게서는 나타나지 않았던 대목이라고 평가했다. 童書業, 「孔子思想研究」, 『孔子哲學討論集』(1963), 106쪽 참조.

나선 것과 맥락을 같이한다.

천도와 인도가 하나임을 강조한 맹자의 입장은 결국 인도를 통해 천도를 확인할 수 있다는 주장으로 구체화되었다. 맹자는 천의天意가 민의를 통해 발현된다고 주장했기 때문이다. 그는 "하늘은 인민을 통해 보고 듣는다"라고 강조했다.[54] 천도와 천의는 인민을 통해 구체화한다는 주장이다. 이러한 주장은 본질적으로 그의 '귀민경군' 사상과 같은 기반 위에 서 있다. 인민들을 천의의 전달자로 보는 것이 그의 '귀민' 사상의 핵심을 이루고 있기 때문이다. 한편 이러한 '천인합일' 견해는 한대에 들어서 동중서董仲舒에 의해 '천인감응론天人感應論'으로 진행되기도 했다.

맹자는 천도의 구체적인 표현이 인륜이라고 강조했다. 인도인 인륜이 바로 천도라는 주장이다. 그는 "규구規矩는 방원方圓의 극치를 이루는 것이고 성인은 인륜의 극치를 이루는 것이다"[55]라고 하여, 인륜은 덕이 지극히 높은 성인을 통해 구체화된다고 주장했다. 또한 이것은 법가가 법으로써 규구를 삼은 것과 대조를 이루는 것으로, 성인이 곧 인도의 잣대라는 주장이다. 따라서 이와 같은 논리에 따를 경우 인륜이 곧 천도와 천의의 구체적인 표현인 까닭에 따로 인간의 법法을 제정해 이를 시행하는 것은 천도와 천의에 어긋난다는 결론으로 귀결된다. 바로 이러한 논리가 맹자로 하여금 가장 이상적인 인치주의라고 할 수 있는 '왕도'를 제창하게 된 배경이 되었음에 틀림없다.

어떤 의미에서는 천도에 대한 일정한 거리 유지에도 불구하고 하늘에 대한 공경심을 여전히 유지했다는 점에서 공자 또한 맹자의 경우와 맥을 같이한다고도 할 수 있다. 그 역시 천도와 완전히 절연된 인도는 존재하지 않는다고 인식했고, 구체적인 내용에서는 차이가 있으나 천명을 인정한 점에서는 동일하다고 할 수 있기 때문이다. 공자가 왕도의 실현에 대해 대망待望의 자

---

54) 『孟子』, 「萬章上」, "天視自我民視, 天聽自我民聽."
55) 『孟子』, 「離婁上」, "規矩方圓之至也, 聖人人倫之至也."

세를 견지한 이유가 여기에 있다.

순자의 경우는 천명에 대해 명확히 언급하지는 않았으나 대체로 부정적인 입장에 서 있었다.[56] 그는 "사람의 운명을 보는 것은 옛날 사람에게는 없었다. 학자는 이를 말하지 않는다"[57]라고 말했다. 인간의 운명을 점친다는 것 자체가 천명을 인정하는 것이라고 볼 때 순자는 확실히 천명을 부인하는 쪽에 서 있었던 것이다.[58] 그러나 그 역시 하늘에 대한 공경심을 버리지 말아야 한다고 강조한 점에 비추어 볼 때 유가의 기본적인 천인관에서 완전히 이탈하지는 못했다고 할 수 있다. 결국 순자 역시 기본적으로는 공자와 비슷한 입장에 서 있었다고 보아야 한다. 그 또한 공자와 마찬가지로 인도에 대해서는 많이 얘기했지만 천도에 대해서는 침묵하는 입장에 서 있었기 때문이다. 순자가 왕도의 실현을 패도보다 앞세운 이유도 바로 여기에 있었다고 생각한다.

물론 순자는 천도와 인도의 법칙이 따로 존재한다고 역설한 점에서는 법가와 맥을 같이하고 있기도 하다. 그러나 그는 인도의 실현을 위해 물치物治에 가까운 예치를 주장했음에도 불구하고 덕치의 이상을 포기하지 않았다는 점에서 법가와 근원적으로 궤를 달리한다. 결국 이런 점에서 순자의 천도에 대한 입장은 정확히 얘기하면 공자와 법가의 중간 지점에 서 있다고 보는 것이 타당할 것이다.[59]

한마디로 공자와 순자는 전술한 바와 같이 기본적으로 천도와 인도의 합일을 주장하는 맹자와는 입장을 달리하고 있었다. 이들의 천도에 대한 자세

---

56) 王德敏은 '制天命而用之'로 대표되는 순자의 천도관은 선진 시대 도・유・법 3가 중 최초로 천도와 인도를 구별한 것임에도 불구하고 관중의 法天用道 사상을 확대・발전시켜 창안한 것이라고 주장했다. 王德敏, 「管仲的哲學思想」, 『春秋哲學』, 114쪽 참조.
57) 『荀子』, 「非相」, "相人, 古之人無有也. 學者, 不道也."
58) 그러나 王明은 순자의 천도관은 전래의 천명 사상과 천도관을 완전히 뒤엎는 것이었다고 평가했다. 王明, 「論先秦天人關係」, 『中國哲學史硏究』(1985. 2), 10쪽 참조.
59) 李德永은 천도에 대한 순자의 이러한 입장은 구귀족과 신흥지주의 입장을 모두 반영시킨 데 따른 모순에서 비롯된 것이라고 분석하면서 이는 동시에 당시 신흥 지주 계급이 지니고 있는 한계를 반영한 결과로 볼 수 있다고 평가했다. 李德永, 「荀子的思想」, 『中國古代哲學論叢』 1(1957), 82쪽 참조.

는 천도와 인도의 합일을 주장하는 맹자와 천도와 인도의 절연을 상정하는 법가의 중간 지점에 서 있었던 셈이다.

결론적으로 순자는 법가의 입장과 맥을 같이하면서도 본질적으로는 공자의 입장에 서 있었다.[60] 물론 공자와 맹자, 순자 모두 인도와 천도와의 절연을 상정하지 않았다는 점에서는 동일하다. 따라서 이들의 치본관이 '인치人治'로 나타나는 것과 치도론에서 '왕도王道'를 우선순위에 두는 것은 모두 이들의 이러한 천인관이 확장되어 표현되었기 때문이었다.

법가는 '천天'을 물질적인 자연으로 파악하면서 천도를 일종의 자연적 필연성으로 간주하였다는 점에서 이들 유가와 뚜렷한 대조를 보여 준다. 이러한 법가의 입장은 기본적으로 순자의 견해를 수용한 데 따른 당연한 결과라 할 수 있다. 순자는 '천'을 단지 물질적이면서도 객관적인 자연으로 파악했다. 순자에게는 천도 역시 인도에 개입하지 않는 나름의 법칙에 따라 움직이는 자연의 이치에 불과했다.

그러나 순자는 앞서 언급했듯이 하늘에 대한 고마움을 저버려서는 안 된다고 강조하였지만 법가는 천도와 인도를 완전히 절연시켜 버렸다. 법가는 천도에 관한 논의를 아예 폐기시킨 채 오직 인간의 노력에 의해 인도를 구현하는 것만이 중요하다고 인식했다. 신도愼到는 "하늘은 인간의 어리석음을 걱정하지 않는다. 인간 스스로 닫힌 벽에 창문을 내어 밝음을 찾기 때문이다. 그래서 하늘은 진정 할 일이 없는 것이다"[61]라고 하였다. 인도는 바로 인간의 자발적인 노력에 의해서만 얻어질 수 있다는 주장이다. 이는 바로 인도 실현의 구체적인 방안이 법에 있다고 역설한 것이다.

한비자의 천인관은 앞서 그의 법치 사상이 도가의 무위 통치 사상을 차용

---

60) 傅佩榮은 공자의 생존 이전까지만 하더라도 禮가 인도를 상징하는 개념이었으나 공자가 禮 개념 대신 仁 개념을 확충함으로써 상대적으로 인간의 주체성과 책임성이 강조되게 되었다고 분석했다. 傅佩榮, 「論先秦時代天人關係」, 『中國哲學史研究』(1985. 2), 19쪽 참조.

61) 『愼子(佚文)』, 「威德」, "天雖不憂人之暗, 闢戶牖必取其明焉, 則天無事也."

한 것과 마찬가지로 도가의 천인관과 유사한 점에 그 특징이 있다. 그는 "도는 만물의 시작이고 시비를 가르는 벼리이다"라고 주장했다.[62] 이는 도가의 무위 통치 사상을 원용해 자신의 무위 통치 사상을 해설한 것으로, 노자가 말한 도 자체를 시비를 가르는 벼리로 변용시킨 것이다. 오직 인도만이 중요하다고 본 한비자의 천인관이 확연히 드러나는 대목이다.

한마디로 법가의 천인관은 오직 인도만을 인정하는 데에 그 특징이 있다고 할 수 있다. 법가는 인도의 실현은 곧 시비지기是非之紀를 바로잡는 데 있다고 보았음에 틀림없다. 그들은 많은 인구와 적은 재화로 인해 필연적으로 빚어질 인도의 황폐화를 막기 위해서는 법에 의한 금포지란禁暴止亂이 유일한 대안일 수밖에 없다고 확신했다. 천도가 인도에 전혀 영향을 미치지 않는다고 볼 경우 정치의 주요 관심 대상은 결국 인간 관계 및 인간과 국가 간의 관계로 귀결될 수밖에 없다.

이러한 천인관이 바로 이들로 하여금 처음으로 정치를 도덕으로부터 철저히 분리시키는 동인으로 작용했다고 할 수 있다. 법가가 국가와 군주와의 관계를 비롯해 군신과 군민 관계에 대한 통제 및 조절을 통치의 모든 것으로 파악한 이유가 바로 여기에 있다고 보아야 한다. 법가는 인도의 실현은 오직 법치를 통해서만 가능하다고 믿었다. 상앙은 "법을 써야만 인민이 사악해지지 않는다"고 강조한 바 있다.[63] 법치를 통하지 않고는 근본적으로 통치가 불가능하다고 확신한 것이다.

법가와 같은 천인관에 입각할 경우 치본관 역시 천도와 인도와의 관계를 절연한 까닭에 인도의 실현을 위한 '물치'로 귀결될 수밖에 없다. 법가는 '물치'의 근거를 바로 법에서 찾았다. 이들에게는 덕치를 전제로 한 왕도가 애초부터 수용될 여지가 없었으므로 오직 패도만이 인도를 실현하는 유일한 방안

---

62) 『韓非子』,「主道」, "道者, 萬物之始, 是非之紀也."
63) 『商君書』,「錯法」, "錯法而民無邪."

이라는 결론이 나올 수밖에 없다. 이와 관련해 상앙은 "예악禮樂과 슬관蝨官이 생기면 반드시 약해진다.……나라에 예악과 슬관이 없어지면 반드시 강해진다"[64]라고 역설했다. 덕치를 펼 경우 예악과 국가와 인민을 좀먹는 슬관이 성해질 수밖에 없고, 그렇게 될 경우 결국 망하게 될 수밖에 없다는 주장이다.

결론적으로 말해 선진 시대 도·유·법 3가의 치도·치본관은 기본적으로 고대 중국의 전통 사상이라고 할 수 있는 천인론에서 파생된 통치관임을 부인할 수 없다. 천도와 인도를 분리하여 생각할 것인지 하나로 볼 것인지의 여부가 바로 도·유·법 3가의 치도·치본관이 엇갈리게 된 근본 배경이라고 보아도 큰 무리가 없을 것이다.[65]

유가의 치도·치본관은 천도와 인도를 확연히 구분하지 않음으로써 왕도 및 덕치에 기초한 인치를 주창하게 되었다고 볼 수 있다. 이에 비해 법가가 패도와 법치를 그들의 치도·치본관으로 삼은 것은 천도와 인도를 확연히 절연하고 나선 데 따른 논리적 필연이라고 보아야 한다. 따라서 유가의 인치주의가 왕도주의로 연결되고 법가의 법치주의가 패도주의로 진행된 것 또한 당연한 논리적 귀결이었다고 할 수 있다.

공자가 덕치를 주장하면서 '중왕경패重王輕霸'의 자세를 보인 것은 천도에 대해 오직 '외천명畏天命'의 자세만을 유지했기 때문이었다. 맹자가 이상주

---

64) 『商君書』, 「去彊」, "禮樂蝨官生, 必削……國無禮樂蝨官, 必彊."

65) 楊榮國은 유·법 대립은 구귀족세력과 신흥지주세력 간의 투쟁을 반영한 것으로서 이를 천도관의 관점에서 볼 때 尊天·尊神 사상과 反天·反神 사상 간의 대립으로 볼 수 있다고 주장했다. 그는 나아가 유·법 양가의 尊天, 反天을 둘러싼 사상적 대립은 결국 예·법 투쟁으로 귀착되게 되었다고 강조했다. 楊榮國은 禮制가 원래 殷代 통치자들이 정해 놓은 도덕규범이었으나 周代 들어 천자의 권위가 실추됨에 따라 그 근거를 상실할 수밖에 없었다고 풀이했다. 그는 보수적인 유가는 바로 예치를 통해 禮制의 부활을 강력 도모한 데 반해 진보적인 법가는 처음부터 禮制의 부활이 불가능하다고 판단해 법치로 나아가게 됐다고 분석했다. 楊榮國은 이러한 상황에서 鄭나라의 子産과 晉나라의 范宣子는 刑書 등 중국 최초의 성문법을 만들어 귀족과 평민을 불문하고 범법자를 의법 처리함으로써 귀족의 사회적 특권을 부인하고 나섰으나 기득권 세력인 귀족들의 격렬한 반대에 직면하게 돼 큰 성과를 거두지는 못했다고 분석했다. 그는 특히 순자의 예치 사상과 관련해 순자의 禮表法裡 사상은 바로 이와 같은 시대적 배경 하에서 구귀족세력의 입장을 근간으로 신흥세력의 입장을 적극 반영한 결과물이라고 주장했다. 楊榮國, 『簡明中國思想史』, 12~13쪽 참조.

의적인 인치주의와 왕도지상주의로 치달은 것 또한 그 스스로가 천도를 전하기 위해 하세下世했다고 자부한 데서 알 수 있듯이 천도가 바로 인도라는 생각을 가졌기 때문이었다. 그리고 '참천' 사상으로 무장한 순자가 '물치'에 가까운 예치를 강조하면서도 '선왕후패先王後霸'의 자세를 견지한 것 역시 마찬가지로 인도의 독립성을 인정하면서도 천도에 대한 존경심을 버리지 않았기 때문이었다고 할 수 있다.

그러나 법가는 천도와 인도의 연결고리를 끊어냄으로써 인도의 실현이 바로 통치 자체라고 생각할 수 있는 사상적 근거를 마련했다. 이들이 오직 인간에 의한 인도의 실현을 위해 법치주의와 패도지상주의로 치달을 수밖에 없었던 까닭도 바로 이들의 천인관에서 찾아야만 할 것이다.

2. 인성관

동양은 이미 고대 시대부터 통치 현상을 모두 인간간의 관계로 보았다. 한마디로 말해 '인간학'이 곧 정치학이었던 셈이다. 따라서 동양 통치 사상은 모두 인간의 본질에 대한 성찰로부터 시작되었다고 해도 과언이 아니다. 동양의 모든 학설과 사상의 바탕에 항상 어떠한 인성관이 전제되어 있었던 이유가 바로 여기에 있다.

인간의 자율성을 중시했던 동양에서는 인간에 대한 성찰이 강조되었다. 고대의 동양인들은 자연이란 하나의 끊임없이 낳고 낳는 창조적 전진의 과정이라며 인간은 이 과정 중에 참여해 화육하는 공동의 창조자라고 해석해 왔다. 그렇기 때문에 동양의 통치 사상에서는 자연과 인간이 둘이면서 하나가 된다고 보았다. 따라서 '천도'를 논하게 되면 반드시 '인성'을 논할 수밖에 없게 된다. 동양에서의 우주론과 인성론은 표리의 관계에 있었던 셈이다.

동양은 일찍부터 '천도'와 '천명' 등으로 표현되는 '천'의 관념이 존재했었다. 당초의 '천'은 앞서 언급한 바와 같이 우주의 최고주재자를 뜻하는 것이었다. 그러나 인간을 주체적으로 파악한 데 따른 당연한 결과로서, 우주의 최고주재자를 뜻하는 동양의 '천' 개념은 기독교에서 말하는 절대자와는 같지 않다. 동양은 서양과 달리 이미 기원전부터 인간 중심 내지 인간 본위의 주체성과 도덕성을 통치의 근간으로 삼고 있었다. 이것이 바로 동서양의 문화가 인간과 신이라는 문제를 놓고 극히 다른 양상을 보이게 된 이유이다.

동양의 '천인' 관계는 원래 조화를 전제한 것이므로 둘 사이의 충돌이 있을 수 없었다. 동양은 자연 전체를 선한 것으로 간주했기 때문에 일찍부터 인간과 자연의 조화를 강조하게 되었고 이에 따라 낙천적인 인성관을 낳게 되었다. 자연은 인간과 대립되는 상대가 아니라 인간이 의지하고 몰입하며 조화롭게 살아나갈 터전이 되었던 것이다. 이것이 바로 동양의 천인관에서 자연과 인간을 범아梵我와 소아小我의 관계로 파악하게 된 이유이며, 또한 춘추시대에 노자가 '도법자연道法自然'의 이상을 내세우게 된 역사적 배경이다.

동양 통치사상사의 관점에서 볼 때 인성의 논의는 시대에 따라 늘 새롭게 변모해 왔는데, 이러한 변모는 당시의 시대적 상황에 대해 각각 상이한 처방이 내려진 데 따른 것이었다. 이는 동양에서의 인성론은 결코 현실 문제를 떠난 것이 아니라는 사실을 반증하고 있다. 따라서 동양의 인성론은 항상 인간 세상을 역동적으로 추동시키는 원인으로 작용해 왔다고 할 수 있다. 인성을 어떻게 정의하느냐에 따라 인간을 평가하는 가치와 교육, 통치술 등이 완전히 새롭게 달라졌던 것이다.

'인간의 본성은 어떤 것인가'라는 물음은 춘추 시대 말기 이후, 특히 전국 시대에 들어서면서 고조되었을 것으로 판단된다. 하극상의 풍조가 만연한 시대 상황 속에서 이러한 물음은 어쩌면 하나의 자연스런 현상이었을 것이다. 사실 인성 문제는 동양 통치사상사에 있어 중요한 과제가 아닐 수 없다. 비록 표면적인 문제로 제기되지는 않았다 하더라도 모든 학설과 사상의 기저에는

항상 어떠한 인성론이 전제되어 있기 때문이다.[66]

'심心'과 '생生'이 합쳐져 이루어진 '성性'이라는 글자는 글자 그대로 태어나면서 지닌 천부의 능력이나 기질을 의미한다. 그러므로 글자 자체를 보더라도 그것은 인간의 본질에 대한 고찰의 결과라고 할 수 있을 것이다. 하지만 학자에 따라 '성'의 의미를 다양하게 사용하고 있으므로 우선 '성'의 의미부터 정확히 할 필요가 있다. '성'자는 본래 '생生'과 마찬가지로 생래적 욕구 등의 뜻으로 쓰였던 사실을 통해 알 수 있듯이 후세에 논의된 '성' 개념과는 달리 일상적인 의미로 사용된 용어였다. 후세에 '성'이 학문적으로 본격 논의됨에 따라 다양한 의미로 해석되어진 것일 뿐이다.

인성 문제는 기본적으로 선진 시대 도·유·법 3가의 사상적 분기점에 해당하는 것으로 3가의 논쟁이 첨예하게 교차된 지점이기도 했다. 인성 문제는 통치의 근본은 무엇이며 어떻게 인민을 다스리는 것이 좋은가 하는 이른바 치본·치술 문제와 불가분의 관계를 맺고 있다. 실제로 도·유·법 3가는 인간의 본성에 대한 상이한 시각을 토대로 다양한 치본·치술론을 전개시켜 나갔다.

그런데 선진 시대의 인성론을 검토하기에 앞서 우선 도·유·법 3가의 사상적 선구자라 할 수 있는 관중은 과연 인성을 어떻게 파악했는지 검토해 보고자 한다. 관중의 치본관이 이들 도·유·법 3가의 치본관과 밀접한 관련을 맺고 있다는 점에서 볼 때 관중의 인성론에 대해서도 일별할 필요가 있기 때문이다. 물론 춘추 시대 초기에는 인성에 대한 적극적인 고찰이 그다지 필요치 않았기 때문이었는지 몰라도 관중이 직접적으로 인성 문제를 거론한 적은 없다. 그러나 관중의 경우도 그의 인성론을 엿볼 수 있는 대목이 『관자』를 비롯해 『국어國語』, 『춘추좌전』 등에 산견되고 있다.

---

66) 전낙희, 「동양정치사상의 윤리와 이상 — 유가를 중심으로」, 『한국정치학회보』 24(1990), 139쪽.

관중의 인성론을 엿볼 수 있는 것으로는 크게 그의 귀신 및 조상에 대한 언급과 개인의 인격에 관한 언급 등을 들 수 있다.

우선 관중은 귀신 문제 등과 관련해 "인민을 따르게 하는 기본은 귀신을 밝게 하고 산천에 제를 올리며 종묘를 존숭하고 조상을 공경하는 데 있다"[67] 라고 언급한 바 있다. 그런데 관중은 인민을 교민敎民과 애민愛民의 대상으로 파악하는 동시에 용민用民과 사민使民의 대상으로도 간주했다. 따라서 위의 말이 교민敎民의 필요성을 강조하는 것인지 사민使民의 필요성을 강조한 것인지 분간하기는 쉽지 않지만, 이 경우에는 인민들의 민속 신앙을 일종의 유력한 교민 수단으로 활용해야 한다는 주장으로 해석하는 것이 옳지 않을까 생각된다.[68]

관중은 또 개인의 인격 문제와 관련해 "인간의 몸은 다스림의 근본이다"라고 주장했다.[69] 각 개인의 자발적인 인격 수양이 전제되어야만 통치가 제대로 될 수 있다는 지적이다. 이런 표현은 개인의 인격에 대해 독립적인 가치를 부여하지 않고서는 불가능한 것이다.[70] 관중은 특히 어떻게 몸을 보살피는 것이 옳은지를 묻는 제환공의 질문에 "혈기를 고르게 하여 장수와 원려, 대덕보시를 도모하는 것이 곧 몸을 위하는 길이다"[71]라고 응답했다. 장년長年·장심長心·장덕長德의 필요성을 역설한 것이다. 이는 모든 개인은 인격 수양을 게을리 하지 말아야 한다는 지적이 아닐 수 없다.

이상과 같은 관중의 언급을 종합해 볼 때 그는 인민을 교화의 대상인 동시에 교도矯導의 대상이라고 간주했음에 틀림없다. 따라서 관중은 인성의 선

---

67) 『管子』, 「牧民」, "順民之經, 在明鬼神, 祇山川, 敬宗廟, 恭祖舊."
68) 王德敏은 관중의 이러한 언급을 敎民·愛民의 입장에서 해석하지 않고 인민들의 民俗을 이용해 인민을 정치에 활용하려는 이른바 御民·使民의 의도로 해석했다. 그의 해석은 다분히 유물사관에 따른 것으로 보인다. 王德敏, 「管仲的哲學思想」, 『春秋哲學』, 124쪽 참조.
69) 『管子』, 「權修」, "天下者, 國之本也. 國者, 鄕之本也. 鄕者, 家之本也. 家者, 人之本也. 人者, 身之本也. 身者, 治之本也."
70) 王德敏, 「管仲的哲學思想」, 『春秋哲學』, 136쪽 참조.
71) 『管子』, 「中匡」, "道血氣, 以求長年·長心·長德, 此爲身也."

악의 가능성을 모두 인정했을 가능성이 크다고 보아야 할 것이므로 그의 인성론은 일종의 유선유악설有善有惡說에 가깝다. 이는 그가 의리병중義利並重의 의리관을 견지한 점이나 철저한 공리주의자이자 국가주의자로서 군신을 비롯한 사서인士庶人 모두를 패천하의 구현자로 간주하며 예법병중禮法並重의 입장을 띤 점 등을 감안할 때 쉽게 수긍할 수 있다.[72]

관중보다 1백여 년 뒤에 태어난 노자도 '성'에 대해 언급한 바는 없다. 그러나 그는 '덕'이라는 개념을 통해 인성의 문제를 깊이 천착했다. 인간의 본성과 관련해 그는 만물과 인간의 차이점에 착안하기보다는 오히려 인간과 천지만물이 서로 공유하고 있는 공통분모에 주목했다. 인간과 천지만물이 서로 공유하고 있는 것을 바로 인간의 본성으로 본 셈이다. 노자의 인성관을 '자연적 인간관'으로 정의하는 이유가 여기에 있다.

노자는 인간과 천지만물을 관통하는 원리를 인성론의 핵심으로 삼았기 때문에 그의 인성관은 성선이나 성악과 같은 윤리적 색채를 띠지 않는 점이 가장 큰 특징이라고 할 수 있다. 그가 말한 '도'를 단순히 '유'와 대립하는 '무'로 해석할 수 없듯이 그의 인성관 또한 단순히 '선' 내지 '악'의 개념으로 규정할 수 없는 것이다.

노자가 말한 인성론을 굳이 선악의 개념에 집어넣어 해석할 경우 '시비양행론是非兩行論'에 입각한 '선악상대주의'로 규정할 수 있을 것이다. 노자는 현상계의 상대적 '양행兩行'을 역설하면서 인성을 선악의 두 측면에서 주어진 그대로 파악할 것을 주문한 바 있다.

성聖을 끊고 지知를 버리면 인민에게는 백 배의 이익이 된다. 인仁을 끊고 의義를 버리면 인민은 효자孝慈를 찾게 된다. 교巧와 이利를 버리면 도적이 없게 된다.[73]

---

72) 王德敏은 『管子』「牧民」에 나오는 "刑罰, 不足以畏其意. 殺戮, 不足以服其心"라는 대목 등을 들어 관중의 치본관을 禮法相輔 사상으로 규정할 수 있다고 주장했다. 王德敏,「管仲的哲學思想」, 『春秋哲學』, 133~134쪽 참조.
73) 『道德經』, 19장, "絶聖棄智, 民利百倍. 絶仁棄義, 民復孝慈. 絶巧棄利, 盜賊無有."

노자가 여기서 강조한 것은 선과 악의 개념에 얽매여서는 절대 안 된다는 점이다. 그렇지 못할 경우 안으로는 마음이 얽매이고 밖으로는 발자국을 남기게 되어 인간의 본성인 소박함을 잃어버리게 된다고 본 것이다. 이와 관련해서는 장자 또한 선을 추구하면 그에 따라 악도 덩달아 커진다는 '시비양행론是非兩行論'을 내세워 선악상대주의를 표방한 바 있다.[74]

노자의 '도'는 원래 시비와 선악 등을 초월해 존재하는 개념이다. 따라서 인성도 선악이라는 고정된 규준을 동원해 분석할 수 없다. 그러나 인성이 자연을 닮은 것이라면 그것 또한 '도'가 현실적으로 체현된 '덕'의 일종이 될 수밖에 없으며, 나아가 '자연'의 본성이 선한 이상 자연을 따르는 '도' 역시 선할 수밖에 없고 '도'의 발현체인 '인성' 역시 선할 수밖에 없다. 노자의 인성관은 '덕'이 '도'의 발현인 이상 인성 역시 자연히 선할 수밖에 없다는 입장을 암묵적으로 깔고 있는 것이다. 『도덕경』에는 다음과 같은 말이 있다.

사람들이 선하다고 하는 것은 나도 선하다 하지만 선하지 않다고 하는 것 또한 나는 선하다 하니, 덕은 선한 것이기 때문이다. 사람들이 믿는 것은 나도 믿지만 믿지 못하는 것 또한 나는 믿으니, 덕은 신실한 것이기 때문이다.[75]

노자는 흔히 말하는 선함과 믿음의 체계는 인위적인 것에 불과하다고 보았다. 인위적인 요소를 제거할 때만이 사물의 본성인 덕성이 밝게 드러날 수 있다고 확신했던 것이다. 이는 인위가 전혀 개입되지 않은 '자연'을 선한 것으로 해석할 수밖에 없는 이상 '도'와 그 발현체인 '덕' 역시 선하다고 해석할 수밖에 없다는 논리적 필연성에 따른 것이기도 하다. 그의 인성론이 본질적으로 일종의 '성선설'에 입각해 있음을 이를 통해 확인할 수 있다.

인성은 인간에게 독특하게 부여된 기질인 '덕성'에 의해 그 모습을 드러

---

74) 『莊子』, 「齊物論」, "朝三而暮四……是以聖人和之以是非, 而休乎天鈞. 是之謂兩行."
75) 『道德經』, 49장, "善者吾善之, 不善者吾亦善之, 德善. 信者吾信之, 不信者吾亦信之, 德信."

낸다. '도'에 입각한 '덕성'이란 '적당適當' 내지 '화해和諧'의 의미를 지닌 것으로, 내적으로는 자신에게 알맞고 외적으로는 남에게 알맞아 만물이 모두 스스로의 본성에 부합하게 되는 상태를 의미한다. 이는 개인과 국가 또는 전체 인류, 또는 대우주의 만물들이 서로 회통하며 조화로운 관계를 유지하는 것이다. 노자는 바로 이러한 시각에 입각해서 인간의 본성을 '성' 대신에 '덕'이라는 개념을 통해 설명한 것이다. 따라서 노자의 인성론은 당연히 그의 우주론으로 환원된다. 왕필은 『도덕경』 38장에 대한 주석에서 "어떻게 덕을 얻을 수 있는가? 도에서 말미암은 것이다"[76]라고 기술했다. 노자에 의하면 태초에 '도'에서 '일一'이 일어날 때에는 아직 '형形'이 없다. '일'은 곧 주객, 피차, 선악 등이 분화되지 않은 상태이다. 이 '일'에서 '덕'이 생겨난다. '덕'은 '도'로부터 분화한 것이므로 '도'와 아무런 차이나 간극이 없다. 따라서 '도'가 만물로 하여금 생을 이룰 수 있게 하는 우주 전체의 원리이자 원동력이라 한다면 '덕'은 개별 사물들이 생을 이룰 수 있게 하는 본성이라고 할 수 있다.

만물이 우주의 본원인 '도'로부터 무엇인가를 전수받아 생을 얻으면 그것이 '덕'이 된다. '덕'이 개별적인 사물에 내재하여 일정한 무늬와 결 등을 형성할 때 이를 비로소 '형'이라고 부를 수 있다. '형'이 있게 되면 '정신'을 보유하게 되어 각각 특이한 성질과 원칙을 가지게 된다. 이것을 일컬어 흔히 '성'이라고 하는 것이다. 따라서 '덕'은 사물이 존재하는 것 그 자체라고 할 수 있다. 노자가 생각한 인간의 본성도 바로 이 '덕'인 것이다. 인간은 모든 잠재적 정신 능력을 발휘해 자연에서 얻은 생명을 인격의 발현으로 완성해야 한다. 이것이 바로 인생의 의의이고 인간의 본성인 '덕성'의 소임이다.

노자는 통치 차원에서 볼 때 인간의 본성인 '덕성'이 소위 '치덕治德'으로 발현되어야만 진정한 통치를 이룰 수 있다고 보았다. 노자의 '덕' 개념을 유가에서 말하는 인성론에 대입시켜 '덕'을 '선'으로 해석할 때 노자의 인성관이

---

76) 『道德經』, 38장, "何以得德, 由乎道也." 왕필 주 참조.

일종의 성선설에 가깝다고 하는 이유가 여기에 있다. 노자는 '무위'와 '무욕' 등을 실현하게 되면 자연의 이치에 합당한 '상덕上德'에 도달할 수 있다고 주장했다. 노자의 입장에서 볼 때 '상덕'에 이르지 못한 채 인의예지 등으로써 통치에 임하는 것은 일종의 '하덕下德'에 함몰되는 경우에 해당한다. 따라서 설령 유가에서 '하덕'을 지선至善으로 평가할지라도 그것은 노자의 '상덕' 개념에 비추어 볼 때 세상을 더욱 혼란하게 만드는 것에 불과할 뿐이다.

공자 역시 노자와 마찬가지로 인성의 선악에 대해 구체적으로 언급한 적은 없다. 그는 인격 수양을 강조했을 뿐 인간의 본성에 관해 구체적으로 사색했다는 증거가 보이지 않는다. 이는 공자 생존 당시까지만 해도 인성에 대한 관심이 그다지 높지 않았기 때문이라고도 볼 수 있겠지만, 그보다는 공자 자신이 인성을 선악의 기준으로 판단할 이유가 없다고 생각했기 때문이라고 보는 것이 타당할 것이다. 그는 신과 영혼의 문제를 철저히 외면한 것과 마찬가지 맥락에서 인성의 문제에 대해서도 역시 직접적인 언급을 회피했기 때문이다. 이는 자공의 "선생께서 문화에 대해 말씀하신 것은 들을 수 있었지만 인간의 본성과 하늘의 도리에 대해 말씀하신 것은 지금껏 한번도 듣지 못했다"[77]라는 언급에서 잘 알 수 있다. 공자는 인성의 문제와 천도의 문제에 대해서는 의도적으로 회피했던 것이다. 공자는 조상의 신령을 모시는 방법을 묻는 계로季路에게 이렇게 답하였다.

> 산 사람도 충분히 못 섬기면서 어찌 신령을 섬길 수 있는가. …… 삶도 잘 모르면서 어찌 죽음을 알겠는가?[78]

그는 또 어떤 사람이 국가의 큰 제사인 체제禘祭에 관해 물었을 때에도 이렇게 답하였다.

---

77) 『論語』, 「公冶長」, "夫子之文章, 可得而聞也. 夫子之言性與天道, 不可得而聞也."
78) 『論語』, 「先進」, "未能事人, 焉能事鬼……未知生, 焉知死."

알지 못하겠다. 그것을 말할 수 있는 사람은 천하의 일을 손바닥을 보듯 쉽게 알 수 있을 것이다.[79]

공자의 이러한 태도는 이후 유가들이 사후의 세계를 크게 문제삼지 않는 학풍을 만들어 내는 주요한 배경이 되었다. 따라서 공자는 어디까지나 인간에 대한 문제와 구체적인 현실에 대한 문제에 골몰했다고 보는 것이 타당할 것이다. 사실 춘추 시대 말기의 혼란기 속에서 일생을 보내야 했던 공자에게는 어지러운 세상의 질서를 주례에 의거해 바로잡는 것이 지상의 과제였다. 그가 여러 나라를 편력하면서 도를 실현하고자 애쓴 것도 바로 그러한 이유에서였다. 그가 하늘에 대해 '외천명'의 자세를 유지하면서도 하늘의 문제보다는 인간의 문제에 깊은 관심을 기울였던 것 역시 마찬가지 맥락에서 보아야 할 것이다.

공자가 인성 문제에 대해서도 하늘의 문제를 대하는 태도와 동일한 자세를 견지했던 것은 어지러운 세상 질서를 바로잡기 위해서는 인성 문제보다는 인간의 수신 문제를 더 중요하다고 생각했기 때문이었을 것이다. 그래서 그는 인성 문제에 대해서는 직접적인 언급을 하지 않았지만, 그렇더라도 인성과 관련한 공자의 기본적인 입장을 엿볼 수 있는 대목은 『논어』 전편을 통해 산견되고 있다.

공자는 "본성은 서로 가까우나 습관으로 인해 서로 멀어진다"[80]라고 지적한 바 있다. 이 말은 인성의 선악은 선천적으로 존재하는 것이 아니며 인간의 현우賢愚 역시 오직 후천적인 훈도에 의해 이루어진다는 뜻으로 풀이될 수 있다. 다만 공자는 "오직 최상의 지혜로운 사람과 가장 어리석은 사람만큼은 후천적인 습관에 의해 변하지 않는다"[81]라고 하여 예외를 인정하였다. 이를

---

79) 『論語』, 「八佾」, "不知也. 知其說者之於天下也, 其如示諸斯乎, 指其掌."
80) 『論語』, 「陽貨」, "性, 相近也. 習, 相遠也."
81) 『論語』, 「陽貨」, "唯上智與下愚, 不移."

앞의 구절과 연결시켜서 해석한다면, 인간은 후천적인 훈도에 의해 얼마든지 현명해질 수 있으나 오직 상지上智와 하우下愚 두 부류만큼은 어쩔 수 없다는 뜻이라고 풀이될 수 있을 것이다. 기본적으로 최상과 최하의 인간은 어쩔 수 없으나 나머지 모든 사람은 후천적인 교화를 통해 모두 현명해질 수 있다는 주장이다. 결론적으로 말해 공자는 인성의 선악을 인정하지 않았다고 할 수 있다. 이는 일종의 '무선무악설無善無惡說'에 해당하는 것으로, 맹자가 최상의 지혜로운 사람과 최하의 어리석은 사람을 동일시해 성선의 이론을 만든 것과 대비되는 모습이다.

원래 춘추전국 시대에 최초로 인성 문제를 공식적으로 언급하고 나선 사람은 맹자이다.[82] 그는 인간의 본성은 선하다고 강조하면서 성선설을 주창하였다.[83]

> 사람은 모두 남의 슬픔을 보아 넘기지 못하는 마음이 있다.······어린애가 장차 우물에 빠지려 할 경우 그것을 본 사람은 누구나 놀라는 동시에 불쌍히 여기는 마음이 일어날 것이다.[84]

'측은지심'이 발하는 것은 결코 주위의 칭찬을 듣기 위한 것도, 아이의 부모와 친교를 맺기 위한 것도 아니라 인성의 근원적인 선함에서 말미암는다는 주장이다. 맹자는 이러한 주장을 토대로 '인의예지'로 표현되는 사덕四德은 모두 선성에서 비롯되는 것이라고 강조했다. 또한 그는 정情 역시도 본연적으로 선한 것이라고 하여 "정이라는 것은 곧 선한 것이다.······만약 악을 저지르

---

82) 趙忠文은 맹자의 성선설은 공자가 『論語』「陽貨」에서 언급한 '性相近', '習相遠'을 토대로 만들어진 것이라고 분석했다. 趙忠文,「論孟子'仁政'與孔子'仁'及'德政'說的關係」, 『中國哲學史研究』(1987. 3), 40쪽 참조.
83) 馮友蘭은 공자가 仁을 강조하면서도 仁을 실천해야만 하는 이유를 설명하지 않은 까닭에 맹자가 성선설을 통해 해답을 제시하게 된 것이라고 주장했다. 馮友蘭, 『중국철학사』(정인재 역), 106쪽 참조.
84) 『孟子』,「公孫丑上」, "人皆有不忍人之心······今人乍見孺子將入於井, 皆有怵惕惻隱之心."

는 자가 있어도 그것은 그의 자질 탓이 아니다"[85]라고 규정하였다. 인간이 악행을 저지르는 것은 오직 오감에서 비롯된 이욕이 선성을 덮고 있기 때문이라는 주장이다.

맹자의 성선설은 기본적으로 모든 사람이 성인과 똑같은 선성을 가지고 있다는 신념에서 출발한 것이다. "순임금도 인간이고 나 또한 인간이다"[86]라는 언급이 그것을 증명한다. 성인인 순임금 역시 사람이며 자신 역시 사람이라고 강조한 이와 같은 신념에 찬 표현은 인성의 선함에 대한 확고한 믿음이 없으면 불가능하다. 맹자는 한마디로 사람이면 누구나 요순이 될 수 있다고 주장한 것이다. 그는 그 이유를 다음과 같이 밝히고 있다.

> 마음이 같다는 것은 무엇인가? 그것은 리理와 의義이다. 성인은 우리의 마음이 다 같이 가지고 있는 '리'와 '의'를 먼저 체득한 것일 뿐이다.[87]

맹자에게 있어 성인과 속인의 차이는 오직 '리'와 '의'의 체득 여부에 불과할 뿐이었다. 한마디로 맹자의 성선설은 오로지 선한 인성만을 인정했다는 점에서 일종의 '성선무악설性善無惡說'이라고 볼 수 있다. 맹자는 인성의 선함을 확신했기 때문에 "마음을 닦는 데는 과욕寡欲보다 좋은 것이 없다"[88]라고 강조하였다. 인간은 모두가 근원적으로는 요순과 마찬가지이기 때문에 수양을 통해 이욕을 줄이는 '과욕' 훈련만 잘하면 얼마든지 선성의 본모습을 드러내어 성인의 경지에 도달할 수 있다는 것이다. 수양을 통한 과욕의 경지에 도달할 수 있는지 여부가 바로 성인과 속인을 가르는 분수령이 되는 셈이다. 그리고 이러한 구분은 맹자가 지녔던 이상주의적 경향의 필연적인 귀결이라고 할 수 있다.

---

85) 『孟子』, 「告子上」, "乃若其情, 則可以爲善矣……若夫爲不善, 非才之罪也."
86) 『孟子』, 「離婁下」, "舜, 人也. 我, 亦人也."
87) 『孟子』, 「告子上」, "心之所同然者何也, 謂理也義也. 聖人先得我心之所同然耳."
88) 『孟子』, 「盡心下」, "養心, 莫善於寡欲."

맹자가 성선설을 주장한 의도는 이러한 주장을 통해 국가와 인민을 선하게 이끌려고 하는 데 있었다는 분석도 있다.[89] 물론 그가 양묵楊墨의 설을 배제하기 위해 다소 무리한 주장까지도 서슴지 않았던 점 등에 비추어 볼 때, 선험적 양심설에 기초한 맹자의 성선설이 그러한 의도에서 출발했을 가능성도 배제할 수는 없다. 그러나 맹자의 의도를 어떻게 해석하든 그의 성선설 자체가 선진 시대는 물론 후세에 이르기까지 숱한 논란의 빌미를 제공한 것은 부인할 수 없는 사실이다.

맹자의 성선설은 인간의 본성은 착하나 오감에서 비롯된 이욕에 의해 선성이 발현되지 못하고 있다는 논리적 전제에서부터 출발한다. 사단에 기초한 본성은 선한 것이나 오감에서 비롯되는 이욕은 악한 것이라는 주장이다. 맹자는 오감에서 비롯되는 이욕을 본성으로 인정하지 않았다. 그는 "군자는 그러한 것들을 진정한 성으로 인정하지 않는다"라고 하여 인간의 악행은 인간이 감각에 얽매이는 데서 오는 과오라고 주장했다.[90]

그러나 이러한 인성론은 논리적으로 적지 않은 문제점들을 내재하고 있다. 우선 인간이 악행을 저지르는 이유와 관련해 맹자는 이욕 때문에 선성이 가려졌기 때문이라고 주장했지만 이는 인성의 선함을 강조한 그의 당초 주장과 논리적으로 모순된다. 본성이 선하면 악행이 이루어질 수 없기 때문이다. 이에 대해 맹자는 다음과 같은 '우산牛山의 비유'를 통해 자신의 주장을 합리화하고 나섰다.

사람들은 벌거숭이산을 보고는 '우산'에는 예전부터 나무가 없었다고 생각하고 있으나, 그것이 어찌 산의 본성이겠는가?[91]

---

89) 高須芳次郎, 『東洋思想十六講』, 187쪽.
90) 『孟子』, 「盡心下」, "君子, 不謂性也."
91) 『孟子』, 「告子上」, "人見其濯濯也, 以爲未嘗有材焉. 此豈山之性也哉."

산에 나무가 있는 것이 산의 본성인 것과 같이 선 또한 사람의 본성이므로, 이욕에 의해 본성을 잃어버린 것을 보고 인성이 선하지 않다고 생각하는 것은 잘못이라는 비유이다. 이욕의 미망에 사로잡히지 않는 한 인간의 본성은 선하게 발현한다는 것이다. 그러나 그가 주장하듯 나무가 산의 본성이라고 한다면 민둥산이 된 '우산'은 논리적으로 이미 산이 아니다. 마찬가지로 이욕에 의해 선성이 가려진 인간 역시 인성을 상실한 셈이다. 따라서 그의 논리에 따르면 이욕은 단지 사단이라는 선성을 가리고 있는 덮개에 불과한 것임에도 불구하고 그것이 인성 자체를 소멸시키게 된다는 논리적 모순을 범하고 있는 것이다. 맹자의 성선설에 내재된 이러한 논리적 모순은 인성을 이분법적으로 나눠 사단만이 본성이고 이욕은 본성이 아니라고 주장한 데 따른 당연한 결과였다고 할 수 있다.[92]

맹자는 자신의 성선설을 논리적으로 보강하기 위해 사단설四端說과 양성설養性說을 주장했다.[93] 그는 인간의 본성은 선한 것임에도 불구하고 감각적 욕구가 그것을 방해함으로써 악행을 범하게 되는 까닭에 그와 같은 욕망을 억제하고 사단을 확장해 나가는 것이 필요하다고 강조했다. 그래서 그는 다음과 같이 말하였다.

사람에게는 모두 차마 보아 넘기지 못하는 바가 있는데, 지금까지 그대로 보아 넘기던 일에까지 그것을 확장하면 인仁을 이룰 수 있다.[94]

---

92) 童書業은 맹자의 이러한 주장은 宋儒들이 말하는 義理之性과 氣質之性 중 오직 義理之性만을 性으로 인정한 결과로 풀이했다. 童書業, 『先秦時代七子思想研究』(濟南: 齊魯書社, 1982), 116쪽 참조.

93) 勞思光은 맹자의 四端說은 성선설을 논증하기 위해 나타난 것으로 인간의 덕성을 최대한 발현시키기 위한 자각적인 노력을 강조한 데 그 뜻이 있다고 분석하면서 순자의 성악설은 이러한 맹자의 취지를 곡해한 데서 비롯됐다고 주장했다. 勞思光, 『중국철학사: 고대편』(정인재 역), 125~126쪽 참조. 이에 대해 馮友蘭은 순자의 인성론은 인간의 聖人化 가능성을 언급한 점에서 볼 때 그 근원에 있어서는 맹자의 그것과 다르지 않다고 평가했다. 馮友蘭, 『중국철학사』(정인재 역), 201쪽 참조. 勞思光의 주장은 순자 성악설의 진의를 제대로 파악하지 못한 데서 온 것이다.

94) 『孟子』, 「盡心下」, "人, 皆有所不忍, 達至於其所忍, 仁也."

마찬가지 논리로 그는 누구에게나 도의적으로 감히 할 수 없는 바를 모든 행위에 확장·적용할 경우 진정한 '의'를 이룰 수 있다고 강조했다. 맹자의 성선설은 '사단설'에 이어 궁극적으로는 '양성설'로 귀착되는 필연의 논리를 내포하고 있다. 그가 말한 사단은 일종의 인간의 정신 작용이라고 할 수 있는 것으로 인의예지仁義禮智를 가리킨다. 그는 사단이란 모든 인간이 보편적으로 지닌 선단善端으로 사람 모두가 이 선단을 확충하기만 하면 인의예지의 사덕을 구현할 수 있다고 주장했다.[95] 이것은 곧 맹자 사상의 출발점이 된다.

맹자는 선성의 사단이 머무는 곳이 마음인 데 반해 인간의 생래적인 욕망에서 비롯되는 이욕은 몸에 머물고 있다고 주장했다.[96] 심신心身에 대해서도 인성과 마찬가지의 논리를 동원해 이분법적으로 절단하고 나선 것이다. 그는 이러한 논리를 토대로 심체心體가 신체身體를 지배한다고 단언했다. 그리하여 그는 "귀와 눈 같은 감각은 본질적으로 생각하는 능력이 없고 사물의 지배를 받는다"[97]라고 하면서 신체로부터 나타나는 이욕은 심체에서 나타나는 사단에 의해 제지당함으로써 선화善化될 수 있다고 강조했다. 한마디로 말해 사고 능력이 없는 오감에서 비롯되는 이욕은 기본적으로 사고 능력이 있는 마음에서 비롯되는 사단을 침범할 수 없다고 주장한 것이다.[98] 다음의 언급은 이를 뒷받침한다.

> 하늘이 우리에게 부여한 것 중에서 먼저 큰 것에 확고히 서고 보면 사소한 것이 방해할 수 없다. 이런 사람을 다름 아닌 대인大人이라고 한다.[99]

---

95) 『孟子』, 「告子上」, "故凡同類者, 舉相似也……至於心獨無所同然乎";「公孫丑上」, "惻隱之心, 人皆有之. 羞惡之心, 人皆有之. 辭讓之心, 人皆有之. 是非之心, 人皆有之. 惻隱之心, 仁之端也. 羞惡之心, 義之端也. 辭讓之心, 禮之端也. 是非之心, 智之端也……凡有四端於我者, 知皆擴而充之矣. 若火之始然, 泉之始達, 苟能充之, 足以保四海."

96) 『孟子』「盡心下」 참조.

97) 『孟子』, 「盡心下」, "耳目之官, 不思而蔽於物."

98) 勞思光은 맹자의 大體는 自覺心을 가리키는 것이고 小體는 感官을 가리키는 것이라고 풀이하면서, 맹자가 義利之辨을 강조하게 된 것도 小體는 결코 大體를 범할 수 없다는 점을 강조하기 위해서였다고 분석했다. 勞思光, 『중국철학사: 고대편』(정인재 역), 131~132쪽 참조

맹자는 이러한 논거를 바탕으로 과욕寡欲을 강조하면서 양심의 작용을 보다 잘 나타나게 하기 위해서는 선성의 거울을 열심히 닦는 수양이 필요하다고 주장했다.[100] 그러나 이 주장 역시 앞서 그의 성선설에서 지적한 바와 똑같은 논리상의 문제를 안고 있다. 왜냐하면 사단이 선험적인 양심에서 비롯된 것이라면 이욕만을 억제하면 되지 따로 교양을 닦을 필요는 없다는 논리가 성립되기 때문이다. 결국 성선설에서 나타난 논리적 모순이 그의 '양성설'로까지 연장된 셈이라고 할 수 있다.

맹자는 양심의 본질에 대해 언급하면서 "사람이 배우지 않고도 할 수 있는 것은 양능良能 때문이고 생각하지 않고도 알 수 있는 것은 양지良知 때문이다"[101]라고 하였다. 그는 어린아이조차 친친형형親親兄兄하는 것은 바로 이 '양지양능' 때문이라고 주장했다. 이러한 '양지양능설'은 후술하는 순자의 주장과는 정반대되는 것으로 사실 그 타당성 여부를 가리기가 쉽지 않다. 다만 맹자의 주장과는 달리 선성의 발현을 '양지양능'이 아닌 후천적 학습 훈련에 따른 것으로 해석할 수도 있다는 점을 염두에 둘 필요가 있다. 맹자의 '양지양능설'은 천여 년이 지난 뒤 송대의 성리학자들에 의해 새롭게 인식됨으로써 송대 리학理學 이론의 핵심이 되었다는 점에서 통치사상사적 의미가 매우 크다고 할 수 있다.

순자는 맹자와 정반대로 인성에 대한 비판적 견해를 바탕으로 성악설을 제기하고 나섬으로써 대조를 이루고 있다.[102] 그는 인성은 본원적으로 이기

---

99) 『孟子』, 「告子上」, "此天之所與我者, 先立乎其大者, 則其小者弗能奪也. 此爲大人而已矣."

100) 高懷民은 『孟子』 「告子上」에 나오는 "乃若其情, 則可以爲善矣"과 「盡心下」에 나오는 "可欲之謂善" 및 "養心, 莫善於寡欲" 등을 근거로 맹자는 性이 外物과 접해 나타나는 情이 정도를 넘어 넘쳐나는 것을 欲으로 파악한 결과 寡欲主義를 주창하게 되었다고 분석했다. 高懷民, 「中國先秦時代道德哲學之發展」, 『華岡文科學報』 14(1982), 11~12쪽 참조.

101) 『孟子』, 「盡心下」, "人之所不學而能者, 其良能也. 所不慮而知者, 其良知也."

102) 戶川芳郎은 맹자가 말하는 성선설의 선악 개념은 심성 내부의 선악을 의미하는 것인 데 반해 순자의 성악설에서 말하는 선악 개념은 정치·사회적 개념이라고 분석했다. 戶川芳郎, 『古代中國の思想』, 49쪽 참조 그러나 郭沫若은 孟荀 모두 人性의 한쪽 면에 치우친 입장을 견지했음에도 불구하고 그 결론은 같다고 평가하면서 孟荀을 각각 唯心·唯物論者로 간주하는 것은 잘못이라고 지적했다. 郭沫若, 『중국고대사상사』(조성을 역), 263쪽 참조.

적일 수밖에 없다고 보았다. 이러한 관점은 인간의 이기심에 따른 무질서와 혼란을 막기 위해서는 오로지 법치에 의존할 수밖에 없다고 주장한 법가의 인성론과 맥을 같이하고 있다.

순자는 현실주의적인 경향을 대담하게 가미한 성악설을 주창함으로써 자신의 독특한 인성론을 전개해 나갔다. 그의 성악설은 맹자의 낙관적인 입장과는 정반대로 인성에 대한 비판적인 견해를 기초로 하고 있다. 맹자가 인성을 이상론에 치우쳐 바라본 데 반해 그는 인성을 현실론에 입각해서 바라보았던 것이다. 순자는 사람은 나면서부터 이익을 좋아하고 이기적이어서 만족할 줄을 모른다고 파악했다.

> 나면서부터 귀와 눈의 욕망이 있어 아름다운 소리와 빛깔을 좋아하기 때문에, 이것을 따르면 지나친 혼란이 생기고 예의와 아름다운 형식이 없어진다.[103]

혼란의 원인은 바로 육체적 이욕을 좇는 데 있다는 지적이다. 이것은 인간의 육체적 욕망이 일어나는 근원에 대한 분석에 관한 한 맹자와 유사한 입장이라고 볼 수 있다. 그러나 순자는 인간의 욕망이 빚어내는 결과 및 그 처방에 있어서는 맹자와 입장을 달리하고 있다. 그는 예의가 필요한 이유를 다음과 같이 밝혔다.

> 사람이 감정을 좇는다면 반드시 서로 쟁탈을 하게 되며 분수를 어기고 이치를 어지럽히게 되어 난폭해진다. 그러므로 반드시 스승과 법도에 의한 교화와 예의의 교도가 있어야 한다.[104]

이것은 사법師法의 교화와 예의의 교도가 없으면 범분난리犯分亂理의 혼란을 제거할 방법이 없다는 주장이다. 이런 입장에 있었기 때문에 순자의 치

---

103) 『荀子』, 「性惡」, "生而有耳目之欲, 好聲色焉. 順是, 故淫亂生而禮義文理亡焉."
104) 『荀子』, 「性惡」, "順人之情, 必出於爭奪, 合於犯分亂理而歸於暴, 故必將有師法之化禮義之道."

본관은 후술하는 바와 같이 예를 중심으로 한 인치주의로 귀결될 수밖에 없다. 그는 호리심好利心이나 질투심, 색욕 등과 같은 인간의 육체적 이욕들을 예로써 다스리지 않을 경우 사회의 혼란은 필연적일 수밖에 없다고 보아서, "이제 사람의 본성은 태어나면서 그 소박함과 원래 자질에서 벗어남으로써 반드시 그 기본 속성을 잃어버릴 것이다"[105]라고 말하였다.

순자는 맹자의 성선설을 정면으로 공박했다. 맹자가 육체적 이욕을 본성이 아니라고 본 것과 정반대로 육체적 이욕에 뿌리를 두고 있는 정情을 본성이라고 본 것이다. 순자에게 있어 '성'은 '정'과 분리시킬 수 없는 성정性情 그 자체라고 볼 수 있다.[106] 따라서 순자의 입장에서 볼 때 맹자가 말한 사덕은 예의 교화 작용에 따른 결과로 볼 수밖에 없다. 그는 이기심과 욕망으로 가득 찬 인성일지라도 예에 따른 교화 작업을 통해 얼마든지 선성으로 돌릴 수 있다고 강조했기 때문이다.

순자의 성악설은 인성의 악에 대한 '선화' 가능성을 확신한 데에 그 기본적인 특징이 있다. 그는 "길거리의 사람도 우임금과 같은 성인이 될 수 있는 까닭은 무엇인가?……그가 어짊과 의로움 및 올바른 법도를 행하기 때문이다"[107]라고 말했다. 아무리 길거리의 필부일지라도 예에 합치되도록 수양만 잘하면 우임금과 같은 성인이 될 수 있다는 주장이다. 현실적인 악함에도 불구하고 인성은 예에 따른 교화 작업을 통해 '선화'될 수 있다는 것이 그의 인성론의 핵심을 이루고 있다. 다만 순자는 이러한 주장을 정치하게 표현하지 못함으로써 후세에 이단 논란을 일으킨 빌미를 제공하게 되었던 것이다.[108]

---

105) 『荀子』, 「性惡」, "今人之性, 生而離其朴離其資, 必失而喪之."
106) 그러나 전낙희는 순자의 성악설은 性과 情을 혼돈함으로써 논리적인 모순을 지니고 있다고 지적하면서 순자의 인성론은 '情惡說'로 표현하는 것이 옳다고 강조하면서 한비자 등 법가의 경우도 순자와 마찬가지의 오류를 범했다고 주장했다. 전낙희, 「동양정치사상의 윤리와 이상 — 유가를 중심으로」, 『한국정치학회보』 24(1990), 142쪽 참조.
107) 『荀子』, 「性惡」, "塗之人, 可以爲禹……以其爲仁義法正也."
108) 勞思光은 순자가 성악설을 제창한 데 이어 道·墨家의 학설을 잡다하게 취함으로써 德을 중시하는 공맹학을 훼손시켰다고 비판했다. 그러나 이러한 주장은 사실 송대 성리학이 성립한 이래 줄곧 유지돼 온 견해로 순학의 기본 趣意를 곡해한 데서 비롯된 것이라 생각한

결국 순자의 인성론은 단순히 성악설로 규정하기보다는 인성의 교화 여부에 따라 선악의 어느 한쪽으로 진행될 수 있음을 인정했다는 의미에서 일종의 가선가악설可善可惡說로 규정하는 것이 옳다.

순자는 인성의 악함을 '선화'하는 구체적인 방안의 하나로 '작위'(僞)의 필요성을 강조했다. '위僞'자는 '사람 인'(人)자와 '할 위'(爲)자가 결합한 데서 알 수 있듯이 작위 또는 인위를 뜻하는 말이다. 이는 훗날 주희가 주장하듯이 거짓을 뜻하는 것이 아니라, 말 그대로 인간이 만들어 낸 것을 뜻한다. 작위는 수양을 계속 쌓아 나가는 것을 말한다. 이는 노장이 강조한 무위와 비교할 때 완전히 반대되는 것이다. 작위를 이룬다는 것은 곧 예의와 법도에 따라 인성의 악함을 '선화'하는 것을 의미한다. 예의와 법도는 바로 악한 인성을 '선화'하기 위한 하나의 도구라는 것이 순자의 기본적인 사상이다. 따라서 순자가 말하는 '선화'란 바로 작위를 뜻한다고도 할 수 있다. 그는 이렇게 말했다.

배울 수도, 도모할 수도 없는데도 사람에게 있는 것을 본성이라고 한다. 배우면 할 수 있고 도모하면 이룰 수 있는 것이 사람에게 있는 것을 작위라고 말한다.[109]

배우고 노력해서 사람을 선하게 만드는 것이 바로 작위라는 것이다. 또한 그는 '정'과 '사려'가 '작위'와 어떤 관계를 맺고 있는지에 대해 다음과 같이 말하였다.

본성으로부터 나타나는 호오好惡와 희노애락喜怒哀樂을 정情이라고 한다. '정'이 자연스럽게 움직여 마음이 그것을 선택하는 것을 사려(慮)라고 한다. 마음이 생각해 능력이 그렇게 행하는 것을 작위(僞)라고 한다.[110]

다. 勞思光, 『중국철학사: 고대편』(정인재 역), 328쪽 참조
109) 『荀子』, 「性惡」, "不可學不可事而在人者, 謂之性. 可學而能可事而成之在人者, 謂之僞."
110) 『荀子』, 「正名」, "性之好惡喜怒哀樂, 謂之情. 情然而心爲之擇, 謂之慮. 心慮而能爲之動, 謂之僞."

작위는 생각이 쌓이고 능력이 익숙해진 다음에 이루어지는 것으로 올바른 판단을 할 수 있는 사려 작용이 전제되어 있다고 볼 수 있다. 그는 '작위'와 '예의'의 관계에 대해서도 다음과 같이 언급했다.

> 성인은 생각을 쌓고 작위를 익혀 그것으로써 예의를 만들고 법도를 제정한다. 그러므로 예의와 법도는 성인의 작위에 의해 생겨나는 것이지 사람의 본성으로부터 생겨나는 것이 아니다.[111]

사람은 성인이 오랜 시간 깊은 사려와 작위의 습득 과정을 거쳐 만든 '예법禮法'을 통해야만 비로소 선하게 될 수 있다는 주장이다.[112] 순자의 성악설은 인간의 사려 작용을 바탕으로 예의 법도에 따른 훈련이 가해질 경우 인성은 물론 어지러운 세상도 바로잡을 수 있다는 적극적인 뜻을 함축하고 있다.

순자는 길거리의 사람 누구나 성인이 될 수 있고 소인이라도 누구나 군자가 될 수 있다고 설파하면서 무엇보다도 성정을 다스려야 함을 역설했다. 그는 결코 이욕을 악덕으로 간주하지 않았다. 다만 일정한 기준과 질서가 없을 경우라면 개인의 과도한 욕망이 타인의 욕망을 침해할 수밖에 없게 된다는 사실을 지적했던 것이다.

순자의 성악설은 어디까지나 인간의 욕망 작용을 기본적으로 이기적이고 악하다고 지적했을 뿐이지 인간의 사려 작용까지 악하다고 주장한 것은 아니다.[113] 그가 성악이라고 한 것은 오직 인간의 욕망 작용만을 지칭했을 뿐

---

111) 『荀子』, 「性惡」, "聖人積思慮習僞, 故以生禮義而起法度. 然則禮義法度者, 是生於聖人之僞, 非故生於人之性也."
112) 勞思光은 "禮義法度者, 是生於聖人之僞"를 권위주의에 입각한 동어반복의 논리로 폄하하면서 순자는 작위(僞)의 기준을 정확히 제시하지 못했다고 비판했지만, 이런 비판은 순자가 말한 聖人之僞의 참뜻이 『荀子』 「正名」에서 나오는 "心慮而能爲之動, 謂之僞"에 있음을 간과한 데서 비롯된 것이다. 勞思光, 『중국철학사: 고대편』(정인재 역), 334~340쪽 참조
113) 성태용은 인간의 본성 속에 도덕의 근원이 될 만한 요소가 있음를 인정하지 않았던 순자가 의존할 수 있는 것은 오직 인간의 思慮일 수밖에 없었고 大淸明에 이르러서야 思慮의 완성된 모습이 발현된다고 분석했다. 맹자가 인성의 情意의 측면에 근거해 인격 완성의 틀을 제시한 데 반해 순자는 思慮의 측면을 바탕으로 인격 완성을 제시한 점에서 대조적이라고

이다.[114] 그러나 순자가 주장한 성악설의 진의가 여기에 있음에도 불구하고 그의 성악설은 후세의 유가들에게 이단으로 몰리는 원인이 되었다. 그는 인간의 욕망 작용을 본성이라고 표현한 탓에 많은 오해를 사게 되었던 것이다.

순자의 성악설을 단순하면서도 명쾌하게 진전시킨 쪽은 법가였다. 법가의 효시로 지칭되는 상앙은 인성에 대해 "인민의 본성은, 재어 보아서 긴 것을 취하고 달아 보아서 무거운 것을 취하며 견주어 보아서 이익이 되는 것을 찾는다"[115]라고 말했다. 인간의 본성은 기본적으로 이익과 명예, 권력을 추구하는 속성을 지니고 있다는 지적이다. 한비자 역시 인성에 대해 그와 유사한 언급을 한 바 있다.

> 무릇 인민의 성이란 일하는 것을 싫어하고 편한 것을 좋아한다. 편한 것을 찾으면 황음해지기 쉬워서 다스릴 수가 없게 된다. 다스릴 수 없게 되면 곧 어지러워지는 것이다.[116]

상앙과 한비자 모두 인간의 본성은 기본적으로 이기적인 이욕에서 벗어날 수 없다고 주장하였는데, 이러한 법가의 인성론은 순자의 그것과 맥을 같이하는 것이다. 그러나 순자는 인성의 악함을 예로써 교화할 수 있다고 본 데 반해 상앙과 한비자는 오직 법으로써만 '교정'할 수 있다고 보았다. 인성론에 관한 유가와 법가의 차이가 바로 여기에 있다.

한마디로 법가의 인성론은 인간의 본성은 이익을 좋아하는 '호리지성好利之性'에 불과하다는 전제 아래 그러한 '호리지성'은 법을 통하지 않고서는

평가했다. 성태용, 「心性論, 禮論과의 관련 아래서 본 荀子의 修養論」, 『太東古典硏究』(1989), 223~225쪽 참조.

114) 李德永은 순자의 성악설의 특징과 관련해 모든 인간의 본성을 악으로 파악한 것 자체가 평등주의적 입장과 변증유물주의적 입장에 서 있었기 때문에 가능한 것이라고 분석했다. 李德永, 「荀子的思想」, 『中國古代哲學論叢』1(1957), 91~92쪽 참조.

115) 『商君書』, 「算地」, "民之性, 度而取長, 稱而取重, 權而索利."

116) 『韓非子』, 「心度」, "夫民之性, 惡勞而樂佚. 佚, 則荒. 荒, 則不治. 不治則亂."

통제할 방법이 없다는 신념에서 출발하고 있다.[117] 이처럼 오직 인성의 악성만을 인정했다는 점에서 법가의 인성론은 일종의 '성악무선설性惡無善說'이라고 할 수 있다. 이들 법가는 인간의 '호리지성'은 고칠 수도 없고 고칠 필요도 없으며 인간의 가치는 명리名利를 얼마나 쟁취하느냐 하는 정도의 차이에 있다고 보았다.[118] 결국 법가는 사회와 국가의 관리에 있어서도 개인의 심신 수양보다는 사회와 국가의 제재력에 관심을 기울일 수밖에 없었다. 이는 법가의 인성론이 인성에 대한 철저한 불신에서 출발하고 있는 데 따른 당연한 논리적 귀결로 보아야 할 것이다.

법가의 인성론은 물론 상앙에서 그 이론적 시원을 찾을 수 있다. 그러나 인간의 본성에 대한 철저한 불신은 법가 사상의 완성자인 한비자에게서 특히 두드러지게 나타난다. 한비자의 경우는 법가 사상의 선배격인 상앙 및 스승인 순자의 인성론으로부터 커다란 영향을 받은 것으로 보인다.

순자가 성악설의 이론적인 기초로서 사람들의 이기적인 측면에 착안했던 것처럼 법가도 인간의 이기적인 욕심에 깊은 주의를 기울였다. 법에 의한 통치만이 올바른 통치를 보장할 수 있다는 법가의 사상은 인성에 대한 철저한 불신을 전제로 출발하고 있는 것이다. 그러나 앞서 검토했듯이 순자는 인간의 악성은 어디까지나 인간의 욕망 작용에 따른 것일 뿐 정신 작용마저 악성이라고 보지는 않았다는 점에서 법가와 확연한 차이를 보여주고 있다. 순자는 예에 따른 인성의 '선화' 작업을 통해 얼마든지 필부를 군자로 만들 수 있다고 믿었기 때문이다.

순자는 인간의 악성에 대한 교화 방안으로 예에 착안했다. 그는 예에 의거한 교화 즉 예교禮教를 통해 욕망 작용을 충분히 제어할 수만 있다면 인성

---

117) 勞思光은 순자의 성악설을 극단으로 몰아간 한비자는 결국 순자의 권위주의 사상을 강화함으로써 오직 군주의 권세만을 인정하게 됐다고 혹평했다. 勞思光, 『중국철학사: 고대편』(정인재 역), 361쪽 참조.
118) 孫謙, 「儒法法理學異同論」, 『人文雜誌』(1989. 6), 67쪽.

의 '선화'를 도모할 수 있다는 이른바 '제욕주의制欲主義' 사상을 펼쳐 나갔다. 그러나 법가는 순자와 달리 인간의 욕망 작용을 제어하는 '제욕'의 가능성을 인정하지 않았다. 법가는 인간의 욕망 작용을 생래적이고 본원적인 것으로 파악한 나머지 예를 통한 교화 가능성 자체를 아예 인정하지 않고 오직 법에 의한 '교정' 가능성만을 인정했던 것이다.

한마디로 법가의 사상은 인성에 대한 철저한 불신을 토대로 한 인성론과 분리시켜 생각할 수 없다고 할 수 있다. 법가는 결국 법의 위세를 빌려야만 인간의 악성을 교정할 수 있다는 결론을 도출해 냈다. 한비자는 인간의 악성은 군신간은 물론 부자간에서도 예외 없이 드러난다고 주장했다.

> 남아를 낳으면 축하를 하고 여아를 낳으면 죽인다.……나중의 편안함을 고려해 장기적인 이익을 계산했기 때문이다.……하물며 부자의 관계도 없음에야 더 말할 나위가 없다.[119]

인간은 본질적으로 이해 관계를 벗어날 수 없는 까닭에 가족 관계도 예외 없이 이해의 충돌이 빚어질 수밖에 없다는 지적이다. 이러한 한비자의 인성론은 군신간에도 예외일 수가 없었다. 그래서 그는 신하가 비록 충의를 보일지라도 사실은 오직 영달하려는 마음에서 군주에게 아첨하는 것에 불과한 것이라고 경고했다. 그는 장의사가 사람이 많이 죽어 장례식이 이어지는 것을 바라고 의사가 사람이 싫어하는 종기를 빼는 것 자체도 개인적 이해 관계 때문이라고 보았다. 모든 인간 관계는 이기심에 따른 끈으로 연결되어 있다는 지적이다.

인간은 그 누구라도 가면을 벗기고 나면 이기利己의 추악한 모습을 드러낼 수밖에 없다고 확신했던 한비자는 인구의 증가는 더욱 격렬한 삶의 투쟁

---

119) 『韓非子』, 「六反」, "產男, 則相賀. 產女, 則殺之……慮其後便計之長利也……而況無父子之澤乎."

을 초래할 수밖에 없다고 보았다. 고대에는 인구가 적고 먹을 양식도 충분해 다툼이 없었으나 자신의 시대에는 인구가 폭증해 사리를 추구하는 개인간의 충돌이 계속될 수밖에 없게 되었다는 것이다.[120] 그는 이러한 상황에서 법으로 다스리지 않을 경우 결코 통치 질서를 유지할 수 없다고 역설했다. 이런 관점을 지니고 있었기 때문에 한비자는 유가에서 말하는 인의예지 등의 덕성에 대해 회의적인 입장에 설 수밖에 없었다. 사실 그는 유가가 주장하는 수신의 효용을 전혀 인정하지 않았다.

> 지금 버릇 나쁜 자식이 있다. 부모들이 성내어도 행동을 고치지 않고 고을 사람들이 욕해도 꿈쩍하지 않으며 스승과 윗사람들이 가르쳐도 변하지 않는다.……고을의 관리가 관병을 움직여 법에 의해 좋지 못한 자를 찾으려 들면 무서워서라도 태도와 행동을 바꾼다.[121]

이러한 언급은 인간의 악성은 덕이나 예로는 교정이 불가능하다는 믿음에서 비롯된 것이다. 법가의 치본관이 법을 중심으로 한 법치주의로 흐른 가장 큰 이유가 바로 여기에 있다. 그러나 법가의 인성론으로는 무조건적이면서도 헌신적으로 이루어지고 있는 가족 관계 등을 해석하는 데 무리가 따를 수밖에 없다.

한마디로 말해 법가의 인성론은 인성의 이기적 속성을 극단적으로 확대 해석한 데서 출발하고 있다. 법가는 이러한 인성론을 바탕으로 유가가 강조하고 있는 '민심'에 대해서도 비판적인 입장을 견지한다.

---

120) 狩野直喜는 유물사관적 입장에서, 한비자의 이러한 주장이 역사의 변화 요인을 인구와 재화의 양 사이의 모순으로 파악함으로써 생산력과 생산 관계의 변화 및 계급 간의 대립·투쟁이 진정한 역사 발전의 추동력임을 간과하는 오류를 범했다고 비판했다. 그러나 狩野直喜의 이러한 비판에도 불구하고 한비자의 주장은 현재의 시각에서 볼지라도 탁견임을 부인할 수 없다. 狩野直喜, 『중국철학사』(오이환 역), 339~340쪽 참조.
121) 『韓非子』,「五蠹」, "今有不才之子, 父母怒之不爲改, 鄉人誰之不爲動, 師長敎之不爲變……州部之吏, 操官兵推公法, 而求索姦人, 然後恐懼變其節易其行矣."

옛날 우임금은 장강의 물길을 트고 황하의 바다을 쳐냈는데 인민들은 기와와 돌을 그에게 던졌다.……우임금은 천하를 이롭게 하고 정나라의 자산은 나라를 편하게 했는데 모두 비방을 받은 것이다. 인민들의 지혜가 쓸모가 없다는 것 또한 자명한 일이다.[122]

인민들은 사민使民의 대상일 뿐 결코 교민敎民의 대상이 될 수 없다는 법가의 인성론이 여실히 드러난 대목이 아닐 수 없다. 후술하는 바와 같이 군주를 중히 여기고 인민을 가볍게 여기는 법가의 '귀군경민貴君輕民' 사상 역시 바로 이러한 인성론에서 비롯되었다고 보아야 한다. 인성의 악함과 인민의 간사함을 교정하기 위해서는 오직 엄한 형벌을 전제로 한 철저한 법치를 실시해야만 한다는 법가의 주장 역시 그와 같은 인성론에서 그 배경을 찾을 수 있다. 강력한 법의 힘에 의해 다스려야만 인간의 욕망을 억압할 수 있다는 것이 법가의 신념이었다. 난세를 맞아 인심이 험악했던 점도 이러한 법가의 신념에 적지 않은 영향을 미쳤을 것이다.

원래 중국에서는 인성 문제와 관련해 전통적인 성선설 및 성악설 이외에도 인성은 선도 악도 아니라는 '무선무악설無善無惡說', 인성은 선악이 혼합되어 있다는 '유선유악설有善有惡說' 등 다양한 견해가 있었다.[123] 이렇게 다양한 견해는 성선설을 주장하는 맹자와 '무선무악설'의 입장에 있는 고자告子의 격론에 잘 나타나 있다. 고자는 "사람의 본성은 급히 흐르는 물과 같다.……사람의 본성에 선악의 구별이 없음은 물 자체에 동서의 구분이 없는 것과 같다"[124]라고 언급했다. 맹자와 고자의 인성론에 관한 논전은 비록 결론이 나지

---

122) 『韓非子』, 「顯學」, "昔, 禹決江濬河, 而民聚瓦石……禹利天下子産存鄭, 皆以受謗. 夫民智之不足用亦明矣."

123) 前漢의 동중서는 성삼품설을 강조하기도 했다. 그는 聖人之性은 순수한 善 자체이고 斗筲之性은 순전한 利欲이며 대다수의 사람이 지니고 있는 이른바 中民之性은 善과 惡을 겸유한 仁貪之氣를 갖고 있다고 주장했다. 그는 中民之性은 교화를 통해 善性을 발현할 수 있다는 이른바 敎化成性을 강조하면서 구체적인 방안으로 防欲 및 損欲을 제시했다. 馮契, 『中國哲學通史簡編』(上海: 三聯書店, 1986), 125쪽 참조.

124) 『孟子』, 「告子上」, "性, 猶湍水也……人性之無分於善不善也, 猶水之無分於東西也."

는 않았으나 중국 전래의 인성론이 매우 다양하게 전개되어 왔음을 시사하고 있다. 후세에 만개한 대승 불교의 경우는 인성은 지선至善의 불심과 극악極惡의 지옥을 구유具有하고 있다는 이른바 '유선유악설'을 제기했다.

맹자가 인성 문제를 제기하게 된 자세한 배경은 알 수 없으나 대략 당시의 시대 상황에 기인했을 것이라고는 추측할 수 있다. 특히 그가 『맹자』에서 양주와 묵적 등을 지칭해 '양묵楊墨의 무리'라고 질타하고 나선 점에 비추어 볼 때 당시를 풍미하던 묵가의 겸애설兼愛說 등에 논리적으로 대항하기 위해 인성 문제를 거론하고 나섰을 공산이 크다. 이러한 맹자의 성선설은 앞서 언급한 바와 같이 논리적인 결함이 많았던 까닭에 곧바로 같은 유가인 순자 등으로부터 정면 공격을 받았다. 하지만 맹자와 순자의 인성론은 출발점에서 다소 차이가 있을 뿐 그 귀결점은 같다고 볼 수 있다. 두 사람 다 개인과 국가 모두를 선하게 이끌려는 공동 목적을 가지고 있었기 때문이다. 맹자는 성선설에 입각해 인간의 수양을 강조했고 순자는 성악설에 입각해 예의와 법도에 따른 인간의 절제를 강조했다는 점이 다를 뿐이다.[125] 그러나 엄한 형벌에 의해서만 인성의 악한 면을 교정할 수 있다고 주장한 법가는 성선설에 입각한 수양은 말할 것도 없고 예를 통한 교화 가능성조차 인정하지 않았다.

인성에 대한 깊은 신뢰를 바탕으로 한 맹자와 인성에 대한 강한 불신에서 출발한 법가는 사상적으로 대각을 이루고 있다고 할 수 있다. 순자의 경우는 비록 성악설의 주창자이기는 하지만 그는 어디까지나 예를 통해 인간의 악성을 교화할 수 있다고 강조했으므로 맹자와 대립되는 것이 아니었다. 순자의 인성론은 사실 인성에 대한 직접적인 언급을 회피한 공자와 맥을 같이한다고 볼 수 있다. 공자는 인성에 대해 전혀 언급하지 않았음에도 불구하고 교화에 의한 선성의 발현을 확신하고 있었기 때문이다.

여기서 인성 논쟁이 지닌 통치사상사적 의미를 밝히기 위해서라도 인성

---

125) 梁啓超, 『先秦時代政治思想史』, 155쪽.

론의 등장 배경을 검토해 볼 필요가 있다. 인성 문제를 최초로 공식 언급하고 나선 맹자는 이미 검토한 바와 같이 성선설을 토대로 사단설과 양성설을 주장했는데, 궁극적으로 그것들은 그의 인의仁義 사상을 해명하기 위한 유력한 도구였다. 그가 주장한 인의 사상은 후술하는 바와 같이 선진 시대 도·유·법 3가가 내세운 통치 이념 중 도덕적 수준이 가장 높은 것이었다. 한마디로 맹자가 주장한 인의 사상은 성선설의 논리에서 출발하지 않을 경우 논리적으로 성립이 불가능하다. 따라서 맹자의 성선설은 상당 부분 자신의 인의 사상을 설명하기 위한 것이었다고 보아야 한다. 물론 그의 인의 사상이 지니고 있는 무게를 감안할 때 성선설을 비롯해 사단설이나 양성설 등이 오히려 인의 사상으로부터 배태된 것이라고 해석할 수도 있을 것이다. 그러나 어떻게 해석하든 맹자의 인성론이 그의 치본관과 선후를 가릴 수 없는 불가분의 관계를 맺고 있다는 것은 부인할 수 없는 사실이다.

순자가 주장한 인성론 역시 그의 치본관과 불가분의 관계를 맺고 있다. 그의 치본관인 예를 중심으로 한 인치주의 역시 그의 성악설을 동원하지 않고서는 제대로 설명할 수 없다. 그의 예치 사상은 인성의 악성을 교화시킬 수 있는 구체적이고도 실천적인 방안으로 제시된 것이었다.

법가의 치본관 또한 철저한 성악설에 기초해 있기 때문에 그들의 인성론을 원용하지 않고서는 논리적 해명이 불가능하다. 그들의 법치 사상은 인성의 악함은 예로써는 교정이 불가능하다는 전제에서 출발하고 있기 때문이다.

한편, 공자의 '인학仁學' 체계는 인간이 극기복례를 통해 얼마든지 도덕군자가 될 수 있다는 논리 위에 서 있다. 따라서 도덕군자를 가장 이상적인 인간상으로 상정한 공자로서는 인간의 본성을 얘기할 필요가 없었다고 보아야 한다. 공자가 다양한 덕목을 총집결한 최고의 형태로서 '인仁'을 거론할 것 자체가 그러한 인성론에 기인하고 있다고도 볼 수 있을 것이다. 실제로 그는 후술하는 바와 같이 '인'에 대한 다양한 해석과 접근을 허용하고 있다. 물론 공자 역시 상지上智와 하우下愚 만큼은 교화의 대상이 아니라고 하여 예외를 인정하고 있으나, 이를 인성의 선악 문제와 연결시키는 것은 무리가 있다. 상지와 하우는 결코 인성의 문제가 아니기 때문이다.

결론적으로 말해 이들 선진 시대 도·유·법 3가가 전개한 인성 논쟁의 통치사상사적 의미는 그 인성론이 이들의 치본관에 결정적인 영향을 미쳤다는 점에서 찾을 수 있다. 인성의 선악 여부를 둘러싼 인성 논쟁은 이들이 전개한 치본 논쟁과 맥을 같이하고 있기 때문이다. 특히 맹자가 제시한 사단과 이욕 문제는 송대 성리학의 이론적 기초라고 할 수 있는 이른바 천리天理와 인욕人欲 문제와 직결되어 있기도 하다. 이런 점에서 선진 시대 도·유·법 3가의 인성 논쟁이 지닌 사상사적 의미는 자못 심대하다고 할 수 있다.

3. 의리관

현대에 들어서조차 무엇이 공적인 이익인가 하는 문제를 놓고 국리國利와 민리民利, 계급 이익 등 국가 체제와 이념에 따라 다양한 해석을 내리고 있다. 이러한 점을 감안할 때 사리私利와 공리公利 간의 충돌 문제를 둘러싼 논쟁은 아직 해결되지 않고 있다고 할 수 있다.

중국에서는 이미 오래 전부터 이 문제에 관한 해결 방안을 다각도로 강구해 왔다. 춘추전국 시대 이전인 서주 시대부터 이미 의리義利 논쟁이 배태되었고 그것은 제자백가의 사상이 만개하는 춘추전국 시대에 이르러 본격화하게 되었다. 선진 시대 도·유·법 3가의 의리 논쟁은 곧 치도 논쟁과 직결되어 있다. 그리고 이 논쟁은 송대의 치도 논쟁으로 이어졌다가 이후 1970년대 중국의 문화대혁명 당시 전개된 '유법투쟁사儒法鬪爭史' 논쟁에 이르기까지 지속되어 왔다. 따라서 선진 시대 도·유·법 3가의 의리 논쟁은 기본적으로 그들의 치도론과 불가분의 관계를 맺고 있음을 짐작할 수 있다. 의리 문제를 둘러싸고 전개된 그들의 논쟁은 후술하는 바와 같이 치도 논쟁에 관한 예비전의 성격을 띠고 있었다.

원래 의義라는 글자는 서주 시대까지는 위의威儀를 뜻하는 글자였으나 춘추 시대에 들어서면서 인의를 나타내는 뜻으로 전용되었고, 이利 역시 원래 '밭을 간다'(犁)는 뜻이었으나 춘추 시대에 들어서면서 '이익'을 뜻하는 용어로 전용되었다.[126] 서주 시대에는 휼사恤祀와 수신 등을 뜻하는 덕德이 '의'와 유사한 개념으로 통용되었고, 하늘에서 내려온다는 의미의 '복福'이 '이'와 유사한 개념으로 사용되기도 했다. '덕'의 본래 의미는 노예와 영토의 소유를 뜻하는 것이었다.[127] 그러다가 주대에 들어와 휼사와 수신 등의 의미로 전용되었던 것이다.[128] '덕'의 이러한 의미 전용은 유덕有德을 내세워 실덕失德한 은나라를 전복시킨 주나라의 입장에서는 불가피했을 것으로 판단된다.

여기서 우선 선진 시대 도·유·법 3가의 사상적 선구자인 관중의 의리관義利觀부터 일별할 필요가 있다. 그의 의리관을 살펴보아야만 이들 도·유·법 3가의 의리 논쟁이 지닌 의미가 보다 뚜렷해질 수 있기 때문이다.

관중은 "천하를 도모하는 자는 두터운 사랑과 이익을 충족시킴으로써 인민에게 다가선다"[129]라고 언급한 바 있다. 그의 애민愛民 및 이민利民 사상이 확연히 드러난 대목이 아닐 수 없다. 그는 '이민'의 구체적인 실천 방안과 관련해서 인민들의 사욕四欲을 좇아 사악四惡을 제거하는 방안을 제시하기도 했다. 그는 이렇게 말했다.

---

126) 高田忠周는 "銘用本字本義, 經傳借儀爲義, 又借義爲仁誼字"(『金文詁林』 제12권, 7049쪽)로 풀이했다. 黃偉合,「從西周到春秋"義利"思想的發展軌迹」, 『學術月刊』(1990. 1), 20쪽에서 재인용. 『說文解字』는 "利, 銛也……利者, 義之和也"라고 풀이하고 있다. 桂馥 撰, 『說文解字義證』(上海: 上海古籍出版社, 1987), 359쪽 참조.

127) 高懷民은 『道德經』에 나오는 "德, 畜之" 등을 인용해 德은 원래 得의 의미를 지닌 글자였다고 풀이했다. 高懷民,「中國先秦時代道德哲學之發展」, 『華岡文科學報』 14(1982), 4쪽 참조.

128) 黃偉合은 『大盂鼎銘』에 새겨 있는 "不(丕)顯玟王受天有大令(命), 在珷王嗣玟王乍(作)邦……於玟王正(政)德"을 예로 들어 노예 통치와 영토 점유를 周나라 天子의 '德'의 표준으로 삼았다고 해석하고 있다. 黃偉合,「從西周到春秋"義利"思想的發展軌迹」, 『學術月刊』(1990. 1), 20쪽 참조.

129) 『管子』,「權修」. "爲天下者, 厚愛利足以親之."

인민들은 우환과 힘든 일을 싫어한다. 나는 그들에게 여유와 즐거움을 줄 것이다. 인민들은 빈천을 싫어한다. 나는 그들을 부귀하게 만들겠다. 인민들은 위험에 빠지는 것을 싫어한다. 나는 그들을 안전하게 살도록 하겠다. 인민들은 후사가 끊어지는 것을 싫어한다. 나는 그들을 돌보겠다.[130]

이러한 주장을 토대로 보면 그는 분명 '의'보다 '이'를 중시하였다고 할 수 있다. 그러나 그는 예의염치禮義廉恥라는 이른바 '사유四維'의 덕목을 치국의 기본 방침으로 제시한 바 있다. 사유의 사상은 단순히 치국의 기본 방침만을 지칭한 것이 아니라 예의염치의 덕목을 통해 인민들을 적극 교화해야 한다는 교민의 의미까지 함축하고 있다. 사실 관중의 통치 사상 가운데에서 유가적 특성이 가장 선명하게 드러나는 대목은 사유 사상이라고 할 수 있는데,[131] 이는 흔히 관중을 법가로 분류해 온 기존의 학설을 반박하는 중요한 근거가 된다. 따라서 관중의 의리관은 '의'와 '이'를 함께 중시하는 '의리병중義利並重'의 사상으로 이해하는 것이 타당하다.[132] 특히 비단 의리관뿐만 아니라 여타 통치관에서도 관중의 통치 사상이 도·유·법 3가의 특성을 모두 지니고 있다는 점에서 볼 때 더욱 그렇다고 할 수 있다.[133] 그러나 관중의 의리관이 구체적으로 그 실체를 드러낸 것은 아니었다. 그 자신이 '의'와 '이'를 뚜렷이 구분해서 검토한 적이 없기 때문이다.

그렇다면 노자는 과연 '의'와 '이'의 문제를 어떻게 보았을까? 노자 역시 관중과 마찬가지로 '의'와 '이'를 뚜렷이 구분한 적이 없다. 의리 논쟁은 사실 공자가 처음으로 단초를 연 것이었다. 그러나 노자 역시 『도덕경』에서 '의'와

---

130) 『管子』, 「牧民」, "民惡憂勞, 我佚樂之. 民惡貧賤, 我富貴之. 民惡危墜, 我存安之. 民惡滅絶, 我生育之."

131) 허창무는 관중의 통치 사상은 四維 사상에 응집돼 나타나 있다고 평가했다. 허창무, 「管子의 정치윤리사상—四維를 중심으로」, 『정신문화연구』(1986), 77쪽 참조.

132) 王德敏은 관중의 의리관을 重利不輕義로 표현하면서 관중은 利를 중시하면서도 결코 義를 경시하지 않았다고 평가했다. 王德敏, 「管仲的哲學思想」, 『春秋哲學』, 127·131쪽 참조.

133) 王德敏은 관중의 義利觀은 공자의 "君子, 喩於義. 小人, 喩於利"에 비해 훨씬 명확하면서도 통합적이라고 평가했다. 王德敏, 「管仲的哲學思想」, 『春秋哲學』, 133쪽 참조.

'이'의 문제에 대해 언급을 하기는 했다. 그의 언급을 토대로 연역하면 노자의 의리관을 추론하는 것이 전혀 불가능한 일은 아니다.

공자의 경우 '의'와 '이'를 대립되는 개념으로 상정한 뒤 '의'를 상위에 두었지만, 노자는 오히려 '이'를 '의'의 상위에 놓았다고 할 수 있다. 노자가 말하는 '이'는 말할 것도 없이 인민의 '이'를 의미한다. 『도덕경』에는 19장에 단 한 번 '민리民利'라는 용어가 나온다. 이는 '성지聖智'와 대립되는 개념으로 사용된 것이었는데, 19장 전체의 맥락에서 볼 때 노자가 말한 '민리'는 '인의仁義'와 대립되는 개념으로 해석할 수 있다. 노자는 '민리' 개념을 유가에서 말하는 '인의예지' 등의 덕목과 완전히 상반되는 개념으로 인용하였던 것이다.

노자의 '민리' 개념은 그 기본 취지에서만큼은 맹자의 '민리' 개념과 별다른 차이가 없다. 또한 한비자 등이 '의'를 버리고 오직 '이'를 취한 자세와 비교할 때에도 본질상에서는 상당한 차이가 있다 하더라도 그 형식만큼은 동일하다고 할 수 있다. 노자의 의리관이 유법 양가의 의리관을 하나로 꿸 수 있는 이유가 바로 여기에 있다. 그렇다면 노자의 의리관은 구체적으로 어떤 것을 의미하는 것일까? 이를 제대로 파악하기 위해서는 우선 그가 인간의 본성으로 거론한 '덕성'이 유가에서 말하는 인의예지 등의 '덕성'과 어떤 관계를 맺고 있는지를 검토할 필요가 있다.

원래 노자가 말한 '도'와 '덕'은 '둘이면서 하나인' 관계에 있다. '도' 자체는 하나의 불변의 원리일 뿐이므로 만물의 생성 변화 속에서 직접적으로 드러나는 것이 아니다. 이는 노자의 다음과 같은 언급을 통해 확연히 알 수 있다.

하늘은 하나를 얻어 맑고 땅은 하나를 얻어 편안하다. 신은 하나를 얻어 신령하고 골짜기는 하나를 얻어 가득 찬다. 만물은 하나를 얻어 생겨나고 후왕侯王은 하나를 얻어 천하를 바르게 한다.[134]

---

134) 『道德經』, 39장, "天得一以淸, 地得一以寧, 神得一以靈, 谷得一以盈, 萬物得一以生, 侯王得一以爲天下貞."

여기서 말하는 '하나'는 곧 '도'를 의미한다. '도'를 얻은 천지만물은 자연스런 운동 변화를 한다. 그러나 노자의 언급은 '도'에서 '덕'으로, '덕'에서 '인'으로, '인'에서 '의'로, '의'에서 '예'로 나아갈수록 '도'와 멀어진다는 취지를 밝힌 것으로 이해될 소지가 다분하다. 그렇다면 일견 상·하 개념으로 보이는 '도'와 '덕'이 둘이면서 하나인 이유를 어떻게 설명해야만 하는 것일까? 이는 '덕'의 개념에는 '상덕上德'과 '하덕下德'이라는 두 가지 유형이 존재한다는 점을 염두에 두어야만 설명이 가능하다.

『도덕경』에는 "상덕은 '무위'로서 아무 욕구도 없이 행하며 하덕은 '유위'인바 어떤 욕구를 가지고 행한다"[135]라는 구절이 나온다. '덕'이 상덕과 하덕으로 나뉘어 나타나는 것은 '무위'와 '유위'의 차이에서 비롯된다. '무위'에서 상덕이 나타나고 '유위'에서 하덕이 나타나는 것이다. 상덕은 '무위'로서 '도'가 올바르게 나타난 것이고 '하덕'은 '유위'로서 '도'가 차별되어 나타난 것이라고 할 수 있다. 이를 유가의 인의예지 등에 대입시켜 보면 유가의 덕목은 '도'가 '하덕'으로 표출된 경우를 의미하게 된다.

노자는 그러한 '사이비 덕'인 '하덕'으로 인해 사회의 혼란이 야기된다고 보았다. '하덕'은 '덕'이 아니라고 본 것이다. 그래서 노자는 덕성을 갖추려 하지 않음으로써 오히려 덕이 존재하게 되는 소위 '부덕不德'의 개념을 통해 '덕'의 본질을 설파하고자 했다. 그가 말하는 '부덕' 개념은 유가의 '부덕' 개념과는 그 개념의 출발이나 내용에서 전혀 다른 것이다.

한마디로 말해 노자는 인위적인 덕은 모두 '하덕'에 불과한 것으로서 억지로 인간의 기준에 맞춤으로써 자연의 이치인 '도'의 내용을 훼손하게 되었다고 보았다. 그러나 유가는 노자가 말한 '상덕'을 공허한 관념의 유희로 치부하고 자신들이 주장한 인의예지 등의 덕목만이 진정한 의미의 '덕'이라고 주장하였다. 이러한 입장에 서게 될 경우 덕을 갖추려고 노력하지 않는 소위 '부

---

135) 『道德經』, 38장, "上德, 無爲而無以爲. 下德, 爲之而有以爲."

덕'의 경지는 일거에 매도될 수밖에 없다. 노자가 특히 송대의 유자들에 의해 신랄하게 매도된 것도 이와 같은 논리에 기인하였다고 볼 수 있다. '상덕' 개념을 공허한 관념의 소산으로 치부한 유자들로서는 '부덕'의 진정한 의미를 이해할 수가 없었던 것이다.

하지만 노자는 결코 '덕' 자체를 닦지 말라고 주문한 것이 아니었다. 그는 오히려 유가보다 더욱 '덕'의 필요성을 강조하였다. 다만 그가 강조한 '덕'은 유가들이 주장하는 인의예지와 같은 '인위적인 덕'이 아니라 자연의 이치를 좇는 '도의 구현으로서의 덕'을 의미하는 것이었다.

노자가 말한 '상덕'은 억지로 인위적인 덕성을 닦아 얻을 수 있는 것이 아니라 천지만물에 내재하고 있는 본원적인 덕성을 자연스럽게 드러냄으로써 얻을 수 있다. 노자가 『도덕경』 18장에서 언급한 '도를 잃은 뒤에 나오는 덕'은 결국 '하덕'을 의미하는 것으로 보아야 한다. 이것은 "도는 만물을 낳고 덕은 만물을 길러준다"[136]는 구절을 보면 쉽게 알 수 있다. 여기서 만물을 길러주는 덕은 앞서 언급한 '상덕'이다. 상덕은 '도'의 구체적인 표현으로서, '도'와 둘이면서 하나가 되는 진정한 '덕'을 의미한다. 이 구절이 바로 '도'의 존엄성과 '덕'의 귀중함을 역설한 대목이라고 할 수 있다.[137] '도'가 천지만물의 영허소장의 근원이라면, 만물이 '도'의 이러한 본원성을 그대로 이어 받아 그 자체 내의 본성으로 받아들인 것은 곧 '덕'이 되는 셈이다. 이는 말할 것도 없이 '도'의 구체적인 발현체인 '상덕'이다. 만물의 근원인 '도'는 만물에게 본성을 부여했는데 그것이 곧 '덕'인 것이다. 왕필도 '덕'의 이러한 특성에 착안해 '덕'을 '득得'이라는 단 한마디 용어로 규정한 바 있다.[138]

그렇다면 결국 '도'는 '덕'의 이면이며 '덕'은 '도'의 외면이라고 할 수 있을 것이다. '도'는 비록 형태가 없으나 '덕'을 통해 그 모습을 드러낸다고 해석

---

136) 『道德經』, 51장, "道, 生之. 德, 畜之."
137) 『道德經』, 51장, "道之尊, 德之貴, 夫莫之命而常自然."
138) 『道德經』, 38장, "道者, 得也." 王弼의 주 참조.

해도 크게 잘못이 없다. 만물이 각기 그 본성을 얻은 것이 '덕'이라면 '덕'은 곧 만물이 만물답게 되는 근원인 셈이다. '도'와 '덕'이 독립적인 관계가 아니라 둘이면서 하나인 이유가 바로 여기에 있다. 따라서 '도' 없이 만물은 생겨날 수 없고 '덕' 없이 만물은 본성을 지닐 수 없게 된다고 새겨야 할 것이다.

결국 노자가 『도덕경』 19장에서 '민리'와 대치되는 개념으로 언급한 '성지聖智'와 '인의仁義'는 38장에서 언급한 '하덕'과 동일한 개념이라고 이해해야 한다. 이렇게 볼 경우 노자의 의리관은 '숭리척의崇利斥義'라고 말할 수 있다. 이는 표면적으로는 법가의 의리관과 완전히 일치하는 것이지만, 법가의 '숭리崇利'에서 말하는 '이'는 후술하는 바와 같이 '공리公利'로 포장된 '군주의 사리私利'인 데 반해 노자가 말하는 '이'는 '민리'라는 점에서 본질적인 차이가 있다.

그렇다면 노자와 같은 시대를 산 공자의 의리관은 어떤 것이었을까? 사실 의리에 관한 본격적인 언급은 공자로부터 시작된 것이다.[139] 공자의 의리관은 관중의 그것과 비교할 때 우선 '의'와 '이' 개념을 명확히 구별하면서 '의'를 중시하는 태도를 취했다는 점에서 근본적인 차이를 드러낸다. 이후 맹자는 '중의경리重義輕利'로 요약되는 공자의 의리관을 더욱 발전시켜 자신의 독특한 '숭의척리崇義斥利' 사상을 창출해 내었고, 순자는 '의'를 앞세우는 '선의후리先義後利'의 입장에서 공자의 의리관을 해석함으로써 공자의 숨은 의도를 파악하는 데 성공했다. 반면 한비자 등 법가는 '척의숭리斥義崇利'의 입장에서 자신들의 의리관을 전개해 나감으로써 유가의 그것과 극명한 대조를 이루었다.

공자는 '의'와 '이' 간의 상호 관계를 설명하면서 무릇 군자는 "이利를 보

---

139) Ames는 의리관 논쟁의 출발점이 『論語』의 "君子喩於義, 小人喩於利"에 있다고 파악하면서 인민들의 사리 추구 및 利民에 대한 평가 문제가 도·유·법 3가의 통치관을 확연하게 구별 짓는 근본 원인이 되었다고 평가했다. Cf. Ames, Roger T., *The art of rulership — A Study in Ancient Chinese Political Thought* (Honolulu: University of Hawaii Press, 1983), pp. 155~164.

면 의義를 생각해야 한다"라고 강조한 바 있다.[140] 이는 분명 '의'를 중시하는 입장이다. 여기서 말한 '이'는 당연히 군자 개인 차원의 이익 즉 '사리'를 의미하는데, 공자가 군자의 사리를 인정하지 않은 것은 그의 '인학' 체계에서 볼 때 당연한 논리적 귀결이라고 볼 수 있다.

공자는 "군자는 '의'에 밝고 소인은 '이'에 밝다"[141]라고 말했다. '의'와 '이'를 군자와 소인을 가르는 판단 기준으로 제시한 것이다.[142] 또한 그는 "군자는 도덕에 관해 관심이 큰 반면 소인은 땅에 관심이 많다"[143]라고 말하기도 했다. 앞의 말에서의 '의'는 군자가 반드시 지켜야 할 '도덕' 그 자체라고 할 수 있을 것이다. 그리고 이익에 밝고 땅에 관심이 많다고 표현된 '소인'은 곧 생산 활동을 담당하는 피치자인 인민을 의미한다. 공자가 말한 소인 즉 인민들은 생산 활동을 통해 생계의 근거를 마련할 수밖에 없는 존재이기 때문에, 그의 언급은 인민들이 당연히 토지에 관심이 많다는 것을 사실로 받아들였다고 해석할 수도 있을 것이다. 그러나 이러한 언급만으로는 그가 과연 인민들의 호리지성好利之性을 어떻게 판단하고 있는지를 제대로 확인하기 어렵다. 여기서 그가 과연 이익에 밝고 땅에 관심이 많은 소인의 행태를 어떻게 평가하고 있는지를 확인하는 것이 중요하다. 이를 확인해야만 후술하는 그의 치도론을 이해할 수 있기 때문이다.

결론부터 말하면 공자는 소인이 '이'에 밝다는 사실을 적시했을 뿐 소인의 사리 추구 행위를 배척하지는 않았다. 그가 가장 효과적인 통치 방법을 묻는 자장子張의 질문에 "인민들이 자신의 이익을 좇아 취할 수 있도록 해 주면

---

140) 『論語』, 「憲問」, "見利思義." 『論語』 「季氏」 및 「子張」편에서는 '見利思義' 대신 '見得思義'라는 표현을 사용하고 있다.

141) 『論語』, 「里仁」. "君子喩於義, 小人喩於利."

142) 馮友蘭은 '君子喩於義'를 근거로 공자는 禮보다 仁義의 덕을 강조했다고 평가했다. 그러나 그는 공자가 『論語』에서 보다 강조한 것은 義가 아닌 禮였다는 사실과 공자가 강조한 仁義와 맹자가 주창한 仁義 사이에는 커다란 괴리가 있다는 사실을 간과했다. 馮友蘭, 『중국철학사』(정인재 역), 71쪽 참조.

143) 『論語』, 「里仁」, "君子, 懷德. 小人, 懷土."

된다"[144]라고 답했던 것은 인민의 이익 즉 민리民利를 해쳐서는 안 된다는 의미인 것이다. 공자는 특히 "인민을 부릴 때는 때를 가려서 해야 한다"라고 강조한 바 있다.[145] 이 말은 현명한 군주는 인민들의 이익 즉 '민리'를 당연시하고 나아가 격려해야 한다는 의미를 담고 있다. 공자는 인민들에게 무엇을 먼저 해주어야 하느냐고 묻는 염유冉有의 질문에 대해서도 "사람들을 잘 살도록 하는 것이 필요하다. 잘 살게 만든 뒤에는 무엇이 필요한가? 가르치는 것이다"[146]라고 대답하였다. 부민富民이 이루어진 뒤에야 교민教民이 가능하다는 뜻이다. 이러한 언급들을 토대로 할 때 공자는 민리를 대단히 중시했음을 알 수 있다. 따라서 공자는 '이'에 밝은 소인의 행태를 하나의 당연한 명제로 받아들였다고 볼 수 있고, 민리에 관한 이러한 그의 사상을 토대로 공자가 '부민' 사상을 가지고 있었다고 해석하는 것도 타당성이 있다.[147]

한마디로 말해 공자는 군자의 사리 추구를 반대했지만 소인 즉 인민의 사리 추구는 당연시하였다. 결국 공자의 의리관은 '의'와 '이'를 대립적인 개념으로 해석한 맹자와 커다란 시각차를 노정하고 있는 것이다.

공자의 의리관은 '의'를 높이 평가하면서 '이'를 낮게 평가했다는 점에서 특징을 찾을 수 있다. 그러므로 그의 입장은 일종의 '중의경리重義輕利'의 입장으로 규정될 수 있다. 이는 '의'만을 평가 대상으로 인정하면서 민리를 제외한 일체의 '이'를 배척했던 맹자의 이른바 '숭의척리崇義斥利' 사상과는 커다란 차이를 보이는 것이다.

공자의 경우 그가 맹자와 같이 민리를 적극 인정했다는 데에는 의심의 여지가 없다. 그러나 그가 국가 차원의 이익 즉 '공리'까지도 적극 인정했는지의 여부는 불분명하다. 그는 "이익을 좇아 행동하면 원망이 많다"[148]라고 강조

144) 『論語』, 「堯曰」, "因民之所利而利之."
145) 『論語』, 「學而」, "使民以時."
146) 『論語』, 「子路」, "曰富之. 曰既富矣, 又何加焉. 曰教之."
147) 羅世烈, 「先秦時代諸子的義利觀」, 『四川大學學報 — 哲學社會科學』(1988. 1), 93~94쪽 참조.
148) 『論語』, 「里仁」, "放於利而行多怨."

한 바 있다. 개인의 사리만을 생각해 행동할 경우 반드시 다른 사람의 노여움을 산다는 이러한 지적은 군자와 소인 모두에게 적용된다고 보아야 할 것이다. 공자의 이 지적은 소인조차 자신의 사리만을 추구해 일을 할 경우에도 원한을 사는데 하물며 군자의 경우는 말할 것도 없다는 의미를 강하게 함축하고 있다. 이는 '군자유어의君子喩於義'의 해석과 관련해 이론의 여지가 없다고 생각한다. 그런데 공자가 말한 '군자유어의'를 군자는 국가 차원의 공리도 추구해서는 안 된다는 뜻으로 확대 해석할 경우 적잖은 무리가 뒤따른다. '군자유어의'를 강조한 공자의 의도는 사리를 탐하지 않는 사람이 통치를 해야 한다는 데 그 근본 취지가 있다고 보아야 하기 때문이다. 따라서 공자는 군자가 공리를 추구하는 경우를 인정한 것으로 해석할 수 있다.

그러나 정작 공자 자신은 이와 관련해 어떠한 구체적인 언급을 한 바 없다. 그는 다만 군자는 막연히 '견리사의見利思義'해야만 한다고만 얘기했을 뿐 구체적인 해답을 제시하지 않았다. 한마디로 말해 공자는 그가 과연 공리를 인정했는지의 여부에 대해 적잖은 논란의 여지를 남겨 둔 것이다. 그의 의리관에 나타나는 이러한 모호함은 유가에서 지속적으로 논란의 대상이 되어 온 관중에 대한 그의 평가에서도 그대로 나타난다. 관중은 주군이었던 공자公子규糾를 따라 죽지 않고 한때 주군의 원수였던 제환공을 섬겨 그를 춘추오패의 첫 패자로 만든 인물이다. 그런데 공자는 관중의 패업을 '인仁'에 해당하는 공업으로 높이 평가하면서 그를 칭송한 바 있다.

관중에 대한 공자의 평가는 그의 의리관과 마찬가지로 양면성을 띠고 있어서 후세에 이른바 치도 논쟁의 빌미를 제공했다. 그러나 관중에 대한 평가를 기준으로 볼 때 공자는 군자의 공리 추구를 적극 인정했다고 보는 편이 타당할 것이다. 이와 관련해 공자는 인에 대한 번지樊遲의 질문에 대해 "인자仁者는 어려운 일을 앞서 처리하고 이익은 나중에 취한다"[149]라고 강조했다. 여

---

149) 『論語』, 「雍也」, "仁者, 先難而後獲."

기서의 선난先難이 '의'를 뜻하고 후획後獲이 '이'를 뜻한다고 볼 때 공자는 군
자의 공리 추구를 인정했던 것으로 보인다. 앞서 검토한 바와 같이 공자가 군
자의 사리 추구를 철저히 반대했던 점을 감안하면 '후획'은 '공리'를 지칭하
는 것으로 볼 수 있기 때문이다. 『논어』에는 또 다음과 같은 구절이 있다.

> 큰 덕은 사소한 규제라도 넘는 일이 없으나, 작은 덕은 그 범위를 약간 벗어나는
> 것이 허용된다.150)

이는 물론 공자의 제자인 자하子夏의 언급이기는 하나 공자의 사상을 부
연한 것이라고 볼 때 시사하는 바가 많다. 여기서의 대덕大德을 대의大義, 대리
大利, 대절大節로 보고 소덕小德을 소의小義, 소리小利, 소절小節로 해석할 경우
공자는 국리國利와 민리民利 차원의 공리 즉 대리大利를 인정했다고 보아야 한
다. 이와 같은 입장에 설 경우 '대의'가 곧 '대리'이고 '대리'가 곧 '대의'라는
등식이 성립한다. 따라서 공자는 '대의'와 '대리' 간의 적극적인 상통을 인정
했다고 해석하는 것이 타당하다.

그러나 관중의 패업에 대한 공자의 평가에서 알 수 있듯이 공자는 '대리'
의 실현은 어디까지나 '수신修身의 인仁'을 전제로 해야 한다는 원칙을 포기하
지 않았다. 그가 관중의 패업을 높이 평가하면서도 그의 비례非禮를 적시해
그를 소기小器라고 비난한 이유가 바로 여기에 있다. 따라서 공자는 어디까지
나 '견리사의'의 원칙을 고수했다고 보는 것이 옳다. 결국 공자는 '대의'와 '대
리'를 이유로 '견리사의'의 기본 취지가 훼손되는 것을 바라지 않았던 것이다.

그런데 맹자는 다양한 해석이 가능한 공자의 의리관을 일도양단적인 논
리로 풀이해 버렸다. '의'와 '이'를 극단적으로 대비시키면서 '민리'를 제외한
일체의 '이'를 '불의'로 규정한 것이다. 이러한 논리에 근거한 맹자의 의리관
은 그의 치도론을 왕도지상주의로 흐르게 하는 결정적 배경이 되었다고 할

---

150) 『論語』, 「子張」, "大德不踰閑, 小德出入可也."

수 있다. 맹자는 나라에 '이'가 될 것이 무엇이냐고 묻는 양혜왕梁惠王의 질문에 대해 "하필 '이'를 말합니까? 오직 '인'과 '의'가 있을 뿐입니다"[151]라고 잘라 말했다. 한마디로 '이'에 관한 언급 자체를 봉쇄해 버린 것이다. 맹자의 이러한 의리관은 그의 인성론에서와 마찬가지로 이분법적인 논리를 전개한 결과라고 보아야 한다. 인간의 본성은 선성일 뿐인데 이욕이 방해하고 있는 것과 마찬가지로 오직 '의'만 존재할 뿐인데 '이'가 '의'를 방해하고 있다는 주장이라고 할 수 있는 것이다.

맹자의 의리관은 '민리'를 제외한 일체의 '이'를 철저히 배척한 데에 그 특징이 있다. 공자는 비록 '군자유어의'를 강조했지만 '이' 자체가 무조건적으로 나쁘다고는 말하지 않았다. 그러나 맹자에 이르러서는 '민리'를 제외한 일체의 '이'가 배척되는 상황이 빚어진 것이다. 맹자는 '이'와 관련해 개인 차원의 사리뿐만 아니라 국가 차원의 공리마저도 적극 배척하고 나섰다. 그는 다음과 같이 말하였다.

> 지금 군주를 섬기는 자들은 "군주를 위해 토지를 개척하고 국고를 튼튼히 할 수 있다"라고 장담하고 있다. 요즘 이를 두고 양신良臣이라고 부르고 있으나, 이들은 옛날에 이른바 인민을 잡아먹는 자들이었다.[152]

그는 적극적인 재정·국방 정책을 추진하는 자들을 민생을 도탄에 빠뜨리는 '민적民賊'으로 규정한 것이다. 원래 적극적인 재정·국방 정책은 근본적으로 공리적인 성격을 띠고 있다. 결국 맹자는 사리는 말할 것도 없고 민리를 제외한 일체의 공리 역시 인정하지 않았던 셈이다. 한마디로 맹자의 의리관은 '의'만을 인정하면서 민리를 제외한 일체의 '이'를 배척한 데에 그 사상적 특색이 있으며, 이것은 '숭의척리崇義斥利'의 입장으로 규정될 수 있다.

---

151) 『孟子』, 「梁惠王上」, "王, 何必曰利. 亦有仁義而已矣."
152) 『孟子』, 「告子下」, "今之事君者, 我能爲君辟土地充府庫. 今之所謂良臣, 古之所謂民賊也."

맹자의 의리관을 '숭의척리'로 규정할 경우 그가 말하는 '의'와, 배척 대상인 '이'에서 유일하게 제외되는 '민리'는 과연 무엇을 뜻하는 것인가? 이를 검토하기 위해서는 우선 '숭의척리'에 입각한 맹자의 의리관이 어떤 의미를 지니고 있는지 파악할 필요가 있다.

맹자는 선진 시대 도·유·법 3가 가운데 가장 민리를 중시한 사상가였다. 따라서 맹자의 의리관은 인민을 군주보다 중하게 보는 '귀민경군' 사상을 견지한 데 따른 당연한 논리적 귀결이라고 보아야 한다. 맹자는 양혜왕에게 인정仁政을 베풀라고 권하면서 "인민들에게 농사짓는 때만 어기지 않게 하면 곡식은 다 먹을 수 없을 정도이다.……산 이를 봉양하고 죽은 이를 장사지내는 데 아무 유감이 없게 될 때 왕도가 시작된다"[153]라고 말했다. 맹자가 이상 정치의 구호로 내세운 '왕도'는 바로 '민리'를 전제로 출발하고 있는 것이다.

'항산항심恒産恒心' 이론은 민리를 왕도의 전제로 보는 맹자의 사상을 가장 집약적으로 표현한 것이라고 할 수 있다. 그는 나라를 굳건히 하는 방안을 묻는 등문공滕文公에게 "일정한 생업을 가진 자는 일정한 정신을 유지하지만 일정한 생업이 없고 보면 일정한 마음을 유지하지 못한다"[154]라고 말했다. 최소한 각 개인이 자기 가족의 생활을 유지할 만한 보장이 있은 뒤에야 덕치를 구현할 수 있다는 것이 맹자의 입장이다. 맹자는 인민들의 기본적인 의식주 문제가 해결되지 않고서는 왕도의 실현이 불가능하다는 생각을 가지고 있었던 것이다. 그가 당시로서는 유일한 생산 수단이라고 할 수 있는 토지에 대한 적극적인 활용 방안으로 정전제井田制를 주장한 것도 이러한 맥락에서 이해할 수 있다.

앞서 제기한 맹자의 의리관에 나타난 '의'와 '이'의 의미도 그의 '귀민경군' 사상을 통해 보다 확연히 드러난다. 맹자는 개인 차원의 사리는 물론 재

---

153) 『孟子』, 「梁惠王上」, "不違農時, 穀不可勝食也……養生喪死無憾, 王道之始也."
154) 『孟子』, 「滕文公上」, "有恒産者有恒心, 無恒産者無恒心."

정·국방 등의 국리 차원의 공리 또한 용납하지 않았으나 '귀민경군'의 사상을 견지했기 때문에 인민의 이익 즉 민리만큼은 누구보다도 강조하게 되었던 것이다. 따라서 맹자가 말하는 '의'는 단순한 '의'가 아니라 인민의 이익 즉 민리를 전제로 한 의임을 짐작할 수 있다. 바꿔 말해 맹자가 말하는 민리는 곧 '대의'에 해당한다고 보아야 한다. 결국 맹자에게 군주의 이익을 포함한 일체의 사리는 말할 것도 없고 국가의 이익을 명목으로 한 일체의 공리 역시 민리에 반하는 한 불의에 불과하다는 결론에 도달할 수밖에 없다.

맹자에게 민리는 곧 '의'의 개념에 포괄되는 부분 개념이라고 할 수 있다. 민리의 중요성을 강조한 맹자의 주장은 일견 '의'만을 인정하는 그의 '숭의척리' 입장과 상치되는 듯하나, 그가 강조한 민리 자체가 '의'에 해당하는 개념인 점을 감안하면 아무런 논리상의 모순이 없게 되는 것이다.

여기서 공자가 인정한 '대의'와 '공리' 간의 관계를 다시 한 번 검토할 필요가 있다. 민리를 '의'의 부분 개념으로 해석한 맹자에게 와서는 공자가 관중을 평가하면서 인정했던 '대의 차원의 공리'는 공식적으로 배척당하게 되었다. 바꿔 말해 공자가 인정한 '대의'를 '공리'와 동일한 개념으로 해석할 경우 공자가 수용했던 '공리'는 맹자에 와서 공식적으로 부인된 셈이다. 이러한 맹자의 의리관은 그의 관중에 대한 평가에서 구체적이고 확연한 모습으로 나타난다. 맹자는 관중을 평가할 때 그의 업적을 '의'의 차원이 아닌 '이'의 차원으로 해석하면서 평가절하해 버렸다. "무력으로 인을 가장하는 자가 바로 패자이다"[155]라는 입장에서 관중을 폄척했던 것이다. 관중은 그의 패업이 공리 차원의 공업에 해당한다 할지라도 '의'가 아닌 '이'에 기초했기 때문에 맹자에 의해 배척당했다고 볼 수 있다. 공자가 '대의'로 평가한 관중의 패업마저 맹자에 와서는 '불의'로 전락하고 만 것이다.

공자는 관중의 패업에 대한 평가에서 알 수 있듯이 대의에 입각한 국리

---

155) 『孟子』, 「公孫丑上」, "以力假仁者, 覇."

차원의 공리를 적극 수용했지만 맹자는 설령 공리라 할지라도 민리가 아닐 경우에는 철저히 배척하였다. 이는 민리를 제외한 모든 '이'는 맹자의 의리관에 비춰볼 때 하나의 불의에 불과한 데 따른 결과라고 할 수 있다.

이에 비해 순자는 '의'와 '이'의 취사선택에서 우선 '의'를 선택하지만 '이'의 존재도 긍정적으로 평가했다. 이러한 순자의 의리관은 일종의 '선의후리先義後利'의 입장이라고 규정할 수 있는데, 이러한 입장은 같은 유가인 맹자와 극명한 대조를 이룬다. 그의 의리관은 맹자와 달리 '이'의 존재를 적극 승인하고 있다는 점에서 공자의 의리관에 훨씬 가깝다고 할 수 있다.

순자는 "먼저 '의'를 내세우고 나중에 '이'를 찾는 자는 영예롭고 '이'를 앞세우고 '의'를 뒤에 놓는 자는 욕을 당한다"156)라고 말했다. 그의 의리관이 '선의후리'에 입각해 있는 점을 감안할 때 당연한 지적이라고 하겠다. 그런데 여기서 순자가 '이를 앞세울(先利) 경우 욕을 당한다'고 강조한 대목에 주목할 필요가 있다. 그는 '선리'를 추구할 경우에는 '의를 앞세웠을'(先義) 때의 그런 영예로움을 얻을 수가 없다고만 하였지 결코 망한다고 표현하지는 않았다. 한마디로 '선의先義'가 좋다고 권하기는 했어도 '선리' 자체를 아예 인정하지 않으려고 한 것은 아니었던 것이다.

'선의후리'에 입각한 순자의 의리관은 그의 치도론과 연결시켜 고찰해 보면 그 취지가 더욱 명확하게 드러난다. 그는 다음과 같이 패도를 긍정 평가한 바 있다.

> 통치자 중에서 예를 높이고 어진 이를 등용하는 자는 곧 '왕자'이고 법을 중시하고 인민을 사랑하는 자는 곧 '패자'이며 이익을 좋아하고 속임수가 많은 자는 곧 '위자危者'이다.157)

---

156) 『荀子』, 「榮辱」, "先義而後利者, 榮. 先利而後義者辱."
157) 『荀子』, 「大略」, "君人者, 隆禮尊賢而王, 重法愛民而覇, 好利多詐而危."

여기서 순자는 왕도야말로 가장 이상적인 통치인 것은 말할 나위가 없지만 그것이 현실적으로 불가능할 때에는 패도에 의한 통치를 받아들여도 무방하다는 입장을 취하고 있다. 이는 소위 '왕패준별법王霸峻別法'에 의거하여 왕도가 아닌 일체의 것을 패도로 폄척했던 맹자와는 전혀 다른 입장이다. 순자는 패도를 적극 수용하면서 다만 예에 기초한 왕도가 앞설 뿐이라고 강조했던 것이다. 이러한 입장은 일종의 '패도긍인주의霸道肯認主義'라고 할 수 있다. 순자의 이러한 치도론은 바로 '선의후리'에 기초한 그의 의리관이 그대로 적용된 결과로 해석될 수 있을 것이다.

앞서 보았듯이 공자의 의리관은 '의'와 '이'의 개념 자체가 불분명해서 출발부터 논란의 소지를 안고 있었다. 맹자와 순자의 의리관에서 증명되듯이 공자의 의리관은 언제든지 분화될 여지를 안고 있었던 것이다. 맹자는 공자의 의리관 중에서 행위의 동기적인 측면과 이상주의적인 측면을 확대시켜 오직 '의'만이 평가할 가치가 있다고 강조하고 나섰지만, 오히려 공자의 의리관과 상당한 거리를 형성하는 결과를 초래하였다. 이에 비해 순자는 행위의 결과적인 측면과 현실주의적인 측면에 보다 주목했기 때문에, 비록 현실주의적 입장에서 공자의 의리관을 독해하기는 했지만 그렇더라도 공자의 기본 취지를 한층 원의에 가깝게 파악할 수 있었다.

순자의 '선의후리' 입장은 앞서 언급한 공자의 '선난후획'의 입장과 유사하다. 순자는 대의 차원의 공리를 확실히 인정함으로써 맹자에 의해 곡해된 공자의 의리관을 원의에 가깝게 복원시켰다고 할 수 있다. 이는 순자가 '이'의 존재를 긍정적으로 평가하고 나아가 대의 및 공리에 입각한 패도를 적극 수용한 결과로 볼 수 있다. 순자는 관중의 패업에 대해서도 공자 못지않게 높은 평가를 내렸다. 이런 점에서 그는 관중을 폄척함으로써 공자와 정반대의 입장으로 나아간 맹자의 경우와 대비된다.

법가 사상의 집대성자인 한비자는 "사람에게 가장 중요한 것으로는 자신의 몸보다 더한 것이 없다"[158]라고 강조했는데, 법가의 의리관은 한비자의 이 말 속에서 확연히 드러난다. 인간의 본능은 본질적으로 먹고 입는 것 등의 생물적 욕구에 매달릴 수밖에 없기 때문에 인간이라면 누구나 '이'를 추구할 수밖에 없다는 것이 법가의 핵심적인 의리관이다.[159] 이러한 법가의 의리관은 앞서 검토한 법가의 인성론과 밀접한 관계를 맺고 있다. 오직 '이'만을 추구하는 인성 자체는 근원적으로 악일 수밖에 없기 때문이다. 법가의 의리관은 기본적으로 인간은 이른바 '견리사리見利思利'일 수밖에 없다는 입장에서 출발하고 있는 것이다.

이러한 시각에서 출발하고 있는 법가는 당연히 유가가 얘기하는 군자와 소인의 구별을 인정하지 않는다. 인간은 그 누구를 막론하고 모두 '이'를 추구하는 본능의 지배를 받을 수밖에 없기 때문에 신민은 물론 군주라고 해서 하등 다를 바가 없다는 것이다. 따라서 이들은 군주는 군주 개인의 사리를 성취하기 위해서라도 반드시 신민의 사리 추구 본성을 적절히 이용해야 한다고 역설했다.

법가는 신민의 사리 추구 본성을 활용하기 위한 구체적인 방안으로 상벌을 적절히 활용할 것을 제시했다.[160] 이들은 특히 군신의 경우 기본적으로 쌍방 간의 이해득실이 상반되는 까닭에 충돌과 투쟁이 필연적으로 뒤따르게 된다고 보았다. 이는 골육지친조차 사리 추구에 따른 충돌이 불가피하다는 사고를 기초로 하고 있는 법가에게는 당연한 논리적 귀결이었다.

한비자는 군주는 결코 자기 자신 이외의 다른 사람을 믿어서는 안 된다고 역설했다.[161] 신하는 늘 군주의 마음을 읽으면서 군주의 자리를 탐하는 자들

---

158) 『韓非子』, 「外儲說左上」, "人所急無如其身."
159) 『韓非子』, 「解老」, "人無毛羽, 不衣則不犯寒, 上不屬天而下不著地, 以腸胃爲根本, 不食則不能活. 是以不免於欲利之心"; 『商君書』, 「賞刑」, "民之欲富貴也, 共闔棺而後止"; 「君臣」, "民之於利也, 若水於下也, 四旁無擇也."
160) 『韓非子』, 「八經」, "賞罰可用, 則禁令可立而治道具矣"; 『商君書』, 「錯法」, "人君, 不可以不審好惡. 好惡者, 賞罰之本也."
161) 『韓非子』, 「外儲說左下」, "恃吾不可叛也……恃吾不可欺也."

이기에 상벌을 적절히 활용해 이들을 통어統御하지 않으면 안 된다는 것이다. 신하에 대한 이런 불신은 유가에서 최고의 성군으로 일컫는 요순우탕에 대한 신랄한 평가에서 선명하게 드러나고 있다.

> 옛날에는 사람이 적었기 때문에 서로 친하였으며 물자가 많았기 때문에 이익을 가벼이 여기고 쉽게 양보했다. 그러므로 심지어는 천하마저 양보할 수 있었다.[162]

한마디로 그는 유가에서 말하는 성군을 일언지하에 평가절하해 버린 것이다. 한비자는 이어서 "인의는 과거에는 쓰였지만 오늘날에는 쓸모가 없다"라고 하며 오직 무력에 입각한 통치만이 필요하다고 주장했다.[163] 그래서 그는 "상고 시대에는 도덕을 추구했고 중세에는 지모를 좇았지만 지금은 힘을 다투고 있다"고 역설하기도 했다.[164]

이러한 한비자의 주장은 그가 패도만이 유일한 치도임을 강조한 것과 맥을 같이하는 것이다. 전국 시대의 하극상의 상황에 깊이 주목한 한비자 등의 법가는 군주는 결코 아무도 믿어서는 안 되며 오직 자기 자신만을 믿어야 한다고 확신했음에 틀림없다.[165] 군주와 가까운 사람일수록 군주의 권력을 등에 업고 군주 자신을 능멸할 가능성이 크다는 한비자의 지적은 정치 현실의 어두운 측면에 대한 날카로운 지적이라고 할 수 있다.[166]

법가는 군신 관계와 마찬가지로 군민 관계 역시 대립의 관계에 있다고 보았다. 이는 공자와 맹자가 각기 '군민일체君民一體', '민귀군경民貴君輕'의 입장에서 군민 관계를 파악한 것과는 대조되는 모습이다. 군주는 인민들을 일하

---

162) 『韓非子』, 「八說」, "古者, 人寡而相親, 物多而輕利易讓. 故有揖讓而傳天下者."
163) 『韓非子』, 「八說」, "仁義, 用於古而不用於今也."
164) 『韓非子』, 「五蠹」, "上古, 競於道德. 中世, 逐於智謀. 當今, 爭於氣力."
165) 『韓非子』, 「備內」, "婦人, 年三十而美色衰矣. 以衰美之婦人……疏賤而子疑不爲後, 此后妃夫人之所以冀其君之死者也."
166) 『韓非子』, 「備內」, "爲人臣者, 窺覘其君心也. 無順臾之休, 而人主怠傲處其上. 此世所以有劫君弑主也."

면서 싸우는 '경전耕戰'으로 내몰아야만 한다는 것이 법가의 입장이다. 그들은 인민들도 신하들과 마찬가지로 엄한 형벌로써 몰아세우지 않으면 나태에 빠지게 되어 궁극적으로 국가의 부강을 꾀할 수 없다고 주장한 것이다.

한비자는 "필부의 사적인 영예는 군주의 큰 손해에 해당한다.……필부의 사적인 손해는 군주의 공리에 해당한다"[167)라고 말했다. 약육강식의 논리가 지배하던 전국 시대에 국가의 부강은 곧 국가의 존망을 좌우하는 관건이었다. 여기서 한비자가 군주의 이익을 공리로 표현한 점에 주목할 필요가 있다. 그의 의리관의 가장 큰 특징은 군주의 이익을 곧 공리로 해석한 데 있다. 그의 의리관은 일체의 '의'를 인정하지 않았던 까닭에 군신상하 간의 모든 인간 관계는 결국 사리에 대한 충돌과 타협일 수밖에 없다는 전제에서 출발하고 있는 것이다.

한비자는 공맹이 인정한 민리의 존재 차체를 인정하지 않았다. 따라서 그에게 있어서는 공자가 대의 차원에서 제한적으로 허용했던 국리 차원의 공리마저도 오직 군주의 공리가 될 수 있을 때에만 그 존재 이유를 가질 수 있게 되는 셈이다. 한마디로 말해 한비자의 의리관에서는 민리가 아예 존재하지도 않을 뿐 아니라 국리 차원의 공리도 군주의 공리로 해석되는 한도 내에서만 인정되는 것이다. 그러나 모든 인간 관계를 사리의 충돌로 보면서 오직 군주의 이익만이 공리에 해당한다고 한 한비자의 의리관은 군주를 줄곧 고독한 과인寡人으로 만들 소지가 크다. 천하통일을 이룬 진나라가 불과 15년 만에 망한 것도 결국은 한비자의 가르침을 너무 충실히 이행한 결과가 아니겠는가 하는 지적도 이런 맥락으로 나온 것이었다.[168)

도·유·법 3가의 의리관은 춘추 시대에 들어와 본격적으로 형성되기 시작하여 한나라 건국 이후의 다양한 사상 논쟁의 불씨가 되었다. 이들 선진 시

---

167) 『韓非子』, 「八說」, "匹夫之私譽, 人主之大敗也……匹夫之私毁, 人主之公利也."
168) 천하를 꿈꾸는 사람은 홀로 잘 수밖에 없다는 한비자의 지적은 진시황의 행적과 관련해 시사하는 바가 많다. 『韓非子』, 「外儲說右上」, "欲發天下之大事, 未嘗不獨寢."

대 도·유·법 3가의 의리관은 크게 둘로 요약될 수 있다. 하나는 '의'와 '이'를 명확히 구별하면서 군자는 모름지기 '견리사의見利思義'의 자세를 견지해야 한다는 입장이고, 다른 하나는 한비자 등의 법가에서 견지했던 '견리사리見利思利'의 입장이다.

'의'와 '이'를 명확히 구별하면서 '견리사의'의 자세를 견지할 것을 주장하는 입장은 대체로 공자와 맹자, 순자의 입장에 해당한다고 볼 수 있다. 그러나 구체적인 입장에서는 이들 사이에도 다소 차이가 있다. 공자의 입장은 '의'를 중시하면서 '이'를 제한적으로 인정하는 '중의경리'의 입장이었다. 그리고 맹자의 경우는 오직 '의'만을 높이 평가하는 '숭의척리'의 입장이었으며, 순자의 경우는 '의'를 앞세우되 '이'의 존재를 적극 인정하는 이른바 '선의후리'의 입장이었다. 엄밀한 의미에서 볼 때 맹자의 경우는 민리를 제외한 일체의 '이'를 인정하지 않았다는 점에서 공자의 의리관을 크게 왜곡시켰다고 할 수 있다. 따라서 공자의 '중의경리' 사상은 밀도에 있어 약간의 차이는 있으나 순자에 의해 정확히 승계되었다고 보아야 한다. 다만 후세의 유자들이 맹자를 도학의 조종으로 삼았던 까닭에 순자의 의리관은 성악설과 함께 그를 이단으로 몰리게 한 주요 원인이 되었다.

한비자 등의 법가에서 견지했던 '견리사리'의 입장은 공자, 맹자, 순자 등의 유가에서 견지했던 '견리사의'의 입장, 특히 맹자의 '숭의척리'의 입장과는 대립되는 위치에 있다. 법가의 입장은 '의'의 존재를 아예 인정하지 않고 오직 '이'의 존재만을 수긍했다는 점에서 일종의 '숭리척의'의 입장이라고도 할 수 있는 것이다. 군주의 사리만을 공리로 인정하는 이들 법가의 '숭리척의'의 입장은 기본적으로 약육강식이 난무하던 전국 시대의 시대 상황이 주요한 배경으로 작용한 것이었다. 또한 이러한 의리관은 기본적으로 인성론과 밀접한 관계에 있다. 이들 법가는 모든 인간은 본질적으로 '견리사리'에서 벗어날 수 없기 때문에 인성 또한 악일 수밖에 없다고 보았던 것이다. 오직 군주의 이익만이 공리에 해당했기 때문에, '견리사리'의 입장에 서 있는 신민들의 사리 추구로부터 군주의 사리를 방호해 내는 것은 법가의 주요 과제이기도 했다. 법가 사상이 많은 제후들에게 상당한 지지를 받았던 것도 이런 의리관과 무관하지는 않았을 것이다.

이 밖에도 선진 시대에는 '의'가 곧 공리인 까닭에 모든 사람이 천하의 '공리'를 위해 헌신할 것을 요구한 묵가의 의리관 등도 존재했다. 결론적으로 말해서 선진 시대 도·유·법 3가의 의리관은 후술하게 될 그들의 치도론을 형성하는 사상적 기초로 작용했다는 점에서 매우 중요한 의미를 지니고 있다.

3가의 통치 사상 1 : 치도관

　　유가에서는 군도君道와 신도臣道가 조화를 이루는 상태를 지극한 '치도治
道'를 이룬 것으로 간주하였다. 이에 대비되는 용어는 '망도亡道'이다. 치도는
말 그대로 '다스림의 길'이고 망도는 '망하는 길'이다. 치도와 망도에 관해서
는 특히 순자가 정밀하게 분석한 바 있는데, 이에 대해서는 뒤에서 자세히 살
펴보게 될 것이다.

　　치도는 통치권자가 마땅히 취해야 할 도리를 말하는 것으로, 일종의 통치
목적론이라 할 수 있다. 통치는 왜 존재하는가 하는 것과 관련한 질문에 대한
대답이 바로 치도론治道論이라고 할 수 있는 것이다. 따라서 치도는 구체적인
내용에는 도·유·법 3가마다 약간의 차이는 있을지언정 '위국위민爲國爲民'
내지 '치국치민治國治民'이라는 점에서는 하등 차이가 없었다. 어떤 통치 사상
이든 간에 어떻게 하면 나라와 인민을 부강하고 평안하게 만들 수 있는가 하
는 근원적인 질문을 안고 출발하기 때문이다.

　　춘추전국 시대를 제패한 관중은 치도를 다음과 같이 정리한 바 있다.

　　무위無爲로써 다스리는 자를 제帝라 하고, 유위有爲로써 다스리되 무위로 나아가려

는 자를 왕王이라고 하며, 유위로써 다스리되 이를 존귀하게 생각지 않는 자를 패霸라고 한다. 스스로 존귀하게 여기지 않는 것이 군도君道이고, 존귀한 자리에 있으면서 지나치지 않는 것이 신도臣道이다.[1]

이는 노자의 통치 사상과 공자의 통치 사상을 하나로 통합한 것이라고 할 수 있다. 사실 왕도王道라는 말을 사용하기 시작한 사람은 맹자였다는 점에 비추어 이 구절은 관중이 직접 언급한 내용이 아닐 것이다. 관중을 추종하는 후세 사람이 『관자』의 내용에 관중을 가탁해 삽입시켰을 가능성이 크다. 그럼에도 이 구절은 전국 시대의 도·유·법 3가들 사이에서 치열하게 전개되었던 소위 '치도 논쟁'에 관한 총체적인 해답을 제시했다고 할 수 있다. 노자 사상의 핵심인 '무위 통치'와 인의예지로 상징되는 유가의 '무위 통치'를 하나로 통합해 서열을 매긴 것은 이것이 최초의 것이라고 보아도 과언이 아니다.

『관자』에 나온 이 구절을 기준으로 할 때 '무위 통치'는 말 그대로 치도의 가장 높은 수준인 소위 '제도帝道' 내지는 '황도皇道'의 수준을 말하는 것이다. 그리고 이 구절을 통해 짐작할 수 있는 관중의 기본 입장은 제도와 왕도, 패도를 모두 치도로 간주했다는 점이다. 이는 최상의 수준인 '무위 통치'는 물론이고 그 하위 수준인 '유위 통치'까지도 하나의 치도로 통합해 냈다는 점에서 매우 탁월한 견해라고 하겠다. 사실 치도 문제를 최초로 거론한 맹자의 경우는 오직 왕도만을 치도로 인정하고 패도를 치도로 간주하지 않았다. 그는 '무위 통치'에 입각한 가장 높은 수준의 '제도'에 대해서는 전혀 언급하지 않은 채 오직 '왕도'만이 유일한 치도라고 강조했던 것이다.

전국 시대에 본격적으로 전개된 치도 논쟁은 원래 맹자의 편협한 치도론에서 비롯된 것이었다. 맹자의 치도론에 가장 먼저 이의를 제기하고 나선 사람은 순자였다. 그는 『관자』에 나온 구절과 같이 왕도에 준하는 수준의 패도

---

1) 『管子』, 「大數」, "無爲者, 帝. 爲而無以爲者, 王. 爲而不貴者, 覇. 不自以爲所貴, 則君道也. 貴而不過度, 則臣道也."

가 있음을 역설하면서 왕도와 패도를 모두 치도의 범주에 넣어야 한다고 주장했다. 이는 사실 후술하게 될 공자의 왕패관王霸觀과 동일한 것이기도 하다.

물론 예치禮治를 강조했던 순자는 맹자와 마찬가지로 '제도'에 관해서는 구체적인 언급을 하지 않았다. 이로 인해 순자 역시 최상의 치도를 맹자와 같이 왕도로 상정한 것이 아닌가 하는 의심을 받을 여지가 있다. 그러나 『순자』의 내용을 자세히 보면 제도의 통치 수준을 언급한 대목이 산견된다. "천자라 하는 것은 그 권세가 지극히 무거우나 몸과 마음은 지극히 편안하고 유쾌한 것이다. 뜻은 굽히는 바가 없고 몸은 수고롭게 하는 일이 없으니 다시 없이 존귀한 것이다"2)라는 구절이 그 대표적인 예이다. 이러한 순자의 언급은 사실 천자의 통치는 '무위'의 경지에까지 이르러야 한다는 것을 지적한 것으로 볼 수 있다. 그가 여기서 말하는 천자는 곧 최상의 통치를 실현할 수 있는 성인의 경지에 도달한 인물을 의미한다. 그렇다면 이는 곧 '제도'의 경지를 설명한 것으로 볼 수 있다. 이를 통해 알 수 있듯이 관중과 순자는 '무위 통치'와 '유위 통치'를 하나로 통합해 지극한 통치의 유형을 구체적으로 밝혀냈다고 할 수 있다. 관중과 순자의 통치 사상이 얼마나 뛰어난 것인지를 이를 통해 확인할 수 있을 것이다.

1. 노자: 숭제척위

노자는 인위적인 통치는 그것이 왕도王道의 수준이든 패도霸道의 수준이든 모두 취할 것이 못 된다고 지적한 바 있다. 노자의 통치 사상에 나타나는 치도관은 무위 통치에 입각한 '제도帝道'를 높이 받들면서 유위 통치에 입각한 '왕도' 이하의 치도에 대해서는 비판적인 시각을 견지하는 것이라고 할 수

---

2) 『荀子』, 「君子」, "天子也者, 尙至重, 形至佚, 心至愈, 志無所詘, 形無所勞, 尊無上矣."

있다. 따라서 노자의 치도관은 인위(僞)에 근거한 인치人治와 법치法治를 모두 거부했다는 점에서 '숭제척위崇帝斥僞'라고 규정할 수도 있을 것이다.

그렇다면 '무위 통치'에 입각한 '제도'는 구체적으로 어떤 특징을 갖고 있으며 어떤 모습으로 나타나게 될까? 우리는 최상의 치도는 인민들이 군주가 있는지조차 의식하지 않는 것을 말한다고 한 『도덕경』의 다음 구절을 상기할 필요가 있다.

> 최상의 치도에서는 인민들이 군주가 있는지조차 의식하지 않는다. 그 다음 단계에서는 친근감을 느끼고 칭송한다. 또 그 다음 단계에서는 두려워한다. 그리고 마지막 단계에서는 경멸한다.[3]

이 구절에 대해서는 약간의 이설이 있다. 원문에 나오는 '부지유지不知有之'를 놓고 '하지유지下知有之'로 해석하는 경우가 있기 때문이다. 왕필주본에는 '하지유지'로 되어 있는데, 이 경우 "인민들이 오직 왕이 존재한다는 사실만을 안다"로 풀이해야 할 것이다. 그러나 최상의 '무위 통치'는 노자의 통치 사상에 비추어 볼 때 사실 "인민들이 군주가 있는지조차 의식하지 않는" 수준에까지 이르러야만 한다. 그런데 이 구절은 '부지유지'와 '하지유지' 중 어느 것이 맞는가 하는 문제를 놓고 다툴 문제가 아니다. 이 부분은 원문에 대한 두 가지 견해가 공존하고 있는 데서 알 수 있듯이 최상의 치도로서 '부지유지'의 단계가 있고 그 바로 아래 단계에 '하지유지'가 있다고 해석하면 별다른 무리가 없을 것이다. 원문의 글자에 너무 집착하는 것은 절대 바람직한 태도가 아니다. 글자 자체의 뜻이 중요한 것이 아니라 문장 전체가 무엇을 말하려고 하는지를 포착하는 것이 바람직하다고 할 수 있다. '부지유지'와 '하지유지'의 두 단계가 모두 존재하는 만큼 두 해석 모두를 취하여 '제도'의 지극한 모습의 발현으로 간주하면 좋을 것이다.

---

3) 『道德經』, 17장, "太上, 不知有之. 其次, 親而譽之. 其次, 畏之. 其次, 侮之."

그렇다면 노자가 얘기하는 차상의 단계인 '친이예지親而譽之'의 단계를 치도론에 적용시킬 경우 과연 어느 단계의 치도를 말하는 것으로 간주할 수 있을까? 우선 '무위 통치'를 강조한 노자의 통치 사상에 비추어 볼 때 노자가 '친이예지'의 단계를 '무위 통치'의 내용으로 간주하지 않은 것만큼은 확실하다. 그렇다면 '친이예지'의 단계는 분명 왕도를 뜻하거나 왕도와 패도를 한데 묶어 평가한 것일 가능성이 높다고 보아야 한다.

　맹학의 관점에서 보면 '친이예지'는 왕도만을 뜻하는 것으로 해석하기 쉬울 것이다. 그러나 그 다음에 거론되는 '외지畏之'의 단계를 볼 때 '친이예지'는 왕도와 패도를 일괄해 평가한 것으로 보는 것이 옳다. 노자의 입장에서 본다면 인仁을 강조한 공자나 의義를 중시한 맹자, 예禮를 강조한 순자 등은 모두 인위적인 덕목에 매달린 인물에 불과하다. 그렇기 때문에 '의'를 지나치게 강조한 나머지 오직 왕도만을 치도로 간주한 맹자의 견해나 '예'를 강조하면서 왕도와 패도를 모두 치도의 범주에 넣은 순자의 견해는 모두 '무위 통치'에 입각한 제도帝道가 아니기는 마찬가지이다. 따라서 노자가 두 번째 수준으로 거론한 '친이예지' 수준의 치도는 왕도와 패도를 함께 가리킨 것으로 해석하는 것이 옳다. 이는 순자가 패도의 요건으로 강조했던 '중법애민重法愛民'의 경지를 생각하면 쉽게 이해할 수 있다.

　『도덕경』 17장에서 세 번째 수준으로 거론된 '외지畏之'는 인민들이 군주를 두려워하는 단계이므로 일견 패도의 단계로 이해될 소지가 없지 않다. 사실 맹학의 관점에 서게 되면 그렇게 해석될 가능성도 높다. 그러나 이는 순자가 말하는 소위 '왕패사분법王霸四分法'이나 '왕패오분법王霸五分法'에 넣어 볼 때 힘으로 다스리는 '강도彊道'를 지칭하고 있음에 틀림없다. 순자가 말하는 '강도'는 일명 '안도安道'로도 평가되는 것으로 덕치德治를 포기하고 역치力治를 구사해 현상 유지를 꾀하는 통치 유형을 의미한다. 그런데 '강도'에는 윤리 의식이 결여되어 있기 때문에 순자는 그것을 치도의 범주에 넣지 않았다.

순자는 왕패 논쟁이 일어난 후 처음으로 왕도와 패도 이외에도 안도安道와 위도危道, 망도亡道 등의 유형이 있음을 찾아냈다.[4] 이를 소위 '왕패오분법'이라고 할 수 있을 것이다. 순자는 맹자가 매도했던 패도를 안도와 위도, 망도 등과 구별함으로써 이를 다시 원위치로 복원시킨 셈이다.

맹자는 소위 왕패준별법에 따라 통치 유형을 크게 치도인 왕도와 치도의 범주 밖에 있는 패도로 나누는 소위 '왕패이분법'에 입각해 있었다. 이와 대비해서 볼 때 순자의 왕패분류법은 크게 왕王·패霸·망亡으로 나뉘는 이른바 '왕패삼분법'으로 명명할 수 있을 것이다. 이는 공자가 춘추오패의 대표적인 패자인 제환공齊桓公과 진문공晉文公을 나누어 평가한 소위 '패자이분법'과 맥락을 같이하고 있는 것이라 할 수 있다. 그러나 그는 공자가 제한적으로 평가한 패도를 적극적으로 해석했다는 점에서 공자와도 차이를 보이고 있다. 한마디로 패도는 순자에 의해 단순히 원위치로 복원된 데 그치지 않고 왕도에 준하는 높은 도덕적 수준의 통치 유형으로까지 격상된 것이다.

특히 순자는 패도의 요체를 '중법애민'으로 규정하면서 패도를 여타 통치 유형과 확연히 구별하였다. 순자의 왕패삼분법에 나타나는 망도亡道는 그의 왕패사분법에 나타나는 위도危道와 망도를 통칭한 개념이다.[5] 그리고 그의 왕패오분법에 있는 안도의 경우는 일명 '강도彊道'로도 불리는 것으로 패도와 망도의 중간 지점에 서 있다. '강도'는 대략 병가兵家들이 주장하는 힘을 숭상하는 통치 유형에 가깝다고 할 수 있다. 여기서 무엇보다 중요한 것은 맹자와 달리 순자는 패도를 망도와 구분해 적극 인정하였다는 점이다. 순자의 치도론에 나타나는 패자는 맹자가 지적한 바와 같은 무력을 기반으로 삼으면서

---

4) 순자는 「彊國」, 「天論」편에서는 4분법을 적용하면서 "禮를 隆盛하게 하고 賢士를 존중하는 것(隆禮尊賢)이 王이고 法을 重하게 하고 百姓을 사랑하는 것(法本愛民)을 霸라고 하나 利를 좋아하고 詐가 많은 것(好利多詐)이 危라 하고 권모를 구사해 나라를 뒤집어지게 만드는 것(權謀傾覆)을 亡이라 한다"고 규정했다. 그는 이어 「王霸」편에서는 3분법을 적용해 "義를 세운 것이 王이고 信을 세운 것이 霸이고 權謀로 세운 것이 亡이다"라고 규정했다.

5) 郭沫若, 『중국고대사상사』(조성을 역), 284쪽.

인의를 가장하고 있는 자가 아니다. '융례존현隆禮尊賢'에 입각한 왕자는 아니지만 최소한 '중법애민'에 입각해 통치하는 당당한 패자인 것이다. 같은 무력을 동원할지라도 패도가 안도 내지 강도와 다른 이유가 바로 여기에 있다.

사실 순자의 왕패분류법을 수용할 경우 인민을 사랑하고 법을 중시하는 패자는 분명 맹자가 말한 '이력가인以力假仁'과는 거리가 멀다. 순자가 얘기한 '중법애민'의 패도는 비록 '융례존현'의 왕도에는 못 미치지만 현실적인 치도 방안으로 적극 수용할 만한 것이었다. 순자가 언급한 패도는 이상적인 왕도는 아니지만 현실 속에서 이루어 낼 수 있는 최상의 방안일 수도 있다는 것이다. 이는 맹자가 관념적 이상론인 왕도지상주의로 치달은 것과 달리 현실에서 모색할 수 있는 최고의 통치 모형을 패도에서 찾은 데 따른 당연한 결과였다. 순자가 말한 패도는 왕도 실현이 불가능할 경우를 대비한 차선책인 셈이다. 여기에는 '역치'만이 난무하는 난세 속에서 왕도의 수준에 가까운 패도에 의해서라도 천하통일이 이루어지기를 기대한 순자의 소망이 담겨 있다고 보아야 한다. 그렇기 때문에 순자는 왕도의 이상을 견지한 가운데서 안도와 위도, 망도와는 차원이 다른, 현실 속에서 실현 가능한 최상의 대안으로서 새로운 패도 개념을 만들어 내게 되었던 것이다.

그렇다면 『도덕경』의 마지막 단계로 거론된 '모지侮之'의 단계는 과연 어떤 경우를 말하는 것일까? 맹자는 왕패준별법에 의거해 왕도가 아닌 모든 통치 유형을 싸잡아 '패도'로 분류한 바 있는데, 그의 기준에서 보면 패도는 인민들이 군주를 두려워하는 단계뿐만 아니라 경멸하는 단계까지 모두 포함하게 된다. 그러나 순자의 왕패사분법 내지 오분법에 따를 경우 맹자의 패도는 소위 '위도危道' 내지 '망도亡道'의 단계를 합친 것으로 볼 수 있다. 순자는 '강도'를 계속 추진할 경우 '위도'를 거쳐 '망도'의 단계로 나가게 될 것이라고 역설하였다. '위도'와 '망도'는 통치 질서가 무너져 국가가 파멸의 지경에 이르는 단계를 지칭하는 것으로서, 이는 곧 인민이 군주를 정점으로 하는 통치 질서에 순종하지 않는 단계를 의미한다. 이 단계에 이르면 인민들의 불만이 극에 달해 군주를 모멸하는 지경에 이를 수밖에 없다. 따라서 '모지'의 단계는 치도와 극명하게 대비되는 '망도'의 수준을 지칭한 것으로 보아야 한다.

이상에서 알 수 있듯이 노자의 경우도 비록 왕도와 패도를 '무위 통치'에 입각한 치도의 범주로 간주하지는 않았으나 '유위 통치'의 범주 내에서는 가장 높은 단계의 통치 유형임을 인정하였다고 할 수 있다. 그런데 관중의 입장에서 본다면 제도帝道는 곧 왕도의 지극한 모습이라고 분류할 수 있다. 비록 제도와 왕도 사이에 '무위'와 '유위'의 차이가 있기는 하지만, 가장 높은 수준의 지극한 '유위'는 곧 공자가 말하는 '지인至仁'으로서 이는 노자가 말하는 '무위의 덕'의 수준에 근접한 것이라고 볼 수 있기 때문이다. 따라서 '무위'와 '유위'를 엄별하고 있는 노자의 주장에도 불구하고, 지극한 '유위'는 곧 '무위'의 단계로의 진입을 의미한다고 풀이하는 것이 이치상 옳다. 이는 『도덕경』과 『서경』에 나오는 다음과 같은 구절을 비교해 보면 더욱 쉽게 확인할 수 있다.

천도天道는 특별히 친애함이 없으니 항상 선한 사람들과 더불어 있을 뿐이다.6)

황천皇天은 특별히 친근한 사람이 없다. 다만 덕 있는 사람을 도울 뿐이다.7)

'무위 통치'란 곧 사사로움이 없는 것을 말한다. 노자의 천도는 바로 치도론에서 말하는 '제도'를 뜻하는 것으로 소위 '도치道治'를 통해 실현되는 지극한 통치의 준거이기도 하다. 한편, 황천은 곧 하늘을 뜻하는 것으로서 노자가 말하는 천도와 마찬가지 개념이다. 유가의 최고 경전 중의 하나인 『서경』의 위 구절이 『도덕경』의 구절과 하등 차이가 없음을 쉽게 알 수 있다. 비록 노자가 '무위'와 '유위'의 경지를 엄별하기는 했으나 '무위 통치'와 '유위 통치'를

---

6) 『道德經』, 79장, "天道無親, 常與善人."
7) 『書經』, 「周書·蔡仲之命」, "皇天無親, 惟德是輔."

일직선상에 위치시켜 볼 때 그 차이는 단지 정도와 수준의 차이에 불과하다는 사실을 쉽게 확인할 수 있다.

결론적으로 말해 노자가 말하는 '무위 통치'는 도·유·법 3가에서 말하는 치도론에 넣어 분류할 경우 최상의 수준에 위치한 최고의 치도를 뜻하는 것이다. 이는 앞서 보았던 『관자』에서의 분류법을 통해 분명하게 확인할 수 있는데, 그 기준에 따르면 제도와 왕도, 패도라는 치도의 3단계가 존재하는 셈이 된다.

하지만 『도덕경』 제17장의 구절을 세분해 제도에 '부지유지'와 '하지유지'의 두 단계가 존재하는 것을 인정할 경우 '무위 통치'와 '유위 통치'를 막론하고 치도에는 모두 4단계가 존재한다고 할 수 있을 것이다. 그것은 곧 1) 제도로서의 '무지유지' 단계, 2) 제도로서의 '하지유지'의 단계, 3) 왕도로서의 '친지예지'의 단계, 4) 패도로서의 '친지예지'의 단계의 4단계이다. 그런데 이는 후술하게 될 도·유·법 3가의 치도론 논쟁에 나타난 치도의 내용과는 약간 차이가 있다. 우선 도·유·법 3가 모두 제도를 치도의 대상으로 거론하지 않았고, 또 공자가 소위 '패자이분법'을 제시한 이래로 패도의 구체적인 분류 문제에서도 여러 견해가 대립하고 있는 것이다. 그러나 앞서 언급한 바와 같이 관중과 순자의 왕패분류법에 따를 경우 최상의 치도로서의 '제도'는 당연히 인정되는 것이고 최하의 패도로 분류되는 진문공晉文公의 패업을 과연 치도의 범주에 포함시킬 것인가 하는 문제만 남게 된다. 진문공의 패업에 대한 평가 차이는 공자의 통치 사상과 순자의 통치 사상이 빚어낸 극미한 차이인 동시에 순자의 통치 사상이 법가의 치도관인 소위 '패도주의'와 연결되는 통로이기도 하다.

그렇다면 노자의 치도관으로 간주되는 소위 '제도'는 과연 어떤 통치를 말하는 것일까? 결론부터 말하면 노자의 치도관인 '제도'는 한마디로 말해 '무위 통치'를 의미한다고 규정할 수 있다. 노자가 말하는 '무위 통치'는 우주

만물이 '도'라는 유기적 통일성 속에서 저절로 '자연'의 방식에 따라 운행하고 변화하듯이 통치도 '자연'의 방식을 좇아 다스려지는 것을 의미한다. 즉 인위적인 통치가 제거된 상태를 말하는 것이다.

우선 '제도'를 논하기에 앞서 노자가 말하는 '도'와 유가의 최고 경전이라고 할 수 있는 『주역』에서 말하는 '도'는 어떤 차이가 있는 것인지를 알아보기로 하자. 치도론은 근본적으로 '제도'이든 '왕도'이든 '패도'이든 궁극적으로는 모두 다스림의 '도'를 언급한 것이기 때문이다.

원래 '도'에 대한 논의는 중국 전래의 '음양오행陰陽五行'과 '역易'의 상호관계에 대한 연구와 밀접한 관련이 있었다. '오행五行'은 천하를 통일한 주무왕이 은나라의 기자에게 '도'에 대해 물었을 때 그에 대해 답한 기자의 말 속에 잘 묘사되어 있다. 당시 기자는 '도'에 대해 '홍범구주洪範九疇'로 대답한 바있는데,[8] 그 안에 바로 오행을 언급한 대목이 있는 것이다. 오행 사상은 훗날 진한秦漢 시대에는 복잡한 '참위설'로 발전하게 되었다. 『주역』에서 말하는 '역'은 원래 간이簡易와 변역變易, 불역不易 등의 세 가지 뜻을 지니고 있다. 우주의 삼라만상은 변화무쌍해 잠시도 정지함이 없으므로 '변역'한다고 하고, 그 변역 중 일정한 법칙이 있으므로 '불역'한다고 하며, 그 변역은 원리를 알고 보면 간명한 것이므로 '간이'하다고 하는 것이다. 만년의 공자가 '위편삼절韋編三絶'이라는 말이 나올 정도로 『주역』을 열심히 연구했다는 기록이 있는 것을 감안하면 '역'은 공자 이전에 이미 있었을 것이다. 사실 노자 또한 전래의 '역'에 적잖은 영향을 받았다고 보아야 한다.

『주역』에는 태극太極이 양의兩儀인 음양을 낳고 양의가 사상四象을 낳고

---

8) '홍범'은 大法이라는 뜻이다. 주나라 무왕은 은나라를 멸한 후 기자를 주나라의 도읍으로 데리고 가서 천도가 무엇이냐고 물었다. 이에 기자가 답한 것이 홍범이라고 하는데 사관이 기록했다는 설도 있고 기자가 썼다는 설도 있다. 홍범구주는 五行, 五事, 八政事, 五紀, 皇極, 三德, 稽疑, 庶徵, 五福六極을 말한다. 이는 사람들이 살아나가는 데 필요한 9가지 기본 원리인데 나라와 자연 현상의 모든 관계를 망라했다고 한다. 이가원 감수, 『신역 서경』(서울: 홍신신서, 1994), 278쪽 참조.

사상이 팔괘八卦를 낳았다고 기록되어 있다. '역'은 길흉을 판단하는 데서 출발해 점차 팔괘로써 우주 삼라만상을 해명하고 치도를 설명하는 이론이 되었다. 이로 인해 『주역』은 유가에서 떠받드는 제왕학의 으뜸이 되었다. 노자도 '역'과 관련해 "도는 하나를 낳고 하나를 둘을 낳으며 둘은 셋을 낳으니 만물이 '음'을 메고 '양'을 떠안아 그 기를 충족시켜 화를 이룬다"9)라고 언급한 바 있다. 여기서 만물이 '음기'와 '양기'의 결합을 통해 생성 변화하는 것은 이해할 수 있으나 과연 '도생일道生一'은 어떻게 해석해야만 할까? 만일 노자가 말한 '도'가 음기와 양기의 근원적 실체로서의 '일기一氣'를 말한다면 『주역』에서 '일양일음一陽一陰'을 '도'로 표현한 것과는 어떤 관련이 있는 것일까?10)

송대의 정이程頤는 음양은 '기'이고 '기'는 형이하자形而下者인 데 반해 '도'는 형이상자形而上者라고 주장했다. 그는 생성 소멸하는 현상은 음양에 포섭되고 음양은 도에 포섭되므로 '도'와 '음양'의 생멸 현상은 동시적인 것이라고 하면서 노자가 '허虛'에서 '기'가 나온다고 본 것은 잘못이라고 주장했다.11) 또 주희朱熹는 '도'를 '리理'로 보고 '음양'을 '기氣' 내지 '기器'로 해석한 뒤 각각을 '형이상자'와 '형이하자'로 규정했다.

이에 비해 장재張載는 '기'는 단지 모여서 형상을 이루기만 하는 것이 아니라 흩어져 '무형無形'에 들기도 한다고 주장하며 다른 견해를 제시했다. 그는 '태허太虛'는 '기'가 없을 수 없고 '기'는 취합해 만물이 되지 않을 수 없으며 만물은 다시 흩어져서 '태허'가 되지 않을 수 없다고 강조하면서 이러한 '태허'와 '기' 작용의 원인을 '부득이연不得已然'이라고 표현하였다.12) 사실 이런 견해는 노자의 '도'에 가까운 해석이다. 노자의 '도'는 결코 고정불변의 도가 아니라 쉴 새 없이 변화하고 있는 현상 그대로의 '도'이다. 따라서 노자가

---

9) 『道德經』, 42장, "道生一, 一生二, 二生三, 三生萬物, 萬物負陰而抱陽, 沖氣以爲和."
10) 『周易』, 「繫辭傳」, "一陽一陰之謂道."
11) 김항배, 『노자철학의 연구』, 32~33쪽 참조.
12) 김항배, 『노자철학의 연구』, 39쪽.

말한 '허' 또한 단순히 공허한 '허'가 아니라 그 속에 모든 것을 갖춘 '허'이며 만물이 모두 복귀하는 '허'라고 보아야 한다. '허'와 '무'는 '실實'과 '유有'에 대립되거나 모순되는 개념이 아니라 유무와 허실을 관통하는 개념인 것이다.[13]

그러므로 노자가 말한 '도'는 비록 그것을 말과 문자로 표현하기는 어렵다고 해도 일면 『주역』에 나오는 '태극'과 유사한 개념이라고 볼 수 있으며, 그 '도' 개념도 따지고 보면 고대의 오행 사상과 음양 사상을 결합시켜 나타난 '기'의 개념을 통해 구체화되었다고 할 수 있다. 이렇게 보았을 때, 노자가 말한 '도'는 장재가 언급한 '일기론'에 가까운 것으로 해석될 수 있을 것이다. '일기'는 곧 음양이 갈라지기 이전의 근원적 실재를 의미하기 때문이다.[14]

노자가 말한 음양이기는 '일기一氣'에서 구분된 것이고 '일기'는 '도'에서 나온 것이므로, 결국 '일기'는 '무를 포함한 유'인 동시에 '덕'의 또 다른 모습이라고 규정할 수 있다. 노자가 생각하는 최상의 통치는 앞서 언급한 바와 같이 인간의 본성인 '덕성'을 자연 그대로 발현시키는 것이므로 결국 '무위 통치'를 의미한다고 해석할 수밖에 없는 것이다. 따라서 노자가 '무위 통치'를 통해 드러내고자 한 치도 즉 '제도'는 '무위 통치'의 원래 모습이라고 해석하지 않으면 안 된다. 그렇다면 '제도'의 현실태인 '무위 통치'는 어떤 모습을 띠고 있고 그 실현 방법은 과연 어떤 것일까?

노자가 말하는 '무위 통치'는 바로 '무위이치無爲而治' 내지 '무위이무불치無爲而無不治'를 언급한 것이라고 할 수 있다. 이는 단순히 아무것도 하지 않는 '무치無治'와는 천양지차가 있는 것이다. 통치에서 '무치'는 최악의 상태로 일종의 무정부 상태에 가까운 것이라고 할 수 있다. 그럼에도 한때 노자의 통치

---

13) 김항배는 노자가 말한 '道生一'에 나타나는 '一'을 '一氣' 또는 '元氣'로 해석하는 것에 반대하면서 '一生二' 또는 '三生萬物'에 나오는 '二'와 '三' 등은 모두 단지 '도'가 만물로 구체화되는 과정의 순서를 명명한 것에 불과한 것으로 보아야 한다고 주장했다. 그는 성리학자들이 언어나 문자의 구속에서 벗어나지 못해 노자의 '도'를 제대로 해석하지 못했다고 지적했다. 자세한 내용은 김항배, 『노자철학의 연구』, 37~45쪽 참조.

14) 중국 사상사에서 '본체론'은 송대에 가서야 본격적으로 형성되었다. '리기'와 '심성'을 연구하는 송대의 사상에서 '리기'는 곧 본체론에 해당하고 '심성'은 인성론에 해당한다.

사상을 제대로 해석하지 못한 결과 '무위 통치'를 '무정부주의'로 간주한 적이 있는데, 노자의 '무위 통치'는 '무치'와는 천양지차가 있는 개념이라는 점을 잊어서는 안 된다.

'무위 통치'는 있는 그대로의 '자연'을 왜곡하지 않는 것을 말하는 것으로 치자와 피치자를 이분법적으로 나누지 않는 것을 말한다. 노자는 다스리는 주체와 다스리는 대상을 이원화하는 방식으로는 국가와 천하를 다스릴 수 없다는 점을 분명히 지적했다. 천하를 취하려는 자가 그 무엇인가를 인위적으로 조작할 경우 결코 천하를 취할 수 없다는 지적이다. 이는 유가에서 말하는 '순민심順民心'의 이념과도 상통하는 것이라고 할 수 있다. 그러나 노자의 '순민심'은 유가와 같이 어떤 자의적 해석을 좇은 것이 아니라 말 그대로 자연 그대로의 이치를 좇은 것이라는 점에서 차이가 있다.

'무위'의 제도帝道는 따로 하는 것이 없이도 온갖 사물이 저절로 그렇게 변화할 수 있도록 만드는 통치 유형을 말한다. 노자는 통치자가 성인을 본받아 '무위 통치'를 행할 수 있으면 천하에 다스리지 않는 것이 없게 되는 최상의 경지에 이르러 인민이 저절로 교화되고 바르게 되며 부유하고 순박하게 된다고 보았다. 그런데 여기서는 치자와 피치자 간의 이분법적인 구별이 있어서는 안 된다는 사실이 전제가 되어야 한다. 이 점이 바로 치자와 피치자를 엄격하게 구분하는 유·법가의 입장과 뚜렷이 대비되는 것이라고 할 수 있다. 유·법가에서 말하는 '왕도'와 '패도'는 노자의 '제도'와 달리 통치자인 군신君臣과 피치자인 인민人民을 엄격히 구분하는 데서 출발하고 있다.

그렇다면 지극한 치도인 '제도'를 실현하기 위한 구체적인 방안으로는 어떤 것이 있을까? 노자는 우선 인민들이 자아와 사물을 이분법적으로 나누어서 보는 자세를 제거하도록 만들 것을 요구했다. 이를 위해서는 인민들이 '무지無知'와 '무욕無欲'으로 나아가야만 한다. 여기서 말하는 '무지'는 인민들을 '우민愚民'으로 만들라는 주문이 아니라 자아와 사물을 이분법적으로 분별하는 지식을 제거하라는 주문이다. 그리고 '무욕'은 자기 자신만을 고집하는 탐욕을 제거하는 것을 말한다.

그간 노자는 자신이 주장한 '무지무욕'으로 인해 많은 오해와 비난을 받아 왔다. 많은 사람들은 노자의 진의를 곡해한 나머지 인민들을 무지몽매한 상태에 가두어 두는 소위 '우민 정책'을 권장했다는 식으로 노자를 매도했던 것이다. 그러나 노자가 말한 '무지무욕'은 그와 정반대의 뜻을 지니고 있다. 그가 언급한 '무지무욕'은 자아와 사물을 이분법적으로 구분하는 것을 거부한다는 뜻이다. 노자는 인민들이 나와 남을 이분법적으로 구분하는 인식을 강화할 경우 서로 자기만의 이익을 구하여 나라가 혼란스러워질 수밖에 없다고 지적했던 것이다. 이것이 바로 노자가 통치자는 무릇 인민들을 영악한 인민으로 만들지 않기 위해 반드시 '무지무욕'의 단계로 이끌고 나가야만 한다고 강조했던 진정한 이유이다.

노자는 인민들의 '무지무욕'을 통해 구현하려고 했던 국가의 모습을 이른바 '소국과민小國寡民'으로 표현하였는데, 이를 근거로 아직까지도 많은 사람들은 그가 통치 자체를 부정하고 원시 공산 사회 내지 무정부 상태를 염원하였다고 오해하고 있다. 그러나 그가 '소국과민'을 주장했던 것은 단순히 통치를 부정하거나 원시 공산 사회를 이상향으로 그렸기 때문이 아니다. 그것은 통치자가 필요 없을 정도로 인위적인 통치의 내용을 최소화하라고 주문한 것으로 이해되어야 한다. 그가 그린 이상향은 모든 사람이 주어진 자신의 삶에 만족하여 나와 남을 비교할 필요가 없는 국가를 만드는 것이었기 때문이다. 모든 인민이 자신이 속해 있는 공동체와 일체가 되어 마침내는 인민 개개인을 '무화無化'함으로써 더 이상 통치자의 인위적인 개입이 불필요한 상황을 그렸던 것이다. 이는 인위적인 덕목을 내세워 이상국가를 세우려고 했던 유가의 생각과는 극명한 대조를 이루는 것이기도 하다.

한마디로 말해 노자가 말하는 '무위 통치'를 통해 이루려 했던 이상국가는 '도국道國' 내지 '덕국德國'의 모습이라고 할 수 있다. 여기서 노자가 말하는 덕국은 인위적인 덕목에 의해 이루려고 하는 유가의 덕국과는 차이가 있다. 노자의 덕국은 우주만물의 본성인 덕성에 기초한 것이지만 유가의 덕국은 인위적인 덕목에 기초한 것이기 때문이다. 따라서 노자가 추구했던 지극한 통치의 이상형인 '제도帝道'는 바로 '도국' 내지 '덕국' 또는 '제국帝國'의 실현에 그 목적이 있다고 할 수 있다.

여기서 바로 『도덕경』에 언급되어 있는 역설적인 표현들이 그 진면목을 드러내고 있는 것이다. 앞서 언급한 '소국과민'도 '제국'의 실현에 의해 그 진정한 의미를 찾을 수 있다. '제도'는 결코 원시 공산 사회나 무정부 상태에 적용될 수 있는 것이 아니라 '제국' 내지 '천하'의 단위에 적용되는 '치천하治天下'의 통치 논리인 것이다.[15] 노자의 통치 사상에 비추어 볼 때 지난 19세기 이후에 극성을 부린 제국주의의 침략 전쟁이나 20세기에 일어난 두 차례의 세계대전 모두 '치천하'의 통치 논리가 부재했던 데에서 그 원인을 찾을 수 있을 것이다.

'치천하'의 치도로 가장 적합한 노자의 '제도'는 과연 '치천하'에 적용될 수 있는 최상의 치도로 내세운 맹자의 '왕도'와 어떤 차이가 있는 것일까? 이를 구체적으로 논의하기에 앞서 우선 『도덕경』에 등장하는 '왕王'에 대한 개념부터 천착해 보기로 하자. 노자는 '왕'이라는 개념을 자연의 이치인 '천도'를 좇는 최상의 치도 개념으로 사용한 바 있다.

늘 포용하는 것을 아니, 포용하는 것이 공公이고 공이 곧 왕王이며 왕이 곧 천天이고 천이 곧 도道이다.[16]

---

15) 陳鼓應은 『도덕경』을 검토한 결과 '천하'라는 말이 29개장에서 무려 61번이나 나오고 있는 점 등을 들어 노자의 통치 사상은 단순히 治國 차원이 아니라 '治天下'에 더욱 관심을 쏟고 있다고 진단했다. 陳鼓應, 『老莊新論』(최진석 역), 115~116쪽 참조.
16) 『道德經』, 16장, "知常容, 容乃公, 公乃王, 王乃天, 天乃道."

왕필은 이 구절에 나오는 '왕'에 대해 "두루 미치지 못하는 바가 없게 된다"라고 해석했는데, 이 해석에 따를 경우 '왕'은 통치자의 치도를 의미하는 것이라고 이해될 수 있다. 여기서 '왕'은 노자가 생존한 시절에는 '황제'라는 용어가 존재하지 않았던 점 등을 감안할 때 최상의 치도인 '제도'를 의미한다고 이해해도 좋을 것이다. 이는 '왕'이 곧 '천'이고 '천'이 곧 '도'라고 하는 구절을 통해 짐작할 수 있다. 결국 최상의 치도를 언급한 노자의 '제도帝道'는 만물을 늘 포용하고 지극히 공평하기 그지없는 통치를 펼치는 것을 의미한다고 해석할 수 있을 것이다. 곧 우주만물은 천명으로 돌아가는 것이 영원불변의 원칙이고 이러한 이치를 알면 그 마음이 천지와 같이 크게 되어 만물을 다 포용할 수 있다는 뜻에 가깝다고 할 수 있다. 사실 우주만물을 모두 포용하는 것만큼 공평한 것은 존재할 수 없다. 이와 같이 공평무사한 단계가 곧 '왕'이고 이러한 '왕'이 곧 '천'이자 '도'라고 말한 것은 바로 노자가 그린 최상의 통치가 '제도'임을 입증하는 것이라고 할 수 있다.

이 대목에서 노자의 치도는 '천도'와 '인도'가 하나로 합쳐지는 소위 '천인합일天人合一'의 경지에 이르게 되었다고 볼 수 있을 것이다. 사실 유가에서 말하는 최고의 치도인 '왕도' 역시 '천인합일'을 전제로 한 것이다. 노자와 유가 모두 우주의 궁극적 이치인 '도' 내지 '천'이 '인도'로 구현된다고 본 점에서는 하등 차이가 없었던 것이다. 따라서 노자의 '제도'와 맹자의 '왕도'는 내용상의 차이에도 불구하고 그 본질만큼은 유사하다고 할 수 있다. 다시 말해 '제도'와 '왕도'는 치도의 수준이 '무위'의 경지에 이른 것인지, '유위'의 단계에 머문 것인지에 따른 정도의 차이에 불과하다.

전국 시대에 나타난 치도 논쟁에 비추어 볼 때 노자가 말한 '왕'은 곧 '제도'에 해당하는 것으로서, 유가에서 말하는 '천도'와 노자의 '도'에 합치하는 최상의 통치 유형으로 보아야만 한다. '제도'가 최상의 치도가 될 수 있는 이유는 말할 것도 없이 '공평무사'로 상징되는 '무위'에 있다. 『도덕경』에 나오는 노자의 '왕'은 '천'과 '도'의 구체적인 표현인 까닭에 사사로움이 없이 천지와 더불어 참된 하늘의 도를 실천할 수 있게 된다.

'제도'를 시행하는 통치자는 무위의 선정을 베풀기 때문에 인민들은 통치의 흔적을 찾을 수 없다. 인민들은 모든 것이 자신들 스스로가 그렇게 한 것인줄 안다. 이러한 통치를 행하는 사람이 바로 노자가 말하는 '성인聖人'이다. 노자의 '성인 통치'는 '무위 통치'의 또 다른 모습이기도 한 것이다. 그러나 노자가 말하는 '성인 통치'는 유가에서 말하는 '성인 통치'와 차이가 있다는 점을 잊어서는 안 된다.

유가에서 '성인 통치'의 전형으로 손꼽는 요순우탕이나 주나라의 문왕과 무왕, 주공 등은 모두 인위를 통해 지극한 통치를 이루려고 한 사람들이었다. 비록 지극한 통치를 이루었다고는 해도 '유위 통치'의 한계를 벗어나지는 못했던 것이다. 소식蘇軾은 『도덕경』을 해석하면서 이렇게 말했다.

> 대도가 융성하면 인의가 그 안에 있게 되지만, 백성들은 이를 모른다. 대도가 폐해진 뒤에야 인의를 볼 수 있기 때문이다. 세상 사람들은 도가 만물을 능히 굽어볼 수 있다는 사실을 모르고 지혜를 통해 이를 보려고 한다. 이로 인해 백성들은 거짓으로 보답하려고 한다. 육친의 화목에 누가 자애를 얘기하지 않고 국가의 통치에 누가 충신을 자처하지 않는가? 요임금이 불효를 한 것은 아니었지만 유독 순임금만이 효자로 칭송되는 것은 고수瞽瞍가 있었기 때문이다. 이윤과 주공이 불충한 것은 아니었지만 유독 용봉龍逢과 비간比干이 거론되는 것은 걸주桀紂가 있었기 때문이다. 물이 마른 연못의 고기들이 거품을 뿜어 서로 위로하고 적셔주는 것은 강호에서 서로를 잊고 사는 것만 같지 못하다.[17]

이러한 해석은 노자의 본의를 제대로 파악했기 때문에 가능한 것이었다. 노자는 인의를 결코 가볍게 보지 않았다. 노자가 말하는 성인은 인민의 마음을 자신의 마음으로 삼음으로써 지나치게 자신의 주견을 내세우지 않고 오히

---

17) 焦竑弱侯, 『老子翼』(이현주 역, 서울: 두레, 2002), 90~91쪽.

려 인민의 의견을 자신의 의견으로 삼는다. 이는 유가에서 말하는 성인의 모습과 같은 것이기도 하다. 결국 노자와 유가 모두 궁극적으로는 '무위 통치'를 통해 '성인 통치'의 지극한 경지를 이루고자 했던 셈이다.

맹자는 "하늘은 인민의 눈을 통해 보고 하늘은 인민의 귀를 통해 듣는 다"[18]라고 하면서, 왕도를 통해 천하를 다스리면 마치 손바닥 위에 물건을 놓은 것처럼 쉽게 다스릴 수 있지만 왕도에 입각한 통치를 펼치지 못할 경우에는 민심이 이반하여 군주의 자리마저 위태롭게 될 것이라고 경고했다. 이는 의리관에서 노자와 맹자가 모두 '민리'를 중시하였다는 사실과 무관하지 않다. 『도덕경』에는 다음과 같은 말이 있다.

> 나라의 관청은 화려한데 농촌의 논밭은 황무지가 되어 있고 인민들의 곡간은 텅 비어 있다. 관리들은 비단 옷을 두르고 허리에 예리한 칼을 차고 다니며 맛있는 음식을 배불리 먹다 남기고 귀중한 재화를 소비하고도 남음이 있다. 이러한 정치를 행하는 사람은 힘들이지 않고 먹는 교만한 도적이다. 이는 도가 아니다.[19]

나아가 노자는 통치자가 사치를 하지 않아야 함은 물론이거니와 인민들 역시 사치와 영예를 추구하지 말고 무욕해야 한다고 강조하였다. 그는 특히 인민들이 소박素樸을 붙들고 사욕私欲을 줄여야만 '무위 통치'를 이룰 수 있다고 언급했다.[20] 또한 노자는 정치에 있어서 법률과 제도 등의 절차를 간소화할 것을 주장하면서 통치자가 대범해야만 인민들이 순박하게 될 수 있다고 강조하기도 했다. 이러한 주장들은 모든 '민리'를 위한 것이었다. 무엇보다 인위적인 덕목과 제도를 간소화하는 것은 '무위 통치'를 위해 반드시 선결되어야만 하는 전제 조건이기도 했다.

---

18) 『孟子』, 「萬章上」, "天視自我民視, 天聽自我民聽."
19) 『道德經』, 53장, "朝甚除, 田甚蕪. 倉甚虛, 服文綵, 帶利劍, 厭飲食, 財貨有餘. 是謂盜夸, 非道也哉."
20) 『道德經』, 19장, "見素抱樸, 少私寡欲."

한마디로 말해 노자의 통치 사상은 우주만물의 원리로서의 '도'를 인간 세계에 실현시킴으로써 자연과의 조화를 추구하는 '무위 통치'에 그 핵심이 있다고 할 수 있다. '무위 통치'를 이룰 수 있는 성인은 '제도'를 현세에 실현시킬 수 있는 이상적인 인격을 갖추어야만 한다. 이러한 이상적인 인격을 갖춘 인물이 바로 '도인道人'이고, '도인'의 '덕'이 현실 정치에 구현된 것이 바로 '도인 통치'가 되는 것이다.

결국 노자가 말하는 '도인'은 '도' 내지 '덕'의 완성자를 의미한다. 노자의 궁극적 목표는 당시의 시대상을 바로잡는 것이었고 그 주체는 성인이었다. 노자가 볼 때 나라를 다스리는 자는 '무위'를 체득한 성인이어야만 했다. 성인만이 나라를 능히 길게 다스리고 오래도록 편안하게 만들 수 있다고 본 것이다. 그리고 '도'의 개개 사물에의 구체적 표현이 '덕'이므로 '통치의 도'는 '도인의 덕'으로 전화될 수 있다. '도인'은 특정 인물을 말하는 것이 아니라 '무위'를 체득해 범인의 경지를 초월한 사람을 가리킨다.

성인이라는 표현이 나오는 부분은 『도덕경』 81장 가운데 31회나 되는데, 상편인 『도경』에 11회, 하편인 『덕론』에 20회가 언급되어 있다. 노자가 말하는 성인은 '도의 완성자' 내지 '이상적 인격자'이므로 하편의 『덕론』에서 보다 많이 언급된 것으로 볼 수 있는 것이다.

결국 노자가 말하는 성인은 도·유·법 3가의 통치 사상을 비교해 볼 때 분명 '도인道人'으로 규정할 수 있고 도인 통치는 '도치道治'로 표현할 수 있다. 따라서 '제도帝道'는 '도인'의 '도치'를 통한 '도국道國'의 건설에 그 진정한 뜻이 있다고 해도 과언이 아닌 것이다. '도국'에서는 '무위 통치'가 각 개인에게까지 고루 미치기 때문에 각자의 언행이 성실하도록 이끌어 준다. 노자의 '도'가 개별 사물에서 발현된 것이 '덕'이다. 노자는 이러한 '도'와 '덕'에 기초해 '도'에 입각한 '무위의 통치'를 가장 이상적인 통치로 간주했다. 따라서 노자의 제도帝道는 '무위의 상덕上德을 체득한 덕인德人의' '덕치德治에 의한' '덕국

德國의 수립'을 통해 그 본연의 모습을 드러낸다고 할 수 있을 것이다.

이상적 통치자인 '도인' 내지 '덕인'은 '도'와 '덕'의 발현이기도 한 '무위無爲'와 '지족知足', '겸하謙下' 등의 통치술을 통해 지극한 통치를 실현하게 된다. '도치'는 '무위자연'의 원리에 입각하므로 인민들은 '도인'의 존재조차 모르지만 저절로 모든 것이 이루어지는 것이다. '도인'의 '도치'와 '덕치'가 실현되어 '무위이치無爲而治'의 지극한 통치가 이루어지는 것, 이것이 바로 '제도'의 지극한 모습이다.

'소국과민'이라는 어의에 얽매여 노자가 말한 '제도'의 경지를 현대의 통치와는 정반대되는 원시 공산 사회 내지 무정부 상태의 것으로 해석해서는 안 된다. '제도'의 통치 영역은 오히려 '대국'에 적합한 것으로 가장 궁극적인 대상은 '천하'인 것이다. 다만 '소국과민'은 '치천하'를 하기 위해서는 '무위통치'에 입각해야 하는 까닭에 가능한 한 인위적인 통치를 최소화해야 한다는 뜻을 지니고 있다. '소국과민'의 정신은 통치의 방식을 말한 것이지 결코 통치의 대상을 의미하는 것이 아니다.

'소국과민'의 치도는 다스림의 주체와 다스림의 대상을 따로 설정하지 않은 가운데 사물의 본성에 따라 저절로 그러하게 다스린다는 의미에서 '자연의 이치를 좇는 무위 통치'라고 정의할 수 있다. 이 세상이 군주에 의해 다스려질 수밖에 없다 하더라도 가장 이상적인 방안은 '무위'의 다스림이 되어야 함을 제시한 것이다. 여기서 주의할 것은, 노자는 장자와 마찬가지로 인위적인 정치의 개입을 부인하긴 했으나 결코 다스림 자체를 부정한 적은 없었다는 점이다. 장자가 출세간으로 나아간 데 반해 노자는 결코 입세의 경계를 벗어나지 않았던 것이다. 이런 점에서 '소국과민'은 일응 근대 서구의 '자유방임'과 유사한 측면이 있다고 할 수 있다. 그것은 인간의 자연스런 삶이 가능하게 된 이후에 국가 또한 평화적으로 유지될 수 있다는 하나의 이념적 지표이다. 과거의 제국주의와 유사한 소위 '패권주의'(Hegemonism)로는 21세기의 세계평화를 기대하기는 어려울 것이다. 노자의 '무위 통치'에서 우리는 21세기 통치 사상의 새로운 이념형을 찾아낼 수 있다.

그렇다면 '소국과민'을 이루기 위해서는 구체적으로 어떤 방안을 동원해야 할까? 노자는 『도덕경』 3장에서 인민들을 '무지무욕無知無欲'의 상태에 두어야 한다고 강조했다. 물론 그는 이로 인해 후세에 커다란 비난을 받기도 했지만, 노자의 이 말은 의식주와 같은 생존 본능을 충족시키고 감각적인 욕망을 억제해야 한다는 뜻으로 해석되어야 한다. 그가 말하고자 한 진정한 내용은 인민들 또한 통치자와 마찬가지 수준에서 '무지무욕'의 순박함을 되찾아야 한다는 것이었다. 이것을 결코 현대적 의미의 '우민愚民 정책'으로 해석해서는 안 된다. '무지무욕'이란 말은, 인민들을 폐쇄적인 틀 안에 가두라고 권한 것이 아니라 인민들이 소박함을 잃지 않도록 위정자들은 늘 염두에 두고 있어야 한다는 사실을 강조하기 위한 말이었다. 그렇기 때문에 비록 '소국과민'을 말했어도 노자의 '무위 통치'의 논리는 오히려 '대국중민大國衆民'에 더 잘 어울리는 통치 유형이라고 할 수 있다.

노자 사상의 전체 체계를 이해하지 못하였을 경우 '무지무욕'과 '소국과민' 등에 대해서는 오해를 불러일으키기 십상이다. 그러나 노자의 참된 생각은 전쟁에 대한 다음의 발언 속에 잘 나타나 있다.

> 도로써 군주를 보좌하는 사람은 무력으로 천하에 강함을 드러내지 않는다. 그것은 반드시 보복을 받게 되기 때문이다. 군대가 주둔하던 곳에는 가시나무가 나며 큰 전쟁에는 반드시 흉년이 뒤따른다.[21]

현대의 패권주의에서는 종종 '자유', '인권', '정의' 등을 앞세워 자의적인 무력의 사용을 정당화하고 있다. 따지고 보면 춘추전국 시대의 숱한 전쟁들

---

21) 『道德經』, 30장, "以道佐人主者, 不以兵强天下. 其事好還. 師之所處, 荊棘生焉. 大軍之後, 必有凶年."

에서조차 '인의' 등을 내세우지 않은 적은 한번도 없었다고 할 수 있다. 그렇지만 노자의 치도관인 '제도'에서는 무력의 사용을 허락하지 않았다. 그의 '반전反戰' 사상은 다음의 발언에서 보다 명확하게 표출되고 있다.

> 무기는 불길한 도구여서 만물 중에는 그것을 싫어하는 것들이 있다. 도를 터득한 사람은 그것을 몸 가까이 두려 하지 않는다. 전쟁이란 많은 사람을 죽이게 되는 까닭에 비애감을 갖게 된다.22)

그는 아예 무기 자체를 혐오했다. 아무리 전쟁에서 위대한 승리를 거둔다 할지라도 거기에는 희생이 수반될 수밖에 없기 때문이다. 노자는 난세 속에서 수많은 인민들이 아무 이유도 없이 희생되는 것을 통절하게 생각했던 것이다. 물론 노자 또한 부득이한 경우에는 전쟁을 할 수밖에 없다는 사실을 수긍했지만, 그는 전쟁이란 어디까지나 자위를 위한 부득이한 경우에 한해야 하며 자위의 목적이 달성되면 그 즉시 전쟁을 종식해야 한다고 보았다. 그는 인민들의 안녕을 도외시하고 사적인 야욕을 위해 광분하는 위정자들을 비판했던 것이다.

노자는 인간들이 하잘것없는 지식으로 시비를 가리고 이해의 상충을 해소하지 못함으로써 전쟁이 일어난다고 보아서, 모든 분쟁을 원천적으로 봉쇄하기 위해서는 '무위'와 '무사無事', '무욕無欲'이 필요하다고 역설했다. 오늘날 인간이 만들어 낸 문명의 이기에 의해 전쟁이 더욱 잔혹해지고 빈발하고 있다는 점에 비추어 볼 때 이러한 노자의 반전 사상은 시사하는 바가 크다. 노자는 인간성을 상실케 하는 기계 문명에 대해 커다란 거부감을 표시한 바 있으니, 결국 문명의 이기란 인간의 이기심과 분별심만을 북돋울 뿐이라고 보았던 것이다.

'무위 통치'는 그것을 구현하는 인간 특히 군주 자신의 실천과 수양을 전

---

22) 『道德經』, 31장, "夫佳兵者, 不祥之器, 物或惡之. 故有道者不處……殺人之衆, 以哀悲泣之."

제로 한다. 어떤 물리적이고 외재적인 조건에 의존함이 없이 자신의 삶의 방식을 변화시키는 가운데에서 다른 사람의 변화를 모색하는 것이다. '무위 통치'는 다른 무엇을 다스리는 것이 아니라 다스리는 주체가 자기 자신을 다스리는 통치 형태를 말한다. 즉, '무위 통치'는 군주와 모든 인민이 주객일체의 통일성 속에서 함께 통치 질서를 마련하는 것으로, 여기에는 군주 자신의 변화 가능성이 전제되어야만 한다는 것이다. 군주는 먼저 다스리는 자신과 다스려지는 인민과의 관계를 이분화하지 말아야 한다. 그러기 위해서는 우선 인민의 분별적 심리 작용을 막아야 한다. 이는 인민을 '무지'의 상태로 만드는 것을 뜻한다. 이 때 '무지'는 결코 인민들을 우둔한 인간으로 만드는 것이 아니라 '보는 것 없이 저절로 보고 듣는 것 없이 저절로 들으며 아는 것 없이 저절로 아는' 자연 질서로 회귀시키려는 데 그 궁극적 목표가 있다.

나아가 통치자는 스스로를 다스릴 수 있어야만 한다. 자신을 다스릴 수만 있다면 통치의 효과가 미치지 않는 곳이 없게 된다. 자신을 다스린다는 측면에서 볼 때는 따로 다스려지는 대상이 없지만, '치기治己'를 통해 다른 모든 것들 역시 '자연'의 운행 방식에 따라 질서와 조화를 이루게 한다는 측면에서 보면 '무불치無不治'가 되는 것이다. '치기'는 단순히 개인 차원에서 이루어지는 고립적인 행위가 아니라 세계에 존재하는 모든 것과 관련되는 '치천하'인 셈이다. 앞서 말했듯이, 이를 위해서는 주체의 자기변화 가능성이 전제되어야 한다. 결국 체험적 사유 방식을 통해 자타를 일체화시킬 수 있을 때 진정한 공동체를 이룰 수 있는 것이다.

이렇듯 노자의 통치 사상은 통치의 극의를 실현하기 위한 탁견이 아닐 수 없다. 자타를 이분화하지 않고 모든 사물을 하나로 융합하는 '주객일체'의 체험을 기준으로 '무위 통치'를 하는 것은 통치를 예술 차원으로 끌어올리는 것임에 틀림없다.

2. 유가

1) 공자: 중왕경패

공자의 치도론을 정확히 이해하기 위해서는 먼저 그의 관중에 관한 평가부터 알아볼 필요가 있다. 공자를 위시한 선진 시대 도·유·법 3가의 치도론은 관중 개인 및 관중의 패업에 대한 이들의 평가와 불가분의 관계를 맺고 있기 때문이다. 여기서는 우선 관중의 애민 사상부터 검토하고자 한다. 이를 통해 그것에 대한 공자의 평가와 공자의 관중관을 이해할 수 있을 것이다.

관중은 제환공이 제후의 회맹會盟을 주재하는 패자가 되기 위해서는 무엇부터 하는 것이 좋으냐고 묻자 한마디로 "인민을 사랑하는 것부터 시작하라"고 대답했다.[23] 천하의 패자가 되기 위해서는 애민愛民에서 시작해야 함을 분명히 한 것이다. 그렇다면 관중은 왜 애민을 패천하霸天下의 출발점으로 거론했을까? 관중은 이와 관련해 "천하를 얻으려고 다투는 자는 우선 반드시 사람을 얻으려 다투어야 한다"라고 강조한 바 있다.[24] 애민은 쟁천하爭天下에 필요한 쟁민爭民을 달성하기 위한 기본 전제라는 지적이다. 그는 또 "군주君主가 인민을 사랑하는 것은 인민을 부리기 위해 사랑하는 것이다"라고 주장한 바 있다.[25] 그의 이러한 언급은 애민은 결국 용민用民과 사민使民을 위한 수단에 불과하다는 주장으로 해석될 소지가 크다. 그러나 관중의 애민 사상에 대해서는 역사적으로 부정적인 해석과 긍정적인 평가가 혼재하고 있어 주의를 요한다. 이에 대한 치밀한 검증이 필요한 이유가 여기에 있다.

다음 말은 애민의 당위성에 대한 관중의 생각을 잘 보여 주고 있다.

---

23) 『管子』, 「小匡」, "始於愛民." 王德敏은 관중의 愛民 사상을 일종의 重民, 民本 사상으로 해석하면서 그의 이러한 사상은 歷史와 現實을 바탕으로 추진된 齊나라의 개혁 과정에서 자연스럽게 형성되었다고 평가했다. 王德敏, 「管仲的哲學思想」, 『春秋哲學』, 115~117쪽 참조.

24) 『管子』, 「覇言」, "夫爭天下者, 必先爭人."

25) 『管子』, 「法法」, "上之所以愛民者, 爲用之愛之也."

옛 성왕이 빛나는 이름을 얻어 널리 칭송을 받으면서……사람을 얻지 못했다는 얘기를 일찍이 들어본 적이 없다. 폭군으로 나라를 잃어버린 사람치고……사람을 잃지 않았다는 얘기를 일찍이 들어본 적이 없다.[26]

이 말을 통해 관중이 애민의 당위성을 강조한 까닭은 바로 패천하의 요건인 득민得民을 달성하기 위해서였음을 알 수 있다.[27] 한마디로 말해 관중은 패천하의 성패는 '득민'에 달려 있다고 지적하고 있는 것이다. 그렇다면 '득민'의 요체는 무엇인가? 관중은 "득인得人의 방안으로 인민에게 이익을 주는 것보다 나은 것이 없다"[28]라고 하여 '이민利民'이 '득민'을 달성하는 관건임을 직설적으로 갈파하였다.[29] 그리고 그 이유에 대해서는 "무릇 인민이란 그 바라는 바를 얻은 뒤에야 윗사람의 말을 듣는다"라고 설명했다.[30] 또한, 득민을 이루기 위한 구체적인 방안과 관련해서 그는 "통치가 흥하는 것은 민심을 따른 데 있고 통치가 망하는 것은 민심을 역행한 데 있다"[31]라고 강조하면서 통치가 민심에 부응해야만 한다고 역설했다. 이민利民과 득민이 국가 존립의 요체인 까닭에 정령政令이 민심에 순응하는가의 여부가 곧 통치의 성패를 좌우한다는 지적이다.

그런데 만일 관중의 사상 가운데 쟁민爭民과 사민使民 등에 관한 언급만을 따로 떼어서 살펴보게 된다면 엉뚱한 해석이 나올 소지가 많다. 군주의 애민은 기본적으로 인민을 부리는 '사민'에 목적이 있다고 해석할 경우, 관중은 오

---

26) 『管子』,「五輔」, "古之聖王, 所以取明名廣譽……非得人者, 未之嘗聞. 暴王之所以失國家……非失人者, 未之嘗聞."

27) 王德敏,「管仲的哲學思想」,『春秋哲學』, 117쪽 참조.

28) 『管子』,「五輔」, "得人之道, 莫若利之."

29) 王德敏은 『管子』「權修」에 나오는 "一年之計 莫如樹穀 十年之計 莫如樹木 百年之計 莫如樹人"라는 대목 등을 들어 관중은 得人의 요체가 樹人에 있고 樹人만이 패천하의 유일한 방안임을 깊이 인식했다고 평가했다. 그러나 王德敏은 樹人에 대한 분석을 생략하고 있어 관중이 언급한 得人의 구체적인 내용이 과연 무엇인지 詳考하기가 어렵다. 王德敏,「管仲的哲學思想」,『春秋哲學』, 134쪽 참조.

30) 『管子』,「五輔」, "夫民必得其所欲, 然後聽上."

31) 『管子』,「牧民」, "政之所興, 在順民心. 政之所廢, 在逆民心."

직 군주를 위해 인민의 도구화를 부추긴 셈이 된다. 그러나 그의 애민 사상은 그의 '존군尊君' 사상과 마찬가지로 궁극적으로는 국가 존립 및 국권 확립의 기본 전제 조건으로 제시된 것이었다. 따라서 관중의 다양한 언급을 종합해서 판단할 때 그의 애민 사상은 패천하를 달성하기 위해서는 인민들의 신임과 지지가 절대적으로 필요하다는 입장이라고 해석되어야 한다.[32] 사실 순민심順民心이 존망흥체存亡興替의 요체임을 강조한 관중은 똑같은 기조 위에서 군민일체君民一體의 필요성을 역설했다. 그는 "군주가 인민과 더불어 일체를 이루는 것이 곧 나라로써 나라를 지키고 인민으로써 인민을 지키는 것이다"[33]라고 강조했다. 군주가 인민과 일체가 되어야만 국가 존립과 국권 확립이 가능하다는 지적이다. 그는 애민이 되지 않는 한 '사민'도 있을 수 없고 '사민'이 없으면 국가의 존립과 국권의 확보도 불가능하다는 논리를 전개했다. 치국의 요체는 인민들의 주거 안정과 생업 보장에 있다는 것이다.[34] 한마디로 관중의 애민 사상은 인민을 도구로 사용해서는 안 된다는 확고한 신념 위에 서 있는 것이었다.[35]

공자의 관중관은 이러한 관중의 애민 사상에 대한 평가와 불가분의 관련이 있다. 관중의 애민 사상은 앞서 검토한 바와 같이 패천하를 통한 보국보민保國保民에 그 궁극적인 목적이 있었다. 공자의 관중에 대한 평가는 이와 같은 관중의 의지 및 그의 공업에 대한 평가였던 셈이다. 그런데 후세에 관중에 대한 엇갈린 평가가 나오게 된 단초 또한 사실 공자가 제공했다고 볼 수 있다. 공자는 관중에 대해 엇갈린 평가를 내놓음으로써 선진 시대 도·유·법 3가

---

32) 王德敏은 관중의 對民觀을 크게 愛民, 利民, 敎民 등 긍정적인 태도와 牧民, 御民, 使民 등 부정적인 태도로 나눌 수 있다고 하면서 후세의 반동적인 통치자는 관중의 부정적인 對民觀을 강화해 악용한 반면 진보적인 사상가는 긍정적인 측면을 진일보시켜 해석해 왔다고 평가했다. 王德敏, 「管仲의 哲學思想」, 『春秋哲學』, 124~125쪽.
33) 『荀子』, 「君臣上」, "與民爲一體, 則是以國守國, 以民守民也."
34) 『國語』, 「齊語」, "聖王之治天下也……定民之居, 成民之事"
35) 金谷治는 『管子』 전편에 걸쳐 관중의 백성에 대한 짙은 농도의 배려를 확인할 수 있다고 강조했다. 金谷治 외, 『중국사상사』(조성을 역, 서울: 이론과실천, 1988), 117쪽 참조.

의 치도 논쟁에 결정적인 단초를 제공했던 것이다.

공자의 관중에 대한 평가는 한마디로 '일포일폄一褒一貶'의 양면성을 띠고 있었다.36) 공자는 관중의 사치와 비례非禮 등을 들어 다음과 같이 그의 그릇이 작다고 폄하했다.

> 관중은 그릇이 작다. 삼귀三歸를 하고 여러 부하들을 거느렸는데 어찌 그를 검소하다고 할 수 있겠는가? 색문塞門을 하고 반점反坫을 한 그가 예를 안다고 하면 누구인들 예를 모른다고 하겠는가?37)

이는 관중을 '일폄一貶'한 대표적인 대목이다. 공자는 관중이 사치하고 예를 모르기 때문에 그릇이 작다고 비판했던 것이다.

그러나 공자는 관중이 '불인不仁'하지 않는가 하는 제자의 질문에 대해서는 전혀 다른 평가를 내놓았다. 이 때는 오히려 관중 같은 '인'만 있다면 더 말할 나위가 없다고 하면서 "제환공이 제후를 규합해 병거를 동원하지 않은 것은 관중 덕분이다. 그와 같은 '인'만 있다면야"38)라고 관중을 높였다. 또 관중의 패업을 칭송한 이유에 대해서는, "관중은 제환공을 도와 제후를 제압하고 단번에 천하를 바로잡았다. 인민들이 지금까지 그의 은혜를 입고 있으니 관중이 없었다면 우리는 오랑캐 풍습을 받아들였을 것이다"39)라고 밝혔다. 관중이 군사를 동원하지 않고도 천하를 조용히 만드는 한편 외적의 침입으로부터 전통 문화를 수호하기도 했기 때문에 관중을 높이 평가한다는 것이다.40)

---

36) 于孔寶, 「論孔子對管仲的評價」, 『社會科學輯刊』(1990. 4), 75쪽 및 金谷治 외, 『중국사상사』 (조성을 역, 서울: 이론과실천, 1988), 11쪽 참조.
37) 『論語』, 「八佾」, "管仲之器小哉……管氏有三歸, 官事不攝, 焉得儉……邦君樹塞門. 管氏亦樹塞門. 邦君爲兩君之好, 有反坫, 管氏亦有反坫. 管氏而知禮, 孰不知禮."
38) 『論語』, 「憲問」, "桓公九合諸侯 不以兵車 管仲之力也 如其仁."
39) 『論語』, 「憲問」, "管仲, 相桓公, 霸諸侯, 一匡天下. 民, 到于今受其賜. 微管仲, 吾其披髮左衽矣."
40) 王德敏은 관중 패업을 一匡天下로 稱揚한 공자의 평가가 후세에 관중의 패업을 불후의 공업으로 인식하게 만든 주요한 배경이 되었다고 분석했다. 王德敏, 「管仲的哲學思想」, 『春秋哲學』, 139쪽 참조.

그렇기 때문에 공자는 관중에 대해 앞서의 평가와는 전혀 다른 평가를 내놓았다.

> 상당한 인물이다. 병읍騈邑 3백 호를 백씨伯氏로부터 빼앗았는데, 백씨는 생활에 쪼들리면서도 죽을 때까지 원망하지 않았다.[41]

여기서 백씨는 대부를 지칭하는 말로, 공자는 관중의 탈읍奪邑 행위에 대해서도 긍정적으로 평가하고 있다. 이는 앞서 그의 비례를 예로 들어 그릇이 작다고 한 것과 대조적인 모습이 아닐 수 없다. 이와 같은 평가는 앞서의 '일폄'과 대칭되는 '일포一襃'의 대표적인 예라고 할 수 있다.

'일포일폄'으로 요약될 수 있는 공자의 관중에 대한 평가[42]는 앞서의 의리관에서와 마찬가지로 많은 논란의 소지를 안고 있어서 이후 선진 시대 도·유·법 3가가 전개한 치도 논쟁의 발단이 되었다. 여기서 왜 공자는 관중을 그처럼 엇갈리게 평가했으며, 그 평가 기준과 배경은 과연 무엇인가 하는 점을 살펴보는 것이 필요하다. 이 경우 우선 공자가 관중을 폄하한 이유를 천착하기에 앞서 공자는 전술한 바와 같이 정명종주正名從周를 자신의 시대적 소명으로 삼았던 사람이었음을 유념해야 한다.

공자는 "천하가 바르게 서 있으면 예악과 정벌은 천자로부터 나온다. 천하에 바른 질서가 유지되지 않으면 예악과 정벌은 제후로부터 나온다"[43]라고 말한 바 있다. 예악과 정벌이 제후로부터 나오는 춘추 시대 말기의 혼란상을 목도한 공자의 입장에서는 당연히 천하의 질서가 회복되기를 대망했다고 보아야 할 것이다. 그가 '정명종주'를 기치로 내세운 이유가 바로 여기에 있

---

41) 『論語』, 「憲問」, "人也, 奪伯氏騈邑三百, 飯疏食沒齒無怨言."
42) Schwartz는 공자의 관중에 대한 一襃一貶을 통해 관중의 不德(little personal virtue)과 관중이 성취한 功業(good sociopolitical results)의 평가 문제를 놓고 진행된 공자의 苦惱(deep tension)를 충분히 짐작할 수 있다고 분석했다. Cf. Schwartz, Benjamin I, *The World of Thought in Ancient China* (Cambridge/London: Harvard University Press, 1985), pp. 109~110.
43) 『論語』, 「季氏」, "天下有道, 則禮樂征伐自天子出. 天下無道, 則禮樂征伐, 自諸侯出."

다. 결국 주례로의 회복을 자신의 임무로 여겼던 공자로서는 사치하면서도 월권적인 관중의 행태를 기본적으로 용인할 수 없었고, 이런 입장에서는 비례를 저지른 관중을 그릇이 작다고 폄하하지 않을 수 없었다. 특히 관중이 제나라를 개혁하는 과정에서 주례를 어느 정도 훼손시킨 것도 폄하의 한 원인이 되었을 것이다. 실제로 관중의 개혁 정책 중에는 주례에 의거한 정전제井田制와 분봉제分封制가 상당 부분 훼손되어 있는 것이 사실이다.[44] 그러나 관중의 비례非禮와 공자의 복례復禮는 당시의 시대 상황에 비추어 볼 때 사회 변혁에 관한 두 사람 간의 상이한 입장 차이에서 비롯된 것으로 보아야 한다.

그렇다면 공자가 관중을 높이 평가한 배경과 기준은 과연 무엇이었을까? 여기서도 마찬가지로 먼저 관중의 개절改節에 대한 공자의 평가를 살펴보는 것이 필요하다. 관중의 개절에 대한 선진 시대 도 · 유 · 법 3가의 평가는 그들의 치도론을 분석하는 데 있어 중요한 기준이 되기 때문이다.

관중은 자신의 개절에 대해 "나는 소절小節을 수치스럽게 생각하지 않고 공명을 천하에 드러내지 못하는 것을 수치스럽게 생각한다"라고 해명했다.[45] 한마디로 주군을 따라 죽는 것은 '소절'이고 공명을 천하에 드러내는 것은 '대의' 내지 '대절'이라고 변명하고 있는 것이다.

『관자』「대광」편을 근거로 추론하면 춘추 시대에는 관중의 개절과 관련해 크게 3개의 엇갈린 평가가 존재했던 것으로 보인다.

하나는 개인의 생사를 사직의 존망과 연결시킨 입장에서 바라보는 시각이다. 사실 관중은 제환공이 자신을 국경 지역까지 나와 맞이하자 제환공의 은혜를 '사차불휴死且不朽'로 칭송하면서 패천하의 대업에 헌신할 것을 다짐했다.[46] 관중 스스로가 변명했듯이 관중의 생사를 사직의 존망과 연결시킬

---

44) 『漢書』, 「貨殖傳」, "陵夷至乎桓文之後, 禮誼大壞, 上下相冒, 國異政, 家殊俗, 奢欲不制, 僭差亡極. 於是商通難得之貨, 工作亡用之器."
45) 『史記』, 「管晏列傳」, "公子糾, 敗. 召忽, 死之. 吾, 幽囚受辱. 鮑叔, 不以我爲無恥, 知我不羞小節而恥功名不顯于天下也. 生我者, 父母. 知我者, 鮑子也."
46) 『管子』, 「小匡」, "應公之賜, 殺之黃泉, 死且不朽."

경우 관중의 생존은 그 나름대로의 정당성을 지니게 된다. 이러한 시각에 입각할 경우 관중의 도생圖生은 결코 구차한 도생이 아니라 나라를 위한 도생이었다고 미화될 수 있는 것이다.[47]

두 번째는 관중과 함께 공자 규糾를 섬겼던 소홀召忽이 죽음을 선택한 것을 높이 평가하는 입장에서 관중을 바라보는 시각이다. 소홀은 제환공의 탁용 제안을 거부하고 자진自盡의 길을 선택했다.[48] 소홀의 죽음은 주군이었던 '규'의 입장에서 볼 때 지극히 충성스런 모습이 아닐 수 없다. 따라서 소홀의 죽음을 충의의 거사로 평가하는 입장에 설 경우 관중의 개절은 비난을 면할 길이 없게 된다.

세 번째는 중간적인 입장에서 관중의 개절을 바라보는 관점이다. 『관자』를 주석한 윤지장尹知章은, 만일 소홀이 살았다면 제환공의 패천하가 불가능했을 것이고 관중이 죽었다면 구합지공九合之功을 세울 수 없었을 것이라고 전제하면서 소홀은 죽어서 충의를 밝혔고 관중은 살아서 사직을 안정시켰다고 평가했다.[49] 윤지장의 이러한 평가는 사실상 공자의 '일포일폄'과 상당 부분 맥을 같이하고 있다.[50]

여기서 관중의 개절에 대한 공자의 평가를 살펴보면, 공자는 대체로 관중의 변명을 수용하는 입장에 가까웠다고 할 수 있다. 따라서 공자는 대의론에 입각해서 개절에 대한 관중의 해명을 수용하였다고 보는 것이 타당하다. 공자는 관중의 개절을 둘러싼 '대절'과 '소절'의 논란을 불문에 붙인 채 오히려

---

47) 『管子』, 「大匡」, "夷吾之爲君臣也, 將承君命, 奉社稷以待宗廟, 豈死一糾哉, 夷吾之所死者, 社稷破, 宗廟滅, 祭祖絶. 夷吾死之, 非此三者, 則夷吾生."
48) 『管子』, 「大匡」, "百歲之後, 吾君卜世, 犯吾君命而廢吾所立, 奪吾糾也. 雖得天下吾不生也……殺君而用吾身, 是再辱我也……乃行入齊, 自刎而死."
49) 『管子』, 「大匡」, "君子聞之曰, 召忽之死也, 賢其生也. 管仲之生也, 賢其死也."
50) 이에 대해 王德敏은 召忽은 社稷과 국가를 돌보지 않고 오직 개인 차원의 죽음에 연연한 나머지 우직한 충성 즉 愚忠만을 보여준 까닭에 취할 바가 못 된다고 단언하면서 尹知章의 평가 역시 일견 공정한 듯하나 실은 절충을 시도한 것이므로 이 또한 취할 바가 못 된다고 폄하했다. 王德敏은 오직 관중의 관점만이 국가적 차원의 긴 안목에서 볼 때 바람직한 시각이라고 평가했다. 王德敏, 「管仲的哲學思想」, 『春秋哲學』, 139쪽 참조.

그의 해명을 '인'에 기초한 천하관으로까지 격상시켰다. 관중이 주군을 따라 죽지 않은 것은 개인 차원의 '소의'에 불과하지만 제환공을 도와 전쟁을 통하지 않고 패천하를 이룸으로써 천하를 안정시킨 일은 '대의'의 공업에 해당한다고 평가한 것이다.

물론 공자의 관중에 대한 평가 중 "관중과 같은 '인'만 있다면야"라는 구절은 그 표현의 애매함 때문에 다양한 해석의 여지를 남기고 있기도 하다. 그러나 관중이 본질적으로 어질다고 보았든 아니면 다만 '인'에 가까운 업적을 세웠다고 평가했든, 공자가 관중의 패업을 높이 평가했던 것만은 부인할 수 없는 사실이다.

공자는 관중이 평화적인 방법으로 제후들을 소집하여 분쟁을 해결하고 인민들로 하여금 전쟁의 참화에서 벗어나도록 한 것은 덕치 정신에 부합한다고 보았다. 특히 그는 관중이 제환공을 보좌하여 천하를 제패하고 '존왕양이尊王攘夷'의 기치 아래 중원 민족을 이적의 침입으로부터 지켜낸 공을 무엇보다 높이 평가했다. 이를 세분해 검토하면, 우선 병거兵車를 동원하지 않고 제후들을 규합하여 천하를 평정했다는 것은 인민들을 전쟁의 참화에서 구해냄으로써 인민의 이익을 지켰다는 의미로 풀이할 수 있다. 또한 존왕양이의 기치 아래 열국을 단결시켜 이적 문화의 유입을 막아냈다는 것은 국가와 민족의 이익을 지켰다는 의미로 해석할 수 있다. 한마디로 말해 공자는 관중이 국가와 인민의 이익을 지켜냈기 때문에 '인'에 해당하는 업적을 이루었다고 평가한 것이다. 통상적인 기준에서 관중을 폄하하지 않고 국리와 민리의 차원에서 평가함으로써 역사적 인물에 대한 하나의 평가 기준을 만들어 낸 셈이다. 공자의 제자들이 입신과정 상의 개절을 문제삼아 관중을 폄하하려 했을 때 한마디로 그것을 일축해 버린 것도 바로 이러한 입장에서 비롯된 것이라고 생각된다.

여기서 과연 공자가 상정한 국가와 민족의 이익 등에 관한 기준과 내용이 무엇인지 검토할 필요가 있다.

공자의 시대 이전부터 황하 유역에 모여 사는 중원 일대의 족속들은 스스로를 '화하華夏' 민족이라 칭하고 주변 민족을 사이四夷라고 부르는 등 문화적인 우월감에 쌓여 있었다. 그러나 이미 춘추 시대는 주나라 왕실이 무력해진 상황에서 '사이'가 중원을 끊임없이 위협하던 시기이기도 했다.[51] 따라서 이 시기에는 이적의 침입에 저항하여 자신들의 소위 화하 문화를 지켜내는 것이 하나의 당면 과제가 되어 있었다. 이와 같은 민족적 위기 상황에서 관중은 이적의 침입을 받은 형邢나라와 연燕나라 등을 '존왕양이'의 기치 아래 구해냈던 것이다. 관중이 출병에 앞서 제환공에게 제시한 논리는 오랑캐는 시랑豺狼과 같은 존재이므로 위기에 처한 '화하족'의 나라에 대한 구원이 불가피하다는 것이었다.[52] 관중이 주변 민족을 '시랑'으로 비하한 것은 편견인 것이 사실이나 그의 언급은 '화이華夷' 사상에 충일한 중원 민족의 공통적인 심리를 대변한 것으로 보아야 한다. 이른바 화이관에 입각한 중원 민족의 우월감은 이미 관중의 활동 당시에도 뿌리가 깊었음을 짐작할 수 있다.

공자가 관중을 칭송한 것도 사실 상당 부분 관중의 이러한 논리에 적극 동조한 데서 비롯된 것이었다. 공자 역시 주례 회복을 자신의 임무라고 여기고 있었기 때문에 자신이 성왕으로 받들고 있는 주공이 만든 분봉 체제와 화하 문화를 지켜야 한다고 주장했다. 그렇기에 그는 "이적에게 비록 군주가 있다고 하더라도 군주가 없는 화하족의 나라만 못하다"[53]라고 하여 중원을 중시하면서 주변 민족을 경시하였던 것이다. 공자는 관중이 병거를 동원하지 않고 천하를 평정함으로써 인민의 이익을 지켜낸 것을 '인'에 가깝다고 평가

---

51) 『漢書』, 「韋賢傳」, "四夷竝侵, 獫狁最彊, 於今匈奴是也……及至幽王, 犬戎來伐, 殺幽王, 取宗器. 自是之後, 南夷與北夷交侵, 中國不絶如線."
52) 『左傳』, '閔公 元年', "管敬仲言于齊侯曰; 戎狄豺狼, 不可厭也. 諸夏親暱, 不可棄也. 宴安酖毒, 不可懷也." 『左傳』 '閔公 2年' 참조. 小倉芳彦, 『中國古代政治思想研究』(東京: 靑木書店, 1975), 142쪽에서 재인용.
53) 『論語』, 「八佾」, "夷狄之有君, 不如諸夏之亡也."

했지만, 사실 공자의 화하 문화에 대한 강한 자부심에 비추어 볼 때 공자가 관중의 패업을 높게 평가한 진정한 이유는 화하 민족과 화하 문화를 이적의 침략으로부터 막아낸 데 있었다고 보아야 한다.

한마디로 공자는 관중이 민족적 위기 상황에서 의연히 중원 민족의 단결과 이익을 지켜낸 데 대해 무한한 고마움을 느꼈던 것이다. 관중에 대한 공자의 '일포'는 바로 화하 문화에 대한 두 사람의 공동 인식이 그 근원적인 배경이 되었음에 틀림없다. 공자와 관중은 화하 민족이 지니고 있는 문화적 우월감을 토대로 깊은 정신적 교감을 느꼈을 것으로 짐작된다.

하지만 관중 및 관중의 패업에 대한 공자의 '일포일폄' 평가만을 기초로 할 경우, 과연 공자가 패도를 어떤 입장에서 보고 있는 것인지 판단하기가 쉽지 않다. 공자는 기본적으로 맹자와 같이 왕도를 강조하지도 않은 것은 물론 패도를 폄척하지도 않았기 때문이다. 그러나 그 역시 패자에 대한 나름대로의 기준을 제시하기는 했다. "진문공晉文公은 거짓이 있고 바르지 않았으나 제환공은 바르고 거짓이 없었다"[54]라고 말했듯이, 그는 패자의 종류를 크게 둘로 나눠 제환공을 올바른 패자로, 진문공을 거짓된 패자로 규정했던 것이다. 여기서 과연 공자가 어떤 기준으로 제환공과 진문공을 구별했는가 하는 것을 살펴볼 필요가 있다. 그래야만 공자의 치도론을 정확히 분석할 수 있기 때문이다.

공자가 관중의 패업을 높이 평가한 이유는 국가의 이익과 인민의 이익을 동시에 지켜냈기 때문이라는 점은 앞서 검토한 바와 같다. 선진 시대 도·유·법 3가의 의리관에 대한 분석을 통해 보았듯이 공자는 국리 차원의 공리를 배척하지 않았다. 이러한 그의 입장이 관중의 패업을 평가하는 데 중요한 배경이 되었음에 틀림없다. 공자는 박시제중博施濟衆의 공적을 '인'으로 보아야 하지 않느냐는 자공子貢의 질문에 대해 "어찌 '인'에 그치겠는가? '성聖'에

---

54) 『論語』, 「憲問」, "晉文公, 譎而不正. 齊桓公, 正而不譎."

가깝다 할 것이다. 요순조차 그렇게 하지 못한 것을 가슴아파하였다"[55])라고 답했다. 공자는 널리 베풀고 인민을 구제하는 '박시제중'의 공적은 '인'의 공적을 넘어 성인의 업적에 해당한다고 단언한 것이다. 이러한 평가 기준에 비추어 볼 때 관중의 패업은 분명 국리와 민리를 지킨 공적임에 틀림없다. 따라서 공자는 관중의 패업을 일종의 '박시제중'에 가까운 공적으로 인정했을 가능성이 크다. 여기서 공자의 관중에 대한 평가는 고립적인 것이 아니라 그의 총체적인 '인학'의 체계에서 나온 것임을 짐작할 수 있다.

그렇다면 공자의 관중에 대한 '일포일폄'은 과연 무엇을 뜻하는 것인가? 이를 확연히 하지 않으면 관중 개인에 대한 공자의 평가와 관중의 패업에 대한 공자의 평가가 별개로 이루어진 것인지 아니면 하나의 평가 기준을 통해 엇갈린 평가를 내린 것인지 정확하게 파악할 길이 없다.

우선 공자는 관중 개인의 행태에 대해서는 그 그릇이 작다고 평가한 데서 알 수 있듯이 상당히 비판적인 자세를 견지했다. 여기에 사용된 공자의 잣대는 앞서 검토한 바와 같이 극기복례에 입각한 그의 '정명종주' 사상이라고 할 수 있다. 그러나 또 관중의 패업에 대해서는 '인'에 해당하는 공업으로 평가한 데서 알 수 있듯이 국가와 인민의 이익이라는 잣대를 적용했다. 이는 관중이 주장한 '대의론'에 입각한 기준이라고 할 수 있다.

공자는 '인'을 구현하는 구체적인 방안으로 '수신문교修身文敎'를 내세웠다. 그런데 관중에 대해 사치와 비례, 개절 등의 이유로 들어 '인'을 닦지 못한 그릇이 작은 인물이라고 평가했던 공자가 다시 '인'의 공업을 이루었다고 평가하게 된 이유는 과연 무엇일까?

개인 차원의 관중은 공자가 말한 '인'의 구체적인 실천 기준인 '수신'과 '문교'의 관점에서 볼 때 틀림없이 비례에 해당하는 것이다. 따라서 관중은 진정한 '인인仁人'이 될 수 없다. 그렇다면 아무리 '인'에 해당하는 공을 세웠을

---

55) 『論語』, 「雍也」, "何事於仁, 必也聖乎. 堯舜其猶病諸."

지라도 관중은 '인인'이 될 수 없음이 자명하다. 그럼에도 불구하고 공자는 관중의 패업을 '인'에 해당한다고 평가했다. 따라서 공자는 관중 개인과 그의 업적을 따로 나눠 평가한 것이라고 보아야 한다. 결국 이와 같은 분석을 기준으로 삼을 경우 공자는 개인 차원에서는 '인'을 실천하지 못한 인물일지라도 국가 차원에서는 대의에 입각한 '인'의 공업을 얼마든지 이룰 수 있음을 인정한 셈이다.

동일한 논리로 개인 차원의 '인'을 이룬 사람일지라도 대의 차원에서는 '불인不仁'을 저지를 수 있다는 반대의 해석도 가능할 것이다. 이런 해석에 대한 구체적인 언급이 없기 때문에 자세히 알기는 어렵지만, 공자는 개인 차원의 '인'을 확고히 쌓은 사람이라면 대의 차원에서도 '불인'을 저지르지 않을 것이라는 낙관적인 생각을 가지고 있었던 것으로 보인다. 이러한 분석은 공자가 수신을 하지 못한 인물이 높은 자리에 앉아 있을 경우에 대한 대안을 적극적으로 제시하지 않았다는 점으로써 유추해 볼 수 있다. 사실 공자는 수신을 완성한 군자가 높은 자리에 앉아야 한다는 당위론만을 제시했을 뿐 반대의 경우에 대한 해답을 전혀 제시하지 않았던 것이다.

이상과 같은 분석을 종합해 볼 때 공자는 관중과 제환공을 개인적인 차원에서는 '인'을 이루지 못했지만 국가와 민족 차원에서는 '인'을 이룬 인물이라고 평가했다고 할 수 있다. 이런 평가가 바로 관중과 제환공을 '진정한 패자'로 인정한 근거일 것이다. 특히 이러한 기준을 적용해야만 공자가 제환공을 진정한 패자로 인정하면서 진문공을 거짓된 패자로 지목한 이유가 비로소 자연스럽게 설명된다. 여기서 공자는 패도 자체를 맹자와 같이 아예 무시하려고 하지 않았음을 충분히 짐작할 수 있다.

사실 제환공과 관중은 맹자가 질타한 것처럼 그렇게 단순히 힘을 빌려 패업을 이룬 인물은 아니었다. 제환공은 관중의 주청을 받아들여 다음과 같이 지방관장들에게 현사의 천거를 강력히 독촉하기도 했다.

향장鄕長들의 고향에 '의'를 좇아 배우기를 좋아하며 부모에 효도하고 총명하면서도 어질며……용기가 남다른 사람이 있으면 이를 고해야 한다.[56]

　관중은 거현擧賢의 구체적인 실천 지침과 관련해 군주는 천거 인물의 덕성과 공적, 능력 등을 감안해 발탁해야 한다고 강조하였고,[57] 이를 실천에 옮겨 오직 도덕만을 중시하던 기존의 전통을 호학好學·자효慈孝·총혜聰慧·권용拳勇 등 다양한 분야에 걸쳐 어질고 뛰어난 인물을 중시하는 전통으로 바꾸었다.[58] 사실 관중의 정책은 친소를 불문하고 현능한 인사를 발탁해 임관시킨다는 이른바 '찰능수관察能授官'의 원칙을 정립하는 획기적인 전기를 마련했다는 평가를 받고 있다.[59]

　결국 공자는 관중과 제환공이 이룩한 패도, 특히 관중과 같이 '인'에 해당하는 공업을 이룬 패도에 대해서는 제한적으로 인정하려는 입장을 견지했다고 볼 수 있을 것이다. 따라서 공자의 치도론은 왕도를 최상으로 여기면서도 특별한 경우에 한해서는 패도를 수용하는 일종의 '패도한인주의霸道限認主義'로 규정할 수 있다. 공자의 관중에 대한 평가가 '일포일폄'으로 나타난 것과 같은 맥락에서 공자의 치도론 역시 '패도한인주의'로 나타날 수밖에 없었던 것이다. 만일 관중이 수신 차원에서마저 '인'을 이루었다면 이는 곧 '왕도의 실현'을 의미한다고 할 수 있을 것이다. 공자는 자신이 제안한 군자 정치의 이상이 현실의 벽 앞에서 좌절되는 과정을 거치면서 왕도만을 고집하기에는 현실적으로 문제가 있다고 느꼈을 것이라고 짐작된다.

---

56) 『管子』, 「小匡」, "於子之鄕, 有居處(爲義)好學, 慈孝於父母, 聰慧質仁……有拳勇股肱之力秀出於衆者, 有則以告." 『國語』 「齊語」에는 爲義라는 두 글자가 빠져 있다.
57) 『管子』, 「立政」, "一曰德不當其位, 二曰功不當其祿, 三曰能不當其官."
58) 王德敏은 관중의 擧賢 원칙을 일종의 총체적 人材觀으로 평가하면서, 絶仁棄智를 주장하는 도가 및 仁義만을 중시하는 유가, 嚴刑峻法만을 존중하고 德性을 輕視하는 법가의 人材觀과는 커다란 차이가 있다고 분석했다. 王德敏, 「管仲的哲學思想」, 『春秋哲學』, 137쪽 참조.
59) 王德敏은 관중의 이와 같은 不避親疏의 擧賢 원칙을 두고 殷周 이래 계속돼 온 宗法制에 의거한 親親 원칙과 分封制에 의거한 尊尊 원칙을 타파한 혁명적인 것으로 높이 평가했다. 王德敏, 「管仲的哲學思想」, 『春秋哲學』, 136~137쪽 참조.

『논어』전편에 걸쳐 공자가 개인 차원에서 인仁을 이뤘다고 평가한 사람은 오직 안회顔回 한 사람 정도였지만, 안회는 사회적으로 아무런 공적을 남기지 못했다. 공자가 그린 왕도 정치는 수신의 '인'을 이룬 안회와 치국평천하의 '인'을 이룬 관중을 결합한 모습이 아니었을까 생각된다.

그런데 관중에 대한 공자의 '일포일폄'은 후세의 많은 사람들로 하여금 '대의'에 입각한 '인'의 실현을 하나의 실천적 행동 지침으로 이상화시키게 되었다는 측면을 간과해서는 안 된다. 특히 이와 같은 실천 가치를 존중하는 자세는 공자가 '인'을 실현하기 위한 지침으로 제시한 살신성인의 정신과 결합할 경우 폭발력을 지니게 된다.

관중이 죽은 지 백여 년이 지난 뒤 노나라의 숙손표叔孫豹는 관중의 개절과 패업을 토대로 한 이른바 '삼불후설三不朽說'을 제창함으로써 후세의 지사志士와 인인仁人에게 심대한 영향을 미쳤다. 그의 '삼불후설'은 입덕立德·입공立功·입언立言의 세 가지 공덕 중 어느 하나만을 세운 경우라 할지라도 그 공덕은 영원히 스러지지 않는다는 내용을 골자로 하고 있다.[60] 이 '삼불후설'은 관중이 제환공의 패업을 위해 다짐한 '사차불후死且不朽'의 정신과 상통한다고 할 수 있을 것이다.[61] 공자 또한 다음과 같이 유사한 언급을 한 바 있다.

> 지사志士와 인인仁人은 '인仁'을 해치면서 삶을 추구하지 않는다. 오히려 살신殺身을 하여 '인'을 세운다.[62]

국가와 민족의 이익을 위해 자신의 몸을 던지는 것을 '인'의 실현으로 여기는 기풍은 공자의 이러한 평가에서 유래했을 가능성이 크다.[63] 그러나 후

---

60) 『左傳』, '襄公 24年', "太上, 有立德. 其次, 有立功. 其次, 有立言. 雖久不廢, 此之謂不朽."

61) 王德敏, 「管仲的哲學思想」, 『春秋哲學』, 139쪽 참조.

62) 『論語』, 「衛靈公」, "志士仁人, 無求生而害仁, 有殺身而成仁."

63) 于孔寶는 이러한 기풍은 중국의 지식인 사회에서 더욱 강하게 표출되고 있다고 지적했다. 그는 毛澤東의 「爲人民服務」에 나오는 "사람은 진실로 한 번 죽는다. 태산보다 무거울 수도 鴻毛처럼 가벼울 수도 있다"(人固有一死. 或重于泰山, 或輕于鴻毛)라는 표현 역시 바로

세의 맹자나 주희 등은 개인 차원의 '인'을 이루지 못한 경우는 설령 국가 차
원의 공업을 이룰지라도 결코 '인'을 이룬 것이 아니라는 평가를 내리고 말았
다. 이는 공자의 기본 취지를 심히 왜곡한 것이 아닐 수 없다.

2) 맹자: 숭왕척패

맹자의 관중관을 알아보기 위해서는 무엇보다도 관중의 '존군尊君' 사상
에 대한 검토가 선행되어야 한다. 관중의 통치 사상 중 그의 존군 사상은 맹자
의 '경군輕君' 사상과 여러 면에서 대비되기 때문이다.

관중의 존군 사상은 국권의 확립을 위한 방안으로 존군의 중요성을 강조
했다는 데에 그 특징이 있다.[64] 그러나 그가 말하는 존군은 국가주의에 입각
한 그의 통치 사상에 비추어 볼 때 어디까지나 국가 존립 및 국권 확립의 기본
전제일 뿐 그 자체가 목적이 될 수는 없는 것이었다.

> 무릇 군주와 나라에 있어 가장 중요한 것은 '영令'이다. '영'이 무거워야 군주가
> 존중을 받고 군주가 존중받아야 나라가 안정되는 것이다.……따라서 안국安國은
> '존군'에 있다.[65]

이는 존군이 '안국' 즉 국가 존립 및 국권 확립의 기본임을 강조한 것으로,
관중의 국가주의가 존군 사상을 전제로 성립된 것임을 확연히 보여 주는 대
목이다.[66] 그가 말한 존군은 군주에게 최고의 통치 권력을 부여하는 것을 의

관중과 공자 이후 연면히 이어져온 이러한 기풍을 계승한 것으로 평가했다. 于孔寶, 「論孔
子對管仲的評價」, 『社會科學輯刊』(1990. 4), 78쪽 참조.

64) 蕭公權은 秦漢 이후의 曲學阿世하는 유가들이 昏迷·强暴한 군주에게까지 '重華'라는 尊號
를 부여하면서 이들의 專制政을 방조하고 나선 데에는 순자의 尊君 사상이 이론적 기반을
제공했기 때문이라며 순자의 尊君 사상에 대해 비판적인 평가를 내렸다. 그러나 蕭公權의
이 같은 평가는 순자의 尊君 사상 자체와 역사적 악용 사례를 혼동하여 평가한 것으로 무
리가 있다. 최명은 역자주를 통해 '重華'는 舜임금의 이름으로 聖君으로 번역하는 것이 적
절하다고 주석했다. 蕭公權, 『中國政治思想史』(최명 역), 185~186쪽 및 185쪽 역자주 참조.
65) 『管子』, 「重令」, "凡君國之重器, 莫重於令. 令重, 則君尊. 君尊, 則國安……故安國在乎尊君."

미한다. 그는 "무릇 명령은 높은 데서 나오지 않으면 시행되지 않고 독점되지 않으면 순종하지 않는다"[67]라고 하여 군주가 인민을 살리는 권한을 반드시 손에 쥐고 있어야 한다고 주장했다. 그러나 그는 군주가 최고통치권자라는 이유로 법령을 무시해도 좋다는 입장을 취하지는 않았다. 국권 확립을 최종 목표로 하는 관중의 국가주의에서는 존군 자체도 하나의 수단에 불과할 뿐이기 때문이다.

관중의 존군 개념에는 군주 자신이 최고통치권자인 까닭에 유가에서 말하는 군자일 필요는 없다는 뜻이 함의되어 있다. 관중은 제환공의 호렵好獵, 호주好酒, 호색好色에 대해 "나쁜 것이기는 하다. 그러나 그렇게 중요한 사안은 아니다"[68]라고 말한 바 있다. 군주에게 문제가 되는 것은 국가 통치에서 제 때 결단을 내리지 못하고 갈팡질팡하는 '위수부단逡隨不斷'과 제대로 상황을 파악하지 못하는 '불민不敏'일 뿐 호주와 호색 등 개인적인 행실은 그다지 중요하지 않다고 평가한 것이다.[69]

> 무릇 덕행과 위엄에서 군주가 유독 다른 사람보다 더 어질 수는 없다. 그가 군주이기 때문에 사람들이 따르고 귀히 여기며 감히 그 덕행의 고하를 논하지 않는 것일 뿐이다.[70]

군주가 특별히 다른 사람보다 덕을 많이 쌓은 사람일 필요는 없다는 지적이다. 한마디로 말해 관중은 사람들이 군주의 덕행의 고하를 논하지 않는 것

---

66) 金谷治는 관중의 尊君 사상이 君道와 臣道를 분업의 차원에서 접근한 일종의 君臣異道의 입장이라고 분석했고, 이러한 君臣異道의 입장은 君權의 확립을 겨냥한 것임에 틀림없으나 관료층의 조직적 안정도 동시에 추구했다는 점에서 한비자 등 법가와는 근원적인 차이가 있다고 분석했다. 金谷治 외, 『중국사상사』(조성을 역, 서울: 이론과실천, 1988), 113~114쪽 참조.

67) 『管子』, 「覇言」, "夫令不高, 不行. 不擅, 不聽."

68) 『管子』, 「小匡」, "惡則惡矣. 然, 非其急者也."

69) 『管子』, 「小匡」, "人君, 唯優與不敏爲不可. 優, 則亡衆. 不敏, 不及事."

70) 『管子』, 「法法」, "凡人君之德行威嚴, 非獨能盡賢於人也. 曰人君也, 故從而貴之, 不敢論其德行之高卑."

을 예로 들면서 군위君位의 중요성을 강조했던 것이다. 그가 '군위'를 중시한 것은 단지 군주 개인을 위한(爲君) 차원이 아니라 나라를 위한(爲國) 차원에서 비롯된 것으로 파악해야 한다. 이는 "한 나라의 존망은 오직 군주에게 달려 있다"[71]라고 한 그의 언급에서도 잘 나타나 있다.

　관중의 이런 주장은 그가 현실 통치자였던 점을 감안할 때 당연한 것이라고 생각된다. 관중은 군주라고 해서 특별히 어진 것은 아니라는 사실을 현실적으로 수없이 목도했을 것이다. 그래서 관중은 어진 사람이 군주의 자리에 있어야 한다는 주장은 일종의 당위론에 불과하다고 해석했을 공산이 크다. 관중은 어디까지나 현실 통치자였던 만큼 이론적인 접근보다는 현실적인 접근을 통해 통치를 생각했을 것이기 때문이다.

　군위의 중요성을 강조한 관중의 주장은 일견 법가와 맥을 같이하고 있는 것처럼 보인다. 그러나 이를 두고 그를 법가로 분류하는 것은 잘못이다. 사람들이 군주의 덕행을 놓고 그 고하를 논하지 않는다는 그의 지적은 군위의 중요성을 강조하기 위한 것이지 군주가 덕행을 쌓지 않아도 좋다는 뜻은 아니기 때문이다. 이는 법가가 군주의 덕행을 무시한 것과는 큰 차이가 있다. 법가의 경우는 폭군으로 군림했던 걸주桀紂라 하더라도 군주의 자리에 있었기 때문에 천하를 호령할 수 있었다고 주장하면서 '인의'에 입각한 통치를 부인했다. 법가는 유가의 예의염치와 같은 덕목을 국가 존립의 전제 조건으로 보지 않았던 것이다. 따라서 관중과 법가는 비록 군위의 중요성에 대한 현실적인 기본 인식은 같았다고 하더라도 인식의 내용과 그 처방은 전혀 달랐다고 할 수 있다.

　관중의 존군 사상은 그의 애민 사상과 마찬가지로 국권 확립을 위한 전제 조건으로 강조된 것이라는 점에 그 사상적 특징이 있다. 그러나 전술한 바와 같이 관중이 강조한 애민 사상은 '귀민경군'의 입장을 기초로 하고 있는 맹자

---

71) 『管子』, 「七臣七主」, "一國之存亡, 在其主."

의 애민 사상과 근본적인 차이점을 지니고 있다는 점에서 신중한 해석을 요한다. 관중은 이렇게 말하였다.

군주가 세금을 가볍게 해 주면 인민들은 기아를 걱정하지 않을 것이고, 형정을 너그럽게 하면 그들은 죽음을 두려워하지 않을 것이다. 또한 때를 가려 부역에 동원하면 그들의 힘을 소진시키지 않을 것이다.[72]

이는 일견 맹자가 형벌을 줄이고 세금을 가볍게 하고 때를 빼앗지 않는 것이 통치의 비결이라고 강조한 것과 맥을 같이하고 있다. 그러나 관중의 애민 사상은 궁극적으로 국권 확립 및 쟁천하爭天下를 위한 사민使民에 그 근본 취지가 있음을 간과해서는 안 된다. 맹자의 '귀민경군' 사상이 말 그대로 '위민爲民'을 전제로 한 것이라면 관중의 '존군애민尊君愛民' 사상은 '위국爲國'을 전제로 한 것이었다.

다른 한편, 관중의 '존군애민' 사상은 비록 '위국'에 그 근본 취지가 있기는 하지만 그럼에도 불구하고 인민을 도구로 생각하는 법가의 사상과는 큰 차이가 있다는 점 또한 잊어서는 안 된다. 그러므로 앞서 검토한 바와 같이 관중의 애민 사상을 인민을 이용하기 위해 제안한 사상이었다고 풀이하는 것은 잘못이라고 할 수 있다.

한마디로 말해 관중의 '존군애민' 사상은 국가 존립 및 국권 확립을 달성하기 위한 전제 조건이었다. 특히 그가 궁극적으로 추구한 목표가 패업의 완성에 있었던 점을 감안할 때 애민은 불가결한 전제 조건이 된다고 할 수 있다. 애민이 되지 않으면 '쟁천하'의 패업에 인민을 동원할 수 없게 되기 때문이다. 그리고 이 애민 사상은 그의 존군 사상과 표리의 관계를 이루고 있다. 그가 말하는 애민과 존군 모두 국가 존립과 국권 확립을 위한 전제 조건이었지 최종 목표는 아니었던 것이다. 결론적으로 말해 관중의 통치 사상은 국가 존립과

---

72) 『管子』, 「覇形」, "公輕其稅斂, 則人不憂飢. 緩其刑政, 則人不懼死. 舉事以時, 則不傷勞."

국권 확립을 최종 목표로 하는 국가주의에 있음을 확인할 수 있다. 관중은 이와 같은 최종 목표를 구현하기 위해 존군과 애민을 그 전제 조건으로 들었던 것이다.

그러나 존군애민을 토대로 하여 성립된 관중의 국가주의는 맹자에 의해 혹독한 비판을 받았다. 맹자의 관중관은 공자의 관중에 대한 호의적인 평가와는 달리 매우 격렬한 비판으로 나타나고 있다는 점에 그 특징이 있다. 맹자는 관중의 패업을 이룩할 자신이 있느냐고 묻는 공손추公孫丑의 질문에 대해 증서曾西의 말을 인용하면서 이렇게 답했다.

> 관중은……그토록 오래 재상의 지위에 있었건만 그 업적인즉 저토록 보잘것없었다. 나를 어찌 그 정도 인물과 비교하는가?[73]

이를 통해 맹자가 관중의 패업 자체를 매우 낮게 평가하고 있음을 확연히 알 수 있다. 맹자는 제환공의 공적을 묻는 제선왕의 질문에 대해서도 "공자의 제자들 중에는 제환공과 진문공 같은 패자의 공적에 관해 말하는 이가 없었기 때문에 후세에 전술된 것도 없소이다"[74]라고 일축했다. 공자의 적자를 자처했던 맹자의 관중에 대한 평가는 바로 제환공과 진문공에 대해서는 말하지 않는다는 소위 '무도환문無道桓文'에 요약되어 있는 것이다. 앞서 검토한 바와 같이 공자는 제환공과 진문공을 나누어 평가함으로써 대의에 입각한 패업만큼은 인정하려는 자세를 취했다. 그러나 맹자는 이러한 기준을 버리고 제환공과 진문공 모두를 일괄해 폄해해 버린 것이다. 제환공과 관중에 대한 맹자의 이러한 폄척은 패업 자체를 인정할 수 없다는 확고한 신념 위에서 나온 것이었다.

이렇게 패도를 극력 배척한 맹자는 왕도와 패도를 이분법적으로 나누어

---

73) 『孟子』, 「公孫丑上」, "管仲……行乎國政, 如彼其久也. 功烈, 如彼其卑也. 爾何曾比予於是."
74) 『孟子』, 「梁惠王上」, "仲尼之徒, 無道桓文之事者. 是以後世無傳焉."

비교하면서 왕도의 정당성과 실현 가능성을 역설했다. 그가 왕도와 패도를 이처럼 극단적으로 대립시키게 된 것은 열국의 통치자들에게 자신이 주장하는 왕도가 정당하면서도 실현 가능성도 가장 높다는 점을 강조하기 위해서였다. 그는 이렇게 말하였다.

> 힘으로 '인'을 가장하는 자를 패자라 한다. 패자는 반드시 큰 영토를 가지고 있어야 한다. 덕으로 '인'을 행하는 자를 왕자라 한다. 왕자는 큰 나라를 보유하지 않아도 좋다.75)

이 표현 속에는 무력과 덕, 가인假仁과 행인行仁이 극명하게 비교되어 있다. 맹자는 왕도가 정당성과 실현 가능성에서 패도와 비교가 안 될 정도로 우월하다는 것을 이와 같이 표현한 것이다. 한마디로 왕도와 패도의 우열이 명확하게 드러나 있는 셈이다. 맹자는 왕도의 효용성에 대해서는 "패자의 인민들은 기쁜(驩驩) 기색을 하고 있고 왕자의 인민들은 밝은(皞皞) 기색을 하고 있다"76)라고 비유를 통해 말했다. 패자의 나라에서는 눈에 띄는 혜택을 베풀어 인민들의 환심을 사려하는 데 반해 왕자의 나라에서는 덕화德化가 이루어져 누가 통치자인지 모를 정도로 태평세를 누린다는 주장이다. 왕자의 나라와 패자의 나라가 선명하게 대비되어 나타나고 있다.

맹자는 "오패五霸는 삼왕三王에 대해 죄인이다"라고 단언했다.77) 춘추 시대를 풍미한 오패 모두 자신의 나라를 이끌어 다른 나라를 토벌한 까닭에 덕화를 강조한 삼왕의 법도에 비추어 볼 때 죄를 범한 셈이라는 뜻이다. 제환공과 관중의 패업은 오패의 공업 중 가장 혁혁한 것이었음에도 불구하고 맹자에게는 그 또한 삼왕의 덕업을 손상시킨 일종의 반왕적反王的 패업에 불과한 것이었다. 왕도의 원칙에서 벗어난 제환공과 관중의 업적은 맹자에게 용인될

---

75) 『孟子』, 「公孫丑上」, "以力假仁者, 霸. 霸必有大國. 以德行仁者, 王. 王不待大."
76) 『孟子』, 「盡心上」, "覇者之民, 驩驩如也. 王者之民, 皞皞如也."
77) 『孟子』, 「告子下」, "五覇者, 三王之罪人也."

수 없는 것이었다. 맹자의 이런 언급은 후술하게 될 한나라 때의 치도 논쟁에 나타나는 핵심 논제를 다룬 것이기도 했다.

그러나 맹자가 과연 제환공과 관중까지도 다른 패자와 함께 묶어 일언지하에 폄척한 것이 타당한지에 대해서는 검토할 필요가 있다. 관중은 맹자가 폄하한 내용과는 달리 겸허한 자세로 천하의 질서를 존중하는 모습을 견지했기 때문이다. 제환공과 관중은 결코 맹자가 지적하듯이 천자의 전토권專討權·전봉권專封權을 본질적으로 훼손한 적이 없었다. 오직 이적이 침략하는 불가피한 상황에서 그러했을 뿐이었다.

사실 『춘추좌전』에 기록된 관중은 주례를 매우 존중하는 모습으로 나타나고 있다.[78] 관중은 왕자王子 대帶가 이적과 합작하여 반란을 일으켰을 때 천자의 허락도 없이 군사를 일으켜 반란을 진압한 적이 있었다. 그런데 그는 반란을 진압한 공로로 주나라 왕이 상경上卿으로 대우하려 했을 때 자신은 제환공을 모시는 신하에 불과하다고 말하며 극구 사양하는 모습을 보였다. 이 때 그는 이렇게 말했다.

> 신은 제나라의 미천한 벼슬아치입니다. 천자의 명을 받아 제나라를 지키는 신하로 국씨와 고씨 두 사람이 있습니다. 이들이 봄가을에 문후할 때 왕께서는 또 무슨 예로써 이들을 대하시겠습니까? 배신陪臣은 감히 사양하겠습니다.[79]

관중은 주왕의 후은에 대해 겸양해 하면서 하경下卿의 예로 대해 줄 것을 자청한 것이다. 주왕 역시 그의 겸손한 태도에 감동한 나머지 "구씨舅氏여, 나는 그대의 공적을 가상히 여기노라. 그대의 아름다운 덕에 감동해 영원히 잊지 못하겠으니 돌아가더라도 그대의 직책을 다하고 짐의 명령에 거스르는 일이 없도록 하라"[80]라고 말했다. 그럼에도 불구하고 맹자는 춘추 시대의 패자

---

78) 王德敏, 「管仲的哲學思想」, 『春秋哲學』, 122쪽 참조.
79) 『左傳』, '僖公 12年', "臣, 賤有司也. 有天子之二守國高在. 若節春秋來承王命, 何以禮焉. 陪臣, 敢辭."

는 반드시 '전토권'에 의거해 정벌에 나서야 한다는 원칙만을 고집해 제환공과 관중을 폄척했다. 맹자는 원칙에 충실한 나머지 제환공과 관중의 공업마저 무시했다는 지적을 면할 길이 없는 것이다.

맹자는 선진 시대 도·유·법 3가 중 왕도와 패도를 최초로 준별하는 동시에 왕도의 실현을 적극 주장했다는 점에서 그의 사상적 특성을 확연히 드러내고 있다. 그의 치도론은 일종의 왕도지상주의에 해당하는 셈이다. 맹자는 왕도란 인의에 의거한 정치이며 패도란 인의에 따르지 않고 힘에 의지하는 정치라고 규정한 바 있다.[81] 그러나 엄밀한 의미에서 볼 때 춘추 시대 이래 맹자가 말하는 왕도는 실현 가능성이 아예 없었다고 보는 것이 타당하다. 그나마 춘추 시대에는 패자가 천자를 끼고 제후들을 호령하는 이른바 '협천자挾天子'의 위력을 통해서라도 천하 질서가 어느 정도 유지될 수 있었다. 하지만 칠웅이 천하의 우이牛耳 장악을 놓고 한 치의 양보도 없는 혈전을 치렀던 전국 시대에 들어서는 왕도는커녕 제환공과 관중이 성취한 패도조차 사실상 자취를 감춰 버렸다. 이 시기에 칠웅이 이상적으로 그린 인물은 왕도를 실현한 요순우탕堯舜禹湯이 아니라 패도를 실현한 제환공과 관중이었다. 따라서 맹자가 주창한 왕도 정치는 애초부터 실현 가능성이 전무했다고 보아야 한다.

사실 패도를 '이력가인以力假仁'으로 규정한 맹자의 '왕패준별법'을 적용할지라도 춘추 시대의 패도는 주나라 왕실에 대한 기본적인 예의를 깍듯이 지켰다. 그러나 맹자는 이러한 상황에서 이루어진 패도마저 원론적인 왕도의 기치를 내걸고 그 존재 자체를 인정하지 않았던 것이다. 제환공과 관중이 맹자에 의해 일언지하에 폄척당한 것도 이 때문이었다.

왕도지상주의에 충일한 맹자의 입장은 인의를 체현한 '신왕新王'의 출현

---

80) 『左傳』, '僖公 12年', "舅氏, 余嘉乃勳. 應乃懿德, 謂督不忘. 往踐乃職, 無逆朕命."
81) 馮友蘭은 맹자가 제기한 왕도 정치와 패도 정치를 현대 용어로 풀이할 경우 각각 '민주 정치'와 '파쇼 정치'로 대체시킬 수 있다고 주장했다. 그러나 그의 이와 같은 주장은 맹자의 王覇峻別法을 그대로 적용한 결과임은 말할 것도 없다. 馮友蘭, 『중국철학사』(정인재 역), 112쪽 참조.

을 희원하는 모습으로 구체화되어 나타났다.[82] 그는 천하의 향후 전망을 묻는 양梁나라 양왕襄王의 질문에 "하나로 통일될 것입니다.……사람 죽이기를 좋아하지 않는 사람이 천하를 통일할 수 있을 것입니다"[83]라고 답했다. 이런 주장은 왕도의 실현이 기존의 군주로는 불가능하다는 판단에서 나온 것이다. 그가 대망한 '신왕'은 사람 죽이기를 좋아하지 않는 이른바 '불기살인자不嗜殺人者'였다. 물론 그가 상정하고 있는 왕자는 기본적으로 인의를 체현한 인물이어야 한다. 따라서 평천하를 이룰 '신왕'은 '불기살인자'인 동시에 '인의를 체현한 인물'이어야만 했다.

'불기살인자'가 '인의를 체현한 인물'인지의 여부는 별론으로 하더라도 맹자는 전국 시대의 통치권자 대부분이 사람 죽이기를 좋아하는 폭군에 불과하다고 간주했음에 틀림없다. 그는 "만일 사람을 죽이길 좋아하지 않는 군주가 나타나면 천하의 인민들은 모두 목을 길게 빼어 그를 우러러볼 것이다"[84]라고 탄식하기도 했다. 설령 다소 과장된 묘사가 있을지라도 그의 이런 상황 인식은 당시의 인민들이 열국의 부국강병책에 가혹하게 동원되었음을 짐작하게 한다. 그의 '신왕' 사상은 주나라의 부흥만으로는 도저히 왕도의 실현이 불가능하다는 현실 인식에서 출발했을 것이다.

그러나 맹자가 '신왕'의 출현을 통해 성취하고자 했던 것은 법가와 같이 기존의 봉건 체제를 허물어뜨리고 완전히 새로운 질서를 구축하자는 것이 아니었다. 맹자가 구현하려고 했던 것은 어디까지나 기존의 봉건 체제를 전제로 한 새로운 정권의 창출이었다. 따라서 맹자의 사상은 그의 혁명적인 발상에도 불구하고 봉건 체제로의 복귀를 꾀했다는 점에서 보수적인 색채를 띠고

---

82) 蘇俊良은 맹자가 생존했던 전국 시대 중기에는 약육강식의 혼란 상황이 극에 달해 이미 인민들 사이에 그러한 혼란상을 종식할 수 있는 新王의 출현을 갈망하는 공감대가 형성돼 있었다고 주장했다. 蘇俊良,「論戰國時期儒家理想君王構想的產生」,『首都師範大學學報 — 社會科學』(1993. 2), 39쪽 참조.
83) 『孟子』,「梁惠王上」, "定於一……不嗜殺人者, 能一之."
84) 『孟子』,「梁惠王上」, "如有不嗜殺人者, 則天下之民, 皆引領而望之矣."

있는 것이었다. 봉건 체제를 옹호한 그의 사상은 오히려 공자보다도 더욱 회고적이었다는 점에서 앞서 언급한 그의 혁명적인 사고와는 일견 모순되는 모습을 보이고 있다.

이러한 복고 성향은 그의 '법선왕法先王' 사상에서 뚜렷하게 나타난다. '법선왕' 사상은 요순우탕 등 고대의 성왕이 만든 제도는 더 이상 고칠 데가 없는 만세의 전범인 까닭에 당연히 이를 좇아야 한다는 생각에서 나온 것이었다. 공자가 하夏·은殷 시대의 예제禮制를 상고할 길이 없어 주례를 좇겠다고 밝힌 것과는 대조적인 모습이다.[85] 맹자의 '법선왕' 사상은 후에 나타나는 순자의 '법후왕法後王' 사상과 극명한 대조를 이루는 것으로 맹자의 회고적 성향을 극명하게 보여 주고 있다.

맹자의 '법선왕' 사상은 정전제井田制, 세록제世祿制, 상서제庠序制 등의 실시를 주장하는 것으로 구체화되었다. 맹자는 이와 같은 제도가 이미 삼왕의 시대에 시행되었다고 주장했다. 그러나 이러한 주장은 역사적 사실에 근거한 것이라기보다는 다분히 자신의 독창적인 구상을 고대 성왕에 가탁해 제시한 것이었다.[86]

이런 관점에서 볼 때 맹자의 이상주의적 성향은 복고와 혁신의 개념을 초월하여 최상의 것을 추구하는 측면이 강하다고 할 수 있다. 그리고 지고지선을 추구하는 그의 성향이 바로 일견 상호모순적으로 보이는 '법선왕' 사상과 '신왕' 사상으로 나타났다고 해석하는 것이 타당할 것이다.

맹자의 '신왕' 사상은 '폭군방벌'을 통해 적극적으로 왕도를 실현해 나가자는 사상과 불가분의 관계를 맺고 있다. 맹자는 공자와 달리 '탕무혁명湯武革命'을 인의를 발현한 것으로 높이 평가했다. 맹자가 '탕무혁명'을 언급하면서

---

85) 그러나 周乾溁은 淸代의 陳澧이 『東塾讀書記』에서 언급한 "孟子所言王政, 皆文王之政. 所謂師文王者, 在此也"는 구절 등을 토대로 맹자가 강조한 法先王의 요체는 사실상 '文王을 배우는 것'(師文王)에 있었다고 주장했다. 周乾溁, 「孟子'法先王'的實質」, 『中國哲學史研究』(1986. 2), 12~13쪽 참조.
86) 蕭公權, 『中國政治思想史』(최명 역), 156쪽.

제시한 이른바 '일부가주론一夫可誅論' 역시 왕도 실현을 적극 옹호하기 위한 이론의 성격이 짙었다.

> 인을 해친 자를 적賊이라 하고 의를 해친 자를 잔殘이라고 한다. '잔적殘賊'의 죄를 범한 자는 한 사내에 불과하다. 한 사내에 불과한 주를 죽였다는 말은 들었으나 시군弑君했다는 얘기는 듣지 못했다.[87]

맹자는 은나라의 주왕紂王을 죽인 주무왕周武王은 분명 '시군弑君'의 혐의를 벗을 길이 없음에도 불구하고 그를 칭송하고 나선 것이다. 맹자의 논리에 따르면 이미 인의를 저버린 주왕은 군주가 아닌 한 사내에 불과하기 때문이다. 그러나 그의 '폭군방벌론'은 폭군을 판단하는 기준이 주관적인데다가 군주를 한 사내로 규정하는 논리적 근거가 불충분하다는 점에서 논란의 여지가 많다. 더구나 시군탈위弑君奪位한 자들이 맹자의 '일부가주론'을 도용해 자신들의 찬역 행위를 정당화할 여지가 있다는 점에서도 적잖은 문제가 있다. 그의 이론은 기본적으로 절국竊國의 이론적 도구로 악용될 소지가 농후했다는 점에서 치명적인 약점이 있었던 것이다.

이에 법가는 맹자의 주장이 지닌 문제점을 통박하고 나섰다. 신하된 도리로 끝까지 '사군事君'에 헌신해야지 아무리 명분이 좋더라도 '시군弑君'은 있을 수 없다는 것이 법가의 주장이다. 이는 후술하는 바와 같이 그들의 '귀군' 사상에 따른 당연한 주장이기는 하나 사실 공자의 입장과 상당 부분 궤를 같이하고 있다. 반면 맹자의 '폭군방벌론'은 공자의 입장과는 상관없이 자신이 창안한 '일부가주론'을 근거로 형성된 이론이었다. 공자는 맹자가 '폭군방벌론'의 실례로 내세운 탕무 혁명에 대해 맹자와는 다른 입장에 서 있었다. 공자는 혁명 자체에 대해서는 부정적인 입장을 내비치면서도 혁명정권의 통치는

---

87) 『孟子』, 「梁惠王下」, "賊仁者, 謂之賊. 賊義者, 謂之殘. 殘賊之人, 謂之一夫. 聞誅一夫紂矣, 未聞弑君矣."

수긍하는 중간적인 입장을 취했다. 물론 공자는 탕무 혁명에 대해 구체적으로 언급한 바가 없다. 이는 신하인 탕무가 주군인 걸주를 '시군'하는 것을 인정하지 않았기 때문으로 해석할 수도 있을 것이다.

공자의 기본 입장은 어디까지나 '군군신신'의 입장이었다. '불인불의'한 군주라고 해서 신하가 마음대로 '시군'하는 것을 인정하지 않았던 것이다. 공자는 신하된 자로서는 오직 진퇴를 통해서만 의사를 표시해야 한다고 강조했다. '불인'한 군주를 만나 무도無道한 세상에 처하게 되면 오직 초야로 숨어들 뿐이라고 하면서 '시군'이라는 적극적인 방안을 결코 인정하지 않았던 것이다. 이러한 입장은 "아비는 아들을 위해 그 죄를 숨기고 아들은 아비를 위해 그 죄를 숨긴다"[88]고 하여, 양을 훔친 아버지를 고발한 아들을 불효不孝로 매도한 데서도 분명히 나타난다. 이러한 언급은 어디까지나 '부부자자父父子子'의 입장을 고수했기 때문에 가능한 것이었다. 마찬가지로 공자는 탕무의 '시군탈위弑君奪位' 자체를 결코 용인하지 않았던 것이다. 다만 그는 은나라나 주나라의 건국 자체를 부인하지도 않았다. 이는 그가 '정명종주'를 기치로 내세워 주례의 회복을 꾀한 데서 쉽게 읽을 수 있다. 주례의 붕괴라는 현실 앞에서 그가 추구한 것은 '신왕'을 통한 새로운 질서의 구축이 아니라 구체제로의 복귀였다.

공자는 '시군탈위'의 혁명은 인정하지 않았지만 혁명 정권의 수립 자체는 인정하였다. 그러나 맹자는 공자의 이러한 입장과는 달리 '불기살인不嗜殺人'하는 '신왕'의 등장을 희원한 나머지 '폭군방벌'을 적극 옹호하고 나섰다. 이것이 바로 일체의 패도를 폄척하고 오직 왕도만을 강조하게 된 배경이 된 것이다. '왕패준별법'에 입각한 맹자의 치도론은 일종의 왕도지상주의로 규정할 수 있을 것이다. 왕도지상주의는 '패도불인주의霸道不認主義'로 치환할 수 있다. 맹자의 치도론이 이처럼 왕도지상주의로 흐르게 된 데에는 상당 부분

---

88) 『論語』, 「子路」, "父爲子隱, 子爲父隱."

그 자신이 왕도의 정당성과 실현 가능성에 대해 남다른 확신을 가진 데에서 그 원인의 일단을 찾을 수 있다.[89]

3) 순자: 선왕후패

순자의 관중관을 알아보기 위해서는 우선 관중의 '부민富民' 사상을 검토할 필요가 있다. 관중의 부민 사상은 화이관華夷觀을 토대로 한 순자의 '존망계절存亡繼絶' 사상과 불가분의 관련을 맺고 있기 때문이다.

관중의 부민 사상은 그가 역설했던, 민생의 안정이 선결되지 않으면 안국安國의 요체를 얻을 수 없다고 한 사실과 밀접한 관련을 맺고 있다. 그의 '부국부민' 사상은 '안국안민'을 이루기 위한 방안이었다. 부국부민을 이루기 위해 그는 강력한 중농重農 정책을 실시하면서 국가 재정의 확보와 국민 경제의 안정에 모든 노력을 경주했다. 그는 유가의 예교禮教이든 법가의 법치法治이든 병가가 의도한 전승戰勝이든 궁극적으로는 모두 물질적 풍요에서 출발할 수밖에 없다는 신념을 견지하고 있었다.

나라를 다스리는 요체는 무엇보다 먼저 인민을 부유하게 만들어야 한다. 인민들이 부유하면 다스리는 것이 쉽고 인민들이 가난하면 다스리는 것이 어렵다.[90]

이는 관중의 부민 사상을 제대로 요약해 낸 대목이다. 관중이 말한 부국은 부민의 총화라고 표현할 수 있을 것이다. 그리고 부국의 궁극 목표가 안천

---

89) 蕭公權은 맹자가 列國의 諸王에게 왕도를 강력 주장한 것은 天下를 쥐려는 그들의 雄心을 막자는 것이 아니라 오히려 그들의 雄心이 왕도를 통해 빠른 시일 내에 실현되도록 하기 위해서였다고 평가했다. 한마디로 맹자는 패천하보다 왕천하가 더욱 용이하다는 점을 역설했다고 평가한 것이다. 이러한 평가는 적확하다고 본다. 다만 蕭公權은 결과적으로 맹자의 주장이 받아들여지지 않고 暴秦에 의해 통일이 실현된 점이 아쉬울 뿐이라고 논평해 맹자의 왕천하 주장이 실현 가능성이 있었던 것으로 판단하고 있는 게 아닌가 하는 느낌을 주는데, 이것은 맹자의 왕천하 주장이 당시 상황에 비추어 비현실적이었음을 과소평가한 것이 아닌가 생각된다. 蕭公權, 『中國政治思想史』(최명 역), 152쪽 참조.
90) 『管子』, 「治國」, "凡治國之道, 必先富民. 民富, 則易治也. 民貧, 則難治也."

하安天下에 있었음은 그의 패업과 관련한 사실史實을 통해 확인할 수 있다.[91] 그는 법령이 차질 없이 집행되기 위해서라도 우선 부민이 달성되어야 한다고 확신했다.[92] 관중에게 부국과 부민은 같은 말이었던 것이다.

관중이 민생의 안정을 이루기 위해서는 부민이 선결되어야 한다고 확신했다는[93] 것은 그가 공리주의에 입각한 부민 정책을 철저히 관철시킨 사실을 통해서도 쉽게 확인할 수 있다. 그에게 부민은 부국 달성과 국권 확립을 위한 전제 조건이었던 것이다. 관중은 우선 부민을 위한 선결 과제로 사농공상士農工商 등 이른바 사민四民의 철저한 역할 분담을 역설했다. 그는 "사민을 함께 거주하도록 해서는 안 된다. 그렇게 되면 말이 어지러워지고 일이 뒤섞이게 된다"[94]라고 하여 사민간의 업무 분담이 제대로 이루어져야만 국민 경제의 증진을 도모할 수 있다고 지적하였다. 나아가 그는 "옛 성왕은 사인士人에게는 청정한 곳에 있도록 했고 공인工人에게는 관부官府에 나아가 일하도록 주선했다. 상인에게는 시정에서 영업을 하도록 했고 농인에게는 들과 밭에 나아가 힘쓰도록 했다"[95]라고 하여 그 구체적인 역할을 밝혔다. 이러한 관중의 사민관은 순자의 그것과 맥락을 같이하는 것이다.

관중은 부민을 실현하기 위한 구체적인 방안으로 '중본억말重本抑末' 정책을 들었다.[96] 본사本事는 식재植栽와 목축을 포함한 농업을 의미한다.[97] 그의 중본 정책은 농업 생산력의 제고, 염철 등 주요 물자의 국가 관리, 재정 절

---

91) 王德敏은 관중을 춘추 시대에 生財, 取財, 致財, 聚財, 用財, 理財를 부국강병의 經國術로 활용한 최초의 사상가라고 평가했다. 王德敏, 「管仲的哲學思想」, 『春秋哲學』, 127쪽 참조.

92) 허창무는 관중의 富國富民 정책을 크게 君民의 사치와 낭비를 절제하는 등의 소극적인 방법과 자원 개발과 부업 장려 등과 같은 적극적인 방법으로 나눌 수 있다고 주장했다. 허창무, 「管子의 정치윤리사상 — 四維를 중심으로」, 『정신문화연구』(1986), 81쪽 참조.

93) 金谷治는 관중이 선진 시대 제가와 가장 다른 점은 經濟와 富民의 중요성을 강조한 점이라고 분석했다. 金谷治 외, 『중국사상사』(조성을 역, 서울: 이론과실천, 1988), 116쪽 참조.

94) 『國語』, 「齊語」, "四民者, 勿使雜處. 雜處, 則其言哤, 其事易."

95) 『國語』, 「齊語」, "昔, 聖王之處士也, 使就閒燕. 處工, 就官府. 處商, 就市井. 處農, 就田野."

96) 『管子』, 「五輔」, "强本事, 去無用, 則民可使富."

97) 『管子』, 「牧民」, "養桑麻, 育六畜, 則民富."

약을 통한 국가 재정의 건전화, 세제 및 부역의 조절을 통한 자원의 균형 분배 등을 골자로 하는 것이었다. 특히 그는 국가 경제의 기반이 농산에 있다고 판단해 이를 매우 중시하여, "농토 개발과 농업 생산에 힘을 쓰고 때를 맞춰 움직이면 나라는 반드시 부유해질 것이다"[98]라고 강조하고 또 "현명한 왕은 모름지기 본사인 농업 생산에 역점을 두어 쓸데없는 일들을 물리쳐야 한다. 그래야만 인민들을 부유하게 만들 수 있다"[99]라고 역설하였다. 관중은 당시의 생산이 모두 농업 생산에 의존했던 만큼 농산의 증진에 총력을 기울였던 것이다. 또한 그는 생산과 유통의 안정성을 확보하기 위해 금은 등의 재화가 곡물보다 비싸지 않도록 조절하기도 했다. 이러한 사상은 중농 사상의 토대 위에 상업적인 유통 경제 사상을 가미한 일종의 복합경제 사상으로 규정할 수 있을 것이다.[100]

하지만 관중은 부민을 달성하기 위해서는 궁극적으로 재화의 고른 분배가 이루어져야 한다고 역설했다.[101] 재화의 균배가 지상과제가 된 오늘날의 관점에서 볼지라도 그의 주장은 탁견이 아닐 수 없다. 그는 "성인이 성인인 이유는 인민들에게 재화를 잘 분배했기 때문이다"[102]라고 강조한 바 있다. 여기서 말하는 올바른 분배란 땅과 노동력의 균배를 의미하는 '균지분력均地分力'과 전 인민에게 재화를 고르게 나눠주는 '여민분화與民分貨'를 의미한다.[103] 관중은 재화의 고른 분배가 필요한 이유를 "지나치게 부유하면 부릴 수가 없고 지나치게 가난하면 염치를 모르게 된다"[104]라고 밝혔다. 빈부의 격차가 적

---

98) 『管子』, 「小問」, "力地而動於時, 則國必富矣."

99) 『管子』, 「五輔」, "明王之務, 在於强本事, 去無用. 然後民可使富."

100) 金谷治 외, 『중국사상사』(조성을 역, 서울: 이론과실천, 1988), 141쪽.

101) 『管子』, 「牧民」, "天下不患無財, 患無人以分之."

102) 『管子』, 「乘馬」, "聖人之所以爲聖人者, 善分民也." 王德敏은 魯나라의 '初稅畝' 제도와 晉나라의 '爰田' 제도, 秦나라의 '初租禾' 제도는 모두 관중의 善分民 사상을 채택한 결과라고 분석하면서 관중의 善分民 사상이야말로 奴隸制 국가 체제를 封建制로 전환시킨 결정적인 역할을 수행했다고 평가했다. 王德敏, 「管仲的哲學思想」, 『春秋哲學』, 120쪽 참조.

103) 『管子』, 「乘馬」, "均地分力, 使民知時也……與之分貨, 則民知得正矣."

104) 같은 책, 「侈靡」, "甚富, 不可使. 甚貧, 不知恥."

어야만 통치가 제대로 이루어질 수 있다고 지적한 것이다.[105] 그는 또한 '균형 있는 분배'를 소비 절약과 더불어 재정 운영의 요체라고 간주하기도 했다. 이는 "처음에 작게 했다가 늘인다거나 또는 처음에 확장했다가 줄이는 일이 있어서는 안 된다. 부담 능력과 그릇의 크기를 모른다면 이는 도가 있다고 할 수 없는 것이다"[106]라는 그의 말을 보면 쉽게 수긍할 수 있을 것이다. 성공적인 통치를 이루기 위해서는 주도면밀한 재정 운용상의 균형도 이루어져야 한다는 지적이다.[107]

이 밖에도 그는 부역과 세금을 가볍게 하고 형벌을 줄임으로써 부민을 촉진할 수 있다고 강조하기도 했다.[108] 특히 부민 정책과 관련한 그의 다양한 제안 중 역대 중국 정권이 빠짐없이 도입해 온 염세 정책은 가히 혁명적인 것이었다. 그는 "해왕海王의 나라는 염세를 바르게 거두어들인다"[109]라고 하여 소금의 전매를 국가 재정의 확충 방안으로 제시하였다. 이는 국가가 일반세에 의존함으로써 경제 흐름이 왜곡되는 것을 염려한 것이다. 염세를 통해 국부

---

105) 蕭公權은 經産의 기능을 강조한 관중의 목적은 富國에 있지 富民에 있지 않았다고 평가했다. 그는 그 근거로『管子』「國蓄」의 "인민이 부유하면 祿으로써도 일을 시킬 수 없고 가난하면 刑罰로써도 위협을 줄 수 없다. 법령이 시행되지 않은 것과 만민이 다스려지지 않는 것은 모두 빈부가 고르지 못한 데서 나온다"(夫民富則不可以祿使也, 貧則不可以罰威也. 法令之不行, 萬民之不治, 貧富之不齊也)라는 구절을 들었다. 그러나 이는 어디까지나 貧富가 고르지 못함을 지적한 것으로 보아야지 관중이 富民을 반대했다고 새기는 것은 무리가 있다고 본다.『管子』「牧民」에는 "나라를 다스리는 道는 먼저 인민을 부유하게 하는 데 있다"(爲國之道, 必先富民)라고 분명히 밝히고 있기 때문이다. 관중은 富民을 염려한 것이 아니라 巨富와 같은 일부 富民이 나타나 국가의 슈과 기강이 서지 않는 것을 염려한 것으로 해석하는 것이 옳다고 본다. 따라서 관중이 염려했던 것은 富民이 아니라 빈부가 고르지 못한 점이었다고 보아야 할 것이다. 오히려 관중은 富民을 통한 富國을 목표로 했다고 보는 것이 옳을 것이다. 蕭公權도 관중의 주장이 궁극적으로는 富者와 貴族의 지나친 토지 겸병을 금지시켜 이익을 국가에 귀속시킴으로써 霸業을 이루기 위한 것이라고 새기고 있다. 그러나 이를 인민들로 하여금 절대적인 궁핍의 수준에서만 벗어나길 바란 것으로 연결짓는 것은 무리가 있다. 蕭公權,『中國政治思想史』(최명 역), 334쪽 참조
106)『管子』「乘馬」, "重而後損之, 是不知任也. 輕而後益之, 是不知器也. 不知任不知器. 不可謂之有道."
107) 관중은 무리한 增稅를 통해 財源을 고갈시키는 것을 반대했다. 金谷治 외,『중국사상사』(조성을 역, 서울: 이론과실천, 1988), 137쪽 참조.
108)『管子』「小匡」, "省刑罰, 薄賦斂, 則民富矣."
109)『管子』「海王」, "海王之國, 謹正鹽筴."

를 쌓은 뒤 왕업을 이루어야 한다는 의미로 '해왕海王'이라는 표현을 쓴 점을 감안할 때 이러한 주장은 실로 탁견이 아닐 수 없다. 그는 동일한 논리에 입각해 철세鐵稅를 통한 '산왕山王'의 성취를 주장하기도 했다. 결국 인민의 일상 생활에 빠뜨릴 수 없는 소금과 철 두 가지에 세금을 부과한다면 그것으로 국가 세입은 충분하다고 주장한 것이다. 이러한 '염철론鹽鐵論' 주장을 통해 그가 얼마나 국가 존립과 국권 확립에 매진했는지를 확연히 읽을 수 있다.

한마디로 말해 관중의 부민 정책은 '중농'을 중심으로 삼고 '절용節用'과 '수재輸財' 등을 보조 수단으로 삼은 데서 그 진가를 발휘했다고 할 수 있다. 또한 그가 제시한 부민 정책이 국가 존립 및 국권 확립을 목표로 한 국가주의 입장에서 비롯된 것임은 말할 것도 없다. 그러나 그의 부민 정책이 성공을 거두기까지 강력한 사치 억제 정책이 병행되었다는 사실을 간과해서는 안 된다. 그가 제시한 사치 억제 정책은 부국부민을 이루기 위해서 우선 지배층의 자기절제가 선결되어야 한다고 역설한 데서 확연히 드러나고 있다.

> 나라를 다스리는 데 사치하면 국고를 낭비하게 되어 인민들이 가난하게 된다. 인민들이 가난해지면 간악한 꾀를 내게 된다. 간사한 지혜를 발휘하면 간사하고 교활한 수를 쓰게 된다.[110]

이는 그의 국가주의 사상에 비추어 당연한 논리적 귀결이다. 동시에 관중의 부민 사상은 그의 예치 사상과도 밀접한 관련을 맺고 있다. "창고 안이 충실하면 예절을 알고 의식이 족하면 영욕을 안다"[111]라는 말에서 드러나듯이 그는 '예절을 아는'(知禮節) 것이 입국立國의 요체이며 '예절을 알기' 위해서는 '창고가 가득 차야'(實倉廩) 한다고 보았던 것이다. 사실 오늘날에도 증명되듯이 국가의 부강은 국민 경제의 충족에서 비롯된다. 관중은 국가를 부강하게

---

110) 『管子』, 「八觀」, "國侈, 則用費. 用費, 則民貧. 民貧, 則奸智生. 奸智生, 則邪巧作."
111) 『管子』, 「牧民」, "倉廩實而知禮節, 衣食足而知榮辱."

하기 위해서는 우선 국민을 살찌워 국가 재정을 튼튼히 하는 것이 필수적이라는 생각을 가졌던 것이다.

결론적으로 말해 관중의 부민 사상은 부국강병을 이루어 패천하를 이루자는 데 그 근본 목적이 있었다. 순자의 관중관이 긍정적으로 전개된 이유가 바로 여기에 있다. 사실 순자의 관중관은 부국강병을 통해 이적의 침략으로부터 중원을 구하려는 관중의 의지를 높이 평가하는 데서 출발한다. 순자는 관중의 부민 정책이 궁극적으로 무엇을 위한 것인지에 대해 적극적이면서도 긍정적인 평가를 내린 것이다. 이는 다음과 같은 사실을 통해서도 확인된다.

제환공이 관중의 보좌를 받아 춘추 시대 열국의 제후를 호령하는 첫 패자가 된 뒤 쌓은 업적 중 가장 상징적인 사건으로 형邢나라를 구원하고 초구楚丘에 성을 쌓아 위衛나라의 사직을 안정시킨 일을 들 수 있다.[112] 이는 일종의 '존망계절存亡繼絶에 해당하는 공적이었다.[113] 실제로 관중 역시 '존망계절'을 패천하의 요체로 간주했다. 그는 제환공이 '위국爲國'의 방안을 묻자 "멀리 현인을 찾는 동시에 인민을 자애롭게 돌보는 한편 밖으로는 망한 나라를 존속시키고 끊어진 대를 잇게 하며 죽은 왕의 자손을 일으켜 세우는 것이다"[114]라고 답했다. '존망계절'이란 관중이 이 언급과 같이 끊어진 세계世系를 잇고 망한 나라를 다시 부흥시키는 것을 의미한다. 순자가 패자의 공업을 지칭하면서 '존망계절'을 높이 평가한 것은 바로 관중의 패업 의지와 그 공업을 높이 평가한 것이라고 할 수 있다.

물론 순자의 '존망계절'에 대한 평가는 제환공을 대상으로 한 것이었지

---

112) 『左傳』, '閔公 元年', "元年春王正月, 齊人救邢"; '僖公 元年', "元年春王正月, 齊師宋師曹師次于聶北救邢"; '僖公 2年', "二年春王正月, 城楚丘."

113) '存亡繼絶'은 『管子』, 『荀子』, 『公羊傳』 이외의 여러 經史書에 立亡繼絶, 舉廢繼絶 등의 유사한 표현을 통해 자주 나타나고 있다. "興滅國, 繼絶世"(『論語』, 「堯曰」), "繼絶世, 舉廢國"(『禮記』, 「中庸」), "存亡定危, 救敗繼絶"(『漢書』, 「高祖紀」), "興滅繼絶"(『漢書』, 「外戚恩澤侯表」), "繼絶世, 立亡國"(『漢書』, 「功臣表序」) 등이 그것이다. 日原利國, 「王道から覇道への轉換」, 『中國哲學史の展望と摸索』, 166쪽 참조.

114) 『管子』, 「中匡」, "遠舉賢人, 慈愛百姓, 外存亡國, 繼絶世, 起諸孤."

만, 그의 제환공에 대한 평가는 곧 관중에 대한 평가나 마찬가지라고 보아야 한다. 그의 관중에 대한 평가는 기본적으로 제환공에 대한 평가와 맥을 같이 하기 때문이다. 특히 그의 관중 및 제환공에 대한 평가가 공자의 그것과 유사하다는 점에 주목할 필요가 있다. 그는 공자가 '화이관'에 입각해 관중의 중원 방어를 높이 평가한 것과 같은 맥락에서 제환공이 이룩한 '존망계절'의 업적을 "그 패자는……망한 나라를 세워주고 대가 끊어진 나라를 잇게 해 주며 약한 나라를 지켜 주고 포악한 나라를 제제했다"[115]라고 칭송했다. 여기서 '그 패자'란 바로 제환공을 지칭한다.

공자와 순자의 제환공 및 관중의 패업에 대한 평가는 중국 전래의 화이관과 밀접한 관련을 맺고 있다. 순자는 "중원의 나라는 같은 옷을 입고 같은 의례를 사용한다. 오랑캐들은 같은 옷을 입을 수는 있지만 같은 의례를 사용하지는 않는다"[116]라고 언급한 바 있다. 이는 중원 문화에 대한 강한 자부심이 있기 때문에 할 수 있는 말이었다. 앞서 살펴보았듯이 관중과 공자는 화이관에 관한 한 아무런 이견이 없었는데, 순자 역시 공자와 동일한 화이관을 갖고 있었기 때문에 관중을 높이 평가할 수 있었던 것이다. 순자가 관중의 패업을 '존망계절'의 공업으로 평가한 배경에는 이러한 화이관이 결정적인 요인으로 작용했다고 할 수 있다. 화이관에 관한 한 관중과 공자, 순자는 동궤를 그리고 있는 것이다. 그리고 순자의 관중관 역시 화이관과 불가분의 관계에 있는 '존망계절' 사상에서 출발하는 만큼 긍정적인 평가가 나오지 않을 수 없었다고 하겠다.

물론 제환공의 경우는 '존망계절'의 업적에도 불구하고 천자의 권한인 '전봉권專封權'을 행사했던 것 또한 부인할 수 없는 사실이다. 제후를 봉하고 토벌하는 것은 천자가 전유하고 있는 대권으로 아무리 패자라 하더라도 천자

---

115) 『荀子』, 「王制」, "彼覇者……存亡繼絶, 衛弱禁暴."
116) 『荀子』, 「正論」, "諸夏之國, 同服同儀. 蠻夷戎狄之國, 同服不同制."

의 분부가 없으면 '존망계절'을 멋대로 할 수는 없는 것이다. 바로 이러한 점 때문에 맹자가 패도를 일언지하에 폄척했음은 이미 검토한 바 있거니와, 그 후 이 점이 문제가 되어 한나라 초기 유자들 사이의 치도 논쟁에서 주요한 배경으로 작용하기도 하였다. 그런데도 순자는 이 부분에 대한 아무런 해명 없이 제환공의 업적을 존망계절로 평가한 셈이다. 이와 같은 태도는 패자의 패정霸政이 왕자가 행하는 왕정王政 다음으로 본받을 만하다는 점을 강조하기 위해 취해진 것이라고 생각한다.

제환공의 '전봉권' 행사에 대한 아무런 언급도 없이 오직 제환공의 패업을 '존망계절'의 위업으로 평가한 순자의 태도는 관중 개인에 대한 평가에서도 그대로 이어졌다. 사실 그는 제환공의 '존망계절'을 언급하면서 관중의 법치와 부민 정책을 패도의 훌륭한 통치술로 평가했다.

> 밭과 들을 개간하고 창고를 충실하게 했다.……점차로 상을 줌으로써 인민을 선도하고 형벌을 엄격히 함으로써 인민들을 바로잡았다.117)

이는 관중의 법치술과 부민술을 높이 평가한 것이다. 관중에 대한 순자의 평가는 공자가 제한적으로 평가한 것과는 달리 매우 적극적인 것임을 알 수 있다. 이는 후술하는 바와 같이 순자의 치도론이 '선왕후패先王後霸' 및 '패도 긍인주의霸道肯認主義'에 입각해 있다는 점을 감안할 때 당연한 논리적 귀결이라고 하겠다. 이렇게 볼 때 순자의 통치 사상은 관중의 그것과 맥락을 같이하는 것으로 보아야 할 것이다.

우리는 순자의 치도론을 검토하기에 앞서 우선 그의 '법후왕法後王' 사상을 분석할 필요가 있다. 그의 치도론과 관련지어 가장 특색 있는 것이 바로 그의 '법후왕' 사상이기 때문이다. 사실 순자의 '법후왕' 사상과 관련해 공자도 이와 비슷한 생각을 밝힌 바 있다. 공자는 스스로 주나라를 따르겠다고 말했

---

117) 『管子』, 「王制」, "辟田野, 實倉廩……漸慶賞以先之, 嚴刑罰以糾之."

으면서도 지금의 세상에 태어나 옛날의 도로 돌아가는 이른바 '생금반고生今反古'를 배척하였다.[118] 고대 성왕인 요순이 성인인 것은 사실이나 그 전거를 찾기가 쉽지 않은 상황에서 맹목적으로 추종하는 것은 문제가 있다는 시각을 드러낸 것이다. 이런 점에서 공자는 '법선왕法先王'을 강조하면서 고대 성왕을 이상적인 인물로 그렸던 맹자와는 사뭇 다른 입장을 취했다고 할 수 있다.[119]

순자는 이러한 공자의 뜻을 발전시켜 '법후왕' 사상을 만들었던 것으로 보인다. 따라서 순자의 '법후왕' 사상은 엄밀한 의미에서 그의 독창적인 사상만은 아니었다고 할 수 있을 것이다. 공자가 '후왕後王'으로 지목한 주문왕과 주무왕은 공자의 생존 당시를 기준으로 볼 때는 순자의 '후왕' 개념에 근접해 있다. 특히 맹자와 같이 그 행적이 모호한 고대 성왕을 내세워 '법선왕'을 주장하지 않았다는 점을 감안할 때 공자와 순자는 맥을 같이하고 있었다고 할 수 있다.[120] 이와 관련해 순자는 다음과 같이 언급하였다.

선왕의 자취를 알려면 명백하게 볼 수 있는 데서 취해야 한다. 후왕이 바로 그것이다.……후왕을 버리고 상고의 왕을 말하는 것은 비유컨대 자신의 주군을 버리고 남의 군주를 섬기는 것과 같다.[121]

---

118) 그러나 蘇俊良은『論語』「泰伯」의 "大哉, 堯之爲君也. 巍巍乎, 唯天爲大, 唯堯則之"라는 구절 등을 예로 들어 공자는 고대의 전설적 聖人 中 堯를 최상의 聖人으로 간주했다고 주장했다. 蘇俊良,「論戰國時期儒家理想君王構想的産生」,『首都師範大學學報 — 社會科學』(1993. 2), 36쪽 참조.

119) 그러나 周乾溁은『荀子』「非相」에 나오는 "欲知上世, 則審周道"를 근거로 法後王의 대상은 周王 즉 文王과 武王이라고 분석하면서 맹자의 法先王과 순자의 法後王에 본질적인 차이가 있는 것이 아니라고 주장했다. 그는 또 宋代 王安石이 맹자의 法先王說을 인용해 개혁을 추진한 사례를 들어 맹자의 法先王이 복고적인 것만은 아님을 강조했다. 周乾溁,「孟子'法先王'的實質」,『中國哲學史研究』(1986. 2), 14쪽 참조. 郭沫若 역시 순자의 法後王과 맹자의 法先王에서 두 사람이 사용한 先·後의 개념은 상대적인 차이에 불과한 것으로 孟荀의 견해는 본질적으로 같은 것이라고 주장했다. 郭沫若,『중국고대사상사』(조성을 역), 275쪽 참조.

120) 성태용은 순자가 말한 後王은 곧 周나라의 文·武王을 지칭하는 것이라고 분석하면서 순자의 예치론이 지니고 있는 특성 중 하나가 바로 순자가 미리 周禮라는 이상적인 禮의 전형을 상정한 데 있다고 평가했다. 성태용,「心性論, 禮論과의 관련 아래서 본 荀子의 修養論」,『太東古典研究』(1989), 212~213쪽 참조.

121)『荀子』「非相」, "欲觀聖王之跡, 則於其粲然者矣. 後王是也……舍後王而道上古, 譬之是猶舍己之君而事人之君也."

순자가 여기서 말한 '후왕'은 현재의 왕인 '금왕今王'을 지칭하는 것이 아니다. 그것은 순자의 언급을 종합해 볼 때 공자의 '후왕' 개념과 매우 닮아 있다. 물론 순자의 '후왕' 개념 속에 '금왕'이 무조건 배제되는 것은 아니다. 이론적으로 볼 때 '금왕'이라 할지라도 덕이 높을 경우에는 얼마든지 '후왕'에 포함시킬 수 있기 때문이다. 그러나 전국 시대 상황에서 순자가 언급한 '후왕' 차원의 '금왕'은 존재하지 않았다고 보는 것이 타당하다.

순자가 '후왕'을 말한 취지는 어디까지나 '선왕'의 자취를 알려면 현재 상황에서 제대로 상고할 수 있는 '후왕'을 토대로 해야지 잘 알 수도 없는 고대 성왕에 매달려서는 안 된다는 점을 강조한 데에 있다. 이는 맹자가 "성인은 인륜의 지극한 모습이다"라고 강조하면서 '법선왕'을 역설한 것과 분명한 대조를 이루고 있는 것이다.[122] 순자는 이렇게 말하였다.

> 상고의 일을 알려면 주나라의 도를 살피고 주나라의 도를 알려면 그 도를 귀하게 여기는 군자에게서 살펴야 된다. 이는 가까운 데서 먼 곳을 알아내고 하나로써 만 가지를 아는 것이다.[123]

굳이 하·은대와 같은 상고를 회고할 것 없이 가까운 주나라의 정치를 통해 상고 정치의 장단점을 짐작해 취사선택할 수 있다는 주장이다. 그는 지금의 정치를 알면 상고로부터 오늘까지의 정치를 모두 알 수 있다고 주장한 것이다. 앞서 검토했듯이 순자가 '참천' 사상을 내세우며 천도를 배격한 것 역시 전래의 전통과 관습을 채택할 때 엄격한 취사선택의 과정을 거쳐야 한다는 위의 주장과 맥을 같이한다. 그의 주장은 상고할 수 있는 시대를 전제로 해서 도를 귀하게 여겼던 군자를 전범으로 삼자는 데 그 근본 취지가 있는 것이다.

여기서 현실을 중시하는 순자의 사상적 특색이 확연히 드러났다고 하겠

---

122) 『孟子』, 「離婁上」, "聖人, 人倫之至."
123) 『荀子』, 「非相」, "欲知上世, 則審周道. 欲知周道, 則審其人所貴君子. 故曰, 以近知遠. 以一知萬."

다. 그는 분명 오늘을 중시하는 일종의 현실주의자였던 것이다. 그는 "천지의 시작은 오늘이다. 백왕百王의 도는 후왕이다. 군자는 백왕을 논하기에 앞서 후왕의 도를 살핀다"[124]라고 역설했다. 천지의 시작이 오늘이라고 강조한 데서 알 수 있듯이 순자는 분명 현재를 중시했다. 현실을 중시하는 반회고적 성향을 지니고 있었던 것이다. 이런 점에서 볼 때, 순자의 '법후왕' 사상은 '생금반고'를 배척한 공자의 기본 취지를 정확히 살려낸 것임에 틀림없다.

물론 순자도 유가의 전통에 따라 이상적인 정치를 편 '선왕'의 정치를 중시했다. 그러나 그는 잘 알 수도 없는 옛 군주로부터 전범을 찾기보다는 옛 군주의 전통을 계승한 후왕 즉 후세의 군주로부터 찾아내는 것이 더 낫다고 충고한 것이다. 그는 "옛 군주를 본받으면서도 그 정통을 알지 못하고 있다.……이는 곧 자사와 맹자의 죄이다"[125]라고 하며 맹자의 회고주의를 통렬하게 비판하였다. 훗날 이 때문에 성리학자들로부터 이단으로 몰리게 되기도 했지만, 어쨌든 순자는 맹자 등이 입으로만 '선왕'의 인의를 들먹일 뿐 그 기본 취지를 제대로 이해하지 못하고 있다고 보았던 것이다. 순자는 또 다음과 같이 통렬하게 맹자를 비판했다.

> 옛 군주를 부르면서 어리석은 자를 속여 입고 먹을 것을 구하면……이는 속유俗儒이다. 후세의 왕을 본뜨고 제도를 통일하면……이를 대유大儒라 한다.[126]

이는 맹자의 '법선왕' 사상에 대한 직접적인 공격으로, 선왕의 기본 뜻도 모르면서 의식을 해결하기 위해 '법선왕'을 운위하는 것은 '속유'에 불과하다고 질타한 것이다. 현실을 중시하는 순자의 입장이 그대로 드러난 대목이 아

---

124) 『荀子』, 「不苟」, "天地始者, 今日是也. 百王之道, 後王是也. 君子, 審後王之道, 而論於百王之前."
125) 『荀子』, 「非十二子」, "法先王而不知其統……是則子思孟子之罪."
126) 『荀子』, 「儒效」, "呼先王而欺愚者而求衣食焉.……是俗儒者也. 法先王統禮義一制度……是大儒者也."

닐 수 없다. 이것은 곧 이상주의로 치닫고 있는 유가에 대한 일종의 경고라고
할 수 있을 것이다.

사실 통치사상사적으로 볼 때 정치에 대한 객관적인 고찰은 '법후왕'에
입각한 순자의 현실주의적인 시각을 통해서 비로소 가능해졌다고 할 수 있
다. 그리고 이런 시각은 그의 제자 한비자에게로 이어졌다. 한비자는 선진 시
대에 처음으로 도덕과 정치를 분리하는 데 성공했던 것이다.

현실을 중시하는 순자의 성향은 덕을 바탕으로 한 왕도 이외에도 현실적
인 힘을 바탕으로 한 패도까지 적극 수용하도록 만들었다. 전국 시대처럼 어
지러운 세상에서는 비록 패도일지라도 난세를 평정할 수만 있다면 그것 또한
바람직하다는 것이 순자의 생각이었던 것이다. 따라서 순자가 왕패 문제에서
맹자와 전혀 다른 입장을 취한 것 역시 당연한 논리적 귀결이라고 보아야 한
다. 그는 유가의 전통에 따라 왕도와 패도를 구분하기는 했으나 맹자와는 달
리 패도를 매우 긍정적으로 평가했던 것이다.

순자는 왕패의 구분 방법과 관련해 크게 3개의 등급을 만들었다. 왕도와
패도, 망도亡道가 그것이다. 종래 공자와 맹자는 왕도와 패도만을 언급한 데
반해 순자는 여기에 '망도'를 추가한 것이다.

> 예로 다스리고 어진 이를 등용하는 통치자는 곧 왕자王者이고, 법을 중시하고 인민
> 을 사랑하는 통치자는 곧 패자覇者이다. 이익을 좋아하고 속임수가 많은 통치자는
> 위자危者이다.[127]

순자가 언급한 군주정의 최상급은 당연히 '왕정王政'이다. 그것은 예에 의
해 나라를 다스리는 것을 말한다. 두 번째는 '패정覇政'으로 신의를 좇아 다스
리는 것이다. 세 번째는 '망정亡政'으로 권모술수로 나라를 다스리는 것을 지
칭한다. 여기서 예를 치본治本으로 삼는 '왕정'이 가장 좋은 것임은 말할 것도

---

127) 『荀子』,「大略」, "君人者, 隆禮尊賢而王, 重法愛民而覇, 好利多詐而危."

없지만, 신의를 치국의 요체로 삼는 '패정'을 통해서도 천하의 세를 제압하는 것이 가능하다. 반면 오직 힘과 술수를 통해 권력을 유지하는 '망정'은 나라를 망하게 만들 수밖에 없다.

이와 같은 분류 아래 순자는 왕도 실현의 요체는 '융례隆禮'에 있다고 보았다. '융례'를 존숭하는 군주가 '존현尊賢' 및 '현현賢賢' 정책의 시행을 통해 현능한 인사를 기용하여 활용해야만 왕도를 실현할 수 있다는 것이다. 왕패에 관한 순자의 이러한 생각은 그의 의리관에 나타난 '선의후리先義後利' 사상과 맥을 같이하고 있다. 여기에 그의 치본관에서 나타나는 예禮와 법法의 관계를 적용할 경우 '선례후법先禮後法'을 이루는 자가 바로 왕자라는 해석이 가능하다. 따라서 순자의 왕패분류법에 따를 경우 군주는 예를 좇아 다스려야만 왕도를 실현할 수 있다는 결론이 도출된다. 순자에게 예에 따른 통치는 바로 이상적인 왕도 정치를 의미하는 것이었다.

순자는 "예란 치변治辨의 궁극이고 강고해지는 근본이며 위세를 펴는 길이고 공명을 얻는 귀결점이다. 왕공이 예를 따르면 천하를 얻고 예를 따르지 않으면 나라를 망치게 된다"[128]라고 언급했다. 예가 바로 '득천하得天下'와 '치천하治天下'의 요체라는 것이다. 이는 곧 왕도는 예를 통해서만 구현할 수 있다는 주장이다. 순자는 왕패의 차이에 대해 다음과 같이 말했다.

> 예와 의를 쌓은 군자에게 나라를 맡겨 다스리게 하면 왕도를 이룰 수 있고, 성실성과 신뢰성을 갖춘 독서인에게 맡겨 다스리게 하면 패도를 이룰 수 있다. 모략과 음모에 뛰어난 사람에게 맡겨 통치하게 하면 망하게 된다.[129]

이는 왕패에 대한 순자의 기본적인 생각이 공자의 그것과 맥을 같이하고

---

128) 『荀子』, 「議兵」, "禮者, 治辨之極也, 强固之本也, 威行之道也, 功名之總也. 王公由之, 所以得天下也. 不由所以隕社稷也."
129) 『荀子』, 「王霸」, "故與積禮義之君子爲之, 則王. 與端誠信全之士爲之, 則霸. 與權謀傾覆之人爲之, 則亡."

있음을 보여 주는 대목이다. 공자가 강조한 군자 정치는 '수신修身의 인仁을 이룬 군자' 즉 인인仁人이 다스리는 '인인 정치'를 의미한다. 순자는 수신의 인을 적례積禮로 바꾸어 예를 쌓은 군자 즉 '예인禮人'이 통치를 하면 왕도를 이룰 수 있다고 주장한 것이다. 따라서 순자는 공자가 말한 '인'을 보다 현실적인 '예'로 바꾸어 표현했을 뿐이라고 할 수 있다. 순자야말로 공자의 사상적 법통을 제대로 전수한 인물이라고 평가받아야 마땅한 것이다.

그러나 순자는 비록 전통적인 왕패분류법에 따라 왕패를 구분했지만 패도에 대한 평가에 있어서는 맹자와 그 근본 취지를 완전히 달리하고 있다. 그는 왕도가 가장 이상적인 통치인 것은 말할 나위가 없지만 그것이 현실적으로 불가능할 때에는 패도에 의한 통치 또한 무방하다는 입장을 취하고 있기 때문이다.[130] 이는 맹자가 일체의 패도를 '인'을 가장한 '역치力治'로 규정한 것과 대조를 이루고 있다. 순자는 '애민'과 '성신誠信'이 고루 갖추어진 패도를 왕도에 다음가는 차선책으로 제시한 셈이다. 그는 왕도와 달리 패도에서는 예보다는 법이 중시되고 군자 대신 사인士人이 다스린다고 규정했다.

순자가 예치와 법치를 똑같이 중시하면서도 선후 관계를 분명히 한 취지는 바로 그의 왕패분류법에서도 선명히 나타난다. 이를 앞서 언급한 그의 의리관과 연결시켜 해석할 경우 '선의후리先義後利' 사상이 '선례후법先禮後法' 사상으로 변환되어 나타난 것으로 볼 수 있을 것이다. 그의 치도론이 '패도긍인주의霸道肯認主義'로 귀착된 것은 기본적으로 그의 의리관이 '선의후리'의 입장에 서 있는데 따른 당연한 논리적 귀결이라고 할 수 있다. 이를 예와 법에 적용하면 '선례후법'의 통치는 왕도를, '선법후례'는 패도를 각각 의미한다고 해석할 수 있다.[131] 바꿔 말해 순자는 '선례후법'을 최우선으로 하는 동시에

---

130) 郭志坤은 순자의 이러한 치도론을 以德兼人과 以力兼人을 병용하는 王覇並用 사상으로 분석했다. 그는 순자의 왕패론은 以德兼人이 以力兼人보다 우위에 있다는 점을 분명히 했다는 점에 그 특징이 있다고 지적하면서 순자의 이러한 왕패론이 바로 天下統一의 이론적 근거가 됐다고 강조했다. 郭志坤, 『荀學論稿』(上海: 三聯書店, 1991), 25~26쪽 참조

131) 李德永은 순자의 이러한 왕패론이 秦朝의 呂不韋에 의해 적극 수용되어 『呂氏春秋』를 통해

'선법후례' 또한 적극적으로 수용하는 입장을 취했다고 할 수 있다. 순자의 치도론은 왕도를 앞세우면서 패도를 적극 수용하는 '선왕후패先王後霸' 내지 '패도긍인주의'로 요약할 수 있는 것이다.[132]

여기서 순자의 치도론과 관련하여 '선례후법先禮後法'의 입장에 서 있는 순자의 치도론을 '왕패병중王霸並重'의 입장에 서 있는 관중의 그것과 비교해 볼 필요가 있다.

관중의 패업을 둘러싼 관중 자신의 생각과 순자의 평가는 거의 흡사하다고 할 수 있지만 그런 가운데서도 극히 미세한 차이를 보여 주기도 한다. 관중은 전술한 바와 같이 '존망계절' 사상에 입각해 패도를 통한 패천하의 위업을 실현한 인물이다. 관중이 이룩한 패업은 그의 통치 사상에 비추어 볼 때 일종의 '왕패병중'의 사상적 기초 위에서 출발한 것이었다. 따라서 관중에게 패업은 사실상 '왕업王業'과 동일한 의미를 지녔다고 볼 수 있다. 그러나 앞서 검토한 바와 같이 순자는 관중의 패업에 대해 공자보다 적극적으로 평가했음에도 불구하고 왕도로 평가하지는 않았다. 순자에게 관중의 패업은 어디까지나 '선법후례'에 입각한 패도였지 '선례후법'에 입각한 왕도는 아니었던 것이다. 다만 순자는 패도를 왕도에 준하는 것으로 인정한 까닭에 관중의 패업 자체를 결코 과소평가하지는 않았다. 순자에게 관중의 패업은 왕도에 이르지 못한 점만이 아쉬움으로 남았던 것이다.

결론적으로 말해 관중의 패업을 놓고 관중 자신은 '왕패병중'의 입장에서 왕업과 동일한 수준의 패업으로 자평한 데 반해 순자는 '선왕후패'의 입장에서 왕업에 준하는 패업으로 평가한 셈이다. 그러나 두 사람은 왕패에 대한 평

___

구체화되었으나 呂不韋가 진시황과의 사상 투쟁에서 패배함으로써 통치관의 전면에서 사라졌다가 漢武帝에 의해 비로소 공식적인 통치관으로 채택되게 되었다고 주장했다. 李德永, 李德永, 「荀子的思想」, 『中國古代哲學論叢』1(1957), 76쪽 참조.

132) Schwartz는 순자의 '왕도국가'(kingly state) 이념이 漢나라가 중앙집권적 관료 정부 모델을 구축하는 데 직접적인 영향을 미쳤다고 평가했다. Schwartz가 언급한 순자의 '왕도국가' 개념은 필자가 규정한 先王後霸 개념과 동일한 것으로 간주된다. Cf. Schwartz, Benjamin I, *The World of Thought in Ancient China* (Cambridge/London: Harvard University Press, 1985), p. 306.

가에 있어서 그 선후의 차이만 있었을 뿐 왕도와 패도를 함께 중시했다는 점에서는 하등 차이가 없었다.

3. 법가: 숭패척왕

상앙과 한비자 등 법가의 관중관을 알아보기 위해서는 관중의 국가주의 사상부터 알아볼 필요가 있다. 법가의 치도론은 관중의 국가주의 사상과 일맥상통하기 때문이다.

관중의 통치 사상에서 중핵을 이루는 국가주의 사상은 그의 국가관을 통해 극명하게 나타난다. 그는 "내가 살면 제나라가 이롭고 내가 죽으면 제나라가 불리하다"[133]라고 말한 바 있다. 이와 같은 대담한 주장은 관중 스스로 자신이 평생을 바쳐 이루어야 할 최대 과업으로 부국부민 및 안국안민을 통한 패천하를 내세웠던 점을 감안할 때 당연한 것이기도 하다. 이를 두고 관중이 스스로를 높여 자신이 곧 국가라는 식으로 인식한 것으로 풀이해서는 안 된다. 그의 통치 사상은 기본적으로 국가를 최우선의 가치로 생각하는 일종의 국가주의에서 출발하고 있기 때문이다.

관중의 이러한 입장은 전술한 바와 같이 국리 차원의 공리 추구를 최우선의 과제로 설정했다는 점에서 민리 이외의 국리를 인정하지 않은 맹자와 대조를 이루는데, 이는 바로 관중에 대한 맹자의 평가가 냉혹하게 나타나게 된 한 이유가 되었다. 선진 시대 도·유·법 3가 가운데 관중에 대해 냉혹한 평가를 내린 사람은 오직·맹자뿐이었다. 공자의 경우는 관중이 예를 모르는 소인이기는 하지만 소의를 위해 죽지 않고 대의를 지킨 것은 '인'을 실현한 것이라고 평가했다. 치도 논쟁의 출발점은 이러한 공자의 관중에 대한 평가를 어떻

---

133) 『管子』, 「大匡」, "夷吾生, 則齊國利. 夷吾死, 則齊國不利."

게 받아들이는가 하는 문제와 직결되어 있다.

　국리를 최우선의 정책 기준으로 삼은 관중의 통치 사상은 자신의 '개절'
이 작은 충절을 버리고 국가를 위해 일하기 위해서였다고 해명한 데서 극명
하게 드러난다. 이와 같은 사상은 보국保國을 통치의 최우선 목표로 삼는 일
종의 국가주의임에 틀림없다.[134] 그의 국가주의 사상은 국가의 주권을 확립
해 국가를 국가답게 만드는 데 기본적인 목적이 있었다. 그는 국가를 국가답
게 만들기 위해서는 먼저 전래의 법 제도를 정비하는 등 법치를 확립하고 인
민의 생업을 보장하는 등 민생을 안정시켜야 한다고 역설했다.[135] 이러한 국
가주의 사상은 국가의 영令에 관한 그의 다음과 같은 견해를 통해서 확연히
드러나고 있다.

　　영을 훼손한 자는 물론이고 영을 더하거나 시행하지 않거나 유보하거나 좇지 않은
　　경우에는 모두 사형에 처해야 한다. 이들 다섯 경우는 절대 용서가 없다. 오로지
　　법령이 중하기 때문이다.[136]

　국가가 한 번 내린 법령은 존엄한 까닭에 사사로이 영을 재량하는 자는
반드시 엄단해야 한다는 것이다. 이 주장의 근본 취지는 오로지 국권 확립을
위해 군주와 인민 모두를 법으로 다스리자는 데 있다. 후술하게 될 그의 '중법
重法' 사상 역시 군신 모두가 일체가 되어 국가를 부강하게 만들어야 한다는
국가주의의 실현에 궁극적인 목적이 있었다.

　관중이 군주와 인민보다 법을 높인 것은 이와 같은 국가주의 사상에서 비
롯된 것임을 염두에 두어야 한다. 한마디로 관중이 언급한 국법國法과 국령國

---

134) 金谷治는 관중의 통치 사상은 국가 체제의 확립을 위한 현실적이면서도 실제적인 인식을
　　그 사상적 기반으로 하고 있는 점에 그 특징이 있다고 분석했다. 金谷治 외,『중국사상사』
　　(조성을 역, 서울: 이론과실천, 1988), 117쪽 참조.
135)『國語』,「齊語」, "修舊法, 擇其善者而業用之, 遂滋民, 與無財, 而敬百姓, 則國安矣."
136)『管子』,「重令」, "虧令者, 死. 益令者, 死. 不行令者, 死. 留令者, 死. 不從令者, 死. 五者死而無
　　赦, 惟令是視."

令은 오직 국가 존립과 국권 확립을 전제로 하는 의미에서만 그 의미를 찾을 수 있으며, 바로 이 점에서 '군주의 법'을 역설한 법가와 확연한 대비를 이루고 있다. 따라서 관중은 국가주의의 실현을 가로막는 위법자의 처단에 있어서 당연히 상하귀천의 차이를 인정하지 않았다. 그는 "선왕은 나라를 다스리면서 법 바깥에서 제멋대로 하지 않았고 법 안에서 은혜를 베풀지도 않았다"[137]라고 말한 바 있다. 법치의 기본 이념을 무사무편無私無偏의 자연 법칙으로부터 차용한 대목이라 할 수 있다. 무사무편의 법치를 역설한 이 주장은 분명 도가의 무위 통치 사상과 맥을 같이하는 것이기도 하다. 관중은 천지의 법칙은 필연적이어서 사람이 제아무리 피하고자 해도 피할 수 없다는 도가의 무위 통치 사상을 원용해 군주의 통치도 무사무편의 대원칙에 입각해 있어야 한다는 입장을 개진한 것이다.

그러나 무사무편의 통치 사상을 도가만의 독특한 주장으로 보아서는 안 된다. '무사법無私法'을 역설한 법가는 말할 것도 없고, 유가 역시 "하늘은 특별히 친근한 사람이 없이 다만 덕이 있는 자만을 도와준다"[138]라고 주장하며 '무사덕無私德'을 강조한 바 있기 때문이다. 한마디로 말해 유가와 법가는 치본으로 덕과 법이라는 상이한 해법을 제시했음에도 불구하고 덕과 법의 작용에 관한 한 모두가 무사무편의 원리를 채택했던 셈이다.

관중은 특히 덕과 법의 조화 및 운용 문제와 관련해 '덕법병중德法並重'의 입장을 강조했다는 점에서 주목을 끈다. 그는 다음과 같이 말했다.

> 이른바 인의예악이란 것도 모두 법에서 나온 것이다. 이것은 성인들이 인민을 하나 되게 한 이유이다.[139]

137) 『管子』, 「明法」, "先王之治國也, 不淫意於法之外, 不爲惠於法之內也."
138) 『書經』, 「周書·蔡仲之命」, "皇天無親, 惟德是輔."
139) 『管子』, 「任法」, "所謂仁義禮樂者, 皆出於法. 此先聖之所以一民者也."

아무리 성인의 덕이라고 할지라도 법이 없으면 실효를 기할 수 없다고 하여 관중은 '덕법상보德法相輔'의 입장을 개진하고 있다. 여기서 주의해야 할 점은 비록 법치의 중요성을 강조하긴 했지만 그는 덕과 법의 문제를 '상보相輔'의 문제로 보았을 뿐 결코 '선후' 또는 '경중'의 문제로 간주하지 않았다는 점이다. 이 점이 바로 공자의 '중인경법重仁輕法' 및 순자의 '선례후법先禮後法'과 극미한 차이를 보이는 부분이다. 하지만 무엇보다 관중의 이런 '예법병중'의 입장은 '숭의척법崇義斥法'에 입각해 법치를 아예 인정하지 않은 맹자의 입장과 대조되는 것이었다. 물론 관중의 입장은 '숭법척례崇法斥禮'의 입장에서 예치조차 인정하지 않은 법가와도 커다란 차이가 있다. 법가는 법을 '군주의 법'으로 간주한 데 반해 관중은 군주도 법의 제재를 받는 대상으로 간주했던 것이다.

관중은 중국 특유의 '공리功利' 사상을 가장 먼저 실천한 선구자였다. 동시에 그는 선진 시대 제가에 앞서 자신의 통치 이론을 효과적으로 실증한 위대한 사상가이자 현실 통치자였다. 좁은 시야에서 그를 유가나 법가 또는 도가로만 간주하는 것은 잘못이 아닐 수 없다.

여기서 잠시 관중의 국가주의 사상에 대한 검토를 토대로 유가에서 지속적인 논란의 대상이 되었던 관중의 '개절' 문제를 짚고 넘어가기로 하자. 법가의 관중관을 보다 확연히 이해하기 위해서는 관중의 개절 문제를 검토하지 않을 수 없다. 도·유·법 3가의 치도론은 특히 명분名分과 실리實利의 조화라는 이른바 '문실론文實論'과 불가분의 관계를 맺고 있는데, '문실론'의 관점에서 볼 때 도·유·법 3가의 치도론은 바로 관중의 개절에 대한 이들의 평가와 직결되어 있는 것이기 때문이다.

관중은 전술한 바와 같이 자신의 개절 행위가 어디까지나 대의를 실현하기 위한 불가피한 선택이었다고 해명한 바 있다. 공자는 관중의 해명을 소극적이나마 수용했다. 그래서 그는 관중의 개절은 '불인'이 아니냐는 제자의 직설적인 질문에 대해 관중의 패업을 '인'에 해당하는 공업으로 평가하는 우회적인 해답을 제시한 바 있다. 반면 맹자의 경우, 이 문제에 대한 직접적인 언급은 없었다고 하더라도 모든 패도를 폄척했던 그의 태도를 감안할 때 관중의 개절 행위를 용인하지 않았다고 하겠다. 순자도 관중의 개절 행위에 대해 구체적인 언급을 하지는 않았지만, 관중의 패업을 '존망계절'을 구현한 패도의 전형으로 높이 평가한 것으로 미루어 볼 때 관중의 개절을 크게 문제삼지 않았다고 볼 수 있다.

그러나 이들 유가와 달리 법가는 이 문제를 직접적으로 언급하고 나서서 주목된다. 상앙의 경우는 구체적인 자료가 남아 있는 것이 별로 없어 상고하기 어려우나 한비자의 경우는 관중의 개절 문제를 직접 언급한 부분이 전한다. 이는 법가의 관중관을 이해하는 데 매우 중요한 근거를 제공하고 있다. 한비자는 관중의 개절 문제를 언급하면서 그것은 어디까지나 선택의 문제에 불과할 뿐이라고 평가했다.

> 관중은 공자 규의 신하로서 제환공을 죽이려고 모의하다 뜻을 이루지 못했다. 그는 그의 주군이 죽었는데도 제환공의 신하가 되었다. 관중의 취사선택은 주공 단旦과 달랐다.140)

주공은 어린 성왕成王을 대신해 7년 동안 섭정을 한 뒤 성왕이 장성하자 그에게 정사를 돌려줌으로써 공자로부터 '인'을 몸소 실천한 성인이라고 추앙받은 인물이다. 관중의 취사선택이 주공의 경우와 달랐다고 한 한비자의 지적은 주공과 달리 관중의 경우는 선택의 여지가 있었다는 의미를 담고 있다. 공자 규糾를 좇아 죽거나 살아남아 제환공을 섬기거나 하는 문제는 전적으로 관중의 몫이었다는 지적이다. 바로 여기에 '문실론'과 관련한 한비자의

---

140) 『韓非子』, 「難二」, "管仲, 公子糾之臣也. 謀殺桓公而不能, 其君死而臣桓公. 管仲之取舍, 非周公旦."

독특한 사상이 노출되어 있다.

　관중이 공자 규를 좇아 죽는 것이 '문文'이라면 살아남아 제환공을 섬기는 것은 '실實'이라고 볼 수 있다. 명분을 중시한 후세의 유자들은 바로 이 대목 때문에 적잖은 고심을 했음에 틀림없다. 공자는 '문'을 중시한 맹자와 달리 관중의 패업 즉 '실'을 인정하였기 때문이다. 공자는 후술하는 바와 같이 '문'과 '실'을 함께 중시하면서 양자간의 조화를 꾀하고 있었다. 이에 비해 한비자는 '실'을 중시하는 자신의 입장을 확연히 드러내고 있다. 유가처럼 '문'에 얽매어 관중의 개절을 문제삼는 일 자체가 의미 없는 짓이라는 의중을 드러내고 있는 것이다. '문'을 선택하든 '실'을 선택하든 당사자인 관중이 선택할 문제일 뿐 이를 문제삼을 필요가 없다는 것이 한비자의 입장이었다.

　하지만 한비자의 이런 입장은 동시에 대의론에 입각한 관중의 해명 역시 인정하지 않았다는 점에서 주의를 요한다. 한비자는 관중이 제환공을 선택한 것은 어디까지나 그가 '실'을 선택한 것에 불과할 뿐이라고 평했다. 자신의 개절이 대의를 좇기 위한 불가피한 선택이었다고 말하는 관중의 해명을 결코 인정하지 않은 것이다. 이는 관중의 개절 행위를 단순히 벼슬을 하기 위한 행위에 불과하다고 평가한 데서 확연히 알 수 있다. 한비자는 이렇게 말하였다.

　　제환공이 관중을 얻은 것은 어렵게 얻은 것이 아니다. 관중은 그의 주군을 위해 죽음을 바치지 아니하고 제환공에게로 돌아온 것이다. 포숙아가 자신의 벼슬을 가벼이 여기고 관중을 임용케 하여 능력 있는 사람에게 사양한 것이다. 제환공이 관중을 어렵지 않게 얻었음은 분명하다.[141]

　이는 제환공이 관중을 매우 힘들게 얻었다는 사실을 반박하기 위해 한 말이다. 이러한 주장은 다음과 같은 논리를 통해 뒷받침된다.

---

141) 『韓非子』, 「難二」, "桓公, 得管仲又不難. 管仲, 不死其君而歸桓公. 鮑叔, 輕官讓能而任之. 桓公得管仲又不難, 明矣."

현명한 사람을 구하는 것이 군주에게 어려운 일이 아니다. 관직은 현명한 사람을 임명하기 위한 것이고 작위와 녹은 공로자에게 상을 주기 위한 것이다. 관직을 마련하고 작록을 늘어놓기만 하면 선비들은 스스로 찾아든다. 군주된 사람이 어찌 수고를 할 이유가 있겠는가?[142]

관직과 작록을 진설해 놓기만 하면 현사들이 스스로 찾아온다는 것이 그의 주장이다. 이러한 점에서 한비자의 관중관은 소위 '현사자지賢士自至'에 근거하고 있음을 알 수 있다. 그는 관중 역시 관록을 찾아온 사람에 불과하다는 입장을 견지한 것이다. 유가에서는 선비의 출사를 중시하면서도 나라에 도가 행해지고 있을 때에 한해 출사가 가능하다는 입장을 고수하고 있었는데, 한비자는 사실상 이러한 입장을 무시한 셈이다.

현사란 기본적으로 관록을 좇아 군주를 섬기는 자에 불과하다는 것이 한비자의 기본적인 생각이다. 그래서 그는 관중의 개절 행위 역시 관록을 찾는 현사의 일반적인 행태에서 벗어나지 않는다고 평가했던 것이다. 그는 관중의 개절 행위를 비난하지도 않았지만 그의 해명 또한 인정하지 않았으니, 한마디로 관중의 개절 행위를 도덕적 논란의 대상으로 삼는 것 자체를 거부했다고 보아야 한다.

한비자의 치본관인 법치주의 사상은 기본적으로 이익을 찾아 움직이는 행위를 인간의 기본적인 속성이자 자연스런 행위로 인정하는 데서 출발하고 있다. 그는 군신 관계는 물론 부자, 부부 관계 등의 모든 인간 관계는 기본적으로 유가의 주장처럼 인의나 충효 등과 같은 도덕적 기반 위에 서 있는 것이 아니라 단순히 이익을 좇아 형성된 것에 지나지 않는다고 파악했다. 철저히 인간불신론에 기반한 관점이 아닐 수 없다. 이러한 관점에 입각하여 그는 관중 역시 이해 관계를 좇아 개절한 것에 불과하며 그것은 하나의 선택의 문제

---

142) 『韓非子』, 「難二」, "索賢, 不爲人主難. 且官職, 所以任賢也. 爵祿, 所以賞功也. 設官職陳爵祿而士自至. 君人者, 奚其勞哉."

일 뿐 대의의 명분 문제로 논할 대상이 아니라는 취지를 분명히 하였던 것이다. '문' 자체를 인정하지 않으려는 한비자의 의중이 극명히 드러났다고 할 수 있다.

한비자의 사상은 인의를 내세우면서 명분을 무엇보다 중시했던 맹자와 극명한 대조를 이루고 있다. 전국 시대의 어두운 세태에 깊이 주목한 그는 관중의 개절 행위에 대해 인의 등의 도덕적 잣대를 동원해 재단하는 이른바 '문실론'에 입각한 평가 자체를 거부했다. 또한 그는 관중과 제환공을 하나로 묶어 보는 유가들과는 달리 두 사람을 나누어 분석하면서 색다른 평가를 내리고 있다. 이는 그의 '귀군' 사상에 따른 당연한 논리적 귀결로 볼 수 있다.

> 죽은 주군을 배반하고 그의 원수를 섬긴 사람이라면 틀림없이 천자의 자리를 빼앗아 천하에 군림하는 데에도 별다른 어려움이 없을 것이다.[143]

관중과 같은 사람에게 군주의 자리에 준하는 재상 자리를 맡긴 것은 위험한 일이라고 지적한 것이다. 이는 물론 군주란 자신의 권한을 신하에게 위임해서는 안 된다는 주장을 펴기 위한 것이었다. 한비자는 만일 관중이 걸주를 주살한 탕무와 같은 사람이었다면 제환공은 걸주로 몰릴 수밖에 없고, 관중이 제간공齊簡公을 시해한 전상田常과 같은 인물이었다면 제환공은 제간공의 전철을 밟을 위험성이 크다고 지적하였다. 그래서 그는 "관중과 같이 능력 있는 사람이 군주의 권세를 갖고 제나라를 다스릴 경우 위태롭지 않겠느냐"[144]라고 반문하기도 했다. 주군을 배반한 경력이 있는데다 유능하기까지 했던 관중을 곁에 둔 제환공이야말로 군주의 자리를 빼앗길 위험에 그대로 노출되어 있었다고 지적한 것이다. 다만 한비자는, 그러한 위험에도 불구하고 제환공이 그나마 자리를 유지할 수 있었던 것은 관중에게 군주의 권한을 전적으

---

143) 『韓非子』, 「難二」, "背死君而事其讎者, 必不難奪子而行天下."
144) 『韓非子』, 「外儲說左下」, "以管仲之能, 乘公之勢, 以治齊國, 得無危乎."

로 맡기지는 않았기 때문이라고 분석했다.[145]

그런데 위와 같은 한비자의 지적을 관중의 개절을 문제삼은 것이라고 확대해서는 안 된다. 앞서 분석한 바와 같이 그는 관중의 개절 문제를 명분론에 입각해 논하는 것을 원천적으로 배척했기 때문이다. 그는 관중이 유능한 신하이기 때문에 제환공의 보위가 위협받는다고 말한 것이지 관중이 개절했기 때문에 위험하다고 지적한 것이 아니다. 한비자가 관중의 개절을 사례로 든 것은 어디까지나 관중 같은 능력을 갖춘 인물에게 군주의 권한을 빌려주어서는 안 된다는 점을 경고하기 위한 것이었다.

관중의 개절 행위에 대한 한비자의 입장은 관중의 패업에 대한 그의 평가에서 더욱 분명히 드러나고 있다. 그는 "옛날에 제환공은 제후들을 규합해 천하를 바로잡아 오패 가운데 우두머리가 되었다. 이는 관중이 보좌했기 때문에 가능한 것이었다"[146]라고 평가했다. 제환공이 오패의 우두머리가 된 것은 관중이 도와주지 않았다면 불가능했을 것이라는 지적이다. 이러한 평가는 또한 제환공이 관중의 유언에 따르지 않았기 때문에 죽은 뒤에 천하의 웃음거리가 되고 말았다고 지적한 데서도 잘 나타나고 있다. 관중이 죽기 전에 자신의 후임으로 습붕隰朋을 천거했음에도 불구하고 제환공은 환관인 수조竪刁 등을 등용함으로써 자신은 물론 나라까지 망치게 되었다. 이에 대해 한비자는 "제환공이……마침내 그의 신하들에게 죽임을 당해 높은 명성도 사라지고 천하의 웃음거리가 된 것은 어째서인가? 관중의 충고를 따르지 않았기 때문이다"[147]라고 말했던 것이다.

이상과 같은 분석을 종합해 볼 때 법가의 제환공 및 관중에 대한 평가는 철저한 법치를 수행하지 못한 약간의 하자에 대한 비평을 제외하고는 대단한

---

145) 한비자는 齊桓公이 隰朋으로 하여금 나라 안을 다스리게 하고 관중은 나라 밖을 다스리면서 서로 간섭할 수 있도록 한 점을 높이 평가했다. 『韓非子』, 「外儲說左下」, "令隰朋治內, 管仲治外, 以相參."

146) 『韓非子』, 「十過」, "齊桓公九合諸侯, 一匡天下, 爲五伯長, 管仲佐之."

147) 『韓非子』, 「十過」, "桓公……卒見弑於其臣而滅高名爲天下笑者, 何也. 不用管仲之過也."

호평이었음을 짐작할 수 있다. 법가는 관중이야말로 춘추 시대에 패업을 이룬 진정한 주인공이라는 생각을 갖고 있었음에 틀림없다고 해석해도 좋을 것이다.

치도론은 원래 유가적 개념이다. 법가는 아예 왕도를 인정하지 않았기 때문이다. 그러나 법가의 통치 사상을 밝혀내기 위해서는 법가의 입장을 유가의 왕패 개념을 적용하여 분석할 필요가 있다. 결론부터 말하면 법가의 치도론은 법가의 치본관이 법치주의에 입각해 있는 것과 같은 맥락에서 당연히 패도만을 인정하는 '패도지상주의'라고 말할 수 있다. 법가는 반덕치 내지 반인치의 표상이라고 할 수 있는 법치 사상에 입각해 있었기 때문에 당연히 패도만을 인정할 수밖에 없었던 것이다.

법가의 치도론은 한비자의 입장을 통해 선명히 드러나고 있다. 한비자는 스승인 순자가 왕도 실현의 중요한 수단으로 인정했던 예치마저 버린 채 '숭패척왕崇霸斥王'의 입장을 견지하였다고 말할 수 있다.

순자는 공자가 제시한 덕치의 덕목 중 가장 현실에 가까운 '예치'를 상정했다. 이는 공자가 그린 덕치의 이상을 가장 현실에 가깝게 끌어내린 것으로 파악할 수 있다. 유가 가운데서 패도에 대해 가장 적극적으로 문호를 개방한 것이다. 순자의 이러한 입장은 근원적으로 왕도의 실현이 불가능할 경우 그에 대비한 차선책의 마련이 절실하다는 현실 인식에서 비롯된 것이다. 그가 차선책으로 제시한 패도는 강도彊道, 위도危道, 망도亡道 등과는 구별되는, 왕도에 준할 정도로 높은 도덕적 수준을 유지하는 것이었다.

순자가 제시한 패도의 기준은 바로 '중법애민重法愛民'이었다. 한비자가 이상적으로 그린 패도 또한 순자가 제시한 '중법애민' 사상에 기초해 있다. 한비자가 역설한 공명정대한 법치 정신은 순자가 제시한 '중법' 정신에 그대로 부합한다. 그러나 한비자는 스승인 순자가 염원했던 예치를 포기함으로써 유가의 덕치 사상과 완전히 절연하는 모습을 보였다. 예치의 포기는 바로 법치만을 의미하는 것이었다. 그리고 덕치에서 최소한의 기준이라고 할 수 있는 예치의 포기는 결국 유가의 왕패분류법을 적용할 경우 패도만을 인정하는 셈이 되고 만다. 따라서 한비자의 치도론은 오직 패도만을 인정했다는 의미에서 패도지상주의에 해당한다고 할 수 있을 것이다.

여기서 순자의 왕패분류법을 적용할 경우 과연 한비자가 상정한 패도는 순자가 제시한 패도의 기준에 부합하는 것인지를 검토해 보자. 순자가 제시한 '중법애민'이라는 높은 수준의 도덕 기준에서 볼 때 한비자가 언급한 패도는 일견 순자가 제시한 패도의 기준에 미흡하다고 판단할 수도 있을 것이다. 그러나 사실상 두 사람이 언급한 패도의 기준은 별다른 차이가 없다고 보아야 한다. 패도를 최선 또는 차선의 선택으로 인정하였다는 차이만 있을 뿐 두 사람의 패도에 대한 입장에 본질적인 차이가 있었던 것은 아니기 때문이다. 이는 양자 모두 관중의 패업을 높이 평가한 점을 보면 쉽게 수긍할 수 있다. 관중의 패업을 '존망계절'로 평가한 순자와 마찬가지로 한비자 역시 그것을 현실 속에서 구현할 수 있는 최상의 패업으로 인정했다. 그의 이러한 평가는 스승 순자가 차선책으로 제시했던 패도를 최선의 치도로 격상시킨 데 따른 당연한 논리적 귀결로 보아야 한다.

한비자가 애초에 왕도 자체를 인정하지 않았다는 점을 염두에 두면 관중에 대한 호평은 당연한 것이었다. 사실 한비자는 요순 시대나 들먹이며 인의에 기초한 왕도의 실현을 주장하는 것은 현실을 도외시한 공허한 담론에 지나지 않는다고 생각했다. 그래서 그는 요순이 실천했다고 하는 인의 자체를 아예 폄하해 버렸다. 요순 시대에는 제왕이라 해도 기껏 초가집에서 거친 조밥을 먹고 산 데 불과했기 때문에 천하를 남에게 물려준다는 것이 대단한 것이 못된다고 평가했던 것이다.[148] 또한 그는 "지금 옛 군주들의 정치로 현재의 인민들을 다스리고자 하는 것은 모두 '수주대토守株待兎'하는 것과 같이 어

---

148) 『韓非子』, 「五蠹」, "夫古之讓天子者, 是去監門之養, 而離臣虜之勞也. 古傳天下而不足多也."

리석은 짓이다"[149]라고 하여 유가에서 말하는 성인에 대해서도 통렬한 비판을 가하였다. 기본적으로 한비자는 인의에 기초한 왕도의 실현이 불가능하다는 신념을 견지하고 있었던 것이다.

> 유가는 군주에게 말하기를……인의를 실행하기만 하면 곧 왕자가 될 수 있다고 한다. 그러나 이는 군주에게 반드시 공자처럼 되기를 요구하면서 세상사람 모두가 그 제자가 되길 바라는 것과 같다. 이는 절대로 이루어질 수 없는 방법이다.[150]

이는 한마디로 공자만이 천하의 성인으로 유일하게 인의를 행한 인물인데 어찌 다른 사람에게 같은 기준을 적용할 수 있는가 하는 반박이다. 이처럼 패도만을 유일한 치도로 인정했던 한비자로서는 당연히 관중에 대해 높은 평가를 내릴 수밖에 없었을 것이다.

그러나 한비자가 관중을 무조건적으로 칭송한 것은 아니었다. 그는 관중이 '경상형벌慶賞刑罰'에 입각한 강력한 법치를 실시하지 않은 것은 잘못이라고 지적하기도 했다. 관중은 제환공의 조회 불참에 따른 구설을 잠재우기 위해 구빈책救貧策과 사면책赦免策을 실시한 일이 있는데, 한비자는 이에 대해서도 법치의 근본을 해친 행위라고 비판하며 다음과 같이 말했다.

> 대저 공이 없는 사람에게 상을 주면 인민들은 요행이나 바라고 위만 바라보게 된다. 잘못을 저지른 자를 처벌하지 않으면 인민들은 쉽게 비리를 저지르게 된다. 이것이 바로 혼란의 근원이다.[151]

관중이 실시한 구빈책 등은 법치의 근간을 흔들 수도 있다는 지적이다. 관중에 대한 이러한 비판에 비추어 볼 때 그는 철저한 법치의 실행을 전제로

---

149) 『韓非子』, 「五蠹」, "今, 欲以先王之政, 治當世之民, 皆守株之類也."
150) 『韓非子』, 「五蠹」, "今, 學者之說人主也……務行仁義, 則可以王. 是, 求人主之必及仲尼而以勢之凡民皆如列徒. 此, 必不得之數也."
151) 『韓非子』, 「難二」, "夫賞無功, 則民偷幸而望於上. 不誅過, 則民不懲而易爲非. 此, 亂之本也."

한 완벽한 패도의 구현을 목표로 삼았다고 보아야 한다. 결국 한비자는 스승인 순자가 덕치와 왕도에 대해 마지막까지 견지했던 기대마저 과감히 사상해 버린 뒤 현실 속에서 구현할 수 있는 최상의 통치 모형을 '패도지상주의'에서 찾으려 했다고 할 수 있다.[152] 법가의 치도론은 유가의 왕패분류법을 적용할 경우 왕도 자체의 존재를 인정하지 않은 까닭에 일종의 '숭패척왕崇霸斥王'으로 규정될 수 있는 것이다.

'숭패척왕'으로 귀착되는 법가의 치도론은 덕치를 전제로 한 왕도의 실현에 우선 순위를 두었던 유가의 그것과 확연한 대조를 이룬다는 점에서 의미하는 바가 크다. 왕패 분류를 핵심으로 하는 치도 문제를 둘러싼 도·유·법 3가의 이러한 시각차는 바로 상앙과 한비자 등의 법가와 공자와 맹자, 순자 등의 유가를 구별짓는 주요한 기준이 되고 있다.

---

152) 이에 대해 郭沫若은 순자는 어디까지나 人民을 중시한 데 반해 한비자는 전적으로 君主만을 중시했던 까닭에 양자는 비록 師弟의 관계를 맺고 있으나 그 사상에 있어서만큼은 남극과 북극만큼의 차이가 있다고 평가했다. 郭沫若, 『중국고대사상사』(조성을 역), 477쪽 참조.

3가의 통치 사상 2 : 치본관

1. 노자: 도본덕치

역사적으로 볼 때 노자의 통치 사상에 대한 평가는 크게 두 가지로 대별할 수 있다. 유심론의 관점에서 노자를 이해하려는 장자학파와 유물론의 관점에서 파악하려는 한비자 계통이 그것이다. 후기 장자학파의 경우는 한위漢魏 시대를 거치면서 하안, 왕필 등이 등장하여 유심주의적 관점에서 노자를 해석한 바 있다. 반면 『도덕경』에 대해 사상 최초로 주석을 가했던 한비자나 왕충 등 노자에 대한 유물론적 해석을 시도하였는데, 한나라 때의 황로학파도 이 계통에 속하는 것으로 간주되고 있다.

그러나 노자 사상에 대한 유심론 내지 유물론적 해석은 사실 노자의 통치 사상에 대한 총체적인 분석이 뒷받침되지 못한 결과이다. 노자 사상은 그가 말한 '도'와 '덕'에 대한 기본 인식이 정확하지 못하면 평면적인 결론밖에 도출해 낼 수 없다. 지금까지의 연구는 대개 '도'에 중점을 둔 나머지 '덕'에 대해 제대로 분석하지 못하였지만, 노자 사상은 '도'에 대한 연구와 더불어 '덕'에 대한 정확한 이해가 전제되지 않으면 안 된다.

노자의 '덕'은 결코 '도'의 하위 개념이 아니다. '덕'은 바로 '도'가 구체화된 현상이라고 할 수 있기 때문이다. 그런데 흔히 '덕'으로써 다스리는 통치를 '덕치'라고 부르고 있지만, 노자가 말하는 '덕치'와 유가에서 말하는 인의예지仁義禮智에 의한 '덕치'는 그 사상적 출발이나 내용 면에서 천양지차가 있다. 나아가 송대 성리학자들과 같은 후세의 유가들도 '도'를 집중적으로 얘기했지만 그 또한 노자가 말한 '도'와는 본질적인 차이가 있다.

노자는 만물은 '덕'을 거쳐서 다시 생명의 원류인 '도'로 되돌아오려고 하기 때문에 없어지거나 다하는 날이 없다고 보았다. 그는 만물이 생명의 근원을 지향해 돌아오는 작용을 '귀근歸根' 또는 '복명復命'이라고 명명했다. 노자 통치 사상의 요체는 바로 여기에서 출발하고 있다고 해도 과언이 아니다.

만물이 '도'로 돌아오려고 하기 때문에 비로소 '도'라는 것은 만물을 낳고 또 낳아 끝이 없게 된다. 만물의 이러한 '귀근'과 '복명'의 작용은 원래 '도'에 근거한 것이다. '도'의 전체 운동은 순환반복 운동이기도 하다. 그리고 '도'의 운동이 순환함으로써 우주만물 역시 쉬지 않고 반복한다. 그러나 '도'의 운동은 순환반복 이외에 또 상반된 방향으로 발전해 가기도 한다. 이를 두고 노자는 근본으로 되돌아오는 소위 '반자反者'는 '도의 움직임'(道之動)에 따른 것이라고 해석했다. 여기서의 '반反'은 순환반복의 뜻 이외에 상반대립의 뜻을 함께 지니고 있다.

이는 현대의 양자물리학이나 천체물리학에서 인정하는 바와 같이 우주만물에는 '정正'의 일면과 '반反'의 일면이 동시에 존재하고 있음을 뜻한다고 할 수 있다. 세계는 고정불변이 아니라 시간이나 상황에 따라 끊임없이 변하게 되어 있다. 우주에 존재하는 삼라만상은 모두 일견 대립되는 듯한 모습을 보이지만 엄밀히 따져보면 표면적으로 드러난 것만이 대립적인 모습을 보일 뿐이지 그 본원은 한가지라는 사실을 주지할 필요가 있는 것이다. 대표적인 예로, 대전체帶電體가 음전하 또는 양전하를 띨 경우 이것이 해당 물체가 온통

음전하 또는 양전하로만 이루어졌음을 뜻하는 것은 아니다. 음전하를 띠는 것은 음전하가 양전하에 비해 상대적으로 많거나 겉으로 두드러지게 나타난 것일 뿐이고 그 내부를 보면 오히려 양전하가 많다는 사실을 알 수 있다. 바꿔 말해 음 속에 양이 있고 양 속에 음이 있는 셈이다.[1]

노자가 말하는 '덕'은 인간을 중심으로 한 통치를 염두에 두고 만들어졌다고 할 수 있다. 공자가 말하는 인의예지라는 '덕'도 인간을 중심으로 해서 파악된 것이지만, 공자가 말한 '덕'은 만물에 적용되기에는 한계가 있는 인위적인 덕목에 불과하다. 이는 공자가 주례周禮라는 주나라 초기의 통치 질서를 이상적인 모습으로 간주하고 인의예지 등의 실천을 통해 주례로 복귀할 것을 주장하는 데서 극명하게 드러난다. 공자가 사회 혼란의 원인을 통치자의 주관적 윤리 문제와 동일시하고, 그 결과 현세의 삶에 강력한 관심과 의지를 보이는 인간 중심의 철학 사상을 펼치게 된 것도 이 때문이었다.

이에 반해 노자의 '덕'은 '자연의 도'를 따르는 것으로서 우주의 이치인 '천도'뿐만 아니라 인간 통치의 이치인 '인도'에도 그대로 적용될 수 있는 것이었다. 노자는 공자가 말하는 인의예지의 덕목은 곧 '자연'을 벗어난 것으로서 '도'와 '상덕'이 상실된 뒤에 나타나는 '하덕'이라고 보았다. 노자는 공자가 주장하는 그러한 '하덕'은 세상에 더 큰 혼란만을 초래할 뿐이라고 하였다.

노자는 인간이 자신에게 내재된 '도'를 자각하여 그것을 행위 법칙으로 드러낸 것이 바로 '덕'이라고 파악했다. '도'는 본질이고 '덕'은 그것이 드러남으로써 얻어지는 일종의 공능功能이라고 본 것이다. 이 노자의 '덕'에는 세 가지 특징이 있다. '무위無爲', '무욕無欲', '부쟁不爭'이 그것인데, 이 셋은 서로 밀접한 관련을 맺고 있다.

---

1) 철학계에서는 음양의 이러한 특성을 '對待的'이라고 표현하고 있다. 그러나 '대대적'이라는 말은 '相對的'이라는 말의 중국어적 표현에 불과한 것이다. '상대적'이라는 말 자체가 明治 시대의 일본인들이 만들어 낸 말이기는 하나 우리말로 이미 정착된 만큼 특별히 '대대적' 이라는 표현을 써서 용어를 복잡하게 만들 필요는 없을 것이다.

노자의 '무위無爲'는 춘추 시대의 자연주의적 사조에서 유래한다. 춘추 시대 초기에 이미 '무위'의 맹아가 있었는데, 노자는 이를 더욱 발전시켜 자신의 통치 사상의 핵심으로 삼았던 것이다. 노자의 '무위'는 통치자의 인민들에 대한 가혹한 형벌과 조세, 전쟁 동원 등에 반대하는 입장에 서 있다. 노자의 '무위'는 역사 전개의 일정한 법칙을 인식한 객관성을 지닌 개념으로, '인간'의 주관적인 의지는 물론이고 '천'의 의지 또한 부정한다. 이는 당시의 지배적인 종교 관념인 '천명' 개념 등을 부인하는 것이기도 하다.

노자의 '무위'와 대조되는 것은 주나라 문화의 특징으로 거론되는 '예禮'로서, 이는 곧 '유위'의 대표적인 항목이라 할 수 있다. 노자가 말하는 '유위' 내지 '인위', '작위'란 포괄적으로 볼 때 공자로 대표되는 유가의 '인의예지仁義禮智'를 의미한다. 이 밖에 유가에서 말하는 상현尙賢이나 성聖, 이利, 학學 등도 모두 여기에 속한다. 노자는 이러한 '유위'의 덕목을 제거하면 작게는 인민들이 다투지 않게 되고 크게는 인민들이 본래의 '덕성'을 되찾아 효성스럽고 자애로운 모습을 보이게 될 것이라고 확신했다.

노자의 '무위'는 일체의 인위적인 덕목을 사상하고 자연의 이치에 순응하는 것을 말한다. 결국 '무위'는 만물이 자신의 본성에 따라 자발적으로 운행하는 '자연'을 의미한다고 할 수 있다. 이를 이루기 위해서는 '덕성'의 본원으로 돌아가야 하는 것이다. 이러한 '무위'는 아무것도 하지 않는 '무행위'가 아니라 억지로 하지 않으면서 모든 것을 이루는 '무위이위無爲而爲'에 해당한다. 노자의 '도'는 만물을 구성하는 기초로서 유가의 '천'처럼 어떤 의지를 가지고 있는 개념이 아니기 때문에 본질적으로 '무위'인 것이다. 통치 차원에서 볼 때 '무위'는 그 자체가 어떤 의미를 갖고 있는 것이 아니라 '무불위'라는 효과를 기대하는 행위라고 말할 수 있다.

노자의 '도'는 '무위'이기 때문에 만물을 이루는 동인으로 작용하면서도 결코 그것을 소유하려 하지 않는다. 노자는 만물을 입혀 주고 먹여 주면서도 아무것도 바라지 않는 '무욕'이 바로 진정한 성취를 이루는 전제라고 말했다. 그는 이런 소극적으로 보이는 행위가 결국에 가서는 가장 큰 결과를 낳을 수 있다고 생각했다. 이것이 개인적 소망의 성취에 불과하다고 볼 수도 있지만, 궁극적으로는 만물의 화육에 도움을 주고 '무욕'을 통해 천하의 통치 질서가 바로잡혀 아무런 다툼도 일어나지 않게 된다는 것이다. 원래 다툼은 사욕과 불평등에서 비롯되는 것이다. 춘추 시대 말기에 통치자들은 생산에 종사하지 않으면서도 인민들로부터 과다한 세금과 노동력을 착취해 권력과 부를 누렸고, 인민들은 많은 수확을 얻어도 가혹한 부역과 세금으로 인해 굶주릴 수밖에 없었다. 이러한 불평등이 지속되자 세상이 혼란스럽게 변하기 시작했던 것이다.

노자가 볼 때 통치자는 원래 나라의 온갖 더러움과 상서롭지 못한 것을 자신의 몸으로 받아들이고 인민들의 삶을 풍족하게 해 주어야만 하는 존재였다. 그는 이런 이상적인 통치자를 '성인'이라고 표현하면서, 성인이 다스리는 세상은 천하에 다툼이 없고 설령 다툴 상대가 있어도 다투지 않으면서 이길 수 있는 길이 열리게 된다고 보았다. 노자의 통치 사상이 만물이 서로 다투지 않고 서로의 본성을 최대한 살리는 세계로 귀결된 것도 이 때문이었다.

한마디로 노자는 세상을 혼탁하게 된 모든 원인은 기본적으로 통치자의 '유위有爲'와 '유욕有欲'에 있다고 보았던 것이다. 따라서 그 원인을 제거하는 당사자도 인민들이 아니라 통치자들일 수밖에 없었다. 이러한 의미에서 노자의 치본론은 분명 '도본덕치道本德治'로 규정할 수 있을 것이다.

이는 어찌 보면 공자의 '인본인치仁本人治'나 맹자의 '의본인치義本人治', 순자의 '예본인치禮本人治' 등과 맥을 같이하는 것이라고 할 수 있다. 비록 '하덕'에 의한 것이기는 하나 공맹순이 주장하는 덕목 역시 크게 보면 일종의 '덕치'라고 할 수 있기 때문이다. 나아가 노자나 공맹순 모두 성인의 통치를 최상의 통치로 간주했다는 점에서 일종의 '인치人治'를 주장했다고 볼 수 있다. 물론 노자가 말하는 성인은 인의예지 등의 덕목을 닦은 인물이 아니라 자연의 이치에 순응하는 통치자이므로 엄밀한 의미에서 볼 때는 '인치人治'를 주장했다고 볼 수 없다. 그러나 통치의 준거가 '상덕'이든 '하덕'이든, '덕'을 체득한 인간이 다스려야 한다고 주장한 점에서는 분명 노자나 공맹순은 모두 '인치'의 성격을 벗어날 수 없는 것이다.

이러한 관점에서 공맹순이 주장하는 '인본인치', '의본인치', '예본인치'는 노자의 '덕치'를 자의적으로 해석한 것에 불과하다고 볼 수 있다. 노자가 유가의 통치 근본이었던 '인의예'에 대해 자연의 이치를 거스른 통치자들의 인위적이고 자의적인 덕목에 불과하다고 비난한 사실이 그것을 뒷받침한다. 한마디로 말해 노자가 말한 '상덕'에 입각한 '덕치'는 공자를 비롯한 유가 사상가들이 '덕치'를 자의적으로 해석함에 따라 본래의 의미가 퇴색한 채 '하덕'의 '덕치'로 전락했다고 볼 수 있는 것이다. 따라서 앞서 '도'에 대한 노자와 유가의 개념 차이를 살펴보았듯이 노자가 말하는 '덕치'와 유가가 말하는 '덕치' 또한 서로 어떤 차이점을 지니고 있는지 분명히 짚고 넘어가지 않으면 안 된다.

사실 유가의 '덕치'는 인의예지 등을 통치의 근본으로 삼기 이전에 '무위통치'의 이상에 대한 올바른 인식이 전제되어야만 한다. 그렇지 못할 경우 인위적인 덕목은 오히려 인민의 덕성을 억압하는 기제로 작용할 뿐만 아니라 인민을 영악하게 만들어 세상을 더욱 혼란스럽게 만들 뿐이다. 이는 공자가 법만으로써 통치를 하려 할 경우 인민들을 후안무치하고 교활하게 만들 뿐이라고 지적한 것과 취지를 같이하는 것이다. 다만 공자는 인의예지 등의 덕목으로 인민을 교화시킬 수 있다고 본 데 반해 노자는 덕목 자체가 인위적이기 때문에 오히려 인민의 덕성을 해칠 수 있다고 본 점만이 다를 뿐이다. 따라서 노자가 "대도가 폐해지자 인의가 나타났다"라고 비판한 것은 인의 자체를 나쁘다고 평한 것이라고 보기보다는 그러한 덕목이 자신이 언급한 '덕치'의 근간을 뒤흔들 가능성이 있음을 경고한 것이라고 보아야 한다.

노자의 '덕치'는 우주만물의 근원인 '도' 자체에 의거해 통치하는 것을 말한다. 그렇다면 노자는 '무위'에 입각한 '덕치'를 실현하기 위한 구체적인 방법론으로 어떤 방안을 제시하였을까? 노자가 '덕치'를 실현하는 방안으로 예시한 덕목들은 유가에서 말하는 것과는 정반대되는 내용들이다. 양陽에 대한 음陰, 동動에 대한 정靜, 지智에 대한 우愚, 명明에 대한 암暗, 강강剛强에 대한 유유柔, 웅雄에 대한 자雌 등이 그것이다. 그러나 노자가 이런 덕목들을 든 것은 처음부터 그러한 방향으로 나아가라는 뜻이 아니라 반대되는 덕목을 안 뒤에 다시 본원으로 돌아오라고 말하기 위한 것이었다. 그리고 이러한 소극적 덕목들은 사실 매우 높은 경지의 문화를 이룩하기 위해 필요한 것이기도 하다. 이 덕목들은 자연의 이치에 합당할 뿐 아니라 인위적으로 조탁된 덕목들과 달리 우주의 힘과 맞닿는 본원적인 힘을 지니고 있기 때문이다.

그런데 노자는 '덕치'를 이루기 위해서는 결국 그런 소극적 덕목들까지도 초극해야 한다고 강조했다. 이는 '무' 자체가 '유'의 대립 개념이 아닌 것과 같다. 비록 그러한 덕목들이 인위적으로 조탁된 덕목과 달리 우주만물이 본래 지니고 있는 덕목이라 할지라도 그것을 고집할 경우 지극한 '무위 통치'는 결코 이루어질 수 없다.

노자는 '무위 통치'의 지극한 모습을 영아嬰兒의 모습에서 찾으려고 했다. 통치자가 바로 영아와 같이 순연한 경지에 도달할 때만이 치자와 피치자 간의 벽을 허물고 무사무편한 통치의 극의를 실현할 수 있다고 본 것이다. 영아는 온갖 덕목에 대한 분별심을 과감히 사상한 경지를 상징한다. 노자는 위정자가 모든 분별심을 사상한 채 무위의 도덕으로 정치를 하게 되면 인민들이 저절로 감화된다고 보았던 것이다.

이와 같은 수준의 통치를 이루기 위해서는 무엇보다 먼저 통치자가 솔선수범하여 성인의 경지에 도달해야 한다. 물론 공자 또한 동일한 주장을 하고 있지만, 노자와 공자는 성인에 대한 평가 및 그 내용 등에 있어서 커다란 차이가 있다. 이는 통치의 궁극적인 연원에 대한 견해차에서 비롯된 것이라고 할 수 있을 것이다. 공자는 춘추 시대의 혼란상을 타개하기 위해서 주나라 초기의 질서를 회복하는 것이 필요하다고 보았다. 그가 '정명종주'를 강조한 이유가 여기에 있는 것이다. 그러나 노자는 지극한 통치를 이루기 위해서는 사물을 자연 그대로 놓아두는 것이 필요하다고 주장했다. 그는 이렇게 말했다.

> 천하의 사람들이 아름다운 것을 모두 아름다운 줄 알지만 이는 실로 미운 것이다. 또 선한 것을 모두 선한 것으로 알지만 실로 이것도 불선한 것이다. 그러므로 있고 없음이 서로 생하고 어렵고 쉬움이 서로 성립하며 길고 짧음이 서로 비교하고 높고 낮음도 서로 바뀌며 소리와 울림이 서로 어울리고 앞과 뒤가 서로를 따르게 마련이다.2)

여기에서 노자는 일체의 분별심에 기인한 대립된 개념은 사실 같은 뿌리에서 나온 것임을 강조하고 있다. 따라서 지극한 통치는 분별심을 제거하여 '무위'의 경지로 들어가야만 가능하게 되는 것이다. 그것이 바로 '무위 통치'가 만물이 일어나되 간섭하지 않고 생겨나되 소유하지 않으며 작위하되 뽐내지 않고 공이 이루어지되 거기에 머물지 않는 소이이다. 그는 이를 두고 '무위'로써 '무불위'의 지극한 통치를 이루는 것이라고 표현했던 것이다. 노자는 또 이렇게도 말하였다.

> 천하를 취하여 그것을 인위로 다스리려는 것은 불가능하다. 천하란 신묘한 그릇이어서 인위로 다스릴 수가 없는 것이므로, 인위로 다스리려는 자는 그것을 망치게 될 것이고 거기에 집착하는 자는 그것을 잃게 될 것이다.3)

---

2) 『道德經』, 2장, "天下皆知美之爲美, 斯惡已. 皆知善之爲善, 斯不善已. 故有無相生, 難易相成, 長短相較, 高下相傾, 聲音相和, 前後相隨."
3) 『道德經』, 29장, "將欲取天下而爲之, 吾見其不得已. 天下神器, 不可爲也. 爲者敗之, 執者失之."

이처럼 노자는 아예 유가가 주장하는 인의예지와 같은 '유위'의 덕목으로는 천하를 다스릴 수 없다고 못박고 나섰다. 통치자가 인민을 인위적인 덕목으로 다스리려고 할 경우 이기심과 분별심의 횡행으로 국가 통치가 제대로 이루어질 수 없음을 경고한 것이다. 그가 '무위 통치'에 대해 얼마나 강한 신념을 지니고 있었는지 짐작할 수 있는 대목이다. 또한 이는 자연의 이치에 근거한 '도'를 통치에 그대로 도입한 데 따른 당연한 논리이기도 하다.

'치국'의 수준을 넘어 '치천하'의 단계로 나아가기 위해서는 노자가 말하는 '덕치' 수준으로 고양되지 않으면 안 된다. 사해의 만민을 하나같이 다스리기 위해서는 자연의 이치에 입각한 '상덕' 수준의 '덕치'가 이루어져야만 하는 것이다. 노자가 말하는 '덕치'는 천하 인민의 마음을 존중해 그에 따른다는 것을 의미한다. 노자는 인민의 중요성을 강조하면서 통치자는 인민을 자신의 몸처럼 소중히 여겨야 한다고 역설하였다.

자신의 몸을 소중히 여기듯이 천하를 소중히 여긴다면 그런 사람에게는 천하를 맡겨도 좋을 것이다. 자신의 몸을 사랑하듯이 천하를 사랑한다면 그런 사람에게는 천하를 부탁해도 좋을 것이다.[4]

인간의 근심이 제 몸을 소중히 여기는 데 있으므로 천하와 인민을 소중히 여기고 사랑하는 것을 제 몸처럼 하는 사람에게는 천하를 맡겨도 좋을 것이라는 것이다. 노자가 이러한 내용을 강조한 것은 당시의 시대적 상황에 따른 것이었다. 당시에는 인민을 존중하지 않는 패도 통치가 횡행하고 있었다.

장자 역시 천하보다 자신의 몸을 사랑할 수 있는 자에게는 천하를 맡길 수 있다고 주장한 바 있다. 이는 양주楊朱의 '위아爲我' 사상과 맥을 같이하는 것이기도 하다. 장자에게 개인이 자기 자신을 위하는 것과 천하를 다스리는 것은 결코 이원화될 수 없는 것이었다. 이를 흔히 '내성외왕內聖外王'이라고

---

4) 『道德經』, 13장, "貴以身爲天下, 若可寄天下. 愛以身爲天下, 若可託天下."

한다. '내성외왕'은 유가에서 통치자의 바람직한 모습으로 빈번히 말하고 있는 것이지만, 이것을 처음으로 거론한 이가 장자라는 사실을 간과해서는 안 된다. 유가와 도가 사상이 만나는 지점이 바로 '내성외왕'인 셈이다. 이는 유가와 도가의 사상 체계를 하나로 결합할 수 있는 이론적 근거를 마련함으로써 통일 제국의 질서를 추구하려는 전국 시대의 사상적 분위기를 반영하고 있으며, 특히 군주의 수양을 통한 공동체적 질서의 확립 문제와 매우 밀접한 연관성을 지니고 있다고 말할 수 있다. 위진 시대의 곽상은『장자』에 대한 주注에서 '내성외왕'을 인간과 사회를 포함한 우주만물의 통일적 조화를 구축하는 원동력으로 삼기도 했다.

한대 초기에 육가陸賈는 강압적인 법치를 시행하다 멸망한 진나라를 반면교사로 삼아 '무위 통치'를 통치 이념으로 받아들일 것을 역설했다. 비슷한 시기의 조참曹參 역시 '무위 통치'를 현실 정치에 적극 도입할 것을 주장했다. 조참은 청정의 원칙을 지침으로 삼아 정책을 시행해 군신이 모두 '무위'를 통해 휴식을 취할 수 있기를 기대했다.[5] 그러나 이들이 '무위 통치'를 주장하기는 했지만 한대 초기의 실질적인 정치 제도는 진나라의 것을 그대로 답습한 것이었다. 그리하여 한대 초기의 통치는 '무위 통치'를 표방하면서 유가의 '도덕 정치'를 보완책으로 삼는 한편 실질적으로는 법가의 '법치'를 시행하는, 도·유·법 3가의 통치술을 잡용雜用하는 형태를 띠고 있었다. 법가의 이론이 진나라의 멸망과 함께 완전히 사멸한 것은 아니었던 것이다.

『회남자』에서는 이런 한대 초기의 일련의 정치적 상황에 착안하여 도가의 '무위 통치'를 근거로 해서 지방분권적 통치 질서를 겨냥한 이론을 제시하기도 했다.『회남자』는 한대 초기에 '무위 통치'를 표방했던 노장학파의 이론을 집대성한 것으로, 여기에는 다음과 같은 기록이 있다.

---

5)『史記』,「曹相國世家」, "參, 爲漢相國, 淸淨極言合道. 然, 百姓離秦之酷後, 參與休息無爲. 故天下稱其美矣."

무릇 천하도 나를 지니고 있고 나 또한 천하를 지니고 있으니, 천하와 내가 어찌
사이가 있겠는가? 무릇 천하를 지니고 있다는 것이 어찌 반드시 권세를 잡고 병병柄
을 쥐고서 호령을 하는 데 있겠는가? 내가 이른바 천하를 지니고 있다는 것은 그런
것을 말하는 것이 아니라 스스로 얻는 것일 뿐이다. 스스로 얻는다면 천하도 또한
나를 얻게 된다.[6]

『회남자』에 제시된 '무위 통치' 역시 치자와 피치자가 이분화되지 않은
상태에서 통치 주체가 스스로를 다스림으로써 다스려지지 않는 것이 없는 지
극한 통치를 이룬 상태를 강조하고 있다. 이는 인간의 조작적 다스림을 근원
적으로 부정하는 '무위 통치'의 요체를 거론한 것이다. 노자가 강조한 통치 질
서는 자연 질서를 닮은 것으로 국가공동체를 구축하기 위한 화해와 조화에
역점을 둔 것이기도 했다.

그러나 한무제는 동중서가 제시한 유가의 경학 사상에 이론적 기초를 둔
강력한 군주제를 시행함으로써 중앙집권적 통치 질서를 구축했다. 이러한 한
무제의 중앙집권적 통치 방식은 겉으로는 유가의 '덕치'를 내세우면서도 실
질적으로는 '법치'에 입각한 강력한 '황제독치黃帝獨治'의 모습을 띤 것이었
다. 결국 한선제 이후 한나라는 군주제의 모순이 심화되면서 걷잡을 수 없는
위기 상황에 봉착하게 되었다. 이런 상황에서 많은 사람들은 한나라 초기에
제시된 '무위 통치'를 통해 군주의 권한을 제한하고 민심을 수습하는 방안을
모색하게 되었다.

물론 도가와 유가가 주장하는 '내성외왕'은 내용과 수준 면에서 적잖은
차이가 있음을 잊어서는 안 된다. 그 차이는 바로 '무위'와 '유위'의 차이에서
비롯된 것이다. 진정한 '치천하'의 수준에 이르려면 사실 노자가 언급한 '무
위 통치'의 경지에 도달하지 않으면 안 된다. 하지만 공자의 대의론大義論이란

---

6) 『淮南子』, 「原道訓」, "夫天下者亦吾有也, 吾亦天下之有也. 天下之與我, 豈有間哉. 夫有天下者,
豈必攝權持勢, 操殺生之柄, 而以行其號令耶. 吾所謂有天下者, 非謂此也. 自得而已. 自得, 則天
下亦得我矣."

것은 노자의 입장에서 볼 때 일종의 편협한 '중화주의'에 불과한 것이었다. '치천하'를 외친 역대 중국 정권이 '화이론華夷論'에 입각한 '기미책羈縻策'에 의해 중화 질서를 유지해 온 것도 노자가 언급한 '치천하'의 수준에 도달하지 못했음을 반증하는 것이다.

천하를 통치하는 말 그대로의 '천자天子'는 말할 것도 없고 한 나라를 다스리는 통치자 역시 그 이상만큼은 '무위 통치'에 두어야 한다. 제도帝道를 추구하다 보면 그것을 이루지 못할 경우에도 최소한 왕도王道 수준의 통치는 이룰 수 있기 때문이다. 이를 노자의 통치 사상에 맞추어 해석하면, 최상의 '무위 통치'를 이루기 위해 상덕上德을 추구하다가 못 미치게 되면 최소한 하덕下德의 최고 수준인 '인仁'에 의한 '유위 통치'는 이룰 수 있게 되는 것이다. 여기서 알 수 있듯이 유가에서 말하는 '덕치'는 비록 노자가 말한 '상덕'에 입각한 통치는 아닐지라도 '치국'의 논리로서는 나름대로 매우 숭고한 이념을 지닌 것이라고 할 수 있다.

노자는 천지만물과 통치와의 관계에 대해 다음과 같이 설명한 바 있다.

천지는 무정한 존재이다. 모든 만물을 추구芻狗와 같이 담담하게 여긴다. 도를 터득한 성인도 무정해서 인민들을 '추구'로 여긴다. 인민들에게 사사로운 인정이나 사랑 같은 것도 베풀지 않고 스스로 무위자연의 도를 따르게 내버려 둔다.[7]

이 대목의 '추구'에 대해 소식蘇軾을 비롯한 여러 사람과 왕필의 해석이 엇갈리고 있다. 소식은 그것을 짚을 엮어 개 모양으로 만들어 제사에 바친 것으로 해석하면서 천지에 사私가 없듯이 "어찌 인간이 그런 추구를 사랑하겠는가"라고 해석했다.[8] 그러나 왕필은 '추구'를 '추芻'와 '구狗'로 나누어 해석하면서 "천지가 짐승을 위해 풀을 내지는 않았지만 짐승은 풀을 먹고, 사람을

---

7) 『道德經』, 5장, "天地不仁, 以萬物爲芻狗. 聖人不仁, 以百姓爲芻狗."
8) 焦竑弱侯, 『老子翼』(이현주 역), 30쪽 참조.

위해 개를 내지는 않았지만 사람은 개를 잡아먹으니 만물에 사私가 없다"9)라고 해석하였다. 왕필은 "성인은 천지와 더불어 그 덕을 합치시킴으로써 백성을 풀과 개에 견주었다"라고 해석한 것이다. 뜻으로 보아 왕필의 해석이 노자의 통치 사상에 근접한 것으로 보인다. 천지의 힘은 이를 움직여 이용할 수만 있다면 무진장한 힘으로 작용할 수 있다. 그리고 그 책임은 천지의 힘과 법칙을 이용해야 할 사람, 즉 통치자에게 있다. 노자 또한 다음과 같이 말했다.

> 인민들이 통치자의 위엄을 두려워하지 않을 때 오히려 큰 위엄이 생긴다. 인민들의 거처를 속박하지 않고 그 생업을 압박하지 말아야 한다. 압박하지 않으면 미워하지 않을 것이다. 그래서 성인은 스스로 알면서도 내보이지 않고 스스로 아끼면서도 귀하게 여기지 않는다. 그러므로 성인은 위압의 정치를 버리고 무위의 정치를 택하는 것이다.10)

이는 통치자들에게 보내는 강한 경고이다. 만일 힘으로 인민들을 다스리려 든다면 상하가 무너지고 하늘이 벌을 내리게 될 것이라고 경고한 것이다. 사실 통치자가 힘과 교지巧智로써 백성을 다스린다면 인민 역시 교지로써 겉으로는 순종하면서도 속으로 통치자의 뜻을 어기게 된다. 그래서 노자는 "옛날에 '도'를 잘 행하는 사람은 인민을 영악하게 만들지 않고 소박하게 만들었다. 인민을 다스리기 어려운 것은 그 교지가 많기 때문이다"11)라고 충고했다.

군주에게 믿음이 없으면 인민들이 믿지 않기 때문에 매번 조심해서 그 말을 소중히 여기고 함부로 말하지 않아야 한다. 위에 있는 자가 성실히 믿음으로 인민을 대할 때 인민은 비로소 마음으로 기뻐하고 기꺼이 복종하게 된다. 인민을 존중하지 않고 지혜로써 다스리는 것은 망국의 지름길이다. 인민을

---

9) 『道德經』, 5장, "天地, 不爲獸生芻, 而獸食芻. 不爲人生狗, 而人食狗. 無爲於萬物, 而萬物各適其所用, 則莫不瞻矣." 王弼 注 참조.

10) 『道德經』, 72장, "民不畏威, 則大威至. 無狎其所居, 無厭其所生. 夫唯不厭, 是以不厭. 是以聖人自知不自見, 自愛不自貴, 故去彼取此."

11) 『道德經』, 65장, "古之善爲道者, 非以明民, 將以愚之. 民之難治, 以其智多."

존중해 지혜를 사용하지 않는 것이 다스림의 근본이다. 노자는 이를 두고 '현덕玄德'이라고 했다. 지혜의 힘도 사실 인민을 사랑하고 나라를 다스리는 데 사용되어야만 하는 것이다. 노자는 이에 대해 "인민을 사랑하여 나라를 다스릴 때 능히 지智를 버리는 단계까지 나아갈 수 있겠는가"[12]라고 물으면서 '무위'를 통한 '애민치국愛民治國'의 필요성을 강조하고 나섰다.

노자에 의하면 성인은 '도'에 입각하므로 자신의 고정된 사견이 없다. '도'에 따라 인민의 이로운 바를 이롭게 하기 때문에 '덕치'가 민의에서 벗어날 일이 없게 된다. 성인은 사사로움이 없이 온후한 마음으로 인민을 마치 자식을 보호하듯이 한결같이 어질게 대하고 교화시키기 때문에, 천하의 인심이 융화되고 인민들도 성인을 우러러보게 되는 것이다. 노자는 천하가 화평을 찾는 요체가 바로 여기에 있다고 확신했다. 그리하여 노자는 "성인은 세상에 나아가 욕심을 부리지 않고 세상사람들과 그 마음을 섞으니 천하가 그 마음과 함께한다. 성인은 모두 어린아이로 대할 뿐이다"[13]라고 말했다. 성인의 '덕치'는 욕심을 부리지 않고 그 마음을 세상사람들과 섞는 데 그 핵심이 있는 것이다. 이는 근본을 존중하고 인민을 포용하는 도량을 나타내고 있다. 노자는 세상의 인민을 모두 어린아이로 대할 수 있을 때 비로소 천하를 취할 수 있다고 강조한 것이다. 통치의 원리는 '도'를 기준으로 삼아 사사로움을 없앰으로써 인민들을 저절로 올바르게 만들고 질박하게 만드는 데 있다. 이것이 곧 '무위'로써 '무불위'의 지극한 통치를 이루는 '무위 통치'의 지극한 방법이 된다.

이상을 통해 우리는 노자의 '덕치'는 바로 인민을 존중하고 사랑하는 '애민愛民'에 있음을 확인할 수 있다. '애민' 정신이야말로 바로 노자가 말하는 '덕치'의 핵심어라고 할 수 있는 것이다.

노자의 통치 사상은 기본 원리로서의 '도'와 실천 원리로서의 '덕'으로 요

---

12) 『道德經』, 10장, "愛民治國, 能無知乎."
13) 『道德經』, 49장, "聖人, 在天下, 歙歙爲天下渾其心. 聖人, 皆孩之."

약할 수 있다. 그의 우주론과 인성론 역시 '도'를 기초로 삼고 있다. 그의 통치의 근본에 관한 논의, 이른바 '치본관治本觀'은 한마디로 말해 '도를 기본으로 하는 덕치' 즉 '도본덕치道本德治'에 있다고 해도 과언이 아닌 것이다.

그러나 노자의 '도'는 결코 우리가 인식할 수 있는 어떤 실체가 아니다. '도'라는 것은 오직 있는 듯 없는 듯한 상황 속에서 그 진체眞諦를 담고 있기 때문에 사람들은 이를 제대로 간파할 수 없는 것이다. 그러나 노자는 천지만물의 본성으로 내재된 '도'는 '덕'을 통해 그 존재를 인식할 수 있다고 했다. 결국 노자의 통치 사상에 나타나는 '도'와 '덕'은 단지 전체와 부분의 차이만 있을 뿐 본질상의 분별이 없는 셈이다. 노자에게는 '덕치'가 곧 '도치'이고 '도치'가 '덕치'였던 것이다.

2. 유가

1) 공자: 인본인치

공자의 치본관을 검토하기에 앞서 우선 관중이 유가에서 내세우고 있는 인의 등의 덕목에 대해 어떠한 생각을 가지고 있었는지를 알아보는 것이 필요하다. 이는 인의 등의 덕목에 대한 관중의 평가가 궁극적으로 이들 선진 시대 도·유·법 3가의 치본관과 연결되어 있기 때문이다. 선진 시대 도·유·법 3가의 치본관은 치도관과 마찬가지로 궁극적으로는 그들의 관중에 대한 평가와 연결된 것이라고 할 수 있다. 다만 선진 시대 도·유·법 3가의 치도관은 그들의 관중관을 분석함으로써 직접적으로 검증할 수 있는 데 반해 치본관에 대해서는 간접적으로 검토할 수밖에 없다는 차이가 있다.

철저한 국가주의에 입각해 있는 관중은 국가를 세우는 데 없어서는 안 될 덕목으로 이른바 사유四維로 불리는 '예禮·의義·염廉·치恥'의 4가지 덕목을 제시하였다. 그가 말한 '사유'는 국가 존립 및 국권 확립의 근간으로 볼 수 있는 덕목이다. 이는 공자가 개인의 덕성 훈련을 도덕 국가 실현의 기본 조건으로 내세운 것과 기본적으로 사상적 맥을 같이하고 있다.[14] 그가 내세운 사유는 개인적 덕목인 '염·치'로 수렴할 수도 있기 때문이다.[15] 다만 공자가 수신 문제를 개인 차원에서 출발해 통치 차원으로까지 확장시킨 것과는 달리 관중은 애초부터 국가 존립과 국권 확립의 전제 조건으로 하여 '사유'를 강조했다는 점에서 차이가 있다.[16]

그러나 관중의 이러한 사유 사상만을 가지고는 과연 관중이 공자가 일종의 총괄적인 덕목으로 강조하고 있는 '인'을 어떻게 평가했는지를 자세히 알 수 없다. 따라서 『관자』 등에 나타난 관중의 통치 사상을 토대로 '인'에 대한 관중의 평가를 검토할 필요가 있다.

『관자』에 나타난 관중의 '인'에 대한 태도를 분석 자료로 삼을 경우 관중은 사실 '인'을 최고의 도덕 규범으로 간주했다고 볼 수 있다. 그는 국가 대권을 장악할 인물은 반드시 '인'을 지녀야 한다고 강조하여 "대덕大德이 '인'에 이르지 못하면 나라의 권한을 주어서는 안 된다.……대덕이 '인'에 이르러야만 비로소 나라를 다스리고 인민을 얻을 수 있다"[17]라고 말했으며, 나아가 다

---

14) 王德敏은 관중이 周禮에 포함되어 있던 禮義廉恥 등의 주요 덕목을 이른바 四維 덕목으로 추출해 낸 뒤 이를 敎民의 실천 덕목으로 제시했다고 분석했다. 王德敏, 「管仲的哲學思想」, 『春秋哲學』, 122쪽 참조.

15) 明末의 顧炎武는 四維 중 특히 恥를 강조했다. 그는 사람이 廉하지 않으면 義롭지 못하고 義롭지 못하면 禮를 지키지 않는 것은 모두 恥가 없기 때문이라고 지적했다. 『日知錄』, 「廉恥」, "然四者之中, 恥尤爲要……所以然者, 人之不廉, 而至於悖禮犯義. 其原皆出於無恥也." 허창무, 「管子의 정치윤리사상 ― 四維를 중심으로」, 『정신문화연구』(1986), 79쪽에서 재인용.

16) 蕭公權은 禮教를 동원함에 있어 유가는 그 목적이 天下를 모두 감화시켜 사람들을 선하게 만드는 데 있었고 그 치술은 비록 禮義와 刑法을 같이 썼다고 해도 禮義가 주된 것이었으나 관중에 있어서는 그 목적이 인민으로 하여금 임금과 나라를 섬김에 있어 順服을 확실하게 함에 있다고 주장했다. 공자는 가르침을 가지고 정치의 기초로 삼은 데 반해 관중은 법을 행하기 위해 가르침을 이용했다는 점에서 근원적인 차이가 있다는 것이 蕭公權의 주장이다. 그러나 禮義廉恥를 강조한 관중의 四維 사상을 있는 그대로 인정할 경우 이러한 평가는 다소 무리가 있다. 蕭公權, 『中國政治思想史』(최명 역), 329쪽 참조.

17) 『管子』, 「立政」, "大德不至仁, 不可以授國柄……故大德至仁, 則操國得衆."

음과 같이 군주가 지켜야 할 덕목으로 '인'을 역설하기도 했다.

> 군주가 '인仁'을 지키고 신하가 '신信'을 지키는 것이 바로 상하의 예이다.……도 덕이 위에서 정해지면 인민들은 아래에서 교화된다.[18]

그러나 관중의 이런 언급만을 토대로 그가 '인'을 최고의 덕목으로 간주했다고 해석하는 것은 무리가 있다. 다만 앞서 검토한 바와 같이 공자가 그의 패업을 '인'으로 본 점에 비추어 비록 '인'에 대한 구체적인 해석을 시도하지는 않았을지라도 '인'을 몸소 실천하였다고 해석하는 것은 타당할 것이다.[19]

'인'에 대한 관중의 불투명한 태도와는 달리 공자의 경우는 흔히 '공학孔學'을 '인학仁學'으로 별칭하는 데서 알 수 있듯이 자신의 통치 사상을 '인' 개념 속에 집적해 놓았다.[20] 공자는 통치 사상을 포함한 자신의 모든 사상을 '인' 개념으로 농축해 표현했다고 해도 과언이 아닌 것이다.[21] 따라서 공자의 '인학' 체계에 비추어 관중의 '인'에 대한 태도를 어떻게 평가하는 것이 옳은 지를 검토하는 것도 의미가 있다.

이미 검토한 바와 같이 공자는 관중의 패업을 '일광천하一匡天下'의 위업으로 평가하면서 관중과 같이 '인'을 실현한 인물만 있다면 더 이상 말할 나위가 없다고 칭송한 바 있다. 하지만 공자 역시 자신의 사상 체계 속에서 '인'이 차지하고 있는 비중이 이처럼 막대함에도 불구하고 '인'에 대해 명확한 개념 정의를 내리지 않아 적잖은 논란거리를 만들었다. 『논어』에는 '인'에 관한 공

---

18) 『管子』, 「君臣下」, "君人者, 制仁. 臣人者, 守信. 此, 言上下之禮也……道德定於上, 則百姓化 於下矣."

19) 王德敏은 관중의 崇仁 사상이 공자의 仁學이 배태되게 된 來源의 하나가 되었다고 평가하고 있다. 王德敏, 「管仲的哲學思想」, 『春秋哲學』, 133쪽 참조.

20) 郭沫若은 춘추 시대 이전에는 仁이라는 글자를 찾을 길이 없다고 분석하면서 仁은 최소한 공자가 만든 글자는 아닐지라도 공자에 의해 비로소 그 의미가 擴充된 것이라고 평가했다. 郭沫若, 『중국고대사상사』(조성을 역), 98쪽 참조.

21) 趙忠文은 공자가 『論語』에서 104회에 걸쳐 仁을 언급했으나, 仁에 관한 공자의 다양한 언급은 서로 相通하고, 밀접한 내재적 관계를 맺고 있어 아무런 모순이 없다고 분석했다. 趙忠文, 「論孟子'仁政'與孔子'仁'及'德政'說的關係」, 『中國哲學史研究』(1987. 3), 34쪽 참조.

자의 해석이 심심찮게 수록되어 있지만 공자 자신은 '인'에 대한 명쾌한 개념 규정을 시도하지 않았다.[22] 제자들과의 문답을 통해 상황에 따른 다양한 해석의 근거를 제시했을 뿐이다. 따라서 동양 통치사상사에서 '인'을 둘러싼 다양한 해석이 존재할 수밖에 없었던 것 또한 필연지사였다.[23]

『논어』에 실린 '인'에 관한 공자의 다양한 해석 중 가장 두드러진 것은 바로 '서恕'라고 할 수 있다. 이에 관한 가장 보편적인 해석으로는 증자가 규정한 '충서忠恕'를 들 수 있다.[24] 증자는 공자의 말을 인용해 "공자의 도는 한마디로 말해 충서뿐이다"[25]라고 말한 바 있다. '충忠'이란 자기 양심에 충실한 것을 뜻하고 '서恕'란 다른 사람의 입장에 서서 타인을 배려하는 것을 뜻한다. 공자는 평생의 행동 지침을 달라는 자공의 요청에 대해 "서恕 한마디이다. 자기가 하기 싫은 것을 남에게 하지 말라"[26]라고 답한 바 있다. '서'는 글자 그대로 '남의 마음을 내 마음같이 이해한다'라는 뜻을 지니고 있다.

공자는 한 걸음 더 나아가 '인'을 풀이하여 "무릇 '인'이라 함은 자신이 서

---

22) 郁有學은 『論語』를 기준으로 공자가 말한 仁을 분석할 경우 그 의미에 따라 仁의 내용에 관한 것과 仁을 이루는 방안 및 仁을 행하는 방법에 관한 것 등 모두 3가지로 나눌 수 있다고 주장했다. 그는 우선 공자가 말한 仁은 내용적으로 볼 때 義·禮·智·勇과 같이 병렬적으로 사용되면서 구체적으로는 愛人과 殺身成仁을 지칭하는 협의의 仁과 孝·悌·忠·信·禮·義·智·勇·恭·寬·敏·惠 등 모든 도덕 항목을 총괄한 의미로 사용되면서 仁者人也로 대표되는 광의의 仁으로 나눌 수 있다고 주장했다. 郁有學은 이어 공자가 成仁의 구체적인 방안으로 好仁 및 仁人相友, 依人力行을 제시한 데 이어 行仁의 구체적인 방안으로 忠恕之道를 강조했다고 분석했다. 그는 공자가 말한 忠은 行仁의 적극적인 성격을 띠고 있는 데 반해 恕는 소극적인 성격을 지칭하고 있다고 풀이했다. 郁有學은 공자가 忠恕를 실천하는 가장 기본적인 덕목으로 孝悌를 제시했다고 분석하면서 克己復禮는 私欲을 제거하고 理致에 따라야 한다는 仁의 실천 강령에 해당한다고 주장했다. 郁有學, 「從孔子的仁到孟子的仁政」, 『孔孟荀比較研究』(濟南: 山東大學, 1989), 50~53쪽 참조.

23) 胡適은 『中國古代哲學史』(上海商務印書館, 1919)에서 仁을 "做人的道理"으로 해석했고 蔡元培는 『中國倫理學史』(上海商務印書館, 1910)에서 "統攝諸德, 完成人格之名"으로 풀이했다. 傅佩榮, 「論先秦時代天人關係」, 『中國哲學史研究』(1985. 2), 16쪽에서 재인용.

24) 高須芳次郎은 仁의 요체를 忠恕로 규정하면서 忠은 '眞心' 또는 '誠心'이며 恕는 '헤아림'(思いやり) 또는 '同情'이라고 해석했다. 高須芳次郎, 『東洋思想十六講』, 90~97쪽 참조. 이와 관련해 楊幼炯은 공자가 말한 仁은 일종의 同情心이라고 강조하면서 仁은 孝의 확충인 忠에 의해 구체화된다고 주장했다. 그는 이어 孝와 忠의 결합이야말로 바로 고대 중국 사회의 윤리와 통치가 결합한 결과라고 평가했다. 楊幼炯, 『中國政治思想史』, 66쪽 참조.

25) 『論語』, 「里仁」, "夫子之道, 忠恕而已矣."

26) 『論語』, 「衛靈公」, "其恕乎, 己所不欲, 勿施於人."

고 싶을 때 남도 세우고 자신이 달하고 싶을 때 남도 도달케 하는 것이다"[27]라고 말하기도 했다. 여기서 남을 도달케 한다는 소위 '입달인立達人'은 '인'을 적극적으로 구현하기 위한 실천 방안으로 제시된 것이다. '서'는 자신이 원하지 않는 것을 남에게 시키지 말라는 소극적인 실천 지침에 그치는 데 비해 '입달인'은 자신이 바라는 것을 남부터 먼저 갖도록 하라는 적극적인 실천 지침으로 제시되고 있다.

'입달인'을 강조한 공자의 의중은 '인'을 사람을 사랑한다는 뜻의 '애인愛人'으로 규정하는 데 이르러 그 진의를 확연히 드러낸다. 공자는 번지가 '인'이 무엇이냐고 묻자 "사람을 아끼는(愛人) 것이다"[28]라는 한마디로 표현했다. '서' 등이 '인'에 대한 우회적인 표현이라면 '애인'은 '인'에 대한 가감 없는 직설어법이라고 할 수 있다. 이 '애인'의 의미는 "인仁이란 곧 사람人이다"라고 표현한 데서 극명하게 드러난다.[29] 공자의 '인학' 체계를 선명하게 드러낸 대목이 바로 '인仁'을 '애인愛人' 또는 '인人'으로 해석한 데 있다고 할 수 있는 것이다. 그가 군자 정치를 이상적인 통치로 주장한 것 역시 같은 맥락이다. 한마디로 말해 공자가 말한 군자 정치는 곧 인치人治 내지 인치仁治를 뜻하는 셈이라고 할 수 있다.[30] 따라서 '인'이란 사람간의 관계를 통해 발현되는 것으로서, '인'의 요체인 '애인'을 실행하기 위해서는 먼저 사람을 알지 않으면 안 된

---

27) 『論語』, 「雍也」, "夫仁者, 己欲立而立人, 己欲達而達人."

28) 『論語』, 「顏淵」, "子曰, 愛人." 蕭公權도 仁을 '스스로를 사랑하는 마음으로 사람들을 사랑하는 것'이라고 정의하면서 修身·齊家·治國·平天下란 仁이 확충되는 과정을 설명하는 것이라고 풀이했다. 蕭公權, 『中國政治思想史』(최명 역), 90~91쪽 참조.

29) 孔子는 仁은 親親을 통해 義는 尊賢을 통해 이룰 수 있다고 강조했다. 『禮記』, 「中庸」, "仁者, 人也, 親親爲大. 義者, 宜也, 尊賢爲大." 梁啓超는 古文에서 仁을 '千+心'로 표현하고 있는 점 등을 들어 仁은 본질적으로 사람과 사람을 통하게 하는 길 또는 사람이 사람다운 길이라고 전제하면서 仁을 '人格者의 표상' 또는 '同類意識' 및 '同情心'으로 풀이할 수 있다고 주장했다. 梁啓超, 『先秦時代政治思想史』, 114쪽 참조.

30) 趙忠文은 공자의 德政說은 保惠庶民을 뜻하는 西周 시대의 敬德 관념에서 배태된 것이라고 분석했다. 그는 공자가 이러한 敬德保民 사상을 爲政 사상으로 만듦으로써 道德과 政治가 일치하게 됐다고 주장했다. 趙氏의 德政 개념은 이 책의 仁治 개념과 마찬가지이다. 趙忠文, 「論孟子'仁政'與孔子'仁'及'德政'說的關係」, 『中國哲學史硏究』(1987. 3), 37쪽 참조.

다는 유추 해석이 가능하다. 공자는 앎이 무엇이냐는 번지의 질문에 대해서
도 "사람을 아는 것이다"라고 간명하게 대답한 바 있다.[31]

결국 공자가 말한 '인'은 '애인'을 통해 발현되고 '애인'은 '지인知人'을 통
해 구현된다.[32] 서양의 학문이 인간의 내면에 대한 자기성찰을 강조하면서
'지기知己'를 주장한 데 반해 공자는 인간의 인간에 대한 사랑 즉 '애인'과 인
간의 인간에 대한 이해 즉 '지인知人'을 강조했다고 볼 수 있는 것이다.

이와 같은 의미에서 볼 때 공자의 '인학' 체계는 바로 '애인학' 내지 '지인
학' 체계로서의 '인간학' 그 자체라고 할 수 있을 것이다. 따라서 공자가 말한
'인'은 그의 다양한 언급에도 불구하고 인간의 인간에 대한 이해 및 동정을 바
탕으로 조성된 일종의 동류 의식 내지 인류 의식으로 요약할 수 있을 것이다.
'인'이 가장 소극적으로 발현된 것이 바로 인간을 이해하고 동정한다는 의미
의 '서恕'라고 할 수 있으며, 이는 일종의 동류 의식으로 해석될 수 있다. 또,
'인'이 가장 적극적으로 나타나는 것이 바로 인간을 알고 사랑한다는 의미의
'애인'이라고 할 수 있으며, 이는 일종의 인류 의식으로 해석될 수 있다.

공자가 가장 바람직하게 생각했던 이상세계이자 인류 의식이 발현된 이
상국가가 바로 '대동大同 세계'이다.[33] 그러나 그 역시 대동 세계의 실현 가능

---

31) 『論語』, 「顔淵」, "子曰, 知人."
32) 공자는 知人이 곧 仁을 이루는 첩경이라고 강조했다. 『禮記』, 「中庸」, "君子, 不可以修身. 思
  修身, 不可以不事親, 思事親, 不可以不知人."
33) 楊幼炯은 공자가 그린 이상정치의 목표는 모든 백성의 교화에 있었고 천자 역시 백성 교화
  를 총 책임지는 직책이었다고 분석하면서 공자가 그린 이상국가는 천하위공에 입각한 대
  동 세계에 있었다고 강조했다. 楊幼炯은 공자가 그린 대동 세계는 결코 편협한 종족주의·
  국가주의가 아닌 인도주의·세계주의에 입각한 세계로 당시 봉건 사회에 있어서는 일종의
  혁명 사상에 가까웠다고 평가했다. 楊幼炯, 『中國政治思想史』, 75~76쪽 참조 이와 관련해
  梁啓超는 『禮記』 「禮運」편을 근거로 유가가 이상적으로 그리고 있는 대동 세계는 크게 '天
  下爲公'이라는 초국가의 이상과 '不獨親親'의 초가족의 이상, '外戶不閉'를 이루는 초사회의
  이상 등 세 가지의 이상을 실현한 세계라고 주장했다. 梁啓超, 『先秦時代政治思想史』, 123
  쪽; 『禮記』, 「禮運」, "大道之行也, 天下爲公, 選賢與能, 講信脩睦. 故人不獨親其親, 不獨子其
  子, 使老有所終, 壯有所用, 幼有所長, 矜寡孤獨廢疾者, 皆有所養, 男有分, 女有歸, 貨惡其弃於
  地也, 不必藏於己, 力惡其不出於身也, 不必爲己. 是故謀閉而不興, 盜竊亂賊而不作. 故外戶而
  不閉, 是謂大同."

성에는 의문을 가지고 있었다. 그리하여 공자는 현실에서 실현 가능한 이상 세계로서 소강小康 세계를 상정하였다.[34]

공자가 "천하의 사람이 모두 형제이다"라고 역설하고 나선 것도 대동이나 소강의 세계에 대한 자신감이 뒷받침되었기 때문에 가능했다고 볼 수 있다.[35] 그는 군자의 '인'을 실현하면 천하가 모두 형제가 될 수 있다고 생각했던 것이다. 유가가 학문의 궁극적인 목표를 오로지 인간이 인간인 이유를 연구하는 데 두었던 이유가 바로 여기에 있다고 하겠다.[36]

공자의 '인학' 체계는 '인'이 궁극적으로 정치를 통해 발현되는 데서 그 진면목을 발휘한다. 군자의 인격 완성을 기초로 한 '군자 정치'가 바로 그 구체적인 표현이다. 공자는 국가 존립의 기본 요소로 족식足食, 족병足兵, 민신民信의 세 가지를 들면서 이 가운데서 '민신'이 가장 중요하다고 단언했다. 그는 국가 존립의 요체를 묻는 자공의 질문에 이렇게 답했다.

> 튼튼한 경제와 국방, 그리고 정부에 대한 인민의 신뢰가 있어야 한다.……정부에 대한 인민의 신뢰가 없어지면 나라가 설 수조차 없다.[37]

그는 조세를 줄이고 부역을 줄여야 민심을 얻을 수 있고, 그래야만 이를 바탕으로 나라가 바로설 수 있다고 보았다. 이를 현대적으로 해석하면 경제

---

34) 全世營은『禮記』「禮運」편에 나타난 공자의 대동 사상은 크게 공산 국가, 복지 국가, 신정 국가 등 크게 3가지 성격을 지니고 있다고 분석하면서, 공자가 그린 대동 세계는 전설상의 三皇五帝와 요순이 지배했던 시기를 배경으로 한 최선의 이상향이기는 하나 실현 불가능한 데 반해, 小康 세계는 禹王으로부터 周公에 이르기까지 여섯 聖王의 治世를 배경으로 한 次善의 이상향이나 실현 가능한 세계로 간주했다고 주장했다. 전세영, 「공자의 정치적 리상향에 관한 연구—大同・小康을 중심으로」,『한국정치학회보』 25(1992), 13~28쪽 참조.

35)『論語』, 「顏淵」, "四海之內, 皆兄弟矣."

36) 梁啓超는『孟子』의 "仁也者, 人也. 合而言之道也"와『荀子』「儒效」의 "道仁之隆也……非天之道, 非地之道, 人之所以道也" 등을 예로 들어 유가에 있어 천도와 地道 등은 두 번째이고 인도를 최우선으로 생각했다고 분석하면서 유가는 人生哲學 이외의 학문이 없었고 人格主義 외에는 인생철학이 없었다고 단정했다. 梁啓超,『先秦時代政治思想史』, 116쪽 참조.

37)『論語』, 「顏淵」, "足食, 足兵, 民信之矣……民無信, 不立."

와 안보도 중요하지만 정부에 대한 국민 신뢰가 무엇보다 중요하다고 갈파한 것이라고 할 수 있다. 그리고 공자는 '민신'을 얻는 구체적인 방안으로 군자 정치를 제안하였다.[38] 그가 말하는 군자는 '박문약례博文約禮'를 통해 '인'을 체현한 인격적 완성자를 뜻한다.(물론 군자가 실질적인 위정자가 되어 그 뜻을 펼쳐야 하는 것임은 말할 필요도 없다.) 그는 이러한 군자가 되기 위한 구체적인 실천 지침으로 삼계三戒, 삼외三畏, 구사九思 등의 방법을 제시한 바 있다.[39]

군자라는 용어 자체는 원래 지위를 가진 자는 덕을 닦아야 한다는 뜻을 포함한 것이었다. 그러나 공자는 지위를 얻기 위해서라도 덕을 닦아야 한다는 뜻으로 그 의미를 확대시켰다.[40] 이는 앞서 의리관에서 검토한 바와 같이 서주 시대에 통용되던 '수덕구복修德求福' 개념이 '구복을 위한 수덕'에서 '수덕을 통한 구복'으로 전환된 역사적 사실과 궤를 같이하는 것이기도 하다.

공자가 말한 군자는 개인이 도달해야 할 이상적인 인간상으로 그려지고 있다. 그는 그 구체적인 모습으로 "남이 알아주지 않더라도 화를 내지 않으니 이 또한 군자가 아니겠는가"[41]라고 언급했다. 누구라도 군자가 될 수가 있으나 군자의 진정한 뜻을 살리기는 어렵다고 지적한 것이다. 공자는 원래 그 누구라도 열심히 노력하면 군자가 될 수 있다는 확신을 갖고 있었다. 그가 군자 정치를 고안해 낸 것도 비록 사람이 성인의 영역에 들어가는 것은 어렵다고

---

38) 蕭公權은 공자가 언급한 君子 개념은 그의 인치 사상의 결정이라고 평가했다. 蕭公權, 『中國政治思想史』(최명 역), 104쪽 참조.

39) 三戒는 "少之時, 血氣未定, 戒之在色. 及其壯也, 血氣方剛, 戒之在鬪. 及其老也, 血氣旣衰, 戒之在得"이다. 三畏는 "畏天命, 畏大人, 畏聖人言"이다. 畏는 崇敬의 의미이다. 九思는 "視思明, 聽思聰, 色思溫, 貌思恭, 言思忠, 事思敬, 疑思問, 忿思難, 見得思義"이다. 공자는 이 三戒, 三畏를 몸에 익힘으로써 君子의 영역에 들어갈 수 있지만 九思에 의해 그 수양의 근본을 확고히 하는 것이 더욱 중요하다고 강조했다. 공자는 九思를 三戒와 三畏의 토대로 본 것이다. 『論語』「季氏」 참조.

40) 蕭公權은 君子라는 표현 자체가 『詩經』과 『書經』에 나타나는 말로 공자가 결코 만들어 낸 말이 아니며 공자 이전에는 절대로 지위를 떠나 품성을 지칭한 경우는 찾아볼 수 없다고 했다. 『尙書』와 『詩經』에 나오는 君子라는 표현은 순전히 지위를 나타내는 용어로 위로는 천자를 비롯해 아래로는 신하를 모두 통칭했다고 한다. 군자의 지위는 庶士의 위에 있었다고 한다. 蕭公權, 『中國政治思想史』(최명 역), 104쪽 참조.

41) 『論語』, 「學而」, "人不知而不慍, 亦君子乎."

하더라도 군자가 되는 것은 개인의 노력에 의해 얼마든지 가능하다는 판단에서 비롯된 것이었다. 그러나 아쉽게도 공자가 그린 군자 정치는 결코 실현되지 못했다. 열국을 순방하며 군자 정치를 역설했지만 어느 나라도 그의 주장을 채택하지 않았던 것이다.

공자가 군자 정치라는 인치人治를 제안하고 나선 가장 큰 이유는, 무엇보다도 훌륭한 정치는 제도 이전에 사람에게 달려 있다고 확신했기 때문이었다. 그는 다음과 같이 말했다.

> 정치는 사람에게 달려 있다. 사람을 취하는 것은 몸으로 하고 몸을 닦는 것은 '도'로써 하고 도를 닦는 것은 '인'으로써 하니, 인이란 곧 사람을 뜻한다.[42]

군자 정치로 구체화된 공자의 통치 사상은 인인仁人에 의한 통치 즉 '인치仁治'를 그 요체로 삼고 있음을 쉽게 짐작할 수 있다. '종주정명'을 시대적 소명으로 생각한 공자는 주례가 붕괴되는 현실 앞에서 군자 정치를 통한 구세에 큰 기대를 걸었던 것이다.[43] 공자의 정치 이상이 결국 '인'을 실현한 군자가 통치자가 되는 군자 정치로 귀결된 것 또한 논리상 당연한 귀결이라고 보아야 한다.

공자가 말한 군자 정치는 '위정재인爲政在人' 사상의 구체적인 표현이다. 사람이 정치의 근본이라는 이런 주장은 그의 통치 사상을 관통하는 핵심어라고 할 수 있다. 이렇듯 공자의 치본관은 군자의 '인치仁治'에 모든 기대를 걸었다는 점에서 일종의 '인본인치仁本人治'라고 할 수 있을 것이다.

공자가 덕치의 요체를 '인仁'으로 파악하였는데, 이에 비해 맹자는 비록 '인의仁義'를 강조하긴 했지만 엄밀한 의미에서 볼 때 '의義'에 중점을 두었으며 순자는 '인' 대신 '예禮'를 상정했다. 그러나 세 사람 모두 표현만 다를 뿐

---

42) 『禮記』, 「中庸」, "爲政在人, 取人以身, 修身以道, 修道以仁, 仁者人也."
43) 蕭公權, 『中國政治思想史』(최명 역), 110쪽.

근원적으로 '덕치德治'라는 치본관을 채택했다는 점에서 하등 차이가 없다.

공자의 '인본인치'는 군자 정치를 통해야만 그 진의를 살릴 수 있다. '인'을 체현한 군자는 정치라는 장을 통해 그 '인'을 발현시켜야만 수신의 기본 취지를 살릴 수 있는 것이다. 이것이 바로 공자의 '인본인치'가 강조하고 있는 핵심 내용이라고 할 수 있다. 이러한 공자의 사상이 보다 구체화되어 나타난 것이 바로 '수신제가치국평천하修身齊家治國平天下' 사상이다. 이는 수신修身을 이루어야 제가齊家가 가능하고 궁극적으로는 치국평천하治國平天下도 이룰 수 있다는 내용을 담고 있다.[44] 치국평천하를 이루고자 하는 사람은 반드시 수신을 선행해야 한다는 주장인 것이다.[45]

공자는 수신을 이루는 방법으로서 전술한 지인知人을 기초로 한 '친친親親' 및 격물치지格物致知를 전제로 한 '정심성의正心誠意'를 강조했다.[46] '정심성의'가 이론적 지침이라면 '친친'은 실천적 지침이다. 공자는 이러한 수행방식을 통해 '인'을 쌓은 사람이 통치자가 되어야만 군자 정치의 극의極意를 이룰 수 있다고 보았다. 그는 천자에서 서인에 이르기까지 모든 사람이 수신을 근본으로 삼아야만 작게는 제가를 이룰 수 있고 크게는 평천하를 도모할 수 있다고 주장했다.[47] 결국 공자에게 수신은 치국평천하의 대전제였고 평천하는 수신의 궁극적인 목표였다고 할 수 있는 것이다.

따라서 공자의 치본관에서 '수신'과 '평천하'는 결코 따로 떨어져 존재하는 개념이 아니었다. 이 둘은 서로 내포內包와 외연外延이라는 밀접한 관계에서 출발하고 있다. 공자의 '인본인치'는 수신을 완성한 군자의 통치를 전제로 하여 평천하의 목표를 지향하는 데 그 초점이 맞추어져 있는 것이다.

---

44) 『禮記』, 「大學」, "身修而後家齊, 家齊而后國治, 國治而后天下平."
45) 『禮記』, 「大學」, "欲明明德於天下者, 先治其國. 欲治其國者, 先齊其家. 欲齊其家者, 先修其身. 欲修其身者, 先正其心. 欲正其心者, 先誠其意. 欲誠其意者, 先致其知. 致知在格物."
46) 이와 관련해 楊幼炯은 致知格物은 유가의 宇宙觀이고 誠意正心修身은 유가의 倫理觀이며 齊家治國平天下는 유가의 政治觀이라고 평가했다. 楊幼炯, 『中國政治思想史』, 83쪽 참조.
47) 『禮記』, 「大學」, "自天子以至於庶人, 壹是皆以修身爲本."

공자가 상정한 군자 정치가 '인인仁人'에 의한 '인본인치仁本人治'였던 까닭에 그가 그린 이상국가의 모습 또한 '인국仁國'으로 나타날 수밖에 없다. 공자가 볼 때 '인'을 가장 적극적으로 발현시킨 대동 세계란 결국 '인국'의 외연이었던 셈이다. 결론적으로 공자의 '인본인치'는 그 실현 가능성 여하에 상관 없이 수신 차원에서는 '인인仁人', 치국 차원에서는 '인국仁國', 평천하 차원에서는 '대동 세계'라는 이상을 제시한 것이라고 보아야 할 것이다.

2) 맹자: 의본인치

맹자의 치본관을 검토하기에 앞서 우선 '의義' 개념에 대한 관중의 인식 및 그에 대한 맹자의 평가를 알아보기로 하자.

관중이 사유四維 사상에서 '의'를 치국의 주요한 덕목으로 내세웠음에도 불구하고 정작 '의'를 중시한 맹자는 관중에 대해 가혹하리만큼 냉혹한 평가를 내렸다. 앞서 보았듯이 관중은 '예의염치'의 사유를 국가 존립 및 국권 확립의 근간으로 제시한 바 있다. 여기서 관중이 강조한 예의禮義가 과연 맹자가 강조한 인의仁義와 어떤 관계를 맺고 있는지 알아 볼 필요가 있다.

관중은 사유 사상의 근간을 이루고 있는 4개 덕목의 상호 관계와 관련해 "예는 의에서 나온다"라고 강조하면서 '의'를 '예'보다 더 상위에 배치하였다.[48] 특히 그는 양친養親, 사군事君 등 이른바 칠체七體를 거론하면서 '의' 개념의 적용 범위를 국가 질서 전반으로까지 확장시킨 바 있다.[49] 이를 통해 우리는 관중의 사유 덕목 중 '의'가 지니는 의미가 '예'에 비해 훨씬 광범위함을 짐작할 수 있다.[50]

이것만 가지고 본다면 관중이 '의'를 모든 질서의 기준으로 제시한 것이

---

48) 『管子』, 「心術上」, "禮, 出乎義."
49) 『管子』, 「五輔」, "孝悌慈惠, 以養親戚. 恭敬忠信, 以事君上. 中正比宜, 以行禮節. 整齊撙詘, 以辟刑僇. 纖嗇省用, 以備饑饉. 敦懞純固, 以備禍亂. 和協輯睦, 以備寇戎. 凡此七者, 義之體也."
50) 王德敏, 「管仲的哲學思想」, 『春秋哲學』, 132쪽 참조.

아니냐는 해석도 가능하다.[51] 그러나 다음과 같은 이유로 해서 이러한 해석에는 무리가 따른다고 하겠다. 관중은 어디까지나 사유 덕목 모두가 국가 존립 및 국권 확립에 있어 불가결하다고 지적했을 뿐 사유 덕목이 '의'로 수렴된다고 언급한 적은 없었으며, 특히 '예의' 이외에도 군신상하 간의 기본 덕목으로 '인'과 '신信' 등을 똑같은 비중으로 동시에 언급했던 것이다.[52] 따라서 오히려 관중의 사유 사상은 맹자가 강조한 '의치義治'보다는 후술하게 될 순자의 '예치禮治' 사상에 가깝다고 보는 것이 타당하다.

그렇다면 과연 '의'를 강조하고 있는 맹자의 치본관이 지니고 있는 특징과 문제점은 무엇일까?

맹자의 치본관인 이른바 '의본인치義本人治'는 기본적으로 전국 시대라는 독특한 시대적 상황과 떼어 놓고 생각할 수 없다. 맹자는 열국이 약육강식의 논리를 좇아 상쟁하고 있던 전국 시대의 난맥 상황 속에서 인의의 실현이라는 높은 이상을 내걸고 어지러운 세상을 수습하고자 했다. 인의에 입각한 정치를 펼치면 저절로 천하 사람들의 지지를 받게 되어 드디어는 왕자가 될 수 있다는 것이 맹자의 생각이었다. 이러한 생각은 인성은 원래 선하다는 신념에서 비롯된 것이었다. 그는 제선왕의 면전에서 대신에게는 나쁜 군주를 폐위시키고 다른 사람을 왕으로 맞이할 의무가 있다는 주장을 서슴없이 펼쳤다. 이렇게 권력자 앞에서도 굽힐 줄 모르고 자신의 주장을 펼쳐나갈 수 있었던 것은 왕도의 실현 가능성을 확신하고 있었기 때문이었다.

맹자는 공자로부터 직접 가르침을 받은 것이 아니라 홀로 사숙私淑한 인물이었지만 공학孔學의 적통을 자처하면서 공자가 말한 '인'의 실현만이 난세를 구할 유일한 방안이라고 확신했다.[53] 그러나 그의 사상에는 공자의 가르

<hr>

51) 許昌武는 관중의 四維 사상 중 義가 가장 중요한 덕목이라며 이와 같이 해석하고 있다. 허창무, 「管子의 정치윤리사상 — 四維를 중심으로」, 『정신문화연구』(1986), 78쪽 참조.
52) 『管子』, 「君臣下」, "君人者, 制仁. 臣人者, 守信. 此, 言上下之禮也……道德定於上, 則百姓化於下矣."
53) 郁有學은 맹자가 공자의 仁學을 조술하면서 仁의 효용화를 추구함으로써 仁을 爲政의 대원

침과는 거리가 먼 부분이 있다는 사실 또한 부인할 수 없을 것이다. 그것은 바로 그의 인의 사상이었다. 앞서 검토했지만 공학은 '인학'으로 대표될 만큼 모든 덕목을 '인' 개념으로 집약시켰다. 원래 공자의 '인학' 체계에서 '인'에 준하는 덕목으로 거론된 것은 '예禮'뿐이었다.[54] 공자의 '인학' 체계에서 '예'는 '인'을 실현하는 핵심이기도 한 데 반해 '의'는 '예'만큼 주목받지 못했다. 그런데 맹자는 공자의 '인학' 체계에서 '의'의 의미를 새롭게 해석함으로써 '인의' 개념을 중심으로 하는 자신의 독특한 사상 체계를 구축하게 되었던 것이다.[55] 따라서 맹자의 치본관을 이해하기 위해서는 먼저 공자 '인학' 체계 속의 다양한 덕목 가운데 유독 '의'만을 뽑아내어 '인의'라는 독특한 사상을 만들어 낸 의도를 확인해 보아야만 한다.

공학의 적통을 자처한 맹자가 '술이부작述而不作'의 전통을 무시하면서까지 '의'를 떼어낸 까닭은 과연 어디에 있는 것일까? 이와 관련해 그간 여러 해석이 제시되어 왔다. 과거의 전통적 해석에서는 대체로 공자의 '인'을 보다 잘 설명하기 위한 것이라고 보았다. 그러나 지금은 전국 시대에 들어서서 양묵楊墨의 세력이 위세를 떨침에 따라 이들을 '불의'로 규정하여 타도하기 위해 특별히 '의'를 내세웠다는 해석이 설득력을 얻고 있다.[56] 당시에 유행하던 양주의

칙으로 만들었다고 평가했다. 그는 사람마다 모두 不忍人之心을 가지고 있다는 맹자의 소위 仁心論은 맹자의 仁政 사상의 기초가 되고 있다고 분석했다. 그는 이어 "保民而王, 莫之能御也"(「梁惠王上」)와 "不信仁賢, 則國庫空虛"(「盡心下」)의 두 구절을 예로 들어 맹자의 仁政說은 保民과 尊賢 사상이라는 두 개의 기본축으로 형성돼 있으며 맹자의 保民 사상은 養民 사상과 敎民 사상으로 세분할 수 있다고 주장했다. 郁有學, 「從孔子的仁到孟子的仁政」, 『孔孟荀比較研究』, 55~57쪽 참조.

54) 趙忠文은 『孟子』에 나오는 義는 1백여 회에 달하는 데 반해 『論語』에서는 겨우 24회에 그치고 있는 점을 상기시키면서 맹자는 義를 仁과 병칭시킴으로서 공자가 仁의 실현 방안으로 강조한 禮를 극히 소홀히 다룬 것은 물론 인의예지의 사덕의 배열 순서 역시 의도적으로 나열한 것임에 틀림없다고 지적했다. 趙忠文, 「論孟子'仁政'與孔子'仁'及'德政'說的關係」, 『中國哲學史研究』(1987. 3), 39쪽 참조.

55) 趙忠文은 맹자는 공자 사상의 핵심을 이루는 仁과 德政 개념을 계승·발전시켜 仁政 개념을 만들어 냈다고 분석했다. 그가 말하는 德政, 仁政 개념은 각각 이 책의 仁治, 義治 개념과 마찬가지라고 할 수 있다. 趙忠文, 「論孟子'仁政'與孔子'仁'及'德政'說的關係」, 『中國哲學史研究』(1987. 3), 34쪽 참조.

56) 高須芳次郎, 『東洋思想十六講』, 192쪽. 이와 관련해 楊榮國은 맹자가 義를 강조한 것은 당시

'위아爲我' 사상과 묵적의 '겸애兼愛' 사상은 유가의 '친친親親' 사상에 정면으로 배치되는 것이었다. 인륜을 중시한 맹자에게 양묵의 사상은 모두 유가에 대한 정면 도전으로 비춰졌을 가능성이 크다.

유가의 '친친' 사상은 인간 관계에 기본적으로 존재하는 친소親疏를 그대로 인정한 가운데 '인'을 실현하고자 하는 것이었다. '친친' 사상을 토대로 유가에서는 부모에 대한 사랑과 이웃을 대하는 사랑에 차이가 있고 이웃과 먼지방 사람 사이에도 차이가 있는 것은 당연한 일이라고 하면서 이를 토대로 '인'을 실현해야 한다고 주장한다. 그래서 맹자는 '위아爲我'를 설하는 양주의 사상이나 '무차별애無差別愛'를 강조하는 묵적의 사상을 유가의 '친친' 사상에 정면으로 배치되는 '금수의 도'라고 보았다. 그는 이렇게 말했다.

> 양주의 주장은 자기 위주여서 군주를 부정하고 묵적의 학설은 겸애를 표방하면서 부모를 부정했다. 안중에 부모가 없고 군주가 없으면 이는 금수라 할 것이다.[57]

맹자는 양묵에 강력하게 대항하기 위해 특별히 '의'라는 덕목을 공자의 '인학' 체계에서 따로 떼어내어 '인의'라는 개념을 만들었을 가능성이 크다.[58] 『맹자』 전편에 걸쳐 맹자가 '불인불의'한 군주를 질타하면서 양묵에 대해 가차 없는 공격을 펼치고 있는 점을 감안할 때 더욱 그러하다. 다만, 맹자가 '술이부작'의 전통을 깨고 인의 개념을 새로이 제창한 배경을 단순히 양묵에 대한 방어 때문이라고 풀이하는 것은 다분히 평면적인 분석이 아닐 수 없다.

를 풍미하던 墨家의 사상을 차용한 결과라고 평가하면서 맹자의 인의 사상은 墨家의 영향을 크게 받았음에 틀림없다고 강조했다. 楊榮國, 『中國古代思想史』(北京: 三聯書店, 1954), 186쪽 참조.

57) 『孟子』, 「滕文公下」, "楊氏爲我, 是無君也. 墨氏兼愛, 是無父也. 無父無君, 是禽獸也."

58) 趙忠文은 공자의 仁은 사람과 사람 사이의 관계를 지칭한 것인 데 반해 맹자의 仁은 君主와 民衆 간의 관계로 고착되었다고 분석했다. 그는 맹자의 仁은 공자의 仁學 체계를 근원적으로 개조한 셈이라고 평가했다. 그가 말하는 맹자의 仁 개념은 이 책에서 말하고 있는 맹자의 仁 개념과 마찬가지이다. 趙忠文, 「論孟子'仁政'與孔子'仁'及'德政'說的關係」, 『中國哲學史研究』(1987. 3), 38쪽 참조.

맹자의 진의를 파악하기 위해서는 그가 창안한 인의 개념을 그의 사단설四端說과 관련지어 분석할 필요가 있다. 그의 인의 개념은 사실 그가 독창적인 학설로 내세운 사단설의 핵심을 이루고 있기 때문이다.

맹자의 사단설은 그의 독특한 성선설에서 유래된 것으로, 인의예지의 사덕은 그의 성선설로 인해 새로운 의미를 지니게 된 덕목이라 할 수 있다. 공자 또한 인의예지뿐만 아니라 효제충신예孝悌忠信藝 등의 다양한 덕목들을 거론한 바 있지만 그는 이들 덕목들을 모두 '인'이라는 개념 속에 용해시켜 버렸다. 이에 비해 맹자는 자신이 주창한 성선설을 토대로 인의예지라는 4개의 덕목만을 따로 뽑아내어 새로운 의미를 부여했다. 맹자는 특히 공자가 '예禮'를 국가 질서 전반을 지배하는 문화적 상층 구조로 해석한 것과 달리 이에 대한 구체적인 언급도 없이 '예'를 통상적인 예절 차원의 의미로 격하시켜 버렸다.[59] 맹자는 동시에 이들 사덕만이 인성의 근본을 이루는 '불변의 선성善性'이라고 규정했다. 맹자의 인의 개념이 지니고 있는 함의를 파악하기 위해서는 우선 '인'과 '의'에 대한 맹자의 해석을 자세히 검토할 필요가 있다.[60]

맹자는 "인은 사람의 마음이고 의는 사람의 길이다"[61]라고 말한 바 있다. 이는 "인이란 사람이 머무는 안택安宅이고 의는 사람이 걸어야 할 정로正路이다"[62]라는 말과 맥을 같이하는 것이다. '안택'과 '정로'는 분명 개념상 별개임에도 불구하고 이것을 불가분의 관계로 해석해 버린 것이다. 바꿔 말해 맹자는 '이로異路'를 통한 '안택'으로의 접근을 허용하지 않았다. 맹자의 주장에 따르면 '안택'으로의 접근은 오직 '정로'밖에 인정할 수 없다. '정로'를 통해 '안

---

59) 성태용, 「心性論, 禮論과의 관련 아래서 본 荀子의 修養論」, 『太東古典硏究』(1989), 194쪽.
60) 맹자의 인의 사상과 관련해 義가 왜 人性의 本源에 속하는지 여부를 놓고 告子와 심각한 논전이 전개됐다. 告子는 仁은 性 안에 있는 것이나 義는 性 밖에 있는 것이라며 맹자의 義 개념을 仁 개념 아래로 격하시키려는 의도를 분명히 드러내고 있다. 맹자는 이에 대해 義는 어디까지나 仁과 마찬가지로 人性의 本源에 속하는 것이라고 주장하면서 仁과 義를 대등한 수준에 놓으려는 의지를 감추지 않고 있다. 『孟子』 「告子上」 참조.
61) 『孟子』, 「告子上」, "仁, 人心也. 義, 人路也."
62) 『孟子』, 「離婁上」, "仁, 人之安宅也. 義, 人之正路也."

택'에 들어가야만 인의를 실현하는 것이 되기 때문이다. 이를 맹자의 사단설로 해석하면 '측은지심惻隱之心'이 발현되었다 하더라도 '수오지심羞惡之心'이 뒷받침되지 않는 한 '인의'로 평가받을 수 없다. 공자의 기준에서는 얼마든지 '인'으로 평가받을 수 있는 것이 맹자의 기준에서는 '인의'가 아닌 것이 되는 것이다. 이는 '의'에 해당하는 '정로'를 통하지 않는 한 결코 '인의'가 될 수 없기 때문에 빚어지는 현상이다. 맹자가 요구하고 있는 '인의'의 도덕적 기준이 얼마나 높은 것인지를 충분히 짐작할 수 있다.

공자는 다양한 '이로異路'를 통한 '안택'으로의 접근을 허용했다. 그는 관중을 평가할 때 '정로'에 해당하는 '수신의 인'을 이루지 못했지만, '대의'라는 '이로'를 통해 '인'이라는 '안택'에 도달했다고 하였다. 그러나 맹자의 입장에서 보면 '정로'를 걷지 않은 관중의 패업은 설령 '인'에 해당하는 공업을 이루었다 할지라도 결코 인의로 평가받을 수 없다. 맹자가 관중을 포함한 일체의 패업을 폄척하게 된 이유가 바로 여기에 있다. 맹자에게 일체의 패도는 일종의 '이로'에 불과했던 것이다.

결국 맹자가 창안해 낸 인의 개념은 오직 왕도만을 인정하는 이론적 도구로 사용될 수밖에 없다. 바로 여기에 맹자가 의도적으로 만들어 낸 인의 사상의 진의가 숨어 있다고 생각한다. 맹자는 자신이 만들어 낸 이상주의적이고도 원칙주의적인 인의 사상을 토대로 전국 시대의 열왕들을 질타했다. 이는 공자의 모습과는 전혀 다른 것이었다. 공자는 열후들을 만나 자신의 주장이 받아들여지지 않을 경우 조용히 떠나 버렸다. 그러나 맹자는 공자와 달리 위와 같은 인의 사상을 무기로 전국 시대의 열왕들에게 늘 당당한 모습으로 자신의 정치 이상을 역설했다. 그는 이렇게 말한 적이 있다.

> 대인大人들에게 유세할 때는 상대를 얕보고 들어가야 한다. 어마어마한 위의威儀에 넋을 잃어서는 안 된다.…… 나에게는 옛 성현이 가르친 문물제도가 있으니 내가 어찌 그들을 두려워하겠는가?[63]

맹자가 인의 사상을 무기로 군주의 위의에 대항했음을 충분히 짐작할 수 있는 대목이다. 그가 이처럼 열국의 군주 앞에서 당당할 수 있었던 가장 큰 이유는 바로 자신만이 옛 성현이 가르친 인의 사상을 지득했다는 자부심 때문이었다. 사실 그는 제나라에서 차지한 최고의 지위가 객경客卿이었음에도 불구하고 그 자신은 군사君師 및 왕사王師를 자처했다.

이런 태도는 공자의 그것과 분명히 다른 것이었다. 공자는 위령공衛靈公이 진법에 대해 묻자 "제사 의식에 관한 일이라면 일찍이 배운 바가 있으나 군사에 관한 것은 지금까지 배운 바가 없습니다"[64]라고 답한 뒤 다음날 아무 미련도 없이 위나라를 떠나 버렸다. 그러나 맹자의 경우는 국가를 부강하게 만드는 방안을 묻는 양혜왕梁惠王에 대해 "하필이면 '이利'를 말합니까? 오직 인의仁義만이 있을 뿐입니다"[65]라고 하면서 자신이 잘 모르는 부국강병책에 대한 언급을 회피한 채 인의를 내세워 양혜왕을 오히려 질타해 버렸다. 당시 전국 시대의 열왕에게 최대의 관심은 국가의 부강을 어떻게 이루는가 하는 문제였다. 부국강병에 집착한 사람은 비단 양혜왕만이 아니었다. 양혜왕이 결코 맹자로부터 힐난을 들을 이유는 결코 없다고 보아야 한다. 한마디로 맹자의 태도는 공자와 대비될 뿐만 아니라 인의 사상을 일종의 자기방호의 도구로 활용한 혐의가 짙은 것이다.[66]

사실 이러한 맹자의 질타에는 나름대로의 의도가 개입되어 있었다. 그것은 바로 자신이 이상적으로 그린 왕도를 역설하기 위해서였다. 왕도를 실현시키기 위해 그는 '하필왈리何必曰利, 역유인의亦有仁義'를 외치며 열왕들을 끊임없이 질타했던 것이다. 결국 그의 인의 사상은 왕도 실현을 역설하기 위한

---

63) 『孟子』, 「盡心下」, "說大人爲則藐之, 勿視其巍巍然……在我者, 皆古之制也. 吾何畏彼哉."
64) 『論語』, 「衛靈公」, "俎豆之事, 則嘗聞之矣/ 軍旅之事, 未之學也."
65) 『孟子』, 「梁惠王上」, "何必曰利, 亦有仁義而已矣."
66) 劉奉光은 孔學의 治學으로서의 핵심은 예치에 있었다고 전제하면서 공자는 인민들을 독려하기 위해 예치를 강조한 데 반해 맹자는 君主를 책망하기 위해 仁政을 주장했다고 분석했다. 그가 말하는 禮治와 仁政 개념은 이 책에서의 仁治, 義治 개념과 유사하다. 劉奉光, 「孔孟政治思想比較」, 『南開學報 — 哲學社會科學』(1986. 6), 53쪽 참조.

주요한 유세 수단으로 활용된 것이라고 생각할 수밖에 없다.

맹자는 왕도의 실현이 패도의 실현보다 훨씬 용이하다는 확신을 갖고 있었다. 이런 확신은 자신이 내세운 '왕패준별법'에 의거하여 관중의 패업을 인의를 가장한 패도로 가차 없이 폄척한 데서 극명하게 드러나는데, 이런 확신의 배경에는 관중의 패업을 선망하던 열후들을 계도하려는 저의가 숨어 있었다. 여기에 바로 공자가 '인'을 이룬 것으로 평가한 관중의 패업이 맹자에 의해 철저히 무시당하게 된 근본적인 요인이 있었다고 할 수 있다.

그러나 결과적으로 맹자는 그의 의도와는 상관없이 공자의 '인학' 체계에 나오는 '인' 개념을 사실상 축소시켜 버렸다. 그가 제시한 높은 수준의 인의에 도달하기 위해서는 공자가 말한 '인'의 발현 위에 다시 '의'의 기준을 충족시켜야 했기 때문이었다. 대표적인 실례가 관중의 경우이다. 공자는 '인'에 대한 다양한 접근과 포괄적인 해석을 허용함으로써 관중의 패업을 대의 차원의 '인'을 이룬 것으로 평가하였지만, 맹자는 관중이 '측은지심'과 '수오지심'을 동시에 발현시키지 못했다는 이유로 그를 단호히 폄척했다. 결과적으로 아무리 위대한 공업을 이루었다 하더라도 동기 부문에서 개절과 비례 등의 혐의가 있었기 때문에 인의에 합당하는 공적으로 평가할 수 없었던 것이다. 따라서 단지 관중이 무력을 동원한 패자였기 때문에 맹자가 관중을 폄척한 것으로 해석해서는 안 된다. 이는 평면적인 해석에 불과하다. 물론 맹자는 패자의 경우는 힘을 빌려 '인'을 가장했기 때문에 폄척할 수밖에 없다고 밝히기도 했지만, 사실 그가 왕도 실현의 구체적인 사례로 들고 있는 탕무의 경우도 무력을 동원하기는 마찬가지였다. 더구나 맹자가 주장하는 '폭군방벌론' 역시 무력 사용을 전제로 제시된 이론인 것은 말할 것도 없다. 그러므로 맹자가 관중의 패업을 폄척한 근본 이유는 단지 무력을 동원했다는 이유 때문이 아니라 관중의 패업이 자신이 제시한 인의의 기준에 맞지 않았기 때문이라고 보는 것이 옳다.

하지만 맹자가 내세운 인의의 기준은 확실히 지나치게 이상주의적인 것이었다.[67] 설령 그 자신이 왕도의 실현을 확신했다 하더라도 현실적으로 존재하는 패도를 전혀 인정하지 않는 태도는 적잖은 문제를 안고 있었다. 그의 주장은 사실 전국 시대라는 현실과 너무나 괴리된 것이었다. 열국의 어느 나라도 그의 주장을 채택하지 않은 사실이 이를 극명하게 보여 준다.

분명히 맹자가 만들어 낸 '인의' 개념은 공자의 '인' 개념과 비교해 볼 때 협소한 것이었다. 공자가 내세웠던 '인' 개념이 맹자의 '의' 개념 속으로 함몰되어 버린 것이다. 이는 민리를 제외한 일체의 '이利'를 인정하지 않은 그의 의리관義利觀과 궤를 같이하고 있다. 맹자는 '의'라는 기준을 통해 모든 것을 재단하려고 했음을 부인할 수 없는 것이다. 따라서 맹자의 '인의' 사상은 '인'과 '의'라는 두 개념을 병용하고 있음에도 불구하고 사실은 '의'의 실현에 무게를 둔 것으로 보아야 한다. 이와 같은 의미에서 볼 때 맹자의 치본관은 '의본인치義本人治'로 규정할 수 있을 것이다.[68]

기존의 학설이 맹자의 '인의' 사상에 따른 통치를 흔히 '인정仁政'으로 규정하고 있으나 이는 '인의'를 표방한 맹자의 진의를 제대로 간파하지 못한 결과라고 볼 수밖에 없다.[69] 한마디로 말해 맹자는 인의에 충실한 '의인義人'이 다스리는 정치 즉, '의치義治'를 가장 이상적인 통치로 상정했다고 할 수 있다.

---

67) 그러나 劉奉光은 暴主에 대한 맹자의 처방은 비록 방법론에 있어서 공자와 큰 차이를 드러내고 있으나 목적론에 있어서는 공자와 궤를 같이하는 것은 물론 오히려 맹자의 事君 사상이 공자의 그것보다 훨씬 진보적이라는 색다른 평가를 내리고 있다. 劉奉光, 「孔孟政治思想比較」, 『南開學報 ─ 哲學社會科學』(1986. 6), 54~55쪽 참조.

68) 蕭公權은 맹자의 인의 개념과 墨翟의 義(兼愛) 개념은 용어만 다를 뿐 그 내용에 있어서는 하등의 차이가 없다고 강조했다. 그의 이러한 주장을 감안할 때 맹자가 주창한 인의 개념은 墨翟이 강조한 義를 차용한 개념으로 보아야 할 것이다. 義 개념을 둘러싼 孟墨 두 사람 간의 차이는 별도의 고찰을 요한다고 할 수 있으나 맹자가 주창한 인의 개념은 사실상 義 개념으로 수렴된다고 보아야 타당할 것이다. 이런 점에서 맹자의 치본관은 일종의 義本主義에 해당한다고 할 수 있다. 蕭公權, 『中國政治思想史』(최명 역), 208~210 쪽 참조.

69) 勞思光은 義治主義를 仁治主義로 규정하면서 맹자의 仁政說은 공자의 仁을 확대한 것이라고 주장했다. 그러나 이는 기본적으로 맹자가 말한 인의의 범위를 과대평가한 데 따른 것이다. 공자가 말한 仁은 오히려 맹자가 말하는 인의의 개념을 포함해 孝悌忠信 등 모든 덕목을 총칭한 개념이다. 勞思光, 『중국철학사: 고대편』(정인재 역), 146쪽 참조.

그가 내세운 왕도는 곧 '의인'이 다스리는 나라 즉 '의국義國'이었다고 볼 수 있는 것이다. 지나친 이상주의적 성향을 보인 맹자가 공자의 '인학' 체계에서 '의'를 따로 떼어내어 '인의'라는 독특한 사상을 만들어 낸 진의는 바로 '의치' 및 '의국'의 실현에 있었다고 보아도 크게 틀린 말이 아닐 것이다.

3) 순자: 예본인치

순자의 치본관은 '예'에 대한 관중의 기본 입장을 살펴보아야만 그 실체를 제대로 파악할 수 있다. 이는 관중이 '예'와 '법' 간의 미세한 간극을 극명하게 파헤쳐 냈기 때문이다. 그리고 이러한 관중의 '예치'에 관한 견해를 순자의 그것과 비교해 보아야만 순자의 치본관이 어떤 의미를 지니고 있는지를 명확하게 분석할 수 있다.

관중은 '경상형벌慶賞刑罰'에 입각한 중법重法 사상을 강조했지만 그것만을 유일한 통치 수단으로 보지는 않았다. 그는 '예禮 · 의義 · 염廉 · 치恥'의 사유四維 사상을 제기하였는데, 이 가운데 '예'와 '의'는 일종의 국가 차원의 덕목으로 이해할 수 있고 '염'과 '치'는 개인 차원의 덕목으로 이해할 수 있다.[70] 그는 사유 사상에 입각하여 법치와 더불어 덕치를 강조했던 것이다.[71] 관중은 사유의 구체적인 내용에 대해 다음과 같이 언급한 바 있다.

> 예禮란 절도를 넘지 않는 것이고, 의義란 스스로 나서지 않는 것이며, 염廉이란 자기의 잘못을 숨기지 않는 것이고, 치恥란 남의 악행에 따르지 않는 것이다.[72]

---

70) 허창무는 治民策과 教民策이 밀접히 융합돼 나타난 덕목이 바로 四維 사상이라고 분석했다. 허창무, 「管子의 정치윤리사상 — 四維를 중심으로」, 『정신문화연구』(1986), 82쪽 참조.

71) 王德敏, 「管仲的哲學思想」, 『春秋哲學』, 122쪽.

72) 『管子』, 「牧民」, "禮, 不踰節. 義, 不自進. 廉, 不蔽惡. 恥, 不從枉." 王德敏은 관중의 '禮不踰節'을 禮를 통해 사람들 간의 등급 한계를 규정지으려는 의도에서 비롯된 것으로 평가했다. 王德敏, 「管仲的哲學思想」, 『春秋哲學』, 132쪽 참조.

예교禮敎와 법치法治에 동일한 비중을 두어 기본적인 통치 수단으로 삼았다는 점에서, 관중의 입장은 예치를 치본으로 설정한 가운데 법치를 보조적인 치술로 삼았던 순자의 입장과는 약간의 차이를 보이고 있다.[73] 그런데 관중은 사유의 덕목 중 '예'를 가장 중요한 덕목으로 삼았다고 할 수 있다. 특히 그가 '예'를 국가 통치에서 비롯된 것으로 간주했다는 점이 주목된다. 그는 "예는 다스림으로부터 나온다"[74]라고 말한 바 있는데, 공자로부터 비례의 인물로 지적 받은 관중 자신이 '예'를 통치의 근본으로 지적한 것은 분명 역설적이다. 그러나 관중이 말하는 '예'와 공자가 말하는 '예'는 그 의미가 다른 것이었다. 관중이 여기서 언급한 '예'는 공자가 말하는 수신 차원의 '예'가 아니라 '치인治人' 차원의 '예'를 지칭하는 것이었다. 그가 언급한 '치인' 차원의 '예'는 국가 통치를 위한 신분 질서를 지칭하는 것이기도 했다.

이런 점에서 '예'에 대한 관중의 입장은 기본적으로 순자의 '예치' 사상과 일맥상통하는 것이다. 관중은 상하·귀천·장유·빈부 사이에 지켜져야 할 8가지의 '예'를 제시하고 이를 '팔경八經'으로 지칭하면서 그 가운데서 '예'가 국가 통치 질서의 준거가 된다고 보았다.[75] 이렇게 '예'를 '치인' 차원에서 해석하는 것 자체가 바로 관중의 통치 사상이 지닌 커다란 특징 중의 하나라고 할 수 있다.[76] 관중은 '예치'의 당위성과 관련해 다음과 같이 강조한 바 있다.

---

73) 순자는 明刑을 주장했음에도 불구하고 유가 전통에 입각한 예치주의자임에 틀림없고, 관중은 明禮를 강조했음에도 불구하고 법가의 선구자임에 틀림없다는 것이 蕭公權의 평가이다. 그러나 『管子』 「五輔」에서는 정치를 성공적으로 이끌기 위해서는 德, 義, 禮, 法, 權의 순에 의한 정책이 필요하다고 지적하고 있다. 관중은 법치술의 중요성을 강조했지만 궁극적으로는 四維의 禮敎가 더 중요하다고 인정한 것으로 볼 수 있다. 특히 『管子』 자체가 잡다한 사상을 포함하고 있는 점과 관중 자신이 사상가이기 이전에 하나의 통치자였던 점을 감안해야 한다. 따라서 관중의 明禮 주장을 간과해 그를 법가로 분류하는 것은 무리가 있다고 본다. 蕭公權, 『中國政治思想史』(최명 역), 310쪽 참조.
74) 『管子』, 「樞言」, "禮, 出於治."
75) 『管子』, 「五輔」, "上下有義, 貴賤有分, 長幼有等, 貧富有度. 凡此八者, 禮之經也……夫人必知禮, 然後恭敬. 恭敬, 然後尊讓. 尊讓, 然後少長貴賤不相踰越. 少長貴賤不相踰越, 故亂不生而患不作. 故曰, 禮不可不謹也."
76) 허창무, 「管子의 정치윤리사상 — 四維를 중심으로」, 『정신문화연구』(1986), 77~78쪽 참조.

지혜로운 자가 무리의 힘을 빌려 강압을 금함으로써 난폭한 사람이 자취를 감추게 되었다.……이로써 상하가 구분되고 민생이 틀을 갖추게 되었다. 이로써 나라도 성립하게 된 것이다.[77]

이 말은 '예'의 궁극적인 의의가 바로 국가 성립에 있음을 의미한다. '예'에 관한 이러한 입장은 '사유'가 펼쳐지지 않으면 곧 망국으로 이어질 수밖에 없다는 그의 주장과 맥을 같이하는 것이기도 하다.[78] 관중의 예치 사상은 기본적으로 그의 통치 사상이 현실에 기반을 두고 있는 데서 비롯되었다고 할 수 있는 것이다.[79] 이러한 입장은 "문무를 겸비한 것이 덕이다"라는 그의 언급을 통해서도 확연히 드러난다.[80] 여기서 '문'이란 인치 및 왕도를 지칭하고 '무'란 곧 법치 및 패도를 지칭한다. 관중의 패업을 통해 짐작할 수 있듯이 그는 덕으로써 천하를 다스리는 '왕자'와 무력으로 천하를 다스리는 '패자'를 동일선상에 놓고 양자의 결합을 통해 바람직한 통치를 구현하고자 했던 것이다. 비록 후세에 들어 법치 및 패도만을 실현한 사람으로 평가되기는 했지만 실제로 관중은 법치 및 패도를 인치 및 왕도와 하나로 융해시키고자 노력한 인물이었다.

예치 및 법치에 대한 이러한 관중의 입장은 순자의 치본관인 '예본인치禮本人治'[81]와 맥을 같이한다고 할 수 있다. 관중의 통치 사상은 법치를 치술로

---

77) 『管子』, 「君臣下」, "智者, 假衆力, 以禁强虐而暴人止……上下設, 民生體, 而國都立矣."
78) 『管子』, 「牧民」, "四維不張, 國乃滅亡."
79) 方克은 관중의 覇業이 지닌 역사적 중요성을 크게 4가지로 요약했다. 그는 우선 염철 전매를 기반으로 국가 재정을 튼튼히 하면서 생산력 발전을 도모한 점, 민심에 순응해 노예를 부분적으로 해방하고 봉건제적 토지 제도를 실시한 점, 존왕양이의 구호 아래 외적의 침입을 방어함으로써 華夏族의 안전을 도모한 점, 禮에 입각한 군신상하 간의 직분을 분명히 함으로써 통치의 안정을 꾀하는 동시에 法에 입각한 개혁을 시도함으로써 신흥 지주 세력이 필요로 하는 통치의 제도화를 꾀하는 등 예치와 법치의 병행을 주장한 점 등 모두 4가지를 들었다. 方克은 그러나 관중이 실시한 개혁은 부분적인 노예 해방 등에서 나타나듯 한계를 노정함으로써 소기의 성과를 거두지는 못했다고 평가했다. 方克, 『中國辨證法思想史』(北京: 人民出版社, 1985), 199쪽 참조.
80) 『管子』, 「覇言」, "文武具備, 德也."
81) 劉德增은 예치가 곧 人治라는 전통적 견해에 이의를 제기한 바 있다. 그는 人治란 어떠한

생각한 순자의 통치 사상과 매우 근사하다고 해도 큰 잘못이 없는 것이다.[82] 다만 관중의 경우는 그의 궁극적인 목적이 패천하에 있었던 만큼 상대적으로 순자보다는 예치의 중요성을 덜 강조했다는 점에서 차이가 있다.

순자가 '선례후법先禮後法'의 입장을 견지했다면 관중의 입장은 '예법병중禮法並重'이었다. 관중이 비록 법치의 필요성과 중요성을 역설했다고는 하지만, 그가 예치 역시 법치와 동일한 비중으로 중시했다는 점을 결코 간과해서는 안 된다.

이제 관중의 '예법병중'에 이러한 이해를 토대로 순자가 과연 '예'를 어떻게 해석하여 '선례후법'에 입각한 '예본인치'를 주장하게 되었는지를 검토해 보기로 하자. 원래 성악설을 신봉한 순자는 기본적으로 인간은 사적인 이욕 때문에 다투지 않을 수 없다고 생각했다.

> 사람은 나면서부터 욕망이 있어, 바라는데도 얻지 못하면 구하려 하지 않을 수 없다. 구하려 하는데 도량분계度量分界가 없으면 다투지 않을 수 없다. 다투면 혼란해지고 혼란해지면 곤궁해지는 것이다.[83]

여기서 주의해야 할 점은 바로 '도량분계'이다. 이는 재화를 구하는 데 일정한 잣대가 없을 경우 반드시 다툼이 있을 수밖에 없다는 경고이다. 이 점이 바로 순자와 법가가 갈리는 분기점이다. 그 분기의 가장 큰 원인은 인간의 이욕과 재화와의 관계에 대한 시각차에 있다. 성악설에 입각한 순자는 인간의

제도에도 의지하지 않고 권력 행사자의 재능과 품격에 기대어 나라를 통치하는 것이라고 규정하면서 禮는 일종의 제도이기 때문에 人治가 아니라고 주장했다. 하지만 이런 주장은 禮의 제도적 특성을 지나치게 강조하고 禮가 德의 중요한 항목에 해당한다는 사실을 간과한 것으로서, 순자를 법가에 가까운 사상가로 파악한 데 따른 결과로 본다. 劉德增, 「孔子, 孟子與荀子禮觀之比較研究」,『孔孟荀比較研究』(濟南: 山東大學, 1989), 92쪽 참조.

82) 金谷治는 한비자가 법지상주의를 펼친 데 반해 관중은 법치와 덕치의 절충을 추구하였다는 점에서 근원적인 차이가 있다고 지적했다. 金谷治 외,『중국사상사』(조성을 역, 서울: 이론과실천, 1988), 107~109쪽 참조.

83)『荀子』,「禮論」, "人生而有欲, 欲而不得, 則不能無求. 求而無度量分界, 則不能不爭. 爭則亂, 亂則窮."

이욕이 어쩔 수 없는 것이라고 보기는 했으나 재화의 공급이 충분히 뒷받침될 수 있기 때문에 그 한계만 정해주면 수급 조절이 가능하다고 생각했던 것이다. 그는 "하늘과 땅이 만물을 생산할 때 본시 여유가 있기 때문에 사람들을 먹여살리기에 충분하다"[84]라고 하여 재화의 부족을 염려할 필요가 없다고 주장했다. 이에 비해 법가는 인간의 이욕은 절제가 불가능한 반면 재화는 유한할 수밖에 없기 때문에 이욕과 재화 간의 수급 조절은 애초부터 불가능하다고 주장했다. 인간의 이욕을 억누르기 위해서는 오직 엄한 형벌에 의한 법치밖에 없다고 강조한 것도 이욕의 제어가 불가능하다고 보았기 때문이다.

순자는 비록 성악설을 내세우기는 했으나 인간의 사려 작용에 따른 악성의 '선화'를 확신했기 때문에 이욕을 충분히 절제할 수 있다고 보았다. 그는 일정한 한계만 부여할 수 있다면 얼마든지 인간의 이욕을 절제시킬 수 있다고 생각했다. 위에서 언급한 '도량분계'는 바로 그가 강조하는 '예'의 또 다른 표현이기도 했던 것이다. 그가 말한 '예'는 교정을 전제로 하는 법가의 법과는 달리 어디까지나 자율적인 자기통제를 전제로 하고 있다.

순자는 다음과 같이 말하였다.

옛 군주들은 그러한 혼란을 싫어했기 때문에 '예'와 '의'를 제정하여 그 한계를 설정함으로써 사람들의 욕망을 충족시켜 주고 사람들이 구하는 것을 공급할 수 있게 하였다.[85]

순자의 이 주장은 '예'를 지키기만 하면 인간의 이욕과 재화의 수급이 자동으로 조절될 수 있다는 생각을 전제로 하고 있다. 한마디로 그는 국가 질서를 유지할 때 '예'는 불가결한 것인 까닭에 바람직한 통치는 반드시 '예'를 통해서만 이룰 수 있다고 주장하였던 것이다.[86]

---

84) 『荀子』, 「富國」, "夫天地之生萬物也, 固有餘, 足以食人矣."
85) 『荀子』, 「禮論」, "先王惡其亂也, 故制禮義而分之, 以養人之欲, 給人之求."
86) 『左傳』, '隱公 11年', "禮, 經國家, 定社稷, 序民人, 利後嗣者也."

순자가 생각하는 '예'는 개인의 욕망을 일방적으로 억누르기만 하는 것이 아니라 사람들이 일상 생활을 유지하는 가운데 통일된 조화 속에 평화롭게 살도록 하기 위한 것이었다. 그는 "예는 위로는 하늘을 섬기고 아래로는 땅을 섬기는 동시에 선조들을 존경하고 군주를 존중하는 것이다. 이것이 '예'의 세 가지 근본이다"[87]라고 말한 바 있다. 이를 통해 그가 말한 '예'가 단순히 관혼상제와 읍양주선揖讓周旋 등을 가리키는 것이 아니라 전장典章 제도를 포함한 국가 통치 질서 전반을 지칭하는 것임을 알 수 있다.[88] 한마디로 순자는 '예'를 치국의 근본으로 삼았다고 할 수 있는 것이다. 공자가 덕치의 요체를 '인'으로 본 데 반해 순자는 바로 '예'라고 본 셈이다. 이러한 점에서 그의 치본관은 일종의 '예본인치'로 규정할 수 있을 것이다.[89] '예'에 의해 그 분수를 한정함으로써 개인과 개인 간은 물론 개인과 국가 간에도 상호간의 욕망을 모두 충족시킬 수 있다는 것이 순자의 기본적인 생각이었다.

순자가 예치를 통해 궁극적으로 추구한 것은 군신상하 간에 원만한 질서와 절도가 자율적으로 이루어지는 일종의 예치 국가 즉 '예국禮國'이었다. 순자가 그린 '예국'은 공자가 그린 '인국'과 비교할 때 '인' 대신 '예'가 들어섰을 뿐 그 기본적인 맥락은 같다고 할 수 있다.[90] 특히 공자가 '예'를 '인'을 이루는 핵심적인 덕목으로 지목했던 점에 비추어 볼 때 순자는 공자를 조술祖述했다고 볼 수 있는 것이다.[91] 이런 점에서 볼 때 공학을 충실히 조술한 사람은 맹자

---

87) 『荀子』, 「禮論」, "禮, 上事天, 下事地, 尊先祖而隆君師. 是禮之三本也."
88) 傅佩榮은 禮란 원래 종교적 성격을 띤 祭禮를 의미하는 것이었다고 분석했다. 傅佩榮, 「論先秦時代天人關係」, 『中國哲學史研究』(1985. 2), 12쪽 참조.
89) 성태용은 순자가 공자의 禮 개념에 대한 새로운 해석을 통해, 도덕적인 개념에 그치지 않고 정치론과 우주론과 연결되는 근본적인 범주로 확립하는 데까지 나아갔다고 평가했다. 성태용, 「心性論, 禮論과의 관련 아래서 본 荀子의 修養論」, 『太東古典研究』(1989), 208쪽 참조.
90) 傅佩榮은 『論語』에 나오는 仁과 禮가 각각 104회와 74회 나오는 점 등에 주목하면서 공자가 말하는 仁은 전래의 禮 개념을 확대・발전시킨 것으로 仁과 禮 개념은 본질적으로 동일한 개념이라고 주장했다. 傅佩榮, 「論先秦時代天人關係」, 『中國哲學史研究』(1985. 2), 13~14쪽 참조.
91) 순자의 발언을 바탕으로 그가 과연 어떻게 공자 사상을 계승했으며 그러한 계승이 맹자 등의 계승과 어떤 점에서 다른 것인가를 밝히는 것이 필요하다. 후세에 정립된 유학의 正統觀

가 아니라 바로 순자였다고 해도 크게 틀린 말이 아닐 것이다.[92]

순자는 '예'는 오직 덕이 많고 모든 이치에 통달한 이상적인 인간인 성인에 의해 만들어져야 한다고 주장했다.

> 예의禮義와 법도法度는 성인의 작위에 의해 생겨난다.……성인이 인성을 교화하고 작위를 일으키어 예의를 만들어 낸 뒤 법도를 제정한 것이다.[93]

작위란 인성의 교화를 위해 사려에 따라 올바르게 행하는 것을 지칭한다. 위의 말은 '예'는 성인의 작위에 의해 만들어진 것이기에 사람의 본성을 올바르게 이끌고 사회의 질서를 바로잡는 규범이 될 수 있다는 뜻이다. 이러한 언급을 통해 그가 말한 '예'는 공자가 말한 '예'에 비해 훨씬 규범적이고 형식적인 것임을 짐작할 수 있다. 하지만 우리는 순자가 살았던 당시의 시대 상황이 이런 규범적이고 형식적인 '예'를 강구하지 않으면 안 될 정도로 문란해졌다는 점을 감안해야만 한다.

순자는 '예'의 역할과 관련하여 다음과 같이 말하였다.

> 무딘 쇠는 반드시 숫돌에 간 뒤에야 날카로워진다. 사람의 악성도 반드시 법의 가르침이 있은 뒤에야 올바르게 되고 예의의 규제를 받은 뒤에야 다스려진다.[94]

이는 '예'란 인성의 악성을 교화하기 위한 처방전인 동시에 다스림의 기

을 기준으로 순자를 이단시하는 것은 선진 시대 유가 사상을 곡해할 소지가 크다. 성태용,
「心性論, 禮論과의 관련 아래서 본 荀子의 修養論」,『太東古典硏究』(1989), 182~183쪽 참조.
92) 이와 관련해 王海明은 공맹순 3인의 仁學 체계를 비교·분석하면서 이들의 사상은 人性論
을 제외하고는 사실상 같은 것이라고 주장했다. 그는 맹자는 공자 仁學의 人生目的論的 측
면을 강조한 데 반해 순자는 道德準則論的 측면을 강조했을 뿐이라고 분석했다. 그러나 이
런 분석은 맹자가 공자의 仁學 체계에서 義를 강조하여 仁義 사상을 만든 배경과 순자가
禮治를 강조하면서 法治를 적극적인 통치술로 인정한 배경을 간과한 데 따른 것으로 보인
다. 王海明,「孔孟荀仁學之比較」,『孔孟荀比較硏究』(濟南: 山東大學, 1989), 37쪽 참조.
93)『荀子』,「性惡」, "禮義法度者, 是生於聖人之僞……聖人化性而起僞, 僞起而生禮義, 禮義生而
制法度."
94)『荀子』,「性惡」, "鈍金, 必將礱厲, 然後利. 今人之性惡, 必將待師法, 然後正. 得禮義, 然後治."

304 덕치, 인치, 법치

본 틀이라는 점을 분명히 한 것이다. 그러나 순자가 '예치'를 주장한 것은 '욕망을 절제하기'(制欲) 위한 것이었지 '욕망을 아예 없애려고'(絶欲) 한 것이 아니었다. 순자가 의도했던 '예'의 진정한 목적은 모든 인민의 물질 생활을 최대한 만족시키기 위해 사람들의 욕심을 절제하는 수단을 빌리자는 데 있었다. 인간의 욕망은 악한 것이 아니지만 일정한 한계가 주어지지 않을 경우 그 무절제로 인해 타인의 욕망을 침해할 수밖에 없다는 사실에 주목했던 것이다. 그리하여 순자는 '예'만이 인간의 욕망에 일정한 절제를 가하여 인격을 도야할 수 있다고 보았다.

공자는 '예'를 '인'을 이루기 위한 주요한 덕목으로 보았으나 순자처럼 물질을 재는 도구로는 인정하지 않았다. 그러나 순자는 공자가 말한 '예'를 물질에 대한 인간의 무절제한 욕망을 제어하는 개념으로까지 확장시켰다.[95] 바로 이러한 바탕 위에서 순자의 치본관인 '예본인치'가 형성되었던 것이다.[96]

순자의 '예본인치'는 그가 법치의 중요성을 강조한 것과 관련을 맺으면서 적지 않은 오해를 불러일으켰다. 그러나 순자는 법가와는 달리 '예'를 앞세우면서 '법'을 뒤에 배치하는 이른바 '선례후법'의 입장에 입각해 있었다.[97] 사실 '예'와 '법' 사이의 간극은 매우 미세한 것이어서 확연히 구별되는 것이 아니다.[98] 주나라 때의 봉건 사회에서는 관혼상제 등의 '예'가 그 자체로서 '법'의 기능을 담당하기도 했지만, 이후 종법 사회가 무너지면서 다양한 법제가 '예'를 대신하게 되었다. 그러나 '예'라는 이름으로 불리던 규범이 급작스럽게 폐기되기는 어려웠던 까닭에 새로이 생긴 법제조차도 '예'로 불리게 된 경우가 적지 않았다. 이에 따라 '예'의 개념도 확장될 수밖에 없었다. 그 결과

---

95) 『荀子』,「禮論」, "禮者, 斷長續短, 損有餘益不足. 達愛敬之文而滋成行義之美者也."
96) 梁啓超, 『先秦時代政治思想史』, 158쪽.
97) 蕭公權, 『中國政治思想史』(최명 역), 182쪽.
98) 성태용은 순자의 예치론과 법가의 법치론의 특성과 관련해 양측이 인간의 기본적 성향을 自私自利의 利欲 추구로 보는 데에는 일치하나, 인민들의 이익 추구를 보다 조화롭게 만족시켜 줄 수 있느냐는 문제와 관련해서는 상이한 처방전을 내리고 있다고 평가했다. 성태용, 「心性論, 禮論과의 관련 아래서 본 荀子의 修養論」, 『太東古典研究』(1989), 211쪽 참조.

'예'와 '법'이 서로 혼동되는 일이 일어나게 된 것이다.⁹⁹⁾ 하지만 순자는 '법'은 어디까지나 '예'의 보완 개념으로 남아 있어야만 한다고 강조했다.

> 다스림이 예전에는 달랐다.……작위는 덕을 넘지 않았고 관직도 능력을 넘지 않았다. 상을 내리는 것은 공을 넘지 않았고 벌도 죄를 넘지는 않았다.¹⁰⁰⁾

'경상형벌'이라는 기틀이 무너짐으로써 국가 통치 질서에 혼란이 야기되었다는 지적이다. 그는 통치에 있어서는 궁극적으로 '치법治法'보다 '치인治人'이 중요하다고 역설했다. 이 점에서 순자는 비록 법치의 중요성을 강조했다고는 하지만 법가와는 확연히 구별된다. 그는 "난군亂君은 있어도 난국亂國은 따로 없다. 치인治人은 있어도 치법治法은 따로 없다.……법이란 다스림의 시작이요 군자란 법의 근원이다"¹⁰¹⁾라는 말로써 법만으로는 치국이 제대로 이루어질 수 없다고 하였다. 이는 곧 치자가 다스림의 근본이기 때문에 법치는 어디까지나 군자에 의해 시행되어야 한다는 지적이기도 하다. 이런 주장은 공자의 군자 정치와 맥을 같이하는 것으로, 순자가 말한 법치가 결코 법가의 그것과 같을 수 없음을 여실히 보여준 것이라고 할 수 있다.¹⁰²⁾

또한 그는 군주의 인격이 법제 밖으로 노출되는 것을 적극 권장했다.

> 군주는 인민들을 선도하는 자이고 윗사람은 아랫사람의 의표儀表이다.……선도하는 바가 없으면 인민이 호응하지 않으며 의표가 숨게 되면 아랫사람은 움직이지 않는다.¹⁰³⁾

---

99) 蕭公權은 『周禮』가 비록 周末에 만들어진 것이 아니라 하더라도 禮를 바꾸어 법이 되게 하는 경향은 아마 주초에 시작되었는지도 모른다고 추정했다. 蕭公權은 이어 순자의 예치 사상은 禮가 法으로 바뀌어 가던 과도적 시기의 사상을 반영하고 있다고 분석하였다. 蕭公權, 『中國政治思想史』(최명 역), 175쪽 각주 참조.
100) 『荀子』, 「正論」, "治古不然……夫德不稱位, 能不稱官, 賞不當功, 罰不當罪."
101) 『荀子』, 「君道」, "有亂君, 無亂國. 有治人, 無治法……治者, 治之端也. 君子者, 法之原也."
102) 蕭公權, 『中國政治思想史』(최명 역), 184쪽.
103) 『荀子』, 「正論」, "主者, 民之唱也. 上者, 下之儀也……唱默, 則民無應也. 儀隱, 則下無動也."

이러한 입장은 법가가 군주는 자신의 의중을 드러내서는 안 된다고 주장한 것과 현격한 차이를 보이고 있는데, 순자의 이러한 입장은 '치법'보다 '치인'을 중시한 데 따른 당연한 논리적 귀결이라고 보아야 한다. 법의 역할을 적극 수긍하면서도 법을 다루는 사람의 중요성을 역설한 데서 그의 법에 대한 기본 입장을 명백하게 읽을 수 있다.[104]

순자의 '예본인치'는 근원적으로 그의 존군 사상과 밀접한 관계를 맺고 있다. 그의 입장에서 볼 때 군주는 예치의 모범인 동시에 치란治亂의 관건이 된다. 그의 '예본인치'가 냉혹한 사회 현실에 뿌리를 두고 나타났듯이 그의 존군 사상 역시 현실주의의 바탕 위에 입론해 있는 것이다.

맹자의 '민귀군경' 사상은 전국 시대의 세태에 비추어 비현실적이었음은 앞서 지적한 바 있는데, 공자의 경우 그는 군주를 가볍게 보지도, 그렇다고 절대적으로 보지도 않았다. 이에 비해 순자는 존군의 이론을 공식적으로 확립하였던 것이다. 그는 "군주는 나라에서 높은 사람이고 아버지는 가정에서 높은 사람이다. 높은 사람이 하나이면 다스려지고 둘이면 혼란해진다"[105]라고 하여 군주가 '치란'의 유일한 관건이라고 주장하였다. 이는 맹자가 군주를 가볍게 본 것과 대조적인 입장이 아닐 수 없다. 순자는 또 이렇게 말했다.

천자라는 것은 그 위치가 지극히 높아 천하에 대적할 자가 없다……남쪽을 향해 앉아 천하를 다스림으로써 살아있는 인민이 진동하고 복종하여 순화하지 않음이 없다.[106]

---

104) 蕭公權은 진한 이후의 전제천하에서 나타나는 유가의 곡학아세의 원인이 사실상 순자에게 있다고 비판했다. 그는 君主의 德性과 法을 모두 중시했던 순자는 봉건 질서의 결함을 보완하기 위해 군주의 덕성만 중시했던 공자와 맹자만 못했고 또 전제의 폐해를 방지하기 위해 치법에 모든 것을 맡겼던 신불해와 상앙만도 못했다고 혹평했다. 蕭公權, 『中國政治思想史』(최명 역), 186쪽 참조.

105) 『荀子』, 「致士」, "君者, 國之隆也. 父者, 家之隆也. 隆一而治, 二而亂."

106) 『荀子』, 「正論」, "天子者, 執位至尊, 無敵於天下……南面而聽天下. 生民之屬, 莫不振動從服以化順之."

이는 군주가 기존의 자리를 차지하고 있어야만 존군의 의미를 찾을 수 있다는 지적이다. 이렇듯 그는 법가와 마찬가지로 군주의 자리를 높이 평가하였지만, 그러한 가운데에서도 초야에 숨은 재사를 그대로 버려두어서는 안 된다고 강조함으로써 자신의 존군 사상이 유가의 전통에서 벗어나지 않았음을 보여 주었다.

순자의 존군 사상은 군주의 권력 독점이 보편화된 전국 시대 말기의 시대 상황을 여실히 반영한 것이라고 할 수 있다. 군주를 치란의 최종 책임자로 지목한 데서 당시의 시대 상황을 충분히 짐작할 수 있는 것이다. 그는 나라가 어지러워지는 가장 큰 이유를 상하분별이 어지러워지는 데서 찾으면서, 상하분별의 질서를 바로세우는 책임은 군주에게 있다고 강조했다. 또한 그는 "사람은 무리 지어 살지 않으면 안 된다. 무리 지어 살면서 분별이 없으면 싸울 수밖에 없다.……분별이 없는 것이 사람에게 가장 큰 해악이다"[107]라고 하여 상하분별을 바르게 하는 것이 치국의 요체라고 지적하였다. 이는 곧 예치를 뜻하는 것이기도 하다. 따라서 예치 실현의 최종 책임은 지존인 군주가 질 수밖에 없는 까닭에 군주는 누구보다도 예치의 모범을 보여야 한다는 논리가 성립된다. 이러한 주장은 공자가 군자 정치를 내세우면서 수신을 강조한 것과 맥을 같이하는 것이다.

결국 순자가 법치를 강조한 점 등을 근거로 해서 그를 법가의 원조로 분류하는 것은 순자의 치본관인 '예본인치'를 제대로 이해하지 못한 데 기인한다는 것을 알 수 있을 것이다. 이러한 판단은 그가 존군의 필요성을 강조했음에도 불구하고 군주의 선정을 군도君道의 핵심으로 역설한 사실 등에 기초한 것이다. 순자는 군주가 지존의 위치에 있는 까닭에 인민들에게 선정을 베풀고 민생을 안정시키지 않으면 안 된다고 강조했다.

---

107) 『荀子』, 「富國」, "人之生, 不能無羣. 羣而無分, 則爭……故無分者, 人之大害也."

위는 아래의 근본이 되어야 한다. 위가 밝으면 아래는 자연히 다스려진다. 위가 성실하면 아래는 순박해지고 위가 공정하면 아래는 쉬이 바르게 된다.[108]

군주가 일을 처리하면서 공명정대하고 인민들의 모범이 되어야만 나라가 바르게 될 수 있다는 지적이다. 통치의 공명정대를 강조한 이러한 주장은 군주의 비밀 엄수를 강조한 법가의 주장과 대조되는 것이다. 동시에 순자의 이 주장은 같은 전국 시대를 살았던 맹자가 '경군' 사상을 펼친 모습과도 비교된다. 순자는 현실을 인정하고 이에 기초한 최선의 방안을 찾으려고 노력하였는데, 이에 반해 맹자는 현실의 군주에게서는 왕도 실현이 불가능하다고 판단하고 그에 따른 대안으로 '귀민경군'을 주장했던 것이다. 현실을 존중하는 순자의 태도는 패도를 적극 수용한 점에서도 극명하게 드러난다.

그러나 순자의 사상은 현실에 사상적 기반을 두었으면서도 현실에 함몰되지 않았던 점에 그 특성이 있다. 이상과 현실을 조화시키려고 한 순자의 태도는 공자의 자세와 닮은 것이었다. 이상과 현실의 조화를 꾀한 순자의 태도는 그의 군신 및 군민에 대한 시각에서도 분명히 드러난다. 군신에 관한 순자의 기본적인 입장은 기본적으로 '예'에 입각한 군신간의 절도를 강조한 데서 그 특징을 읽을 수 있다.

무릇 양편이 모두 귀한 사람이면 서로 섬길 수 없고, 양편이 모두 천하면 서로 부릴 수가 없다. 이는 하늘의 법칙이다.[109]

그는 군신 관계를 상하분별을 가늠하고 '예'를 실현하는 기본 축이라고 본 것이다. 이는 그의 "예란 군주가 뭇 신하들을 재기 위한 잣대이다"[110]라는 언급에서 보다 분명하게 나타나고 있다. '예'를 통해서만 신하들을 다스릴 수

---

108) 『荀子』, 「正論」, "上者, 下之本也. 上宣明, 則下治辨矣. 上端誠, 則下愿愨矣. 上公正, 下易直矣."
109) 『荀子』, 「王制」, "夫兩貴之, 不能相事. 兩賤之, 不能相使. 是天數也."
110) 『荀子』, 「儒效」, "禮者, 人主之所以爲群臣寸尺尋丈檢式也."

있다는 이러한 지적은 공자의 사상과 맥을 같이하는 것이다. 공자도 "군주는 신하를 부릴 때 예로써 해야 한다"[111]라고 강조하였다. 순자는 "군주는 홀로 있어서는 안 되고 경상卿相이 보좌해야 한다. 그들은 군주의 기반이며 지팡이이다"[112]라는 비유를 통해 군신 관계를 말했다. 이는 군신 모두 자신의 위치와 직분에 따른 분업과 협업이 필요하다는 지적이다.

순자는 윗사람이 아랫사람의 일에 간섭하고 아랫사람이 윗사람의 일을 침해하는 것은 분업과 협업의 원칙에 어긋난다고 보았다.

사대부가 직무를 구분해 종사하고 나라를 세운 제후는 영토을 구분해 지키고 삼공이 모든 일을 총괄해 의논하면, 천자는 팔짱을 끼고 있기만 하면 된다.[113]

또한 순자는 관리 임명을 공정하게 하기 위해 군주의 사사로운 개입을 사전 봉쇄하는 엄정한 제도를 세워야 한다고 강조하기도 했다. 이는 관리 임명 과정에서 흔히 나타나는 군주의 사사로운 개입을 차단하기 위한 것으로, 군권을 제한하려는 의도가 담겨 있다고 할 수 있다. 그는 다음과 같이 말했다.

총명한 군주는 사사로이 금옥 같은 보물을 주기는 해도 사사로이 관직이나 일을 주지 않는다. 그 이유는 사사로이 하는 것이 누구에게도 불리하기 때문이다.[114]

순자의 존군 사상이 법가의 그것과 다른 이유가 바로 여기에 있다. 순자는 군주가 권력을 사사로이 행사하면 암군과 간신이 나올 수밖에 없어 결국 나라가 망하게 된다고 경고했다. 그래서 그는 군주는 어디까지나 '예'를 체현한 군자여야만 한다고 역설하고, 또 "천지는 생명의 시작이고 예의는 다스림

---

111) 『論語』, 「八佾」, "君, 使臣以禮."
112) 『荀子』, 「君道」, "人主, 不可以獨也. 卿相輔佐, 人主之基杖也."
113) 『荀子』, 「王霸」, "士大夫分職而聽, 建國諸侯之君分土而守, 三公摠方而議, 則天子共己而已."
114) 『荀子』, 「君道」, "明主, 有私人以金石珠玉, 無私人以官職事業. 是何也, 曰, 本不利於所私也."

의 시작이며 군자는 예의의 시작이다"[115]라고 말했다.

공자가 강조한 군자 정치에서의 군자가 '인'을 체현한 자여야 하듯이 순자의 예치 국가에 나타나는 군주 역시 '예'를 체득한 자여야만 한다. 그는 군주의 역할을 규정하여 "군주는 분별의 핵심을 관장하는 사람이다"[116]라고 하였다. 모든 신민의 권리와 의무를 명확히 정하고 그것을 감독하는 것이 군주의 역할이라는 주장이다. 사실 군신상하 간의 절도가 무너지면 예치 국가의 실현은 불가능해진다.[117] 예치를 총괄 감독해야만 하는 사람이 바로 군주인 것이다. 따라서 군주는 지존의 위치에서 권위를 갖지 않으면 중요한 직무를 수행할 수 없다. 순자가 존군을 강조했던 주요 원인 중 하나가 여기에 있다.

그러나 순자의 이러한 주장은 어디까지나 군신상하 간의 절도를 감독하기 위해 군주의 역할이 중요하다는 점을 밝히기 위한 것이었다. 위에서 언급했듯이 군주는 어디까지나 '예'의 시작이 되어야 한다. 바로 이것이 순자를 법가 쪽으로 기울어졌다고 평가해서는 안 되는 이유이다.[118]

순자가 존군을 주장한 것은 군주에게는 예치의 실현을 감독하고 관리해야 하는 중요한 직무가 부여되어 있다고 확신한 데 따른 것이었다. 순자가 말하는 군주는, 비록 지존의 자리에 있기는 하나 그것은 어디까지나 예치의 실현을 위한 방편에 불과한 것으로서 군주 자신이 '예'를 실현하는 수범이 되지 않으면 안 된다. 예치 국가에서 군주는 하나의 공복일 따름이며 결코 영토와 민중의 소유자가 아니었던 것이다.[119] 당연한 결과로 군주가 그 천직을 다할 수 없게 된다면 존군의 이념은 상실될 수밖에 없고 자칫 폐위도 가능하다는 논리가 성립될 수 있다.[120] 그는 이렇게 말했다.

---

115) 『荀子』, 「王制」, "天地者, 生之始也. 禮義者, 治之始也. 君子者, 禮義之始也."
116) 『荀子』, 「富國」, "人君者, 所以管分之樞要."
117) 『國語』, 「齊語」, "爲君不君, 爲臣不臣, 亂之本也."
118) 蕭公權은 이를 두고 순자가 공맹의 이론을 다소 변경시켰으며 법가인 申韓의 이론에 접근해 갔다고 분석했다. 蕭公權, 『中國政治思想史』(최명 역), 172쪽 참조.
119) 蕭公權, 『中國政治思想史』(최명 역), 173쪽.
120) 戶川芳郞은 순자의 尊君 개념은 君位의 至尊性을 전제하고 있으나, 순자가 危道와 亡道의

천하가 돌아오게 되면 왕자라 하고, 천하가 버리면 망자라 한다. 그러므로 걸주는 천하가 떠나버린 것이고, 탕무는 군주를 죽인 것이 아니다.[121]

이는 맹자의 '일부가주론'과 맥을 같이하는 것으로 해석할 수도 있다. 그러나 맹자의 '일부가주론'은 앞서 검토했듯이 폭군은 방벌해야 한다는 입장에서 도출된 하나의 적극적인 이론으로 말 그대로 '가주론可誅論'이고, 순자의 그것은 천하가 버렸기 때문에 누구의 힘에 의해 망한 것이 아니라 스스로 망할 수밖에 없다는 의미에서 일종의 '가망론可亡論'이다. 순자가 말하는 '망자亡者'는 '망도'로 줄달음친 '호리다사好利多詐'의 인물이기 때문에 스스로 망할 수밖에 없다. 순자에 따르면 걸주는 탕무 때문에 망한 것이 아니라 스스로 망했다는 것이다. 이는 전술한 바와 같이 그의 치도관에 나타난 소위 '망도亡道'에 대한 해설이기도 하다.

순자의 생각은 요순의 '선양설禪讓說'을 부인하고 이른바 '승계설承繼說'을 주장하고 나선 데서도 잘 나타난다. 그는 요와 순이 보위를 선양한 것이 아니라 순과 우가 각각 덕을 바탕으로 보위를 승계한 것이라고 주장하였는데, 이는 역대 중국 정권에서 가장 이상적인 왕조 교체의 방법으로 인식되어 온 선양설을 정면으로 부인하고 나선 것이다. 그는 이렇게 말했다.

도덕이 완비되어 있고 지혜가 밝아 천하의 일을 처리하면······그것에 동조하는 것이 옳은 일이고 어기는 것은 그릇된 일이다. 그런데 천하를 물려주는 일이 어찌 있을 수 있겠는가?[122]

요순이 보위를 물려준 것은 선양이 아니라 물려주지 않을 수 없었기 때문

길을 걷는 君主의 자리는 교체가 될 수 있다고 언급한 점 등에 비추어 君主 역시 禮를 초월해 존재하는 대상은 아니라고 단정했다. 戶川芳郞, 『古代中國の思想』, 51쪽 참조.
121) 『荀子』, 「正論」, "天下歸之之謂王, 天下去之之謂亡. 故桀紂無天下, 而湯武不弑君."
122) 『荀子』, 「正論」, "道德純備, 智惠甚明, 南面而聽天下······同焉者, 是也. 異焉者, 非也. 夫有惡擅天下矣."

이라는 것이 순자의 지적이다. 이러한 주장은 걸주의 패망에 대해 '가망론'을 전개한 것과 동일한 논리 위에 서 있다.

군신 관계를 정립하기 위한 방안으로 존군 사상을 고취했음에도 불구하고 순자는 존군의 궁극적인 목표가 결국은 '위민爲民'에 있음을 역설했다. 그는 "하늘이 인민을 낳은 것은 군주를 위한 것이 아니다. 하늘이 군주를 세운 것은 인민을 위한 것이다"[123]라고 말했다. 이는 통치의 목적이 '위민'에 있음을 분명히 한 것이다. 그가 언급한 '법치'와 '존군'은 어디까지나 '예치'와 '위민'의 보조 개념이라는 점에서 그 의미를 찾을 수 있는 것이다. 이 또한 그와 법가의 주장이 갈리는 분수령이다. 그는 인민이 지지하는 나라는 흥하고 인민이 싫어하는 나라는 망한다고 강조했다. 국가의 흥망이 인민에게 달려 있음을 강조한 것이다.

순자의 이런 '위민' 사상은 맹자의 '귀민' 사상과는 상당한 차이가 있다. 맹자는 인민과 군주의 순위가 차별적으로 확정된 '귀민경군' 사상을 주장했으나 순자는 군민 간에 우선순위가 없는 일종의 '중민존군重民尊君' 사상을 주장하였다. 순자는 인민을 위하는 동시에 군주 또한 결코 가볍게 보지 않았던 것이다. 그는 "군주는 군주답고 신하는 신하다워야 한다. 아비는 아비다워야 하고 자식은 자식다워야 한다. 형은 형답고 동생은 동생다워야 한다"[124]라고 하였는데, '중민존군' 사상 역시 바로 이러한 입장에서 비롯된 것이었다. 이 주장은 '존군'은 분명 '위민'을 위해 존재하는 것이지만 '존군'이 이루어지지 않으면 '위민' 역시 불가능하다는 논리에 기초하고 있다. 이는 군과 민은 예치 국가의 동일한 성원으로서 단지 역할상의 차이만 있을 뿐이라는 입장에서 비롯된 것이라고 할 수 있다.[125] 이런 점에서 군민 관계에 관한 순자의 시각은

---

123) 『荀子』, 「大略」, "天地生民, 非爲君也. 天地立君, 以爲民也."
124) 『荀子』, 「王制」, "君君, 臣臣, 父父, 子子, 兄兄, 弟弟."
125) 순자가 예치 국가를 이상적인 국가로 예치 국가를 상정했다는 이 책에서의 주장과 관련해 渡邊信一郎은 순자가 일종의 禮制的 국가론을 전개한 것으로 분석했다. 渡邊信一郎, 『中國古代國家の思想構造』, 48쪽 참조

공자의 그것과 매우 유사하다. 공자 역시 군민은 모두가 도덕 국가를 실현하는 공동체의 구성원이라는 '군민일체'의 시각을 보여 주고 있기 때문이다.

순자의 '위민존군' 사상은 군주는 지존의 위치에 있되 반드시 인민을 위해 선정을 베풀어야 하고 인민도 상하의 절도를 반드시 이행해야 한다는 의미로 해석할 수 있다. 군주가 지존인 것은 사실이나 '위민선정'을 베풀지 않으면 나라를 망하게 할 수 있고 인민 또한 상하의 절도를 무시하고 '경군輕君'하게 되면 나라를 망하게 할 수 있다는 의미로 결론지을 수 있는 것이다.

3. 법가: 법본법치

법가의 치본관인 '법본법치'는 통상 법가로 분류되어 온 관중의 '중법' 사상과 여러 면에서 일치하고 있다.[126] 따라서 법가의 치본관을 알아보기 위해서는 먼저 관중의 '중법重法' 사상부터 검토할 필요가 있다.

관중은 시대에 따라 도가로 분류되기도 하고 법가로 분류되기도 했으나 통상적으로는 법가로 분류해 오고 있다.[127] 그가 현실 통치자로 입신하면서 실질적인 부국강병책과 법치술을 중시했던 점 등에 비추어 보면 그를 법가로 분류하는 것도 나름대로의 타당성이 있다고 할 수 있을 것이다.

『관자』 전편을 통해 나타나는 관중의 통치 사상 중 그의 법가적 특성이 가장 두드러진 부분은 '중법' 사상 부분이라고 할 수 있다. 그의 '중법' 사상은 법을 국가 통치의 가장 중요한 준거로 상정한 데서 그 의미를 찾을 수 있다.[128]

---

126) 王德敏은 『管子』「七法」에 나오는 "治民一衆, 不知法不可"와 『管子』「權修」에 나오는 "勸之以慶賞, 振之以刑罰" 대목 등을 근거로 관중의 중법 사상이 법가의 법치 사상을 형성하는 데 주요한 배경이 되었다고 평가했다. 王德敏, 「管仲的哲學思想」, 『春秋哲學』, 121쪽 참조.
127) 현대에 蕭公權을 비롯한 대다수의 학자들은 관중을 법가로 분류하는 데 대체로 동의하고 있다. 蕭公權, 『中國政治思想史』(최명 역), 298쪽 참조.
128) 金谷治는 『管子』에 나타나는 법 사상을 크게 政令의 必行 등 실제 정치의 운용에 관한 것과 道·法을 절충해 법에 대한 자각적인 반성을 가한 것 및 한비자류의 法至上主義의 입장에서 客觀法을 강조한 것 등 모두 3가지 유형으로 대별할 수 있다고 주장했다. 金谷治 외,

그는 '오무五務' 이론을 제시하여 군신과 사서인 등에게 각각 임관任官, 변사辯事, 수직守職, 공재功材, 경수耕樹의 5개 항으로 된 책무를 부과하였다.[129] 그런데 그의 '중법' 사상은 기본적으로 설령 군주가 입법권자라 할지라도 법을 자의적으로 운용하게 되면 국가의 존립이 위협을 받을 수 있다는 신념에서 출발하고 있다. 따라서 관중이 말한 법은 어디까지나 국가 존립과 국권 확립을 위한 수단으로 존재한다는 점에서 법가가 말하는 법 개념과 현격한 차이가 있다.[130] 관중이 말하는 법은 국가 존립과 국권 확립이라는 상위 개념에 봉사하는 하위 개념에 불과하다.[131] 최고 통치권자인 군주마저 법의 구속을 받아야 한다고 강조한 점 등 관중의 '중법' 사상은 서구의 법치주의와 여러 측면에서 흡사하다고 할 수도 있을 것이다. 그러나 그의 기본적인 통치 사상이 국가주의로 수렴되어 있다는 점을 보면 그의 '중법' 사상은 서구의 법치주의와도 차이가 있다.

관중은 "금지하는 일이 많으면 지키는 자가 적게 되고 명령하는 일이 많으면 실행하는 자가 적게 된다"[132]라고 언급하여 행법行法의 실효성과 적정성을 지적하였다. 그는 행법의 적정성을 확보하기 위해서는 천시와 지리를 참고해야 하며 실효성을 거두기 위해서는 반드시 신중하면서도 엄중한 공시 절차가 필요하다고 강조했다.[133] 특히 행법의 원칙과 관련해 그는 필신必信,[134] 유상有常[135], 무사無私[136]의 3원칙을 제시하고, 이러한 3원칙 중 사사로

『중국사상사』(조성을 역, 서울: 이론과실천, 1988), 195쪽 참조.

129) 『管子』, 「五輔」, "君, 擇臣而任官. 大夫, 任官辯事. 官長, 任事守職. 士, 修身功材. 庶人, 耕農樹藝."

130) 허창무는 『管子』 「任法」편에 나오는 "君臣上下貴賤, 皆從法. 此, 謂之大治"을 예로 들어 관중의 法은 법가와 같이 君이 臣民을 일방적으로 통치하기 위한 것이 아니라 국가 유지를 위한 규범이라는 점에 그 특징이 있다고 강조했다. 허창무, 「管子의 정치윤리사상 ─ 四維를 중심으로」, 『정신문화연구』(1986), 75쪽 참조.

131) 허창무, 「管子의 정치윤리사상 ─ 四維를 중심으로」, 『정신문화연구』(1986), 74쪽.

132) 『管子』, 「法法」, "禁多者, 其止寡. 令多者, 其行寡."

133) 『管子』, 「立政」, "首憲旣布, 然後可以布憲." 蕭公權, 『中國政治思想史』(최명 역), 316쪽 참조.

134) 『管子』, 「七臣七主」.

135) 『管子』, 「法法」.

움을 없애는 '무사'가 법치의 요체라고 역설하였다. 국가 존립과 국권 확립을
위해서는 국위國威가 전제되어야 하고 '국위'는 인민들의 '준법'이 전제되어
야 하는데, 그 관건이 바로 통치자의 '무사無私'에 있다고 본 것이다.

> 군주는 보배를 중히 여겨 명령을 손상시키지 않는다. 명령이 보배보다 귀중하기
> 때문이다. 부모를 사랑하느라 사직을 위태롭게 하지도 않는다. 사직이 부모보다
> 가깝기 때문이다. 인민을 사랑하느라 법을 굽히지도 않는다. 법은 인민보다 더 아
> 껴야 하는 존재이기 때문이다.[137]

여기서는 행법의 요체가 군주의 '무사준법'에 있음을 강조하고 있다.[138]
이러한 주장은 기본적으로 법가의 주장과 맥을 같이하는 것이지만, 입법권자
인 군주마저 법치의 대상으로 명언하고 있는 점에서 법가와 근본적인 차이를
보이고 있다. 군주의 '무사준법'을 강조한 것은 말할 것도 없이 통치자가 '무
사준법'의 전범이 되지 않는 한 국가 존립 및 국권 확립이 불가능하다는 판단
에 따른 것이다.

또한 그의 '중법' 사상은 군주의 '무사준법'과 더불어 법의 고른 시행을 역
설한 데서도 그 특징을 찾을 수 있다. 그는 이렇게 말하였다.

> 다스림에는 고르게 하는 것보다 더 귀한 것이 없다.……인민이 사리를 꾀하게
> 되면 공리를 추구할 수 없고, 결국 국가적으로 쓸모가 없게 된다. 따라서 법을 고르

---

136) 『管子』, 「心術 下」.
137) 『管子』, 「七法」, "故不爲重寶虧其命, 故曰令貴於寶. 不爲愛親危其社稷, 故曰社稷戚於親. 不爲
愛人枉其法, 故曰法愛於人."
138) 이에 대해 蕭公權은 전제 정치에서 行法 여부는 군주의 의사에 달린 만큼, 비록 관중이 법
령이 군주보다 존중돼야 한다는 것을 누차 말했으나 그것이 바로 군주가 법률에 위반하지
않는다는 것을 보장하는 방법을 제시한 것은 아니라고 분석했다. 그러나 춘추 시대에 군주
가 법률에 위반하지 않는 장치를 마련한다는 것 자체가 당시로서는 무리였다고 보아야 할
것이다. 이는 후술하는 바와 같이 법가의 경우도 마찬가지라고 볼 수 있다. 법가 역시 철저
한 법치를 내세우면서 군주의 無私守法을 강조했음에도 불구하고 결국 군주의 立法 및 行
法에 대한 아무런 견제 장치를 마련하지 못했다. 蕭公權, 『中國政治思想史』(최명 역), 323쪽
각주 참조

게 잘 시행하지 않으면 다스림이 바르게 설 수 없다.[139]

　국가는 개인의 안녕과 행복을 보장하되 그들 국민이 국가의 이익을 위해 일하도록 만들어야 한다는 주장이다. 사실 개인의 안녕 등과 국가의 이익은 거시적 차원에서는 병립이 가능하나 미시적 차원에서는 적잖은 모순을 드러낼 수밖에 없다. 관중은 이런 충돌이 일어날 경우 법으로써 이를 해소해야 한다고 주장했는데, 다만 이 때에도 개인의 안녕 등을 지나치게 제약해서는 안 되고 또 지나치게 방임해도 안 된다고 강조했다.[140]

　관중은 "명군은······자신이 원한다고 하여 그 명령을 변경시키지 않는다. 명령은 군주보다 존귀하기 때문이다"[141]라고 하였다. 그의 '중법' 사상은 이처럼 법령이 군주보다 존귀하다고 강조한 점에서 그 핵심을 드러낸다. 그리고 바로 이 점에 관중과 법가의 근원적인 차이가 있다. 법가가 말하는 법은 그 자체가 '군주의 법'인 까닭에 군주가 법에 구속될 이유가 없었다. 물론 군주의 준법을 명언하지 않았다 하더라도 법가 역시 그것을 기대하기는 했다. 그러나 법치 사상은 군주의 준법보다 인민의 수법守法을 강조한 점에 그 특징이 있다. 반면 관중은 "법률과 정령이란 관리와 인민의 행동 기준이다.······법령은 군신이 함께 지켜 나가지 않으면 안 된다"[142]라고 언급했다. 통치자들이 준법에 솔선수범하는 태도를 취해야만 나라가 제대로 다스려질 수 있다는 지적이다. 분명한 어조로 군주의 준법을 강조하고 나선 것이다. 결국 관중의 치본관은 국가 존립과 국권 확립을 통치의 목표로 설정한 가운데 예치와 법치를 똑같은 비중의 치본으로 간주했다는 점에서 일종의 '국본예법國本禮法'이

---

139) 『管子』, 「正世」, "治, 莫貴於得齊······行私, 則離公. 離公, 則難用. 故治之所以不立者, 齊不得也."
140) 허창무는 관중의 통치 사상은 윤리 중심적인 유가 사상 및 정치 중심적인 법가 사상과는 달리 윤리와 정치의 조화를 추구한 데에 그 특징이 있다고 평가했다. 허창무, 「管子의 정치윤리사상 — 四維를 중심으로」, 『정신문화연구』(1986), 75쪽 참조.
141) 『管子』, 「法法」, "明君······不爲君欲變其令. 令, 尊於君."
142) 『管子』, 「七臣七主」, "法律政令者, 吏民之規矩繩墨也······法令者, 君臣之所共立也."

라고 규정할 수 있을 것이다.

　그렇다면 이제 법가는 법을 과연 어떻게 해석하여 '법본법치'라는 치본관을 형성하게 되었는지 검토해 보기로 하자.

　『설문해자說文解字』에 따르면 원래 법이라는 글자는 사물 및 행위의 규준이라는 의미를 지닌 것이었다.[143] 『주역』에서는 천도를 나타낸 것이 상象이고 이를 구체화한 것이 기器이며 '상'과 '기'를 기준으로 하나의 규준을 만들어 낸 것이 법이라고 풀이했다.[144] 법가의 법 개념도 기본적으로는 이와 같은 개념에서 출발하고 있다.[145] 『윤문자尹文字』에서는 법의 종류를, 사물을 재는 '평균지법平準之法'과 인민을 다스리는 '치중지법治衆之法', 풍속을 다스리는 '제속지법齊俗之法', 군신상하 간을 다스리는 '불변지법不變之法'의 네 가지로 나누었는데,[146] 법가가 말하는 법을 『윤문자』의 기준에 따라 분류할 경우 법가는 '불변지법', '제속지법', '평준지법'을 체로 삼고 '경상형벌慶賞刑罰'의 '치중지법'을 용으로 삼은 셈이다.

　법가의 비조라고 할 수 있는 상앙은 치국의 요체로 법法, 신信, 권權 등을 들었다. 그는 "법은 군신이 같이 행사하는 것이고, 신뢰는 군신이 같이 세우는 것이다. 그러나 권력은 군주가 홀로 통제하는 것이다"[147]라고 말했다. 그는

---

143) 『說文解字』에서는 "法型也, 平之如水從水"로 풀이한 다음, 型자는 모형을 뜻하는 것이라 하면서 型자 밑에 鑄器之法也라고 해석해 놓았다. 型은 鑄器의 모범이고 法은 행위의 모범인 것이다. 梁啓超, 『先秦時代政治思想史』, 226쪽 참조.

144) 『周易』, 「繫辭上」, "是以明於天之道, 而察於民之故, 遂興神物, 以前民用. 聖人以此齊戒, 以神明其德夫. 是故闔戶謂之坤, 闢戶謂之乾, 一闔一闢謂之變, 往來不窮謂之通, 見乃謂之象, 形乃謂之器, 制而用之謂之法."

145) 梁啓超는 『道德經』의 "人法地, 地法天, 天法道, 道法自然"와 『墨子』, 「經上」의 "法所若而然也"를 근거로 도가와 墨家는 法을 自然法 개념으로 받아들였다고 주장했다. 梁啓超, 『先秦時代政治思想史』, 227쪽 참조.

146) 『管子』, 「七法」, "根天地之氣寒暑之和水土之性, 人民鳥獸草木之生. 物雖不甚多皆均有焉而未嘗變也, 謂之則. 義也名也時也似也類也比也狀也, 謂之象. 尺寸也繩墨也規矩也衡石也斗斛也角量也, 謂之法. 漸也順也靡也久也服也習也, 謂之化";『尹文子』, 「大道上」, "法有四呈, 一曰不變之法君臣上下是也, 二曰齊俗之法能周同異是也, 三曰齊衆之法慶賞刑罰是也, 四曰平準之法律度權衡是也."

147) 『商君書』, 「修權」, "法者, 君臣之所共操也. 信者, 君臣之所共立也. 權者, 君之所獨制也."

군주가 애권愛權, 중신重信, 무사법無私法의 3원칙을 명심하지 않으면 위험해 진다고 경고했다. 권력을 군주가 홀로 장악해야만 군주의 위엄을 세울 수 있고 상벌에 신뢰가 있어야 공을 이룰 수 있으며 법을 무사무편하게 시행하여 야만 나라를 제대로 다스릴 수 있다는 주장이다. 상앙은 특히 법이 사사로이 행해지게 되면 간신과 질리秩吏들이 전횡을 하게 되어 나라가 어지러워질 수밖에 없다고 경고했다.

> 무릇 법도를 버리고 사사로운 의견을 좇을 경우 간신은 권력을 팔고 국록을 축내게 되며 사법 관리들은 아래에서 인민들을 낚게 된다.[148]

군주가 임법任法을 포기하고 임사任私로 나아갈 경우 간신과 질리들의 전횡으로 인해 나라와 인민이 병드는 '국극민두國隙民蠹'가 생길 수밖에 없다. 이는 곧 법에 절대적인 가치를 부여해 사사로움을 없애는 '임법거사任法去私'가 행해져야만 나라를 온전히 다스릴 수 있게 된다는 주장이다.

상앙의 입장은 법을 통치의 근본으로 삼았다는 점에서 일종의 '법본법치'라고 할 수 있다. 그의 주장은 처음으로 법을 통치의 핵심 기제로 거론했다는 점에서 사상사적 의미가 자못 크다. 이러한 의미에서 볼 때 상앙은 법을 통치의 근본으로 파악한 법가 사상의 효시임에 틀림없다.

한비자의 '법본법치' 사상은 기본적으로 그의 스승인 순자의 '예본인치' 사상에서 많은 시사를 받았는데, 그는 순자가 예치의 보조 개념으로 보았던 법치 개념을 통치의 핵심 개념으로 발전시켜서 그것을 순자가 왕도의 구현 수단으로 생각했던 예치의 자리에 대입시켰다. 순자의 '예학禮學' 체계에서 볼 때 보조 개념에 불과했던 법치 개념을 따로 뽑아내어 자신의 독특한 사상 체계를 완성해 낸 것이다. 이는 일면 맹자가 스승인 공자의 '인학' 체계에서 '의'를 따로 뽑아내어 자신의 독특한 사상 체계를 완성한 것과 흡사하다고 할

---

148) 『商君書』, 「修權」, "夫廢法而好私議, 則姦臣鬻權以約祿, 秩官之吏隱下而漁民."

수 있다. 선진 시대 도·유·법 3가 중 맹자와 한비자가 이상과 현실을 대표하는 양극단에 서 있다는 점을 감안할 때 이런 유사성은 시사하는 바가 적지 않다. 우선 순학荀學이 공학孔學의 원의를 조술했다고 볼 때 맹자와 한비자는 본류로부터 좌우로 대칭적으로 비껴나간 지류라고 볼 수 있다.

한비자는 치국을 잘 하기 위해서는 군주가 법의 화신이 되어야 한다고 역설했다. 그는 다음과 같이 말하였다.

> 무릇 성인의 치국이란 인민들 스스로가 착한 일을 한다고 믿지 않고 다만 인민들이 나쁜 일을 하지 않도록 만드는 것이다.……따라서 군주는 덕을 닦는 데 힘쓰지 않고 법에 관심을 기울인다.[149]

한마디로 한비자가 상정한 이상국가는 일종의 '법국法國'이었다. 비록 '성인지국聖人之國'이라는 표현을 사용했지만 한비자의 이상국가는 유가에서 말하는 도덕 국가 즉 '덕국德國'과는 천양지차가 있는 것이다. 따라서 법가가 그린 '법국'의 성군 역시 덕을 일삼는 '덕인德人'이 아니라 법을 일삼는 '법인法人'이다. 이런 의미에서 볼 때 법가의 치본관은 '법본법치'로 규정될 수 있다.

한비자의 '법본법치'는 순자의 '예본인치'와 비교할 때 그 의미가 보다 선명해진다. 원래 '예'란 광의로 해석할 경우 당연히 법을 포함할 수밖에 없다. 법 또한 광의로 해석할 때 '예'와 대동소이하게 된다. 특히 제재성이 강한 '예'는 기능상 '법'과 유사할 뿐만 아니라 '예'와 '법' 모두 실천을 중시한다는 점을 감안할 때 양자 사이의 간극은 매우 미세하다고 할 수 있다.

그러나 순자가 그린 예치 국가는 전국 시대 말기인 당시 상황에서는 사실상 실현이 불가능하였다. 부국강병을 위한 보다 실용적인 통치 이념이 더 절실한 때였기 때문이다. 따라서 통일의 기운이 완전히 무르익어 가던 전국 시대 말기에 태어나 짧은 생애를 살았던 한비자로서는 힘만이 정의로 통하는

---

149) 『韓非子』, 「顯學」, "夫聖人之治國, 不恃人之爲吾善也, 而用其不得爲非也……故不務德而務法."

현실에 보다 깊은 주의를 기울였을 것으로 짐작된다.[150] 한비자가 스승인 순자가 미련을 버리지 못했던 왕도를 과감히 버리고 오직 패도만을 추구하게 된 이유 중의 하나가 바로 여기에 있다고 생각된다. 한비자에게 있어 왕도의 포기는 바로 예치의 포기를 의미하는 것이었고, 패도만을 추구한다는 것은 곧 완벽한 법치의 실현을 의미하는 것이었다. 이런 점에서 한비자의 법치 사상은 비록 상앙과 신불해 등 선대 법가의 이론을 종합한 것이 사실이나 결코 그것이 단순한 종합 정리에 그치는 것이었다고 해석해서는 안 될 것이다.

한비자가 주장하는 법치의 특징은 실증적이면서도 현실적인 법을 철저히 적용하는 데 있었다. 그는 "시대가 다르면 일도 다르며 일이 다르면 대책도 변한다. 그러므로 일은 시대에 따라야 하고 대책은 일에 들어맞아야 한다"[151]라고 말했다. 고대 성왕을 전범으로 삼아 덕치로 현세를 다스리려는 것은 어리석은 짓이라는 지적이다. 한비자는 과거에는 인의만으로도 충분하였지만 눈앞의 난세를 구제하는 방법은 법에 의존할 수밖에 없다고 확신했다. 그는 과거의 성왕을 전범으로 삼아 덕치를 주장하는 것 자체가 전국 시대와 같은 혼란기에는 공소한 이론에 불과하다고 일갈했다. 이런 생각은 상황에 따라 통치 기준도 달라져야 한다는 진보적인 시각에 따른 것이었다. 그는 모든 것은 그 사회가 처해 있는 구체적 상황에 따라야 한다고 강조하면서 자신의 시대에는 엄법만이 혼란을 치유할 수 있다고 확신했다.

한비자는 법치의 실효를 기하기 위해서는 법의 공시성이 담보되어야 한다고 주장하고, 또 "법은 반드시 관부에 비치해 인민들에게 널리 공포해야 한다"[152]라고 하여 반드시 법은 성문법 형식으로 만들어져 인민들 사이에 두루

---

150) 송영배는 한비자가 순자의 사상을 대폭적으로 수용하고 그 인식을 심화시켰으면서도 당시의 절박한 전쟁 상황, 특히 조국인 韓나라의 관료들에 의한 군주권의 무력화, 궁중의 무자비한 음모와 폭력 등에 대한 한비자의 개인적 체험 등이 유교적 정치 원리에 대한 근원적인 회의를 주입시켰을 것으로 분석했다. 송영배, 『제자백가의 사상』(서울: 현암사, 1994), 475쪽 참조.

151) 『韓非子』, 「五蠹」, "世異, 則事異. 事異, 則備變. 故事因于世, 而備適于事."

152) 『韓非子』, 「難三」, "法者, 編著之圖籍, 設之於官府, 而布之於百姓者也."

알려져야 한다고 주장했다. 나아가 그는 "법은 귀한 사람에게 아부하지 않으니 먹줄에 굽음이 없는 것과 같다"[153]라고 하여, 완벽한 법치의 실현을 위해서는 무엇보다도 공정무사한 법의 시행이 선행되어야 한다고 강조하였다. 법은 말 그대로 상하귀천을 막론하고 그대로 적용되어야 한다는 것이다. 또한 그는 법을 시행하는 군주의 자세와 관련하여 "군주의 도는 반드시 공사의 구분을 분명히 하고 법제를 밝히며 사사로운 은혜를 떠나는 데 있다"[154]라고 언급한 바 있다. 그는 군주가 사사로운 은혜를 떠나 법을 밝히는 것을 '공의公義'라고 표현하였는데, 이 언급은 사사롭게 상벌을 행하는 신하들의 '사의私義'와 달리 군주의 '공의'는 어디까지나 공정하게 법령을 시행하는 데에 그 진정한 뜻이 있다고 강조한 것이다. 한비자 역시 상앙과 마찬가지로 법치의 요체가 바로 군주의 '무사無私'에 있음을 확신하고 있었던 것이다. 사사로움이 개입하는 한 법치의 실현은 무망하다는 한비자의 확신은 상앙의 '무사법無私法'의 정신을 그대로 계승한 것임에 틀림없다.

한비자는 군주라 할지라도 법령을 지켜야 한다는 점을 명백하게 밝힌 적이 없다. 그러나 그의 사상 속에는 그러한 취지가 담겨 있었다. 이는 "난폭한 사람이 군주의 자리에 있으면 법과 금령을 함부로 바꾸게 되어, 군과 신의 사이가 어긋나고 인민들은 원망하면서 난동을 꾀하게 된다[155]"라는 말 속에 잘 나타나 있다. 군주의 준법을 명백히 밝히지는 않았으나 군주 역시 법령에 복종해야 한다는 의미를 함축하고 있음이 분명하다. 그러나 법의 권위는 현실적으로 군주에 기댈 수밖에 없었던 까닭에 그들이 주장하는 '법본법치'는 일종의 '군본인치君本人治'로 함몰되는 결과를 빚고 말았다. 이는 법가가 말하는 법치 사상과 전술한 '귀군貴君' 사상이 결합되면서 사실상 군주를 견제할 장치가 소멸되어 버린 것을 뜻한다. 바로 여기에 법가 치본관의 최대 약점이 도

153) 『韓非子』, 「有道」, "法, 不阿貴. 繩, 不撓曲."
154) 『韓非子』, 「飾邪」, "君主之道, 必明於公私之分, 明法制去私恩."
155) 『韓非子』, 「八說」, "暴人在位, 則法令妄而臣主乖, 民怨而亂心生."

사리고 있다. 하지만 한비자는 자신의 법치 사상이야말로 인민에 대한 애정에서 출발했다는 신념을 갖고 있었다. 그는 다음과 같이 말한 적이 있다.

성인은 인민을 다스림에 있어 사사로운 감정을 좇지 않고 근본을 좇는다. 인민의 이익을 꾀할 뿐이다. 따라서 형벌을 가하는 것은 인민을 미워하는 것이 아니라 사랑의 근본이 되는 것이다.[156]

법치의 기본 정신은 애민에 있다는 주장이다. 한비자의 이런 견해는 '무사'의 법치를 통해 통치의 극의를 이룰 수 있다는 확신에서 비롯된 것으로, 법치만이 애민을 확고히 이룰 수 있다는 인식을 기반으로 하고 있었다.

한비자는 "어진 사람이 임금 자리에 있게 되면 신하들은 멋대로 법과 금령을 범하고 군주에게 요행이나 바라게 된다"[157]라고 말했다. 인군仁君 또한 폭군과 마찬가지로 법령이 사사로이 행사될 소지가 크기 때문에 결국 애민의 실현은 고사하고 나라까지 망칠 수 있다는 지적이다. 맹자의 인군·폭군 개념과 극명한 대조를 이루는 대목이 아닐 수 없다.

한비자는 유가가 말하는 요순우탕 등의 성인은 인민들에게 먹을 것은 주지 않고 밥 먹기를 권하는 한낱 '허성虛聖'에 불과하다고 비난했다. 이런 비난은 치인治人보다는 치법治法을 통해야만 패천하라는 국가적 과제를 수행할 수 있다는 인식에 기초한 것으로, 이 점에서 그는 '치인'은 있으나 '치법'은 없다고 말한 순자와도 본질적인 차이를 보이고 있다. 순자는 입법은 물론 행법 역시 궁극적으로는 사람에 의해 좌우될 수밖에 없다고 주장하고, 또 적례積禮를 이룬 '예인禮人'에 의한 통치를 바람직한 통치 형태로 삼았다. 그러나 한비자는 '치인'은 없이 오직 '치법'의 존재만을 인정하였고, 그 결과 끝내는 '군본인치'와 같은 '변형된 인치'로 매몰되는 자가당착에 빠지게 되었다.

---

156) 『韓非子』, 「心度」, "聖人之治民, 度於本不從其欲, 期於利民而已. 故其與之刑, 非所以惡民愛之本也."
157) 『韓非子』, 「八說」, "仁者在位, 下肆而輕犯禁法, 偷幸而望於上."

물론 한비자도 입법 및 행법의 과정에는 군주의 '공의'에 입각한 '무사'가 무엇보다 중요하다고 강조하면서 군주의 '무사'를 보장하는 공적인 장치로서 법을 제시했다. 하지만 그는 '무사'의 입법과 행법만을 강조할 뿐 이를 보장할 수 있는 구체적인 방안은 제시하지 않았다. 이는 '치법'의 중요성만을 지나치게 강조한 데 따른 당연한 결과였다. 한비자는 '치법'만을 강조하면서 입법 및 행법상의 문제는 부차적인 것에 불과하다고 판단했음에 틀림없다.

한비자는 불초한 군주가 만들어 낸 악법이라 하더라도 이를 받아들여야 한다고 주장했다. 법가의 법치 사상이 지니고 있는 최대의 고민이 바로 여기에 있다. 사실 반덕치 사상에 기초한 법가가 '치인'의 존재를 부인한 것은 논리상 당연하다고 할 수 있다. 다만 법가는 이러한 난제에 대한 구체적인 해답도 당연히 제시했어야만 했다. 이는 이들이 불초한 군주에 의한 인치의 왜곡 현상을 타개하기 위해서는 오직 법치에 의할 수밖에 없다고 주장했기 때문에 더욱 절실한 것이었다. 하지만 법가는 이에 대한 적절한 해답을 제시하지 못했다. 결국 법가의 법치 논리는 불초한 군주에 의한 인치의 왜곡 현상보다도 더 심각한 폐해를 초래할 위험까지 안고 있었던 것이다. 이는 법가의 '법본법치' 사상이 또 하나의 '변형된 인치'로 함몰되면서 빚어 낸 모순이었다.

그러나 한비자는 이상과 같은 문제점에도 불구하고 법치 사상을 하나의 수미일관한 통치 사상 체계로 승화시키는 작업을 이루어 내었다. 선대 법가의 '법法·술術·세勢' 이론을 종합하고 그 위에 노자 사상의 옷을 입힘으로써 하나의 완벽한 사상 체계를 만들어 낸 것이다. 인위적인 통치를 거부한 노자와 반인치의 입장에 서 있는 법가가 '반유反儒'라는 공통분모를 매개로 하여 사상적 교감을 나눈 결과가 아닐 수 없다.

사실 도가의 통치 사상은 유가의 그것과 더불어 중국의 통치 사상을 대표하는 양대 산맥 중의 하나이다. 도가가 무위로써 통치의 극의를 이루고자 했다면 유가는 유위로써 통치의 극의를 이루려 했다. 어찌 보면 유가가 말하는 덕치로는 바람직한 통치를 이룰 수 없다고 판단한 한비자가 도가의 '무위 통치' 사상에 눈을 돌린 것은 어쩌면 당연한 일일지도 모른다. 분명 그의 법치 사상은 '유위 통치'의 극단적인 모습에 해당한다. 그럼에도 역설적으로 '유위 통치'의 극단을 달렸기 때문에 오히려 '무위 통치'에 근접할 수 있었던 것이다. 일체의 사적인 감정이 배제된 '무사임법無私任法'의 법치는 인위적인 통치가 존재하지 않는 상황을 가장 이상적인 모습으로 그린 도가의 '무위 통치'와 외견상 매우 가깝다. 극과 극이 서로 상통한 경우로 해석해도 무방할 것이다.

한비자는 도가의 '무위 통치' 개념을 차용하여 자신의 법치 사상을 포장함으로써 '유위 통치'의 극치를 '무위 통치'로 규정하는 등 논리적 정밀성을 담보할 수 있었다. 그는 다음과 같이 주장했다.

> 밝은 군주는 시작을 지킴으로써 만물의 근원을 알고 기준을 다스림으로써 착함과 잘못됨의 발단을 안다.……허虛하면 실지 사정을 알게 되고 정靜하면 움직임의 진상을 알게 된다.[158]

시비선악의 차원을 넘어 조용히 사물을 관조하는 단계에 이르러야 법치의 극의를 이룰 수 있다는 주장이다. 이는 군주가 밖에 나가 일일이 확인하지 않더라도 머물고 있는 자리에서 능히 신하들을 제압해 낼 수 있다는 논리이기도 했다.

한비자는 '무위 통치'를 이루기 위해서는 군주가 절대로 자신의 의중을 드러내서는 안 된다고 강조했다. 신하들의 위장 충성을 야기할 수 있기 때문이다.[159] 나아가 그는 군주의 '지현용智賢勇'에는 한계가 있기 때문에 자신의 지현용을 믿고 신하와 다투어서는 안 된다고 강조했다. 요컨대 군주는 신하에게 일을 맡기되 간섭해서는 안 되며, 일이 이루어진 뒤에 명실名實의 일치

---

158) 『韓非子』,「主道」, "明君, 守始, 以知萬物之源. 治紀, 以知善敗之端……故虛, 則知實之情. 靜, 則知動者正."
159) 『韓非子』,「主道」, "君見其所欲, 臣將自雕琢……君見其意, 臣將自表異."

여부를 확인하고 상벌을 가리기만 하면 된다는 것이다. 그렇게 해야만 신하들로 하여금 그들의 '지현용'을 모두 구사하게 할 수 있다는 것이 한비자의 생각이었다.

한비자의 이러한 사상은 유능한 재사의 발굴을 강조한 데서도 잘 나타난다. 이는 법의 운용은 군주 한사람의 손에 의해 완전히 행해질 수 없다는 인식에서 비롯된 것이었다. 순자가 군주를 지존으로 평가하면서도 예치의 실현을 위해서는 신하들의 도움이 절대 필요하다고 주장한 것과 비슷한 맥락이다. 하지만 순자의 존군 사상에 나타나는 군주는 어디까지나 예치를 실현을 총괄적으로 감독하는 일종의 공복인 데 반해 한비자가 말하는 군주는 신민의 생사여탈권을 쥐고 있는 제왕이라는 점에서 근본적인 차이가 있다. 한비자가 신하를 강조한 것은 어디까지나 신하들의 재능을 군주의 공리를 위해 최대한 활용하도록 하기 위해서였다. 이는 다음의 주장에서 확연히 드러나고 있다.

> 공이 있으면 군주의 현명함에 의한 것으로 돌리고 과실이 있으면 신하들이 그 책임을 떠맡아야 한다.[160]

법가와 도가는 무위의 통치라는 점에서는 궤를 같이하고 있으나 그 구체적인 방법론에서는 전혀 문맥을 달리하고 있는 점에 주목할 필요가 있다. 도가의 무위 통치는 말 그대로 인위적인 통치의 극소화를 의미한다.[161] 그러나 법가가 말하는 무위 통치는 이와 정반대의 모습을 제시한다. "명군이 위에서 무위로 주재하면 뭇 신하들은 아래에서 두려워한다"[162]는 한비자의 말에 잘 나타나 있듯이, 법가는 유위 통치의 극대화를 통해 무위 통치를 실현하고자 했다. 소국과민小國寡民을 이상국가의 모습으로 상정한 도가는 방임으로써 무

---

160) 『韓非子』, 「主道」, "有功, 則君有其賢. 有過, 則臣任其罪."
161) 『道德經』, 48장, "損之又損, 以至於無爲, 無爲而無不爲."
162) 『韓非子』, 「主道」, "明君, 無爲於上, 群臣悚懼乎下."

위에 이르고자 했으나 법가는 극단적인 유위 통치를 통해 무위에 도달하려고 했다는 점에서 대조를 이루고 있는 것이다.[163] 똑같은 무위 통치이지만 그 내용만큼은 오히려 정반대임을 쉽게 짐작할 수 있다.

결론적으로 말해서 한비자의 법치 사상은 법가 전래의 '법·술·세' 이론을 종합한 가운데 도가의 옷을 입혀 만들어 낸 것이라고 할 수 있다.[164] 한비자의 법치 사상 중 그의 독창성이 가장 두드러지게 나타난 부분이 바로 도가의 무위 통치 사상을 차용한 부분인데,[165] 이는 노자 사상이 도·유·법 3가의 극단적인 대립 양상을 해소할 수 있는 방안임을 시사하고 있다고 해석할 수 있을 것이다. 또한 이는 노자 사상만큼 유가의 덕치와 법가의 법치를 모두 하나로 꿸 수 있는 폭넓고도 다양한 시각을 구유하고 있는 통치 사상이 존재하지 않았다는 방증이라고도 하겠다.

---

163) 『道德經』, 80장, "小國寡民……隣國相望, 鷄狗之聲相聞, 民至老不相往來."
164) 勞思光은 법가가 道와 虛靜 등을 논하면서 도가의 무위 통치 개념을 차용한 것은 오직 군주의 통치권을 확보하기 위한 것에 불과하다고 비판했다. 勞思光, 『중국철학사: 고대편』(정인재 역), 380쪽 참조.
165) Ames는 무위 개념이 기본적으로는 도가 사상에 있어서 빼놓을 수 없는 결정적 개념이기는 하나 유가 사상에서도 중요한 역할을 했다고 평가했다. 그는 유가와 도가의 차이점과 관련해, 유가는 우주의 원리와 인간 행위 간의 조화와 일치를 추구한 데 반해 도가는 우주의 원리를 인간의 행위와 연결시키는 것을 극도로 피하였다고 분석했다. Cf. Ames, Roger T., *The art of rulership — A Study in Ancient Chinese Political Thought*, pp. 28~33.

3가의 통치 사상 3 : 치술관

1. 노자: 무위겸하

노자의 통치 사상은 중국 역사상 가장 혼란스런 시기에 만들어진 것이다. 개인의 사상이 기본적으로 그 자신의 역사관에서 비롯되듯이 노자 역시 당시의 상황에 대한 그 나름의 견해에 입각해서 자신의 사상을 개진한 것이다. 노자는 일종의 성선설에 입각하여 문명이 발달하기 이전의 고대 사회에서는 인간의 '소박성'이 고스란히 남아 있었던 것으로 간주했다. 그가 고대 사회를 이상적인 모습으로 바라본 것은 요순 시대를 가장 이상적인 시대로 간주한 맹자와 궤를 같이하는 것으로 볼 수 있다. 그런데 맹자는 유가 사상가 중 이상적인 시기를 가장 멀리까지 소급한 인물이지만, 노자는 요순 시대조차 '유위'가 개입된 시기라고 보았기 때문에 맹자가 상상한 요순 시대보다 훨씬 더 이전의 시기를 염두에 두었다고 보아야 한다.

노자나 맹자와 같이 이상적인 시대를 과거의 먼 옛날로 소급하는 것은 일종의 '복고 의식'이라고 할 수 있다. 회고적으로 역사를 바라보는 이런 '회고관'에는 현실에 대한 부정적인 판단이 전제되어 있다. 현실에 대한 비판적인 진단과 고대 시대에 대한 회고는 노자와 유가 모두에 공통되는 사항이다.

　노자는 시대가 지남에 따라 인지가 발달하고 욕망이 커지게 됨으로써 인간 사회가 타락하게 되었다고 생각했다. 인지의 발달과 과다한 욕구가 무절제를 초래하고, 인간의 작위가 횡행함에 따라 '도'와 '덕'을 상실하고 마침내는 '인', '의', '예'가 차례로 나타나게 되었다고 본 것이다. 노자는 '인의仁義'와 '예의禮義'가 세상을 혼란스럽게 만든 근본 원인이라는 확신을 가지고 있다. 이는 곧 유가의 덕목 자체가 자연의 이치와 배치되는 인위적이면서도 자의적인 기준에서 나온 것이라는 판단에 따른 것이었다. 바로 이 점으로 인해 노자와 유가는 같은 '회고관'을 지니고 있으면서도 그 통치 사상에 있어서는 확연히 갈리게 되는 것이다. 한마디로 말해 노자는 유가가 내세운 덕목은 어지러운 세상을 구제하는 기준이 되기는커녕 오히려 분별 의식을 더욱 강화시켜 세상을 한층 더 소란스럽게 만들 뿐이라는 확신을 가진 인물이었다.

　노자는 당시의 혼란상을 크게 두 가지 원인에서 비롯된 것으로 파악했다. 정치 제도의 복잡성과 지배층의 인위적인 통치 행위가 바로 그것이다. 그는 법률과 예식, 윤리, 규칙 등의 모든 제도는 결코 도탄에 빠진 인민을 구하는 방안이 될 수 없다고 보았다. 특히 노자는 그러한 제도에 바탕을 둔 통치자의 자의적인 통치 행위에 주목했는데, 그가 볼 때 통치자에 의해 자의적으로 운용되는 제반 제도는 결국 인민을 질곡에 빠뜨리는 도구에 불과했던 것이다.

> 천하에 금지령이 많으면 많을수록 인민은 더 가난해지고 인민이 이기利器를 많이 가지고 있으면 국가는 더욱 혼란해진다. 기술이 발달하면 할수록 기괴한 물건들이 더욱 많이 나오고 법령이 많을수록 도적이 많아진다.[1]

　노자는 인위적인 제도와 문명의 이기 등에서 사회적 혼란의 원인을 찾았

---

1) 『道德經』, 57장, "天下多忌諱, 而民彌貧. 民多利器, 國家滋昏. 人多伎巧, 奇物滋起. 法令滋彰, 盜賊多有."

다. '무위 통치'의 원리는 이런 원인에 대한 통렬한 비판 의식에서 비롯된 것이었다. 노자는 당시의 혼란상을 바로잡기 위해서는 학식과 지식의 발달을 막고 '무지무욕'으로 돌아가야 한다고 생각했다. 약삭빠른 지혜를 버리고 기계의 편리함에 의지하지 않으며 예리한 무기를 없애 버린다면 전쟁이 없는 태고의 소박한 생활로 돌아갈 수 있다고 본 것이다. 이는 문물, 예악, 법률 등으로 상징되는 인위적인 문명을 근본적으로 부정하는 태도이다.

노자는 '유위'의 길을 거부하고 자연의 이치에 충실한 '무위'로 회귀할 것을 강력히 요청했다. 이러한 요청은 '무위'를 체득한 '도인'에 대한 논의로 나타난다. 노자의 치도관인 '제도帝道' 및 치본관인 '덕치德治'에 가장 잘 어울리는 통치술로서 가장 먼저 '무위無爲'가 거론될 수 있는 배경이 바로 여기에 있다. '무위'는 구체적인 통치술인 동시에 '제도' 및 '덕치'의 구체적인 모습이기도 하다. 따라서 노자의 통치 사상에 나타나는 '무위'는 '제도'의 핵심인 동시에 '덕치' 및 통치술의 요체를 이루고 있다고 할 수 있다. 이는 왕필이 노자 통치 사상의 핵심을 '무無'라는 단 한 글자로 표현한 것과 무관할 수 없다. 노자의 '도'는 만물을 생성시키는 원리이지만 '도' 자체는 사물이 아니므로 만물의 작용과 같이 그렇게 작용할 수는 없다. 그러나 만물은 '도'로부터 생성되어 나오기 때문에 '도'에 의지하지 않고서는 아무것도 성립할 수가 없다. 그러므로 결국 '도'는 아무것도 하지 않고 사물을 내버려 두면서도 모든 사물이 제 나름대로 자기의 일을 스스로 할 수 있도록 해 주는 것이다.

통치 역시 '도'를 본받는 것이라면 통치자도 이러한 '도'의 원리를 좇아 어떠한 작위를 가해서도 안 된다. 이것은 일종의 불간섭을 의미하는 것으로 인민에게 간섭을 적게 할수록 좋은 통치가 되는 셈이다. 통치자의 불간섭은 곧 통치자가 인민과 더불어 이익과 명예 등을 다투어서는 안 된다는 것을 의미한다. 이 점에 관한 한 노자의 '덕치'는 유가의 '덕치' 이념과 상통한다고 할 수 있다. 노자는 통치자의 '덕치'를 다음과 같이 비유하였다.

최상의 통치는 물과 같다. 물은 만물에 이익을 주지만 다투지 않는다. 많은 사람이 싫어하는 곳에 머문다. 그러므로 도에 가깝다.[2]

노자가 '무위 통치'의 요체를 설명하기 위해 물을 인용한 것은 물이 만물을 이롭게 해주면서도 다투지 않고 늘 낮은 곳에 머물기 때문이다. 이를 두고 왕필은 "도는 무이고 물은 유이므로 '가깝다'고 한 것이다"라고 풀이했다.[3] 왕필의 해석에 따르면 무형의 '도'가 물로 상징되는 유형의 '덕'에 의해 우주 만물의 영허소장의 이치를 드러내는 셈이 된다. 따라서 『도덕경』에 등장하는 '물'은 곧 '덕'의 상징어로 보는 것이 옳을 것이다.

노자는 '무위'의 통치와 관련하여 다음과 같이 말한 바 있다.

바름으로써 나라를 다스리고 기책奇策으로써 용병하며 일을 만들지 않음으로써 천하를 취한다.[4]

이는 '무위 통치'의 공효를 설명한 대목이다. 바름(正)은 한 나라를 다스리는 데 그치고 기책奇策은 군사를 부리는 데 그치지만 무사無事를 통해서는 천하까지도 얻을 수 있다는 것이다. 노자는 천지가 만물에 작위를 가하지 않듯이 통치자도 인민에게 작위를 가해서는 안 된다고 역설했다. 천지가 무정無情한 것처럼 성인도 인민에게 무정해야만 '무위 통치'가 가능하다는 것이 노자의 확고한 생각이었다. 노자는 통치자가 '무위'를 스스로의 덕으로 삼음으로써 인민들에게 아무런 작위도 가하지 않고 각자 안주하는 곳에 맡기는 것이 곧 '무위 통치'를 실현하는 길임을 역설한 것이다.

한동안 '무위 통치'를 무정부주의로 해석하는 경향이 주류를 이루었지만 이는 노자의 통치 사상을 제대로 파악하지 못한 결과라고 할 수 있다. 노자의

---

2) 『道德經』, 8장, "上善若水, 水善利萬物而不爭, 處衆人之所惡. 故幾於道."
3) 『道德經』, 8장, "道無水有. 故曰, 幾也." 王弼 注 참조.
4) 『道德經』, 57장, "以正治國, 以奇用兵, 以無事取天下."

통치 사상은 장자와 달리 어디까지나 현실의 혼란상을 비판하고 이에 대한 대안을 제시하고자 한 취지에서 비롯된 것이었다. 사실『도덕경』어디를 보더라도 노자가 국가의 존재 자체를 부인한 대목은 없다. 노자는 오히려 유가 사상가들 못지않게 통치자들의 안일과 향락을 비판하면서 인민들을 위해 헌신할 것을 촉구했다. 이는『도덕경』의 다음 구절을 보면 쉽게 확인할 수 있다.

> 하늘의 도는 활을 당기는 것과 같다. 높은 것은 누르고 낮은 것은 들어올리며 남으면 덜고 부족하면 보탠다. 하늘의 도는 남는 것에서 덜어내어 부족한 것에 보충하나, 사람의 도는 그렇지 않구나.[5]

노자의 '무위' 사상은 아무것도 하지 말라는 것이 아니라 오히려 인민을 위해 모든 것을 다하라는 적극적인 의미를 담고 있다. 따라서 노자의 생각을 무정부주의라고 단정하는 것은 매우 잘못된 주장이다. 노자의 입장은 오히려 인민에 대한 일종의 '자유방임주의'에 가깝다고 보는 것이 옳을 것이다.

자유방임이란 원래 18세기 자연법 사상에 기초한 것으로서 신흥 부르주아의 '경제적 자유경쟁'을 옹호하기 위해 나온 개인주의 사조를 말한다. 기업과 노동, 해외무역 등 모든 경제적 활동에 국가가 간섭을 해서는 안 된다는 것이다. 자유방임주의는 원래 국가 통치로부터 시민 경제를 분리시켜 부르주아의 이익을 지키기 위해 나타난 것이었다. 이 사상은 경제적 자율을 확보하기 위해 국가는 사회 질서의 유지와 재산의 보호, 국토방위 등 최소한의 역할만을 수행해야 한다는 주장을 담고 있다. 이러한 사조는 르네상스와 종교개혁을 거쳐 자각된 '근대적 자아'의 형성과 밀접한 관련을 맺고 있다.

로크(John Locke, 1632~1704)는『통치론』(Two Treatises of Government)에서 '평등한 개인들의 완전한 자유 상태'를 인간 본연의 모습으로 파악하여 통치 권력의

---

5)『道德經』, 77장, "天之道, 其猶張弓與. 高者抑之, 下者擧之, 有餘者損之, 不足者補之. 天之道損有餘而補不足. 人之道, 則不然."

원리를 규명하고 나섰다. 그는 국가란 인민의 생명과 자유, 재산을 보장하는 제한적인 임무만을 갖는 인민의 수탁자에 불과하다고 주장했다. 만일 국가 기관이 권력을 남용하여 인간의 자연적 권리를 침해할 경우 인민은 정부를 제거하고 새로운 정부를 세울 수 있는 권력을 보유할 수 있으며 압제를 예방하는 권력을 갖게 된다.[6] 이러한 로크의 통치 이론에 뿌리를 두고 있는 서구의 자유방임주의 사상은 개인의 자각에 의해 성립된 '근대적 자아관'에서 비롯된 것으로 개인의 '권력으로부터의 자유'를 전제로 하고 있다.

'자유방임'이란 프랑스 중농주의 학파의 "하게 두어라"(Laisser-faire)라는 구호로부터 비롯된 용어이다. 이는 개인에 대한 국가의 속박을 배제하고 다만 개인의 힘과 의사에 따라 행동하는 것을 의미한다. 이 사상은 18세기 후반 프랑스 시민혁명 당시 중농학파의 중심 인물 케네(F. Quesnay)의 사고에서 보다 명확히 나타난다. 그는 사회에서 개별 이익과 전체 이익이 분리되지 않는 것을 곧 자연 질서의 본질이라 보고, 그것은 자유주의 제도에서만 가능하다고 주장했다. 이는 아담 스미스(Adam Smith)가 '보이지 않는 손'(invisible hand)에 의해 공동의 이익이 자동 조절된다고 주장한 것과 마찬가지인데, 케네 역시 노자의 통치 사상에 깊은 영향을 받았을 가능성을 배제할 수 없다.[7]

그러나 노자는 개인의 자유와 국가 통치를 대립시키는 로크식의 이분법적 사유를 거부했다. 그는 국가 통치는 기본적으로 우주만물의 기본 원리인 '도'가 발현된 것이기 때문에 통치자가 '무위 통치'를 실현할 수만 있다면 개인과 국가 모두에게 도움이 된다고 보았던 것이다. 인민을 자유롭게 놓아둔다는 측면에서는 두 이론이 서로 유사성이 있지만, 그 본질 면에서는 질적인

---

6) 정인흥, 『서구통치사상사』(서울: 박영사, 1983), 228~230쪽 참조.
7) Creel에 따르면 케네는 자연의 원리와 정부의 구성과 관련한 논문의 마지막 장 서론에서 "중국 이론을 체계적으로 설명한 것에 불과하지만 모든 국가가 모범으로 삼을 만한 것이다"라고 언명한 바 있다고 한다. 프랑스 시민혁명의 이론적 지주가 되었던 계몽주의 사상가들이 중국의 통치 사상으로부터 많은 세례를 받았다는 사실에 비추어 볼 때 케네 또한 어떤 식으로든 노자의 '무위 통치' 사상에 대해 어느 정도의 지식을 갖고 있었다고 보는 것이 옳을 듯하다. 자세한 내용은 H. G. Creel, 『공자, 인간과 신화』(이성규 역), 288쪽 참조.

차이가 있었다고 하겠다.

　노자는 우주와 인간을 관통하는 '무위'의 이론을 통해 통치를 해석했기 때문에 그의 이론에 따르면 국가와 인민의 이익이 충돌할 하등의 이유가 없다. 이는 『도덕경』에 나오는 다음 구절을 통해 쉽게 확인할 수 있다.

　　큰 나라를 다스리는 것은 작은 생선을 굽는 일과 같다. '도'로써 천하를 다스리면 귀신의 신묘한 힘으로도 사람들을 해치지 못하고 나라를 다스리는 성인도 사람들을 해치지 못한다. 귀신이나 성인이 다같이 사람을 해치지 않기 때문에 모든 것이 완전한 덕으로 귀착되는 것이다.[8]

　이 말은 마치 작은 물고기를 요리하듯 그렇게 광대한 나라를 통치하라는 충고이다. 작은 물고기를 요리할 때 지나치게 저으면 부서져 못 쓰게 된다. 노자는 대국을 다스리는 경우에도 통치자들이 작은 물고기를 요리하듯이 인민을 자유롭게 방임해야만 온전히 다스릴 수 있다고 본 것이다. 이는 천하 통치를 지향하면서도 인민에 대한 불간섭을 말하는 것으로 '소국과민'의 정신과 일맥상통하는 것이기도 하다.

　사실 노자가 그린 이상국가는 앞서 언급한 바와 같이 '도'와 '덕'에 입각한 '도국' 내지 '덕국'이었다. 이는 '도'와 '덕'을 체득한 성인 즉 '도인'이 다스리는 나라를 말한다. 성인이 '도'와 '덕'으로 나라를 다스리게 되면 인간의 작위가 그대로 표출된 인의예와 같은 덕목이나 여타의 법제는 불필요하게 된다. 그리하여 노자는 '도국'의 구체적인 모습을 '소국과민'으로 형상화했던 것이다. 그런데 여기서, 앞서 언급한 바와 같이 노자가 강조한 '소국과민'은 어디까지나 '무위 통치'의 방법론을 언급한 것이라는 점을 잊어서는 안 된다. 이는 노자의 '소국과민'에 대한 구체적인 표현을 통해 대략 짐작할 수 있다.

---

　8) 『道德經』, 60장, "治大國, 若烹小鮮. 以道莅天下, 其鬼不神, 非其鬼不神, 其神不傷人. 非其神不傷人, 聖人亦不傷人. 夫兩不相傷, 故德交歸焉."

나라는 작고 인민은 적어야 한다. 비록 10배, 100백의 기량이 있는 사람이라 하더라도 쓰지 않는다. 인민들로 하여금 죽음을 중히 여기게 하고 멀리 이사 다니지 않도록 한다. 비록 배와 수레가 있다 하더라도 탈 일이 없어야 한다. 비록 갑옷과 무기가 있다 할지라도 그것을 벌여 놓고 쓸 일이 없어야 한다. 사람들로 하여금 다시 새끼줄에 매듭을 지어 쓰도록 해야 한다. 음식을 달게 여기고 옷을 아름답게 여기며 사는 곳을 편히 여기고 풍속을 즐거워하도록 만들어야 한다. 이웃나라가 서로 눈앞에 보이고 닭 울고 개 짖는 소리가 서로 들리지만 인민은 늙어죽을 때까지 서로 왕래하는 일이 없어야 한다.[9]

문맥 그대로 본다면 노자가 원시공산 사회를 이상적인 국가 모형으로 상정하였다고 해석하기 쉽다. 그러나 이는 어디까지나 인위적이면서도 자의적인 '유위 통치'를 극소화하라는 주문으로 보아야 한다. 앞서 분석한 바와 같이 '무위 통치'는 '치천하'에서 그 진면목을 드러낸다. 따라서 '소국과민'에 대한 이 주장은 '치천하' 차원의 자유방임주의에 유사한 '무위 통치'를 묘사한 것으로 해석하는 것이 노자 통치 사상의 본래 취지에 부합한다.

노자 역시 춘추전국 시대의 제가들과 마찬가지로 '치천하'의 방략을 얻기 위해 고심하였다. 그런 그가 '무위'를 강조하게 된 것은, 다만 인의예지에 의한 인위적인 '덕치'와 부국강병을 겨냥한 '법치'로는 결코 천하를 다스릴 수 없다고 보았기 때문이다. 따라서 노자의 '소국과민'을 협소하고 폐쇄적인 현실 국가를 염두에 둔 것으로 풀이하는 것은 노자의 통치 사상에 대한 커다란 왜곡이 아닐 수 없다. 그럼에도 불구하고 거의 모든 학자들이 노자의 '소국과민'의 의미를 제대로 헤아리지 못하고 여전히 종래의 해석을 답습하고 있는 것은 안타까운 일이 아닐 수 없다.

우리는 '소국과민'의 논리가 '대국' 내지 '천하'를 염두에 둔 통치 이론이

---

9) 『道德經』, 80장, "小國寡民, 使有什佰之器而不用, 使民重死而不遠徙. 雖有舟輿, 無所乘之. 雖有甲兵, 無所陳之. 使人復結繩而用之, 甘其食, 安其居, 樂其俗. 鄰國相望, 鷄犬之聲相聞, 民至老死不相往來."

라는 사실을 잊어서는 안 된다. 노자는 당시 중국의 인민들이 농촌공동체를 유지한 데 주목하여 다만 공동체의 안전만 유지하면 충분하다고 판단했을 공산이 크다. 그러나 그는 결코 농촌공동체를 국가 통치의 영역으로부터 제외시키거나 방임하고자 한 것은 아니었을 것이다. 노자가 '소국과민'을 강조하였던 것은 단지 '유위 통치'를 극소화시켜 '무위 통치'에 준하는 통치의 극의를 현실 국가 속에서 이루고자 한 것으로 보아야 한다. 이는 '소국과민'의 전제 조건으로서 '무위'의 이상을 실현할 수 있는 '도인통치'를 강조한 사실을 통해 보다 극명하게 확인할 수 있다. '도인통치'는 결코 작고 폐쇄적인 농촌공동체를 의식한 것이 아니었다. '도인통치'가 필요한 나라는 소국이 아니라 대국이며, 대국보다 규모가 큰 천하이면 더욱 잘 어울린다고 할 수 있다. '도인통치'는 자치체에 가까운 농촌공동체의 모습을 천하 단위로 확대한 것으로 보아도 좋을 것이다. '소국과민'이 일견 폐쇄적으로 보이는 것은, 노자가 '유위 통치'에 의한 국가의 발전을 인민의 복리와는 거리가 먼 통치권자들의 일방적인 의지가 표현된 것으로 간주한 데 따른 것일 뿐이다.

노자가 '유위'에 기초한 국가 발전을 꺼리는 것은 '무위 통치' 이념에서 도출된 필연적인 귀결이었다. 그의 '소국과민' 논의는 어떤 원리나 경향성을 띠고 있었다. '소국과민'은 타인이나 타국을 동경하는 인간의 기본적인 성향 내지 욕구에 대한 억제를 의미한다. 그는 인민의 소박성을 해칠 소지가 많은 이와 같은 성향을 적극 억제하는 것이 필요하다고 판단했을 것이다. 노자가 문명의 이기를 사용치 않고 결승문자結繩文字를 사용하던 과거로 돌아가자고 주장한 것도 실은 인류 역사의 발전 과정을 부인하고자 한 것이 아니다. 교활한 지식이 만연해 공연한 다툼을 낳는 것보다는 인간의 본원적인 '덕성'인 소박성을 지키고자 하는 염원에서 그런 주장을 편 것이다. 사실 난세의 혼란한 상황 속에 살던 노자에게는 태어나서 죽을 때까지 한 촌락 속에서 지내며 인근 촌락과 왕래해 보려고 생각하지도 않는 농촌공동체의 모습이 매우 이상적으로 보였을 것이다. 그러므로 난세의 최대 원인으로 인지의 발달과 인간의 과욕을 지목한 노자가 '소국과민'을 내세워 우주만물의 근원인 '도'로 돌아갈 것을 주장한 것은 당연한 것으로 볼 수 있다.

한편 노자는 '무위' 통치술의 또 다른 모습을 다음과 같은 '습명襲明' 개념을 통해 설명한 바 있다.

> 성인은 항상 착한 일로 사람을 구제하기 때문에 버리는 사람이 없고, 착한 일로 물건을 구제하기 때문에 버리는 물건이 없다. 이를 '습명'이라고 한다.[10]

'습명'은 밝음을 간직한다는 뜻이다. 노자는 '습명'의 구체적인 내용과 관련해 '선인善人'은 '불선인不善人'의 스승이 되고 '불선인'은 '선인'의 귀감이 된다고 풀이했다.[11] '선善'은 '불선不善'을 똑같이 착하게 만들므로 이를 스승이라 한 것이고 '불선'은 '선'에 의해 착하게 되므로 버릴 수 없다고 한 것이다. 결국 노자가 말하는 '습명'은 통치자가 어떤 덕목이나 제도를 내세워 인민을 차별하지 않는 소위 '불기인不棄人'에서 그 요체를 얻을 수 있는 셈이다. 노자의 관점에서 볼 때 통치자가 내세운 덕목과 제도에 의해 인민의 '선'과 '불선'을 가리는 것은 자연의 이치를 거스르는 것에 해당한다. 한마디로 말해 '습명'은 '무위' 통치술의 극의를 표현한 것이라고 해도 과언이 아니다.

자연의 이치에 따라 사리가 막힘이 없게 되면 일체의 문제를 평화롭게 해결할 수 있다. 자연의 이치를 좇을 경우 결코 사람이나 물건을 버리는 일이 있을 수 없다. '도인'의 무위 통치술은 바로 유위의 틀을 깨는 데서 비롯된다고 할 수 있다. 그래서 노자는 유가에서 말하는 '성지聖智'를 버려야만 민리民利가 백 배 증대하고 인의를 끊어야 인민이 효자孝慈하게 된다고 주장하였던 것이다. 그가 "최상의 통치는 인민들이 군주가 있다는 사실조차 모른다"라고 역

---

10) 『道德經』, 27장, "聖人, 常善救人, 故無棄人. 常善救物, 故無棄物. 是謂襲明."
11) 『道德經』, 27장, "善人者, 不善人之師. 不善人者, 善人之資."

설한 것도 같은 취지에서 나온 것으로 보아야 한다.

'무위'와 더불어 노자의 '덕치'를 가장 잘 실현할 수 있는 통치술을 하나 더 들라면 '겸하謙下'의 통치술을 들 수 있다. '소국과민'이 역설적으로 '치천하'의 지극한 통치 유형을 상징하듯이 '치천하'의 통치술로서의 '겸하'는 오히려 '무위'의 통치술보다 더 적합한 것으로 볼 수도 있다. 『도덕경』에는 '겸하'의 덕을 골짜기, 여성, 물 등의 비유를 통해 설명하는 대목이 여러 차례 등장하고 있다. 특히 골짜기와 여성의 비유는 도교의 핵심적인 교리를 설명하는 비유로 자주 등장하곤 한다. 그러나 통치 사상의 입장에서 볼 때 이러한 비유는 바로 '덕치德治'를 구현하는 최상의 통치술인 '겸하'의 통치술을 비유한 것이라고 할 수 있다. 골짜기와 여성은 부드럽고 약하기 때문에 겸하할 수 있고, 겸하하기 때문에 역설적으로 '치천하'의 통치술이 될 수 있는 것이다.

『도덕경』에서는 '겸하'를 설명한 여러 비유 가운데 물의 비유가 가장 눈에 띈다. 물은 만물에 이익을 주지만 자신의 이익을 위해 남과 다투는 일이 없다. 물은 남과 다투지 않고 언제나 낮은 곳으로 흐른다. 노자가 자주 물의 비유를 통해 '도'와 '덕'의 위대함을 표현한 이유가 여기에 있다. 그는 물의 이러한 특성에 착안하여 '무위'의 모습을 "지극히 부드러우면서도 지극히 굳센 것을 이기고 그 존재가 없음으로써 오히려 어느 틈에나 들어갈 수 있다"[12]라는 비유로써 설명하기도 했다. 이는 물의 유약한 활동성을 강조한 것이기는 하나 자연의 이치를 좇는 물의 힘이 얼마나 강한 것인지를 역설적으로 보여 준다. 노자는 물의 이러한 효능에 바로 '도'의 참된 작용이 있다고 보았다. 낮은 곳에 임하면서도 앞을 다투지 않는 물의 위대한 속성 속에 '도'를 체현하는 방법론인 '무위', '무욕', '부쟁' 등의 미덕이 고스란히 담겨 있다고 본 것이다.

'겸하'는 유가에서 말하는 '예양禮讓'과 유사한 개념으로, '덕치'를 실현하는 가장 가까우면서도 구체적인 방법론이다. 노자가 강조하는 소위 '무위 통

---

12) 『道德經』, 43장, "天下之至柔, 馳騁天下之至堅, 無有入無間."

치'는 바로 '겸하'를 통해 그 구체적인 모습을 드러낸다고 해도 과언이 아니다. 그렇다면 구체적으로 노자가 말하는 '겸하'의 통치술은 과연 어떤 것인지를 검토해 보기로 하자.

노자가 말하는 성인 즉 '도인'은 어느 곳에 처해도 다투지 않고 모든 이의 마음을 편안하게 해주는 '무위'의 이치를 체득한 인물이다. 한마디로 노자의 '도인'은 완전한 도와 덕의 구현자인 셈이다. 그러나 '무위'를 체득한 도인이라 할지라도 막상 통치에 임해서는 반드시 명심해야 할 일이 하나 있는데, 그것이 바로 '겸하'이다. 도인은 '물'과 같이 만물을 자애로 기르고 만물이 서로 다투지 않도록 만들어야만 지극한 '덕치'를 이룰 수 있다.

성인은 지나친 욕심을 내지 않으며 얻기 어려운 물건을 중하게 여기지 않고 배우지 않는 것을 배워 뭇 사람들의 허물을 고쳐줌으로써 만물이 스스로 그러하도록 돕되 감히 작위하지 않는다.[13]

일견 매우 평범하기조차 한 노자의 이 말은 사실 '겸하'의 통치술의 요체를 언급한 것으로, 통치자를 비롯한 인민들의 세속적 삶에 대한 근본적인 각성을 촉구하는 말이라고 할 수 있다. 인간의 일상적인 생활은 스스로의 욕구를 충족시키려는 방향으로 진행되게 마련이다. 그러나 욕구의 대상은 끝이 없이 새로워지고 넓어지므로 결코 욕망을 다 충족시킬 수는 없다. 그래서 인간은 결국 욕망의 대상이 되는 사물의 진상조차 제대로 알 수 없게 된다. 이와 같은 상태에서 벗어날 수 있는 유일한 길은 결국 '불욕不欲'의 단계로 나아가고자 하는 소위 '욕불욕欲不欲'의 길뿐이다. 학문에 대해서도 마찬가지 논리를 적용할 수 있다. 학문은 전체성에 대한 인식이 없는 한 결코 그 진상을 파악할 수가 없다. 모든 사물은 한순간도 정지함이 없으며, 하나의 사물은 다른 모든

---

13) 『道德經』, 64장, "是以聖人欲不欲, 不貴難得之貨, 學不學, 復衆人之所過, 以輔萬物之自然, 而不敢爲."

것들과의 상호관련성 속에서만 존재한다. 따라서 이와 같은 관계를 배제하고서는 개개 사물의 절대적 독자성을 찾을 수가 없다. 왕필은 배우지 않고도 할 수 있는 것이 '자연'이라고 해석했다.[14] 결국 학문에 대해서도 자연을 체득하는 '불학'을 배우는 '학불학學不學'의 단계로 나아가지 않으면 안 된다. 성인은 '학불학'과 '욕불욕'의 수행을 통해 사물의 진상을 근원적으로 파악해 인민의 과실을 바로잡을 수 있게 되는 것이다. 노자가 말하는 성인 즉 '도인'은 곧 '무지수박無知守樸'의 상태인 지덕至德을 체득한 사람이라고 할 수 있다.

노자는 "지혜로 나라를 다스리는 것은 나라의 해독害毒이요 지혜로 다스리지 않는 것은 나라의 복이니, 이 두 가지를 아는 것이 통치의 바른 길이다"[15]라고 말했다. 지혜로 국가를 통치하는 '이지치국以智治國'을 국가의 재앙이라고 한 것은 지智라는 덕목에 대한 강한 불신감에서 비롯된 것이다. 노자가 '지'를 이토록 불신한 것은 '지'가 만연할 경우 온갖 교묘한 꾀가 난무해 국가의 통치 질서가 붕괴될 것을 염려했기 때문이었다.[16] 사실 바람직하지 못한 '지'가 국가에 만연하면 아무리 훌륭한 법령과 제도를 마련해도 별 도움이 되지 않는다. 나라가 위급할 때면 군대를 쓰는 일이 불가피하지만 '도'의 차원에서 말한다면 애초에 그런 일이 발생하지 않도록 해야 한다. 인민들이 이기만을 많이 소유하려는 지경에 이르게 되면 나라가 위태롭게 되는 것이다. 지극한 통치를 이루는 데에 이러한 '지'는 오히려 방해가 될 뿐이다. 그러나 '덕'으로써 다스리면 다함께 '도'에 순응하여 '대순大順'의 경지에 이르게 된다.

『도덕경』 19장의 '절성기지絶聖棄智'로 표현된 '성聖'은 유가에서 말하는 성을 말한다. 이는 '도'와 '덕'을 체득한 성인 등을 지칭할 때 사용된 '성'과는 그 내용이 완전히 다른 것이다. 유가에서 말하는 '성'은 인위적인 것으로, 이는 노자가 볼 때 인간의 본원적인 덕성인 '소박성素樸性'을 해치기만 할 뿐이

---

14) 『道德經』, 64장, "不學而能者, 自然也." 王弼 注 참조.
15) 『道德經』, 65장, "以智治國, 國之賊. 不以智治國, 國之福. 知此兩者亦稽式."
16) 『道德經』, 65장, "民之難治, 以其多智也." 王弼 注 참조.

다. 노자는 춘추 시대 말기에 숱한 지혜의 출현으로 온갖 궤사詭詐와 허위虛僞
가 난무하는 현실을 보고 인간의 소박성을 강조하게 되었다. 노자가 수박守樸
을 위해 인민을 항상 '무지무욕'의 상태에 있도록 하여야 한다고 주장한 것도
이러한 역사적 사실과 무관치 않을 것이다. 노자가 '수박'을 강조한 것을 놓고
'지' 자체를 경시한 것으로 해석해서는 안 된다. 그는 '무위' 등과 같은 '큰 지
혜'에 대해서는 열심히 체득할 것을 권장했기 때문이다.

또한 노자는 "만족할 줄 알면 욕을 보지 않고 멈출 줄 알면 위태롭지 않으
니, 가히 장구할 수 있을 것이다"[17]라고 말했다. 이는 도가 있는 사람은 만족
할 줄 알고 그칠 줄을 안다는 것을 표현한 것이다. '지족知足'은 '겸하'의 또 다
른 표현이다. 노자는 너무 아끼면 크게 낭비하게 되고 지나치게 쌓아두면 반
드시 많이 잃게 될 것이라고 지적하면서,[18] '지족'을 모르는 사람에 대해 "지
족할 줄 모르는 것보다 더 큰 화는 없고 손에 넣으려는 탐욕보다 더 큰 죄악은
없다"[19]라고 경고하였다. 그칠 줄 아는 자는 도를 어겨 가면서 명예를 바라지
않고 잘한 것을 자랑해 이름 얻기를 바라지 않는다. 그리하여 남의 공격을 받
는 걱정을 면할 수 있고 욕되지 않고 위태롭지 않게 될 수 있다. '지족'할 줄 모
르면 '겸하'할 수 없고 '겸하'할 줄 모르면 '지족'할 수도 없다. 노자는 '지족'의
구체적인 모습을 다음과 같이 묘사했다.

성인은 배를 위할 뿐 눈을 위하지 않는다. 눈의 감각적인 쾌락을 버리고 배부른
것을 취할 뿐이다.[20]

성인은 만족할 줄 알기 때문에 감각적인 쾌락을 버리고 그 내실을 택한다
는 의미이다. 왕필은 '위복爲腹'과 '위목爲目'의 차이에 대해 "배를 위한다는

---

17) 『道德經』, 44장, "知足不辱, 知止不殆, 可以長久."
18) 『道德經』, 44장, "甚愛必大費, 多藏必厚亡."
19) 『道德經』, 46장, "禍莫大於不知足, 咎莫大於欲得."
20) 『道德經』, 12장, "聖人爲腹不爲目, 故去彼取此."

것은 사물로 자신을 기르는 것이고 눈을 위한다는 것은 사물에 의해 자신이 부림을 당하는 것을 말한다"라고 해석했다.[21] 왕필의 해석은 결국 '지족'을 깨달으면 욕심이 없어져 현실을 직시할 수 있다는 사실을 지적한 것이라고 할 수 있다. 노자는 또 '지족'의 구체적인 방법론과 관련해 "성인은 지나친 것을 멀리하고 사치를 물리치며 극단적인 것을 피한다"[22]라고 언급하기도 했다. 사물에 대해 인위적으로 붙잡거나 분별하지 않는다는 것이다. '도인'은 사물의 '성정'을 꿰뚫고 있기 때문에 사물의 영허성쇠를 뒤따르되 작위하거나 나서서 베푸는 일을 하지 않는다. 현혹되는 근거를 없앤 까닭에 마음이 어지럽지 않고 사물의 본성을 저절로 터득할 수 있는 것이다. 이는 '지족'의 극치에 이를 수 있는 최상의 방법론이라고 하겠다.

'지족'은 내실을 취하고 허세를 버리는 데 그 요체가 있다. 노자는 "성인은 병을 앓지 않는데 이는 병을 병으로 알기 때문이다. 그러므로 병이 되지 않는 것이다"[23]라는 비유를 통해 '지족'의 요체를 설파했다. 이 비유는 매우 심오한 의미를 지니고 있다. 대부분의 사람들은 제대로 알지도 못하면서 자신은 잘 안다고 생각하곤 한다. 그러나 '도인'은 다르다. '도인'은 이미 알고 있는 것조차 모르는 것으로 간주하는 것이다. 이를 두고 소식蘇軾은 "알면서 자기는 모른다고 알고 있는 것이 바람직한 일이다. 모르면서 아는 것이 병이다"라고 지적했다.[24] 이는 자신이 부족한 것을 인식해야만 허세의 병을 치유할 수 있음을 의미한다. 지식이 병이 되는 줄 아는 사람이라야 '도인'이 될 수 있다는 지적인 셈이다. 노자가 말하는 '도'는 매우 현묘해서 그 지극한 것은 비록 '도인'일지라도 알지 못하는 바가 있다. 잘 알지 못하면서 스스로 '도'에 밝은 사람이라고 생각하는 것은 병의 빌미가 될 수 있는데, '도인'은 그러한 병이

---

21) 『道德經』, 12장, "爲腹者以物養己, 爲目者以物役己." 王弼 注 참조.
22) 『道德經』, 29장, "聖人, 去甚, 去奢, 去泰."
23) 『道德經』, 71장, "聖人知病, 以其病病. 是以不病."
24) 焦竑弱侯, 『老子翼』(이현주 역), 311쪽 참조.

없으므로 참으로 아는 경지에서 그 현묘한 '도'를 볼 수 있게 되는 것이다. 『도덕경』에는 "성인은 스스로 아는 것으로 만족할 뿐 스스로 나타내지 않는다"[25] 라는 구절이 나온다. '도인'은 비록 뱃속에 가득히 경륜이 있어도 결코 재능을 밖에 드러내지 않는다는 것이다. 도인은 비록 그 몸을 사랑해도 결코 다른 사람에게 자신의 존귀함을 나타내지 않는다.

노자는 지족의 방법론과 관련해 이렇게 말하기도 했다.

> 성인은 스스로 쌓아두지 않는다. 남에게 해 줄수록 자신에게 더욱 있게 되고 남에게 줄수록 자신에게 더욱 많아지는 것이다.[26]

이는 '부적不積'의 논리이다. '지족'의 정신은 자연의 이치에 부합하는 자세를 말한다. '지족'은 스스로의 처지에 만족하기 때문에 자연의 이치에 순응할 수 있다. 자연에 순응하는 것은 곧 '무위'를 의미하는 것이기도 하다. 바로 여기서 '무위'와 '겸하'의 통치술이 접속하게 된다.

> 성인이 나라를 다스리는 도리는, 인민들의 마음을 비우게 만들고 그들의 배를 채우게 만들며 그들의 의지의 힘을 약하게 하고 그들의 체격을 건강하게 만드는 것이다. 항상 인민으로 하여금 '무지무욕'하게 하고 꾀 있는 자들로 하여금 감히 작위하지 못하게 한다. '무위'를 하면 다스려지지 않는 것이 없다.[27]

자연의 이치에 순응하여 인민들 스스로 할 수 있는 일은 인민들 스스로 하도록 내버려 두어야만 '지족'의 극의를 얻을 수 있다. 자연에 순응한다는 것은 곧 자연을 거스르지 않고 자연의 이치를 좇아 일을 하는 것을 말한다. 노자의 이러한 언급은 결국 '겸하'는 인민들의 '지족'을 통해야만 소기의 성과를

---

25) 『道德經』, 72장, "聖人, 自知不自見."
26) 『道德經』, 81장, "聖人不積. 旣以爲人, 己愈有. 旣以與人, 己愈多."
27) 『道德經』, 3장, "聖人之治, 虛其心, 實其腹, 弱其志, 强其骨. 常使民無知無欲, 使夫智者不敢爲也. 爲無爲, 則無不治."

얻을 수 있다는 사실을 지적한 것이라고 할 수 있다. 왕필은 마음을 비우는 '허심虛心'을 '영악한 꾀를 비우는 것'으로 해석한 데 이어 배를 채우는 '실복實腹'을 '소박함을 채우는 것'으로 풀이했다. 그는 나아가 뜻을 약하게 하는 '약지弱志'를 '쓸데없이 일을 일으키지 않는 것'으로 해석하고 뼈를 강하게 하는 '강골强骨'은 '무지함으로써 줄기를 삼는 것'으로 이해했다.[28]

노자는 골짜기와 여성의 비유를 통해 '겸하'를 다음과 같이 설명했다.

수컷을 알고 암컷을 지켜 천하의 계곡이 된다. 천하의 계곡이 되면 늘 덕이 떠나지 않아 영아로 복귀하는 것이다.[29]

계곡은 사물을 구하지 않지만 사물이 저절로 모이고 영아는 꾀를 쓰지 않지만 스스로 그러한 지혜에 합치한다. 이것은 계곡이나 영아가 '겸하'의 덕을 지니고 있기 때문이다. 왕필은 노자의 이 말을 "수컷은 앞서는 부류이고 암컷은 뒤처지는 부류이니, 성인은 천하에 앞서는 자들은 반드시 뒤처지게 됨을 알기 때문에 항상 자신을 뒤에 둔다"[30]라고 풀이했다. 또 소식은 이를 골짜기나 여성과 같이 고요하고 부드러운 것은 '응답하되 먼저 부르지 않는다'(和而不倡)라고 해석했다.[31]

고요한 골짜기와 부드러운 여성을 관통하는 상징어는 '물'이다. '겸하'의 통치술을 비유하는 데 물만큼 핍진逼眞한 비유도 없을 것이다. 물은 고요하고 부드러우며 앞을 다투지 않으면서도 미치지 않는 곳이 없다. 이는 노자가 말하는 '덕치'의 지극한 모습이기도 하다. '무위'가 최상의 치도인 '제도'를 의미하는 동시에 최상의 통치술을 뜻하듯이 '겸하' 역시 최상의 치본인 '도치'나

---

28) 『道德經』, 3장, "虛有智而實無知也. 骨無知以幹, 志生事以亂." 王弼 注 참조.
29) 『道德經』, 28장, "知其雄, 守其雌, 爲天下谿. 爲天下谿, 常德不離, 復歸於嬰兒."
30) 『道德經』, 28장, "雄, 先之屬. 雌, 後之屬也. 知爲天下之先必後也. 是以聖人後其身而身先也." 王弼 注 참조.
31) 焦竑弱後, 『老子翼』(이현주 역), 139쪽.

'덕치'를 의미하는 동시에 최상의 통치술을 뜻한다고 할 수 있다.

> 천하에 물보다 더 유약한 것은 없다. 그러나 단단하고 강한 것을 치는 데에 이보다
> 더 나은 것이 없다. 약한 것이 강한 것을 이기고 부드러운 것이 단단한 것을 이긴다
> 는 것은 천하가 다 알고 있으나 실천하지는 못한다.[32]

　물은 부드럽고 순종적이며 유동적이어서 여성적인 성질을 나타낸다. 그
러나 그것이 계곡에 모여 흘러내리기 시작하면 모든 장애물을 뚫고 자연스럽
게 흘러 강과 바다를 이루게 된다. 산은 깊숙한 곳에 독초를 품고 있으며(山藪
藏病) 내와 연못은 더러운 것을 받아들이는(川澤納汚) 속성이 있지만, 강이나 바
다는 물의 종류를 가리지 않음(江海不厭水)을 그 본질로 한다.[33] 천하를 다스리
고자 하는 자가 나라에 비천한 자가 없기를 바라는 것은 강과 바다에 오직 맑
은 물만이 흐르는 것을 기대하는 것과 같다. 비천한 자들을 미리 자르고 없애
고자 하는 것은 헛된 수고일 뿐이다.
　속인들은 강한 것을 사모하고 돋보이기를 좋아하여 '지유지약至柔至弱'의
묘리를 체득할 수 없다. 그러나 '도인'은 '겸하'의 통치술로 '도'와 '덕'을 닦아
나가면서도 결코 자신의 존귀함을 드러내지 않는다. 노자는 "성인은 스스로
아끼면서도 스스로를 귀하게 여기지 않는다"[34]라고 말했다. 노자는 왜 스스
로 아끼면서도 스스로를 귀하게 여기지 않는다고 말한 것일까? 아낀다는 것
과 귀하게 여긴다는 것이 사실상 같은 의미로 통용되고 있는 현실에 비추어
볼 때 이는 일견 모순된 표현으로 여겨지는 것이 사실이다. 그러나 왕필의 "스
스로 귀하게 여기면 장차 겸양하는 삶에 염증을 내게 된다"라는 주석을 보면
대략 수긍할 수 있을 것이다. 이렇게 해석하게 되면 자애自愛와 부자귀不自貴

---

32) 『道德經』, 78장, "天下莫柔弱於水, 而攻堅强者莫之能勝, 以其無以易之. 弱之勝强, 柔之勝剛,
　　天下莫不知. 莫能行."
33) 焦竑弱後, 『老子翼』(이현주 역), 331쪽 참조.
34) 『道德經』, 72장, "自愛不自貴."

라는 표현 사이에는 전혀 모순이 없다. 노자는 『도덕경』 13장에서 자신의 몸을 천하와 같이 아끼라고 주문했지만, 다시 72장에서는 지극한 통치를 이루려면 '자애'는 하되 '자귀'해서는 안 된다고 하여 일정한 제한을 가한다. 이런 내용을 통해 노자의 통치 사상이 '입세간'의 지극한 통치를 위해 얼마나 심도 있는 논리를 제공하고 있는지를 대략 짐작할 수 있을 것이다.[35]

노자는 "성인은 남루한 옷을 걸쳤지만 옥을 품고 있다"[36]라는 비유를 통해 자애와 부자귀의 관계를 명쾌히 파헤친 바 있다. '회옥懷玉'은 천하와도 자신을 바꾸지 않는 '자애'의 논리를 대변한 것이고, 남루한 옷은 곧 '부자귀不自貴'를 의미한다. 만일 '회옥'을 하고 '금의錦衣'를 걸쳤다면 이는 곧 '자애'하면서 '자귀'하는 경우이다. 이렇게 되면 '겸하'의 통치술을 발휘할 수 없다. 비록 옥을 품었을지라도 남루한 옷을 입고 '부자귀'해야만 우주만물의 이치인 '도'를 깨우치고도 늘 겸허하게 인민들 앞에 나설 수 있게 되는 것이다. 그러므로 천하를 다스릴 때에는 절대로 드러내 놓고 인의와 같은 덕목을 내세우거나 위력을 사용하는 등의 '유위통치술'을 구사해서는 안 된다. '피갈회옥被褐懷玉'은 그야말로 최상의 통치에 대한 촌철살인의 비유라고 하겠다.

또한 노자는 '피갈회옥'의 표현에 준하는 '강해선하江海善下'라는 표현을 통해 '겸하'의 중요성을 강조했다.

> 강과 바다가 능히 백곡百谷의 왕이 될 수 있는 것은 늘 낮은 곳에 있기 때문이다. 그래서 능히 백곡의 왕이 되는 것이다.[37]

강과 바다가 온 골짜기의 '왕'이 될 수 있는 것은 자신을 잘 낮추기 때문인

---

35) 陳鼓應은 노장의 통치 사상을 출세간의 문제를 다룬 것으로 오해한 데에는 노자의 주요 관념을 지나치게 글자에 집착해 해석한 것이 주요 원인의 하나가 되었다고 지적했다. 陳鼓應, 『老莊新論』(최진석 역), 153쪽 참조.
36) 『道德經』, 70장, "聖人, 被褐懷玉."
37) 『道德經』, 66장, "江海所以能爲百谷王者, 以其善下之. 故能爲百谷王."

것처럼, 백성들의 위에 오르고자 하면 반드시 말을 낮추고 백성들의 앞에 나서고자 하면 반드시 뒤로 물러서라고 노자는 충고하였다. 그래야만 백성들이 통치자의 존재를 부담스러워하지 않고 통치자를 추대하는 것을 싫증내지 않는다는 것이다. 이는 곧 천하의 제왕이 되고자 하는 자일수록 더욱 더 겸허한 자세를 견지해야 한다는 주장이라고 할 수 있다.[38]

이처럼 노자가 주장하는 최상의 '무위 통치'를 이루기 위해 반드시 필요한 통치술은 '겸하謙下' 그 자체라고 보아도 과언이 아니다. '겸하'는 인민으로 하여금 '수박守樸'의 길로 기꺼이 나서게 하는 유일무이한 통치술이라고까지 말할 수 있다. 노자는 "인민들을 다스리는 데 일정한 마음을 갖지 않고 인민들의 마음을 자기 마음으로 삼는다"[39]라고 말한 바 있다. 천하를 대함에도 내 마음으로 분별함이 없이 천하를 위해 마음을 머무르게 한다. 이러한 태도가 바로 '도인'이 취하는 '겸하'의 덕이다. 이런 '겸하'의 덕이 있음으로 해서 '도인'은 천하의 제왕이 될 수 있는 것이다.

그렇다면 노자는 '겸하'의 통치술을 어떻게 발휘해야 한다고 보았을까? 그는 "성인은 하고도 자랑하지 않고 공을 이루고도 머물지 않으니, 이는 잘났음을 드러내지 않으려는 것이다"[40]라고 말한 바 있다. '도인'은 자신을 드러내지 않기 위해 자신에게 남는 것을 덜어내어 남의 부족한 곳을 메운다. '도인'은 스스로를 드러내지 않기 때문에 어리석어 보이기까지 한다. 그러나 '도인'의 어리석음은 '도'의 체득을 통해 나온 것으로 실상은 '겸하'의 극치를 의미하는 것이다. 그래서 소식은 노자의 이 말을 풀이하면서 "도를 닦지 못한 자들은 무엇을 이루고는 그 자리에 머물면서 자신의 잘났음을 세상에 드러내니, 이는 곧 자기 자신을 스스로 떠받드는 것이다"라고 말했다.[41]

---

38) 陳鼓應은 유가에서 修身을 통해 '治國平天下'를 이룰 수 있다고 주장한 것은 노자의 '治天下' 사상을 차용한 것이라고 단정했다. 陳鼓應, 『老莊新論』(최진석 역), 116쪽 참조.
39) 『道德經』, 49장, "聖人, 無常心, 以百姓心爲心."
40) 『道德經』, 77장, "聖人爲而不恃, 功成而不處, 其不欲見賢."
41) 焦竑翁侯, 『老子翼』(이현주 역), 329쪽.

한편 노자는 다음과 같이 통치자의 '무사無私'를 강조하였다.

성인은 그 자신을 뒤에 두기에 앞설 수 있고 그 자신을 밖에 두기에 보존할 수 있다. 이는 사사로움이 없기 때문이 아니겠는가? 그러므로 그 사사로운 것도 성취할 수 있는 것이다.[42]

통치자는 하늘과 같은 어짊을 지니고 인민의 부모가 되어야 한다는 지적이다. 여기서 노자는 '무사無私'를 통해 오히려 '성사成私'가 가능하다고 강조하고 있다. 이 '무사'를 통한 '성사'의 대목은 노자의 '무위 통치'에서 또 하나의 중요한 특징을 이루는 부분이라 할 수 있다. 노자는 '무위'를 체득해 통치자의 자리에 오른 '도인의 사私'는 결국 지극한 '공公'에 해당한다고 본 것이다. 이는 한비자가 무사무편無私無偏의 법치를 통해 '군주의 사리私利'를 '공리公利'로 만들 수 있다고 주장한 것과 맥을 같이하고 있다. 한비자는 노자가 말한 성인의 자리에 군주를 대입시켰던 셈이다.

『도덕경』에는 "성인은 모두 어린아이로 대한다"[43]라는 구절이 있다. 소식은 이에 대해 "선한 자를 아끼지 않고 악한 자에게 성내지 아니하면 모든 것이 탁 트여 저마다 교화되니, 비로소 천하가 제자리를 잡게 된다"[44]라고 풀이했다. '도인'은 마음을 비웠기 때문에 선인과 악인을 구분하지 않고 받아들일 수 있으며 모든 인민을 어린아이로 대할 수 있는 것이다. 이는 세상을 구제하면서도 자기의 공로를 자신의 것으로 하지 않기 때문에 가능한 것이기도 하다.

'도인'은 항상 낮은 곳에 머물러 있기 때문에 천하 사람들과 다툴 일이 없다. 이를 가리켜 소위 '부쟁지덕不爭之德'이라고 한다.

무사 노릇을 잘 하는 자는 힘을 뽐내지 않고, 잘 싸우는 자는 성을 내지 않으며,

---

42) 『道德經』, 7장, "聖人, 後其身而身先, 外其身而身存. 非以其無私邪, 故能成其私."
43) 『道德經』, 49장, "聖人, 皆孩之."
44) 焦竑弱侯, 『老子翼』(이현주 역), 225쪽.

적을 잘 이기는 자는 맞서지 않고, 사람을 잘 쓰는 자는 먼저 낮춘다. 이를 일러 '부쟁지덕', '용인지력用人之力'이라 한다. 이는 하늘에 짝하는 것으로서 예로부터 지극한 준칙이었다.[45]

'부쟁지덕'은 곧 사람을 부리는 힘 즉 '용인지력'이다. 다투지 않으면서도 이길 수 있는 길은 먼저 스스로를 낮추는 방법밖에 없다. 훗날 병가兵家에서 최상의 용병술로 택한 것도 이 '부쟁지덕'이었는데, 이는 비단 전쟁 시의 용병술이기만 한 것이 아니라 항상 통용되는 최상의 통치술이기도 하다. '겸하'를 실천하는 최상의 방법론이 바로 '부쟁지덕'인 것이다. '부쟁지덕'은 '겸하'와 '무위'의 통치술이 만나는 지점이기도 하다.

노자가 말하는 성인 즉 '도인'은 만물을 있는 그대로 포용할 수 있는 인간상이라고 할 수 있다. 모든 인위적인 잣대에 의한 편견을 버리고 사물을 있는 그대로 바라볼 수 있을 때 사물이 내장하고 있는 본연의 모습을 인지할 수 있다. 노자는 바로 '겸하'의 통치술을 통해 이를 터득할 것을 권고한 것이다. 그러기 위해서는 모든 것을 포용할 줄 아는 열린 마음이 전제되어야만 한다. 노자는 "성인은 좌계左契를 갖고 남을 책망하지 않는다"[46]라고 말했다. '좌계'란 채권자가 지니게 되는 계약서의 왼쪽 반을 말한다.[47] 이러한 언급을 하게 된 까닭은 사람들이 서로 믿지 못하고 계약서를 작성하게 된 것을 책망하기 위해서라고 보아야 한다. 그가 말하는 '도인'은 설사 좌계와 우계가 맞지 않더라도 억지로 맞추려 하거나 상대방을 책하지 않는다. 이는 '관용의 정신'으로 통치해야 한다는 것을 의미하는 것이다.

---

45) 『道德經』, 68장, "善爲士者, 不武. 善戰者, 不怒. 善勝敵者, 不與. 善用人者, 爲之下. 是謂不爭之德, 是謂用人之力, 是謂配天古之極."
46) 『道德經』, 79장, "聖人, 執左契而不責於人."
47) '좌계'와 '우계'는 채권자와 채무자가 나누어 갖는 계약서를 말한다. 어느 쪽이 채권자와 채무자를 의미하는지에 대해서는 설이 엇갈리는 듯하나, 대략 우계를 가진 채권자가 채권을 추심하면 그 때 비로소 좌계를 가진 사람이 채무 이행의 의무를 지는 것으로 해석된다. 이 때 채권자는 좌계와 우계를 맞춰본 뒤 채권을 추심할 뿐이지 채무자가 선한 사람인지 여부 등에 관해서는 따지지 않는다고 한다. 임채우 역주, 『왕필의 노자』, 263쪽 각주 참조.

'관용의 정신'은 국가 간의 관계에도 그대로 적용될 수 있다. 노자는 『도덕경』 61장에서 소국을 대하는 대국의 자세는 암컷과 같이 겸허해야 한다고 주장했다.[48] 대국에게 '겸하'의 통치술을 국제 관계에도 적용할 것을 권한 까닭는 암컷은 항상 고요함으로 수컷을 이길 수 있다고 보았기 때문이다. 이는 그의 치본관인 '도치주의' 및 '덕치주의'가 천하를 대상으로 한 '제도帝道'에 어울리는 것임을 극명하게 보여 주는 사례라고 할 수 있다. '무위'의 통치술과 '겸하'의 통치술은 단순히 국내 통치에만 적용되는 것이 아니라 천하를 단위로 한 국제 관계에서도 그대로 적용될 수 있는 것이다.

여기서 하나 검토해 보아야 할 것은 소국이 '겸하'의 외교술을 발휘할 경우 노자의 발언을 어떻게 해석해야 할지의 문제이다. 왕필은 대국이 '겸하'의 외교술을 발휘할 경우 "대국이 소국을 받아들이게 된다"[49]라고 해석했다. 왕필의 이 해석은 분명히 옳다. 그러나 만일 대국은 그렇게 하지 못하고 소국만이 '겸하'의 외교술을 발휘하는 경우는 어떻게 될까? 이에 대해서는 아무도 구체적으로 언급하지 않고 있어 추측하기가 쉽지 않으나 『도덕경』에 나오는 문맥의 취지에 비추어 보면 소국이 대국을 취할 수도 있다고 해석하는 것이 옳을 듯하다. 노자의 통치 사상에서 아무리 대국이라 하더라도 '겸하'의 미덕을 발휘하지 못한다면 이는 곧 수컷의 견강堅强에 불과하다. 그는 "암컷은 고요함으로써 수컷을 이긴다"는 '빈정승모牝靜勝牡'를 강조한 바 있다. 따라서 대국이 수컷의 '견강'을 취하고 소국이 암컷의 '유약柔弱'을 취할 경우 소국이 궁극적으로는 이길 수밖에 없다는 결론이 나온다. 그의 이러한 지적은 21세기 동북아 시대에 부응하는 새로운 국제 관계를 모색하는 과정에서 반드시 참고해야 할 매우 중요한 사항이라고 하겠다.

결론적으로 말해 노자의 통치 사상은 '무위'와 '겸하'를 통해서 그 극의를

---

48) 『道德經』, 61장, "大國者, 下流 天下之交, 天下之牝."
49) 『道德經』, 61장, "大國, 納之也." 王弼 注 참조.

이룰 수 있다. '무위'와 '겸하'의 통치술은 상통하는 것으로, 두 통치술은 반드시 함께 구사되어야만 한다. '무위'와 '겸하'를 통틀어 표현하면 일종의 '청정수박淸靜守樸'의 통치술이라고 할 수 있을 것이다. 최상의 치도인 '제도帝道'와 최상의 치본인 '덕치德治'는 바로 '청정수박'의 통치술을 통해 그 극의를 이룰 수 있는 셈이다. '청정수박'은 흔히 말하는 '공평무사公平無私'로 환원시켜 풀이할 수 있다. '청정수박'이 우주만물의 본원을 의미한다면 '공평무사'는 통치 행위로 표현되는 '도치'와 '덕치'의 구체적인 표현이다. 통치자는 인민의 마음을 자기의 마음으로 삼고 인민의 고통을 자기의 고통으로 여길 수 있어야만 '공평무사'의 극의를 이룬 최고의 통치를 이룰 수 있다.

2. 유가

1) 공자: 수신문교

공자가 강조하는 '인본인치仁本人治'에 입각한 도덕 국가를 실현하기 위해서는 무엇보다도 '인'에 기초한 군자의 수신修身이 선결되어야 한다. 그런데 수신은 기본적으로 '인'을 추구하는 일종의 수도 과정이라 할 수 있다. 결국 공자는 치국평천하를 이루기 위한 군자의 수도 과정으로 '수신'을 설정하였기 때문에 다시 보다 구체적인 치술들을 적극 강구하지 않을 수 없었다.

공자가 생존했던 춘추 시대 말기는 도덕과 윤리가 붕괴 조짐을 보이면서 오직 강자의 이기주의만이 횡행하던 시기였다. '정명종주正名從周'를 통한 '제세濟世'를 소명으로 생각한 공자가 그 대안으로 제시한 것은 바로 군자 정치를 통한 도덕 국가의 실현이었다. 그가 말한 군자는 수신을 통해 '인'을 실현시킨 사람이다. 그는 누구나 수신을 통해 군자가 될 수 있다고 강조했다. 따라서 수신은 치국평천하를 이루기 위한 가장 기본적인 전제 조건이면서 하나의 기본적인 통치술이기도 했다. 이러한 의미에서 공자의 치술론은 '수신주의'라고 정의할 수 있다. 그러나 공자가 상정한 도덕 국가의 실현은 군자의 통치만으로 완결되는 것이 아니었다. 인민들이 모두 교화되지 않으면 도덕 국가의 실현은 불가능하다. 그래서 공자는 도덕 국가를 보다 적극적으로 실현하기 위한 방안의 하나로서 시서예악詩書禮樂을 통한 문화 교육을 제시하였다. 이런 의미에서라면 공자의 치술론은 '문교주의'라고 규정할 수 있다.[50]

공자가 말한 시서예악은 단지 인민을 교화하기 위한 수단에 그치는 것이 아니라 수신을 보다 효과적으로 실현하기 위한 수단이기도 했다. 따라서 공자의 치술론을 요약한다면, 수신을 체體로 하고 문교를 용用으로 하는 '수신문교修身文教'로 표현할 수 있을 것이다.

문교주의의 궁극적인 목표는 시서예악을 통한 모든 사람의 교화에 있다. 그리고 인민들의 교화를 위해서는 국가 자체가 하나의 '문교 국가'가 되지 않으면 안 된다. 따라서 군주는 천하의 모든 사람들에게 덕을 밝게 밝히기 위한 문교 국가의 건설에 진력해야 한다. 덕치에 기초한 도덕 국가의 실현은 바로 이 문교 국가의 건설을 전제로 하고 있다. 공자는 문교 국가를 이루기 위해서는 무엇보다 먼저 위정자 자신이 솔선수범해 수신에 정진해야만 한다고 믿었다. 그렇게 해야만 모든 사람들이 그를 좇아 교화된다고 생각했던 것이다. 공자는 정치를 묻는 계강자季康子의 질문에 "정치(政)란 정正이다. 자신이 바르게 처신하면 누가 감히 부정不正하겠는가"[51]라고 답했다. 스스로 바르게 되면 모든 사람이 좇아올 것이라는 지적이다. 수신이 완성된 군자에 의해서만 정치가 바르게 설 수 있고 인민에 대한 교화 또한 가능하다는 주장인 것이다. 문교 국가는 바로 정치와 문교가 분리될 수 없다는 사고에서 비롯되었다고 보아야 할 것이다. 공자의 '인학' 체계가 방대한 도덕적 통치 사상 체계인 동시에 하

---

50) 高須芳次郎, 『東洋思想十六講』, 76쪽.
51) 『論語』, 「顔淵」, "政者, 正也. 子帥以正, 孰敢不正."

나의 교육 사상 체계인 소이가 바로 여기에 있다.

공자는 교화敎化를 위한 구체적인 실천 방안으로 자발적인 학습 방법을 제시했다. 시서예악이 그것이다. 그가 제시한 시서예악은 수신을 위해 반드시 필요한 이수 과정인 동시에 인민에 대한 주요한 교화 수단이기도 했다. 수신의 궁극적인 목표가 치국평천하에 있다는 점을 감안할 때 시서예악을 통한 교화는 바로 수신의 수단인 동시에 치국의 수단이기도 한 것이다.

공자의 문교주의의 내용을 이루고 있는 시서예악은 『논어』 전편에서 '예禮'의 중요성을 강조한 데서 알 수 있듯이 '예' 한마디로 수렴될 수 있다. 공자가 말한 '예'는 단순히 관혼상제 등의 예제만을 지칭하는 것이 아니라 군자가 지켜야 할 예의나 절도 및 의관, 상제, 전례, 풍습 같은 모든 국가·사회적 의례와 규범들을 총괄하고 있다. 이런 관점에서 볼 때 공자의 문교주의는 '예교주의禮敎主義'로 풀이해도 좋을 것이다. 공자는 『논어』 전편에 걸쳐서 군자의 덕을 강조하는 것과 같은 비중으로 예교의 중요성을 역설했다. 그는 인간 관계 및 사회 질서의 유지를 위해서는 '예'가 반드시 필요하다는 확신을 지니고 있었던 것으로 보인다. 사실 '예'가 어지러워지면 사회의 질서나 개인간의 관계도 모두 어지러워질 수밖에 없다.

공자가 이처럼 '예'를 강조한 것은 기본적으로 '예'가 '인'을 발현시키는 주요한 수단으로 판단한 데 따른 것이다. 그는 '인'을 이루는 구체적인 방안을 묻는 안연의 질문에 대해 "예에 어긋나는 것은 보지도, 듣지도, 말하지도, 행하지도 말아야 한다"[52]라고 답했다. '예'에 따른 교화를 통해서만 '인'의 전사회적인 실현 즉 공존공영의 실현이 가능하다는 지적이다. 결국 '군자'가 수신을 통한 '인仁'의 인간 내적인 표현이라 한다면 '예'는 '인'의 인간 외적인 표현이라고 할 수 있다.

그러나 공자는 '예'의 지엽적인 틀에 얽매이게 되는 것을 매우 경계하였

---

52) 『論語』, 「顏淵」, "非禮勿視, 非禮勿聽, 非禮勿言, 非禮勿動."

다. 흔히 공자의 제자 중 '예'를 가장 중시한 사람으로 자하子夏와 자유子游를 든다. 순자는 바로 이들의 '예학'을 전수받은 것으로 알려지고 있다. 공자는 그런 자하에게 지엽적인 '예'에 얽매이는 한 '예'의 본래 취지를 살리기 어렵다고 지적하면서 "너는 군자다운 유자가 되어야지 소인 같은 유자가 되어서는 안 된다"[53]라고 충고했다. 또한 공자는 "사람으로서 어질지 못하다면 예를 배워 무엇에 쓰겠는가"[54]라고 언급하기도 했다. '인'이 실천의 기준으로 작동하지 않는 '예'는 아무 생명도 없는 말초적인 형식에 그칠 뿐이라는 지적이다. '예'는 '인'에 깊이 뿌리를 두지 않는 한 그 진정한 뜻을 살릴 수 없으므로 단지 '예'라는 형식만으로 고립해서 존재해서는 안 된다는 것이다.

공자는 '예'를 '인'의 주요한 실현 방안으로 본 것과 마찬가지로 시서악詩書樂의 취미를 교화의 주요 수단으로 거론했다. 시서악의 문예적 교양을 군자에게 빼놓을 수 없는 필수 교양으로 언급한 것이다. 하지만 그는 그러한 문예를 오직 '인'을 구현하기 위한 수단으로만 수용했을 뿐 순수 문예로는 인정하지 않았다. "사람이 어질지 못한데 음악이 무슨 소용인가"[55]라는 그의 말은 도덕적인 기준에서 문예를 규율해야 한다는 뜻을 내포하고 있다. 따라서 그는 '인'의 함양에 해가 되는 문예는 일절 배제했다.

널리 사람들을 아끼되 어진 자와 가까이 지내야 한다. 이를 행하고도 힘이 남으면 글을 배워야 한다.[56]

이는 '인'의 실천을 행하다 여유가 있을 때에 학문을 해야 한다는 취지에서 한 말로서, 학문을 위한 학문이 아니라 실천이나 수신을 위한 학문을 해야 한다는 주장이다. 공자는 문예를 도덕과 '인'을 실현하는 주요 수단으로 간주

---

53) 『論語』,「雍也」, "女爲君子儒, 毋爲小人儒."
54) 『論語』,「八佾」, "人而不仁, 如禮何."
55) 『論語』,「八佾」, "人而不仁, 如樂何."
56) 『論語』,「學而」, "汎愛衆而親仁. 行有餘力, 則以學文."

했기 때문에 시서악 자체만을 위한 문예는 결코 인정하지 않았던 것이다.

공자는 "도에 뜻을 두고 덕에 의거하며 인仁에 의지하고 예藝에 노닌다"[57]라고 말했다. 여기서 말하는 '예藝'는 예악사어서수禮樂射御書數로 불리는 이른바 육예六藝를 가리키는 것으로 바로 문예를 지칭하는 것이었다. 공자는 이러한 시서예악에 대한 학습은 혼연일체가 되어 병진시켜야만 효과를 볼 수 있다고 확신했다. 그는 "시를 함으로써 흥기할 수 있고 예가 갖춰져야 바로설 수 있으며 음악을 통해야 교양을 완성시킬 수 있다"[58]라고 역설했다. 문학을 통해 인간과 사회를 이해할 수 있고 예제를 통해 사회 질서를 바로잡을 수 있으며 음악을 통해 인간과 국가의 완성을 기할 수 있다는 주장이다. 여기서 공자가 음악을 문교의 최종 수단으로 보고 있다는 점에 주의할 필요가 있다.[59] 이러한 치술론은 순자에 이르러 더욱 확대되어 음악을 통한 통치 이른바 '악치樂治' 사상으로 전개되고 있기 때문이다.

순자는 '악치樂治'를 예치의 주요한 보조 수단으로 부각시켰는데, 공자도 이미 '악치'의 효용을 확신하고 있었다. 공자는 "대악大樂이라 함은 천지와 화목을 같이하는 것이고 대례大禮라 함은 천지와 절도를 같이하는 것이다"[60]라고 하였는데, 이를 통해 '악치'에 대한 그의 기본 입장이 '예치'에 대한 입장과 같은 수준의 것임을 짐작할 수 있다. 공자의 '악치' 사상은 한마디로 악치를 예치의 보조 개념으로 상정한 순자와 궤를 같이하고 있는 것이다. 결국 순자는 음악에 대한 공자의 기본 취지를 조술했다고 말할 수 있다.

그러나 공자는 '악치'의 중요성을 인정하면서도 음악에 완전히 매몰되는 것만큼은 경계하였다. 그는 "즐거워하면서도 넘치지는 않고 슬퍼하면서도 상하지는 않는다"[61]라고 강조했다. '악치'를 매우 중요한 통치술로 인정하면

---

57) 『論語』, 「述而」, "志於道, 據於德, 依於仁, 遊於藝."
58) 『論語』, 「泰伯」, "興於詩, 立於禮, 成於樂."
59) 郭沫若은 공자가 음악을 情緒涵養의 수단은 물론 治國平天下의 도구로 삼았다고 평가했다. 郭沫若, 『중국고대사상사』(조성을 역), 109쪽 참조.
60) 『禮記』, 「樂記」, "大樂, 與天地同和. 大禮, 與天地同節."

서도 그 한계를 설정하고 있는 것이다.[62]

　이상 살펴본 바와 같이 공자가 수신과 문교를 기본적인 통치술로 인정한 것은 명백하다. 그러나 그는 법술에 해당하는 정형政刑에 대해서는 그것을 기본적인 통치술로 인정하지 않았다. 공자는 정형의 치술은 불가피한 경우에 한해 최소한에 그쳐야 한다고 역설하였다. 그런데 이것은 소극적인 통치술로나마 정형을 인정한 입장이어서 맹자의 경우와는 적잖은 차이가 있다. 맹자는 인의를 중심으로 한 덕치 이외의 모든 통치술을 배척하였다. 그는 보민술保民術과 양기술養氣術을 주요한 통치술로 들었지만 결국 그것 역시 단지 인의와 왕도를 구현하기 위한 방안에 지나지 않았고, 정형은 아예 통치술로 인정하지도 않았다. 따라서 비록 소극적인 의미에 한정되기는 했으나 정형을 하나의 치술로 인정했다는 점에서 공자의 입장은 맹자와 뚜렷이 구별된다.

　공자가 말한 정형이란 사실 좁은 의미의 정치를 가리키는 말로 '치인治人' 및 '치사治事'에 쓰이는 모든 전장典章과 법령을 의미한다.

> 인민들을 정형으로 다스릴 경우 인민들은 빠져나올 생각만 하고 수치심을 모르게 된다. 덕으로 이끌고 '예'로써 다스려야만 인민들이 수치심도 알게 되고 올바르게 될 수 있는 것이다.[63]

　정형을 적극적인 통치술로 구사할 경우 오히려 역효과를 초래할 수 있다는 지적이다. 이 지적은 정형을 결코 사용하지 말라는 것이 아니다. 정형의 통치술로는 인민들을 궁극적으로 교화시킬 수 없다는 경고이다. 인민을 교화하

---

61) 『論語』, 「八佾」, "樂而不淫, 哀而不傷." 공자가 衛나라에서 魯나라로 돌아온 뒤 음악의 가락이 정상을 회복해 雅와 頌이 각각 제자리를 찾게 됐다고 평한 데서 알 수 있듯이 그는 樂治의 내용에 일정한 기준을 설정했다고 보아야 할 것이다. 『論語』, 「子罕」, "自衛反魯, 然後樂正. 雅頌各得其所."

62) 공자는 매우 음악에 조예가 깊었던 것으로 보인다. 그는 魯나라의 樂長과 음악을 논하기도 하고 각 나라의 음악에 대한 평가를 내리기도 했다. 『論語』, 「八佾」 및 「衛靈公」 참조.

63) 『論語』, 「爲政」, "道之以政, 齊之以刑, 民免而無恥. 道之以德, 齊之以禮, 有恥且格"; "夫民教之以德, 齊之以禮, 則民有格心. 教之以政, 齊之以刑, 則民有遯心." 『禮記』, 「緇衣」 참조.

기 위해서는 어디까지나 '예'를 통해야만 한다는, 이른바 '예교'의 중요성을 강조한 것이다.[64]

공자는 정형의 통치술은 어디까지나 소극적인 수준에 머물러야 한다는 신념을 지니고 있었다.[65] 그는 치안 유지의 효과를 높이기 위해 사형 제도를 도입하려는 계강자에게 "인민을 다스리는 데 어찌 사형의 방법을 쓰려 하는가? 위정자가 착해지고자 한다면 인민은 저절로 착해질 것이다"[66]라고 말했다. 위정자가 덕치에 입각한 선정을 베풀게 되면 인민들은 자연스럽게 교화될 수 있다는 것이 공자의 기본적인 입장이었다. 다만, 공자가 소극적인 의미이기는 하되 정형을 하나의 통치술로 인정하고 있었다는 점만큼은 간과해서는 안 될 것이다.[67]

2) 맹자: 보민양기

맹자는 인민을 통치의 대상 겸 목적으로 설정하였기 때문에 그의 치술론 역시 인민을 지키는 이른바 '보민保民' 사상으로 귀착될 수밖에 없다.[68] 그의 보민 사상은 인민을 기르는 양민養民 사상과 인민을 가르치는 교민敎民 사상으로 이루어져 있다. 또한 맹자는 인의 사상에 입각한 정치를 펼치는 데 필요한 치술로 이른바 기를 기른다는 의미의 '양기養氣' 사상을 제시하기도 했다.

---

64) 장기근은 禮의 원뜻은 '承天事神'에 있었으나 후에 '順天事人'으로 변환됐다고 하면서 禮의 본질적인 기원은 祭祀에 있으나 禮의 효용적인 기원은 인간의 욕구를 조절하자는 政治에 있다고 주장했다. 장기근은 禮의 정신이 종교가 되지 않고 禮敎가 된 것은 禮에 있어 그 사회적 관계로서 인간과 인간의 행동 규범을 중시했기 때문이라고 분석했다. 장기근, 「禮와 禮敎의 본질」, 『東亞文化』 9(1970), 67쪽 참조.
65) 조윤수는 유가 역시 인치를 중시했지만 결코 법치를 소홀히 여기지 않았다고 평가했다. 조윤수, 「유가의 법치사상」, 『중국연구』 10(1987), 118쪽.
66) 『論語』, 「顏淵」, "子爲政焉用殺, 子欲善而民善矣."
67) 蕭公權은 공자가 天下歸仁의 이상을 가졌다 하더라도 사람들마다 타고난 능력이 달라 敎化되지 않는 사람이 존재할 수 있다는 것을 분명히 알았기 때문에 政刑을 보조적인 치술로 인정했다고 주장했다. 蕭公權, 『中國政治思想史』(최명 역), 101쪽 참조.
68) 맹자의 保民 사상은 그의 왕도 사상과 불가분의 관계를 맺고 있다. 『孟子』, 「梁惠王上」, "保民而王, 莫之能禦也."

따라서 맹자의 치술론을 한마디로 요약해 표현하면 '보민양기' 사상이라고 규정할 수 있을 것이다.

그런데 맹자는 대체로 교민의 문제를 양민에 부수되는 것으로 취급하여 단지 그 대강만을 언급하는 데 그쳤다. 이는 공자가 예교를 강조하면서 상대적으로 교민을 양민보다 더 중시한 것과 대비되는 것이다. 그렇다면 우선 맹자의 양민에 관한 이론을 살펴보기로 하자.

맹자는 자신의 '귀민경군' 사상이 그렇듯이 양민 사상에서도 공자와는 다른 상당히 독창적인 견해를 피력하고 있다. 이미 공자는 민리를 중시하면서 인민들에 대한 예교를 하나의 통치술로 제시한 바 있었다. 그러나 맹자의 양민 사상은 공자의 그것보다 훨씬 구체적이면서 깊이가 있다.[69]

공자는 '족식'과 '족병'보다 '민신'이 치국의 요체라고 강조했다. 양민에 해당하는 족식보다 교민에 해당하는 '민신'을 중시했던 것이다. 그러나 맹자는 양민 사상을 통치술의 요체로 삼았다. 그는 군신이 양민의 책임을 다하지 않은 것에 대해 추호의 용서도 없이 지엄한 비판을 가했다. 공자와 맹자 둘 사이의 이러한 차이는 공자가 살았던 춘추 시대와 맹자가 살았던 전국 시대 간의 시대적 상황에서 비롯되었다고 할 수 있다. 전국 시대는 춘추 시대에 비해 전쟁을 통한 살육이 극심했고 학정이 극에 달한 시기였다.[70] 맹자는 이러한 상황에서 학정의 폐해를 교정해 인민을 도탄에서 구하는 것이 무엇보다도 시급하다고 느꼈을 가능성이 크다. 그래서 양민 문제가 선결되지 않고서는 교민 자체가 불가능하다는 판단을 내리게 된 것이다.

맹자가 양민술을 통치술의 요체로 거론한 것은 의리관에서 그가 오직 민

---

69) 蕭公權, 『中國政治思想史』(최명 역), 134쪽.

70) 蕭公權은 『史記』를 인용해 顯王 5년(기원전 363) 秦과 魏의 石門 싸움에서 6만 명이 참수되었고 愼靚王 4년(기원전 316)에 秦이 趙와 韓을 깨뜨렸을 때 8만 명의 머리가 잘렸으며 赧王 3년(기원전 311)에 秦이 楚의 군대를 공격했을 때 8만 명의 죽은 데 이어 赧王 8년에 宜陽을 빼앗을 때 8만 명이 죽은 사실을 거론했다. 蕭公權은 이어 맹자가 죽은 뒤인 赧王 22년에는 秦의 장수 白起가 韓나라를 쳐서 24만 명의 목을 잘랐다는 사실을 예로 들어 맹자가 살았던 당시의 虐政을 입증했다. 蕭公權, 『中國政治思想史』(최명 역), 137쪽 참조.

리만을 중시했던 것과 맥을 같이하고 있다. 앞서 보았듯이 맹자는 국리 차원의 공리조차도 인정하지 않았다. 그가 인정한 것은 민리 차원의 공리뿐이었다. 따라서 맹자의 양민 사상은 양혜왕을 처음 만났을 때 '하필 이익만을 말하느냐'(何必曰利)라고 하면서 인민을 부유하게 하고 전쟁을 방지해야 한다고 강조한 '유민지전裕民止戰' 주장과 아무런 모순이 없다고 할 수 있다. 맹자가 '하필 이익만을 말하느냐'라고 한 것은 군신 상하가 모두 '이利'만을 추구할 경우 나라가 위태로워질 수 있다고 보았기 때문이다. 맹자는 재정과 국방의 확충을 위해 전개되는 부국강병도 결국은 인민을 도탄에 빠뜨리는 중요한 이유라고 판단하여 국리 차원의 공리 역시 인정하지 않았다. 국리의 미명 아래 시행되는 많은 부국강병책이 한낱 군주의 사리 추구에 지나지 않는다고 보았기 때문이다. 공자와 달리 국리를 인정하지 않게 된 가장 주요한 사상적 배경은 바로 그의 양민 사상이라고 할 수 있을 것이다.

맹자의 양민 사상은 크게 '항산항심恒產恒心'과 '여민동락與民同樂' 사상으로 나누어 볼 수 있다. '항산항심'이란 인민들의 생업 보장을 통해 민생을 안정시켜야 한다는 사상이고, '여민동락'은 군주와 인민이 함께 즐겨야 한다는 사상이다.

맹자는 '항산항심'과 관련해, 우선 민생을 안정시키기 위해서는 세금과 부역을 가볍게 하는 동시에 전쟁을 방지하고 경계經界를 바르게 하는 것이 선결되어야 한다고 주장했다.[71] 또한 고대의 '정전법'을 부활시켜서 인민의 항산을 조장해야 하고,[72] 이와 더불어 조세 경감과 '환과고독鰥寡孤獨'에 대한 배려 등이 절실하다고 강조함으로써 경제의 도덕화를 도모했다.[73] 이로 인해

---

71) 『孟子』, 「滕文公上」, "夏后氏五十而貢, 殷人七十而助, 周人百畝而徹, 其實皆什一也. 徹者, 徹也. 助者, 藉也."

72) 맹자의 井田制 주장과 관련해 楊幼炯은 전국 시대에는 이미 井田制가 폐지된 지 오래됐다고 강조하면서 맹자는 오직 井田制의 대략에 대해서만 전해 들었음에 틀림없다고 평가했다. 楊幼炯, 『中國政治思想史』, 92쪽 참조.

73) 戶川芳郎은 맹자가 주장한 왕도 정치의 요체를 恒產恒心을 보장하는 井田制와 인의예지 四德을 논리적으로 뒷받침하는 性善說로 요약할 수 있다고 분석했다. 戶川芳郎, 『古代中國の

경제와 도덕은 불가분의 관계로 접합되었다.

맹자의 이러한 주장은 그의 인의 사상과 귀민경군 사상에서 비롯된 것이었다. 인민에게 항산을 보장해 주어야 항심을 유지시킬 수 있고, 항심이 유지되어야 그들을 인의의 길로 이끌 수 있다는 것이 맹자의 근본 취지였다. 결국 '항산항심'은 왕도의 실현을 위한 구체적인 방안이었던 것이다.[74]

맹자의 양민 사상 중 또 하나의 특색으로 들 수 있는 것은 '여민동락' 사상이다. 그는 후원에서 놀고 있는 양혜왕에게 "옛날의 현인은 인민들과 즐거움을 같이했기에 능히 즐거울 수 있었다"[75]라고 충고한 바 있다. 인민과 함께 즐기려는 자세가 전제되지 않고서는 결코 군주의 즐거움도 있을 수 없다는 지적이다. 이러한 여민동락 사상 역시 그의 귀민경군 사상과 맥을 같이하고 있다. 맹자는 제선왕에게도 다음과 같은 충고를 던졌다.

> 지금 왕께서 음악을 연주하는데……인민들이 모두 기뻐한다면,……이는 다름이 아니라 '인민과 즐거움을 같이했기'(與民同樂) 때문입니다. 지금 왕께서 인민과 즐거움을 같이할 수 있다면 곧 진정한 왕자가 될 수 있을 것입니다.[76]

이는 왕도에 이르는 길이 바로 인민들과 함께 즐기는 이른바 여민동락에 있음을 강조한 것으로, 이 여민동락의 사상은 항산항심과 더불어 맹자의 양민 사상의 주요한 요소를 이루고 있었다.

한편 맹자의 치술론 중 그의 독창성이 가장 돋보이는 것으로는 '양기養氣' 사상을 들 수 있다. 그의 양기 사상은 도가의 양기 사상과 유사한 것으로, 그는 이 사상을 인의를 체득하는 최선의 방안으로 제시하고 나섰다. 이러한 주

思想』, 30~32쪽 참조.
74) 高須芳次郎, 『東洋思想十六講』, 198쪽.
75) 『孟子』, 「梁惠王上」, "古之人, 民與偕樂, 故能樂也."
76) 『孟子』, 「梁惠王上」, "今王鼓樂……擧欣欣然有喜色……此無他, 與民同樂也. 今王與百姓同樂, 則王矣."

장은 공자가 '인'을 체득하는 방안으로 수신을 주창한 것과 맥을 같이하는 것이다. 양기 사상은 글자 그대로 기를 기른다는 것으로 '야기夜氣의 존양存養'을 전제로 하고 있다. 맹자는 양기와 관련해 이렇게 말하였다.

> 심지心志는 기를 이끌고 있고 기는 몸을 채우고 있다. 심지가 도달한 뒤에 기가 나오는 것이다. 따라서 심지를 굳게 지녀서 기가 사납게 되지 않도록 해야 한다.[77]

심지가 기를 통어하는 까닭에 심지는 기의 장수이고 기는 심지의 병졸이라는 것이다. 따라서 기를 키우기 위해서는 먼저 심지를 굳건히 해야 한다는 결론이 도출된다.[78] 맹자는 이렇게 심지를 굳건히 하여 기를 기름으로써 끝내는 '호연지기浩然之氣'에 도달할 수 있다고 생각했다.[79] 호연지기는 바로 그가 주창한 양기 사상의 핵심이라고 할 수 있는 것으로, 합리성을 토대로 한 의지력의 체현을 의미한다. 그는 어떤 경우에도 합리성에 투철해야만 호연지기를 충실히 하여 공명정대한 덕을 갖출 수 있고, 그래야만 하늘을 우러러 부끄러움이 없는 경지에 도달할 수 있다고 본 것이다.[80]

맹자는 양기를 도모하기 위해서는 '야기夜氣의 존양'이 필요하다고 주장했다. '야기'는 '호연지기'와 더불어 맹자가 만들어 낸 신조어로 올바른 자기성찰에 의해 얻어지는 순수한 '정기正氣'이다. 그는 인간은 외물에 의해 움직이기 쉬운 존재여서 기를 더럽히기 쉽고, 기가 탁해지면 정기를 잃어버리게 된다고 생각했다. 따라서 그는 인간은 주변이 모두 조용해지는 심야가 되어

---

77) 『孟子』, 「公孫丑上」, "夫志, 氣之帥也. 氣, 體之充也. 夫志至焉, 氣次焉. 故曰, 持其志, 無暴其氣."
78) 勞思光은 맹자가 氣에 대한 心志의 統御를 언급한 것은 '당연히 그래야 함'(應然)의 문제이지 '반드시 그런 것'(必然)의 문제는 아니라고 해석하면서 맹자의 存養之道는 바로 이런 논리에서 도출된 것이라고 분석했다. 勞思光, 『중국철학사: 고대편』(정인재 역), 136쪽 참조.
79) 高須芳次郎, 『東洋思想十六講』, 193쪽.
80) 성태용은 小體의 氣가 육체적인 기운이라면 大體의 氣는 浩然之氣라고 규정한 뒤에 『孟子』 「滕文公下」편에 나오는 "富貴不能淫, 威武不能屈"를 인용해 浩然之氣란 어떠한 악조건에도 굴하지 않는 경지를 일컫는다고 주장했다. 성태용, 「心性論, 禮論과의 관련 아래서 본 荀子의 修養論」, 『太東古典研究』(1989), 193쪽 참조.

야만 올바른 내성內省에 의해 '청정심淸淨心'에 도달할 수 있다고 보았다. 그는 이것이 바로 '야기'라고 규정한 것이다.

결국 그의 양기 사상은 야기의 존양을 통해 호연지기를 온축蘊蓄함으로써 인의에 투철할 수 있다는 사상으로 요약할 수 있다.[81] 한마디로 말해 맹자의 양기 사상은 '야기의 존양'을 통한 '호연지기의 확충'이 핵심인 것이다.[82] 그의 이 양기 사상은 후에 송대 성리학의 이론적 배경이라 할 수 있는 리기론의 모태가 되었다. 특히 호연지기의 경우는 사기士氣의 진작에 엄청난 영향을 주었다는 점에서 통치사상사적 의미가 매우 크다.

3) 순자: 예양악치

순자의 치술론을 한마디로 요약하면 '예양악치禮養樂治' 사상이라고 규정할 수 있다. 그는 예치를 성공적으로 실현시키기 위해서는 '예'에 입각한 양민養民과 '음악'을 통한 악치樂治가 필요하다고 역설했다.[83]

먼저 순자의 '예양술禮養術'에 대해 살펴보자. 그는 예치가 소기의 성과를 거둘 수 있게 되기 위해서는 먼저 인민들을 부유하게 만들어야 한다고 강조했다. 그 구체적인 방안으로는 비용을 줄이고 인민을 부유하게 만드는 소위 '절용유민節用裕民' 정책을 들 수 있다. 그는 다음과 같이 말했다.

> 부국의 길은 절용節用과 유민裕民을 통해 남는 재화를 잘 보관하는 데 있다.……
> 절용과 유민을 모르면 인민은 가난하게 된다.[84]

---

81) 高須芳次郎, 『東洋思想十六講』, 195쪽.
82) 楊榮國은 氣는 천지간에 가득 차 있는 것으로 맹자가 말한 浩然之氣는 바로 道義의 氣이며 인의예지의 氣를 말한다고 분석했다. 楊榮國, 『簡明中國思想史』, 179쪽 참조.
83) 李德永은 순자의 禮論과 樂論은 秦漢 이래 역대 중국 정권의 기본적인 통치 사상이랄 수 있는 봉건 전제 사상의 이론적 기초가 되었다고 주장했다. 李德永, 「荀子的思想」, 『中國古代哲學論叢』 1(1957), 77쪽 참조.
84) 『荀子』, 「富國」, "足國之道, 節用裕民而善臧其餘……不知節用裕民, 則民貧."

양민 정책의 기조는 한마디로 절용과 유민이 되어야 한다는 주장이다.[85] 그러나 순자는 '절용유민'을 이루기 위해서는 우선 사람들의 직분부터 분명히 가려줘야 한다고 강조했다.

순자는 사람의 본성이 악하기 때문에 집단 생활에는 반드시 두 가지 어려움이 따른다고 지적했다. 하나는 개인의 권리가 확정되지 않아서 물질적인 향유를 더 누리기 위해 다투게 되는 것이고, 다른 하나는 개인의 의무가 확정되지 않아서 일을 게을리 하게 되는 점이다. 그래서 그는 이런 문제를 근원적으로 해결하기 위해 사회적 분별을 분명히 하고 각자의 권리와 의무를 확정하는 일이 반드시 선행되어야 한다고 강조했다. 재화를 얻기 위한 다툼을 종식시키기 위해서는 일정한 재화 분배의 기준이 필요하다는 지적이다.

> 무릇 귀하기로는 천자가 되고 부유하기로는 천하의 부자가 되는 것은 모든 사람들의 한결같은 바람이다.……그래서 선왕先王은 예의를 만들어 분별의 기준을 정하였다. 귀천과 노소 등의 기준에 따라 각자 그 사안에 맞는 타당함을 얻도록 한 것이다.[86]

순자가 언급한 분배 기준은 귀천貴賤, 장유長幼, 지우知愚, 능불능能不能의 네 가지 범주로 나눌 수 있다. 각자의 신분 및 나이, 지혜, 능력 등에 따라 재화의 향유가 달라져야만 각자 그에 합당한 것을 얻을 수 있다는 지적인 것이다. 이는 일종의 '배분적 정의'를 역설한 것으로 볼 수 있다.

순자는 이러한 취지가 제도화될 경우 이를 '예'라 할 수 있고, 이 '예'를 통해서만 천하를 다스릴 수 있다고 확신했다.[87] 그는 각자의 의무를 확정하지 않을 경우 인민들이 게을러질 수밖에 없다고 경고하면서 인민들 각자가 신분

---

85) 『荀子』, 「富國」, "節用以禮, 裕民以政."
86) 『荀子』, 「榮辱」, "夫貴爲天子, 富有天下. 是人情之所同欲也……故先王案爲之制禮義以分之, 使有貴賤之等, 長幼之差, 知愚能不能之分, 皆使人載其事而各得其宜."
87) 『荀子』, 「榮辱」, "以治情, 則利. 以爲名, 則榮. 以羣, 則和. 以獨, 則足."

이나 역할 등에 따라 헌신적인 노력을 다해야 한다고 강조했다. 또한 사람들이 각자 맡은 바 책무를 다하지 못할 경우 치자와 피치자 간의 계층간 이동을 도모해야 한다고 주장했다.

> 비록 왕공이나 사대부의 자손이라 할지라도 예의에 합당하지 못하면 서민으로 돌려 버리고, 비록 서민의 자손이라 할지라도 학문을 쌓고 몸과 행실을 바르게 하여 예의에 합치될 수 있다면 재상이나 사대부에 귀속시켜야 한다.[88]

이는 순자의 '예본인치'의 진면목을 그대로 드러낸 대목이다. 그는 귀천에 따른 신분은 어디까지나 덕을 얼마나 연마했는지에 따라 유동적일 수 있다고 생각하였다. 이러한 신분질서 세습에 대한 그의 단호한 배격은 진한秦漢 이래의 역대 중국 정권이 취했던 '군신공치君臣共治'의 통치 체제를 확립하는 데에 결정적인 배경이 되었다.

순자는 모든 사람들이 신분에 따른 역할에 매진할 것을 주장하면서[89] 인민들 각자가 맡은 역할에 충실할 경우 모든 신분이 만족하는 평등 즉 '지평至平'이 자연스럽게 이루어질 것이라고 보았다. 그는 다음과 같이 말했다.

> 농부는 힘써 경작하고 상인은 예리한 관찰로 재화의 효용을 극대화하며 공인은 기술로써 기기의 제작에 열을 쏟는다. 사대부는 왕으로부터 공후에 이르기까지 인후仁厚와 지혜로써 관직 수행에 헌신한다. 무릇 이것을 '지평'이라고 한다.[90]

순자는 '지평'의 사회에서는 만족을 추구하지 않고 재물을 절제하지만 오

---

88) 『荀子』, 「王制」, "雖王公士大夫之子孫, 不能屬於禮義, 則歸之庶人. 雖庶人之子孫也, 積文學正身行, 能屬於禮義, 則歸之卿相士大夫."
89) 순자의 이러한 주장에 대해 蕭公權은 불평등 속에 평등의 요소가 숨어 있다고 평가하면서 위로는 덕을 가진 자가 지위를 얻어야 한다는 공자의 이상을 계승하고 있고 아래로는 평민이 卿相이 되는 秦漢 시대의 기풍을 열었다고 평가했다. 蕭公權, 『中國政治思想史』(최명 역), 170쪽 참조.
90) 『荀子』, 「榮辱」, "農, 以力盡田. 賈, 以察盡財. 百工, 以巧盡械器. 士大夫以上至於公侯, 莫不以仁厚知能盡官職, 夫是之謂至平."

히려 원하는 만큼 얻을 수 있다고 주장했다. '지평'을 이룰 수만 있다면 재물과 욕망이 경제 성장 속에서 조화를 이루어 나갈 수 있다고 본 것이다. 재화의 생산과 분배에 관한 순자의 기본적인 생각은 '예'에 의해 각자의 신분과 역할에 맞게 소임을 다할 경우 수요와 공급이 자연스럽게 접점을 찾아나갈 것이라는 관측에 기초한 것이다. 그는 "예라는 것은 욕망을 바르게 기르는 것이다"[91]라고 언급했다. 이는 그의 예양藝養 사상의 핵심을 드러낸 대목으로, '예'를 통한 재화의 확대 공급을 의도한 것이다. 이러한 언급은 그의 '예양' 사상이 그의 '제욕制欲' 사상과 표리의 관계를 맺고 있음을 시사한다. 예양 사상이 생산과 공급 차원의 원칙이라면 제욕 사상은 바로 분배와 수요 차원의 원칙이라 할 수 있다.

인민들 각자가 예양 사상에 입각해서 자신의 맡은 바 소임을 다하지 못할 경우 재화의 공급에 문제가 생길 수 있다. 이에 따라 순자는 재화의 생산, 분배의 조절 등을 위해 통치자가 적극 개입할 것을 주장했다. 그리고 그 구체적인 방안으로는 논밭 및 생산품 등에 대한 적정 수준의 과세와 부역의 감면 등을 주장했다. 가벼운 세금과 부역을 통해 생산을 독려하는 한편 '예'를 통해 절용을 고취하는 것이 정치의 역할이라고 주장한 것이다.

순자는 '예'를 통한 재화의 자연스런 생산과 분배 등에 관해 낙관적인 견해를 지니고 있었다. 그는 묵가와 같이 내핍경제 정책을 추구할 경우 생산 동기의 뿌리를 자르게 된다고 보았다.[92] 이러한 지적을 감안할 때 순자는 부국의 관건은 소비 욕구를 감소시키는 데 있는 것이 아니라 공급을 확장시키는 데 있다고 보았음에 틀림없다. 이 점이 바로 순자의 절용과 묵가의 절용이 근원적인 차이를 보이는 대목이라 할 수 있다.

---

91) 『荀子』, 「禮論」, "禮者, 養也."
92) 『荀子』, 「富國」, "墨子大有天下, 小有一國, 將少人徒, 省官職, 上功勞苦, 與百姓均事業, 齊功勞⋯⋯若是, 則萬物失宜, 事變失應, 上失天時, 下失地利, 中失人和. 天下敖然若燒若焦, 墨子雖爲之衣褐帶索, 哈菽飲水, 惡能足之乎. 既以伐其本, 竭其原, 而焦天下矣."

그렇다면 순자는 왜 음악이 통치에 필요하다고 보았던 것일까? 선진 시대 도·유·법 3가의 사상가들 가운데 순자는 특히 강하게 음악의 필요성을 역설했다는 점에서 독특한 사상적 색채를 띠고 있다.[93] 그는 이렇게 말하였다.

> 음악은 즐거운 것이다. 사람의 감정으로는 어쩔 수 없는 것이다. 따라서 사람에게는 음악이 없을 수가 없다.[94]

이는 음악이 중요한 통치술로 작용할 수 있다는 확신에서 비롯된 말이다.[95] 물론 공자도 '예'와 '악'은 상보적인 것으로서 인격을 도야하는 데 매우 중요한 도구가 된다고 생각했지만[96] 그는 순자와 같이 음악을 따로 떼어내어 강조할 정도는 아니었다. 순자는 사실 음악을 예치 실현을 위한 하나의 보완 장치로 이용했다. 이는 그의 치본관이 기본적으로 '예본인치'에 서 있는 데 따른 당연한 귀결일 것이다.[97] 그는 악치의 효용성과 관련하여 다음과 같이 언급한 바 있다.

> 음악이란 한 가지 표준을 잘 살펴서 화합하도록 한 것이다. 여러 사물을 견주어 절도를 꾸미고 여러 악기의 합주로써 아름다운 형식을 이룬 것이다.[98]

---

93) 高須芳次郎은 에도 막부의 國師였던 荻生徂徠가 藝術敎育論 등을 주창한 사실 등을 예로 들어 樂治 사상을 비롯한 순자의 통치 사상을 일본에 도입한 장본인이 바로 荻生徂徠라고 단정하면서 伊藤仁齋가 비록 성리학을 비판적으로 받아들였으나 孟學을 조술하는 데서 크게 벗어나지 못한 반면 荻生徂徠는 荀學을 도입함으로써 일본의 학문 발달에 결정적인 역할을 수행했다고 평가했다. 高須芳次郎, 『東洋思想十六講』, 212쪽 참조.
94) 『荀子』, 「樂論」, "夫樂者, 樂也, 人情之所必不免也. 故人不能無樂."
95) 王英은 중국 최초의 음악 이론은 『荀子』「樂記」에서 출발하고 있다고 주장하면서 순자의 樂治 사상은 공자의 음악 사상을 예악일치 사상으로 확대·발전시킴으로써 가능했다고 평가했다. 王英, 「淺談荀子的音樂思想」, 『孔孟荀比較硏究』(濟南: 山東大學, 1989), 310~311쪽 참조.
96) 梁啓超도 공자가 禮와 樂의 관계를 매우 밀접한 것으로 생각했다고 평가했다. 梁啓超, 『先秦時代政治思想史』, 165쪽 참조.
97) 馮友蘭은 순자의 樂治觀이 이후 유가의 樂治觀을 형성하는 근간이 되었다고 평가했다. 馮友蘭, 『중국철학사』(정인재 역), 208쪽 참조.
98) 『荀子』, 「樂論」, "樂者, 審一以定和者也, 比物以飾節者也, 合奏以成文者也."

그는 음악 자체가 군신상하 간의 절도를 상징하고 있다고 보았음에 틀림없다. 순자는 또 '악'과 '예'가 본질상 마찬가지라고 보아서 다음과 같은 말로써 악치의 중요성을 강조하였다.

음악이란 밖으로 나아가서는 적을 정벌하는 것이며 안으로 들어와서는 서로 읍양하는 것이다.……따라서 음악이란 곧 천하를 크게 다스리는 것이다.[99]

음악은 천하의 질서를 바로잡을 수도 있다는 것이다. 나아가 그는 음악을 통하게 되면 사물 또한 알맞게 조화시킬 수 있다고 강조했다.[100] 이렇게 음악을 사물의 중화中和를 찾아내는 중요한 수단으로 간주하는 사상은 그의 치도관을 형성하는 데 중요한 배경으로 작용했다. 왕도를 앞세우면서 패도를 용인하는 그의 '선왕후패' 사상은 바로 사물의 중화를 중시하는 사상이 그대로 적용된 결과로 볼 수 있는 것이다.

음악을 상하 질서의 '예'를 바로세우고 사물의 '중화'를 찾아내는 중요한 통치술로 간주한 순자의 사상은 일종의 '악치樂治' 사상이라고 할 수 있다. 순자가 '악치'를 주장하게 된 까닭은 규범적이고 형식적인 내용으로 흐를 소지가 많은 '예치'를 보완하기 위해서일 가능성이 크다. '예'와 '법'은 속성상 인간을 구속할 수밖에 없기 때문에 이를 부드럽게 적용시키기 위해 '음악'과 같은 것이 필요했을지도 모를 일이기 때문이다.

순자의 '예본인치'는 음악의 필요성을 역설한 데서 그 사상적 특색을 완연히 드러내었다. 그것은 법가의 엄법일변도의 사상과는 그 접근 방법에서부터 근원적인 차이를 보여 주고 있는 것이다. 순자는 악치를 통해 예치가 지니고 있는 한계를 보완함으로써 현실 세계에 예치 국가를 실현시키고자 했던 것으로 짐작된다. 그는 개인과 개인 또는 개인과 국가 간의 질서와 절도를 유

---

99) 『荀子』, 「樂論」, "樂者, 出所以征誅也, 入所以揖讓也……故樂者, 天下之大齊也."
100) 『荀子』, 「樂論」, "中和之紀也……是先王立樂之術也."

지하는 데에 최상의 규준으로 '예'를 상정하였지만, '예'가 지니고 있는 한계 또한 분명히 읽었음에 틀림없다.

결론적으로 말해 순자는 정적情的인 '악치'를 통해 인심을 미화시킴으로써 지의적知意的인 '예치'와 '법치'의 단점을 보완하려 했다고 할 수 있을 것이다. 이는 "묵자가 음악을 부정하는 것은 천하를 어지럽게 만드는 것이다"[101]라고 하여 묵가의 '비악론非樂論'을 질타한 것을 통해서도 쉽게 읽어 낼 수 있다. 순자가 예치를 치본으로 상정하면서도 그 단점을 보완하기 위해 악치라는 치술을 적극 강구한 대목은 맹자가 공자의 '인학' 체계에서 '의'를 따로 떼어 인의 사상을 만들어 내면서도 그 실현 가능성을 전혀 고려하지 않은 점을 감안할 때 탁견이 아닐 수 없다.

3. 법가: 법술농전

한비자는 자신의 법치 사상을 구현하기 위한 구체적인 방안으로 법法 · 술術 · 세勢의 혼용을 강조했다. '법치술法治術'을 기본으로 한 가운데 '술치술術治術'과 '세치술勢治術'을 동시에 구사해야 한다고 주장한 것이다. 그는 법치술의 요체는 '경상형벌慶賞刑罰'에 있다고 역설했다. 이는 '엄형중벌嚴刑重罰'만을 강조한 상앙과 차이가 있는 것이다. 또 술치술의 극의를 이루기 위해서는 권신의 발호를 사전에 봉쇄함으로써 권력 내부를 단속하고 법의 완벽한 집행을 보장하는 것이 필요하다고 역설했다. 이는 군권에 대한 최대 위협은 바로 권신의 발호에 있다고 간주한 데 따른 것이었다. 그는 이어 세치술의 관건은 법을 앞세워 권세를 행사하는 이른바 '포법처세抱法處勢'의 비술에 있다고 강조했다. 권세의 행사에 반드시 법을 앞세워야 한다는 지적이다.

---

101) 『荀子』, 「富國」, "墨子之非樂也, 則使天下亂."

한비자의 법치술은 상앙의 법치술을 토대로 발전한 것이다. 상앙의 법치술은 엄형중벌을 강조했다는 점에서 한비자와 차이를 보이지만, 상앙과 한비자는 모두 상과 형의 시행은 공정하게 이루어져야만 법치의 실효를 거둘 수 있다고 역설했다. 한비자는 다음과 같이 말하였다.

> 진실로 공이 있으면 멀고 비천한 사람이라 하더라도 반드시 상을 주어야 하고, 진실로 잘못이 있다면 비록 가깝고 사랑하는 사람이라 하더라도 반드시 처벌해야 한다.[102]

친소를 불문하고 '경상형벌'의 원칙을 지켜야만 국가의 기강을 바로잡을 수 있다고 본 것이다. 이어서 한비자는 "밝은 군주가 상을 내리는 것은 때맞춰 오는 비같이 따사로워 인민이 그 혜택을 입는다. 형을 가하는 것은 뇌정雷霆과 같이 두려워 그 신성함을 헤아릴 수 없다"[103]라고 밝혔다. 행상行賞과 행형行刑의 의미가 인민들에게 확연히 전달되어야 한다는 주장이다.

한비자의 술치술은 그의 법치술과 불가분의 관계에 있다. 그의 통치술을 법치술과 술치술을 통칭하여 이른바 '법술'이라고 부르는 이유가 여기에 있다. 그는 자신이 주장하는 '법술'의 특징을 다음과 같이 설명하였다.

> 신불해는 '술術'을 말했고 상앙은 '법法'을 말했다. '술'은 군주가 오로지 하는 것이고 '법'은 신하가 스승으로 삼는 것이다. 이것은 하나라도 없어서는 안 되는 것으로 모두가 제왕의 도구이다.[104]

'법'은 관부에 비치해 인민에게 포고하는 일체의 법령을 지칭하는 것이

---

102) 『韓非子』, 「主道」, "誠有功, 則雖疏賤必賞. 誠有過, 則雖近愛必誅."
103) 『韓非子』, 「主道」, "明君之行賞也, 暖乎如時雨, 百姓利其澤. 其行罰也, 畏乎如雷霆, 神聖不能解也."
104) 『韓非子』, 「定法」, "申不害言術, 而公孫鞅爲法. 術者, 人主之所執也. 法者, 臣之所師也. 此, 不可一無. 皆, 帝王之具也."

고, '술'은 군주가 가슴속에 감춘 채 신하들을 다스리는 일종의 잠어술潛御術이다. 따라서 '법'은 드러날수록 좋은 데 반해 '술'은 결코 드러나서는 안 된다. 한마디로 말해 법치술이 주로 인민을 다스리기 위한 '제민술制民術'이라면 술치술은 참신(僭臣)과 권신의 발호를 막기 위한 군주의 '제신술制臣術'이라고 할 수 있다.[105]

중국에서는 춘추 시대에 들어 이미 '시군천국弑君擅國'의 사건들이 흔히 발생하였는데, 이것은 전국 시대에 들어와서는 '찬위절국簒位竊國'의 현상으로까지 진행되었다. 전국 시대에는 특히 유세가들이 횡행함에 따라 이들을 현우를 가려 발탁하는 일이 또한 군주들에게 적잖은 어려움을 안겨 주었다. 이러한 상황에서 군주의 제신술로 등장한 것이 바로 술치술이며, 신불해는 이를 주창한 대표적인 인물이었다.[106] 한비자가 통치술의 중요한 한 요소가 되는 술치술은 신불해의 이론을 토대로 한 것이었다.[107] 한비자는 술치술에 대해 다음과 같이 말했다.

> 術術이란 임무에 따라 벼슬을 주고 명목을 좇아 내용을 따지며 죽이고 살리는 실권을 행사하는 것으로, 여러 신하들의 능력을 시험하기 위한 것이다. 이것은 반드시 군주가 쥐고 있어야만 한다.[108]

술치술은 군주가 홀로 술치의 요체를 남몰래 보유하는 데 그 의미가 있다

---

105) 蕭公權은 한비자가 말하는 法과 術에는 우선 法은 인민을 대상으로 삼고 있는 데 반해 術은 신하들을 대상으로 하고 있고 둘째, 法은 君臣이 함께 지키는 것인 데 반해 術은 군주가 이를 홀로 이용하는 것이며 셋째, 法은 衆人이 모두 알 수 있도록 공포된 律文인 데 반해 術은 君主의 마음속에서 은밀히 운용하는 機智인 점에서 근원적인 차이가 있다고 분석했다. 蕭公權, 『中國政治思想史』(최명 역), 383쪽 참조

106) 蕭公權, 『中國政治思想史』(최명 역), 353쪽.

107) 郭沫若은 『韓非子』의 내용 중 術을 논한 것이 전체의 60%에 달한다고 분석하면서 한비자가 公子 출신이었던 까닭에 法·術·勢 중 특히 術治에 깊은 관심을 기울였을 것으로 추단했다. 郭沫若, 『중국고대사상사』(조성을 역), 444쪽 참조.

108) 『韓非子』, 「定法」, "術者, 因任而授官, 循名而責實, 操殺生之柄, 課群臣之能者也. 此, 人主之所執也."

는 지적이다. 한비자는 나라를 다스리기 위해서는 부득이 신하를 활용할 수밖에 없는데 만일 조금이라도 경계를 늦추면 군권이 신하들에 의해 잠식당할 우려가 있다고 보았던 것이다. 그는 "군주의 몸이 위태롭게 되고 나라를 망치게 되는 것은 대신이 너무 고귀하게 되고 좌우 근신의 위력이 너무 크기 때문이다"109)라고 경고한 바 있다. 이는 가장 가까이 있는 신하가 군주를 능멸할 가능성이 가장 크다는 지적으로, "도를 아는 군주는 그 가신과 대신을 귀하게 만들지 않는다"110)라는 주장과 맥을 같이하는 것이다. 그는 또 신하의 세력이 이미 커진 경우는 조속히 거세해야만 한다고 강조하면서 "군주는 기회 있는 대로 나뭇가지를 잘라 내어 나무가 지나치게 무성하게 되지 않도록 해야 한다. 가지가 무성하면 궁궐을 가리게 된다"111)라고 역설했다. 근신과 권신의 세력을 그대로 방치할 경우 나뭇가지에 의해 궁궐이 가려지듯이 군권이 잠식당할 수밖에 없다는 지적이다. 그리하여 한비자는 권신의 등장을 미리 막기 위해서는 무엇보다도 세력 부식의 기회를 주어서는 안 된다고 강조했다. 한마디로 말해 그의 술치술은 신하들을 제압하기 위한 모든 비술을 총망라했다고 보아도 과언이 아니다.112)

한비자는 자신이 제안한 술치술은 중간 정도의 능력을 가진 이른바 중재中材의 군주라도 능히 구사할 수 있다고 주장했다. 하지만 사실 그의 술치술은 총명하기 그지없는 상재上材의 군주가 아니면 구사하기 어려운 측면이 있음을 부인할 수 없다. 결국 한비자는 인의의 실현이 현실적으로 불가능하다는 신념 하에 유가를 비판했지만 그 역시도 상재의 명군을 얻기가 쉽지 않다

---

109) 『韓非子』, 「人主」, "人主之所以身危國亡者, 大臣太貴, 左右太威也."
110) 『韓非子』, 「揚權」, "有道之君, 不貴其家. 有道之君, 不貴其臣."
111) 『韓非子』, 「揚權」, "爲人君者, 數披其木, 毋使木枝扶疏. 木枝扶疏, 將塞公閭."
112) 郭沫若은 한비자의 君臣觀은 크게 신하를 사육하는 개념으로 파악하는 이른바 畜臣觀과 爵祿과 忠誠을 사고 파는 행위로 파악하는 賣買觀으로 나눌 수 있다고 주장했다. 그는 『韓非子』 「外儲說右上」에 나오는 "夫馴烏者斷其下翎, 則必恃人而食, 焉得不馴乎"를 畜臣觀의 실례로 제시한 데 이어 『韓非子』 「難一」에 나오는 "臣, 盡死力以與君市. 君, 垂爵祿以與臣市. 君臣之際, 非父子之親也, 計數之所出也"를 賣買觀의 근거로 들었다. 郭沫若, 『중국고대사상사』(조성을 역), 466~467쪽 참조.

는 사실을 미처 생각하지 못했던 것이다.[113]

한비자는 '법술'에 의한 치술 못지않게 '세치술'을 중시했다.[114] 그의 세치술은 한마디로 '군권의 행사 및 유지에 관한 방안'이라 할 수 있다.[115]

'세勢'란 군주의 자리에 당연히 부수되는 일종의 위세 내지 권세를 말한다. 한비자는 신도愼到의 설을 이어받아 세치의 의미를 보다 정밀하게 발전시켰다.[116] 그는 우선 군주가 권세를 유지하기 위해서는 반드시 언론을 통일시켜야 한다고 강조함으로써 언론의 통일이 군주의 권세를 유지하기 위한 필요조건임을 명확히 하였다.[117] 그리고 그 구체적인 방안으로 상과 벌이라는 두가지 수단을 제시했다.[118] 친소를 불문하고 준법자와 범법자를 분명히 가려내어 '경상형벌'의 원칙을 바로세워야 한다고 지적한 것이다.

한비자는 군주가 지닌 상과 벌이라는 두 가지 도구를 호랑이의 발톱과 이빨에 비유하여, 호랑이의 발톱과 이빨을 빼내어 개에게 사용하게 할 경우 호랑이는 그 개에게 굴복당할 수밖에 없다고 말했다.[119] 군주의 권세는 바로 호랑이의 '조아爪牙'와 같은 것으로 군권 및 군위君位의 상징인 셈이다. 군주는 신하에 대해 극도의 경계심을 지녀야 한다고 강조한 이유가 여기에 있다.

---

113) 蕭公權, 『中國政治思想史』(최명 역), 391쪽.
114) 郭沫若은 梁啓超가 『先秦時代政治思想史』를 통해 한비자를 세치주의자가 아닌 법치주의자로 분류한 데 대해 梁啓超는 『韓非子』 「難勢」를 오독한 나머지 중대한 오류를 범했다고 지적하면서 한비자는 오히려 극단적인 세치주의자로 분류해야 한다고 반박했다. 郭沫若, 『중국고대사상사』(조성을 역), 448~450쪽 참조.
115) Ames는 법가의 세치 사상이 근원적으로는 孫武와 孫臏을 비조로 하는 병가 사상에서 비롯됐다고 분석했다. Ames는 『荀子』와 『韓非子』, 『商君書』 등을 자세히 분석한 뒤 勢란 병가에서 말하는 '전략적 우위'(strategic advantage) 및 '정치적 획득'(political purchase)을 뜻하는 것이라고 주장했다. Cf. Ames, Roger T., *The art of rulership—A Study in Ancient Chinese Political Thought*, pp. 66~72.
116) 勞思光은 한비자가 말한 勢治는 유가의 名分論과 대치되는 일종의 重勢輕賢說로 유가의 尊賢說을 비판하는 데 그 근본 취지가 있다고 분석했다. 勞思光, 『중국철학사: 고대편』(정인재 역), 371쪽 참조.
117) 『韓非子』, 「問辯」, "明主之國, 令者, 言最貴者也. 法者, 事最適者也. 言, 無二貴. 法, 無兩適."
118) 『韓非子』, 「二柄」, "明主之所導制其臣者, 二柄而已矣. 二柄者, 刑德也. 何謂刑德, 曰, 殺戮之謂刑, 慶賞之謂德."
119) 『韓非子』, 「二柄」, "夫虎之能服狗者, 爪牙也. 使虎釋其爪牙, 而使狗用之, 則虎反服於狗矣."

그러나 한비자는 세치술의 극의를 이루기 위해서는 무엇보다도 군주의 '포법처세抱法處勢'가 있어야 한다고 역설했다. 법을 끼고서 권세를 행사하는 한 중재中材의 군주라도 능히 군권이나 군위를 지켜낼 수 있다고 주장한 것이다. 한비자는 고기가 물을 떠나 살 수 없듯이 군주 또한 잠시라도 '세'를 떠나서는 살 수 없지만 '세'를 계속 유지하기 위해서는 반드시 '법'을 끌어안고 '세'를 타는 '포법처세'의 자세를 견지해야 한다고 역설했다.

> 요순이나 걸주 같은 사람들은 천 년에 한 번 나타난다 할지라도 연이어 나타나는 셈이다.……법을 안고 권세에 몸을 두면(抱法處勢) 나라가 다스려지고, 법을 등지고 권세를 버리면 나라가 어지러워진다.[120]

포법처세만 능히 할 수 있다면 중재의 군주일지라도 능히 통치할 수 있는 까닭에 천년에 한 번 나오는 요순과 같은 상재의 군주를 꼭 기다릴 필요는 없다는 주장이다. 그러나 이는 걸주와 같은 하재下材의 군주가 나왔을 경우에 대한 대답으로는 미흡하다. 이에 대해 그는, "포법처세의 자세를 견지하면서 걸주를 기다린다면 걸주가 나타날지라도 천 년 동안 다스려지다가 단 한 번만 어지럽게 되는 것에 불과하다"[121]라고 해명했다. 걸주와 같은 폭군은 천 년에 한 번밖에 나오지 않는 하재의 군주인 까닭에 그의 치세 기간 중 나타나는 어지러움은 큰 문제가 될 것이 없다는 것이다. 이는 걸주와 같은 폭군이 나오더라도 인고로써 견디어 내라는 주문이나 마찬가지이다.

그러나 폭군에 대한 인고를 요구하는 한비자의 주장은 기본적으로 적잖은 문제점을 안고 있다. 우선 폭군이 연이어 나올 경우에 대한 구체적인 대안 제시가 없다는 점을 들 수 있다. 하재의 군주는 반드시 천 년에 한 번만 나오지 않는다는 역사적 사실에 비추어 볼 때 보다 구체적인 대안 제시가 절실할

---

120) 『韓非子』, 「難勢」, "且夫堯舜桀紂, 千世而一出, 是比肩隨踵而生也……抱法處勢, 則治. 背法去勢, 則亂."
121) 『韓非子』, 「難勢」, "抱法處世而待桀紂, 桀紂至乃亂, 是千世治而一亂也."

수밖에 없지만, 그는 오직 걸주와 같은 하재의 군주는 천 년에 한 번밖에 나오지 않는다는 해명으로 이를 간단히 취급하고 있는 것이다. 물론 한비자는 요순과 탕무조차 어찌 보면 '시군반적弑君叛賊'에 불과하다는 역설로 자신의 주장을 관철시켰다.

> 요순탕무는 군신의 의를 배반하고 후세의 가르침을 어지럽힌 자들인지도 모른다. 요는 군주로서 그 신하를 군주로 삼았고, 순은 신하로서 그 주군을 신하로 삼았다. 탕무는 신하이면서 그 주군을 죽이고 그 시체에 형벌을 가했다.……이것이 천하가 지금까지도 다스려지지 않는 이유이다.[122]

요순탕무도 그 행위 자체로 보아서는 '역군逆君' 내지 '시군'에 불과한 것이 아니냐고 반박하고 나선 것이다. 이러한 주장은 결국 유가에서 성군으로 일컫는 요순탕무조차 일종의 반신叛臣에 불과한데 걸주가 출현했다고 해서 충성을 바치지 못할 이유가 무엇이냐고 따진 셈이다.

그는 신하의 도리와 관련하여 "신하가 군주를 섬기고 자식이 아비를 섬기고 아내가 지아비를 섬기는 세 가지가 잘 이루어지면 천하가 잘 다스려지게 된다"[123]라고 말하였다. 천하의 상도常道인 이 세 가지 기본이 무너졌기 때문에 천하가 어지러워졌다고 본 것이다. 이에 따라 그는 "밝은 왕과 현명한 신하는 결코 서로의 자리를 바꾸지 않는다. 군주가 비록 불초하더라도 신하는 감히 침범해서는 안 된다"[124]라고 단언했다. 아비가 비록 못났을지라도 자식이 아비를 바꿀 수 없듯이 신하 역시 군주가 불초하다고 해서 그 군주의 위를 범해서는 결코 안 된다는 입장을 밝힌 것이다. 법가의 '귀군' 사상이 그대로 드러난 대목이 아닐 수 없다. 이는 폭군에 대한 방벌을 제창한 맹자의 입장과 극

---

122) 『韓非子』, 「忠孝」, "堯舜湯武, 或反君臣之義, 亂後世之敎者也. 堯, 爲人君而君其臣. 舜, 爲人臣而臣其君. 湯武, 人臣而弑其主刑其尸……此, 天下所以至今不治者也."
123) 『韓非子』, 「忠孝」, "臣, 事君. 子, 事父. 妻, 事夫. 三者順, 則天下治."
124) 『韓非子』, 「忠孝」, "明王賢臣而弗易也, 則人主雖不肖, 臣不敢侵也."

명한 대조를 이루고 있다.

신하는 모시고 있는 주군이 비록 폭군이라 할지라도 충성을 바쳐야 한다
는 한비자의 주장은 그의 '귀군' 사상을 배경으로 한 것으로, '귀군' 사상은 그
의 치본관인 '법본법치'와 표리의 관계를 이루고 있다. 이 '귀군' 사상은 효를
중시하는 유가의 사상과 정면으로 배치되는데, 공자가 남의 양을 훔친 아비
를 고발한 자식을 불효라고 비난하면서 효친의 의무를 '충군忠君'의 의무보다
앞세웠던 데 반해 한비자는 효와 충이 충돌할 경우 충을 좇을 것을 강조했다.

> 양을 훔친 아비를 고발하자 수령은 그를 처벌하라고 명했다. 임금에게는 바른 것이
> 지만 아비에게는 굽은 것이 되기 때문이다.⋯⋯수령이 그를 처벌하자 초나라에서
> 는 죄인을 고발해 오는 사람들이 사라지게 되었다.[125]

공과 사가 충돌할 때 '공公'을 버리고 '사私'를 취하게 될 경우 나라가 바로
설 수 없게 된다는 주장이다. 한비자는 부자 사이라 하더라도 서로 죄를 숨겨
주다 보면 나라의 기강이 무너질 수밖에 없다고 보았다. '위공거사爲公去私'를
법치의 요체로 인식하고 있는 그로서는 당연한 주장이라고 하겠다. 한비자는
유가에서 말하는 효조차 개인적 차원의 사사로운 감정에 불과하다고 보았음
에 틀림없다. 후세에 강조되는 충군과 충국 사상은 사실 한비자 등의 법가 사
상에 그 뿌리를 둔 것이었다.

한편 법가는 한결같이 국가의 부국강병책을 주요한 정책 목표로 삼았다
는 점에서 공통점이 있다. 그들은 이 목표를 달성하기 위한 수단으로 생산력
과 전투력의 증강을 꾀했다. 그리고 이처럼 부국강병을 목표로 하여 제시된
치술론이 바로 농전農戰 사상이다. 이는 농사農事와 군사軍事를 똑같이 중시하
는 일종의 '중농중병重農重兵' 사상으로, 철저한 '병농일치' 사상 아래 농민들

---

125) 『韓非子』, 「五蠹」, "其父竊羊而謁之吏, 令尹曰, 殺之. 以爲直於君而曲於父⋯⋯令尹誅, 而楚姦
不上聞."

을 무장시켜 천하를 제패하겠다는 의도를 담고 있는 것이기도 하다.

　　법가는 '병농일치'를 주장할 때에도 '경상형벌'의 원칙을 예외 없이 적용할 것을 강조했다. 이러한 통치술의 사상적 근저는 기본적으로 힘에 대한 믿음이었다. 상앙은 "나라가 중히 여겨지고 군주가 높게 여겨지는 것은 힘 때문이다"126)라고 주장한 바 있다. 이를 통해 법가의 사상적 기반이 철저한 현실주의에 있음을 읽을 수 있다. 한비자도 힘과 관련해, "힘이 많으면 사람들이 와서 배알하고 힘이 적으면 다른 사람에게 가서 배알하게 마련이다. 그러므로 명군은 힘을 얻는 데에 힘쓴다"127)라고 주장하였다.

　　힘을 숭상한 법가는 유가가 주요한 통치술로 생각했던 시서예악 등의 '문교'를 철저히 불신했다.128) 이들은 힘을 얻기 위해서는 오직 인민들이 농사와 전쟁에 헌신해야 한다고 주장했다. 부국강병을 실현하기 위해 농전農戰 이외의 모든 것을 억제할 것을 강조했던 것이다.129) 이들이 농전을 독려하기 위해 가장 먼저 시행한 것은 도식자徒食者의 제거였다. 이러한 입장은 상앙의 다음과 같은 말에서 잘 드러나고 있다.

　　농전에 종사하는 인민이 천 명이고 시서에 능하고 말 잘하며 지혜로운 자가 한 명 있다면 그 천 명은 모두 농전에 태만하게 될 것이다.……나라는 농전에 의존해야만 안정된다.130)

---

126) 『商君書』, 「愼法」, "國之所以重, 主之所以尊者, 力也."
127) 『韓非子』, 「衚學」, "力多, 則人朝. 力寡, 則朝於人. 故明君務力."
128) Rubin은 법가가 이같이 시서예악을 반대한 이론적 배경과 관련해 법가는 墨家의 非樂論을 확대·발전시켜 일종의 反文化論을 전개한 것으로 볼 수 있다고 평가했다. Cf. Vitaly A. Rubin, *Individual and State in Ancient China: Essays on Four Chinese Philosophers*, p. 75.
129) 蕭公權은 관중도 富强의 중요성에 대해 논했으나 상·한과 같은 철저함에는 미치지 못했다고 평가하면서 유가 역시 兵農을 중시했으나 그 목적이 임금의 세력을 확장시키는 데 있는 것이 아닌 점에서 상·한과 다르다는 점을 주의해야 한다고 강조했다. 蕭公權, 『中國政治思想史』(최명 역), 366쪽 참조.
130) 『商君書』, 「農戰」, "農戰之民千人, 而有詩書辯慧者一人焉, 千人者皆怠於農戰矣……國待農戰而安."

농전만이 철저한 부국강병책임을 주장하는 대목이다. 이미 진시황 때 이전부터 유가가 진나라에는 발을 붙일 수 없었던 이유가 바로 여기에 있다.[131] 유가는 법가와 같은 실용적인 부국강병책을 제시하지 못했기 때문이다. 한비자 역시 "공자나 묵자와 같이 널리 배워 익혀서 사리를 분별하는 슬기가 있다 해도 그들은 밭을 갈고 김을 매지 않았으니, 나라가 그들에게서 얻을 것이 무엇이 있겠는가"[132]라고 강조한 바 있다.

법가의 이런 주장은 설령 실용 학문을 연마한다 하더라도 병농에 직접 종사하지 않는 한 국가에 유해하다는 발상에서 비롯된 것이다. 이들의 철저한 부국강병책에서 법가 사상의 냉혹함을 충분히 짐작할 수 있다. 사실 상앙은 시서예악이 나라를 망친다고 하는 이른바 '문학망국론文學亡國論'을 주장하면서 '분서焚書'를 강행한 것으로 전해지고 있다.[133] 한비자는 전문傳聞임을 밝히면서 상앙에 대한 다음과 같은 기록을 남겼다.

> 상앙은 진효공에게 열 집 또는 다섯 집을 한 조로 하는 연좌제를 실시하게 하는 동시에 시서를 불태워 법령을 밝힐 것을 가르쳤다.[134]

만일 이 말이 사실이었다면 상앙은 진시황의 분서갱유에 앞서 시서와 같은 유가 경전을 불태운 셈이 된다. 하지만 이를 확인할 길은 없고,[135] 아무래도 상앙이 철저한 법치를 시행한 사실에 기초해 후세에 이러한 일이 실제로 있었던 것처럼 악의적인 소문이 나돌았을 가능성이 크다.

---

131) 순자는 秦나라의 재상인 應侯와 토론하는 자리에서 秦나라는 霸國의 모범을 보이고 있음에도 불구하고 儒者가 하나도 없어 문제라고 지적했다. 『荀子』「議兵」참조.

132) 『韓非子』,「八說」, "博習辯之如孔墨, 孔墨不耕耨, 則國何得焉."

133) 高須芳次郎, 『東洋思想十六講』, 269쪽.

134) 『韓非子』,「和氏」, "商君敎秦孝公, 以連什伍設告坐之過, 燔詩書而明法令."

135) Rubin은 상앙이 秦孝公에게 焚書를 권했다는 기록에 대해 史實 여부가 확인되지 않는다며 부정적인 평가를 내리고 있다. Cf. Vitaly A. Rubin, *Individual and State in Ancient China: Essays on Four Chinese Philosophers*, p. 86.; 郭沫若도 『史記』「商君列傳」에 이와 같은 내용이 없는 점을 들어 부정적인 견해를 취하고 있다. 郭沫若, 『중국고대사상사』(조성을 역), 404쪽 참조.

그렇다고 하더라도 상앙이 전공에 따른 '중상重賞' 방안을 제시하는 등 부국강병을 효율적으로 달성하기 위한 모든 방안을 고안해 냈다는 사실만큼은 부인할 수 없다. 그는 "인민들이 부귀를 바라는 욕망은 관 뚜껑이 덮인 뒤에나 모두 그치게 된다. 부귀의 입문은 반드시 병兵으로부터 나와야 한다"[136]라고 주장한 바 있다. 얼마나 그가 상무 정신에 고취되어 있었는지를 짐작할 수 있다. 그는 인민들의 연무鍊武를 위해 일체의 관작과 전택의 공여를 전공과 연계시켜야 한다고 주장했던 것이다. 이 점이 바로 같은 법가이면서도 상앙과 한비자가 큰 차이를 보이는 부분이다. 한비자는 전공에 따른 전택 공여에는 반대하지 않았으나 관작 수여에는 반대했다. 관작마저 전공에 따라 수여하게 될 경우 법치의 기조가 위협받는 등의 적잖은 문제가 뒤따르게 될 것을 염려했기 때문이다. 두 사람 간의 이와 같은 견해 차이는, 상앙이 오직 법치술에만 의거해 통치에 접근하려 한 데 반해 한비자는 '법·술·세'의 모든 통치술을 동원해 바람직한 통치를 이루려 한 데서 비롯되었다고 볼 수 있다.

---

136) 『商君書』, 「賞刑」, "民之欲富貴也, 共闔棺而止. 富貴之門, 必出於兵."

치도·치본 논쟁

1. 치도 논쟁의 전개

선진 시대 도·유·법 3가의 치도론治道論은 앞서 언급한 바와 같이 기본 적으로 그들의 의리관義利觀과 밀접한 관계를 맺고 있다. 의리관은 사실 치도 론의 최대 관건이라고 할 수 있는 이상과 현실, 명분과 실리의 조화 문제라는 통치 사상의 핵심 논제를 내포하고 있기 때문이다.

이들의 치도론은 본질적으로 봉건 질서가 붕괴되면서 새로운 질서가 등 장하는 과도기에 나타난 사상으로 일종의 세계관이기도 하다. 봉건 질서가 새로운 역사 현실 앞에서 요동치는 전환기의 시대 상황이 바로 의리 논쟁과 치도 논쟁을 낳은 배경이라 할 수 있는 것이다. 도·유·법 3가의 의리관과 치 도론은 바로 그러한 역사적 상황 속에서 3가의 각기 상이한 반응과 평가가 빚 어 낸 산물이었던 것이다.

우선 노자는 난세의 원인을 인의예와 같은 '유위 통치'에서 찾았다는 점 에서 유가와 극명한 대조를 이루고 있다. 노자는 인위적인 '유위'를 제거해야 만 백성들의 '소박성'을 회복할 수 있다고 확신했다. 이러한 노자의 생각은 치자와 피치자를 구분하지 않은 데서 절정을 이루는데, 이는 치자와 피치자를 엄격하게 구분하는 유·법가의 입장과 뚜렷이 대비되는 점이기도 하다. 유·법가는 모두 자신들의 통치 사상이 '치천하'의 통치 논리임을 자신했지만, 엄밀한 의미에서 볼 때 그것은 '치국'의 논리에 그치는 것이었다. 여기서도 다시 한 번 노자 통치 사상의 위대함이 확연히 드러난다.

노자는 치자와 피치자를 가릴 것 없이 모두 '무지무욕'의 단계로 나아가야 한다고 주장한 점에서 유가와 커다란 차이를 보이고 있다. 그가 인민들을 무지몽매한 상태에 가둬두기 위해 '우민 정책'을 권장했다는 식으로 해석하는 것은 악의적인 왜곡이 아닐 수 없다. 그가 역설한 '무지무욕'은 자아와 사물을 이분법적으로 구분하는 것을 거부하는 것을 의미한다. 이는 말할 것도 없이 '무위이치無爲而治'의 지극한 통치를 구현하기 위한 방법론이기도 했다. 노자가 치자와 피치자 모두에게 '무지무욕'으로 나아갈 것을 주장한 것은 치자와 피치자의 구분을 없앤 당연한 결과로 보아야 한다. 물론 유가에서도 치자와 피치자 모두에게 '인의예지'로 나아갈 것을 주문하기는 했지만, 이들은 치지와 피치자를 엄격히 구분하고 있었기 때문에 소인小人으로 간주되는 피치자에게 '인의예지'로 나아갈 것을 권장했다고 보기는 어렵다. 다만 순자의 경우는 도덕 수양의 정도에 따라 사농공상 간의 과감한 신분 이동을 역설했다는 점에서 특이하다고 할 수 있다.

또한 인민의 이익을 강조한 점에서는 노자가 유·법가보다 훨씬 강도가 높았다고 보아야 한다. 노자가 이상국가의 전형으로 제시한 '소국과민小國寡民'이 이를 뒷받침한다. 그가 말한 '소국과민'은 인민이 통치자가 누구인지도 모를 정도로 인민의 자유와 이익 등이 자연의 이치에 따라 저절로 보장되는 이상적인 국가 모형이다. 이 또한 치자와 피치자 간의 이분법적 구분을 거부한 데 따른 당연한 결과였다.

'소국과민'은 나와 남이 하나로 인식되는 최상의 공동체를 의미한다. 이와 같은 구상은 인의예지와 같은 덕목을 내세워 인위적인 도덕 국가를 세우려고 했던 유가와는 그 발상부터 다르다. 노자가 염려했듯이 인의예지와 같은 덕목을 강조하게 될 경우 인의예지를 가장한 허례虛禮와 허위虛僞가 횡행할 수밖에 없다. 남송대에 성리학이 출현한 이후 인간성을 중시하던 전래의 통치 양식이 형식적이고 분파적인 통치 유형으로 변질되어 버렸다는 역사적 사실이 이를 증명하고 있다.

노자가 말하는 '무위 통치'를 통해 이루려 한 '도국道國' 내지 '덕국德國'은 인위적인 덕목에 기초한 유가의 '덕국'과는 분명 질적인 차이가 있다. '소국과민'은 바로 노자가 제시한 '덕국'의 실제 모형이라 할 수 있을 것이다. 노자의 통치 사상에 비추어 볼 때 지난 세기에 나타난 제국주의 국가 간의 세계대전은 일응 '덕치'의 논리가 부재했던 사실에서 그 원인을 찾을 수 있다.

노자가 주장한 '무위 통치'는 바로 최상의 통치 유형에 해당하는 '제도帝道'를 말하는 것으로, 이것은 늘 만물을 포용하는 공평하기 그지없는 통치 체제를 말한다. 물론 유·법가 역시 군주의 '무사무편' 원리에 입각한 통치를 이념적인 지표로 제시하기는 했다. 그러나 유·법가가 제시한 무사무편의 원리는 자연의 이치에 의거한 영구불변의 '도'에 입각한 것이 아니었기 때문에 상황에 따라 왜곡될 소지가 많다. 성리학이 나타난 이후 사대부들이 파당을 지어 '군자당'을 자처하면서 상대방을 '소인당'으로 몰아간 사실이 그 대표적인 실례라고 하겠다.[1] 물론 노자의 '제도'는 일견 맹자가 가장 이상적으로 상정한 '왕도'와 그 본질에서만큼은 유사하다고 할 수 있다. 하지만 노자의 '제도'는 '치천하'의 논리에 적합한 '무위 통치'를 전제로 했다는 점에서 '유위 통치'에 그친 맹자의 '왕도'와는 질적인 차이가 있다. 한마디로 말해 노자의 치도관이 최상의 치도관을 형성할 수 있었던 까닭은 바로 '공평무사'의 극의를 이룰

---

1) 朱熹를 비롯한 송학자들은 소위 '정통론'을 둘러싸고 심각한 당파싸움을 전개했다. 자세한 내용은 최명, 『삼국지 속의 삼국지』(서울: 인간사랑, 2003) 권2, 236~256쪽 참조.

수 있는 '무위 통치'를 기초로 한 데 있었다고 할 수 있는 것이다.

노자가 유가에서 말하는 '성인'을 거부한 이유도 여기에 있다. 그는 유가의 최상의 치도인 '왕도'로는 인민들의 소박성을 해칠 뿐이라고 보았고, 유가에서 '성인 통치'의 전형으로 손꼽은 요순우탕 등의 통치도 모두 '유위 통치'에 불과하다고 생각했던 것이다. 노자가 말하는 성인은 곧 우주만물의 영허소장을 가능케 하는 '도'를 체득한 이른바 '도인'이었다. '도인'은 '도'에 입각하여 '민리'를 위해 헌신하는 인물이다. '도인'의 통치에서는 일체의 인위적인 덕목과 제도를 배제하고 오직 인민들의 수박守樸을 중시한다. 이는 '무위 통치'를 위해 반드시 필요한 선결 조건이기도 하다.

노자의 '제도'는 '덕국德國'의 수립을 통해 그 본연의 모습을 드러낸다. '덕국'은 '무위'의 상덕上德을 체득한 '덕인德人'이 '덕치德治'로써 다스리는 국가이다. '도인'은 '무위'의 원리에 입각해서 통치하므로 인민들은 '도인'의 존재조차 모르지만 저절로 모든 것이 이루어진다. '도인'에 의해 '무위이치無爲而治'의 지극한 통치가 이루어진 경우를 우리는 '제도帝道'라고 하는 것이다.

결국 노자의 치도관은 '제도'만을 높이고 인위(僞)에 입각한 일체의 치도를 거부한다는 의미에서 '숭제척위崇帝斥僞'라고 규정할 수 있다. 여기서 잊어서는 안 될 사실은, 노자는 '소국과민'을 '제도'의 지극한 예로 제시했지만 그가 말하는 '제도'는 오히려 '대국중민大國衆民' 내지 '치천하治天下'에 어울리는 최상의 통치 유형이라는 점이다.

도 · 유 · 법 3가의 치도관을 이상과 현실이라는 양극을 상정한 가운데 하나의 직선 위에 표시할 경우, 노자의 '제도'에 가장 가까운 것은 맹자의 '왕도'라고 할 수 있다. 맹자가 생존했던 전국 시대까지도 '황제'라는 개념은 여전히 존재하지 않았으므로 '왕도'는 곧 최상의 치도를 가리키는 것이라고 할 수 있다. 이렇게 볼 때 맹자의 '왕도'와 노자의 '제도'는 거의 같은 것이라고 해석될 수도 있을 것이다. 그러나 후세에 전개된 치도 논쟁을 보면 노자의 '제도'와 맹자의 '왕도'는 분명히 질적인 차이가 있다. 말할 것도 없이 그것은 '무위'와 '유위'의 차이에서 비롯된 것이었다.

왕패준별법에 의거해 힘을 앞세운 모든 패자를 가차 없이 폄척한 맹자의 치도론은 '민리'를 제외한 일체의 '이利'를 인정하지 않는 그의 의리관과 표리의 관계를 이루고 있다. 그의 '숭의척리'의 의리관에 따르면 일체의 패업은 현실적인 '이'를 달성하기 위한 것에 불과하기 때문에 배척할 수밖에 없었던 것이다. '의'와 '이'를 준별하는 데서 출발하고 있는 그의 의리관에 비추어 볼 때, 무력을 기반으로 하고 있는 패자는 방벌의 대상인 폭군과 마찬가지로 '의'보다 '이'를 더 중시하는 '불인불의'한 자에 불과했다.

맹자가 유일하게 인정한 자는 '왕자'뿐이었다. 오직 왕도를 실현한 왕자만이 그가 인정하는 진정한 '의인義人'인 것이다. 그래서 맹자는 공자에 의해 '인인仁人'으로 평가받은 관중에 대해서도 그 패업을 가차 없이 폄척해 버렸다. 이는 비록 그가 '인의'의 사상을 내세웠어도 인의에 대한 궁극적인 판단 기준이 사실은 '의'에 있었기 때문이었다.

맹자의 태도는 이상과 현실, 명분과 실리의 조화를 포기하고 오직 이상과 명분만을 찾았기 때문에 나타난 것이라고 할 수 있다. 맹자의 그러한 치도론은 현실에 존재하는 일체의 패자를 인정하지 않고 이상적인 왕자만을 희구했다는 의미에서 '숭왕척패'를 주장하는 일종의 '왕도지상주의'라고 규정할 수 있을 것이다.

공자는 앞서 검토한 바와 같이 맹자와는 달리 국가와 민족 차원의 '공리'를 인정했다. 이는 오직 '의'만을 인정한 맹자의 '중의重義' 사상과는 거리가 있다. 공자가 관중의 패업을 인정한 것도 그러한 '공리'를 긍정하는 입장에 따른 것이었다. 맹자가 인민의 이익이라는 민리만을 인정했다면, 공자는 민리뿐만 아니라 국가와 민족 차원의 공리까지 인정한 것이다.

관중은 자신의 개절이 대의에 입각한 불가피한 선택이었다고 해명한 바 있는데, 공자가 관중의 패업을 높이 평가한 것은 그의 이러한 해명을 적극 수용했기 때문이라고 할 수 있다. 이러한 점에서 공자는 '의'와 '이' 개념을 다양하게 해석하고 있는 셈이다. 공자는 의리관에서 검토해 본 바와 같이 '대의大義'와 '대리大利' 간의 상통을 인정하고 있었다. 관중에 대한 '일포일폄'의 평가 역시 공자가 대의와 대리 간의 상통을 인정했기 때문에 가능한 것이었다. 이러한 입장은 이상과 현실의 존재를 모두 시인한 가운데 둘 사이의 조화를 꾀한 데서 도출된 결과로서, 공자의 의리관이 '소의'와 '대의' 및 '소리'와 '대리'라는 두 가지 잣대를 지니고 있음을 확인해 주는 것이다.

이와 같은 관점에서 보아야만 공자가 관중의 패업을 높이 평가하면서도 그의 비례에 대해서는 비난을 거두지 않은 이유도 자연스럽게 해명된다. 공자는 관중 개인을 평가한 잣대와 그의 패업을 평가한 잣대가 달랐던 것이다. 그는 사안별로 각기 상이한 잣대를 적용해 심사한 뒤 이를 종합해 총괄적인 평가를 내렸다고 보아야 한다. 공자는 어디까지나 비례는 비례이기 때문에 관중 개인을 용인할 수 없다고 보았지만 마찬가지 논리로 관중의 비례로 인해 그의 패업이 폄하되어서도 안 된다고 판단했던 것이다.

관중의 비례에 대한 평가 잣대가 '수신의 인'이라는 '소의' 차원의 잣대였다면 그의 패업에 대한 평가는 '치국평천하의 인'이라는 '대의' 차원의 잣대였다. 공자의 치도론이 패도를 제한적으로 인정하는 이른바 '패도한인주의霸道限認主義'로 규정되는 것도 바로 이러한 분석에 기인한다. 이를 왕도의 기준에서 보면 왕도를 중시하고 패도를 소극적으로 인정하는 이른바 '중왕경패重王輕霸'로 나타났다고 할 수 있다. 이 '중왕경패' 사상은 바로 이상과 현실, 명분과 실리라는 갈등 속에서 조화를 꾀한 결과였다. 현실과 실리는 인정하되 이상과 명분을 버리지 않겠다는 공자의 기본 입장이 극명하게 드러난 셈이다. 이러한 공자의 치도론은 그의 의리관이 '중의경리重義輕利' 사상에 입각해 있는 것과 맥을 같이하고 있다.

이러한 공자의 견해에 가장 근접한 사람은 순자였다. 순자는 '의'를 앞세우면서도 '이'를 적극 인정하는 '선의후리先義後利'의 의리관을 견지하였는데, 이 '선의후리' 사상은 맹자의 '숭의척리' 사상과 비교할 때 현실적인 '이利'를 중시했다는 점에서 큰 차이를 보인다. 맹자가 '숭의척리' 사상에 입각해서 민리를 제외한 일체의 '이'를 불의로 규정하고 나선 데 반해 순자는 현실적인 '이'를 적극 수용하면서도 '의'에 대한 이상을 버리지 않았던 것이다. 순자의 이러한 '선의후리' 사상은 공자의 '중의경리' 사상과 맥을 같이하고 있다.

　순자의 입장은 그의 치도론에서도 그대로 투영되어 있다. 현실적인 패도를 적극 인정하면서도 왕도의 실현이라는 이상을 놓치지 않았다는 의미에서 그는 일종의 '패도긍인주의霸道肯認主義'의 입장을 견지하고 있는 것이다. 이는 왕도의 실현이 우선이지만 왕도의 실현이 불가능할 경우에는 왕도에 준하는 패도도 수용할 수 있다는 소위 '선왕후패先王後霸'의 입장이다. 그가 자신의 치본관에서 예치의 이상을 버리지 않는 가운데 법치의 효능을 적극 수용했던 것도 이와 같은 맥락에서였다.

　공자의 경우는 전술한 바와 같이 정형의 법치술을 제한적으로 받아들였다. 그의 치도론이 패도를 제한적으로 인정한 '패도한인주의'로 나타난 것도 그런 치본관과 깊은 관련이 있다. 공자와 순자의 치도론을 비교하면 두 사람 모두 정도의 차이만 있을 뿐 이상과 현실의 조화를 꾀하고 있다는 점에서 동심원을 그리고 있는 셈이다. 한마디로 말해 공자의 '패도한인주의', '중왕경패'와 순자의 '패도긍인주의', '선왕후패'는 본질적으로 같은 것이라고 할 수 있다. 다만 두 사람의 주안점이 약간 달랐을 뿐이었다. 공자는 왕도의 실현을 중시하면서 패도를 제한적으로 수용하려 한 데 반해 순자는 왕도 실현을 중시하면서도 현실적인 여건을 감안하여 차선책으로 패도를 적극 수용하는 자세를 견지했다는 점이 차이라면 차이라고 할 수 있는 것이다.

　순자의 치도론에서 나타나는 가장 큰 특징은 그가 왕도에 대한 이상을 버리지 않고 있다는 점이다. 이는 그의 치본관이 예치 국가의 이상을 버리지 못하고 '예본인치'를 채택하고 있는 것과 맥을 같이하고 있다. 그는 이상과 현실의 조화라는 과제 앞에서 현실을 수용하면서도 이상을 앞세우는 절충적인 입장을 취하였다. 공자가 현실과 이상의 조화를 추구하는 과정에서 이상의 실현에 대해 상대적으로 강한 희망을 표시했다면 순자는 보다 적극적으로 현실을 수용하는 입장을 보였다. 왕도의 실현이 현실적으로 불가능할 경우 '중법애민'의 패도도 적극 수용해야 한다는 순자의 입장은 그의 현실주의적인 성향이 크게 작용한 것이었다. 맹자의 이상주의적 치도론과는 기본적인 접근방법부터 큰 차이를 보이고 있는 것이다.

그러나 공자와 맹자, 순자는 모두 왕도 실현의 이상을 버리지 않았다는 점에서 패도만을 인정했던 한비자를 위시한 법가와 대조를 이룬다. 이 점이 바로 도 · 유 · 법 3가의 치도론을 확연히 구분짓는 기준점이라고 할 수 있다. 법가의 경우는 아예 왕도의 존재 자체를 인정하지 않았던 것이다. 따라서 법가의 치도론은 오직 패도만을 인정했다는 점에서 '패도지상주의'이고, 왕도의 실현 가능성을 전혀 인정하지 않았다는 점에서 '척왕숭패'라 할 수 있다. 맹자가 오직 왕도만을 인정하고 패도를 전혀 인정하지 않은 '숭왕척패' 내지 '왕도지상주의'를 추종한 것과 극명한 대조를 이루고 있는 셈이다.

법가의 이러한 치도론은 기본적으로 이들의 의리관이 '척의숭리'의 입장에 서 있는 것과 불가분의 관계를 맺고 있다. 이들은 유가의 덕치 개념이 공허한 관념에 지나지 않는다는 반덕치의 입장에 서 있었기 때문에 군자 정치에 기초한 왕도 자체를 인정할 여지가 없었다. 당연한 결과로 이들에게는 오직 힘에 의한 패도만이 존재할 수밖에 없게 된 것이다.

법가의 치도론이 '패도지상주의'로 나아간 것은 이상과 현실의 조화를 포기하고 오직 현실만을 중시하는 극단적인 현실주의로 치달은 결과였다. 이는 그 발상 면에서 보면 현실을 무시하고 이상만을 추구한 맹자의 치도론이 왕도지상주의로 나아간 것과 동일한 맥락이다. 이러한 점에서 맹자와 한비자는 가장 극단적인 사상 편향을 보여 주었다고 할 수 있다. 이들의 치도론을 왕패에 관한 선호를 기준으로 분류하면 맹자와 한비자는 각각 왕패론의 양 끝에 위치하고 있는 셈이다. 맹자는 이상주의를 대표하고 있고, 한비자는 현실주의를 대표하고 있는 것이다. 이에 비해 공자와 순자는 중간 지점에서 약간씩 좌우로 편향해 위치해 있다고 할 수 있다.

왕도와 패도는 선진 시대 도·유·법 3가에게 일종의 세계관이기도 했다. 이들에게 중원 천하는 곧 세계를 의미하는 것이었다. 왕도는 이상의 세계를 의미하는 데 반해 패도는 곧 현실의 세계를 뜻했다. 맹자는 왕도지상주의를 통해 이상의 세계에 대한 강렬한 희망을 표시했다. 이는 그의 다음과 같은 언급에 잘 나타나 있다.

> 힘으로써 사람을 복종시키는 것은 마음으로부터의 복종을 기대할 수 없다.……덕을 통해 사람을 복종시켜야만 마음이 흡족하게 되어 성심으로 따르게 된다.[2]

요컨대 진실로 인의에 입각하여 덕치를 구현하는 것이 곧 왕도이고, 힘을 토대로 하면서 인의를 가장하는 일체의 '역치力治'는 패도에 불과할 뿐이라는 것이다. 맹자는 '의인義人'에 의해 이루어지는 덕치를 이상적인 통치로 규정하고, 패도 정치의 본원적 속성이라 할 수 있는 힘을 불의의 상징으로 낙인찍어 버린 것이다. 제환공과 관중의 패업을 아예 무시해 버린 것도 바로 이 때문이었다. 이는 맹자가 자신의 이상주의적 성향에 맞춰 공자의 사상을 편의적으로 재해석한 데 따른 것이었다. 공문孔門에는 제환공과 진문공의 일을 말하는 자가 없다고 말하면서 공자가 인정했던 올바른 패자 개념조차 인정하지 않은 것이 그 대표적인 실례이다. 이에 따라 진문공이나 제환공은 모두 힘을 빌려 '인'을 가장한 올바르지 못한 패자로 전락하고 말았다. 맹자의 지나친 이

---

2) 『孟子』, 「公孫丑上」, "以力服人者, 非心服也……以德服人者, 中心悅而誠服也."

상주의적 성향이 직설적으로 드러난 결과가 아닐 수 없다.

이에 비해 공자는 왕도에 대한 강한 희망을 표시했지만 맹자와 같이 패도 자체를 완전히 배척하지는 않았다. 그의 관중에 대한 '일포일폄'에서 알 수 있듯이 관중의 패업 자체만큼은 대의에 입각한 '인'의 실현으로 높이 평가했다. 그는 마찬가지 맥락에서 제환공에 대해서도 호의적인 평가를 내렸다. 그리하여 공자는 전술한 바와 같이 제환공과 진문공을 예로 들어 패자를 둘로 나누어, 진문공은 모략을 좋아하는 부정한 패자인 데 반해 제환공은 모략을 모르는 올바른 패자라고 평가하였다.

순자는 바로 공자의 이와 같은 구분법을 원용해 맹자에 의해 폄척된 패도를 원래의 위치로 격상시켰다고 할 수 있다. 순자는 '존망계절'이라는 표현을 동원해 제환공의 업적을 높이 평가함으로써 패도에 대한 공자의 기본 취지를 다시 살려내었다. 이는 공자의 기준을 좇아 패도와 망도를 엄밀히 구분한 다음 패도를 왕도에 준한 것으로 평가한 결과였다. 이처럼 순자는 통치의 유형을 세분하여 패도의 정확한 의미를 찾아내 맹자의 왕패준별법과는 다른 평가 기준을 제시함으로써 패도에 대한 긍정적인 평가의 가능성을 열었던 것이다.

패도를 치도의 범주로 복권시킨 순자의 입장을 그대로 수용한 것이 한비자의 치도론이다. 한비자의 패도지상주의는 스승인 순자의 예치 사상을 사상捨象한 데 따른 당연한 논리적 귀결이라고 할 수 있다. 다만 그는 극단적인 현실주의의 입장에 서서 이상을 포기하고 오직 현실만을 중시했다는 점에서 마지막까지 이상을 향한 열망을 버리지 않았던 순자와 대비되고 있다.

법가의 치도론은 기본적으로 왕도 자체의 존재를 아예 무시하고 오직 패도만을 인정하였다. 법가가 공자 및 순자와는 다른 입장을 취하면서도 관중에 대해 높은 평가를 내린 것도 바로 이와 같은 패도지상주의에 입각했기 때문에 가능한 것이었다. 이러한 법가의 입장은 패도를 전혀 인정하지 않은 맹자의 입장과 극명한 대조를 이루고 있다. 한비자는 맹자가 주장하는 '인의' 개

넘 자체가 현실적으로 적용될 수 없는 공소한 관념에 불과하다는 생각을 가지고 있었다. 따라서 법가가 현실 정치에 곧바로 적용할 수 있는 실용적인 부국강병책에 심혈을 기울인 것도 당연한 논리적 귀결이라고 보아야 한다. 실제로 이들은 '병농일치' 사상에 입각한 각종 정책을 패업의 실현을 위한 구체적인 방안으로 제시했다. 진시황이 법가의 패도지상주의에 입각해 천하통일에 나선 것도 바로 이들의 치도론이 철저한 현실주의에 입각해 있었다는 점을 높이 평가한 데 따른 것이었다.

선진 시대 도·유·법 3가의 치도 논쟁은 제환공을 비롯한 춘추 시대의 패자에 대한 평가에서부터 시작된 것이다. 그 발단은 제환공이나 관중에 대한 공자의 평가에서 비롯되었다고 보아야 한다. 사실 이 논쟁은 공자로부터 시작되어 한비자에 의해 매듭지어졌다고 할 수 있다.

진나라가 한비자의 패도지상주의에 입각해 천하를 통일한 것은 한비자의 이론이 현실에 직핍直逼했기 때문에 가능한 것이었다. 그러나 철저한 패도주의에 입각해 천하를 통일한 진나라는 불과 15년 만에 무너졌다. 이를 두고 많은 사람들은 진나라가 천하통일을 이룬 후에도 계속 법가가 주장하는 패도와 통치술을 그대로 답습했기 때문이라고 분석하고 있다.[3] 이는 법가의 패도주의는 이미 이론적 적실성을 상실하였다는 판단에 따른 것이다. 한마디로 말해 진나라의 속성속패速成速敗는 난세의 치도와 치세의 치도가 다를 수밖에 없다는 사실을 확연히 보여 준 대표적 사례라고 할 수 있다.[4]

진나라의 혼란기를 틈타 초패왕 항우를 제압하고 두 번째로 중원 천하를 장악한 유방의 한나라는 진나라의 실패를 거울삼아 법가 사상을 통치 사상으

---

3) 郭沫若은『史記』「李斯列傳」 등을 근거로 秦나라 때의 君臣은 한비자 사상에 깊이 침잠해 있었다고 분석하면서 秦代에는 한비자 사상이 사실상 官學의 역할을 담당했다고 주장했다. 그는 비록 秦나라가 오래가지는 못했으나 한비자 사상이 중국 문화에 끼친 영향은 深大하다고 평가했다. 郭沫若,『중국고대사상사』(조성을 역), 494쪽 참조.
4) 김충렬은 秦나라의 速成速敗의 원인으로 법가 末流에 의한 통치와 황권을 위요한 간신환관의 발호 등을 들었다. 김충렬,「秦漢儒法之爭이 주는 역사철학적 교훈」,『중국학보』(1989), 167쪽 참조.

로 채택하지 않았다. 한무제는 당시 재상이었던 동중서董仲舒의 건의에 따라 이른바 '독존유술獨尊儒術'이라는 구호 아래 유가 사상만을 유일한 통치 사상으로 허용하였다.[5] 이후 유가 사상은 청나라 말기까지 독점적인 지위를 유지하게 되었다. 이러한 역사적인 사실을 보면, 선진 시대 도·유·법 3가의 치도 논쟁은 유가의 일방적인 승리로 끝났다고 해석할 수도 있을 것이다.[6]

그러나 결론부터 말하면 이는 유가의 승리만도 아니었다. 한나라 이래 역대 중국 정권은 왕도와 패도를 겸용하는 이른바 '왕패병용王霸並用'의 치도론을 견지했던 것이다. 이는 진한秦漢 이래의 역대 중국 정권의 치본관이 인치와 법치를 절충시킨 소위 '덕본법치德本法治'를 고수한 것과 맥을 같이한다.[7]

한나라는 비록 '독존유술'을 내세웠음에도 불구하고 기본적으로는 '왕패병용'의 입장을 취하고 있었는데,[8] 이러한 기조는 한나라 유자들이 이른바

---

5) 蘇誠鑑은 漢武帝가 獨尊儒術을 수용하게 된 직접적인 이유와 『公羊傳』이 통치 사상서로 부각되게 된 원인을 黃老學을 존숭하는 竇太后와 漢景帝 간의 권력 투쟁에서 찾았다. 그는 景帝의 동복동생인 梁孝王 劉武를 후사로 삼으려는 竇太后를 漢儒들이 『公羊傳』 '隱公 3年'에 나오는 "殷道親親者立弟, 周道尊尊者立子……方今漢家法周, 周道不得立弟, 當立子"를 원용해 설복시킴으로써 景帝의 아들인 劉徹이 武帝로 등극하게 된 결정적인 전기가 마련되었다고 분석했다. 또한 그는, 이 사건으로 인해 이후 漢武帝가 제위에 오르면서 獨尊儒術을 적극 수용한 것은 물론 公羊氏의 家學을 극도로 신봉함으로써 구전으로만 전해 오던 公羊氏의 家學을 『公羊傳』이라는 책으로 엮어 경전 가운데 주도적인 위치를 차지하게 했다고 평가했다. 蘇誠鑑, 「漢武帝 "獨尊儒術" 考實」, 『中國哲學史研究』(1985. 1), 37쪽 참조.

6) 이춘식은 漢代의 獨尊儒術과 관련해 유가 사상은 天下一國의 보편 국가를 내세운 漢나라 통치의 정통성과 유일성을 확립하는 이념적 도구로 사용되었다고 평가했다. 이춘식, 「유가 정치사상의 이념적 제국주의」, 『인문논집』 27(1982), 103쪽 참조.

7) 木村英一는 중국의 사상적 통일에 대한 요구는 천하통일이라는 정치적 상황 속에서 춘추 시대 이래 다양한 차이를 보였던 여러 지방 문화를 하나의 중국 문화로 융해하려는 기운 속에서 일어났다고 분석했다. 구체적으로는, 첫째 漢나라의 중앙집권적 정치를 시인토록 하고, 둘째 漢나라의 제도와 禮·法의 기초가 될만한 문화를 包藏하는 동시에, 셋째 周末 이래 諸國의 흥망성쇠를 이론적으로 설명할 수 있는 것은 물론 世人들로 하여금 漢나라의 정통성을 시인토록 하며, 넷째 새로운 帝國의 출현과 더불어 그 어떤 제가 사상보다 우월한 통치 사상이 필요했기 때문이라고 분석했다. 또한 그는 漢朝가 비록 유교 문화적 국가 확립을 위한 獨尊儒術의 이념을 내세웠음에도 불구하고 이러한 정치적 요구에 따라 종합 사상으로서의 신유학이 등장하게 됐다고 평가했다. 그는 이러한 시대적 요청에 따라 태어난 漢朝 儒學은 그 당연한 결과로 陰陽家의 宇宙觀을 비롯해 상하 계층에 폭넓게 삼투된 도가 사상을 흡수하게 됐다고 주장하면서 특히 법가 사상은 刑名學을 매개로 유가 사상과 결합되어 주요한 통치 원리로 자리 잡게 됐다고 분석했다. 木村英一는 禮治의 보조 수단으로써 법치의 개념이 확고히 자리를 잡게 됨에 따라 법가 사상 역시 마찬가지의 위상을 지니게 되었다고 평가했다. 木村英一, 『法家思想の探究』, 192~194쪽 참조.

'왕패동시론王霸同視論'을 만들어 내는 동인으로 작용하게 되었다. '왕패동시론'은 왕도와 패도는 이름만 다를 뿐 사실상 같다는 이론이다. 이러한 이론이 나오게 된 것은 유방의 패업을 왕도의 실현으로 보아야만 했던 당시의 시대적 요구 때문이기도 했지만, 특히 진나라에서 분서갱유의 화를 당했던 유자들이 자칫 '독존유술'이라는 특혜가 사라질까 염려했던 점도 주요 배경이 되었다.

　동중서는 한무제에게 '독존유술'을 건의한 인물이었지만 사실 그의 주장이야말로 '왕패동시론'의 효시라고 할 수 있다. 그는 "춘추의 도란 크게 얻으면 왕자가 되는 것이고 작게 얻으면 패자가 되는 것이다.……패왕의 도란 모두 '인'에 근거를 두고 있다"9)라고 하여 왕도와 패도가 근본은 하나이며 모두 '인'에 근거를 두고 있다고 주장하였다. 한마디로 패도를 '이력가인'으로 폄하했던 맹자의 주장 자체를 아예 인정하지 않은 셈이다.『논형』을 저술한 전한 시대의 왕충王充 또한 다음과 같이 말한 바 있다.

　왕자를 꿈꾸다가 안 되면 그 영향으로 패자가 되는 것이다. 패자는 본래 왕자가 될 만했으나 수명이 백세가 되지 못해 왕자에 이르지 못한 자를 말한다.10)

　그는 패자란 왕자가 될 만했음에도 불구하고 주변의 여러 사정으로 왕자의 단계까지 이르지 못한 자일 뿐이라고 해석하고 나선 것이다. 이는 그의 "왕업과 패업은 똑같은 것이다. 단지 우열에 따라 이름만 다르게 붙인 것에 불과하다"11)라는 말에서 보다 분명하게 드러난다. 결국 왕충에 따르면 왕도와 패

---

8) 유덕조는 漢代의 獨尊儒術 현상을, 楚漢戰을 치르면서 춘추 시대 이후 중단되었던 통치의 원리와 思惟 전통이 회복된 것으로 해석해야 한다는 독특한 주장을 전개했다. 그러나 그는 漢代에 나타난 獨尊儒術의 진정한 배경과 의미를 간과한 것으로 판단된다. 兪德朝,「秦漢朝의 통치 원리와 유학의 상관관계에 관한 연구」,『湖西史學』(1986), 36~37쪽 참조.
9)『春秋繁露』,「兪序」, "春秋之道, 大得之, 則以王. 小得之, 則以霸……霸王之道, 皆本於仁."
10)『論衡』,「氣壽」, "圖王不成, 其弊可以霸. 霸者, 王之弊也. 霸, 本當至於王, 猶壽當至於百也, 不能成王."
11)『史記』,「儒林列傳」, "王霸, 同一業, 優劣異名."

도는 같은 뿌리에서 나온 것으로서 다만 이름만 달리할 뿐이라는 것이다. 이는 한유漢儒들이 만들어 낸 '왕패동시론'의 요체를 한마디로 표현한 것으로서, 선진 시대 도·유·법 3가가 전개한 치도 논쟁이 하나로 수렴되었음을 증명하는 것이기도 하다. 따라서 한유들의 '왕패동시론'을 분석하는 것은 바로 선진 시대 도·유·법 3가의 치도 논쟁이 현실적으로 어떻게 귀결되었는지를 확인하는 과정이라고 볼 수 있을 것이다.

동중서와 왕충의 발언에서 알 수 있듯이 '왕패동시론'을 주창한 한유들은 왕패의 구분 자체를 부인해 버렸다. 선진 시대 도·유·법 3가 사이에 전개되었던 치도 논쟁은 한나라 때에 들어와 '왕패동시론'에 의해 하나로 용해되어 버렸다고 해도 과언이 아닌 것이다. 한유들의 '왕패동시론'은 원래 유방의 패업을 왕업으로 격상시키기 위해 나타난 논리였다. 엄밀한 의미에서 볼 때 한 고조 유방의 창업은 사실 힘을 배경으로 한 패업에 불과한 것이었다. 이로 인해 초기만 하더라도 이 문제를 놓고 한유들 사이에서는 논란이 지속되었다. 실제로 경제景帝의 치세 당시 황생黃生과 원고생轅固生은 황제 앞에서 이른바 '탕무수명湯武受命' 문제를 놓고 논쟁을 벌였다. 박사인 원고생이 먼저 탕무의 창업을 '수명受命'에 따른 것으로 풀이하자 황생은 신하의 도리를 저버린 '시군탈위弑君奪位'에 불과하다고 반박하고 나선 것이다. 하지만 이러한 왕패에 관한 엄별은 그 자체가 곧 한나라의 정통성에 관한 시비로 번질 가능성을 내포하고 있었다. 이에 경제는 다음과 같은 언급을 통해 이들의 논쟁을 진화하고 나섰다.

말고기를 먹지 않는다고 고기 맛을 모른다고 할 수는 없다. 학자로서 '탕무수명'을 언급하지 않더라도 어리석다고 할 수는 없는 것이다.[12]

이러한 경제의 중재 이후 다시는 한유들 사이에서 이 문제를 공식적으로

---

12) 『史記』, 「儒林列傳」, "食肉不食馬肝, 不爲不知味. 言學者無言湯武受命, 不爲愚."

거론하는 사람은 없게 되었다.[13]

　순자의 왕패론을 유방의 패업에 적용할 경우 유방의 업적이 훌륭한 패업일지는 몰라도 왕도의 실현이 아닌 것만은 분명하다. 그렇기 때문에 한유들은 유방의 패업을 왕도로 격상시키기 위해서는 왕도와 패도를 본질적으로 같은 것으로 보는 '왕패동시론'을 주장할 수밖에 없었다. 특히 한유들이 '왕패동시론'을 만들어 낸 데에는 한나라 황실의 '왕패병용王霸竝用' 전통도 한 이유가 되었음에 틀림없다. 선제宣帝는 많은 법가 관리를 이용해 대신인 양운楊惲 등을 처벌하면서 황실의 '왕패병용' 입장을 분명히 밝혔다.

　　한실에는 원래 왕도와 패도를 섞어 쓰는 전통이 있다.……속유는 때에 맞추지도 못하는데다 옛것을 기준으로 지금을 비판한다. 그들은 사람들로 하여금 명실론名實論에 빠지게 하는 등 자신들이 머물 곳을 알지 못한다.[14]

　선제는 이상론과 명분론에 집착하는 한유들의 폐단을 통박하고 나섰던 것이다.[15] 이러한 상황에서 한유들은 자신들의 입지를 위해서라도 왕패에 관한 새로운 이론을 강구하지 않으면 안 되었다. 그들은 결국 '왕패동시론'의 이론적인 근거를 『춘추공양전』의 '문실론文實論'에서 찾아내게 되었다.[16] '문실론'의 핵심은 명분보다는 실질은 우선으로 한다는 논리에 있다. 이는 곧 '실實'은 인정하되 '문文'을 허용하지 않는다는 이른바 '실여문불여實與文不與'의 입장이다.

---

13) 『史記』, 「儒林列傳」, "是後, 學者, 莫敢明受命放伐者."
14) 『漢書』, 「元帝紀」, "漢家, 自有制度, 本以霸王道雜之……俗儒, 不達時宜, 好是古非今, 使人眩於名實, 不知所守."
15) 蘇誠鑑은 漢宣帝가 王霸雜用을 언급한 이래 儒法合流의 기조는 흔히 '儒表法裏'로 일컬어지면서 하나의 전통이 되었다고 평가했다. 蘇誠鑑, 「漢武帝"獨尊儒術"考實」, 『中國哲學史研究』(1985. 1), 42쪽 참조.
16) 木村英一는 公羊學이 漢朝 지배의 정당성을 가장 적극적으로 해명한 사상이라고 강조하면서 公羊學을 시대적 요구에 부응한 사상으로 간주할 수 있다고 주장했다. 木村英一, 『法家思想の探究』, 185쪽 참조.

『춘추공양전』은 춘추오패 가운데 오직 제환공만이 '존망계절'의 업적을 이루었다고 평가하면서 그의 패업을 이론적으로 정당화한 책이다.[17] '존망계절'은 앞서 살펴보았듯이 끊어진 후사를 잇게 하고 망한 나라를 부흥시킨다는 의미를 지니고 있다.[18] 『춘추공양전』에서는 위로는 천자가 없고 아래로는 방백方伯이 없는 상황에서는 난세를 구제할 수 있는 자가 나서 힘이 닿는 대로 천하를 구제하고 나서야 한다고 되어 있다.[19] 바로 천자와 방백이 없는 춘추 시대의 상황에서 오직 제환공만이 '존망계절'의 업적을 이루었다고 평가함으로써 그의 패업을 이론적으로 정당화한 것이다.[20]

'존망계절'을 평가한 사상적 근저에는 바로 중국 전래의 이른바 천하일가

---

17) 『公羊傳』에는 魯莊公 사후 다음에 들어선 子般마저 2개월 뒤 시살당한 데 이어 뒤를 이은 閔公마저 2년이 안돼 살해당하는 '曠年無君'의 상태에서 桓公이 魯僖公을 세운 것을 '繼絕'의 구체적인 사례라고 되어 있다. 『公羊傳』, '閔公 2年', "莊公死, 子般弑, 閔公弑, 比三君死, 曠年無君. 設以齊取魯, 曾不興師, 徒以言而已矣. 桓公使高子將南陽之甲, 立僖公而城魯……魯人至今以爲美談." 『公羊傳』에는 또 桓公이 蠻族의 침입을 받아 망했던 邢, 衛, 杞 등 3국을 부흥시킨 것을 '存亡'의 구체적인 사례로 제시되어 있고, 3번에 걸쳐 유사한 장문의 傳을 통해 제환공의 存亡의 업적을 칭송한 것이 나타난다. 『公羊傳』 '僖公 元年', '僖公 2年', '僖公 14年' 참조.

18) 『國語』에도 齊桓公이 存亡繼絕을 함으로써 천하의 제후들이 歸服하게 됐다는 평가가 기록되어 있다. 『國語』, 「齊語」, "桓公憂天下諸侯, 魯有夫人, 慶父之亂, 二君弑死, 國絕無嗣. 桓公聞之, 使高子存之……狄人攻邢, 桓公築夷儀以封之……狄人攻衛, 衛人出廬于曹, 桓公城楚丘以封之……天下諸侯稱仁焉. 於是天下諸侯, 知桓公之非爲己動也. 是故諸侯歸之."

19) 『公羊傳』, '僖公 元年', "上無天子, 下無方伯. 天下諸侯, 有相滅亡者. 力能救之, 則救之可也."

20) 『公羊傳』 '僖公 元年'의 春正月과 夏六月 부분을 옮기면 다음과 같다. "元年, 春王正月, 公何以不言卽位, 繼弑君. 子不言卽位, 此非子也. 其稱子何, 臣子一例也. 齊師·宋師·曹師, 次于聶北, 救邢, 不言次. 此其言次何, 不及事也. 不及事者何, 邢已亡矣. 執亡之, 蓋狄滅之. 曷爲不言狄滅之, 爲桓公諱也. 曷爲爲桓公諱, 上無天子, 下無方伯, 天下諸侯, 有相滅亡者. 桓公不能救, 則桓公恥之. 曷爲先言次而後言救, 君也. 君則其稱師何, 不與諸侯專封也. 曷爲不與, 實與而文不與. 文曷爲不與, 諸侯之義, 不得專封也. 諸侯之義, 不得專封, 則其曰實與之何, 上無天子, 下無方伯, 天下諸侯, 有相滅亡者, 力能救之, 則救之可也. 夏六月, 邢遷于陳儀. 遷者何, 其意也. 遷之者何, 非其意也. 齊師·宋師·曹師, 城邢, 此一事也. 曷爲復言齊師·宋師·曹師, 不復言師, 則無以知其爲一事也." 齊桓公이 僖公을 옹립한 것을 卽位로 표현하지 않은 것은 先王이 시해당했기 때문이고 夷狄이 邢나라를 멸망시켰다고 쓰지 않은 이유는 桓公이 꺼렸기 때문이라고 해석한 것이다. 이런 해석은 桓公의 存亡繼絕을 道德에 입각한 覇業으로 평가하는 결정적인 기반이 됐다. 『公羊傳』에서는 바로 "위로는 천자, 아래로는 방백이 존재하지 않고 천하의 제후는 서로를 멸망시키는 상황에서 이러한 상황을 구제하지 못하는 것을 桓公은 수치스럽게 생각했다"(上無天子, 下無方伯, 天下諸侯, 有相滅亡者. 桓公不能救, 則桓公恥之)라는 점을 강조했던 것이다. 이와 같은 해석은 '僖公 元年'을 포함해 '僖公 2年', '僖公 14年'에 걸쳐 계속되고 있다.

라는 공동체 의식이 자리잡고 있었다.[21] 원래 춘추 시대의 방백은 일종의 패자로서 천자의 명에 의해 다른 나라에 대한 토멸에 나설 수 있는 제후의 총수를 의미한다. 기본적으로 제후는 천자로부터 궁시弓矢를 받은 연후에나 정벌에 나설 수 있을 뿐이었다.[22] 천자의 명에 의거하지 않고 사사로이 병을 일으키는 것은 어디까지나 천자의 대권인 '전토권專討權'을 침해하는 것이었다. 동시에 제후에 지나지 않는 방백이 제후를 임명하는 것 역시 천자의 대권인 '전봉권專封權'을 침해하는 것이었다. 그러나 제환공은 '존망계절'의 위업을 달성하는 과정에서 천자의 명을 받지도 않고 이민족의 토멸에 나섰으며 천자의 대권인 전봉권까지 행사했던 것이다.

『춘추공양전』에서는 제환공의 '전봉' 행위가 형식적으로는 잘못된 것이나 천자와 방백이 없는 특수한 상황에서는 '존망계절'을 이루었기 때문에 내용적으로는 옳았다고 평가하고 있다. 『춘추좌전』이나 『춘추곡량전』 등에는 이와 같은 기록이 전혀 없다.[23] 이른바 '춘추 3전' 가운데 『춘추공양전』에서만

---

21) 天下一家 개념과 관련해 蕭公權은 봉건 천하와 전제 천하의 사상이 천하를 대상으로 삼았던 점에서 하나의 공통된 특성을 갖고 있다고 분석하면서, 다만 전자는 천하가 합법적으로 분할되었음에 반해 후자는 천하가 절대적으로 통일해 있었다는 점만이 차이가 난다고 주장했다. 蕭公權은 나아가 전제 천하의 사상은 大同주의의 경향을 지니게 됨에 따라 이민족이 침입해 주인 노릇을 할 때 그들이 중국 문화에 동화되는 한 이민족 정권의 승인을 합리화하는 이론적 도구로 활용됐다고 지적했다. 그는 결과적으로 天下一家와 같은 천하 사상이 '정치적 唯我論'을 만들어 냄으로써 이런 현상을 빚어냈다고 주장했다. 역자 최명은 蕭公權의 정치적 唯我論은 저자가 만든 말이기는 하나 천하라는 관념의 부분적인 정신을 표현한 것으로 긍정 평가했다. 蕭公權, 『中國政治思想史』(최명 역), 20~21쪽 참조.

22) 『禮記』, 「王制」, "諸侯賜弓矢, 然後征. 賜鈇鉞, 然後殺."

23) 齊桓公의 存亡繼絶과 관련해 『左傳』에는 『公羊傳』과 같은 평가가 전혀 없고 대략 史實을 해설하는 수준에 머물고 있다. 『穀梁傳』의 경우에는 齊桓公의 專封 행위를 오히려 성토하고 있어 『公羊傳』과 대비되고 있다. 『穀梁傳』, '僖公 2年', "天子가 아니면 諸侯를 전봉할 수 없다.……비록 仁을 이루었다 하더라도 義에 의해 이를 허용하지 않은 것이다. 따라서 仁은 道를 이기지 못한다고 하는 것이다."(故非天子, 不得專封諸侯.……雖通其仁, 以義而不與也. 故曰, 仁不勝道)『穀梁傳』에서의 평가는 결국 설령 齊桓公이 存亡繼絶의 업적을 통해 仁을 이루었다 하더라도 전봉 행위를 자행함으로써 제후의 義를 저버린 까닭에 그를 인정할 수 없다는 것이었다. 『穀梁傳』에서의 이러한 입장은 전술한 바와 같이 義本主義에 입각해 관중을 평가한 맹자의 입장과 동일한 입장에 서 있다고 할 수 있다. 仁을 이루었다 하더라도 義에 합당하지 않으면 이를 인정할 수 없다는 것이다. 『公羊傳』에서의 입장이 공자 및 순자의 입장에 가깝다면, 『穀梁傳』에서의 해석은 맹자의 입장과 같다고 할 수 있다. 이에 대해 蕭公權도 비슷한 맥락에서 풀이하고 있다. 蕭公權은 공자가 『春秋』를 지은 것은 周禮가

유일하게 장황한 해설을 곁들여 제환공의 패업을 '문실론'에 입각해 정당화하고 있는 것이다.

패자에 대한『춘추공양전』에서의 이러한 독특한 논리는 새로운 왕자의 출현을 승인하는 이론적 기반이 되었다. '문실론'은 현실에 존재하는 패도를 왕도로 격상시키기 위해 윤리적 의미를 가미시켜서 패자가 행사하는 힘의 내용에 일정한 수준의 윤리적 제한을 가하였다. 이로써 패도는 왕도에 가까운 도덕적 개념으로 승화된다. '문실론'은 패자가 행사하는 힘의 내용에 윤리성이 결여될 경우 이를 용인하지 않았다. 제환공의 패업은 바로 '문실론'이 설정한 윤리적 기준을 통과함으로써 왕도에 준하는 자격을 얻게 된 것이다.

공자는 관중의 패업을 '인'에 해당한다고 평가했으나 왕도의 실현으로까지 해석하지는 않았다. 순자의 경우도 '존망계절'의 위업으로 평가는 했지만 왕도로까지 해석하지는 않았다. 그러나 한대에 들어서면서『춘추공양전』의 '문실론'에 의해 관중이나 제환공의 패업은 왕도의 실현으로까지 평가받을 수 있는 근거가 마련된 것이다. 이는 물론 유방의 패업을 제업帝業으로 격상시키기 위한 한유들의 노력에 부수된 것이기도 했다. 그들은 유방의 패업을 격상시키기 위해 관중의 패업을 왕도에 준하는 위업으로 평가한 뒤 유방의 패업을 관중의 패업에 비유하고 그 근거를 바로『춘추공양전』의 '문실론'에서 찾아냈던 것이다.

『춘추공양전』의 '문실론'은 이른바 '패자의 왕자화'에 결정적인 이론적 기반을 제공하게 되었다.[24] 이로써 맹자에 의해 철저히 부인되었던 패자는 왕자에 준하는 위치로 격상되고, 잘해 보아야 패자에 불과했던 유방 역시 일

일시에 부활될 수 없다고 인식한 나머지 차선책을 추구한 결과라고 분석했다. 그는『公羊傳』에서의 文實論은 공자가 관중과 桓公을 평가한 것과 같은 맥락이라고 지적했다. 蕭公權,『中國政治思想史』(최명 역), 120~121쪽 참조. 한편 小倉芳彦는『左傳』역시 맹자의 주장과 같이 왕패준별법에 의거하고 있지는 않으나 王者가 覇者에 비해 높이 평가되고 있다고 했다. 小倉芳彦,『中國古代政治思想研究』, 54~55쪽 참조.
24)日原利國,「王道から覇道への轉換」,『中國哲學史の展望と模索』, 173쪽.

약 왕자가 되기에 이른다. 결론적으로 말해『춘추공양전』의 '문실론'은 현실을 이상의 차원으로까지 격상시키는 이론적 도구로 작동한 셈이다.

한유들의 '왕패동시론'에 의해 힘을 본질로 하는 패자는 이제 단순한 강자가 아닌 도덕적으로도 왕자에 준하는 존재로 부상하게 되었다. 결국 왕자와 패자의 차이는 본질적인 것이 아니라 단지 윤리성의 농담차濃淡差에 불과한 것이 되고, 패자가 지니고 있는 윤리성의 정도가 높아지면 높아질수록 패자는 왕자에 접근하게 되는 것이다. 결과론이기는 하나 한유들의 '왕패동시론'은 패도를 왕도와 같은 도덕적 존재로 격상시킴으로써 선진 시대의 치도 논쟁을 마무리짓는 역할을 수행했다고 볼 수 있다. 또한 이 한유들의 '왕패동시론'은 큰 줄거리에서 볼 때 공자의 관중에 대한 평가와 사실상 그 맥락을 같이하고 있다.

앞서 보았듯이 공자는 관중의 패업을 기본적으로 '인'에 해당하는 공업으로 평가했다. 이는 관중의 패업이 중원 문화와 화하족의 이익을 지켜내는 위업을 이루어 냈다고 보았기 때문에 가능한 것이었다.[25] 이러한 공자의 평가 기준은『춘추공양전』이 내세운 '문실론'의 기준과 비슷한 것이라고 할 수 있다. 공자와『춘추공양전』은 일종의 '화이관華夷觀'에 해당하는 천하일가 사상을 통해 접속하고 있었던 셈이다. 따라서『춘추공양전』은 공자가 '종주정명'의 사상에 입각해 저술한『춘추』의 취지를 가장 잘 해석해 내었다고 평가할 수도 있을 것이다.

『논어』에는 '문文'과 '실實'에 관한 논쟁이 하나 실려 있는데, 위衞나라의 대부 극자성棘子成이 "군자는 실질적인 것을 지니고 있으면 되지 형식이 무슨 필요가 있는가"[26] 라고 말한 데 대해 자공이 "형식의 미를 갖춘 것이나 안 갖

---

25) 小倉芳彦은 화이 개념은 인종적 구별을 전제로 한 고정된 개념이 아니라 夷에서 夏로의 遷移 가능성을 내포한 유동적 개념이지만 華夷간의 확연한 차별 의식은 쉽게 변하지 않았던 까닭에『左傳』을 위시해『公羊傳』,『穀梁傳』,『國語』모두 夷狄蔑視觀의 입장을 견지하고 있다고 평가했다. 小倉芳彦,『中國古代政治思想研究』, 149~152쪽 참조.
26)『論語』,「顏淵」, "君子質而已矣. 何以文爲矣."

춘 것이나 같다고 하면 호표虎豹를 다룬 가죽이나 견양犬羊을 다룬 가죽이나 마찬가지가 될 것이다"27)라고 반박한 부분이다. 극자성은 실질을 중시하는 입장이고 자공은 명분을 중시하는 입장이다. 이 기록은 공자의 생존 당시에 이미 '문실론'과 관련된 논란이 적잖이 있었음을 보여 준다.『논어』의 이 대목으로는 공자의 '문실론'에 관한 의중을 헤아리기가 쉽지 않지만,『논어』에는 공자가 '문'보다 '실'을 더 중시했다고 볼 만한 대목이 몇 군데 있다. 그 가운데 한 곳을 보면, 공자는 "예악에 있어서 앞선 시대의 사람들(先進)은 야인에 가까 웠고 후대의 사람들(後進)은 군자와 같았다. 만일 하나를 써야 한다면 나는 앞 시대의 사람들을 좇겠다"28)라고 언급한 바 있다. 후진은 예악에 밝은 사람들로 이른바 '문'에 가까운 사람들인 데 반해 앞선 시대의 사람들은 예악에는 야인에 가까울 정도로 어두우면서도 '실'에 충실한 사람들이다. '정명종주'를 내세운 공자는 기본적으로 '문'을 중시했다고 볼 수 있겠지만, 이 대목은 그가 '문'을 중시했음에도 불구하고 궁극적으로는 '실'을 더 중시했던 것이 아닌가 하는 해석을 낳기에 충분하다.

물론 이를 두고 공자가 '문'보다 '실'을 더 중시했다는 식으로 단언하는 것은 성급한 판단이다. 다만 이러한 언급을 통해 공자가 '문'에 못지않게 '실'을 중시했다는 사실만큼은 확연히 파악할 수 있다. 이러한 입장이 바로 관중의 패업을 높이 평가하게 된 주요한 배경이 되었다고 할 수 있을 것이다. '문'의 기준에서 볼 때는 그 비례로 인해 관중을 비난하게 되었으나 '실'의 기준에서 볼 때 그 패업을 칭송할 수밖에 없었던 것이다. 이러한 의미에서 한유들의 '왕패동시론'은 공자의 뜻을 충실히 조술한 것이라고 할 수 있다. 제환공의 패업을 '존망계절'로 평가하여『춘추공양전』의 해석과 유사한 결론을 이끌어 낸 순자 역시 공자와 마찬가지로 '문실론'에 입각해 있다. 결국 공자의 의중은 순

---

27)『論語』,「顔淵」, "文, 猶質也. 質, 猶文也. 虎豹之鞹, 猶犬羊之鞹."
28)『論語』,「先進」, "先進於禮樂, 野人也. 後進於禮樂, 君子也. 如用之, 則吾從先進."

자의 해석을 거쳐 '문실론'에 입각한 한유들의 이론 정립에 의해 선명히 드러
나게 되었다고 볼 수 있는 것이다.

물론 한유들의 '왕패동시론'은 유방의 패업을 격상시키기 위한 현실적 필
요에 의해 강구된 이론이었지만, '왕패동시론'이 유방의 패업을 합리화시키
기 위한 이론적 도구였다는 사실과 공자와 한유들이 이론적으로 맥을 같이한
다는 사실은 별개의 문제로 보아야 한다. 결론적으로 말해 한유들은 '문실론'
을 통해 그들의 당초 의도와는 상관없이『춘추』를 지은 공자의 본래 취지를
제대로 반영한 셈이 되었던 것이다. 그리고 순자는 공자와 한유들 사이에서
이론적 가교 역할을 수행했다고 할 수 있다. 사실 '문실론'에 입각한『춘추공
양전』에서의 기본 입장은 순자의 입장과 하등 차이가 없었다고 보아도 과언
이 아니다.[29]

---

29) 순자에 대한 역사적 평가는『公羊傳』에 대한 평가와 맥을 같이하고 있다. 郭志坤은 순자가
秦漢 이래 中唐 시기까지 최소한 맹자와 병칭되거나 오히려 높게 평가받았다고 주장했다.
郭志坤은 순자가 秦漢 이래 中唐까지 尊奉을 받은 이유와 관련해, 荀學이 時政에 필요한 이
론을 공급할 수 있었고 諸經의 해석 및 보완에 큰 功이 있었던 것은 물론 荀學 자체가 사상
적으로 포괄적인 종합성을 지니고 있었기 때문이라고 분석했다. 郭志坤은 그러나 韓愈가
荀學을 '大醇而小疵'로 평가한 이래 儒學 내에서 점유하고 있던 荀學의 위상이 동요 조짐을
보이기 시작했다고 주장했다. 그는 韓愈의 순자에 대한 평가는, 사실 순자를 貶下한 것이
아니었음에도 불구하고 韓愈의 大醇小疵說이 荀學을 공격하는 근거로 이용되는 등 宋代에
들어서면서 荀學의 수난 시대가 초래됐다고 분석했다. 宋代의 性理學은 사실 荀學과 여러
면에서 대립됐다. 우선 性理學의 行事在天 입장에 대해 荀學은 制天命而用之의 입장을 보
인 데 이어 性理學의 格物致知 입장에 대해서는 學而知之의 입장을, 性理學의 天人合一 입
장에 대해서는 天人相分의 입장을 견지했기 때문이다. 그러나 荀學이 性理學에 의해 무차
별적인 공격을 받게 된 가장 큰 이유는 순자가 亞聖으로 불리는 맹자를 직접 공격하고 나
선 데에 있다고 볼 수 있다. 맹자의 四端說을 기초로 性理學을 완성한 朱熹는 순자가 말한
僞(作爲)를 虛僞 또는 詐僞로 해석하는 등 荀學을 왜곡 평가한 장본인으로 볼 수 있다. 荀學
이 비로소 새로이 평가를 받게 된 것은 淸代에 들어서서야 가능하게 됐다. 여러 면에서 理
學과 대조적인 사상을 지니고 있는 荀學이 理學이 극성을 부린 宋明代에 제대로 평가받을
수 없게 된 것은 당연한 시대적 추세로 볼 수 있을 것이다. 郭志坤은 淸代의 嚴復이 맹자가
공자의 微言을 전파한 데 반해 순자는 공자의 大義를 전한 사람이라고 긍정적으로 평가한
데 이어 汪中이『荀卿子通論』을 통해 "周公作之, 孔子述之, 荀卿傳之"라고 평가하고 나섬으
로써 荀學에 대한 새로운 인식 및 평가가 가능하게 됐다고 분석했다. 淸代에 들어서 公羊學
이 宋明 理學에 대한 반성으로 등장한 것도 순자에 대한 이런 역사적 평가와 무관하다고는
볼 수 없을 것이다. 郭志坤,『荀學論稿』, 298~306쪽 참조

2. 치본 논쟁의 전개

선진 시대 도·유·법 3가의 치본관 형성에는 이들의 인성론이 크게 작용했다. 이들의 인성론은 인간 본질에 관한 고찰이었던 까닭에 치본을 어떻게 설정할 것인가 하는 문제와 직결되어 있었다.

노자는 인성에 대해 직접적으로 언급하지는 않았으나 『도덕경』 전체의 맥락에서 볼 때 일종의 '성선설'을 주장했다고 보는 것이 옳다. 그가 치본관에서 일종의 '도본덕치道本德治'의 입장을 보인 것도 그러한 인성관에서 비롯된 것이라고 할 수 있다.

공자 역시 기본적으로 인성 문제 자체를 중요하게 생각하지 않았다. 그러나 교화를 필요로 하지 않는 인물로 상지上智와 하우下愚를 든 점에 비추어 볼 때 공자는 일종의 '무선무악설'의 입장에 가까웠고, 이러한 입장에서 교화를 통해 인간을 최고의 경지인 성현의 단계로까지 끌어올릴 수 있다고 생각하게 되었다고 볼 수 있다. 따라서 그의 '인본인치仁本人治'는 바로 인성의 선악 문제를 중요시하지 않은 데서 출발했다고 말할 수 있을 것이다.

이에 반해 맹자는 인성 문제를 거론하면서 성선설을 주창하고 나섰다. 그는 인성에 관한 한 기본적으로 사람은 모두 요순과 다름없는 선성을 지니고 있다고 강조하면서, 이를 배경으로 인의 사상을 제창하고 나섰다. 인성은 본질적으로 선성일 수밖에 없다는 맹자의 신념은 그의 치본관을 통해 극명하게 드러나고 있다. 물론 그는 성선설에 입각한 인의 개념을 강조하고 나섰지만 실질적인 주안점은 '의'에 있었다. 그의 치본관이 일종의 '의본인치義本人治'로 규정된 이유가 여기에 있는 것이다.

순자의 성악설은 맹자의 성선설을 정면으로 부인하는 데서 출발하고 있다. 그는 인간의 무절제한 욕망을 방치하는 한 사회가 혼란하게 될 것은 말할 것도 없고 국가의 존립마저 불가능하게 될 것이라고 확신했다. 그러나 그의 인성론은 인성의 선화 및 악화 가능성을 모두 인정하였다는 점에서 일종의

'가선가악설可善可惡說'에 가깝다. 인성의 선화 및 악화 가능성을 모두 믿었던 순자는 '예'를 통한 인성의 교화 가능성을 확신하고서 인성의 선화를 위해서는 반드시 '예'가 궁극적인 질서 규범으로 작용해야 한다고 강조했다. 그의 입장에서 볼 때 군주와 인민은 모두 '예'를 체화하여 예치 국가를 형성하는 데 조력해야 하는 주체이자 객체인 존재였다. 이러한 점에서 순자의 치본관인 '예본인치禮本人治'는 인간의 욕망은 악하기는 하나 선화될 수 있다는 그의 인성론이 확장되어 표현된 것으로 보아야 한다. 비록 상이한 접근 방법을 통하기는 했지만 순자는 공자가 인성 문제 자체를 도외시함으로써 '인본인치'의 결론에 도달한 것과 유사한 결론에 이르게 되었다고 할 수 있을 것이다.

그러나 법가의 치본관인 '법본법치法本法治'는 철저한 성악설에 입각해 있다. 인간에 대한 불신을 사상적 기초로 한 법가는 순자가 인성의 교화 가능성을 믿고 '예본인치'로 귀착한 것과는 달리 인성의 교화 가능성을 아예 부인하고 인간의 사사로운 감정이 철저히 배제된 법치만을 유일한 통치 수단으로 상정하였다. 하지만 철저한 성악설에 입각한 까닭에 법가의 '법본법치'는 역설적으로 '변형된 인치주의'라고 할 수 있는 '군본인치君本人治' 속에 함몰되고 말았다. 이는 인성의 악성만을 인정하는 이른바 '성악무선설'에 입각한 데 따른 당연한 결과로 볼 수 있다. 힘을 전제로 하는 강력한 법치는 힘의 근원을 군주에서 찾을 수밖에 없다. 이에 따른 이론적 한계가 바로 '법본법치'를 '군본인치'로 함몰시킨 근본 배경이었다고 할 수 있는 것이다.

이상 검토한 바와 같이 이들 선진 시대 도·유·법 3가의 치본관 형성에는 기본적으로 이들의 인성론이 가장 주요한 배경으로 작용했지만, 그에 못지않게 이들의 독특한 사상적 경향 또한 주요한 배경으로 작용하였다. 시대의 문제점을 진단하고 대안을 제시하는 데에는 각각의 사상적 경향이 크게 작용할 수밖에 없었던 것이다.

사상적 경향으로 볼 때, 노자의 경우는 가장 이상주의적인 모습의 전형을 보여 주었다고 할 수 있다. 그는 자연의 이치를 체득한 소위 '도인道人'이 다스리는 '도국道國'을 가장 바람직한 이상국가로 생각했다. 우주만물의 근본 이치인 '도'는 '덕'으로 발현될 수밖에 없다는 노자의 주장에 따를 때 '도인'과 '도국'은 '덕인德人' 및 '덕국德國'으로 치환될 수 있다. 그가 말하는 '도'와 '덕'은 인식하기조차 쉽지 않다. 여기서 알 수 있듯이 노자가 말한 통치는 인식조차 되지 않는다는 점에서 가장 이상적인 모습을 띠고 있다고 하겠다.

치본에 관한 한, 노자의 '도 및 '덕' 개념에 가장 가까운 덕목을 제시한 사람은 공자였다. 비록 노자의 관점에서 볼 때는 인위적인 덕목을 체득한 사람에 불과한 것이었지만 공자는 '인인仁人'이 다스리는 '인국仁國'을 가장 바람직한 이상국가로 상정하였다. 그는 맹자와 같이 현실을 도외시한 극단적인 이상주의자는 아니었다. 관중의 패업에 대한 평가에서 검토했듯이 그는 어디까지나 현실을 인정한 가운데 이상을 지향했다고 할 수 있다. 그가 제시한 군자 통치가 바로 대표적인 실례이다.

공자의 견해에 따를 경우 '수신의 인'을 체현하지 못한 사람이라면 치자라 하더라도 소인에 불과하고 '수신의 인'을 체현하였다면 피치자라 하더라도 군자에 해당한다. 따라서 치자와 피치자 모두 공자의 이상국가에서는 주체인 동시에 객체일 수밖에 없다. 사해일가를 기초로 성립된 대동 세계는 이러한 이상국가가 확장된 세계관의 표현이다. 대동 세계는 곧 하나의 도덕 세계인 동시에 문화 세계였다. 치자와 피치자 모두 도덕 세계의 완성을 위해 정진해야 하는 구도자인 셈이다. 결국 공자에게는 통치가 곧 도덕이고 도덕이 곧 통치가 될 수밖에 없었던 것이다. '수신의 인'을 이룬 군자는 치국평천하를 실현하기 위한 충분조건이라고 할 수 있다. 그가 제시한 군자 정치는 바로 현실 통치자가 지향해야 할 하나의 실천적 지표인 동시에 이상국가를 실현하기 위한 하나의 이념적 지표이기도 했다.

공자의 군자 정치는 바로 현실을 토대로 한 위에 이상의 지표를 제시한 것으로 보아야 한다. 공자는 정형政刑에 의한 법치의 한계를 일찍이 간파하였다. 그는 법치는 인민들을 우선은 손쉽게 다룰 수 있을지 몰라도 결국은 인민들로 하여금 탈법을 강구하게 함으로써 수치심을 모르는 인간을 만들게 될 뿐이라고 지적하였다. 그리하여 그는 통치의 극의를 달성하기 위해서는 군자정치에 의하지 않으면 안 된다고 확신했다. 결국 공자의 군자 정치는 '인인'에 의해 실현된다는 점에서 일종의 '인인 정치'라고 할 수 있고, 그가 그린 이상국가는 '인인 정치'를 통해 실현되는 일종의 '인국仁國'으로 요약될 수 있다.

맹자는 공자에 비해 이상주의적인 경향을 지나치게 표출하고 있었다. 그가 그린 이상국가는 일종의 '왕도 국가'이자 '정의 국가'이다. 그는 '의인義人'에 의해 다스려지는 정의의 국가 즉 '의국義國'을 왕도를 실현한 이상국가로 간주했던 것이다. 그의 치본관이 '의본인치'로 귀결된 것 역시 그런 이상주의적 경향에서 비롯된 것이었다. 관중의 패업이 공자의 '인학' 체계에서는 높이 평가받았음에도 불구하고 맹자에 의해서는 배척당한 데서 알 수 있듯이, 그가 말한 인의 사상은 아주 높은 수준의 도덕을 전제로 한 것이었다. 물론 인의의 실현을 통한 덕치를 주장했다는 점에서는 공학을 조술했다고 볼 수 있기도 하지만, 그가 그린 덕치의 모습이 '의치義治'였다고 볼 때 주된 관심사가 어디까지나 '의'의 실현에 있었음을 부인할 수 없다. 군주와 인민을 대립시켜 '귀민경군'을 강조하고 나선 것 역시 맹자의 지나친 이상주의적 경향이 구체화된 것이었다. 하지만 '귀민경군' 사상은 맹자가 살았던 전국 시대의 현실 상황과는 너무도 동떨어진 사상이었다.

순자는 맹자와는 대조적으로 매우 현실주의적이었다.[30] 그는 공학의 이상주의적 요소를 확대시킨 맹자와는 반대로 공학의 현실주의적인 측면을 보

---

30) 성태용은 夏甄陶의 『論荀子的哲學思想』(上海: 上海人民出版社, 1979)을 인용해 순자의 현실 인식에 가장 큰 영향을 준 것은 그의 入秦 경험이라고 강조하면서 순자의 통치 사상은 예 치론과 법치론이 만나는 場이라고 규정했다. 성태용, 「心性論, 禮論과의 관련 아래서 본 荀子의 修養論」, 『太東古典研究』(1989), 185쪽 참조.

다 강화시켰다. 그러나 순자는 '인학' 체계의 현실주의적인 측면에 깊이 주목하면서도 이상주의적인 측면 또한 버리지 않았다. 현실을 중시한 순자가 법치의 적극적인 효과를 인정하면서도 법가와 같이 극단적인 현실주의자로 함몰되지 않은 이유가 바로 여기에 있다. 맹자는 '인학'의 이상주의적 측면만을 부각시킨 나머지 현실주의적인 요소를 철저히 사상해 버렸지만 순자는 현실에 바탕하면서도 결코 이상을 저버리지 않았다는 점에서, 공학의 의발을 제대로 전수받은 사람은 순자라는 논리가 성립될 수 있다. 다만 공자의 경우는 기본 입장을 이상에 두고 현실을 수용하는 자세를 취한 데 반해 순자는 현실에 기본 입장을 두고 이상을 추구하였다는 점에서 차이가 있을 뿐이다.

순자는 현실의 토대 위에서 이상을 실현할 수 있는 최대공약수로 '예'를 상정하였다. 그의 치본관인 '예본인치'는 이러한 사상적 경향이 극명하게 표출된 것이라고 할 수 있다. '예'는 분명 '인'이나 '의'와 같은 덕목과 비교할 때 형식적이고 인위적인 측면이 강하지만, 그가 말한 예치는 앞서 검토한 바와 같이 덕치의 중요한 내용임에 틀림없다. 따라서 그가 제시한 '예치' 개념은 공자가 말한 '인치仁治'와 큰 차이는 없다고 볼 수 있을 것이다. 물론 그가 말한 '예치'는 공자의 '인치'와 비교할 때 덕치의 의미가 다소 퇴색됨을 부인할 수 없다. 하지만 이는 그가 이상보다는 현실을 한층 더 중시했던 데 따른 불가피한 결과라고 보아야 한다.

공자와 순자는 이상과 현실의 조화를 꾀했다는 점에서는 마찬가지였다. 한마디로 말해 공자와 순자는 그 기본 취지에서 같은 맥락에 서 있는 것이다. 이런 점에서 순자가 그린 이상국가인 이른바 '예국禮國'은 공자의 '인국仁國'을 현실에 가장 가깝게 견인해 낸 결과라고 보아야 할 것이다. 그가 제시한 예치 개념은 공자와 마찬가지로 어디까지나 덕치의 이상을 현실 속에서 구현해 내고자 하는 고심의 산물이었다.

순자는 사실 전국 시대의 혼란상을 목도하면서 혼란의 가장 큰 원인이 상하의 질서와 절도가 무너진 데 있다고 확신하고, 이런 혼란을 바로잡을 수 있는 길은 바로 예치에 있다고 판단했다. 그러나 그는 '예국'의 실현을 간절히 바랐음에도 불구하고 현실 세계에서의 구현이 어려울 경우에 대비한 차선책으로 법치 국가의 존재를 인정했다. 그가 말한 법치 국가는 바로 '중법애민'의 정신에 입각한 패도를 실현한 국가이다. 이처럼 공맹과 달리 법치 국가를 인정하였다는 대목은 현실을 중시하는 그의 사상적 경향이 확연히 드러난 대표적인 사례라고 할 수 있을 것이다. 그런데 이러한 대목은 그를 법가로 분류하게 되기도 하는 원인으로 작용하였다.

하지만 순자가 법치 국가의 존재를 인정한 것은 '예국'의 실현이 불가능할 경우에 한정된 차선책이라는 점을 잊어서는 안 된다. 그가 그린 이상국가는 어디까지나 '예국'이었다. 그의 입장은 현실적 여건상 예치 국가의 실현이 불가능하게 되었을 때 예치에 가까운 수준의 법치 국가만이라도 이룬다면 이를 인정할 수 있다는 것이었다. 따라서 순자가 차선책으로 제시한 법치 국가는 예치 국가에 준하는 높은 도덕 수준을 유지해야만 하는 것이었다. 그 요체는 바로 그의 '중법애민'의 정신에 있다.

'중법'의 정신은 일견 법가의 그것과 맥을 같이하는 것으로 볼 수 있다. 그러나 법가가 현실 속에서의 이상국가로 상정한 '법국法國'과 순자가 말한 '법국'은 내용적으로 커다란 차이가 있다. 양자를 구별하는 가장 큰 기준은 '애민'의 내용에 달려 있다. 인민을 '사민使民' 및 '용민用民'의 대상으로 간주한 법가는 인민을 '법국'의 객체로만 파악했을 뿐 결코 주체로 인정한 적이 없다. 그러나 순자가 말하는 '법국'에서의 인민은 '중법'의 객체인 동시에 주체이기도 하다. 순자가 '예국'의 차선책으로 제시한 '법국'은 '예국'에 준하는 높은 도덕적 수준을 견지해야만 하기 때문에, 법가와 순자가 내세운 '법국'은 그 내용 면에서 커다란 차이를 보이고 있는 것이다.

비록 예치와 더불어 법치의 효용을 인정하였지만 순자의 치본관은 어디까지나 덕치에 입각한 '예본인치'였다. 이러한 관점에서 공자의 '인본인치'와 맹자의 '의본인치', 순자의 '예본인치'는 모두 덕치의 요체를 각각 '인', '의', '예'로 보았다는 점에서만 다를 뿐 본질적으로는 차이가 없다고 보아야 한다. 세 사람 모두 이른바 '덕본인치德本人治'를 치본관으로 삼았다는 점에서는 완전히 일치하고 있는 셈이다. 물론 공맹순 세 사람이 제시한 '덕'은 노자의 기준에서 볼 때 '도'의 구체적 표현인 '상덕'이 아니라 인위적인 '하덕'에 불과하다고 할 수 있다. 그러나 이들 세 사람은 각각 자신들이 내세운 '인의예'야말로 인간이 현실적으로 취할 수 있는 최상의 덕목이라고 간주했다.

순자는 법치의 개념을 적극 수용함으로써 법가 사상의 만개에 중요한 가교 역할을 수행하기는 했지만 예치를 우선해야 한다는 주장을 포기하지는 않았다. 따라서 그를 가리켜 덕치의 이상을 포기하지 않은 최후의 유가 사상가라고 할 수 있을 것이다. 현실과 이상의 조화를 위한 최대공약수로서 제시된 예치는 순자의 제자인 한비자에 이르러 사상되고 말았다. 순자가 마지막까지 이상의 실현에 대해 미련을 버리지 못한 데 반해 한비자는 이상주의적인 덕치 개념 자체를 과감히 제거해 버린 것이다. 이처럼 유가 사상의 최대 특징이라고 할 수 있는 덕치 개념은 한비자에 의해 최초로 완벽하게 배척되었다고 할 수 있다. 하지만 동시에 한비자에 의해 통치자가 비로소 도덕으로부터 해방되는 계기를 마련하게 된 것 또한 사실이다.

한비자의 이러한 반덕치주의적 입장은 극단적인 현실주의 경향에서 비롯되었다고 할 수 있다. 한비자를 비롯한 법가가 취한 반덕치주의적 입장은 곧 유가의 이상적 통치 체제로 상정된 이른바 '군자 정치'의 포기를 뜻하는 것이었다. 공자가 덕치의 이상을 실현하기 위한 구체적인 방안으로 제시한 군자 정치는 법가에 의해 사실상 그 의미를 완전히 상실하게 된 것이다.

사실 공자가 제시한 군자 정치는 전술한 바와 같이 현실 정치의 수준을 이상적인 수준으로 끌어올리기 위한 하나의 지표였다. 공자는 열심히 '수신의 인'을 닦은 사람은 누구나 다 군자가 될 수 있다고 보았다. 이는 성현의 단계까지 도달하는 것은 어렵지만 노력 여하에 따라 군자의 단계까지는 얼마든지 도달할 수 있다는 생각을 전제로 한 것이다. 그가 제시한 군자 정치는 현실을 이상의 차원으로 끌어올리기 위해 만들어 낸 고심의 소산이라고 할 수 있는 것이다. 그러나 공자의 군자 정치는 맹자에 의해 현실과 괴리된 '의치義治'로 왜곡되어 버렸다. 맹자가 제시한 '의치'는 정치를 '의'에 입각한 '정의의 정치'와 '의'를 저버린 '불의 정치'로 양분하는 계기를 만들었다.

공자의 군자 정치는 어디까지나 '군군신신'의 입장에서 벗어나지 않았다. 그는 군주는 '예'로써 신하들을 대하고 신하는 어디까지나 충성으로 섬겨야 한다고 강조하고, 부덕한 군주에 대해 신하는 오직 진퇴의 의사만을 표시할 수 있다고 보았다. 그러나 맹자는 불인불의한 폭군은 신하가 직접 방벌해야 한다고 주장하였다. 이러한 점에서 볼 때 맹자의 '의치'는 공자가 말한 군자 정치의 취지를 상당 부분 왜곡시켰음을 부인할 수 없다. 이는 맹자가 군자 정치의 이상적인 측면만을 지나치게 확대해 본 데 따른 것이기도 했다. 한마디로 맹자의 '의치'는 이상적인 측면만이 지나치게 강조된 나머지 현실적인 측면이 거의 무시되었던 것이다.

덕치 개념을 아예 사상해 버린 법가의 반덕치주의적 입장 역시 이상주의로 치달은 맹자의 '의치'와는 정반대의 입장에서 군자 정치의 취지를 무색하게 만들어 버렸다. 이는 법가의 반덕치주의적 입장이 군자 정치의 본래 취지가 이상과 현실의 조화에 있음을 전혀 인정하지 않은 데 따른 당연한 결과였다. 결국 법가의 반덕치 사상은 극단적인 현실주의의 입장에 입각한 일종의 '반군자反君子' 사상이라고 할 수 있다. 공자가 말한 군주는 친친현현親親賢賢을 토대로 수신의 인을 이룬 '인인仁人'이었고, 순자가 해석한 군자는 융례존현隆禮尊賢을 토대로 예를 완성한 '예인禮人'이었으며, 비록 공자의 취지를 희석시켜 버린 감은 있지만 맹자가 본 군자는 인의仁義에 입각한 '의인義人'이었다. 이에 대해 법가는 '의인'은 말할 것도 없고 '인인'과 '예인' 개념의 존재 자체도 아예 인정하지 않았던 것이다. 법가가 상정한 통치의 기본적인 주안점은 인간이 아닌 객관적 사물인 '법' 그 자체였다. 따라서 통치의 주체는 법을 체화한 인간 즉 '법인法人'이 될 수밖에 없고, '법인'이 다스리는 나라 역시 일종의 '법국法國'으로 귀착될 수밖에 없다.

법가의 '반군자' 사상은 반덕치 사상의 또 다른 표현인 동시에 군자가 내포하고 있는 '인치人治' 개념을 인정하지 않는 일종의 '반인치反人治' 사상이었다. 이는 결국 일종의 '물치주의物治主義'이다. 법가가 '법치'를 강조하게 된 것도 바로 '물치주의'에 입각한 데 따른 필연적인 결과였다. 사실 한비자의 법치 사상은 순자가 현실에 가장 가까운 덕치 개념으로 예치를 상정하면서 법치를 보조 개념으로 인정한 데서 그 이론적 단초를 제공받은 것이었지만, 또한 예치 사상을 포기한 데 따른 당연한 논리적 귀결이기도 했다. 그는 법치에 대해 사상적 문호를 개방한 스승의 기본 취지를 승계하면서도 '인치' 개념을 '물치' 개념으로 환골탈태시키는 독창성 또한 발휘해 내었던 것이다.

그러나 당시는 법 자체가 군주를 위한 '군주의 법'이었던 까닭에 법가의 '법본법치' 사상은 필경 일종의 '군본인치'로 함몰될 수밖에 없는 위험 요소를 지니고 있었다. '반인치'의 표상으로 법치를 상정한 법가가 '변형된 인치주의'로 귀결될 수 있는 인자를 내포하고 있다는 것은 그 자체가 하나의 역설이 아닐 수 없다. 법가의 치본관이 지니고 있는 이러한 논리적 모순은 기본적으로 통치의 인치적 속성을 무시한 데 따른 당연한 결과이기도 하고, 입법立法 및 행법行法에 있어서 선법善法의 보장 방안을 구체적으로 제시하지 못했다는 근원적인 약점을 지니고 있었기 때문이기도 하다. 나아가 법 자체를 인간이 만든다는 본질을 간과했다는 지적 또한 면할 수 없다.

결국 법가의 '법본법치' 사상은 법이 곧 군주이고 군주가 곧 법이라는 명제로 환원되면서 '군본인치' 내지 '권본인치權本人治'로 함몰되고 말았다. 하지만 이러한 약점을 지녔음에도 불구하고 법가의 치본관이 진한 시대 이래 역대 중국 정권의 치본관이라고 할 수 있는 '덕본법치德本法治'의 사상적 기초 가 되었다는 사실을 간과해서는 안 된다.[31] 역대 중국 정권의 전통적 치본관 인 '덕본법치'는 군자 정치의 기치를 표방하면서도 실질적으로는 법가의 법 치 사상을 바탕으로 하여 성립된 통치 이념이었던 것이다.[32]

선진 시대 도·유·법 3가의 치본관을 검토하면서 이들의 사상에 나타나 는 군민 간의 비중 및 우선 순위에 따라 분류하자는 주장이 제기된 적이 있 다.[33] 유가는 인민을 귀하게 여긴 데 반해 법가는 군주를 귀하게 여겼다는 것 이 이와 같은 분류법을 주장하게 된 근거이다. 이 분류법은 맹자가 '귀민경군' 을 역설했고 한비자가 '귀군경민'을 강조했다는 점에 비추어 볼 때 분명 타당 성을 지니고 있다. 그러나 공자와 순자는 군민에 대한 경중을 논하지 않은 까 닭에 이러한 분류법을 예외 없이 적용할 경우 적잖은 무리가 뒤따르게 된다. 순자 역시 비록 '존군'을 내세웠으나 그가 말한 존군은 어디까지나 '위민'을 전제로 한 것이기 때문에 한비자의 '귀군'과는 차이가 있는 것이다. 공자의 경

---

31) 高須芳次郞은 商韓의 법치 사상은 중국 통치 사상의 특성이랄 수 있는 전제적 법치주의의 특색을 보여주고 있다고 평가했다. 高須芳次郞, 『東洋思想十六講』, 269쪽 참조.

32) 중국의 경우 宋代 이래의 士大夫 및 紳士層은 유가 사상에 입각해 통치 문제에만 전념한 나머지 法을 집행하는 서리 계급들의 법치를 내세운 가렴주구가 횡행했다. 明代의 顧炎武 등은 法을 집행하는 서리들이 政治를 펴고 있다고 통탄하기도 했다. 중국의 역대 정권이 獨 尊儒術을 기치로 내세운 가운데 덕치에 입각한 人治를 표방했음에도 불구하고 실질적으로 는 秦漢 이래 淸代末까지 엄정한 법치주의의 기조를 유지해 왔음을 짐작할 수 있다. 宮崎市 定, 「淸代의 胥吏와 幕友」, 『東洋史硏究』 16-4(1958), 324쪽 참조. 楊鴻烈은 漢代에서 淸代末까 지 천여 개에 달하는 각종 성문법이 유가 사상에 입각한 윤리적 法의 특징을 보유하고 있 는 것은 사실이나 이를 단순히 유가 사상의 표현만으로 보는 것은 정적인 접근에 불과하다 고 지적했다. 楊鴻烈은 중국의 법가 사상은 漢代 이후의 儒術獨存의 상황 속에서도 立法의 기본 원리로 작용했다고 강조했다. 楊鴻烈은 그 예로 漢文帝가 體刑을 폐지한 것과 後漢 시 대 王符·崔實 등이 황제의 사면권 폐지를 주장한 점과 路溫舒가 고문에 해당하는 訊刑을 반대하고 孔光이 연좌제를 반대한 점 등을 들어, 이는 법가 사상에 따른 주장이라고 강조 하면서 이러한 점을 고려해야만 중국 법률 사상사에 대한 동적인 접근이 가능하다고 주장 했다. 楊鴻烈은 宋代 소동파의 「刑賞忠厚之至論」 등을 예로 들어 唐代 이후 유가의 '德主刑 輔' 說이 儒法合流의 주조를 이뤘다고 강조했다. 楊鴻烈, 『中國法律思想史』 上(上海: 商務印 書館, 1937), 2~4쪽 및 下 75~76쪽 참조.

33) 蕭公權, 『中國政治思想史』(최명 역), 298쪽.

우도 정치의 요체가 위민에 있음을 역설하면서도 존군의 취지를 분명히 드러냈다. 결국 존군이냐 귀민이냐에 따라 이들의 사상적 특색을 분류하는 것은 상당한 무리가 뒤따를 수밖에 없다.

결국 지금 학계에서는 대체로 선진 시대 도·유·법 3가의 치본관을 검토하는 도구로 인치와 법치의 분류를 별다른 이의 없이 사용하고 있다.[34] 이 분류법은 선진 시대 도·유·법 3가의 치본 논쟁의 성격을 파악하는 데 매우 유용한 것임에 틀림없다. 실제로 많은 학자들이 이 분류법을 적용해 동양 통치 사상사에 족적을 남길 만한 매우 의미 있는 결과를 얻어낸 것이 사실이다.

원래 선진 시대 도·유·법 3가의 모든 사상 논쟁은 인성 논쟁을 제외하고는 공자로부터 비롯되었다고 할 수 있다. 앞서 검토한 바와 같이 의리 논쟁은 공자로부터 시작된 것이었고 치도 논쟁 또한 그 발단은 관중에 대한 공자의 평가에서부터 비롯된 것이었으며 치본 논쟁 역시 공자가 군자 정치를 제안한 데서 촉발된 것이었다. '인치·법치 분류법'은 바로 이러한 논쟁의 시말을 분석하는 데에 매우 유용한 분석 도구라고 할 수 있을 것이다.[35]

앞서 밝혔듯이 선진 시대 도·유·법 3가의 치본관은 기본적으로 인성론이 빚어낸 산물이라고 할 수 있다. 특히 사상적 교감의 친소 관계에 비추어 볼

---

34) 梁啓超와 高須芳次郎 등이 모두 인치·법치 분류법을 적용하고 있다. 한편 蕭公權은 인치·법치 분류법을 적용해 관중의 사상은 법치에 가깝다고 평가하면서 관중을 법가의 효시로 분류했다. 그러나 이러한 평가는 인치·법치 분류법을 치본 차원이 아닌 치술 차원에서 해석한 데 따른 것으로 본다. 인치·법치 분류법을 치술 차원에서 해석할 경우 관중을 법가로 분류할 수도 있을 것이다. 그러나 관중은 앞서 검토한 바와 같이 국가주의자인 동시에 사상가이기 이전에 하나의 현실 통치자였던 점을 감안할 때 그를 법가로 분류하는 것은 무리가 있다. 蕭公權, 『中國政治思想史』(최명 역), 310쪽 참조.

35) 심교헌은 유가는 가족주의적 차원에서 인문적 감화주의에 가까운 인치주의를 정치적 이념으로 제시한 데 반해 법가는 국가주의적 차원에서 전체주의적 간섭주의에 가까운 법치주의를 제시하게 되었다고 평가했다. 심교헌은 특히 인치주의는 통치의 주체가 천, 무위자연 또는 실정법에 있지 않고 오직 사람에게 있다는 것을 전제로 사람이 善하면 선정이, 사람이 惡하면 악정이 나온다고 보는 견해를 말한다고 해석했다. 墨家는 세계주의적 차원에서 종교적 구세주의에 가까운 天治主義를, 도가는 개인주의적 차원에서 반인문적 자연주의에 가까운 無治主義를 내세웠다는 沈敎憲의 분석 또한 매우 시사적이다. 심교헌, 「순자의 정치 윤리사상」, 『정신문화연구』(1986), 99~101쪽 참조.

때 순자와 한비자의 경우는 '예'와 '법'이 만나는 교차점에서 깊은 교감을 나누었는데, 이들이 교감을 나눈 데에는 원래 '법'과 '예' 사이의 경계선을 명확히 긋기가 어려운 점도 한 이유가 되었을 것이다. 따라서 선진 시대 도·유·법 3가를 통상적인 인치와 법치의 분류법에 따라 분류할 경우 '예'를 어떻게 보느냐에 따라 전혀 다른 분류가 가능하게 된다. '예'를 어떻게 해석하는가 하는 문제가 바로 인치와 법치 분류의 핵심에 해당한다고 할 수 있다.

인치와 법치의 분류를 적용할 경우 공자는 인치를 전제로 한 덕치의 구체적인 방안으로 군자 정치를 제안했다는 점에서 대표적인 인치주의자로 분류할 수 있다.[36] 다만 앞서 검토한 바와 같이 그는 일종의 법치에 해당하는 정형을 소극적인 통치술로 인정한 점에서 오직 인의에 입각한 인치만을 주장한 맹자와는 차이가 있다.

맹자야말로 가장 극단적인 인치주의자였다고 할 수 있을 것이다. 그는 "요임금은 인민들을 어루만지면서 굽은 마음을 곧게 하고 모자라는 것을 도와주었다. 인민 마음에 스스로 덕이 생기도록 한 것이다"[37]라고 하여 요임금을 예로 들면서, 치자는 오직 도와주는 입장에 서서 인민들이 덕을 스스로 체득하도록 해야 한다는 뜻을 전하고자 했다. "하늘은 인민을 내려 보내면서 군주와 스승을 만들었다"라고 강조한 것도 동일한 취지의 말이라고 할 수 있다.[38] 그는 군주의 역할을 소극적으로 파악했기 때문에 군주를 특별히 취급할 이유가 없었던 것이다. 그렇기 때문에 그는 인의에 입각한 통치를 하지 못하는 군주는 방벌해서라도 인의를 구현해야 한다는 주장을 펼 수 있었다. 그의 이러한 주장은 그의 치본관이 가장 극단적인 인치주의 입장에 입각한

---

36) 이에 대해 徐復觀은 유가는 법치를 중시하지는 않았으나 결코 부정하지는 않았다며 유가가 人治를 중시하고 법치를 무시했다는 것은 유가의 통치 사상에 대한 곡해에서 비롯된 것이라고 지적했다. 徐復觀, 『中國思想史論集』, 137~138쪽 참조.

37) 『孟子』, 「滕文公上」, "勞之, 來之, 匡之, 直之, 輔之, 翼之, 使自得之."

38) 『孟子』, 「梁惠王下」, "天降下民, 作之君, 作之師." 梁啓超는 맹자의 이러한 주장을 '君師合一主義'라고 명명했다. 梁啓超, 『先秦時代政治思想史』, 137쪽 참조.

데 따른 당연한 결과였다.

순자의 경우도 그의 치본관이 '예본인치'인 데서 알 수 있듯이 예치의 이상에 입각한 군자 정치를 내세웠다는 점에서 전형적인 인치주의자로 분류할 수 있다. 군주 자신이 이상적인 예치 국가를 이루기 위해서는 '융례존현'에 입각한 예치의 수범이 되어야 한다고 것이다. 그러나 순자가 말한 '예'는 덕치의 주요 덕목이기는 하나 '법'의 속성을 겸유하고 있다는 점에서 적잖은 논란의 소지를 안고 있었다. 그가 주장한 예치는 분명 덕치의 속성을 지니고 있었지만 동시에 법치와도 맞물려 있었던 것이다.

순자는 이상국가인 '예국'을 실현하기 위한 필수 방안으로 예치를 상정했다. 그러나 그는 현실적으로 '예국'의 실현이 불가능할 경우 차선책으로 '법국'을 세울 수 있다고 주장했다. 여기서 알 수 있듯이 '예'와 '법'은 원래 미세한 간극 차이로 병립하고 있다. 원래 예치와 법치에 대한 유가의 전통적 입장은 예치와 법치의 대상 및 효능을 준별하는 데에 그 특징이 있다.『예기』에 있는 "예는 서인까지 내려가지 않고 형벌은 대부에게 미치지 않는다"[39]라는 대목이 대표적인 예이다. 이는 지배층에 대해서는 반드시 도덕적 수준이 높은 예치를 시행해야 한다는 유가의 입장을 대변하고 있다. 법치는 오직 인민에 대한 통치술로서 제한적인 의미에서만 허용될 수 있었던 것이다. 또한『예기』에서는 법치의 효용성을 설명하여 "형벌이 엄하면서도 속됨이 드러나면 법이 일정하다고 할 수 없다. 법이 무상하면 예가 펼쳐지지 않는다"[40]라고 하였다. 예치를 이루기 위해서는 법에 항상성이 있어야 한다는 것이다. 이는 결국 법치의 효능을 일정한 의미에서는 적극 인정한 것이라고 할 수 있다. 한마디로 유가에서는 예치와 법치의 대상 및 효능을 엄별하고 있는 것이다.[41]

---

39)『禮記』,「曲禮上」, "禮, 不下庶人. 刑, 不上大夫."
40)『禮記』,「禮運」, "刑肅俗敝, 則法無常. 法無常, 則禮不列."
41) 安作璋은『論語』「爲政」에 나오는 "道之以德, 齊之以禮" 대목을 근거로 공자의 禮論은 禮不下庶人이라는 유가 전래의 禮論과 달리 禮를 일반 庶民에게까지 확장시키려는 새로운 해석을 시도했다고 주장했다. 이러한 주장을 받아들일 경우『禮記』의 禮不下庶人 주장은 순자

앞서 살펴본 바와 같이 공자는 정형에 대해 제한적이기는 하나 그 효능을 인정했다. 물론 공자의 법치에 대한 이러한 인식은 예치에 의해서만 통치의 극의를 얻을 수 있다는 기본 전제에서 나온 것이다. 공자는 '예'로써 인민을 이끌면 인민들이 부지불식간에 좋은 습관을 배워 자연히 건전한 인민이 될 것이라고 믿었다. 그래서 그는 "예를 배우지 않으면 제대로 설 수 없다"라고 강조하였다.[42] 이는 인민이라고 해서 오직 법치만 적용하는 것은 아니라는 주장을 담고 있다. 예치와 법치에 대한 공자의 인식이 확연히 드러난 대목이 아닐 수 없다.

공자는 기본적으로 인간 스스로 '예'를 닦는 것이 '수신의 인'을 닦는 지름길이라고 강조한 바 있다. 그는 "글을 익혀 식견을 넓히고 '예'를 통해 자신을 닦는다"[43]라고 말했다. 이는 "사람이 도를 넓히는 것이지 도가 사람을 넓히는 것이 아니다"라는 언급과 같은 맥락에 서 있다고 할 수 있다.[44] 공자의 '인학' 체계가 기본적으로 '예치'에 서 있음을 여실히 보여 주고 있는 것이다. 그러나 공자의 이런 주장을 그가 법치의 존재 자체를 전혀 인정하지 않은 것으로 해석해서는 안 된다. 그는 어디까지나 예치가 근본이 되어야 함을 말하고자 한 것이지 법치를 적용해서는 안 된다고 주장한 것은 아니기 때문이다. 공자가 정형을 소극적인 통치술로 인정한 것도 정형이 근원적인 통치술이 될 수 없는 만큼 어디까지나 소극적인 의미로만 사용하라고 주문한 것이지 정형을 전혀 사용하지 말라는 뜻이 아니다. 이러한 입장은 맹자가 오직 인의만을 내세워 정형의 효용을 전혀 인정하지 않은 것과는 명백히 다르다. 맹자는 일체의 패도를 배척하면서 패자는 힘으로써 '인'을 가장한 자라고 폄하했다. 이는 정형을 통치술로서 전혀 인정하지 않은 데 따른 것이다.

의 禮論을 바탕으로 해서 나타난 것으로 볼 수 있을 것이다. 安作璋, 「關於孔子的'禮'和'仁'的學說」, 『孔子哲學討論集』(北京: 中華書局, 1963), 98쪽 참조.
42) 『論語』, 「季氏」, "不學禮, 無以立."
43) 『論語』, 「子罕」, "博我以文, 約我以禮."
44) 『論語』, 「衛靈公」, "人能弘道, 非道弘人."

순자는 법치의 효용을 예치의 그것에 육박하는 수준으로 인정했다는 점에서 주목을 끌고 있다. 그에게 이르러서는 '예'와 '법' 간의 간극이 매우 극미한 수준으로 좁혀졌다고 할 수 있는 것이다. 그는 기본적으로 "예란 법의 큰 틀이다"라고 하여[45] 예치와 법치가 본질에 있어서는 아무런 차이가 없다고 주장하였다. 예치와 법치는 적용상의 우선 순위만 다를 뿐 그 효능 면에서는 하등 차이가 없다는 논리이다.[46] 이로써 공자가 소극적인 의미에 한해 인정했던 법치가 순자에 의해 비로소 적극적인 의미를 띠게 된 것이다.[47]

순자는 예치와 법치 간의 근원적인 차이를 인정하지 않았다. 그렇다고 해서 그가 말한 법치를 법가가 말하는 법치와 같은 것으로 해석해서는 안 된다. 법가가 말하는 법치는 단순한 통치술의 차원이 아닌 통치의 근본이라 할 수 있는 치본을 이루고 있기 때문이다. 순자는 어디까지나 예치만을 치본으로 삼았다. 그는 "치인은 있어도 치법은 없다"고 강조한 바 있는데, 이는 법치를 예치의 보조 개념으로 적극 수용하면서도 통치의 기본은 어디까지나 치법이 아닌 치인임을 확인하고 있는 것이다. 순자에게 법치는 예치와의 효능 면에서의 동질성에도 불구하고 결국 통치술의 차원에 그치는 것이었다. 이 점에서 순자가 말한 법치는 법가의 법치와 큰 차이를 보여 주고 있다. 그렇기 때문에 순자의 통치는 '예'에 입각한 인치가 되어야지 '법'에 기초한 법치가 되어서는 안 되는 것이다. 따라서 순자를 '인치·법치 분류법'에 따라 나눌 경우 그는 어디까지나 분명한 인치주의자로 분류되어야만 한다.[48]

---

45) 『荀子』, 「不苟」, "禮者, 法之大分也."
46) 郭志坤은 예치와 법치의 결합은 순자가 만들어 낸 것으로, 진한 이래 후세 봉건 통치 사상의 기본축이 됐다고 강조했다. 郭志坤, 『荀學論稿』, 129쪽 참조.
47) 郭志坤은 순자의 법치 사상은 크게 法의 획일성, 적시성, 온정성, 간명성, 엄숙성 등 5가지로 요약할 수 있다고 주장했다. 郭志坤, 『荀學論稿』, 135~138쪽 참조.
48) 이에 대해 楊幼炯은 禮·法에 대한 순자의 사상이 기본적으로 인치·법치의 병용을 주장한 것에 다름 아니라고 평가했다. 순자가 人治主義者인가 아니면 이른바 인치·법치 병용주의자인가 여부는 궁극적으로 순자의 예치 사상을 어떻게 평가하느냐의 문제라고 본다. 그러나 楊幼炯의 주장은 순자가 예치를 법치에 앞세워 先王後覇를 강조한 점 등을 간과한 데따른 것으로 본다. 순자는 어디까지나 유가의 理想인 人治를 포기하지도 않았을 뿐만 아니라 인치를 법치 앞에 내세웠다는 점을 감안할 때 그를 인치·법치 구분법에 따라 분류할

결국 인치와 법치의 분류법에 따를 경우 순수한 의미의 법치주의자는 법가만이 남게 된다. 상앙이나 한비자는 법치를 치본으로 삼은 것은 물론 철저한 법치가 실현되는 이른바 '법국'을 가장 바람직한 국가의 모습으로 그렸다는 점에서 진정한 법치주의자라고 할 수 있다.[49] 법가는 '법국'을 이루기 위해서는 엄형중벌에 입각한 일종의 위하정치威嚇政治가 실시되지 않으면 안 된다고 믿었다. 이들이 말하는 법치는 일종의 형치刑治인 셈이다. 이 점은 바로 법가에서 말하는 법치주의와 서구에서 발달한 법치주의의 개념이 근본적으로 취지를 달리하고 있음을 보여 준다고 할 수 있다.

법가가 그린 '법국'은 '반인치' 및 '반군자' 사상을 전제로 만들어 낸 일종의 '물치物治'의 나라이기도 하다. 이 점 역시 법 앞의 평등과 법에 의한 권력의 통제를 전제로 하는 서구의 법치주의와는 그 질을 달리하고 있는 것이다. 법가가 법치를 통치의 극의로 생각하게 된 것은 앞서 분석한 바와 같이 인성에 대한 철저한 불신에 따른 것이었다.[50] 법가는 인성의 악함에서 비롯하는 사회 혼란을 미연에 방지하기 위해서는 법에 의한 철저한 위력 통치가 필요하다고 확신했다. 이는 예치로써 충분히 교화할 수 있다고 본 순자와는 근원적인 차이를 보이고 있다. 법가는 오직 법에 의해서만 인성의 악성을 교정할 수 있다고 보았던 것이다.

그러나 법가의 법치 사상은 인간에 대한 이러한 철저한 불신 때문에 사실상 법치의 극의를 놓치는 우를 범했다고 할 수 있다. 이들의 법치 사상은 기본적으로 법치의 효력을 담보할 수 있는 강력한 힘을 전제로 해서 성립된 것이었다. 그런데 강력한 힘은 궁극적으로 최고 통치권자인 군주를 의미한다. 그렇기 때문에 법가는 법 자체가 군주의 법임을 자인할 수밖에 없었던 것이다.

<hr />

경우 인치주의자로 평가하는 것이 옳다고 본다. 楊幼炯, 『中國政治思想史』, 100쪽 참조

49) 楊榮國은 禮와 法과의 관계를 禮表法裡 관계로 파악하면서 순자의 제자인 한비자는 스승과 달리 禮를 버리고 오직 法만을 추구함으로써 법치주의의 기틀을 확고히 했다고 지적했다. 楊榮國, 『簡明中國思想史』, 37쪽 참조.

50) 馮友蘭, 『중국철학사』(정인재 역), 221쪽.

결국 법이 곧 군주이고 군주가 곧 법이 될 수밖에 없다.

특히 법가는 법치의 가장 핵심적인 문제라고 할 수 있는 이른바 선법의 보장 방안을 전혀 마련하지 않았다는 점에서 적잖은 문제점을 안고 있다. 이들의 주장에 따를 경우 선법은 전적으로 군주의 선의에 기댈 수밖에 없다. 그럼에도 법가는 군주의 선의를 보장하는 방안에 대해 아무런 해답을 제시하지 않았던 것이다. 법가가 말하는 법치의 최대 맹점이 바로 여기에 있다. 이들의 주장을 받아들일 경우 군주는 사실상 법 바깥에 존재하게 되는 것이다. 하지만 법치는 관중이 지적한 바와 같이 최고 통치권자인 군주마저 법치의 대상이 되어야 그 극의를 이룰 수 있다. 입법 및 행법의 주체인 군주의 선의에 의해서만 선법을 기대하는 것은 법치의 존립 자체를 뿌리째 뒤흔들 소지가 크다. 이런 관점에서 볼 때 법가의 법치주의는 근본적으로 '변형된 인치주의'로 함몰될 수밖에 없는 내재적 한계를 안고 있다. 이는 어떤 의미에서는 유가의 인치가 안고 있는 문제보다도 더 심각한 문제를 떠안고 있다고 할 수 있다.

이들의 법치 사상은 기본적으로 인간의 덕성에 기초한 인치가 인성을 제대로 파악하지 못한 공소한 이론에 불과하다는 확신에서 출발하여 인치로부터 비롯되는 문제점들을 해결할 수 있는 유일한 대안으로 제시된 것이었다. 그러나 이들이 주장한 법 차체가 막강한 군권을 보장하는 '법의 권화權化'로 흐를 가능성이 농후했기 때문에 이들이 주장한 법치 역시 일종의 '변형된 인치주의'로 함몰될 가능성이 짙을 수밖에 없다. 따라서 이들의 주장은 자칫 아무런 기속도 없는 '전제주의'를 부추길 소지가 컸던 것이다.[51]

이러한 의미에서 법가의 법치주의는 유가의 인치주의가 극단화해 나타난 것임을 부인하기 어렵다. 맹자가 법치주의의 부정적인 측면을 지나치게 주목한 나머지 극단적인 인치주의로 치달았다고 한다면, 법가는 법치의 긍정

---

51) 그러나 勞思光은 중국의 문화 정신은 순자에 의해 일차 왜곡된 데 이어 법가에 의해 사형을 당하게 됐다고 하면서 秦漢 이래 선진 시대 유가의 이상이 제대로 발현되지 못한 歸責 사유를 순자와 법가에게 물었다. 勞思光, 『중국철학사: 고대편』(정인재 역), 385쪽 참조.

적인 측면만을 지나치게 강조한 나머지 오히려 '변형된 인치주의'로 함몰되어 버렸다고 할 수 있다. 따라서 법가의 '변형된 인치주의'는, 공자의 군자 통치가 순자라는 징검다리를 거쳐 한비자에 이르면서 인치의 기본 골격이 완전히 변형되어 나타난 것이라고 해석할 수밖에 없다. 그것은 공자가 말한 군자 대신 군주가 대입되고 덕치 대신 법치가 대입된 것이라고 할 수 있다. 유가의 인치는 군자의 덕치인 데 반해 법가의 '변형된 인치'는 군주의 법치인 점이 다를 뿐 양가 모두 결국은 동일한 인치에 불과하다고 말할 수 있는 것이다.

그렇다면 선진 시대 도·유·법 3가의 치본 논쟁이 지니고 있는 문제점은 과연 무엇일까? 이들의 치본 논쟁이 지닌 통치사상사적 의미를 정확히 파악하기 위해서는 이에 대한 검토가 불가피하다.

우선 유가의 군자 정치는 만일 군자가 아닌 불초의 군주가 나타날 경우 어떻게 대처하느냐에 대한 해답을 제시해야만 했다. 유가의 군자 정치는 기본적으로 이상주의적인 인치주의에 입각해 있기 때문에 불초의 군주가 나타나는 경우와 같은 인치의 왜곡 현상을 어떻게 방지하는가 하는 근원적인 과제를 떠안고 있었다. 유가의 인치 사상이 실용화할 수 있는가 하는 문제는 바로 불초의 군주 문제를 어떻게 해결할 수 있는가 하는 문제와 직결되어 있다.

공자가 말한 군자 정치는 현실을 이상의 수준으로 끌어올리기 위한 방안으로 제시된 것이기는 하나 사실 낙관적인 견해를 토대로 하고 있었다. 이는 그의 다음과 같은 언급을 보면 쉽게 이해할 수 있다.

> 문왕과 무왕은 방책을 통해 정치를 했다. 그런 사람이 있으면 그 정치는 되는 것이고 그런 사람이 없으면 그 정치는 이루어질 수 없는 것이다.[52]

여기서 알 수 있듯이 공자는 오직 문왕 및 무왕 등과 같은 사람이 있으면 덕치가 자연스럽게 이루어질 수 있다고 언급했을 뿐이다.[53] 즉 공자는 기본

---

52) 『禮記』, 「中庸」, "文武之政, 布在方策. 其人存, 則其政擧. 其人亡, 則其政息."

원칙만을 언급했을 뿐 구체적인 방법론을 제시하지 않았던 것이다.

맹자 역시 구체적인 대안을 제시하지 않기는 마찬가지였다. 그는 "오직 인자만이 고위직에 있어야 한다. 불인한 자가 고위직에 있으면 그 악을 인민에게 퍼뜨리게 되기 때문이다"[54]라고 하였는데, 이는 어진 자가 통치를 담당하면 된다는 식의 주장으로 당위론에 대한 동어반복에 지나지 않는다. 하지만 그의 주장은 불초한 군주가 가득 찼던 전국 시대의 현실과는 괴리되어 있었다. 그는 '폭군방벌론'을 내세워 이에 대한 적극적인 해답을 모색했지만, 이러한 주장 역시 하나의 당위론일 뿐 비현실적이었던 것임은 물론이다. 당시의 기준에서 볼 때 맹자의 '폭군방벌론'은 그 자신이 극단적인 이상주의로 치달은 결과였다고 해석할 수밖에 없다.

결국 유가의 인치주의는 이상적이기는 했으나 불초한 군주의 출현에 대한 대안을 현실적으로 제시하지 못한 셈이다. 유가가 법가로부터 비판을 받은 가장 큰 이유가 바로 여기에 있었다.

법가는 사실 유가의 인치주의가 지니고 있는 이러한 부정적인 측면에 대한 적확한 문제의식에서 출발한 것이다.[55] 법가는 인치의 왜곡 현상을 근원적으로 막기 위해서는 법이라는 객관적인 '물치'를 통해서만 가능하다고 파악했다. 이는 다음과 같은 상앙의 말에 잘 나타나 있다.

군주가 재능과 지혜 있는 자에게 관직을 맡기면 그들은 군주의 호오를 살핀 뒤 관권과 재물을 이용해 군주의 마음을 맞추려 할 것이다. 이렇게 되면 관직이 늘

---

53) 高亨은 공자가 文王이 殷나라를 섬긴 것을 칭찬하는 동시에 武王이 殷紂를 伐한 것을 인정함으로써 모순적인 태도를 보였다고 평가했다. 그는 공자가 文王이 당연히 殷나라를 치도록 주장했어야만 사상적 일관성을 견지할 수 있었다고 비판했다. 高亨은 공자가 중간적인 士계급에 속해 있는 까닭에 인민의 이익과 귀족 영주의 이익을 동시에 대변하는 모순을 빚게 됐다고 평가했다. 高亨의 이러한 평가는 공자의 현실과 이상의 조화를 꾀한 공자의 통치 사상을 제대로 이해하지 못한 데 따른 것으로 볼 수 있다. 高亨, 「孔子思想三論」, 『孔子哲學討論集』(北京: 中華書局, 1963), 370~372쪽 참조.

54) 『孟子』, 「離婁上」, "惟仁者, 宜在高位. 不仁者而在高位, 是播其惡於衆也."

55) 梁啓超, 『先秦時代政治思想史』, 133~134쪽 참조.

동요하게 되고 나라가 어지러워 하나가 될 수 없다.[56]

현능賢能에 기초한 인치를 구사할 경우 오히려 국가의 혼란을 자초할 수밖에 없다는 것이다. 물론 이러한 주장을 현사 및 재사의 활용을 반대한 것으로 풀이해서는 안 된다. 한비자가 인재를 관리로 대거 등용하여 수법守法의 귀감으로 삼아야 한다고 역설한 점 등을 감안할 때 법가가 인재의 활용을 반대했다고 보는 것은 잘못이다. 이들이 반대한 것은 오직 현능한 인사가 행사하는 '인치'였을 뿐이다. 이들은 유가에서 말하는 상현尙賢은 공허한 인의를 기초로 한 인치에 불과하다고 보고, 그러한 인치만 아니라면 오히려 현능한 인재가 법치의 실현에 도움이 된다고 보았다. 법가는 현사나 재사가 관리가 되어 수법의 귀감이 되어야만 국가 통치의 실효를 기할 수 있다고 믿었던 것이다. 한마디로 이들의 '상현'에 대한 내용은 유가와 전혀 다른 것이다.

그러나 법가는 이처럼 철저하면서도 객관적인 법치의 실현을 꾀했으면서도 결국은 전술한 바와 같이 변형된, 또 다른 인치주의로 매몰되고 말았다. 이는 이들이 상정한 법 자체가 강자의 법이었기 때문이다. 그런데 힘의 근원이 군주에게 있었다고 볼 때, 이들의 법치 사상은 이미 법의 '권화'를 전제로 하여 성립되었다고 할 수 있는 것이다. 앞서 검토한 바와 같이 이들의 치본관인 '법본법치'가 '군본인치' 내지 '권본인치'로 환원된 이유가 바로 여기에 있다. 그럼에도 불구하고 법가의 법치 사상은 진한 시대 이래 역대 중국 정권의 가장 큰 특징이라고 할 수 있는 이른바 '덕본법치'의 이론적 배경이 되었음은 이미 지적한 바와 같다.[57]

'변형된 인치주의'에 매몰된 법가의 법치 사상이 안고 있는 최대 문제는

---

56) 『商君書』, 「農戰」, "上, 論材能知慧而任之, 則知慧之人希主好惡, 使官制物以適主心. 是以官無常國亂而不壹."

57) 전낙희는 법가는 치자에게 고도로 집중된 권력을 위임하는 존군 사상을 강조함으로써 후일 군주전제라는 제도의 실현을 가능케 했다고 분석했다. 전낙희, 「동양정치사상의 윤리와 이상—유가를 중심으로」, 『한국정치학회보』 24(1990), 155쪽 참조.

과연 선법을 어떻게 보장할 수 있는가 하는 문제에 집약되어 있다. 그런데 법가의 법치는 선정을 담보하는 선법의 보장을 전적으로 군주의 선의에 맡길 수밖에 없다는 데에 치명적인 약점이 있었다. 이 문제는 군주가 자의적으로 만든 악법을 어떻게 보아야 하는가의 문제로 환원시켜 볼 수 있다. 이와 관련해 신도愼到는 다음과 같이 언급한 바 있다.

> 비록 좋지 않은 법이라 하더라도 오히려 무법보다는 낫다. 한 사람의 마음과 같은 일정한 기준이 있기 때문이다.[58]

악법조차 없다면 일정한 기준이 없기 때문에 더욱 어지러워질 수 있다는 주장이다. 한비자 또한 악법이라 할지라도 그것을 지키지 않으면 안 된다고 강조했다. 그는 대개의 군주는 중간 수준의 인간이고 걸주와 같은 최악의 군주가 나올 가능성은 천 년에 한 번 정도에 불과하기 때문에, 설령 걸주와 같은 폭군이 만든 악법이라 할지라도 국가 통치 질서의 유지를 위해 그것을 따라야 한다고 주장했다. 그러나 문제는 중간 수준의 군주라 하더라도 얼마든지 자의적으로 악법을 만들어 낼 가능성이 상존하고 있다는 점이다. 이런 문제는 근본적으로 이들이 법력의 근원을 군권에서 찾은 데 따른 필연적인 결과이다. 법력의 근원을 힘에서 찾는 한 영원히 피할 수 없는 자가당착인 셈이다.

자연인으로서의 군주가 법치의 적용 대상 밖에 존재하는 한 선정을 담보할 수 있는 선법의 보장은 입법권자인 군주의 선의에 기댈 수밖에 없다는 모순을 해결할 길이 없다. 법가는 법만이 선정을 보장하는 가장 현실적인 대안이라고 주장했음에도 불구하고 자신들 역시 '법인'이라는 하나의 의제된 군주를 상정해야만 하는 논리적 모순 위에 서 있었던 것이다.[59] 하지만 기본적

---

58) 『愼子(佚文)』, 「威德」, "法, 雖不善猶愈於無法, 所以一人心也."
59) 馮友蘭은 법가가 내세운 법치 사상의 요체는 治者의 몰이해성과 공평무사에 있다고 진단하면서 법가의 주장을 한치의 착오도 없이 시행할 수 있는 사람은 오직 성인뿐이라고 평가했다. 이러한 그의 평가는 법가 사상적 기초가 극히 현실주의적이었음에도 불구하고 그들이

으로 선진 시대의 법가들이 자연인인 군주와 법력의 근원인 군권을 나누어 생각하는 것은 매우 어려웠을 것이다. 결국 법가의 법치 사상은 덕치라는 이상을 포기함으로써 군주의 자의적인 입법 행위를 제어할 수 있는 장치를 본원적으로 포기해 버린 셈이다. 이러한 관점에서 볼 때 유가의 덕치 사상은 바로 민권 개념이 존재하지 않았던 제왕정 시대에 군권을 제어하는 매우 중요한 기능을 수행했음을 확인할 수 있다.

서구에서 발달한 법치주의는 민권 개념에 입각해 행법과 입법을 분리시키고 있으나 역시 법가와 똑같은 문제를 지니고 있다.[60] 힘이 법력의 근원이라고 보는 한 입법권의 개념이 군권에서 민권으로 바뀌었을 뿐 민권이 선법을 보장하는 근원적인 처방은 아닌 것이다. 국민의 이름을 빌린 자의적인 입법이 횡행하고 있는 사실을 상기하면 쉽게 이해할 수 있을 것이다. 설령 일부 법철학자들이 주장하듯 법 자체가 법력의 생성 및 발동의 근거를 내재하고 있다는 주장을 수용한다 하더라도 마찬가지의 문제점을 안고 있다. 입법과 행법, 사법 등을 통한 법치의 실현은 어디까지나 힘을 담보로 가능한 것이기 때문이다. 강제력을 사상한 법치 개념은 하나의 이념 내지 주장에 불과할 뿐이다. 이러한 관점에서 볼 때 선진 시대 법가의 법치 사상은 법력의 근원을 제대로 파악한 셈이다. 다만 이들은 군권을 법력의 근원으로 파악한 것까지는 옳았으나 자연인으로서의 군주와 법력의 근원인 군권을 엄격히 분리해 내지는 못했던 것이다. 이들의 법치 사상이 '변형된 인치주의'로 함몰되어 버린 이유가 바로 여기에 있다.

순자는 법치의 효능을 적극 인정하면서도 법치를 예치의 보조 개념으로

내세운 통치 기준만큼은 극히 이상주의적이었음을 통찰한 것임에 틀림없다. 馮友蘭, 『중국철학사』(정인재 역), 224쪽 참조.

60) 허창무는 동서양 간의 법치 개념의 차이점과 관련해 서구 사회는 쟁취한 자유를 보장하기 위한 필수불가결한 보장 방안으로 일종의 權利法에 의한 법치를 역설한 데 반해 동양 사회는 덕치 실현의 장애 요소를 제어하기 위한 수단으로 일종의 倫理法에 의한 법치를 강조한 점에서 차이가 있다고 주장했다. 허창무, 「管子의 정치윤리사상 ― 四維를 중심으로」, 『정신문화연구』(1986), 83쪽 참조.

한정함으로써 이러한 문제를 해결했다.[61] 순자가 "치법은 없어도 치인은 있다"라고 강조한 것 자체가 바로 군주의 입법권에 일정한 제한을 가하고 있는 것이다. 사실 예치라는 이상적인 기준을 내걸어 군권을 제한하지 않을 경우 군권의 자의적인 입법을 막을 길이 없다. 순자는 군주는 어디까지나 예치를 구현하는 '예인'이 되어야지 법치에 함몰된 이른바 '법인'이 되어서는 안 된다고 지적했다. 순자가 덕치의 마지막 보루라고 할 수 있는 예치를 끝까지 붙들고 군주의 '이례치국以禮治國'을 강조한 이유가 바로 여기에 있는 것이다.

이상 본 바와 같이 선진 시대 도·유·법 3가의 치본 논쟁은 근원적으로 법과 권력의 함수 관계를 어떻게 풀어야 옳은가 하는 문제를 둘러싼 논쟁이다. 이것은 역대 중국 정권의 치본관이라고 할 수 있는 '덕본법치'의 이론적 배경이 되었다는 점에서 커다란 의미를 지닌다.[62] 선진 시대 도·유·법 3가의 치본 논쟁이 지니는 통치사상사적 의미는, 통치란 법치와 인치의 상호보완적인 작용에 의해서만 그 극의를 실현할 수 있다는 점을 분명히 보여 주었다는 데 있다.[63] 그리고 이것을 가장 잘 구현해 낸 사상이 바로 전술한 관중의 '예법병중禮法並重' 사상이다.

---

61) 이와 관련해 童書業은 禮·法은 통치 계급이 보유하고 있는 두 개의 통치 수단으로, 순자는 陰法을, 한비자는 陽法을 강조한 데에 근원적이 차이가 있다고 평가했다. 童書業의 이러한 평가는 순자가 법치를 예치의 보조적인 수단으로 인정했다는 필자의 생각과 같은 맥락이라고 본다. 童書業, 『先秦時代七子思想研究』, 212쪽 참조.

62) 徐復觀은 중국 정치사에 있어 통치자들은 인치와 법치는 한쪽에 기울어져 사용할 수 없는 것으로 인식했다고 지적하면서 인치와 법치는 단지 시대 상황에 따라 한쪽이 중용됐을 뿐으로 오늘날은 법치가 중시되고 있는 상황이라고 분석했다. 徐復觀, 『中國思想史論集』, 140쪽 참조.

63) 木村英一는 漢朝는 獨尊儒術을 표방했음에도 불구하고 진시황의 전례를 거울삼아 오히려 秦朝보다 훨씬 조직화된 법치 정치를 실시했다고 평가했다. 그는 漢朝가 이같이 조직화된 법치를 실시한 가장 큰 이유는 秦朝의 실패 원인을 예법 제도의 결여에서 찾았기 때문이라고 분석했고, 漢朝의 조직화된 법치 내용을 크게 관제 정비와 법제 정비, 刑賞並濟 등 3가지로 요약했다. 그는 漢武帝 당시 율령의 숫자는 모두 359개에 달했다고 하면서 漢朝의 法은 상앙에서 진시황에 이르는 기간 동안 나타난 단순한 '군주의 명령에 의한 법'과는 질적으로 다르다고 평가했다. 그는 漢朝의 法은 禮와 法의 간극이 없어질 정도로 융해돼 있는 刑律에서 그 특징을 찾을 수 있다고 주장하면서, 관제 정비는 광대한 통일 제국을 지배하기 위한 법치 운영 기관의 정비를 의미하는 것이며 법제 정비는 君主의 制民, 制臣術을 강화하기 위한 의도에서 비롯됐다고 평가했다. 木村英一, 『法家思想の探究』, 186~188쪽 참조.

아무리 좋은 법과 제도를 완비한다 하더라도 통치권자의 주관적인 의지에 의해 입법과 행법이 자의적으로 이루어질 경우 법치의 이름을 빙자한 폭정을 초래할 수밖에 없다. 이러한 의미에서 볼 때 '인치·법치 분류법'은 도·유·법 3가의 치본 논쟁이 지니고 있는 통치사상사적 의미를 분석하는 데 유용할 뿐만 아니라 현실의 정치를 분석하는 데에도 매우 의미 있는 분석을 가능케 해 준다고 할 수 있다.

3. 치도·치본 논쟁의 통치사상사적 의의

선진 시대 도·유·법 3가의 치도·치본 논쟁이 지닌 통치사상사적 의미를 살펴보기 위해서는 우선 이들 도·유·법 3가들이 전개한 논쟁이 과연 역사적으로 어떻게 귀결되었는지를 추적할 필요가 있다. 이는 이들이 전개한 치도·치본관이 현실 정치에서 어떻게 수용되었는지를 추적하는 작업이라고 할 수 있다. 이러한 탐색 작업을 통해서만이 치도·치본 논쟁이 지닌 진정한 통치사상사적 의미를 확연히 파악할 수 있는 것이다.

도·유·법 3가의 통치 사상은 춘추전국 시대라는 절망과 불안의 시대에서 태어났다는 공통점을 가지고 있다. 3가는 모두 어지러운 난세를 자신들이 제시한 통치 사상을 통해 바르게 만들 수 있다고 확신한 점에서도 동일하다. 어쩌면 이들 3가 사이에는 단지 어지러운 난세를 치세로 돌리는 방법론상의 차이만이 있었을 뿐이라고도 말할 수 있을 것이다. 도·유·법 3가의 통치 사상이 수천 년에 달하는 동양 역사 속에서 통치 사상의 백미로 꼽힐 수 있는 이유는 바로 이들의 치열한 문제의식과 탁월한 대안 제시에 있었다고 해도 과언이 아니다. 이들 3가의 통치 사상이 엇갈리게 된 원인으로는 앞서 언급한 바와 같이 크게 세 가지를 들 수 있다. 가장 큰 원인으로는 우선 천도관에 관한 인식 차이를 들 수 있다.

노자의 '천'에 관한 인식은 '천' 위에 '도'를 상정했다는 점에서 유가와 차이를 보인다. 이는 한편으로 유가에서 말하는 '천명天命'에 대한 부인을 의미하는 것이기도 하다. 노자가 말하는 우주만물의 최고 원리인 '도'와 그 아래 단계에 있는 '천'은 유가에서 말하는 '천'과 달리 인격적인 의지가 배제되어 있다는 점에 가장 큰 특징이 있다. 그러나 노자의 경우도 '천도'가 '인도'에 그대로 반영된다고 본 점에서는 유가와 동일한 입장에 서 있었다고 할 수 있다. 물론 노자가 말하는 천도와 인도의 원리는 '무위'였다는 점에서 유가의 주장과는 질적인 차이가 있는 것이 사실이다. 그럼에도 불구하고 유가의 최고 경전 중 하나인 『서경』을 보면 노자의 천도관과 유사한 구절을 쉽게 찾을 수 있다. 이는 노자나 유가나 모두 고대의 천인관에서 천도 및 인도의 이론을 유출했음을 의미한다고 할 수 있다.

다만, 유가의 경우 그들 내부에서도 천도론에서는 약간의 차이를 보이고 있다. 공자는 대략 '외천명畏天命'의 자세를 보인 데 반해 맹자는 '천인합일天人合一'을 주장했고, 순자는 천도와 인도의 구별을 주장하면서 천도에의 참여를 주장하는 '참천參天'을 내세웠다. 순자의 '참천' 사상을 이어받은 한비자는 아예 천도와 인도의 구분 단계를 넘어 천도와 인도의 절연을 주장했다.

한비자의 주장은 일견 천명을 부인한 노자의 천도관과 맥을 같이하는 듯하지만 그 내용은 사뭇 다르다. 한비자가 천명을 부인하면서 천도의 '비명성非命性'을 강조한 데 반해 노자는 천명을 부인하면서 천도의 '무위성無爲性'을 강조했다. 천도의 '무위성'에 주목한 노자는 비록 천명을 부인했지만 우주만물의 법칙성을 강조했다는 점에서는 유가의 천명 사상과 맥을 같이한다고 할 수 있다. 단지 노자의 천도관은 주재천으로서의 의지를 사상하고 그 자리에 '무위'를 대입한 것이 다르다고 하겠다. 이를 통해 알 수 있듯이 노자의 천도관은 유가와 법가의 천도관을 하나로 관통하고 있는 것이기도 하다.

다음으로는 인성론에 대한 인식 차이를 들 수 있다.

노자는 인간의 본성인 소박성을 보존할 수 있다면 천하를 태평하게 만들 수 있다고 확신하고, 인간의 본성을 잃지 않기 위한 방법으로 수박守樸을 강조했다. 그리고 유가는 비록 맹자와 순자 간의 견해차에도 불구하고 인간의 본성을 회복하는 방법으로 수신修身을 강조했다는 점에서는 동일하였다. 이에 비해 법가는 인성이 악하다고 보아서 엄격한 법치에 의해 인성을 교정하는 교성矯性을 강조했다 점에서 노자 및 유가와 극명한 대조를 이루고 있다.

노자의 인성관은 비록 성선설의 입장에 서 있는 것이기는 하나 맹자의 입장과는 질적으로 다른 것이었다. 노자는 일체의 인위적인 덕목이나 제도를 제거해야만 성선에 해당하는 '소박성素朴性'을 되찾을 수 있다고 본 데 반해 맹자는 인위적인 덕목의 부단한 수련을 통해 '선성善性'을 되찾을 수 있다고 본 것이다. 본성으로의 복귀에 관한 방법론이 이처럼 극단적인 대조를 보이는 데서 알 수 있듯이 노자가 말하는 인성의 '소박성'은 맹자가 말하는 '선성'의 개념과는 전혀 다르다. 노자가 내세운 인성의 '소박성'은 오히려 그 내용 면에서 볼 때 순자의 '가선가악可善可惡'의 입장에 가깝다고 할 수 있다.

따라서 엄밀한 의미에서 노자가 말하는 인성의 '소박성'은 선악의 개념을 초월한 것으로 보아야 한다. 이는 '무선무악無善無惡'의 입장과 비슷한 것이라고 할 수 있다. 노자는 유가의 인의예지에 기초한 잣대로 인성을 평가하는 것을 거부하였다. 이것은 법가의 인성론과도 상통하는 측면이 있다. 여기서 알 수 있듯이 노자의 인성관은 유법 양가의 인성관을 하나로 관통했다고 보아도 크게 틀린 것이 아니라고 할 수 있을 것이다.

마지막으로는 의리관에 관한 인식 차이를 들 수 있다.

노자는 인의예지와 같은 인위적인 덕목을 인정하지 않았기 때문에 일종의 '숭리척의崇利斥義'의 입장에 서 있었다고 할 수 있다. 이는 법가의 입장과 동일한 것이다. 그러나 법가의 '숭리척의'에 나타나는 '이利'는 군주의 사리私利를 공리公利로 해석한 것임에 반해 노자가 말하는 '이'는 민리民利를 의미했다. 따라서 '민리'를 강조한 노자의 의리관은 '민리를 제외한 공리'를 인정하지 않은 맹자의 '숭의척리崇義斥利' 입장과 맥을 같이한다고 할 수 있다. 이처럼 노자는 의리관에 있어서도 유·법가의 입장을 하나로 관통하고 있었다.

선진 시대 도·유·법 3가의 천도관과 인성관, 의리관 등은 3가의 통치 사상을 형성하는 뿌리가 되었다고 할 수 있다. 도·유·법 3가의 치도관과 치본관이 크게 왕도王道와 패도霸道, 덕치德治와 법치法治로 대별될 수 있는 것도 바로 그들의 천도관과 인성관, 의리관의 차이에서 비롯된 것이었다. 이들 도·유·법 3가의 통치 사상에 관한 비교 내용을 도식으로 표시하면 다음과 같다.

	관중	노자	공자	맹자	순자	한비자
치도관	왕패병중 王霸並重	숭제척위 崇帝斥僞	중왕경패 重王輕霸	숭왕척패 崇王斥霸	선왕후패 先王後霸	숭패척왕 崇霸斥王
치본관	덕법병중 德法並重	도본덕치 道本德治	인본인치 仁本人治	의본인치 義本人治	예본인치 禮本人治	법본법치 法本法治
치술관	예의염치 禮義廉恥	무위겸하 無爲謙下	수신문교 修身文敎	보민양기 保民養氣	예양악치 禮養樂治	법술농전 法術農戰
의리관	의리병중 義利並重	숭리척의 崇利斥義	중의경리 重義輕利	숭의척리 崇義斥利	선의후리 先義後利	숭리척의 崇利斥義
명실관	명실병중 名實並重	숭실척명 崇實斥名	중명경실 重名輕實	숭명척실 崇名斥實	선명후실 先名後實	숭실척명 崇實斥名
인성관	유선유악 有善有惡	무선무악 無善無惡	무선무악 無善無惡	유선무악 唯善無惡	가선가악 可善可惡	유악무선 唯惡無善
천도관	관천리민 觀天利民	의천방민 依天放民	외천교민 畏天敎民	경천보민 敬天保民	참천양민 參天養民	배천사민 排天使民

이 표를 통해 알 수 있듯이 노자의 통치 사상은 여러 면에서 유가 및 법가의 통치 사상과 맥을 같이하고 있다. 노자의 통치 사상이 수천 년에 걸친 유·법 양가의 견해를 하나로 통합하는 것은 물론 21세기의 세계 평화와 인류의 공존공영에 이바지할 새로운 통치 사상의 지표가 될 수 있는 이유가 바로 여기에 있는 것이다.[64]

노자의 통치 사상이 이처럼 특이한 입장을 갖게 된 것은 그가 주나라 왕실의 사관으로 근무했던 사실과 무관할 수 없다. 주나라 시대의 사관은 단순한 역사의 기록뿐만 아니라 천기와 점복 등까지도 관장하는 책임을 맡고 있었다. 노자의 통치 사상이 유가 및 법가의 통치 사상을 두루 관통할 수 있었던 것도 노자가 사관의 직책을 맡으면서 다양한 사상을 심도 있게 연구했기 때문일 것이라고 짐작된다. 노자는 사관으로 재직하면서 난세의 혼란상을 누구보다도 많이 목도했을 것이다. 특히 그는 통치자들의 사치와 탐욕을 인민들의 피폐한 삶과 비교하면서 새로운 통치 이념의 필요성을 절감했을 것으로 보인다. 이는 그가 치자와 피치자의 이분법적 구분을 거부한 채 통치자들에게 통렬한 비판을 가하면서 '민리'를 강조한 사실을 보면 대략 짐작할 수 있다. 그가 자연의 이치에 착안하여 '도'와 '덕'을 내세워 모든 혼란의 근원을 제거하고자 한 것도 마찬가지 맥락에서 이해할 수 있을 것이다.

노자가 회의적으로 바라본 것은 통치자들에 의해 조장되는 심각한 불평등이었다. 그는 이러한 불평등의 가장 큰 이유는 바로 인의예지와 같은 인위적 가치 규범을 내세운 지배자들의 가장된 '하덕'에 있다고 보았다. 그래서 노자는 자연의 운행 이치에 근거한 진정한 의미의 '도'와 '상덕'을 강조하게 되었다. 노자의 통치 사상에서는 '도'를 논할 때 '덕'을 빼놓을 수가 없고, '덕'을 논할 때 '도'를 거론하지 않을 수 없다. 그에게는 '도'와 '덕'은 우주만물의 이치를 표현하는 일종의 '체體'와 '용用'의 개념이었던 것이다.

물론 당시 '도'와 '덕' 개념은 결코 노자의 전유물만은 아니었다. 공자 역시 '도'와 '덕'을 사용해 나름대로의 방대한 '인학仁學' 체계를 구축했던 것이다. 그런데 두 사람이 주장한 '도'와 '덕'의 내용이 전혀 다른 것임에도 불구하고 후세에 와서는 오직 공자가 주장한 기준에 의거해서 노자를 이단으로 배척하는 일이 빚어지게 되었다. 이는 통치사상사적으로 볼 때 불행한 일이 아닐 수 없다. 사상적 폐쇄성과 파당성을 토대로 불변의 통치 이념이 군림하는

---

64) 劉泗 編譯, 『李宗吾與厚黑學』, 341쪽.

것은 통치의 경색과 공리공론을 초래할 수밖에 없다. 성리학이 만연한 중국의 송과 한국의 조선이 현실과 동떨어진 형이상학적 공론만을 일삼다가 이적의 침입을 불러들여 망국의 길을 걷고 만 역사적 사실이 이를 증명하고 있다.

유가 사상이 2천여 년이 넘게 동양 통치 사상으로 군림해 온 것은 나름대로의 장점이 있기 때문이었지만 사상적 폐쇄성 등으로 인한 부작용 또한 심각했음을 지적하지 않을 수 없다. 유가 사상의 폐쇄성은 사실 춘추전국 시대의 치도·치본 논쟁에서부터 그 원형을 찾아 볼 수 있다. 이 논쟁도 엄밀히 따지고 보면 노자가 언급한 '도'와 '덕'의 개념을 공허한 담론으로 치부하고 오직 인위적인 '치도'와 '치본'만을 강조한 데 따른 것이라고 할 수 있다.

한비자의 경우는 유가의 '치도'와 '치본'을 거부하고 나름대로 노자 사상의 외투를 걸치고 법치를 주장했으나 그가 역설한 법치 역시 유가가 제시한 '치도'와 '치본'의 범주에서 벗어나지 못했다. 한비자가 사상 최초로 『도덕경』에 주석을 달았음에도 불구하고 노자의 통치 사상을 편향적으로 해석했다는 지적을 면하지 못하는 이유도 여기에 있다. 물론 한비자가 강조한 '법法'은 그 취지만을 볼 때 노자가 말한 '도道'에 준하는 것이었다. '법'이나 '도'는 원래 인간 관계를 규율하기 위해 등장한 '인仁', '의義, '예禮' 등의 덕목과는 달리 통치의 이치를 뜻했다는 점에서는 동일하다고 할 수 있다. 한비자도 자신이 내건 '법'은 단순한 '율령'의 개념이 아니라 통치의 이치를 밝힌 것이라고 주장했다. 그러나 그는 자신이 말한 '법'이 왜 자연의 이치인 '도'를 표방했음에도 불구하고 '군주의 법'으로 전락하게 되었는지를 해명하지 못했다. 만일 한비자가 군주를 포함한 모든 사람이 '법치'의 이념에 충실할 것을 주장했다면 그의 시대에 이미 서양과 같은 소위 '자연법' 이론이 태어났을 공산이 컸다.

한비자가 말 그대로 서양의 자연법과 같은 '물치'를 상정했다면 인간사에 적용되는 통치의 논리도 예외 없이 '법치'의 논리 밑에 두어야만 했다. 서양의 자연법주의자들은 노자가 '물리'와 '물치'를 '도'라는 개념으로 통합시켰듯이 '자연법'이라는 개념 하에 우주만물의 이치와 통치의 논리를 하나로 관통시켰다. 물론 서양의 자연법 이론은 '신神'을 매개로 천국과 속세의 운영 이치를 하나로 통일시켰던 중세의 '신정神政'을 변용하여 '신' 대신 '자연법'을 대입시킨 것이기는 했다. 그러나 그 기본 이치만큼은 노자의 '도치道治' 내지 '덕치德治' 이념과 크게 다를 바가 없었다.

한비자는 소위 '하덕'에 기초한 '인치人治'를 비웃으면서 '물치物治'의 표상으로 '법'을 내세웠지만, 폭군의 등장 가능성을 과소평가한데다가 입법 및 행법 등에서의 객관성을 유지하는 방안을 찾지 못했다. 그리하여 한비자가 말한 '법'은 결국 변형된 인치인 '군본인치君本人治' 내지 '권본인치權本人治'로 추락하고 말았다. 이는 유가가 노자의 '도'와 '덕'을 제대로 해석하지 못해 '치도'와 '치덕'의 내용을 놓고 논란을 빚은 것과 같은 맥락이라고 할 수 있다. 한비자는 노자가 '도'와 '덕'을 통해 강조하려 했던 우주만물의 근본 이치인 '물리物理'와, 물리가 통치에 그대로 적용되는 '물치物治'의 요체를 제대로 해석하지 못했던 셈이다. 노자는 '물리'와 '물치'를 '도'와 '덕'이라는 개념으로 용해시켰지만 한비자는 '물리'를 '도'로 해석하면서도 '물치'를 '법치'로 치환시킴으로써 '물리'와 '물치'가 괴리되는 현상을 자초했던 것이다.

전통적인 관점에서 볼 때 동양 통치 사상은 분명 인치人治와 법치法治라는 두 축을 기반으로 하여 성립되어 있다. 공학孔學, 맹학孟學, 순학荀學은 기본적으로 '인치'에 주안점을 둔 통치 사상이라 할 수 있고, 반면 법가 사상을 대표하는 한학韓學은 '인치'의 자의성을 배제하기 위해 '법치'에 깊은 관심을 기울인 통치 사상이라 할 수 있다. 그러나 양측은 모두 통치의 한쪽 면만을 지나치게 강조했다는 지적을 면할 수가 없다. 이에 비해 노자가 말한 '도치' 및 '덕치'는 '인치'와 '법치'의 편향성을 지양한 가운데 통치의 정곡을 관중貫中했다고 평가할 수 있다. '도치'는 '법치'가 강조하는 '물치'의 장점을 그대로 취하고 있는 동시에 '인치'가 지향하고 있는 '덕치'의 극의를 모두 포함하고 있기 때문이다. '물치'의 장점은 '공평公平'에 있고 '인치'의 장점은 '애민愛民'에 있다. 바로 노자의 '도치'는 상덕上德의 '덕치'와 한 쌍을 이룸으로써 '공평'과 '애민' 이라는 통치의 기본적인 요구를 모두 충족시키고 있는 것이다.

지금까지 분석한 도·유·법 3가의 치도관과 치본관 간의 상관 관계를 도 식으로 나타내면 다음의 표와 같이 된다.

				노자	묵자	맹자	공자	순자	관중	종횡	병가	법가
치도治道	제도帝道		덕치德治	可								可
	왕도王道		애치愛治		可							
			의치義治			可						
			인치仁治				可					
			예치禮治					可	可			
	패도覇道	정패도正覇道	예법치禮法治							可	可	
		휼패도譎覇道	법치法治									可
	강도彊道		역치力治									
비치非治	위도危道 망도亡道		무법치無法治									

이 도표에는 도·유·법 3가의 치도관을 보다 분명히 보여 주기 위해서 묵 가와 병가 및 종횡가의 치도관까지 함께 그려 넣었다. 묵가의 '겸애설兼愛說' 은 사실 노자의 기준에서 볼 때 인위적인 덕목 중 가장 높은 단계에 위치해 있 다고 할 수 있다. 공맹순이 주장하는 '인의예仁義禮'는 '겸애'보다 등급이 훨씬 낮은 '별애別愛'의 수준에 머물고 있다. 논리적으로 볼 때 '겸애'를 확대할 경

우에는 거의 노자가 말하는 상덕上德의 수준에까지 육박할 수 있다. 하지만 묵자의 '겸애' 역시 인위적인 덕목인 까닭에 '진덕眞德'이 아니라 유가와 마찬가지로 '위덕僞德'에 불과할 뿐이다. 묵자의 이론이 전 인류에 대한 박애博愛에 가까운 '겸애'를 내세우고도 '무위 통치'에 근거한 '제도帝道' 및 '상덕'에 입각한 진정한 '덕치德治'에 이르지 못한 이유가 바로 여기에 있다.

물론 치자와 피치자의 구분을 무시한 채 인민의 복리를 위해 불철주야 헌신한 '우禹'임금을 최고의 성인으로 받든 묵가의 경우는 '요순堯舜'을 앞세운 유가보다는 훨씬 높은 수준의 왕도를 이룬 것이 사실이다. 한마디로 묵가의 '애치愛治'는 유가적 용어로 말한다면 '왕도 중의 왕도'라고 할 수 있을 것이다. 그럼에도 불구하고 노자가 제시한 '제도'의 수준에서 볼 때는 미흡한 점이 있을 수밖에 없다. 우임금이 아무리 밤낮을 가리지 않고 인민을 위해 헌신했다 하더라도 이는 어디까지나 자연의 이치를 거스른 데 불과할 뿐인 것이다. 이처럼 '제도'와 '왕도'는 외견상 거의 같은 수준의 지극한 통치를 의미하는 것이라 하더라도 그 내용 면에서는 확연하게 구분된다.

유가의 경우는 비록 '덕치'를 내세우고 있으나 노자의 기준에서 볼 때는 인위적인 '위덕'에 불과하다. 인위적이고 거짓된 '위덕'을 『도덕경』에서 '하덕下德'으로 규정했음은 이미 검토한 바 있다. 유가의 덕목에 입각한 왕도는 천하만민을 동등하게 사랑하는 묵가의 '겸애'에 기초한 왕도 수준에도 못 미치는 것이다. 맹학孟學과 순학荀學이 사실상 동일한 수준의 덕목을 내세운 것임에도 불구하고 성리학이 성립하는 남송대까지 근 천 년 동안 반목을 일삼아 온 것도 이와 무관치 않다.

이 도표에서 눈여겨 볼 점은 바로 법가의 치도관과 치본관이다. 법가는 왕도와 인치人治를 거부한 채 오직 패도와 법치法治만이 진정한 통치라고 주장하였지만 노자의 '제도'와 '덕치'만큼은 동일한 것으로 인정하였다. 치도관 및 치본관에 나타나는 법가의 이와 같은 특징은 바로 동양 통치 사상의 진수가 어디에 있는지를 시사하는 것이라고 하겠다.

상식적으로 볼 때 노자의 '제도'와 '덕치'는 가장 높은 수준의 통치 유형이라고 할 수 있다. 그리고 그 다음 단계는 도표에 나와 있듯이 당연히 묵가의 '왕도'와 '애치'라고 할 수 있다. 이 기준에 입각할 경우 맹자의 통치 사상은 공자 및 순자에 비해 훨씬 이상적인 모습을 띠고 있는 것이 사실이다. 그러나 왕도와 패도를 모두 수긍하는 관중을 기준으로 볼 때는 정반대의 해석도 가능하다. 설명의 편의를 위해 선진 시대 제가의 치도관과 치본관을 다른 각도에서 분석한 내용을 도식으로 나타내면 다음과 같다.

				치도	치술
무위	도가	노자	통합주의	숭제척위崇帝斥僞	숭도척위崇道斥僞
유위	묵가	묵자	탈현실주의	숭왕척유崇王斥儒	숭덕척유崇德斥儒
	유가	맹자	이상지상주의	숭왕척패崇王斥霸	숭덕척법崇德斥法
		공자	이상숭배주의	중왕경패重王輕霸	중덕경법重德輕法
		순자	이상우선주의	선왕후패先王後霸	선덕후법先德後法
	관중		중도주의	왕패병용王霸並重	덕법상보德法相輔
	종횡가	소진	현실우선주의	선패후왕先霸後王	선법후덕先法後德
	병가	손자	현실숭배주의	중패경왕重霸輕王	중법경덕重法輕德
	법가	한비자	현실지상주의	숭패척왕崇霸斥王	숭법척덕崇法斥德

서두에서 언급한 바와 같이 관중의 통치 사상은 노자의 '무위 통치'를 최상의 단계로 상정한 뒤 유가의 '왕도' 및 '덕치'와 법가의 '패도' 및 '법치'를 모두 수용하는 입장이라고 할 수 있다. 한마디로 말해 관중의 통치 사상은 도·유·법 3가의 통치 사상 중 노자의 통치 사상만을 최상위로 분류한 뒤 유가와 법가의 통치 사상은 같은 수준으로 평가한 것이다.

따라서 관중의 기준에서 볼 때는 유가와 법가의 통치 사상 간에는 서열상 아무런 차이가 없게 된다. 그렇다면 관중의 통치 사상을 현실적으로 구현할 수 있는 최상의 통치 사상으로 간주할 경우 관중과 보다 가까운 곳에 위치한 공자는 맹자보다 훨씬 이상적인 통치 사상을 제시했다고 볼 수 있는 것이다. 이처럼 노자를 기준으로 할 때와 관중을 기준으로 할 때는 각각 이상적인 통치 사상에 대한 평가 기준이 달라지는 것이다.

사실 유가 및 법가 사상가 중 노자의 '무위 통치'를 최상의 통치로 간주하지 않은 사람은 오직 맹자와 공자뿐이었다. 순자가 '선왕후패先王後霸'를 주장한 것은 '무위 통치'에 입각한 '제도'를 인정하지 않은 것이 아니라 그 실현 가능성이 낮다고 보았기 때문이다. 따라서 순자 역시 플라톤과 마찬가지로 '철인 정치'에 해당하는 '무위 통치'를 학수고대했다고 볼 수 있는 것이다. 한비자가 왕도를 부인하면서도 노자의 '제도'만큼은 수용하여 자신이 주장하는 패도 위에 올려놓은 것도 그 본질 면에서는 순자의 태도와 하등 다름이 없다. 이는 한비자 역시 스승인 순자와 마찬가지로 '철인왕'의 강림을 그 누구보다도 갈구했다고 볼 수 있는 것이다. 이러한 사실을 통해 알 수 있듯이 노자의 '무위 통치'는 관중의 '왕패병중' 및 '덕법상보'의 입장과 표현상의 차이만 있을 뿐 그 본질 면에서는 하등 차이가 없다고 할 수 있다.

노자와 관중은 모두 왕도와 패도 간의 우열 및 인치와 법치 간의 우열을 인정치 않았다는 점에서는 같은 입장에 서 있었지만, 노자의 경우 묵자의 '왕도' 및 '애치'를 위시해 유가의 '왕도' 및 '위덕치僞德治', 법가의 '패도' 및 '법치' 모두를 치도 및 치본으로 인정하지 않은 데 반해 관중은 이를 모두 치도 및 치본으로 인정하였다. 관중은 유법가의 치도 및 치본을 모두 통치의 유형으로 승인한 뒤 최상의 통치를 '무위 통치'로 상정하였던 것이다. 결국 관중과 순자, 한비자는 바람직한 통치를 구현하는 순위에 관해 기본적으로 같은 입장에 있었다고 보아야 한다. 단지 한비자만이 두 사람과 달리 왕도 및 '위덕치'를 치도 및 치본으로 인정하지 않은 점이 특이하다고 할 수 있는데, 이는 노자의 입장에 훨씬 가까운 것이기도 하다.

결론적으로 말해 도·유·법 3가의 통치 사상은 어떤 한 기준만을 놓고 평가할 수 없다. 가장 현실적으로 보이는 한비자의 통치 사상은 다른 측면에서는 가장 노자에 가깝고 가장 이상적으로 보이는 노자의 통치 사상은 왕도 및 '위덕치'를 인정치 않았다는 점에서는 가장 한비자에 가까웠던 것이다. 하지만 공자의 기준에서 볼 때는 노자와 한비자는 가장 멀리 떨어져 있고, 반대로 반성리학적 입장에 선다면 통치의 지극한 모습은 오히려 노자와 한비자의 주장에서 찾을 수 있다. 이는 도·유·법 3가의 통치 사상이 서로 통하고 있다는 사실을 증명하는 것이다. 한나라 때 비록 '독존유술'이 표방되었지만 내면적으로는 '유법합류儒法合流'에 입각한 통치가 이루어졌다는 사실은 그 좋은 예이다. 동양 통치 사상에 정통한 많은 사람들이 통치의 요체를 터득하는 기본서로 『도덕경』, 『논어』, 『한비자』를 추천하는 것도 이와 무관치 않을 것이다.

그렇다면 왜 동양에서는 수천 년에 달하는 기간 동안 비록 표면적이기는 하나 '유가독패儒家獨霸'의 전통이 계속 이어져 내려온 것일까? 여기서 잠시 그 배경을 살펴보기로 하자.

노자 사상은 전국 시대에 들어서면서 좌우 두 파로 갈라졌다고 볼 수 있다. 좌파의 흐름은 한학韓學으로 대표되는 법가 및 손자를 태두로 하는 병가兵家의 통치술로 흡수되었고,[65] 우파의 흐름은 아예 '입세간'의 관심을 끊고 '출세간'의 문제에만 관심을 집중시킨 장학莊學으로 정리되었다. 이러한 좌우파의 분립으로 인해 전국 시대에 들어와서 노학老學은 그 정맥이 끊어지는 위기를 맞게 된 것이다. 그리하여 시간이 지날수록 궤사詭詐와 술수術數가 난무하는 약육강식의 논리가 설득력을 얻어 감에 따라 노학의 정맥은 거의 수면 아

---

65) 『孫子』「計篇」에서 손자가 전략을 세우는 기준으로 언급한 '道天地將法'이나 군사에서 말하는 '도'는 백성들로 하여금 주군과 뜻을 같이하도록 만드는 것이라고 주장한 사실이 이를 잘 보여주고 있다. 吳子를 비롯한 나머지 병가들 역시 기본적으로 손자와 동일한 논리를 펼치고 있다. 한비자와 마찬가지로 병가 역시 노자의 통치 사상으로부터 커다란 영향을 받았다고 보아야 한다.

래로 잠입해 들어가게 되었다. 진시황의 천하통일 이후 세상에 모습을 드러
낸 노학은 진정한 노학이 아닌 종교색이 짙은 소위 술사術士 내지 방사方士로
불리는 자들이 보여 준 '도교道敎'의 모습이었다. 이들은 진시황을 기망한 죄
로 인해 분서갱유焚書坑儒 사건 당시 유생들과 함께 대거 주륙되기도 했다.[66]

숨죽이고 있던 노학의 정맥은 한나라의 건국을 계기로 세상에 그 진면목
을 드러낸다. 한나라 건국의 원훈인 장량張良과 조참曹參 등은 모두 노학의 정
맥을 이은 사람들이었다. 이들의 노력에 힘입어 노학은 한나라 건국 초기에
황실에 의해 본격적인 통치 사상으로 받아들여지게 되었다.

하지만 한무제가 내린 '독존유술獨存儒術'의 정책에 따라 노학의 정맥은
다시 위축되어 가다가 후한 말에서 삼국 시대에 이르는 난세를 맞이하면서
또 다시 수면 아래로 잠입해 들어갔다. 다행히 천재 학자 위나라 왕필王弼의
출현으로 인해 한때 중흥의 계기를 맞기도 했으나 그의 요절로 말미암아 노
학의 정맥은 완전히 끊어져 버리고 말았다. 이후 수백 년에 걸친 위진魏晉 및
남북조 시대를 거치는 동안 오직 장학을 추종하는 우파 세력만이 득세하게
되었다. 이 때를 고비로 노학은 장학과 함께 소위 '노장학'으로 병칭되면서 출
세간의 염세론厭世論으로 변질되고 만 것이다.

노학이 이런 과정을 걷는 동안 세상의 전면에서는 유가와 법가가 자웅을
겨루는 양상이 전개되고 있었다. 이들 양가가 가장 치열한 접전을 벌인 시기
는 전국 시대와 진한秦漢 시대 초기였다. 전국 시대에 치열한 사상 논쟁을 전

---

66) 진시황을 분노케 한 대표적인 방사는 제나라 출신의 徐福과 연나라 출신의 盧生이었다. 서
복은 신선이 사는 동쪽 봉래산에서 불사약을 구해 오겠다고 거짓말을 꾸며 진시황으로부
터 막대한 자금을 얻어낸 뒤 도주한 희대의 사기꾼이었다. 노생은 거만금을 받고도 불사약
을 구하기는커녕 진시황을 비난하고 도주했다. 『사기』를 보면 바로 서복과 노생과 같은 도
사들의 사기 행각으로 인해 '갱유 사건'이 일어났음을 확인할 수 있다. 이는 당시 진시황의
다음과 같은 발언을 통해 분명히 확인할 수 있다. "서복은 거만금을 받고도 종내 불사약을
얻지 못하고 노생은 짐이 하사한 것이 심히 많은데도 지금 오히려 짐을 비방하는 지경에
이르렀으니 이로써 짐의 부덕이 더욱 깊어졌노라. 짐은 이제 함양에 있는 제생들 중 요사
스런 말로 백성들을 미혹케 하는 자가 있는지 어사들을 보내 조사코자 하노라." 자세한 내
용은 『史記』 「秦始皇本紀」 참조.

개했던 유가와 법가의 힘겨루기는 진시황의 천하통일에 힘입어 일단 법가의 승리로 매듭지어졌다. 그러나 진나라가 불과 15년 만에 멸망하고 한 왕조가 들어서자 또 다시 혼란스런 양상이 전개되었다. 한나라 자체가 천하를 재통일한 이후 곧바로 사상적 통일을 도모하지 않은 것도 이러한 혼란을 지속시킨 한 이유가 되었다.

한대 초기의 학술 및 사상은 다양한 부침의 모습을 보여 주었다. 중앙에서는 법가를 숭상하는 적극파와 노학을 추종하는 소극파가 득세하였고, 반면 지방에서는 소진과 장의 등을 뒤쫓는 종횡가가 세력을 떨쳤다.[67] 이후 한무제 때에 와서 동중서의 건의에 의해 '독존유술'이 표방됨에 따라 이른바 '유가독패'의 시대가 열리게 되었다.[68] 그리고 한무제의 '독존유술' 표방 이후 '유가독패'의 기조는 청나라 말기까지 아무런 변동이 없었다. 이러한 관점에서 본다면 일응 유가가 확실히 사상적인 승리를 거두었다고 평가할 수도 있다. 그러나 한대의 유학은 법가는 물론 음양가의 학설 등이 다양하게 뒤섞여 성립된 까닭에 공자가 개창한 원시 유학과는 상당한 거리가 있었다.[69] 따라서 진한 이래로부터 청대 말까지가 비록 '유가독패'의 시대였다고는 해도 사실 유가 사상은 법가를 비롯한 다양한 사상과의 결합을 통해 우위를 유지해

---

67) 楊幼炯, 『中國政治思想史』, 167~169쪽 참조. 楊向奎는 前漢初에 중앙의 사상계를 지배했던 황로학파는 노장학파의 사상과 음양학파의 사상을 사상적 기반으로 삼은 위에 법가학파의 사상을 결합시켜 형성한 일종의 刑名學派에 해당하는 것이라고 주장했다. 그는 이러한 황로학파의 사상이 집대성된 것이 바로 『淮南子』라고 분석했다. 楊向奎, 「論西漢新儒家的産生」, 『中國古代哲學論叢』 제1집(1957), 152~153쪽 참조.

68) 楊向奎는 董仲舒가 주도한 신유학은 맹학과 순학을 혼합한 기반 위에 법가적 색채와 종교적 색채를 가미해 만들어 낸 새로운 봉건 통치 사상이라고 분석했다. 楊向奎, 「論西漢新儒家的産生」, 『中國古代哲學論叢』 제1집(1957), 160~161쪽 참조.

69) 馮契는 역대 중국 정권이 王覇雜用과 儒法揉合의 기조를 유지한 가장 큰 이유는 노예제가 붕괴되었음에도 불구하고 종법 제도와 봉건 제도가 밀접한 관계를 맺고 있었던 동시에 지주 경제와 소농 경제가 혼합돼 있었기 때문이라고 분석했다. 그는 小農이 위주가 되는 자연 경제는 가부장제와 종법 제도의 토양이었다고 전제하면서 유가 사상은 바로 이러한 토양 위에서 혈연관계에 바탕한 孝悌道德을 근거로 출발하고 있다고 평가했다. 그는 이어 유가는 전국 시대 이래 陰陽家・神仙家 등과 합류하면서 唯心主義와 宗敎主義가 상호 결합한 신학적 성격을 띠게 됐다고 주장하면서 董仲舒의 신유학은 바로 이러한 토대 위에서 성립한 신학화한 유학이었다고 주장했다. 馮契, 『中國哲學通史簡編』, 120~121쪽 참조.

갔다고 보아야 한다.

역대 중국 정권은 유학을 유일한 관학으로 채택했음에도 불구하고 법가 사상을 적절히 활용하는 이른바 '유법합류儒法合流'의 기조를 버리지 않았다.[70] 물론 시대별로 다양한 편차가 드러나는 것은 사실이나 이른바 '외유내법外儒內法'에 입각한 '유법합류'의 기조는 줄곧 유지되었다고 볼 수 있는 것이다. 역대 중국 정권의 치도론이라고 할 수 있는 '왕패병용'은 한나라 초기에 들어서면서 선진 시대의 치도 논쟁이 매듭지어지면서 형성된 것이다. '왕패병용'은 표면적으로는 왕도를 내세우면서도 내부적으로는 패도를 적절히 구사하는 것을 말한다. 이후 다른 정권들도 한대의 전통을 이어받아 '왕패병용'을 불변의 치도론으로 삼았다. 한편 한나라가 정권 교체의 이론적 도구로 활용한 '왕패동시론' 역시 선진 시대의 치도 논쟁을 이론적으로 매듭지으면서 만들어 낸 산물이다. 치도 논쟁은 공자의 관중에 대한 평가를 단초로 생성된 뒤 맹자와 순자, 한비자 등에 의한 분화 과정을 거쳐 결국 한유들이 만들어 낸 '왕패동시론'으로 매듭지어졌음은 앞서 검토한 바와 같다.

역대 중국 정권은 '왕패동시론'을 통해 득국 및 득천하를 정당화하는 한편 '왕패병용'을 치국 및 치천하의 실질적인 이론적 도구로 활용하였다. 왕도와 패도를 동일시하는 '왕패동시론'은 정권 교체의 정당화를 위한 이론적 도구였다는 점에서 치본 논쟁은 진한 제국의 성립과 더불어 매듭이 지어졌지만, 치도 논쟁만큼은 중국의 통치사상사 속에 계속 살아 있었다. 남송대에 전개된 주희朱熹와 진량陳亮 사이의 치도 논쟁은 이를 입증하는 대표적인 예이

---

70) 馮契는 맹자 사상과 법가 사상은 각각 독단론으로 흘렀다고 평가하면서 역대 중국 정권은 폭력과 덕교는 통치에 있어 모두 필요한 것으로 인정했기 때문에 儒法合流의 기조를 유지하게 되었다고 분석했다. 馮契, 『中國哲學通史簡編』, 44쪽 참조. Rubin은 유가가 비록 獨尊儒術의 권위를 누렸지만 이는 표면적인 현상에 불과할 뿐 내용적으로는 이미 법가 사상과 절충 형태를 이루고 있었다고 분석했다. 그는 유가가 漢代 이래 공자의 가르침을 벗어난 가장 큰 이유는 유가 사상 자체가 이미 司法 문제 등과 관련해 법가 사상을 흡수한 데 있었다고 강조하면서 儒法合流가 역대 중국 정권의 기본적인 입장이라고 주장했다. Cf. Rubin, *Individual and State in Ancient China: Essays on Four Chinese Philosophers*, p. 87.

다. 이 논쟁은 비록 아무런 결말도 없이 끝나고 말았지만 선진 시대 도·유·법 3가의 치도 논쟁이 지닌 역사성을 보여 주는 중요한 사례가 아닐 수 없다.

치도 논쟁이 치본 논쟁과 달리 제왕정 하에서도 계속 재연될 수 있었던 가장 큰 이유는, 바람직한 통치에 대한 열망이 제왕정을 전제로 한 치도 논쟁으로만 투영되었기 때문이라고 볼 수 있다. 서구의 민주주의가 바로 치본에 관한 근원적인 문제의식을 바탕으로 얻어낸 투쟁의 산물인 것과 대조되는 모습이라고 하겠다.

역대 중국 정권의 치본관 역시 인치와 법치가 정밀하게 결합된 '덕본법치德本法治'에 입각해 있었다. '덕본법치'의 가장 큰 특징은 표면적으로는 제왕의 덕치를 내세우면서도 실제로는 철저한 법치를 구사한 데 있었다. 이는 도·유·법 3가의 치본 논쟁에서 전개된 인치와 법치를 혼용한 형식이라고 할 수 있다. 그러나 '덕본법치'는 도·유·법 3가의 치본관이 혼용되어 있는 까닭에 오히려 인치 및 법치가 내재하고 있는 본질적인 문제점까지도 모두 지니고 있었다. 이 점이 바로 '덕본법치'의 가장 큰 문제였다.

앞서 검토한 바와 같이 인치의 최대 과제는 불초한 군주에 의한 국정 문란을 과연 어떻게 방지할 수 있는가 하는 문제에 집약되어 있고, 법치의 최대 과제는 불초한 군주에 의해 자행되는 악법의 제정과 자의적인 법 집행을 어떻게 효과적으로 막을 수 있는가 하는 문제에 집약되어 있다. 결국 역대 중국 정권의 최대 과제는 부덕한 황제의 '덕치를 가장한 법치'의 폭정을 어떻게 막아낼 수 있는가 하는 문제에 집약되어 있었다고 해도 과언이 아니다.

그러나 '덕본법치'는 선진 시대 도·유·법 3가가 해결하지 못한 인치의 왜곡과 법치의 결함을 근원적으로 치유할 마땅한 수단을 찾아내지 못했다. 악정이 횡행할 경우 아래로는 엄법이 가차 없이 집행된 까닭에 법치를 앞세운 관리들의 인민들에 대한 가렴주구를 통제할 길이 없었고, 위로는 황제의 덕정이 천하를 감싸고 있는 것으로 간주되었던 까닭에 불초한 황제와 권신들의 권력 농단을 제어할 길이 없었다. 따라서 성군이 나타나지 않는 한 덕치를 가장한 폭정과 법치를 내세운 민폐를 해결할 길이 거의 없었던 것이다. 실제로 역사적으로 볼 때 인치 및 법치의 부정적인 측면이 증폭되어 폭정이 자행될 경우, 잘못된 상황을 근본적으로 치유할 수 있는 유일한 방안은 민란을 배경으로 한 무력혁명밖에 없었다. 역대 중국 정권이 모두 무력을 배경으로 한 혁명을 통해 정권을 장악한 사실이 이를 뒷받침한다. '덕본법치' 본래의 통치 이념을 제대로 구현할 경우에는 성세를 조성할 수 있었음에도 불구하고 대다수의 역대 중국 정권은 이를 제대로 구현하지 못함으로써 잦은 정권 교체를 촉발시켰던 것이다. 역성혁명에는 과격한 혁명 이론이라고 할 수 있는 맹자의 '폭군방벌론'이 적극 활용되었음은 물론이다.

물론 성군이 나타날 경우에는 위로는 관인한 덕치를 기대할 수 있고 아래로는 공정한 법치를 기대할 수 있다. 그러나 역대 중국 정치사에서 성군의 치세로 일컬어질 수 있는 경우는 한무제와 당태종의 치세를 비롯해 청대의 강희제와 옹정제, 건륭제의 시대를 제외하고는 드물었다는 게 사가들의 일반적인 지적이다. 따라서 '덕본법치'는 이상적인 통치를 보장하기보다는 오히려 바람직하지 못한 제왕정이라는 통치 체제를 합리화하는 이론적 도구로 활용되었음을 부인할 수 없다. 이런 점에서 선진 시대 도·유·법 3가의 치본관은 제왕정의 문제점을 호도하는 이론적 배경으로 작용했다고 할 수 있다.

그러나 선진 시대 도·유·법 3가의 치본관을 응축한 '덕본법치'가 그릇된 제왕정을 미화하는 이념적 도구로 활용되었다는 역사적 사실과 '덕본법치'가 본래 지니고 있는 고매한 통치 이념은 구분되어야 한다. '덕본법치'는 선진 시대에 전개된 치본 논쟁이 사실상 매듭지어지면서 만들어진 바람직한 귀결점이었다고 할 수 있기 때문이다.

지난 1970년대에 전개된 중국의 문화대혁명에서 나타난 소위 '유법투쟁사儒法鬪爭史' 논쟁은 선진 시대 도·유·법 3가의 치도·치본 논쟁이 지니고

있는 사상사적 중요성을 또 다시 일깨워 준 계기가 되었다. 당시 사인방측은
유가가 복고적이고 유심론적인 데 반해 법가는 진보적이고 유물론적인 사상
이라고 높이 평가하면서 중국의 정치사를 일종의 '유법투쟁사'로 규정하고
나섰다. 이는 일면 선진 시대 도·유·법 3가의 치도·치본관에 관한 일종의
재평가 작업이었다고 할 수 있는 것이었다. 결국 반사인방측이 정권을 장악
함으로써 사인방측의 주장이 관철되지는 못했으나, 선진 시대 도·유·법 3
가의 논쟁이 2천여 년이 지난 오늘날까지 계속되었다는 점에서 통치사상사
적 의미는 자못 심대하다고 할 수 있다.

  문화대혁명 당시 전개된 '유법투쟁사' 논쟁 중 이 책의 주제와 관련하여
가장 관심을 끄는 대목은 순자에 대한 평가이다. 당시 사인방측은 순자가 천
도와 인도를 최초로 명확히 구분하고 또 패도 정치를 편 진나라를 높이 평가
한 점 등을 들어 그가 법가 사상가라고 주장했다. 사인방측은 순자의 "통치의
지극한 모습은 진나라와 같은 것이다"[71]라는 언급 등을 그 예로 들었다. 이에
대해 반사인방측은 사인방이 오직 순자가 진나라를 평가한 구절만을 떼어내
어 인민들을 호도했다고 비판했다.[72] 반사인방측은 순자는 법치를 예치의 보
조 수단으로 인정했을 뿐이고 진나라의 패도 정치를 높이 평가한 것은 오히
려 왕도를 강조하기 위해서였다고 반박하였다. 반사인방측은 순자의 다음과
같은 언급을 자신들의 주장을 뒷받침하는 증거로 삼았다.

  진나라는 유자가 없기에 위험하다. 유자만 순수하게 존재하면 왕자王者가 될 수
  있고 섞여 있으면 패자霸者가 될 수 있으며 하나도 없으면 망자亡者가 된다. 이것이
  진나라의 부족한 점이다.[73]

---

  71) 『荀子』, 「強國」, "治之至也, 秦類之矣."
  72) 趙光賢, 「論孔子學說中"仁"與"禮"的關係」, 『北京師範大學學報 ─ 社會科學』(1985. 1), 35~37
      쪽 참조. 이에 대해 四人幇측은 춘추 시대의 공자로부터 청대말의 龔自珍에 이르기까지 50
      개의 예화를 들어 중국의 정치 사상사는 유법투쟁사로 점철되어 왔다고 주장했다. 사인방
      측의 이러한 주장은 曹思峰, 『儒法鬪爭史話』(上海: 上海人民日報社, 1975)에 자세히 수록되
      어 있다.

유법투쟁사 논쟁을 한마디로 정리한다면 사인방측의 주장은 정치적 목적을 달성하기 위한 역사 왜곡에 지나지 않았다고 할 수 있다. 진한 이래 역대 중국 정권은 '유법합류'의 전통에 따라 '덕본법치'와 '왕패병용'에 입각해서 통치를 폈는데, 이는 어디까지나 하나의 통치 기조였을 뿐이지 도·유·법 3가의 사상 투쟁에 따른 결과는 아니었다.

선진 시대 도·유·법 3가가 활동한 춘추전국 시대가 정치적 통일을 이루기 위한 하나의 준비 과정이었다면 치도·치본관을 둘러싼 도·유·법 3가의 논쟁 역시 사상적 통일을 이루기 위한 진통 과정이라 할 수 있다. 봉건 질서를 배경으로 전개되었던 선진 시대 도·유·법 3가의 사상 논쟁은 바로 새로운 통일 제국의 시대에 대비한 준비 과정이었다.[74] 천하가 하나로 통일된 새로운 역사 상황 앞에서 통치 사상 역시 새롭게 바뀌지 않을 수 없었던 것이다. 그리고 진한 이래 2천여 년에 걸친 중국의 통치사가 제왕정을 기조로 한 것과 마찬가지로 이후 통치 사상 역시 '덕본법치'와 '왕패병용'의 입장을 결코 벗어나지 않았다.

오늘날에 이르러서도 선진 시대 도·유·법 3가의 논쟁이 재연된 사실에서 알 수 있듯이 선진 시대 도·유·법 3가가 마무리짓지 못한 치도·치본 논쟁은 2천여 년에 걸친 제왕정의 시대를 거쳤음에도 불구하고 여전히 논쟁의 불씨를 간직하고 있다. 물론 지난 1970년대에 전개된 '유법투쟁사' 논쟁은 선진 시대 도·유·법 3가의 치도·치본 논쟁과 기본적인 성격을 달리하고 있다. 주지하다시피 선진 시대의 치도·치본 논쟁은 어디까지나 제왕정 시대에 전개되었던 이론인 데 반해 유법투쟁사 논쟁은 인민주권 시대에 전개된 것이었다. 동시에 역대 중국 정권의 통치 사상과 현재의 공산 정권의 통치 사상이

---

73) 『荀子』, 「强國」, "其殆無儒耶. 故曰, 粹而王, 駁而覇, 無一焉而亡. 此亦秦之所短也."
74) 嵇文甫는『呂氏春秋』와『漢書』「藝文志」등에 나타난 제자백가에 대한 평가는 선진 시대 제가에 대한 종합 평가에 해당하는 것으로 백가쟁명이 사실상 漢代에 들어 끝난 것이라고 분석했다. 嵇文甫, 『春秋戰國史話』(北京: 中國靑年出版社, 1958), 96~97쪽 참조.

확연히 다른 점 또한 부인할 수 없다.

그러나 역대 중국 정권이 '덕본법치'와 '왕패병용'에 입각해 있었던 데 반해 현재의 중국 정권은 '군주 주권'이 아닌 '인민 주권'에 기초하고 있지만 치도·치본관에 관한 한은 큰 차이가 없다. 1997년 초 등소평이 사망할 당시 미국과 일본 정부의 공식 논평에서 '인치에서 법치로의 전환'을 기대한다고 언급된 점이 이를 뒷받침한다. 결국 선진 시대 도·유·법 3가가 전개한 치도·치본 논쟁은 정권의 강압에 의해 한시적으로 가려져 있었을 뿐 여전히 끝나지 않은 논쟁이었던 것이다. 선진 시대 도·유·법 3가의 치도·치본 논쟁은 이상 정치와 현실 정치의 조화 문제가 영원한 과제임을 보여 주고 있다.

선진 시대 도·유·법 3가의 치도·치본관은 관중에 대한 여러 논의들을 출발점으로 하여 각자의 다양한 의리·인성론을 토대로 형성된 것이었다. 여기에 통치관에 대한 시각차와 각각의 사상적 경향 역시 중요한 배경으로 작용했다. 이들의 경향은 크게 세 부류로 나눌 수 있다. 맹자와 한비자는 이상과 현실을 양극으로 하는 일직선상의 양 끝에 위치하면서 각각 편향된 이상주의와 현실주의를 대표하고 있다. 그리고 공자와 순자는 이들의 중간 지점에서 각각 좌우로 약간씩 치우쳐 위치해 있다. 공자와 순자는 맹자나 한비자와 달리 이상과 현실의 조화를 요체로 삼고 있다는 점에서 맥을 같이하고 있는 것이다. 순자가 공학의 진전을 이어받았다고 하는 근거가 바로 여기에 있다.

도·유·법 3가의 치도론을 가르는 하나의 기준으로 왕도의 존재에 대한 수긍 여부를 들 수 있다. 치도론에 있어서 공자와 맹자, 순자 등은 기본적으로 왕도주의의 입장을 취한다는 점에서 오직 패도만을 인정한 법가와 확연히 구분된다. 이는 치본관에 있어서 덕치를 인정하는가 하는 것을 기준으로 삼는 것과 마찬가지 맥락이라고 할 수 있는데, '덕본인치'에 입각한 유가의 치본관은 '법본법치'를 내세운 법가의 입장과 뚜렷이 구별된다.

선진 시대 도·유·법 3가들이 전개한 치도·치본 논쟁은 본질적으로 바람직한 통치에 관한 공자의 화두를 둘러싸고 전개된 것이었다. 공자는 바람직한 통치에 관한 다양한 방안을 제시했음에도 불구하고 불초한 통치자의 출현에 대한 구체적인 해결 방안을 제시하지 않았다. 군자 정치를 각각 '의인', '예인'에 의한 통치로 해석한 맹자와 순자 역시 근본적인 해결책을 제시하지는 못했다. 법가는 군자를 군주로 대치함으로써 이 문제를 해결하려 했지만 이들 또한 악법의 출현을 어떻게 방지할 수 있는가 하는 근원적인 문제를 남겨 두고 있었다. 이들은 설령 악법일지라도 무법보다는 낫다고 주장했으나 이것이 정답은 아니었다. 오직 순자와 관중만이 중도적인 입장을 취함으로써 어느 정도 치도·치본 논쟁의 조화점을 찾아내는 데 성공했다고 할 수 있다. 이들은 치본 논쟁의 접점으로 각각 '선례후법' 및 '예법병중'을 제시하고, 또 치도 논쟁의 접점으로 '선왕후패' 및 '왕패병중'의 입장을 취하였다.

선진 시대 도·유·법 3가의 치도·치본 논쟁은, 오히려 바람직하면서도 올바른 통치를 보장할 수 있는 궁극적인 방안은 결코 존재하지 않는다는 사실을 재차 확인시켜 준다. 동시에 이 논쟁은 통치가 인간에 대한 인간의 다스림이라는 대명제를 견지하는 이상 보다 바람직한 통치 형태를 찾기 위한 모색 작업은 국가가 존재하는 한 영원히 지속될 것임을 강력히 시사하고 있다.

오늘날에도 가장 바람직한 통치 형태는 왕도에 입각한 덕치임은 말할 나위 없지만, 역사가 증명하듯 어느 시대 어느 나라에서도 이와 같은 이상통치가 실현된 적은 없었다. 통치는 본질적으로 힘을 전제로 존재하기 때문이다. 그러나 그럼에도 불구하고 결코 이상을 포기해서는 안 된다. 동서고금의 모든 통치가 그렇듯이, 내치와 외치를 막론하고 단순히 힘에만 의존할 경우 약육강식의 반문화적 통치로 귀착될 수밖에 없다. 국민의 정권에 대한 신뢰 및 국가 간의 신의는 통치에 있어 필수불가결한 것이다. 그것이 결여될 경우 국가의 기본 체제마저 위협받을 수 있다는 것은 역사적 사실이 입증하고 있다.

왕도는 물론 수신의 덕을 이룬 통치자에 의한 이상정치를 뜻하지만, 패도 역시 단순한 힘이 아닌 도덕적 기준에 입각한 것으로서 보다 나은 현실 정치를 위한 실천 지표가 된다는 사실을 분명히 인식해야 한다. 법치의 미명 아래 강자의 힘에 의해 자행된 '반법치적 법치'의 폐습과 왕도의 미명 아래 불초한 통치자의 자의에 의해 저질러진 '왜곡된 인치'의 폐습은 이제 사라져야 한다. 이러한 작업을 위해서는 우선 공평무사의 법치 이념을 구현할 수 있는 다각적인 제도적 장치가 마련되어야 할 것이다. 그러나 근원적으로는 무엇보다도 수신치국의 덕치 이념에 충일한 통치자 그룹이 형성될 수 있는 정치 문화를 조성하는 것이 긴요하다. 이제 과거와 같이 단순히 서구의 법치주의에 입각해 인치를 무조건 배척하거나 백안시하는 태도를 버려야 한다. 제왕학의 기본 교재로 알려진 『정관정요』에는 다음과 같은 구절이 있다.

> 무릇 동으로 거울을 만들면 의관을 정제할 수 있고 옛일을 거울로 삼으면 흥망성쇠를 알 수 있다. 사람으로 거울을 삼으면 득실을 명백히 할 수 있다.[75]

이러한 언급은 올바른 통치의 출발이 바로 득인 및 용인에 관한 통치권자의 안목에 달려 있음을 강조하기 위한 것이라고 할 수 있다. 다스림의 요체는 한마디로 인사에 있다. 무능한 인물의 권력전횡과 처자권속 및 측근 세력의 발호, 공직 기강의 문란과 무사안일 등 모든 국정의 문란은 궁극적으로 통치자의 귀책사유일 수밖에 없다. 인사를 좌우하는 통치자의 통치 철학과 자질에 국가의 명운이 달려 있다고 보아도 과언이 아닌 셈이다.

지금까지 선진 시대 도·유·법 3가의 통치 사상을 치도·치본 논쟁의 전개 과정을 통해 분석해 보았다. 우리는 지금까지의 분석을 통해 선진 시대 도·유·법 3가의 치도·치본 논쟁이 역대 중국 정치사에서 국가 존망 및 정권 교체의 중요한 이념적 잣대로 활용되었음을 보았다. 그러나 거시적인 관점에서 볼 때 유가와 법가의 치도·치본 논쟁은 '치천하'의 논쟁이 아니었다.

---

75) 『貞觀政要』, 「任賢」, "夫以銅爲鏡, 可以正衣冠. 以古爲鏡, 可以知興替. 以人爲鏡, 可以明得失."

유법 양가가 모두 '치천하'를 내세웠음에도 불구하고 유가 통치 사상의 정점에 서 있는 공자의 통치 사상이나 법가 통치 사상의 집대성이라고 할 수 있는 한비자의 통치 사상 모두 사실은 '치국' 수준에 머물러 있었기 때문이다. 이는 앞서 누누이 강조하였듯이 그들이 노자가 주장한 '제도帝道'와 '도치道治' 및 '덕치德治'의 존재를 망각한 사실과 무관하지 않다. 21세기에는 분열과 대립의 역사를 마감하고 만국평화와 공존공영의 장을 열어 가야만 한다. 이와 같은 시대적 소명을 뒷받침하기 위한 새로운 통치 사상의 모색을 위해서라도 노자의 통치 사상에 대한 재조명은 매우 시급한 과제라고 할 수 있다.

정치 및 정치학의 궁극 목표가 '올바른 정치'의 구현에 있다면 올바른 정치란 곧 '올바른 통치'에 의해 담보될 수밖에 없고, 이는 결국 '올바른 통치자의 선택' 문제로 귀결된다. 국가 통치의 문란에 대한 기본적인 책임은 물론 통치권자에게 있다. 그러나 통치자로서의 자질이 부족한 사람을 선출한 국민도 궁극적인 책임을 면할 수 없다. 통치자의 통치 철학 및 자질 등에 관한 깊은 관심과 본격적인 연구가 절실한 때라고 할 수 있다. 이 책은 바로 이러한 문제의식에 입각해 선진 시대 도·유·법 3가의 통치 사상을 천착한 것이다.

맺는 말

노자 사상의 재조명과 21세기 통치 사상 모색

노자는 '도' 개념을 통해 천도와 인도의 통합을 추구했다. '도'의 원리가 개개 사물에 구체적으로 드러난 것이 바로 '무위'이고, 무위를 체득한 사람은 바로 최상의 통치를 이룰 수 있는 자격을 지닌 '성인'이다. 노자는 '도'의 원리를 체득한 성인이 '무위'의 덕으로 당시의 시대적 혼란상을 극복할 수 있다고 본 것이다.

우리가 살고 있는 이 시점은 노자의 시대 못지않게 혼란스럽다. 특히 동양의 경우는 19세기 말 이래 무차별적으로 도입된 서양 사상의 영향으로 더욱 혼란스런 모습을 보이고 있다. 이런 혼란의 최대 원인은 서구 민주주의의 무차별적 도입과 민주주의 이념에 대한 맹신에 있으며, 서구 민주주의의 가장 큰 문제는 원자론적 개인주의의 만연에 따른 인간소외와 무관심의 확산, 인간적 정취가 사라진 삭막한 물신주의의 팽배에 있다. 이런 풍조가 더욱 확산될 경우 가족의 해체는 물론 사회와 국가의 붕괴를 초래할지도 모를 일이다. 그리고 공동체의 붕괴는 곧 개인의 존립 근거마저 상실되는 것을 뜻한다.

이에 대한 해결책으로 우리가 생각할 수 있는 것은 우선 노자 사상의 재조명을 통한 대안 마련이라고 할 수 있다. 현대 국가에서 유가 및 법가의 통치 사상은 크게 주목 받지 못하고 있다. 두 사상 모두 서구에서 발달한 민주주의 이념과 여러 면에서 배치되고 있기 때문이다. 그러나 노자 사상만큼은 서구의 학자들 중에도 21세기의 새로운 통치 이념을 창안하는 데 매우 좋은 근거가 될 것으로 믿는 사람이 적지 않다.

사실 노자 사상은 서구의 근대 민주주의 이념이 탄생하는 데 결정적인 역할을 했다고 볼 수 있다. 노자의 통치 사상을 최초로 서양에 도입한 사람은 루소였다. 그의 "자연으로 돌아가라"(Retourner à la nature)라는 언명은 그 자체가 바로 노자 사상을 그대로 옮겨놓은 것이었다. 물론 그는 자신의 사상이 노자 사상에서 비롯되었다는 점을 솔직하게 시인하지는 않았다. 그러나 18세기 계몽주의자들이 노자 및 공맹 등으로부터 많은 영감과 인간 이성에 대한 확신을 얻었음에도 불구하고 사상적 연원을 거의 밝히지 않았던 사실에 비추어 볼 때 크게 나무랄 일도 아니다.

현재 동양에 대한 서양의 일방적인 약탈이 자행된 지 근 2백 년이 되어 가고 있다. 그 사이 동양은 서양이 그토록 자랑했던 물질문명의 내용을 거의 다 흡수했다. 서양 또한 동양에 대해 깊은 관심을 기울였지만 그들이 동양의 정신을 얼마나 제대로 흡수했는지는 미지수이다. 따라서 서양의 통치 체제 및 통치 사상 등이 그 한계를 드러낸 지금이야말로 노자 사상을 통해 새로운 통치 이념을 창안하는 데에 더없이 좋은 기회라고 할 수 있다.

동양에서는 서양과 달리 사물은 일응 상호 대립하거나 내부 모순의 상태로 존재하는 듯이 보이지만 내면적으로는 유무상통有無相通의 논리에 의해 완전히 조화된 모습으로 존재한다고 보았다. 사물이 극에 이르면 '반反'에 의해 되돌아온다는 논리가 동양 사상의 핵심을 이루게 된 이유가 바로 여기에 있다. 이는 서양의 이분법적 논리의 한계를 극복할 수 있는 매우 중요한 핵심 개념이 아닐 수 없다. 사물이 어느 한쪽의 극단에 이르게 되면 다시 다른 쪽으로 기울게 된다는 이 논리는, 어떤 종류의 진리이든 일정한 한도 내에서만 통용될 수 있고 그 한도를 넘어서면 왜곡될 수 있다는 진실을 담고 있다.

최근 수세기 동안 세계를 지배해 온 서구의 사유 체계가 여러 문제점을 노정함에 따라 커다란 위기에 봉착해 있다. 이에 따라 서구 사상을 무차별적으로 도입했던 동양은 더욱 혼란스런 상황에 빠져 있다. 서구 사상에 대한 새로운 재조명이 절실히 요구되고 있는 것도 이런 현상에 기인한다. 서구의 우월성 유지를 전제로 한 '문명충돌위기론'과 전통 문화의 뿌리가 뽑힌 채 갈피를 잡지 못하고 있는 동양 제국의 '사상적 혼돈' 등을 해결할 수 있는 새로운 사상의 모색이 절실한 시점이 아닐 수 없는 것이다. 특히 우리의 경우는 21세기 동북아 시대의 개막을 앞두고 우리의 역사 문화에 기초한 새로운 통치 사상의 정립이 더욱 시급한 실정이다. 이와 같은 과제를 해결할 수 있는 열쇠를 우리는 노자의 통치 사상을 통해 찾아낼 수 있을 것이다.

서구는 현재 새로운 활로를 찾기 위해 자본주의적 산업혁명이 가져다 준 '소유의 혁명'으로부터 탈피하고자 부단히 노력하고 있다. 서구의 지식인들이 현재 그 대안으로 찾아낸 것이 '존재의 혁명'인데 그것의 주요한 지표로 내세우고 있는 것이 바로 '자연과 인간의 조화'이다. 그러나 이는 이미 수천 년 전에 노자가 언급한 것이기도 하다.

사실 노자의 사상은 유가나 법가와 마찬가지로 고대 중국의 전통적인 사상을 차용한 것이다. 중국 전래의 전통 사상은 크게 두 가지 특징을 보인다. 하나는 '경천敬天' 사상이고 다른 하나는 '경조敬祖' 사상이다. 이 양자는 상호 밀접하게 연관되어 있다.

은나라 때까지 고대 중국의 정치에 나타난 것은 '천'에 대한 종교적 열정이었다. '천'에 대한 열정은 주나라의 건국을 계기로 점차 약화되었으나 전국 시대 말기까지 '천'에 대한 두려움은 계속 남아 있었다. 한나라 초기 동중서가 미신적인 재이설災異說을 유가의 통치 이념에 삽입시킨 것은 '경천' 사상이 얼마나 뿌리 깊은 것인지를 보여 주는 대표적인 실례이다.

부모를 존중하고 선조를 추숭하는 '경조' 사상 역시 '경천'만큼이나 뿌리가 깊은 것이었다. 이는 현대 중국에서도 대규모의 씨족 단위 공동체가 유지되고 있는 사실을 통해 확인할 수 있다. 중국인의 '경조' 사상은 사실 그들의 전통적인 농경 문화와 밀접한 관련이 있다. 집약 농업이 주축을 이룬 중국의 경우 가족을 중심으로 한 씨족의 구성원만큼이나 값싸고도 유용한 노동력은 그 어디에도 존재하지 않았던 것이다. '경조' 사상은 이와 같은 농경 문화에서 자연스럽게 배태될 수밖에 없었다고 보아야 한다.

도·유·법 3가의 통치 사상에는 바로 이러한 전통이 고스란히 반영되어 있다. 노자와 유가 모두 경천 사상에 근거해 천도와 인도를 관통하는 통치 사상을 전개한 것이나 법가가 경조 사상에 근거하여 군주권의 강화를 역설한 것이 바로 그 예이다.

그러나 춘추전국 시대라는 시대적 상황은 이러한 전통적 가치 체계를 근본적으로 뒤흔들어 놓았다. 노자 역시 당시의 봉건 체제가 붕괴되는 과정을 목도하면서 기존의 사상과 제도를 과감히 거부하고 나섰다. 노자가 대안으로 내세운 것은 바로 천도와 인도를 관통하는, 우주만물의 존재를 본원적으로 파악하는 '도'였다. 당시 유가는 통치자의 입장에 서서 '인의'를 주창했지만, 노자는 세상을 관조하는 입장에서 이상세계를 구현하고자 했던 것이다. 노자가 말한 '도'는 우주와 인간을 관통하는 하나의 절대적인 진리로서 인간과 자연과의 일치 내지 조화를 그 핵심으로 삼고 있다. 그리고 그 구체적인 실천 방안으로 제시된 것은 바로 '무위'였다.

노자가 일견 출세간적인 이론으로 비춰질 수 있는 '무위'의 논리를 동원하여 어지러운 현세의 문제를 해결코자 한 것은 역설적인 모습이 아닐 수 없다. 그러나 노자가 말한 도는 결코 '출세간'의 이론이 아니다. 출세간과 입세간을 관통하는 진리로서 '도'를 상정한 것이지 입세간을 도외시한 것이 아닌 것이다. 노자의 '무위 통치'는 우주와 인간, 치자와 피치자를 하나로 통합해 공생공존하는 지극한 통치를 이루고자 한 데에 그 진정한 뜻이 있었다.

여기서 알 수 있듯이 노자의 통치 사상은 춘추 시대의 난세 상황을 타개하고 바람직한 통치를 구현하려는 노력의 일환으로 성립된 것이었다. 그의 통치 사상은『도덕경』을 통해 지속적으로 묘사된 '무위 통치' 개념 속에 응축되어 있다. 노자가 피력한 이상국가인 '소국과민'의 모습에는 인간의 작위적인 통치가 배제되고 자연의 이치에 부응하는 '덕치국가'의 모습이 강하게 부각되어 있다. 따라서 그의 '소국과민' 주장은 결코 무정부주의와 같은 '반통치反統治'의 입장에서 비롯된 것은 아니었다. 노자의 사상을 흔히 얘기하는 '무위자연無爲自然'으로 해석해서는 안 되는 이유가 여기에 있다.

이는 노자가 자연의 이치를 그대로 통치에 적용할 것을 주장한 데서 극명하게 드러난다. 노자는 통치의 방법 및 내용 면에서만 인위적인 통치를 거부했을 뿐, 오히려 '무위 통치'를 이루고자 하는 욕구 면에서는 유가보다 더욱 적극적이었다. 그의 사상은 기본적으로 통치 사상에 초점이 맞춰져 있었다는 사실을 잊어서는 안 된다. 그래서 그는 "사람은 땅을 본받고, 땅은 하늘을 본받으며, 하늘은 도를 본받고, 도는 자연을 본받는다"라고 말했던 것이다.

많은 사람들은 노자의 이 말을 토대로 그가 '도' 위에 '자연'을 상정하였다고 해석하고 있으나 이는 잘못이다. 노자 사상에 나타나는 '도'는 자연의 이치를 표현한 것으로, 그것은 곧 우주만물의 최종적이면서도 절대적인 이치를 의미한다. 따라서 오히려 '도'를 통해 자연과 하늘과 땅, 인간 등이 유출되었다고 해석하는 것이 옳다. 마치 '도' 위에 '자연'이 존재하는 것처럼 생각하여 노자의 사상을 소위 '무위자연無爲自然'으로 해석하는 것은 노학老學을 장학莊學의 부속물로 편입하는 것이나 다름없다. 출세간의 문제에 함몰된 장학은 '무위자연'으로 특징지어도 상관없지만, 노자 사상만큼은 '무위 통치'로 규정되어야만 한다. 왜냐하면『도덕경』전체가 통치 문제를 다루고 있고 또 노자가 궁극적으로 강조한 것 역시 '무위無爲'의 통치 행위를 통해 '무불위無不爲'

의 결과를 얻는 것이었기 때문이다.

『도덕경』 첫머리에는 "도를 가히 도라 함은 상도常道가 아니다"라는 대목이 있는데, 이는 지각할 수 없는 '도'의 초월성을 말한다. '도'는 단지 사물의 현상을 통해서 어떤 초월적인 근원으로 그 존재를 감지할 수 있을 뿐이라는 것이다. '도'는 흔히 이름붙일 수 없고 인간의 오감으로 인지할 수 없는, 무형체의 초감각적이고 영구불변한 존재로 정의되곤 한다.

천지가 전개되기 이전의 혼돈된 최초 상태를 흔히 '무'라고 한다. '무'는 단순히 '없다'는 개념의 '무'가 아니라 우주만물의 시원인 형이상학적 본체를 말한다. '유' 역시 천지의 시초로서 '무'도 아니고 또 그렇다고 구체적인 사물도 아닌, 아직 형상화되지 않은 상태로 존재하는 것이다. '도'와 '덕'의 관계에 선후가 존재할 수 없듯이 '유'와 '무'의 관계에도 역시 선후가 있을 수 없다.

노자의 통치 사상을 재조명하기 위해서는 우선 노자 사상에서 중요한 쟁점으로 거론되고 있는 '도道'와 '기氣'의 관계를 검토할 필요가 있다. 노자의 '도'는 '음기陰氣'와 '양기陽氣'라는 두 가지의 '기'를 내포하고 있다. 이는 『도덕경』 42장의 '부음포양負陰抱陽'이라는 표현을 통해 분명하게 알 수 있다. '도'는 곧 '음기'와 '양기'라는 상대적인 두 '기'의 부단한 영허소장盈虛消長의 근본 이치로 존재한다는 것이다.

'도'와 '기'의 관계를 '체體'와 '용用'으로 나누어 말한다면 생성의 출발점에 있는 '도'는 '체'에 해당하고 '기'는 '용'에 해당한다고 할 수 있다. '도'가 체인 '무'에서 용인 '유'로 변환될 때 최초로 나타나는 모습은 바로 '도생일道生一'에서 말하는 '일一'이다. 이 때의 '일'은 흔히 '일기一氣'로 해석되고 있다. '일기'는 '음'과 '양'으로 드러날 수 있는 인자를 동시에 갖추고 있으나 아직 분화되지 않은 상태를 말한다. '일기'는 시간 차원에서 볼 때는 어떤 존재의 출발점이 되고 존재의 질료 차원에서 볼 때는 원질原質이 된다.

'일기'는 '일생이一生二'의 원리에 의해 '음기'와 '양기'로 구분된 뒤 '음기'

와 '양기'의 상호 작용을 통해 만물을 만들어 내는 원질로 작용한다. '일기'는 외부의 어떤 것에 의해 그 움직임이 촉발되는 것이 아니라 자체 내의 내부 요인에 의해 스스로 운동하고 변화한다. 결국 만물은 '일기' 내부에 간직되어 있는 '음기'와 '양기'의 상호 작용을 통해 형성되는 셈이다.

노자가 말하는 '이생삼二生三'에서 '삼三'은 적잖은 사람들이 '음기'와 '양기'가 결합해 만들어 낸 제3의 '충기沖氣'로 파악하고 있으나 이는 잘못이다. 노자가 '기'의 '충沖'을 통해 '화和'를 이룬다고 주장한 점에 비추어 '충기'는 독립적인 기로 볼 것이 아니라 '음기'와 '양기'가 조화를 이룬 상태로 보는 것이 옳다. 이렇게 해석할 경우 노자가 말하는 '일一'은 '기氣'를, '이二'는 '음기陰氣'와 '양기陽氣'를, '삼三'은 '음기'와 '양기'가 '충'하여 만들어 낸 '화기和氣'를 의미한다고 볼 수 있다. 이러한 과정의 최종적 단계에서 완성되는 것이 바로 만물이라고 할 수 있는 것이다.

결국 '도'는 '기'의 전개 과정에서 볼 때 '일'에서 '이', '삼', '만물'까지 일관되게 작동하는 자연의 이치라고 할 수 있다. '도'가 '일기' 이전에 선재先在하거나 독립獨立한다고 할 수 없는 이유가 바로 여기에 있다.

여기서 주의할 점은 만물은 '음기'와 '양기'의 부단한 상호 작용을 통해 영허소장의 변화를 거친 뒤 다시 만물의 본원인 '도'로 복귀한다는 사실이다. 노자는 어떤 사물이든 그 변화가 이러한 순환 운동의 법칙에 따른다고 보았다. 우주만물은 자체 내에 내재하는 '도'의 운행 이치에 맞게 그대로 놓아두면 변화의 극에 다다르게 되어 결국 원래의 출발점인 '도'에 복귀한다는 것이 그의 생각이었다. 『도덕경』에서 "돌아가는 것은 도의 움직임이다"(反者道之動)라고 언급한 것은 바로 이를 두고 한 말이다. 노자의 통치 사상이 '무위 통치'로 귀결된 철학적 배경이 바로 여기에 있다고 할 수 있다.

대부분의 사람들이 '도'는 우주만물의 근원인 데 반해 '덕'은 '도'의 이치가 드러난 것으로 해석하고 있다. '도'가 천지만물에 내재해 각각 만물의 속성이 될 때 이를 가리켜 '덕'이라고 표현할 수 있다는 것이다. 결국 '도'와 '덕'의 관계는 '둘이면서 하나'인 관계라고 할 수 있다. 그렇다면 '덕'은 '도생일道生一'에서 말하는 '일기'를 본체론적으로 해석한 또 다른 이름이라고 할 수 있다. 왜냐하면 '일기'는 '도'와 마찬가지로 혼륜渾淪한 상태에서 아직 음기와 양기가 분화되지 않고 섞여 있는 상태를 지칭하기 때문이다. 결국 '도'와 '덕'의 관계는 '도'와 '일기'의 관계로 해석될 수 있다. 한마디로 말해 '도'를 체라고 할 때, 용의 첫 번째 모습은 도덕론道德論의 관점에서 볼 때는 '덕'이고 도기론道氣論의 관점에서 볼 때는 '일기'라고 할 수 있는 것이다. '도'는 본질이고 '덕'은 '도'가 외부로 드러남으로써 얻어지는 기능으로 해석하는 것도 '도'의 이러한 특성에 착안한 것이라고 하겠다.

한편, 노자의 '덕'에는 여러 가지 특징이 있으나 크게 보아 '무위無爲', '무욕無欲', '겸하謙下'의 세 가지로 요약할 수 있다. 이 세 가지 특징은 서로 밀접한 관련을 맺고 있는 것으로 상호순차적인 관계에 있는데, 이러한 관계는 다음과 같이 표현될 수 있다.

무지무욕(원인) ──────▶ 지족겸하(과정) ──────▶ 무위 통치(결과)

'무위 통치'는 '무위'를 통해 '무불위'의 통치 효과를 얻는 것을 말한다. 무위 통치를 이루기 위해서는 반드시 '무지무욕'에서 출발하지 않으면 안 된다. 이는 개인 차원에서 볼 때는 자기 자신에게 허물을 남기지 않고 변함없는 족함을 얻는 것을 말하고, 통치 차원에서 볼 때는 천하가 스스로 질서를 찾는 것을 말한다. '지족겸하'는 치자와 피치자 간의 분별 의식을 제거해 대립의 소지를 없앰으로써 시기와 다툼의 소지를 미리 제거하는 것이다.

이 세 개의 '덕'은 상호 긴밀히 연관되어 있어 어느 것 하나도 빠뜨릴 수 없다. 무지무욕의 단계는 '무위 통치'의 입문이라고 할 수 있다. 이 단계에 들어서야만 통치자로서의 기본 자질을 갖추었다고 할 수 있기 때문이다. 그리고 통치에 임해서는 지족겸하의 덕을 발휘해야 한다. 무지무욕을 체득한 것만으로는 무위 통치를 이룰 수가 없는 것이다. 여기에 바로 노자 통치 사상의 핵심이 담겨 있다고 할 수 있다.

노자는 치자와 피치자 간의 이분법적 구별을 거부하고 치자와 피치자 모두 영아嬰兒와 같은 무지무욕을 체득할 필요가 있다고 주장했다. 그는 통치자만이 무지무욕의 단계에 이르러서는 무위 통치를 이룰 수가 없다고 보았기 때문에 통치자가 무지무욕의 덕을 널리 확산시킬 것을 강하게 요구하였다. 이 점은『도덕경』이 통치자를 대상으로 한 저술이라는 견해와 무관하지 않다.

이와 더불어, 노자가 치자에게만 특별히 권하는 것이 있다. 통치의 방법론이라 할 수 있는 '지족겸하'가 그것이다. 지족겸하는 피치자인 인민은 반드시 체득하지 않아도 되는 덕목이라고 할 수 있다. 노자는 통치자가 지족겸하의 통치술을 발휘하지 못할 경우 결코 무위 통치의 결과를 얻을 수 없다고 단언하였다. 어찌 보면 지족겸하의 통치술은 노자의 통치 사상에서 가장 중요한 부분이라고 할 수도 있을 것이다. 무위 통치는 무지무욕과 지족겸하의 덕을 어느 정도 갖추면 큰 어려움 없이 이룰 수 있고 무지무욕 역시 통치와는 무관하게 개인적인 수련을 통해서 체득할 수 있다. 그러나 지족겸하만큼은 통치자가 반드시 체득해야만 할 덕목인 것이다. 통치자가 지족겸하의 미덕을 갖추지 못할 경우 유가에서 말하는 '인仁'의 공업을 쌓을 수는 있을지언정 노자가 말하는 무위 통치의 경지에는 이를 수가 없다.

결국 지족겸하는 '치국'과 '치천하'의 분기점이라고 할 수 있다. 물론 유가에서도 사양지심辭讓之心으로서의 예禮를 강조하고 있기는 하다. 그러나 유가의 예양禮讓은 노자의 지족겸하와는 차원이 다르다. 예양은 인위적인데다가 형식에 그칠 우려가 크고 그 기준 자체가 유동적인 데 반해 지족겸하는 영구불변하는 자연의 이치에 기초한 것이기 때문이다. 자국自國과 타국他國의 구별이 엄존한 가운데 나타나는 예양의 미덕은 결코 치천하의 통치 논리로 원용될 수 없다. 자타의 구별을 없애고 천하만민을 모두 통치 대상으로 삼는 '치천하'를 이루기 위해서는 반드시 노자가 말한 지족겸하 수준의 통치술이 구사되어야만 한다. 그래야만 최상의 치도인 제도帝道와 최상의 치본인 상덕上德에 입각한 덕치德治가 이루어질 수 있는 것이다. 이런 의미에서 볼 때 '지족겸하'는 노자의 통치 사상을 상징하는 최고의 덕목이라 할 수 있다.

무위 통치는 무지무욕과 지족겸하를 기초로 얻어지는 최종적인 통치의 결과이다. 그러나 무위 통치 역시 무지무욕과 지족겸하의 요건만 갖추어졌다고 해서 저절로 이루어지는 것이 아니다. 여기에도 일정한 조건이 뒤따라야 한다. 그것은 곧 무위무사無爲無事이다. '무위'의 통치는 아무런 통치 행위가 존재하지 않는 '무치無治'가 아니라 '무위'의 통치 행위로 '무불위無不爲'의 결과를 얻어내는 것이며, 이런 무위이무불위無爲而無不爲한 결과를 얻기 위해서는 자연의 이치를 좇아 무위무사의 통치 행위를 수행하지 않으면 안 된다.

'무위 통치'를 강조한 노자의 통치 사상은 최상의 통치 수준인 '치천하'의 논리이다. 이는 비록 유가의 통치 사상이 '치국평천하'를 외쳤지만 '치천하'의 통치 이론으로는 부족했던 점을 감안할 때 더욱 그렇다. 노자의 통치 사상은 21세기의 새로운 통치 사상을 대표할 수 있는 유일무이한 통치 사상이라고 해도 틀린 말이 아닐 것이다.

서양의 기계론적이고 원자론적인 세계관은 '근대화'의 미명 아래 전 세계를 분열과 폭력이 난무하는 세계로 몰아갔다. 서양 사상에 뿌리를 둔 학문들 역시 인간의 본질이나 삶의 문제를 규명하기보다는 비인간적이고 인간외적인 굴레들을 가중시키는 데 일조하였다. 이런 것들이 초래한 '인간의 비인간화'와 '물질만능주의'는 자칫 인류 생존의 기반을 뒤흔들게 될지도 모를 일이다. 현대 사회의 병폐가 물질문명의 발달에 따른 정신의 황폐화 및 '소외'와 '비인간화' 현상으로 표출되었다면, 현대 정치의 과제는 인간이 주체가 되는 인간적인 삶의 회복이라고 할 수 있다. 이와 부합될 수 있는 사상이 바로 노자 사상이다. 노자의 통치 사상은 부분의 자율성을 보장하고 부분과 전체의 조화를 도모하고 있다. 구성원의 의사와 창조성이 존중되는 '자율적 공동체'의 구현이야말로 현대인의 삶을 근본적으로 변화시킬 수 있을 것이다.

통치의 존재 이유가 현재의 문제를 파악해 그 해결책을 강구하는 것이라고 한다면 지금은 우리 사회에 적용되고 있는 통치의 기능 및 역할 등에 대한 전반적인 재검토가 요구되는 시점이라 할 수 있다. 바람직한 통치에 관한 논의는 동서고금을 막론하고 크게 통치를 가능한 한 축소하려는 견해 및 이와는 정반대로 그 규모와 기능 등을 확대하려는 견해로 대별할 수 있다.

서양의 경우 축소 지향의 통치는 아리스토텔레스의 '최선의 국가'에서 그 원형을 찾을 수 있다. 이에 반해 플라톤의 '이상국가'는 확대 지향의 통치를 염두에 둔 것이었다. 서양의 통치사는 아리스토텔레스의 통치 이론에 충실한 인물들이 주류를 이룬 가운데 간헐적으로 플라톤의 이상국가에 매료된 인물들이 나타나 세상을 소란스럽게 만들었다고 할 수 있다. 플라톤의 통치 이념에 이끌린 인물로는 알렉산더, 시저, 나폴레옹, 히틀러 등을 들 수 있는데, 이들은 모두 조기에 실패를 선언하고 말았다. 이 때문인지는 몰라도 플라톤의 이상국가론은 지금까지도 여전히 비현실적인 이론으로 치부되고 있다.

동양의 경우는 서양과는 반대로 확대 지향의 통치 이념이 주류를 이루어왔다. 대표적인 사상가들로는 '치국평천하'를 강조한 공맹 등의 유가 사상가와 진시황의 천하통일에 이론적 기반을 제시한 한비자 등의 법가 사상가를 들 수 있다. 동양의 통치사에서 축소 지향의 통치 이념을 제시한 사람으로는 '위아爲我' 사상을 내세운 양주楊朱 정도가 있다.

대부분의 사람들은 노자의 통치 사상을 축소 지향의 통치 사상으로 해석하고 있으나 이는 잘못이다. 노자의 통치 사상을 그처럼 잘못 해석하게 된 배경은 대략 두 가지로 요약할 수 있다.

가장 큰 원인으로는 노자 사상의 본령이 통치 사상이라는 점을 간과하였다는 사실이다. 노자는 비록 '무위'를 주장했지만 이것이 '무치無治'나 '무정부주의' 등과 같은 '반통치反統治'의 입장에서 비롯된 것은 결코 아니었다. 노자가 반대했던 것은 어디까지나 '반작위反作爲' 내지 '반유위反有爲'였지 결코 '반통치'가 아니었던 것이다. 따라서 노자 사상을 '무위자연'으로 상징하는 것은 이제 지양해야만 한다. 이는 그 어떤 사상가보다도 통치 문제를 치열하게 궁구한 노자에게는 어울리지 않는 표현이기 때문이다. 노자 사상을 대표하는 핵심어는 어디까지나 '무위 통치'이지 결코 '무위자연'이 될 수는 없다. 그럼에도 불구하고 지금까지는 노자의 사상을 '무위자연'으로 해석함으로써 그의 통치 사상을 왜곡시켜 왔던 것이다.

두 번째로는 노자가 무위 통치의 이념형으로 제시했던 '소국과민'에 대한 오해를 들 수 있다. 노자의 '소국과민' 주장은 '유위 통치'에 대한 거부감에서 비롯된 것으로, 통치의 대상을 고대 농촌공동체와 같이 소규모의 단위로 축소하자고 하는 것이 아니었다. 오히려 노자가 말하는 '무위 통치'는 지대물박地大物博의 대국 내지는 천하 단위에 어울리는 통치의 이념형이었다. 이는 노자의 치도관이 천하 통치에 어울리는 '제도帝道'에 해당한다는 사실을 통해 극명하게 확인할 수 있다. 세계가 하나의 지구촌 단위로 축소되었음에도 오히려 유혈 테러와 자의적인 군사 행동이 일상화된 지금, 노자의 '제도'가 더욱 절실히 요구되는 이유가 바로 여기에 있다.

노자가 희구한 바람직한 통치는 말할 것도 없이 그의 사상 전체를 관통하는 '도'에 근거를 두고 있다. 이는 단순히 통치의 규모를 줄이라는 것이 아니라 인위적인 '유위 통치'를 극소화하라는 주문이다. 노자가 강조했듯이 천도무친天道無親에 입각한 '제도'는 천하만민을 차별하지 않는다. 치자와 피치자 간의 구별은 물론 '치국'의 통치 논리에서 중요한 준거가 되고 있는 자국과 타국의 구별조차 거부하는 것이다. 이는 우주만물이 자연의 이치를 좇아 영허소장의 변화를 보인 뒤 '무無'의 본원으로 복귀하듯이 통치 또한 '무위 통치'

에 입각해야 한다는 것을 강조하고 있다. 그러므로 이제 노자의 통치 사상이 더 이상 '축소지향의 통치 사상' 내지 '무위자연'에 입각한 출세간의 '반통치'로 해석되어서는 안 된다. 새로운 통치 이념이 절실한 상황에서 노자 사상을 곡해해 참고 대상에서 제외시키는 것은 커다란 잘못이 아닐 수 없다.

21세기의 동북아 시대를 열어 가기 위한 새로운 통치 사상을 모색하는 과정에서 노자의 통치 사상만큼 많은 것을 시사하는 사상도 없다. 다행히도 동북아 시대의 주역인 한중일 3국은 세계 어느 나라보다도 노자의 통치 사상을 쉽게 받아들일 수 있는 역사 · 문화적 배경을 갖고 있다고 하겠다.

'근대주의'와 '제국주의'로 상징되었던 서양의 통치 사상으로는 전 세계를 감쌀 수 없다는 사실이 이미 명백히 입증되고 지금은 '민주주의'와 '신자유주의' 등이 21세기 통치 이념의 지표로 작동하고 있는데, 역사 · 문화적 배경이 전혀 다른 서양의 통치 사상을 고식적으로 도입했던 제3세계 국가가 모두 실패한 전례에 비추어 이 또한 적잖은 문제를 안고 있다고 할 수 있다. 이는 대부분의 서양 사상이 이분법적 사유에 기초해 있는 사실과 무관할 수 없다. 이분법적 사유는 인간과 사물을 서로 용납할 수 없는 대립 관계로 분절시켜 놓았다. 서양의 통치사상사에서 치도治道와 천도天道 개념 등이 아예 존재하지 않은 이유가 바로 여기에 있다. 서양의 이분법적 사유는 기계과학 문명의 발전과 물질적 풍요를 가져다주기도 했지만, 인간적인 삶의 여지를 없애고 자연과 인간을 분리시킴으로써 지구의 황폐화로 인한 인류의 공멸이라는 염려스런 상황으로까지 몰고 간 것 또한 부인할 수 없는 사실이다.

이에 반해 노자 사상을 비롯한 동양 사상은 자연이나 하늘과 인간이 하나가 되는 인간학의 관점에서 한번도 벗어난 적이 없었다. 동양은 '신의 죽음'을 선언하지도 않았고 자연을 극복하려 하거나 배척하지도 않았다. 동양에서는 자연의 이치는 곧 인간을 포함한 우주만물에 편재하는 영원불변의 본원으로 간주되었기 때문에 일찍부터 '천인합일' 내지 '자연과의 일치' 개념이 발달해 왔다. 이는 인간과 우주를 관할하는 인격적인 주재신主宰神의 개념에서 벗어나지 못했던 서양의 정신사와는 분명히 다르다. 서양이 만물에 내재하는 '대립'과 '모순'을 지양하기 위해 '투쟁'과 '발전'이라는 개념을 강화한 데 반해 동양은 만물에 내재하는 '도'와 '덕'을 드러내기 위해 '조화'와 '순환'의 논리를 정교하게 다듬어 왔던 것이다.

동양에서는 결코 인간과 우주를 초월해 독자적으로 운행하는 종교적인 절대자의 개념이 존재한 적이 없다. 동양이 일찍부터 '신'의 문제에 매달리지 않고 치자와 피치자 간의 조화와 공평무사한 통치의 이념을 강화시켜 온 것도 바로 이 때문이었다. 전 세계가 서양의 이분법적인 사유에서 빚어진 내부 모순과 투쟁으로 인해 엄청난 고통을 겪고 있는 지금이야말로 조화를 중시하는 동양 통치 사상에 대한 재조명이 절실한 때가 아닐 수 없다. 특히 노자의 통치 사상은 전래의 유·법가 통치 사상은 물론 최근 갈등 양상을 보이고 있는 동서양의 통치 사상을 하나로 관통하고 있다는 점에서 크게 주목할 필요가 있다.

21세기의 새로운 통치 사상을 마련하는 책무는 동양에 있다. 서양의 통치 사상은 한번도 전 세계를 대상으로 한 '치천하'의 통치 사상을 마련한 적이 없기 때문이다. 전 세계를 감쌀 수 있는 새로운 통치 사상을 모색하기 위해서라도 노자의 통치 사상에 대한 면밀한 재검토가 요구되는 이유가 바로 여기에 있다. 이 책이 도·유·법 3가의 통치 사상에 대한 비교연구를 통해 '치천하'의 논리에 입각한 노자의 통치 사상에 주목하는 것도 바로 이러한 시대적 소명을 의식한 결과이다.

참고 문헌

1. 원전류

『論語』   『列子』

『孟子』   『墨子』

『大學』   『呂氏春秋』

『中庸』   『晏子春秋』

『詩經』   『左傳』

『書經』   『公羊傳』

『周易』   『穀梁傳』

『禮記』   『國語』

『管子』   『說苑』

『荀子』   『戰國策』

『愼子(佚文)』   『史記』

『商君書』   『漢書』

『韓非子』   『後漢書』

『尹文子』   『淮南子』

『道德經』   『春秋繁露』

『莊子』   『孔子家語』

2. 단행본류

곽신환, 『주역의 이해』(서울: 서광사, 1990)

김상철, 『노자 제대로 읽기』(서울: 씨앗을 뿌리는 사람, 2001)

김승혜, 『原始儒敎』(서울: 민음사, 1990)

김용옥, 『노자철학 이것이다』(서울: 통나무, 1989)

김충렬, 『노장철학강의』(서울: 예문서원, 1999)

김학주, 『孔子의 生涯와 思想』(서울: 태양문화사, 1978)

_____, 『老子와 道家思想』(서울: 명문당, 1988)

김항배, 『老子哲學의 硏究』(서울: 사사연신서, 1986)

김형효, 『데리다와 노장의 독법』(서울: 한국정신문화연구원, 1994)

_____, 『孟子와 荀子의 哲學思想: 哲學的 思惟의 두 源泉』(서울: 삼지원, 1990)

박이문, 『노장사상』(서울: 문학과 지성사, 1980)

박종호, 『노자철학』(서울: 일지사, 1990)

서울대 동양사학연구실, 『講座 中國史』 I~Ⅶ(서울: 지식산업사, 1989)

송영배, 『諸子百家의 思想』(서울: 현암사, 1994)

신동준, 『통치보감』(서울: 심지, 1997)

_____, 『관중과 제환공』(서울: 한송, 1998)

_____, 『치도와 망도』(서울: 한송, 1998)

_____, 『역사대장정, 왕』(서울: 한송, 1999)

임채우 역주, 『왕필의 노자』(서울: 예문서원, 1998)

원정근, 『도가철학의 사유방식』(서울: 법인문화사, 1997)

유명종, 『中國思想史(I): 古代編』(대구: 이문출판사, 1995)

윤내현, 『商周史』(서울: 민음사, 1988)

윤사순 외, 『孔子思想의 發見』(서울: 민음사, 1992)

윤천근 역저, 『윤천근의 새로 보는 노자 도덕경』(서울: 법인문화사, 1996)

이민수, 『제자백가』(서울: 박영사, 1984)

이성규, 『中國古代帝國成立史硏究』(서울: 일조각, 1984)

이효걸 외, 『노장철학의 현대적 조명』(서울: 외계출판사, 1989)

임효선, 『삶의 정치사상』(서울: 한길사, 1986)

전세영,『공자의 정치사상 — 논어에 나타난 통치관을 중심으로』(서울: 인간사랑, 1992)

전해종 외,『中國의 天下思想』(서울: 민음사, 1988)

정종복,『제자백가선』(서울: 집문당, 1986)

중국철학연구회,『논쟁으로 보는 중국철학』(서울: 예문서원, 1995)

최명,『삼국지 속의 삼국지』(서울: 인간사랑, 2003)

한국공자학회,『孔子思想과 現代』(서울: 사사연, 1986)

한국도교사상연구회,『老莊思想과 東洋文化』(서울: 아세아문화사, 1995)

한국동양철학회,『東洋哲學의 本體論과 人性論』(서울: 연대출판부, 1990)

황병국,『노장사상과 중국의 종교』(서울: 문조사, 1987)

황원구,『中國思想의 源流』(서울: 연대출판부, 1988)

葛榮辰, 하영삼 역,『도가문화와 현대문명』(서울: 법인문화사, 1996)

憨山德淸 解, 송찬우 역,『老子, 그 불교적 이해』(서울: 세계사, 1990)

郭沫若, 임종삼 역,『한비자비판』(서울: 동아서원, 1986)

_____, 조성을 역,『中國古代思想史』(서울: 도서출판 까치, 1991)

金谷治 외, 조성을 역,『중국사상사』(서울: 이론과 실천, 1988)

勞思光, 정인재 역,『중국철학사: 고대편』(서울: 탐구당, 1995)

막스 칼텐마르크, 장원철 역,『노자와 도교』(서울: 까치, 1993)

方東美, 정인재 역,『중국인의 생철학』(서울: 탐구당, 1984)

北京大學哲學系中國哲學史研究室, 박원재 옮김,『中國哲學史』(서울: 자작아카데미, 1994)

蕭公權, 최명 역,『中國政治思想史』(서울: 법문사, 1994)

守本順一郎, 김수길 역,『東洋政治思想史 研究』(서울: 동녘, 1985)

狩野直喜, 오이환 역,『中國哲學史』(서울: 을유문화사, 1995)

守屋洋, 이찬도 역,『中國古典의 人間學』(서울: 을지서적, 1991)

슈월츠, 나성 역,『중국고대사상의 세계』(서울: 살림출판사, 1996)

梁啓超, 이민수 역,『中國文化思想史』(서울: 정음사, 1980)

余培林·李栗谷, 박종혁 편역,『도덕경에 대한 두 개의 강의』(서울: 서해문집, 1998)

오까모도 류조, 배효용 역,『한비자 제왕학』(서울: 예맥, 1985)

오오하마 아끼라, 임헌규 역,『노자의 철학』(서울: 인간사랑, 1993)

任繼愈, 이문주 외 역,『中國哲學史 1』(서울: 청년사, 1989)

張起鈞, 송하경 외 역,『中國哲學史』(서울: 일지사, 1995)

張其昀, 중국문화연구소 역,『中國思想의 根源』(서울: 문조사, 1991)

張岱年, 최형식 역,『중국유물사상사』(서울: 이론과 실천, 1989)

藏原惟人, 김교빈 외 역,『中國古代哲學의 世界』(서울: 죽산출판사, 1994)

錢穆, 권중달 역,『中國史의 새로운 理解』(서울: 집문당, 1990)

___, 신승하 역,『中國歷代政治의 得失』(서울: 박영사, 1975)

周桂鈿, 문재곤 외 역,『강좌 중국철학』(서울: 예문서원, 1996)

陳鼓應, 최진석 역,『老莊新論』(서울: 소나무, 1997)

焦竑弱侯, 이현주 역,『老子翼』(서울: 두레, 2000)

크릴, 이성규 역,『孔子 : 인간과 신화』(서울: 지식산업사, 1989)

貝塚茂樹, 김석근 외 역,『諸子百家 : 中國古代의 思想家들』(서울: 까치, 1989)

馮寅, 김갑수 역,『천인관계론』(서울: 신지서원, 1993)

馮友蘭, 정인재 역,『中國哲學史』(서울: 형설출판사, 1995)

許進雄, 홍희 역,『중국고대사회』(서울: 동문선, 1993)

홈스 웰치, 윤찬원 역,『노자와 도교』(서울: 서광사, 1988)

_____, 윤찬원 역,『老子와 道敎 : 道의 分岐』(서울: 서광사, 1990)

侯外廬, 양재혁 역,『中國哲學史』(서울: 일월서각, 1995)

郭志坤,『荀學論稿』(上海: 三聯書店, 1991)

匡亞明,『孔子評傳』(濟南: 齊魯出版社, 1985)

金德建,『先秦諸子雜考』(北京: 中州書畫社, 1982)

唐君毅,『中國哲學原論』(臺北: 臺灣學生書局, 1986)

童書業,『先秦時代七子思想硏究』(濟南: 齊魯書社, 1982)

潘富恩・顧群,『中國古代兩種認識論的鬪爭』(上海: 上海人民出版社, 1973)

方立天,『中國古代哲學問題發展史』上・下(北京: 中華書局, 1990)

徐復觀,『中國思想史論集』(臺中: 臺中印刷社, 1951)

蕭公權,『中國政治思想史』(蕭公權全集 4)(臺北: 臺北聯經出版事業公司, 1980)

孫祖基,『中國歷代法家著述考』(臺北: 進學書局, 1970)

宋稚靑, 『老莊思想與西方哲學』(臺北: 三民書局, 1980)

沈展如, 『新莽全史』(臺北: 正中書局, 1977)

梁啓超, 『荀子簡釋』(北京: 中華書局, 1983)

_____, 『先秦政治思想史』(上海: 商務印書館, 1926)

楊伯峻, 『老子·莊子·列子』(湖南: 岳麓書社, 1989)

楊榮國, 『中國古代思想史』(北京: 三聯書店, 1954)

_____, 『簡明中國思想史』(北京: 中國青年出版社, 1962)

楊幼炯, 『中國政治思想史』(上海: 商務印書館, 1937)

楊鴻烈, 『中國法律思想史』 上·下(上海: 商務印書館, 1937)

呂濤, 『孟子評傳』(太原: 山西人民出版社, 1987)

呂思勉, 『秦學術槪論』(上海, 中國大百科全書, 1985)

吳乃恭, 『儒家思想硏究』(長春: 東北師範大學出版社, 1988)

王文亮, 『中國聖人論』(北京: 中國社會科學院出版社, 1993)

劉澤華, 『先秦政治思想史』(天津: 南開大學出版社, 1984)

游喚民, 『先秦民本思想』(長沙: 湖南師範大學出版社, 1991)

李錦全·黃佳耿, 『春秋戰國時期的儒法鬪爭』(北京: 人民出版社, 1974)

李宗吾, 『厚黑學』(北京: 求實出版社, 1990)

李澤厚, 『中國古代思想史論』(北京: 人民出版社, 1985)

_____, 『中國古代思想史論』(北京: 人民出版社, 1985)

人民出版社 編輯部, 『論法家和儒法鬪爭』(北京: 人民出版社, 1974)

張豈之, 『中國儒學思想史』(西安: 陝西人民出版社, 1990)

張起鈞, 『老子哲學』(臺北: 中正書局, 1983)

張岱年, 『中華的智慧-中國古代哲學思想精髓』(上海: 上海人民出版社, 1989)

長成秋, 『先秦道家思想硏究』(臺北: 中華書局, 1971)

張素貞, 『韓非子思想體系』(臺北: 黎明文化事業, 1974)

張舜徽, 『周秦道論發微』(北京: 中華書局, 1982)

翟廷晋, 『孟子思想評析與探源』(上海: 上海社會科學出版社, 1992)

鄭良樹, 『商鞅及其學派』(上海: 上海古籍出版社, 1989)

曹謙, 『韓非法治論』(上海: 中華書局, 1948)

曹思峰, 『儒法鬪爭史話』(上海: 上海人民出版社, 1975)

趙守正, 『管子經濟思想研究』(上海: 上海古籍出版社, 1989)

鍾肇鵬, 『孔子研究』(增訂版, 北京: 中國社會科學出版社, 1990)

周立升, 『春秋哲學』(山東: 山東大學出版社, 1988)

周燕謀, 『治學通鑑』(臺北: 精益書局, 1976)

陳啓天, 『中國法家槪論』(臺北: 中華書局, 1970)

陳飛龍, 『荀子禮學之硏究』(臺北: 文史哲出版社, 1979)

祝瑞開, 『先秦社會和諸子思想新探』(福州: 福建人民出版社, 1981)

馮友蘭, 『中國哲學史新編』(北京: 人民出版社, 1984)

夏甄陶, 『論荀子的哲學思想』(上海: 上海人民出版社, 1979)

向仍旦, 『荀子通論』(福州: 福建人民出版社, 1987)

許大同, 『老子哲學』(臺北: 五洲出版社, 1977)

嵇文甫, 『春秋戰國史話』(北京: 中國靑年出版社, 1958)

黃公偉, 『法家哲學體系指歸』(臺北: 臺灣商務印書館, 1983)

_____, 『孔孟荀哲學證義』(臺北, 幼獅文化事業公司, 1975)

加藤常賢, 『中國古代倫理學の發達』(東京: 二松學舍大學出版部, 1992)

加賀榮治, 『中國古典解析史』(東京: 勁草書房, 1973)

岡田武彦, 『中國思想における理想と現實』(東京: 木耳社, 1983)

鎌田正, 『左傳の成立と其の展開』(東京: 大修館書店, 1972)

高文堂出版社, 『中國思想史』上・下(東京: 高文堂出版社, 1986)

高須芳次郎, 『東洋思想十六講』(東京: 新潮社, 1924)

顧頡剛, 小倉芳彦 等 譯, 『中國古代の學術と政治』(東京: 大修館書店, 1978)

館野正美, 『中國古代思想管見』(東京: 汲古書院, 1993)

宮崎市定, 『アジア史硏究』I~V(京都, 同朋社, 1984)

金谷治, 『管子の研究-中國古代思想史の一面』(東京: 岩波書店, 1987)

_____, 『秦漢思想史研究』(東京: 平樂寺書店, 1981)

內山俊彦, 『荀子: 古代思想家の肖像』(東京: 評論社, 1976)

大久保隆郎也,『中國思想史(上): 古代・中世』(東京: 高文堂出版社, 1985)

大濱晧,『中國古代思想論』(東京: 勁草書房, 1977)

_____,『老子哲學』(東京: 勁草書房, 1973)

渡邊信一郎,『中國古代國家の思想構造』(東京: 校倉書房, 1994)

木村英一,『法家思想の探究』(東京: 弘文堂, 1944)

服部武,『論語の人間學』(東京: 富山房, 1986)

山口義勇,『列子研究』(東京: 風間書房, 1976)

上野直明,『中國古代思想史論』(東京: 成文堂, 1980)

小野擇精一 外,『氣の思想』(東京: 東京大出版會, 1978)

小倉芳彦,『中國古代政治思想研究』(東京: 靑木書店, 1975)

守本順一郎,『東洋政治思想史研究』(東京: 未來社, 1967)

狩野直禎,『韓非子の知慧』(東京: 講談社, 1987)

守屋 洋,『韓非子の人間學: 吾が存に善なる恃まず』(東京: プレジデント社, 1991)

信夫淳平,『荀子の新研究』(東京: 硏文社, 1959)

安岡正篤,『東洋學發掘』(東京: 明德出版社, 1986)

_____,『人物を修める』(東京: 竹井出版社, 1986)

_____,『老莊思想』(東京: 福村書店, 1955)

安居香山,『讖緯思想の綜合的研究』(東京: 國書刊行會, 1993)

原富男,『先秦諸子百家爭鳴時代考: <中國思想源流の考察>の補修』(東京: 三信圖書, 1981)

栗田直躬,『中國古代思想の研究』(東京: 岩波書店, 1986)

伊藤道治,『中國古代王朝の形成』(東京: 創文社, 1985)

日原利國,『中國思想史』 上・下(東京: ペリカン社, 1987)

猪口篤志,『孟子研究』(東京: 笠間書院, 1979)

町田三郎 外,『中國哲學史研究論集』(東京: 葦書房, 1990)

津田左右吉,『左傳の思想史的研究』(東京: 岩波書店, 1987)

陳柱, 中村俊也 譯,『公羊家哲學』(東京: 百帝社, 1987)

淺井茂紀他,『孟子の禮知と王道論』(東京: 高文堂出版社, 1982)

村瀨裕也,『荀子の世界』(東京: 日中出版社, 1986)

貝塚茂樹,『諸子百家』(東京: 筑摩書房, 1982)

穴澤辰雄敎授退官記念會, 『中國古代思想論考』(東京: 汲古書院, 1982)

戸山芳郎, 『古代中國の思想』(東京: 放送大敎育振興會, 1994)

丸山松幸, 『異端と正統』(東京: 每日新聞社, 1975)

荒木見悟, 『中國思想史の諸相』(福岡, 中國書店, 1989)

Ahern, E. M., *Chinese Ritual and Politics* (London: Cambridge Univ. Press, 1981)

Allinson, R.(ed.), *Understanding the Chinese Mind: The Philosophical Roots* (Hong Kong: Oxford Univ. Press, 1989)

Ames, R. T., *The Art of Rulership - A Study in Ancient Chinese Political Thought* (Honolulu: Univ. Press of Hawaii, 1983)

Aristotle, *The Politics* (London: Oxford Univ. Press, 1969)

Barker, E., *The Political Thought of Plato and Aristotle* (New York: Dover Publications, 1959)

Быков, ф. С., *Зарождение Общественно-Политической и Философской Мысли в Китае* (Москва: Издате-льство Наука, 1966).

Cohen, P. A., *Between Tradition and Modernity: Wang T'ao and Reform in Late Ch'ing China* (Cambridge: Harvard Univ. Press, 1974)

Creel, H. G., *Shen Pu-hai. A Chinese Political Philosopher of The Fourth Century B.C.* (Chicago: Univ. of Chicago Press, 1975)

Cua, A. S., *Ethical Argumentation- A study in Hsün Tzu's Moral Epistemology* (Honolulu: Univ. Press of Hawaii, 1985)

Dahl, R. A., *Polyarchy: Participation and Oppisition* (New Haven: Yale Univ. Press, 1971)

Darendorf, R., *Class and Class Conflict in Industrial Society* (Stanford Univ. Press, 1959)

De Bary, W. T., *The Trouble with Confucianism* (Cambridge, Mass./London: Harvard Univ. Press, 1991)

Easton, D., *A Systems Analysis of Political Life* (Chicago: Univ. of Chicago Press, 1979)

Fingarette, H., *Confucius: The Secular as Sacred* (New York: Harper and Row, 1972)

Fukuyama, F., *The End of History and the Last Man* (London: Hamish Hamilton, 1993)

Giddens, A., *The Consequences of Modernity* (Cambridge: Polity Press, 1984)

Graham, A. C., *Unreason within Reason - Essays on the Outskirts of Rationality* (LaSalle: Open Court, 1992)

Hsü, L. S., *Political Philosophy of Confucianism* (London: George Routledge & Sons, 1932)

Kaplan, M. A., *System and Process in International Politics* (New York: Wiley, 1957)

Lasswell, H., *Politics: Who Gets What, When, and How* (New York: Meridian Books, 1958)

Lipset, S. M., *Political Man: The Social Bases of Politics* (New York: Doubleday & Company, 1963)

Machiavelli, N., *The Prince* (Harmondsworth: Penguin, 1975)

Mannheim, K., *Ideology and Utopia* (London: Routledge, 1963)

Marcuse, H., *Reason and Revolution: Hegel and the Rise of Social Theory* (New York: The Humanities Press, 1995)

Marx, K., *Oeuvres Philosophie et Économie 1-5* (Paris: Gallimard, 1982)

McKenzie, F. A., *Korea's Fights for Freedom* (Seoul: Yonsei Univ. Press, 1969)

Mill, J. S., *On Liberty* (New York: W.W. Norton & Company Inc., 1975)

Mills, C. W., *The Power Elite* (New York: Oxford Univ. Press, 1956)

Moore, B. Jr., *Social Origins of Dictatorship and Democracy: Lord and Peasant in the Making of the Modern World* (Boston: Beacon Press, 1966)

Morgenthau, H. J., *Politics among the Nations* (New York: Knopf, 1948)

Moritz, R., *Die Philosophie im alten China* (Berlin: Deutscher Verl. der Wissenschaften, 1990)

Munro, D. J., *The Concept of Man in Early China* (Stanford: Stanford Univ. Press, 1969)

O'Donell, Guillermo, *Modernization and Bureaucratic-Authoritarianism* (Berkeley: Univ. of California Press, 1995)

Palais, J., *Politics and Policy in Traditional Korea* (Cambridge, Mass.: Harvard Univ. Press, 1975)

Peerenboom, R. P., *Law and Morality in Ancient China - The Silk Manuscripts of Huang-Lao* (Albany, New York: State Univ. of New York Press, 1993)

Прелмов Л. С., Конфуцианств и легализм в политической истории Китая (Москва: Наука, 1981)

Plantzas, N., *State, Power, and Socialism* (London: Verso, 1978)

Plato, *The Republic* (London: Oxford Univ. Press, 1964)

Polsby, N. W., *Community Power and Political Theory* (New Haven, Conn. and London: Yale Univ. Press, 1980)

Popper, K. R., *The Open Society and Its Enemies* (Princeton, N. J.: Princeton Univ. Press, 1950)

Pott, W. S., *A Chinese Political Philosophy* (New York: Alfred. A. Knopf, 1925)

Rawls, J., *A Theory of Justice* (Cambridge, MA: Harvard Univ. Press, 1971)

Rubin, V. A., *Individual and State in Ancient China - Essays on Four Chinese Philosophers* (New York: Columbia Univ. Press, 1976)

Sabine, G., *A History of Political Theory* (New York: Holt, Rinehart and Winston, 1961)

Sartori, G., *The Theory of Democracy Revisited* (Chatham: Catham House Publisher, Inc., 1987)

Schumpeter, J. A., *Capitalism, Socialism and Democracy* (London: George Allen & Unwin, 1952)

Schwartz, B. I., *The World of Thought in Ancient China* (Cambridge: Harvard Univ. Press, 1985)

Skocpol, T., *States and Social Revolutions* (Cambridge: Cambridge Univ. Press, 1979)

Smith, A. D., *Nations and Nationalism in a Global Era* (Cambridge: Polity Press, 1995)

Strauss, L., *Natural Right and History* (Chicago: Univ. of Chicago Press, 1953)

Taylor, R., *The Religious Dimensions of Confucianism* (Albany, New York: State Univ. of New York Press, 1990)

Tomas, E. D., *Chinese Political Thought* (New York: Prentice-Hall, 1927)

Tu, Wei-ming, *Way, Learning and Politics- Essays on the Confucian Intellectual* (Albany, New York: State Univ. of New York Press, 1993)

Waley, A., *Three Ways of Thought in Ancient China* (New York: doubleday & company, 1956)

Wallerstein, I., *The Modern World-System I* (London: Academic Press, 1974)

Wu, Geng, *Die Staatslehre des Han Fei - Ein Beitrag zur chinesischen Idee der Staatsräson* (Wien & New York: Springer-Verl., 1978)

Wu, K. C., *Ancient Chinese Political Theories* (Shanghai: The Commercial Press, 1928)

Wu, Kang, *Trois Theories Politiques du Tch'ouen Ts'ieou* (Paris: Librairie Ernest Leroux, 1932)

Zenker, E. V., *Geschichte der Chinesischen Philosophie* (Reichenberg: Verlag Gebrüder Stiepel Ges. M. B. H., 1926)

3. 논문류

고병익, 「儒敎思想에서의 進步觀」, 『中國의 歷史認識』 上(1985)

권정안, 「春秋의 根本理念과 批判精神에 관한 硏究」, 成均館大 哲學博士學位論文(1989)

김길락, 「孟子王道思想의 硏究」, 忠南大 政治學博士學位論文(1976)

김길환, 「孔子의 政治哲學에 대한 解析」, 『文化批評』 3-1(1971)

김명하, 「中國 先秦四家의 政治思想에 관한 硏究」, 慶北大 政治學博士學位論文(1994)

김엽, 「戰國·秦漢代의 支配階層」, 『東洋史學硏究』(1989)

김정진, 「孔子의 理想政治論과 그 哲學」, 『東洋文化硏究』 5(1978)

김진윤, 「墨子政治思想에 있어서의 利의 意義」, 嶺南大 政治學博士學位論文(1993)

김충렬, 「管仲의 政經思想과 哲學史的 位相」, 『大東文化研究』 25(1990)

_____, 「中國哲學에서 본 國家의 存在機能과 理想」, 『哲學』(1989)

_____, 「秦漢儒法之爭이 주는 歷史哲學的 敎訓」, 『中國學報』(1989)

민황기, 「先秦儒學에 있어서의 '中' 사상에 관한 研究」, 忠南大 哲學博士學位論文(1992)

배병삼, 「孔子의 政治的 理想主義」, 『社會科學研究』 19(1993)

성태용, 「心性論, 禮論과의 關聯아래서 본 荀子의 修養論」, 『大東古典研究』(1989)

손세제, 「天人觀의 變遷에 관한 研究」, 成均館大 哲學博士學位論文(1993)

송영배, 「古代中國 商鞅學派의 法治主義 ― 그 進步性과 反動性」, 『哲學과 現實』 2(1988)

_____, 「諸子百家의 다양한 戰爭論과 그 哲學的 問題意識(1)」, 『時代와 哲學』 4(1992)

송인창, 「孔子의 德治思想」, 『現代思想研究』 4(1987)

심교헌, 「荀子의 政治倫理思想」, 『精神文化研究』(1986)

심우섭, 「韓非 法術思想의 再照明」, 『民主文化論叢』(1991)

안병주, 「儒敎의 民本思想에 관한 研究」, 成均館大 哲學博士學位論文(1986)

안종운, 「孔子·孟子의 政治哲學에 관한 研究」, 高麗大 哲學博士學位論文(1985)

유덕조, 「秦漢朝의 統治原理와 儒學의 相關關係에 관한 研究」, 『湖西史學』(1986)

이강수, 「莊子의 政治倫理思想」, 『精神文化研究』(1986)

이문주, 「中國 先秦時代 儒家의 禮說에 대한 研究」, 成均館大 哲學博士學位論文(1991)

이성규, 「秦國의 政治와 墨家」, 『東方學誌』 41(1984)

이승환, 「儒家는 法治에 反對했는가」, 『哲學과 現實』 13(1992)

이재권, 「荀子의 名學思想 ― '正名편'을 중심으로」, 『東西哲學研究』 8(1991)

이춘식, 「儒家政治思想의 理念的 帝國主義」, 『人文論集』 27(1982)

장기근, 「禮와 禮敎의 本質」, 『東亞文化』 9(1970)

전낙희, 「東洋政治思想의 倫理와 理想 ― 儒家를 中心으로」, 『韓國政治學會報』 24(1990)

전세영, 「孔子의 政治的 理想鄕에 관한 研究 ― 大同·小康을 中心으로」, 『韓國政治學會報』
         25(1992)

정영훈, 「先秦 道家의 政治思想」, 『民主文化論叢』(1992)

정인재, 「中國思想에 있어서의 社會的 不平等」, 『哲學』 31(1989)

조광수, 「老子 無爲의 政治思想」, 『中國語文論集』 4(1988)

조명휘, 「中庸思想研究」, 東國大 哲學博士學位論文(1991)

조윤수, 「儒家의 法治思想」, 『中國研究』 10(1987)

최병철, 「儒家經典에 나타난 國家의 形成理論에 관한 研究」, 成均館大 哲學博士學位論文(1992)

최성철, 「先秦儒家의 政治思想 研究」, 『韓國學論集』 11(1987)

한승조, 「儒敎政治思想과 現代民主主義의 比較」, 『民族知性』 1986-7(1986)

허창무, 「管子의 政治倫理思想 — 四維를 中心으로」, 『精神文化研究』(1986)

江榮海, 「論韓非的人治思想」, 『北京大學學報 : 哲學社會科學』 1993-1(1993)

顧宣魁, 「<管子>法律思想淺釋」, 『復旦法學』 1(1986)

高懷民, 「中國先秦道德哲學之發展」, 『華岡文科學報』 14(1982)

顧頡剛, 「"聖", "賢"觀念和字義的演變」, 『中國哲學』(1979)

郭志坤, 「荀況 — 强調"法先王"的儒者」, 『廈門大學學報 : 哲學社會科學』(增刊史學專號, 1981)

喬木青, 「荀韓政治法律思想的比較研究 — 兼論荀況所屬學派的性質問題」, 『哲學研究』 1979-5(1979)

喬木青, 「荀況"法後王"考辨」, 『社會科學戰線』 1978-2(1978)

邱永明, 「小議<管子>的治國模式」, 『社會科學輯刊』 1990-5(1990)

關勛吾, 「論韓非的'富國强兵'之術 — 讀<韓非子>淺識」, 『中國歷史文獻研究集刊』 4(1984)

金景芳, 「論禮治與法治」, 『理論學習』 1978-2(1978)

_____, 「論儒法」, 『歷史研究』 1977-5(1977)

羅世烈, 「封建專制主義不是孔孟之道」, 『四川大學學報 — 哲學社會科學』 1980-4(1980)

_____, 「先秦諸子的義利觀」, 『四川大學學報 — 哲學社會科學』 1988-1(1988)

勞思光, 「法家與秦之統一(上·下)」, 『大學生活』 153-155(1963)

譚承耕, 「試論孔子的改革思想」, 『湖南師範大學社會科學學報』 22-2(1993)

譚風雷, 「先秦儒家義利觀辨析」, 『學術月刊』 1989-11(1989)

杜任之·高樹幟, 「孔子政治學說精華探索」, 『晋陽學刊』 1982-5(1982)

馬國瑤, 「荀子政治原理鑑測」, 『台北市立師範學院學報』 24(1993)

馬振鐸, 「孟荀的人性學說以及二者的對立和互補」, 『哲學研究』 1993-12(1993)

苗先周, 「孔子的法律思想及其對中國封建法律的影響」, 『山西師大學報 : 社會科學』 20-4(1993)

方延明, 「"仁"與"禮"不等於孔子思想的"內容"與"形式"」, 『社會科學研究』 1985-2(1985)

傅樂成, 「漢法與漢儒」, 『食貨月刊』(復刊) 5-10(1976)

傅永聚, 「試析<孟子>的"民"」, 『中國古代史論叢』 1982-3(1982)

史尙輝, 「韓非 — 戰國末期的反孔主將」, 『學習與批判』 1974-9(1974)

史次耘, 「從論語看孔子的政治觀」, 『輔仁學誌 : 文學院之部』 20(1991)

薩孟武, 「孔子的法治思想」, 『食貨月刊』(復刊) 7-3(1977)

晶文淵, 「孟子政治觀中的民本思想」, 『貴州社會科學』 1993-1(1993)

蘇誠鑑, 「漢武帝"獨尊儒術"考實」, 『中國哲學史研究』 1985-1(1985)

蘇新鋆, 「孟子仁政首重經濟建設的意義」, 『中國哲學史研究』 1988-1(1988)

蘇俊良, 「論戰國時期儒家理想君王構想的産生」, 『首都師範大學學報 : 社會科學』 1993-2(1993)

孫家洲, 「先秦儒家與法家"忠孝"倫理思想述評」, 『貴州社會科學 : 文史哲』 1987-4(1987)

孫開太, 「試論孟子的"仁政"學說」, 『思想戰線』 1979-4(1979)

孫謙, 「儒法法理學異同論」, 『人文雜誌』 1989-6(1989)

孫廣德, 「禮治 — 荀子」, 『中華文史論叢』 1989-1(1989)

孫實明, 「孟子政治思想簡論」, 『遼寧大學學報 : 哲學社會科學』 1992-4(1992)

沈成添, 「荀子的禮思想」, 『華岡法科學報』 1(1978)

沈成添, 「愼子思想研究」, 『天理大學學報 : 學術研究會誌』 37-1(1985)

沈在宇, 岡克彦 譯, 「儒家的法思想」, 『北大法學論集』 44-4(1993)

岳國先, 「試論孟子的"民本君末"思想」, 『遼寧大學學報 : 哲學社會科學』 1990-3(1990)

楊立著, 「對法家"法治主義"的再認識」, 『遼寧大學學報 : 哲學社會科學』 1989-2(1989)

楊善群, 「論孟荀思想的階級屬性」, 『史林』 1993-2(1993)

楊雅婷, 「荀子論道」, 『中國文學研究』 2(1988)

楊義銀, 「略論<管子>關於道德與法的理論」, 『西南師範大學學報 : 哲學社會科學』 1993-2(1993)

呂凱, 「韓非融儒道法三家成學考」, 『東方雜誌』 23-3(1989)

閻殿和, 「評荀況的"義利兩有""以義制利"的義利觀」, 『北京師範學院學報 : 社會科學』 1992-4(1992)

吳江, 「法家學說的歷史演變」, 『歷史研究』 1976-6(1976)

吳康, 「荀子論王霸」, 『孔孟學報』 22(1973)

吳乃恭, 「論孔子的仁學」, 『歷史論叢』 1(1980)

吳亞東, 「'勢治'是韓非政治思想的發展和歸旨」, 『華南師範大學學報 : 社會科學』 1984-1(1984)

王德敏, 「管仲的哲學思想」, 『春秋哲學』(山東 : 山東大學出版社, 1988)

＿＿＿, 「管子思想對老子道德論的影響」, 『中國社會科學』 1991-2(1991)

王德昭, 「馬基雅弗里與韓非思想的異同」, 『新亞書院學術年刊』 9(1967)

王道淵, 「儒家的法治思想」, 『中華文史論叢』 1989-19(1989)

王冬珍, 「韓非子的政治思想」, 『逢甲學報』 24(1991)

王文治,「荀子的富民思想」,『經濟學集刊』1(1980)

王錫三,「淺析韓非的極端專制獨裁論」,『天津師大學報』1982-6(1982)

王威宣,「論荀子的法律思想」,『山西大學學報:哲學社會科學』1992-2(1992)

王長華,「孔子仁學的內容及特點 — 兼談仁禮關係」,『河北師院學報:哲學社會科學』1988-3(1988)

王占通,「孔子的法律思想與周禮」,『吉林師大學報:社會科學』1988-6(1988)

王廷洽,「孔子的時代及其政治思想核心」,『上海師範大學學報:哲學社會科學』1988-4(1988)

王棣棠,「孔子的君臣觀及其對孟子的影響」,『中國哲學史研究』1987-3(1987)

王曉波,「先秦法家之發展及韓非的政治哲學」,『大陸雜誌』65-1(1982)

廖名春,「荀子大儒"法後王"證及其他 — 讀荀劄記之一」,『貴州社會科學:文史哲』1989-10(1989)

姚偉鈞,「論法家的形成與影響」,『華中師範大學學報:哲學社會科學』1992-6(1992)

于孔寶,「論孔子對管仲的評價」,『社會科學輯刊』1990-4(1990)

惲逸群,「也談儒家和法家 — 兼及封建社會的開始」,『中國哲學』5(1981)

雄公哲,「孟子仁義荀子禮義其辨如何」,『孔孟學報』16(1968)

劉乾先,「論韓非的思想成就及其局限」,『東北師大學報:哲學社會科學』1992-3(1992)

劉堅承,「論孟子法律思想中的人民性因素」,『社會科學:蘭州』1987-1(1987)

劉奉光,「孔孟政治思想比較」,『南開學報:哲學社會科學』1986-6(1986)

劉如瑛,「略論韓非的先王觀」,『江淮論壇』1982-1(1982)

劉周堂,「從法先王看孟荀政治觀及其差異」,『湖南師範大學社會科學學報』1989-2(1989)

劉澤華,「先秦法家關於君主專制主義的理論」,『湖南學報:哲學社會科學』1984-5(1984)

游喚民,「孔子德治思想新探」,『湖南師範大學社會科學學報』1992-4(1992)

_____,「先秦儒家民本思想論」,『湖南師範大學社會科學學報』1990-6(1990)

應永深,「法家術治說探原」,『中國歷史博物館館刊』15・16(1991)

李侃,「中國近代"儒法鬪爭"駁議」,『歷史研究』1977-3(1977)

李錦全,「實事求是評價先秦儒法兩家的思想」,『四川大學學報:哲學社會科學』1982-1(1982)

李德永,「荀子的思想」,『中國古代哲學論叢』1(1957)

李耀仙,「孔子論禮的思想」,『社會科學研究』1982-1(1982)

李勇鋒,「'五蠹'與'霸術'比較論 — 兼議道德與政治的相互關係」,『學術月刊』1986-5(1986)

林義正,「論孔子的'君子'概念」,『文史哲學報』33(1984)

張覺,「韓非術治思想新探」,『四川大學學報:哲學社會科學』1989-2(1989)

張國華,「略論春秋戰國時期的"法治"與"人治"」,『法學研究』1980-2(1980)

張岱年, 「"義利理欲辨"評析」, 『河北師院學報 : 文學院之部』 12(1983)

_____, 「孟子"民爲貴"疏析」, 『中國哲學史研究集刊』 2(1982)

張分田, 「論儒家的理想國」, 『天津社會科學』 1990-4(1990)

張松輝, 「重評孟子的義利觀」, 『湖南師範大學社會科學學報』 1989-6(1989)

張申, 「再論韓非的倫理思想不是非道德主義」, 『中國哲學史研究』 1989-2(1989)

臧汀生, 「儒家論理與法律思想」, 『國立中正大學學報 : 人文分冊』 1-1(1990)

蔣重躍, 「申子非法家辨」, 『文南』 37(1988)

張志坤, 「荀子的法律思想簡論」, 『遼寧師範大學學報 : 社會科學』 1986-6(1986)

張志華, 「愼到法治思想簡論」, 『晋陽學刊』 1988-6(1988)

張天祥, 「怎樣正確評價孔子及儒家學說」, 『社會科學 : 上海』 1990-10(1990)

張亨, 「荀子的禮法思想試論」, 『中華文史論叢』 1989-1(1989)

田久川, 「孔子的霸道觀」, 『遼寧師範大學學報 : 社會科學』 1987-5(1987)

丁世君, 「論荀子思想的現實主義精神」, 『遼寧大學學報 : 哲學社會科學』 1989-4(1989)

曹家啓, 「試論管仲的民本思想」, 『徐州師範學院學報 : 哲學社會科學』 1991-4(1991)

趙光賢, 「論孔子學說中"仁"與"禮"的關係」, 『北京師範大學學報 : 社會科學』 1985-1(1985)

_____, 「什麼是儒家? 什麼是法家?」, 『歷史教學』 1980-1(1980)

趙紀彬, 「"人""仁"古義辨證 — <論語新探·釋人民>續篇」, 『歷史論叢』 1(1964)

趙儷生, 「有關孔子思想中"仁""禮"關係的一點辨析」, 『孔子研究』 1986-1(1986)

趙如河, 「韓非不是性惡論者」, 『湖南師範大學社會科學學報』 22-4(1993)

曹旭華, 「<管子>論富國與富民的關係」, 『學術月刊』 1988-6(1988)

趙忠文, 「論孟子'仁政'與孔子'仁'及'德政'說的關係」, 『中國哲學史研究』 1987-3(1987)

鍾陵, 「陳亮朱熹的王霸義利論辯與南宋遊學派之爭」, 『南京師大學報 : 社會科學』 1993-1(1993)

鍾祥財, 「論"明分" — 荀況分配思想解析」, 『平準學刊』 4(1989)

鍾肇鵬, 「董仲舒的儒法合流的政治思想」, 『歷史研究』 1977-3(1977)

周乾溁, 「孟軻"法先王"的實質」, 『中國哲學史研究』 1986-2(1986)

周宏濤, 「管子的思想及其功業」, 『國立政治大學學報』 7(1963)

朱守亮, 「法治主義者之尙術論(上・下)」, 『中華學苑』 16・17(1975~76)

周雙利, 「略論儒法在'名實'問題上的論爭」, 『考古』 1974-4(1974)

陳大絡, 「儒家民主法治思想的闡述」, 『福建論壇 : 文史哲』 1989-6(1989)

陳飛龍, 「孔孟荀三家禮之異同」, 『中華學苑』 21(1978)

陳逸光,「論<管子>的民本思想」,『廈門大學學報：哲學社會科學』 1993-2(1993)

陳全得,「韓非子中有關孔子形象及兩家學說異同之比較」,『中華學苑』 41(1991)

陳進坤,「論儒家的"人治"與法家的"法治"」,『廈門大學學報：哲學社會科學』 1980-2(1980)

鄒華玉,「試論管子的"富國安民"之道」,『北京師範學院學報：社會科學』 1992-6(1992)

湯新,「法家對黃老之學的吸收和改造 — 讀馬王堆帛書<經法>等篇」,『文物』 1975-8(1975)

賀凌虛,「法家的人性論」,『中山學術論叢』 7(1987)

夏子賢,「儒法鬪爭的歷史眞相」,『安徽師大學報：哲學社會科學』 1978-3(1978)

郝鐵川,「韓非子論法與君權」,『法學研究』 1987-4(1987)

韓東育,「"心治""身治"與"法治" — 析法家政治思想中不可解的內在矛盾」,『私學集刊』 1993-2(1993)

韓學宏,「荀子'法後王'思想研究」,『中華學苑』 40(1990)

許志杰,「論法家思想的歷史命運及評價」,『求索』 1988-5(1988)

胡家聰,「'法術權勢'結合的學說不是法家韓非首創」,『學術月刊』 1985-11(1985)

胡顯中,「<管子>的適度思想及其現實意識」,『西北大學學報：哲學社會科學』 1992-1(1992)

黃公偉,「法家的概念系列性格與政治改造反響 — 法家哲學系統指歸序」,『輔仁學誌』 11(1982)

黃偉合,「儒法墨三家義利觀的比較研究」,『江淮論壇』 1987-6(1987)

_____,「從西周到春秋"義利"思想的發展軌迹 — 兼論儒家道義論的思想淵源」,『學術月刊』 1990-1(1990)

黃俊傑,「孟子王霸三章集釋新詮」,『文史哲學報』 37(1989)

黃中業,「<商君書>法治思想述論」,『私學集刊』 1990-4(1990)

角田幸吉,「儒家と法家」,『東洋法學』 12-1(1968)

岡田脩,「法家學說の社會的背景」,『大東文化大學紀要：社會自然科學』 13(1975)

_____,「愼子の法について」,『大東文化大學創立60周年記念中國學論叢』(1984)

高山方尙,「商子・荀子・韓非子の'國家' — 回歸と適應」,『中國古代史研究』 4(1976)

高田眞治,「孔子的管仲評 — 華夷論の一端として」,『東洋研究』 6(1963)

菅本大二,「荀子における法家思想の受容 — '禮'の構造に卽して」,『日本中國學會報』 43(1991)

_____,「荀子の禮思想における法思想の影響について」,『筑波哲學』 2(1990)

溝口雄三,「中國思想史研究上のいくつかの問題」,『歷史學研究』 400(1972)

宮崎市定,「淸代の胥吏と幕友」,『東洋史研究』 16-4(1958)

近藤正則,「<孟子>の王霸論及び管仲評價をめぐる北宋諸儒の議論について」,『東洋文化』 58(1987)

金谷治, 「<管子>中の法思想」, 『荒木敎授退休記念中國哲學硏究論集』(1981)

_____, 「先秦における思想の展開」, 『集刊東洋學』 47(1982)

大野實之助, 「禮と法」, 『東洋文化硏究所創設30周年紀念論集: 東洋文化と明日』(1970)

茂澤方尙, 「韓非子の‘聖人’について(上)」, 『駒澤史學』 38(1988)

森秀樹, 「韓非と荀況 — 思想の繼蹤と繼絶」, 『關西大學文學論集』 28-4(1979)

森熊男, 「孟子の王道論 — 善政と善敎をめぐて」, 『硏究集錄: 岡山大學敎育學部』 50-2(1979)

森田邦博, 「<管子>の法思想 — ‘外言’類以下を中心として」, 『中國哲學論集』 10(秦漢特輯, 1984)

三浦吉明, 「荀子の後王思想について」, 『集刊東洋學』 39(1978)

相原俊二, 「孟子の五霸について」, 『池田末利博士古稀記念東洋學論集』(1980)

上田榮吉郞, 「韓非の法治思想」, 『中國の文化と社會』 13(1968)

小林多加士, 「法家の社會體系理論」, 『東洋學硏究』 4(1970)

小野勝也, 「韓非, 帝王思想の一側面」, 『東洋學術硏究』 10-4(1971)

松代尙江, 「荀子の禮說 — その社會政治思想的意義からみた一考察」, 『懷德』 38(1967)

松浦玲, 「‘王道’論をめぐる日本と中國」, 『東洋學術硏究』 16-6(1977)

兒玉公彦, 「<管子>に見える法律思想の特徵について」, 『漢文學會會報』 29(1970)

兒玉六郞, 「荀況の政治論」, 『新潟大學敎育學部紀要: 人文社會科學』 31-1(1989)

玉運重俊, 「荀子の禮說の根據と禮治の構造」, 『中國哲學』 8(1979)

伊藤計, 「‘後王’思想硏究 — 荀子の歷史觀の角度からの一考察」, 『中國の文化と社會』 12(1966)

日原利國, 「王道から覇道への轉換」, 『中國哲學史の展望と模索』(東京: 創文社, 1976)

張柳雲, 「韓非子の治道與治術」, 『中華文化復興月刊』 3-8(1970)

佐川修, 「董仲舒の王道說 — その陰陽說との關連について」, 『東北大學敎養部紀要』 19(1974)

中村俊也, 「孟荀二者の思想と‘公羊傳’の思想」, 『國文學漢文學論叢』 20(1975)

_____, 「荀子の後王思想について」, 『漢文敎室』 104(1971)

中村哲, 「韓非子の專制君主論」, 『法學志林』 74-4(1977)

重澤俊郞, 「孟子の王道學說の歷史的意味」, 『中國硏究』 28(1971)

淺間敏太, 「孟荀における孔子」, 『中國哲學』 3(1965)

布施彌平治, 「申不害の政治說」, 『政經硏究』 4-2(1967)

丸山眞男, 「思想史の考え方について — 類型・範圍・對象」, 『思想史の方法と對象』(東京: 創文社, 1979)

黃介騫, 「荀子の政治經濟思想」, 『經濟經營論叢』 5-1(1970)

橫山裕, 「<管子>經言類の法思想について」, 『中國哲學論集』 16·17(1990~91)

Allinson, Robert E., "The Confucian Golden Rule — A Negative Formulation" (*JCP*. XII, 3, 1985)

Bauer, Wolfgang, "The Problem of Individualism and Egoism in Chinese Thought" (*MOS*. 25, 1979)

Bujard, Marianne, "La Vie de Dong Zhongshu: Enigmes et Hypothèses" (*JA*. CCLXXX, 1.2, 1992)

Chan, Alan, "Philosophical Hermeneutics and The Analects — The Paradigm of 'Tradition'" (*PEW*. XXXIV, 4, 1984)

Chang, Chi-yun, "Confucius' Political Philosophy" (*Chinese Culture*. XXII, 1, 1981)

Chang, xue-Qin, "The Concept of Li in The Political Philosophy of Hsün Tzu" (*Chinese Culture*. XXIV, 3, 1983)

Cheng, Chung-yin, "Legalism versus Confucianism: A Philosophical Appraisal" (*JCP*. VIII, 3, 1981)

Cua, Antonio S., "Hsün Tzu and The Unity of Virtues" (*JCP*. XIV, 4, 1987)

Denlinger, Paul B., "Why China needs Confucianism" (*Chinese Culture*. XV, 2, 1974.)

Hartshorne, Charles, "Process Themes in Chinese Thought" (*JCP*. VI, 3, 1979)

Hsieh, Shan-yüan, "Hsün Tzu's Political Philosophy" (*JCP*. V, 4, 1979)

Huntington, S. P., "The Clash of civilization" (*Foreign Affairs* 7, no. 3, summer)

Hwang, Philip Ho, "What is Mencius' Theory of Human Nature?" (*PEW*. XXIX, 2, 1979)

Ivanhoe, Philip J., "Thinking and Learning in Early Confucianism" (*JCP*. XVII, 4; Confucian Topics, 1990)

Козлвкий Ю. "Конфуцинки школы Филсофкая мыль и автритрны традиции" (*HAA*. 87, 3, 1987)

Kroll, J. L., "Disputation in Ancient Chinese Culture" (*EC*. XI-XII, 1987)

Lai, Whalen, "Kao Tzu and Mencius on Mind — Analyzing A Paradigm Shift in Classical China" (*PEW*. XXXIV, 2, 1984)

Lee, H. Yearley, "Hsün Tzu on The Mind: His Attempted Synthesis of Confucianism and Taoism" (*JAS*. XXXIX, 3, 1980)

Liu, Jing-shan, "An Exploration of The Mode of Thinking of Ancient China" (*PEW*. XXXV, 4, 1985)

Marshall, John, "Hsün Tzu's Moral Epistemology" (*JCP*. XIV, 4, 1987)

Munro, Donald J., "The Concept of 'Interest' in Chinese Thought" (*JHI*. XLI, 2, 1979)

Rea, Kenneth W., "Han Fei Tzu — A Legalist Philosopher" (*Chinese Culture*. XIV, 2, 1973)

Rubin, Vitali, "The End of Confucianism?" (*TP*. LIX, 1-5, 1973)

Sangren, P. Steven, "Orthodoxy, Heterodoxy, and The Structure of Value in Chinese Rituals" (*MC*. XIII, 1, 1987)

Sheng, C. L., "Confucian Moral Philosophy and Utilitarian Theory" (*Chinese Culture*. XXIII, 1, 1982)

Sontag, Frederick, "The Analects of Confucius: The Universal Man" (*JCP*. XVII, 4; Confucian Topics, 1990)

Tu, Wei-ming, "Pain and Suffering in Confucian Self-Cultivation" (*PEW*. XXXIV, 4, 1984)

Wang, Hsiao-po, "The Significance of The Concept of 'Fa' in Han Fei's Thought System" (*PEW*. XXVII, 1, 1977)

Wong, David B., "Is There a Distinction Between Reason and Emotion in Mencius?" (*PEW*. XLI, 1, 1991)

찾아보기

인명

책명

◀◀ 예문서원의 책들 ▶▶

원전총서

왕필의 노자 王弼 지음·임채우 옮김·336쪽·값 13,000원·『老子王弼注』
박세당의 노자 박세당 지음·김학목 옮김·312쪽·값 13,000원·『新註道德經』
율곡 이이의 노자 이이 지음·김학목 옮김·152쪽·값 8,000원·『醇言』
홍석주의 노자 홍석주 지음·김학목 옮김·320쪽·값 14,000원·『訂老』
북계자의 陳淳 지음·김충열 감수·김영민 옮김·295쪽·값 12,000원·『北溪字義』
주자가례 朱熹 지음·임민혁 옮김·496쪽·값 20,000원·『朱子家禮』
고형의 주역 高亨 지음·김상섭 옮김·504쪽·값 18,000원·『周易古經今注』
신서 劉向 지음·임동석 옮김·728쪽·값 28,000원·『新序』
한시외전 韓嬰 지음·임동석 역주·868쪽·값 33,000원·『韓詩外傳』
서경잡기 劉歆 지음·葛洪 엮음·김장환 옮김·416쪽·값 18,000원·『西京雜記』
고사전 皇甫謐 지음·김장환 옮김·368쪽·값 16,000원·『高士傳』
열선전 劉向 지음·김장환 옮김·392쪽·값 15,000원·『列仙傳』
열녀전 劉向 지음·이숙인 옮김·447쪽·값 16,000원·『列女傳』
선가귀감 청허휴정 지음·박재양, 배규범 옮김·584쪽·값 23,000원·『禪家龜鑑』

연구총서

논쟁으로 보는 중국철학 중국철학연구회 지음·352쪽·값 8,000원
논쟁으로 보는 한국철학 한국철학사상연구회 지음·326쪽·값 10,000원
논쟁으로 보는 불교철학 이효걸, 김형준 외 지음·320쪽·값 10,000원
反논어 — 孔子의 논어 孔丘의 논어 趙紀彬 지음·조남호, 신정근 옮김·768쪽·값 25,000원·『論語新探』
중국철학과 인식의 문제 方立天 지음·이기훈 옮김·208쪽·값 6,000원·『中國古代哲學問題發展史』
문제로 보는 중국철학 — 우주·본체의 문제 方立天 지음·이기훈, 황지원 옮김·232쪽·값 6,800원·『中國古代哲學問題發展史』
중국철학과 인성의 문제 方立天 지음·박경환 옮김·191쪽·값 6,800원·『中國古代哲學問題發展史』
중국철학과 지행의 문제 方立天 지음·김방재 옮김·208쪽·값 7,200원·『中國古代哲學問題發展史』
중국철학과 이상적 삶의 문제 方立天 지음·이홍용 옮김·212쪽·값 7,500원·『中國古代哲學問題發展史』
현대의 위기 동양 철학의 모색 중국철학회 지음·340쪽·값 10,000원
동아시아의 전통철학 주칠성 외 지음·394쪽·값 13,000원
역사 속의 중국철학 중국철학회 지음·448쪽·값 15,000원
일곱 주제로 만나는 동서비교철학 陳衛平 편저·고재욱, 김철운, 유성선 옮김·320쪽·값 11,000원·『中西哲學比較面面觀』
중국철학의 이해 김득만, 장윤수 지음·318쪽·값 10,000원
중국철학의 이단자들 중국철학회 지음·240쪽·값 8,200원
유교의 사상과 의례 금장태 지음·296쪽·값 10,000원
공자의 철학 蔡仁厚 지음·240쪽·값 8,500원·『孔孟荀哲學』
맹자의 철학 蔡仁厚 지음·224쪽·값 8,000원·『孔孟荀哲學』
순자의 철학 蔡仁厚 지음·272쪽·값 10,000원·『孔孟荀哲學』
서양문학에 비친 동양의 사상 한림대학교 인문학연구소 엮음·360쪽·값 12,000원
유학은 어떻게 현실과 만났는가 — 선진 유학과 한대 경학 박원재 지음·218쪽·값 7,500원
유교와 현대의 대화 황의동 지음·236쪽·값 7,500원
동아시아의 사상 오이환 지음·200쪽·값 7,000원
역사 속에 살아있는 중국 사상 시게자와 도시로 지음·이혜경 옮김·272쪽·값 10,000원·中國歷史に生きる思想

강좌총서

강좌 중국철학 周桂鈿 지음·문재곤 외 옮김·420쪽·값 7,500원·『中國傳統哲學』
강좌 인도철학 Mysore Hiriyanna 지음·김형준 옮김·240쪽·값 4,800원
강좌 한국철학 — 사상·역사·논쟁의 세계로 초대 한국철학사상연구회 지음·472쪽·값 12,000원

역학총서

주역철학사 廖名春, 康學偉, 梁韋弦 지음・심경호 옮김・944쪽・값 30,000원・『周易研究史』
주역, 유가의 사상인가 도가의 사상인가 陳鼓應 지음・최진석, 김갑수, 이석명 옮김・366쪽・값 10,000원・『易傳與道家思想』
송재국 교수의 주역 풀이 송재국 지음・380쪽・값 10,000원

노장총서

도가를 찾아가는 과학자들 ─ 현대신도가의 사상과 세계 董光璧 지음・이석명 옮김・184쪽・값 4,500원・『當代新道家』
유학자들이 보는 노장 철학 조민환 지음・407쪽・값 12,000원
노자에서 데리다까지 ─ 도가 철학과 서양 철학의 만남 한국도가철학회 엮음・440쪽・값 15,000원
위진 현학 정세근 엮음・278쪽・값 10,000원

한국철학총서

한국철학사상사 朱紅星, 李洪淳, 朱七星 지음・김문용, 이홍용 옮김・548쪽・값 10,000원・『朝鮮哲學思想史』
기호학파의 철학사상 충남대학교 유학연구소 편저・665쪽・값 18,000원
실학파의 철학사상 朱七星 지음・288쪽・값 8,000원
윤사순 교수의 신실학 사상론 ─ 한국사상의 새 지평 윤사순 지음・350쪽・값 10,000원
실학의 철학 한국사상사연구회 편저・576쪽・값 17,000원
조선 유학의 학파들 한국사상사연구회 편저・688쪽・값 24,000원
윤사순 교수의 한국유학사상론 윤사순 지음・528쪽・값 15,000원
실학사상과 근대성 계명대학교 철학연구소 홍원식 외 지음・216쪽・값 7,500원
조선 유학의 자연철학 한국사상사연구회 편저・420쪽・값 15,000원
한국유학사 1 김충열 지음・372쪽・값 15,000원
퇴계의 생애와 학문 이상은 지음・248쪽・값 7,800원
율곡학의 선구와 후예 황의동 지음・480쪽・값 16,000원
退溪門下의 인물과 사상 경북대학교 퇴계연구소 지음・732쪽・값 28,000원
한국유학과 리기철학 송영배, 금장태 외 지음・304쪽・값 10,000원
圖說로 보는 한국 유학 한국사상사연구회 지음・400쪽・값 14,000원
다카하시 도루의 조선유학사 ─ 일제 황국사관의 빛과 그림자 다카하시 도루 지음・이형성 편역・416쪽・값 15,000원
퇴계 이황, 예 잇고 뒤를 열어 고금을 꿰뚫으셨소 ─ 어느 서양철학자의 퇴계연구 30년 신귀현 지음・328쪽・값 12,000원
조선유학의 개념들 한국사상사연구회 지음・648쪽・값 26,000원

카르마총서

불교와 인도 사상 V. P. Varma 지음・김형준 옮김・361쪽 값 10,000원
파란눈 스님의 한국 선 수행기 Robert E. Buswell, Jr. 지음・김종명 옮김・376쪽・값 10,000원
학파로 보는 인도 사상 S. C. Chatterjee, D. M. Datta 지음・김형준 옮김・424쪽・값 13,000원
불교와 유교 ─ 성리학, 유교의 옷을 입은 불교 아라키 겐고 지음・심경호 옮김・526쪽・값 18,000원
유식무경, 유식 불교에서의 인식과 존재 한자경 지음・208쪽・값 7,000원
박성배 교수의 불교철학강의: 깨침과 깨달음 박성배 지음・윤원철 옮김・313쪽・값 9,800원
불교 철학의 전개, 인도에서 한국까지 한자경 지음・252쪽・값 9,000원

일본사상총서

일본 신도사 무라오카 츠네츠구 지음・박규태 옮김・312쪽・값 10,000원・『神道史』
도쿠가와 시대의 철학사상 미나모토 료엔 지음・박규태, 이용수 옮김・260쪽・값 8,500원・『德川思想小史』
일본인은 왜 종교가 없다고 말하는가 아마 도시마로 지음・정형 옮김・208쪽・값 6,500원・『日本人はなぜ無宗教のか』
일본사상이야기40 나가오 다케시 지음・박규태 옮김・312쪽・값 9,500원・『日本がわかる思想入門』

성리총서

양명학 — 왕양명에서 웅십력까지 楊國榮 지음·정인재 감수·김형찬, 박경환, 김영민 옮김·414쪽·값 9,000원·『王學通論』
상산학과 양명학 김길락 지음·391쪽·값 9,000원
동아시아의 양명학 최재목 지음·240쪽·값 6,800원
범주로 보는 주자학 오하마 아키라 지음·이형성 옮김·546쪽·값 17,000원·『朱子の哲學』
송명성리학 陳來 지음·안재호 옮김·590쪽·값 17,000원·『宋明理學』
주희의 철학 陳來 지음·이종란 외 옮김·값 22,000원·『朱熹哲學研究』
양명 철학 陳來 지음·전병욱 옮김·값 30,000원·『有無之境-王陽明哲學的精神』

예술철학총서

중국철학과 예술정신 조민환 지음·464쪽·값 17,000원
풍류정신으로 보는 중국문학사 최병규 지음·400쪽·값 15,000원

동양문화산책

공자와 노자, 그들은 물에서 무엇을 보았는가 사라 알란 지음·오만종 옮김·248쪽·값 8,000원
주역산책 朱伯崑 외 지음·김학권 옮김·260쪽·값 7,800원·『易學漫步』
죽음 앞에서 곡한 공자와 노래한 장자 何顯明 지음·현채련, 리길산 옮김·290쪽·값 9,000원·『死亡心態』
공자의 이름으로 죽은 여인들 田汝康 지음·이재정 옮김·248쪽·값 7,500원
동양을 위하여, 동양을 넘어서 홍원식 외 지음·264쪽·값 8,000원
서원, 한국사상의 숨결을 찾아서 안동대학교 안동문화연구소 지음·344쪽·값 10,000원
중국의 지성 5人이 뽑은 고전 200 王燕均, 王一平 지음·408쪽·값 11,000원
안동 금계 마을 — 천년불패의 땅 안동대학교 안동문화연구소 지음·272쪽·값 8,500원
녹차문화 홍차문화 츠노야마 사가에 지음·서은미 옮김·232쪽·값 7,000원
안동 풍수 기행, 와혈의 땅과 인물 이완규 지음·256쪽·값 7,500원
안동 풍수 기행, 돌혈의 땅과 인물 이완규 지음·328쪽·값 9,500원
茶聖 초의선사와 대둔사의 다맥 임혜봉 지음·240쪽·값 7,000원
영양 주실마을 안동대학교 안동문화연구소 지음·332쪽·값 9,800원
거북의 비밀, 중국인의 우주와 신화 사라 알란 지음·오만종 옮김·296쪽·값 9,000원
문학과 철학으로 떠나는 중국 문화 기행 양회석 지음·256쪽·값 8,000원

동양사회사상총서

주역사회학 김재범 지음·296쪽·값 10,000원
유교사회학 이영찬 지음·488쪽·값 17,000원
깨달음의 사회학 홍승표 지음·240쪽·값 8,500원

예문동양사상연구원총서

한국의 사상가 10人 — 원효 예문동양사상연구원/고영섭 편저·572쪽·값 23,000원
한국의 사상가 10人 — 의천 예문동양사상연구원/이병욱 편저·464쪽·값 20,000원
한국의 사상가 10人 — 지눌 예문동양사상연구원/이덕진 편저·644쪽·값 26,000원
한국의 사상가 10人 — 퇴계 이황 예문동양사상연구원/윤사순 편저·464쪽·값 20,000원
한국의 사상가 10人 — 남명 조식 예문동양사상연구원/오이환 편저·576쪽·값 23,000원
한국의 사상가 10人 — 율곡 이이 예문동양사상연구원/황의동 편저·600쪽·값 25,000원

민연총서 — 한국사상

자료와 해설, 한국의 철학사상 고려대 민족문화연구원 한국사상연구소 편·880쪽·값 34,000원